건강한 부모-자녀 관계를 만드는

부모교육서
안정성의 순환 개입

Bert Powell, Glen Cooper, Kent Hoffman, Bob Marvin 지음

유미숙, 신현정, 김세영, 홍라나 옮김

The Circle of Security Intervention
Enhancing Attachment in Early Parent-Child Relationships

Σ 시그마프레스

건강한 부모-자녀 관계를 만드는 **부모교육서** : 안정성의 순환 개입

발행일 | 2018년 2월 28일 1쇄 발행

저　자 | Bert Powell, Glen Cooper, Kent Hoffman, Bob Marvin
역　자 | 유미숙, 신현정, 김세영, 홍라나
발행인 | 강학경
발행처 | **㈜시그마프레스**
디자인 | 강경희
편　집 | 김성남

등록번호 | 제10-2642호
주소 | 서울특별시 영등포구 양평로 22길 21 선유도코오롱디지털타워 A401~403호
전자우편 | sigma@spress.co.kr
홈페이지 | http://www.sigmapress.co.kr
전화 | (02)323-4845, (02)2062-5184~8
팩스 | (02)323-4197

ISBN | 979-11-6226-051-7

* 책값은 뒤표지에 있습니다.
* 이 도서의 국립중앙도서관 출판예정도서목록(CIP)은 서지정보유통지원시스템 홈페이지(http://seoji.nl.go.kr)와 국가자료공동목록시스템(http://www.nl.go.kr/kolisnet)에서 이용하실 수 있습니다.(CIP제어번호 : CIP2018004401)

아동을 잘 키우려는 마음은 욕망에 가깝다. 이 욕망에 과학적으로 접근하는 영역이 교육학, 심리학, 아동학, 정신의학, 사회복지학이며 이론적 연구와 실천적 연구로 발전되고 있다. 여기에 핵심이 되는 개념 중 하나가 애착발달이다. 애착발달이 잘된 성인은 자아존중감도 행복감도 높아 자신의 능력을 잘 발휘하고 원만한 대인관계를 이룬다. 애착발달에 어려움이 있던 아동은 성인이 되어서도 성취나 적응에 어려움을 초래하여 개인적인 문제나 사회적인 문제를 만들어 타인에게 부정적 영향을 끼치기도 한다.

애착발달의 중요성은 부모의 역할을 강조하게 되고, 모든 부모는 최선을 다하여 자녀를 도우려고 한다. 그러나 부모의 애착발달 정도에 따라 애착의 문제가 대물림되는 현상은 안타까운 현실이다. 머리로는 충분히 이해하지만 실행이 안 되는 부모를 위해 효과적인 방법이 절실하다. 바로 이 효과적인 방법을 제시하여 부모의 애착발달을 돕고 아울러 자녀의 애착발달을 증진시킬 수 있도록 선순환을 돕는 것이 이 책의 목적이다.

이 책에서는 애착과 관련된 복잡한 언어들을 쉽게 설명하며 부모가 자신의 모습을 비디오를 통해 다시 보게 하여 부모로서의 초기 경험들에 대해 통찰하도록 안내한다. 이를 통해 부모 역할에서의 자신감을 향상시키고 자녀와의 신뢰감을 쌓을 수 있는 구체적인 방법을 터득하도록 도움을 받을 것이다.

이 책은 안정애착을 위해 아동에게 필요한 것이 무엇이며 부모는 어떻게 반응하고 행동해야 하는가를 차근차근 가르쳐 주는 훌륭한 부모교육 교재가 될 것이다. 부모뿐만 아니라 부모-자녀 관계를 연구하거나 임상현장에서 가르치려는 모든 전문가들에게 훌륭한 안내서가 될 것이라는 기대에서 이 책을 번역하였다.

2018년 2월
역자를 대표하여 유미숙

30년 넘게 애착이론과 애착연구는 정신건강전문가들에게 있어서 막대한 관심사였다. 애착이론은 어린아이의 특정한 행동을 구체적 동기와 연결시킴으로 적어도 임상의 두 단계는 만족시키고 있다. 첫째, 유아의 행동이 어떻게 체계화되었는지에서 유래한 애착이론은, 애착대상에게 가까움을 느끼기 위한 안정성에 의미를 부여한다. 둘째, 애착대상 및 다른 이들에 대한 개인의 경험과 반응을 안내하는 정신적 표상 은 행동을 파생시키고 영향도 미친다는 것을 알 수 있다. Bowlby가 내적 작동 모델이라고 불렀던 이러한 표상들은 인지하고, 해석하고, 친근한 관계 속에서 다른 이들에게 반응하는 복잡한 과정에 대한 비유라고 할 수 있다. 관찰 가능한 행동과 그 행동에 더 깊은 의미를 더하고 있다는 애착이론에 대한 동시적 관심은, 정신역동이론에는 매료되어 있지만 성인 추억이 결여되어 있어 인내심이 없는 많은 사람들에게까지도 매혹적이다. 여기에 대응해 애착이론은 어린아이들의 행동을 관찰하고, 중요한 성인들과 그들의 삶에서 상호작용할 때의 동기, 감정상태, 그리고 사회적 규칙에 대해 의미 있는 추론을 할 수 있다는 이론을 상정했다.

Ainsworth와 동료들(Ainsworth, Blehar, Waters, & Wall, 1978)의 안정애착, 회피애착, 저항애착의 선구적 연구와 같은 애착이론에서 나온 연구와 Mary Main과 동료들의 양가감정적 애착(Main & Solomon, 1990)과 성인 애착 인터뷰(Main, Kaplan, & Cassidy, 1985)는 전이, 강박적인 강요와 같은 소중한 임상 생각들이 관찰 가능한 행동에 정착된 패러다임에서 이해되고 심지어 검증될 수도 있기에 실천가들을 더욱 흥분시켰다. 1980년대 성인 및 유아의 애착에 대한 연구가 많아졌던 시기에 이러한 작업들로부터 실질적인 치료 처방을 얻으려 접근했던 것을 볼 수 있다.

발표와 논문이 거듭된 후에도 "이 연구가 아동과 어른들에게 어떤 의미가 있는가?"라는 질문의 가려운 곳은 어느 누구도 긁어 주지 못했다. 때문에 실천가들은 이러한 작업에 이끌렸으며, 관계 문제에 관계적 접근을 해야 한다는 것에 기대를 많이 가졌지만, 정확히 어떤 것을 어떻게 적용시켜야 할지에 대해서는 여전히 확신하지 못했다. Bowlby(1988)는 이후 업적에서 *A Secure Base: Clinical Applications of Attachment Theory* 라는 책도 썼지만, 그 책에서조차 로드맵은 부족했다. 그의 책 이전과 이후의 다른 책들은 풍부하고 의미 있는 발달적 연구를 실질적인 임상적 적용으로 옮기는 데 성공한 부분과 비교적 성공하지 못한 부분을 갖고 있기는 했지만 아동애착과 성인애착에 대한 지식을 어떻게 임상현장에 적용할 수 있을지에 대해서는 충분히 답을 주지 못했다. 애착과 호환되거나, 애착으로부터 파생된 많은 개입이 있었음에도 불구하고 애착 이론과 연구에 대해 충분히 구현하지는 못하였다. 내 견해는 안정성의 순환이 바로 이 전세를 역전시킨 접근이라는 점이다. 애착연구와 Masterson의 대상관계이론에서 파생된 안정성의 순환 개입은, 이전에 있었던 어떠한 개입들보다 애착연구를 더 의미 있게, 그리고 훨씬 더 직접적으로 설명할 수 있도록 한다.

　안정성의 순환(COS)에 대한 접근을 배우는 데 있어서 내가 가장 감명받았던 것은, 추상적 생각들에 대해 어린 아동의 부모를 현실적으로 주목하게 만드는 방법이었다. 나는 수년 동안 어린 아동들의 안전기지와 안식처 행동 — 탐험을 위하여 위험을 무릅쓰는 행동 그리고 양육자의 보살핌을 원해 하는 행동 — 이란 아동이 자신을 돌봐 주는 사람과 상호작용할 때 어디서든 손쉽게 관찰될 수 있다고 강의해 왔다. 그러나 상호작용 맥락에서 나는 함께 작업하고 있는 부모에게 분명하고 단도직입적으로 이러한 애착행동들을 설명하는 논리적인 다음 절차를 밟지는 못하였다. 애착이론을 진지하게 생각함으로써 문자 그대로의 안정성의 순환(COS)을 지금까지보다 훨씬 더 접근하기 쉽게 만들 수 있었다.

　안정성의 순환(COS)의 또 다른 강점은 부모에게 개입하는 창의적인 접근이라는 데 있다. 부모–자녀 상호작용의 단순한 관찰을 넘어서는 이 접근은, 전형적인 비디오 영상을 통한 방대한 양의 시각적 보조교재, 자료들, '죠스 음악(shark music)', '아름다운 테이프(beautiful tapes)', 그리고 양육자의 공감을 불러일으키는 다른 접근들까지 제공하여 부모에게 자녀와의 관계에 대한 이해를 증폭시킨다. 나는 좀 더 쉽게 애착 이야기에 접근하도록 만드는, 마음을 사로잡는 이러한 여러 노력들이 그렇게 하지 않았을 때보다 훨씬 힘이 있다는 것을 반복적으로 목격해 왔다. 특정한 접근이 반드시 모든 실천가 또는 내담자들을 위한 것은 아니겠지만, 부모에게 쉽게 접근하도록 설명하는 안정성의 순환(COS)은 여러 가지 적용에 있어서 강력하고 중요하다.

그러나 내가 이끌렸던 이유는 바로 안정성의 순환(COS)이 사람의 주요한 민감성을 강조하고 있다는 점이었다. 이 등식에 첨부할 수 있는 것이 또한 다음의 두 가지다. 첫째, 각각의 내적 경험이 얼마나 다른지에 대해서는 비슷하게 나타나는 상호작용들이나 다른 의미로 나타나는 것들을 밖으로 이끌어 냄으로 세대 간 전이되는 애착에 대한 깊은 이해를 도모할 수 있다. 둘째, 우리가 아직 애착 관점을 통해 보지 못한 심리치료에 대한 훨씬 더 정교화된 접근으로서, 가장 주요한 민감성에 대한 이해에 기초한 전략적 접근들의 영향도 포함시킨다. 애착이론에 민감성을 추가하는 것은 그들의 평가를 조작하고 표준화하도록 하는 것이다. 이를 통해 안정성의 순환(COS)은 치료적 가능성뿐만 아니라 발달적 과정에 대한 우리의 이해도 향상시킬 것이다.

이 책은 안정성의 순환(COS)을 개념적인 모델, 부모교육 도구, 그리고 심리치료 기술로 분명하고 유창하게 사례화한다. 나의 희망은 안정성의 순환(COS)의 효과를 평가할 수 있는 연구에 영감을 주고, 범위를 정의하고, 가능성을 기록하는 것이다.

Charles H. Zeanah, Jr.
루이지애나 뉴올리언즈 툴레인 의과대학 의학박사

참고문헌

Ainsworth, M. D. S., Blehar, M. C., Waters, E., & Wall, S. (1978). *Patterns of attachment: A psychological study of the Strange Situation*. Hillsdale, NJ: Erlbaum.

Bowlby, J. (1988). *A secure base: Clinical applications of attachment theory*. London: Routledge.

Main, M., Kaplan, N., & Cassidy, J. (1985). Security in infancy, childhood and adulthood: A move to the level of representation. In I. Bretherton & E. Waters (Eds.), Growing points in attachment theory and research. *Monographs of the Society for Research in Child Development, 50*(Serial No. 209), 66-104.

Main, M., & Solomon, J. (1990). Procedures for identifying infants as disorganized/disoriented during the Ainsworth Strange Situation. In M. Greenburg, D. Cicchetti, & E. M. Cummings (Eds.), *Attachment in the preschool years: Theory, research, and intervention* (pp. 121-160). Chicago: University of Chicago Press.

사회적·정서적 발달 분야에서 애착이론은 현실에 기반을 둔 가장 가시적이고
실증적이며 개념적인 체계이다. — Jude Cassidy & Phillip Shaver(2008)

40년도 더 전에 John Bolwby는, "다른 인간에 대한 친밀한 애착은 인간의 삶이 회전하는 중심이다."라고 말했다. 불과 5년 전, Cassidy와 Shaver는 *Handbook of Attachment: Theory, Research, and Clinical Applications*의 제2판 서문에 위 문장을 언급하면서, "20세기(그리고 현재 21세기) 심리학에서 가장 광범위하고, 가장 심오한, 그리고 가장 창의적인 연구 분야"를 애착이론이라고 불렀다(2008, p. xi). 매우 어린 아동의 부모와 일차 양육자의 중요성에 이의를 제기할 수 있는 사람은 많지 않다. 그러나 가장 이른 시기, 가까운 관계로부터 드러나는 자질 논쟁은 계속되어 왔다. 단지 생존을 위해서 자기 스스로를 돌볼 수 있을 때까지만 부모가 필요한가? 왜 그런지 모르겠지만, 안정애착이 이론을 적용으로 전환시키는 데 유익하다는 수많은 연구에도 불구하고 안정애착은 탈선되어 있는 것 같다. 친밀한 애착 또는 개인의 내적 작동 모델을 측정하는 것보다 행동을 측정하는 것이 훨씬 쉬워 보인다는 사실 덕분에, 건강한 심리적 발달에 대한 행동적 접근은 수십 년 동안 만연해 왔다. 그러므로 경제력 있는 자본가들은 당연히 행동적 연구를 선호하는 경향을 보인다. 모든 행동적 연구는 수익을 가져왔다. 별 차트를 받아 보거나 또는 타임아웃과 보상을 사용해 보라고 배웠던 부모가 증명해 왔던 것

처럼 (행동적 연구는)임상현장에 비교적 쉽게 적용되었다. 그리고 교사, 사회복지사, 가족치료사는 행동관리 작업의 전통 있는 기술이 최소한의 행동관리는 해 줄 수 있다고 확신해 왔다. 하지만 건강한 아동발달에 있어서 행동을 관리하는 것이 작업의 완성은 아니다. 건강한 아동발달은 행동관리를 하면서 시작한다.

그러나 행동이 잘 관리된 아동이 행복한 아동이라고 말할 수 있을까? 아동기 동안 최적의 심리적 발달과 성공으로 이끄는 것이 기술, 자제력이라고 할 수 있을까? 보상과 강화가 건강하지 못한 가족 역동으로부터 아동을 지키고 약한 아동 – 부모의 유대를 보상해 줄 수 있는가? 행동을 관리하는 것이 아동의 행동과 감정적인 문제를 해결한 깃처럼 보일지라도, 지속되어 왔던 영구적 혼란의 굴레로부터 아동을 보호할 수 있을까?

지나치게 단순화해 보면, 우리 인간은 우리 행동의 합 이상이다. 애착이론이 제안한 것처럼, 인간은 경험과 이해를 느낌으로써 서로와 선천적인 연결성을 갖는 창조물인 셈이다. 우리는 태어나는 순간, 다정한 애착에 대해 매우 의존적이어서 모든 음식과 주거가 제공될지라도 가까운 관계가 부재한다면 잘 자라지 못한다.

Bowlby가 분수령이 되는 이론을 고안한 이래로 수년 동안 우리는 직관적 사고를 지지할 수 있는 정보를 운 좋게도 습득할 수 있었다. 연구자들은 애착이 아동의 심리학적 발달과 행복에서 중요한 역할을 할 뿐만 아니라, 또한 일생을 거쳐 성인의 정서적 건강에 있어서도 주요한 역할을 한다는 것을 분명하게 묘사해 왔다. 성인이 되어서도 애착은, 그들이 어떠한 부모가 될 것인지를 결정하는 데 도움을 준다. 그러므로 그들 자녀의 심리적 발달에도 영향을 미친다.

> 10여 년 전에 Sroufe(1989)는 비록 아동의 행동장애로 표현하기에는 마음이 아플지라도 생애 첫 3년 동안 대부분의 임상적인 장애는, 관계의 교란으로 개념화될 수 있음을 대담하게 선언하였다. 이 점을 강조하여, 영아의 정신건강에 있어서 영아 – 부모 관계는 대부분의 개입과 예방의 노력에 대한 목표로 나타난다(Zeanah, Larrieu, Heller, & Valliere, 2000, p. 222).

Sroufe는 이미 20년도 훨씬 전에, 대부분의 보육기관에서 아동의 관계 욕구를 강조하지 않고 여전히 아동의 행동 조절에만 집중하고 있다는 급진적인 진술을 했다. 양육자, 아동과 함께 초기 개입 분야의 임상가들을 위해 신뢰할 수 있는, 유효한, 그리고 정밀한 자원인 애착이론이 전 세계 수백 명 발달연구가의 작업과 헌신을 통하여 21세기에 이르렸다. 그러나 현재까지도, 대부분의 정신건강전문가, 아동 양육시설 종사자들은 애착이론에 대한 약간의 익숙함을 가지고 있을 뿐 아직 우리의 삶에서 애착이 중요한 역할을한다는 것만 알고 있다. 복도에서까지 이루어진 즉흥적 미팅, 이메일, 늦은 밤 회의, 그리고 함께 나눈 10년간의 임상적 경험들을 토대로 우리는 애착연구와 임상실습 간 간극을 채울 시간이 되었다는 결론에 도달할 수밖에 없었다. 안정성의 순환(COS) 개입이라는 이 책의 내용은 다음과 같은 내용과 더불어 그 공백을 채우려는 시도라 할 수 있다.

- 어린 아동에게 있어 행동과 정서 문제 대부분은 일차 양육자들과의 애착 문제로 어떻게 거슬러 갈 수 있는지를 보여 준다.
- 건강한 아동발달을 이루기 위해 애착을 어떻게 향상시킬 수 있는지, 그리고 아동이 성인이 되었을 때 자녀와 안정애착을 형성할 수 있는 능력을 어떻게 기를 수 있는지에 대해 어떻게 가르칠지를 보여 준다.
- 관계 속 안정성을 가지고 있다고 느끼는 아동이 세상을 탐험하는 데 있어서 어떻게 더 강해질 수 있는지를 보여 준다.

비록 양육자가 자녀를 위해 최선을 다해야겠다는 보편적인 바람을 가지고 있을지라도, 실제로 자녀와 어떻게 상호작용하는지는 자신의 원가족 부모로부터 양육되어 왔던 경험을 통해 발달된 무의식적 표상, 믿음, 과정, 전략에 기반하고 있다. 안정성의 순환(COS)에 대한 접근은 양육자의 상호작용에 대한 문제적 패턴을 바꿀 수 있게 도와주는 능력과 상호작용을 이끌 내적 작용의 중요성에 대한 의식과 생각을 깊게 함으로써 향상될 수 있다고 가정한다.

애착이론을 이용 가능하게 하겠다는 정신으로, 우리는 안정애착의 핵심적 특징을 묘사할 수 있는, 안정성의 순환(COS)이라고 칭한 한 장의 도표를 만들어 내는 작업에 착수했고, 결국 우리 개입의 주춧돌이 되었다.

연방정부의 헤드스타트(Head Start)에서 제공하는 연구보조금을 통해 우리는 안정성의 순환(COS) 도표를 초기 개입 치료 연구 프로토콜에 통합시킬 수 있었다. 안정성의 순환(COS) 프로토콜은 20회기 집단 모델로 매주 만나는 부모가 자신과 자녀 간의 편집된 비디오를 검토하는 방식으로 이루어진다.

우리는 안정성의 순환(COS) 프로토콜 적용 영향력에 관한 3편의 연구도 발간하였다. 첫 번째 연구는 안정성의 순환(COS)의 집단 개입이 비조직화된(혼돈) 또는 불안정 애착을 감소시키는 효과 증명에 대한 원래의 헤드스타트 연구결과를 요약한 것이다 (Hoffman, Marvin, Powell, & Cooper, 2006). 결과는 비조직화된(혼돈) 애착(60%에서 25%로 감소)과 불안정애착(80%에서 46%로 감소) 모두가 사전, 사후 개입 간 상당한 감소를 보여 주었다. 이 개입 모델이 바로 이 책 전편에 기술된 내용이다(Hoffman et al., 2006).

두 번째 연구는 안정성 순환(COS)을 통해 가정방문 개입을 하였고 이에 무작위 대조군을 통해 과민성 영아와 경제적으로 스트레스를 받는 엄마를 연구한 결과를 요약한 것이다(Cooper, Hoffman, & Powell, 2000). 그 결과, 상당히 위험한 상대에 있는 불안정애착 영아(예 : 무시/회피하는 엄마와 과민성 영아)에게 양자관계 개입을 통해 불안정애착의 위험요소를 상당히 감소시켰음을 보였다(Cassidy, Woodhouse, Sherman, Stupica, & Lejuez, 2011).

세 번째는 안정성의 순환(COS) 감옥 전환 프로그램에 있는 영아에게 초점을 맞춘 연구다(Cooper, Hoffman, & Powell, 2000). 프로그램을 끝마칠 때 치료를 받은 양자관계는 매우 높은(70%) 수준의 안정비율을 보여 주었는데 이는 전형적인 고위험군 엄마의 표본보다도 훨씬 높은 수준의 안정비율이었으며 저위험군이나 중간위험군 표본들과 일치하는 결과였다(Cassidy et al., 2010).

안정성의 순환(COS) 집단 프로토콜의 초기 성공은 다양한 적용에의 결과들을 낳았다. 워싱턴 스포캔에서 사용된 안정성의 순환(COS) 치료 접근은 아동의 방주(아동보호국과 연관된 부모-자녀 일일 프로그램)에 주춧돌이 되었다. 또한 거리에 의존하여 살고 있는 10대 엄마들과 지역 노숙자 임시숙소에 있는 아빠들에게도 중요 접근방법으로 사용되었다. 초기 헤드스타트 가정방문 프로그램으로 주류 학교에서 성공하지 못한 행동 문제를 가지고 있는 아동과 교사 간 관계를 향상시키기 위한 헤드스타트 프로젝트에 사용되기도 했다. 어린 아동 평가, 치료, 그리고 법원 관련 서비스까지 조직화하기 위한 지역사회 전체의 노력은 안정성의 순환(COS) 접근법에 포함되었다. 뿐만 아니라 스포캔 사회복지기관들은 영유아, 취학 연령 아동, 청소년과 작업하는 데 COS 치료 접근법을 사용하고 있다.

버지니아와 노르웨이에서 COS 접근법은 위탁부모와 입양부모들과 함께 작업하는 데 주와 국가를 기반으로 적용되고 있다. 두 곳 모두의 재활치료센터에서 입원 치료 동안,

그리고 그 후 아동과 부모를 통합적으로 보살피는 데도 COS가 적용되고 있다. 노르웨이에서 COS 부모교육은 전국에서 사용되고 있다. 온타리오에서 COS 접근법은 특성화된 평가와 치료센터에서 지방 전역에 걸쳐서 다른 센터와 기관의 구성원들을 훈련시키고 협의하는 데 사용되고 있다. 일본에서도 COS 접근법은 부모-자녀 치료에서 사용되고 있고, 독일에서는 심각한 정신건강장애를 진단받은 엄마 관련 연구에 사용되고 있다.

메릴랜드에서 COS 접근법은 가정방문 프로그램에 사용되고 있으며, 또한 감옥에 수감된 엄마와 아기들에게 허용된 지역사회 주거 프로그램의 핵심이기도 하다. 호주에서는 이 접근법이 부모-자녀 치료와 부모교육에 사용되고 있으며, 아동보호시설에 순환을 통합한 여러 가지 프로젝트가 만들어지기도 했다. COS는 애착이론을 다루는 대학 교과과정의 일부이며, 영국, 아일랜드, 프랑스, 이탈리아, 포르투갈, 독일, 이스라엘, 호주, 캐나다, 남아공, 노르웨이, 뉴질랜드, 스웨덴, 덴마크, 일본, 스페인, 미국에서 컨퍼런스가 열린다.

우리 사회에서 아동에 대한 초기 개입의 압박이 커질수록 이 분야 정책가와 전문가들 사이에서 영아 애착에 대한 생각이 점점 더 인기를 끌어 왔다. COS 접근은 애착이론을 좀 더 사용하기 쉽게 만들기 때문에 넓은 지지를 받아 왔다. 이것은 우리에게 건강하고, 행복하며, 정서적으로 안정된 아동발달을 위한 중요 토대를 형성할 수 있는 확실한 방법을 보여 준다.

그러나 '애착'이 점차 유행어가 되면서, 예상대로 오보가 되고 혼란도 많아지고 있다. 이 책의 제1부에서는 핵심 용어와 개념을 포함한 애착이론의 세부사항들을 검토하는 것부터 시작할 것이다. 양육 실제로 전환하는 데 필요한 모든 것을 고려하는 COS 치료 접근은 COS 도표가 단순화되었음에도 불구하고 상당히 복잡하다. 제1부의 나머지 부분은 순환에서 아동이 필요로 하는 것, 순환에서 양육자의 반응, 건강한 심리적 발달을 위해서 아동에게 필요한 것, 자녀와 양육자가 상호작용할 때 어떻게 애착패턴이 형성되는지, 그리고 COS 개입을 이용하여 불안정애착과 지장을 받고 있는 심리적 발달의 순환을 어떻게 중단시킬 수 있는지에 대하여 논의할 것이다. 제2부는 안정성의 순환(COS)의 프로토콜을 상세히 묘사하면서 다양한 기법을 포함한 접근법을 전할 것이다. 그리고 제3부에서는 세 가지 상세한 사례들을 제공할 것이다.

〈그림 1〉은 간단히 말해서, 안정성의 순환(COS) 개입이 어떻게 기능하는지를 보여

준다.

　양육자의 불가피한 결점을 직면하거나 또는 심각한 아동학대 또는 방임을 겪으면서, 아동은 생존하기 위해 양육자와 충분한 근접성을 유지하기 위한 행동 전략을 개발하게 된다. 이러한 전략은 무엇이 충분히 가깝고, 가깝지 않은지, 접근해야 할 때가 언제이며 물러나야 할 때가 언제인지, 그리고 양육자의 용납과 거절을 촉발하는 것이 무엇인지와 관련된 본능에 기초한 것들이라 할 수 있다. 이러한 전략은 삶과 죽음의 문제와 연결되어 아동이 가장 취약할 때인 전언어단계에 발달된다. 따라서 심지어 성인이 되어도, 이러한 무의식적이고 비언어적인, 목숨을 구하는 전략의 근본적인 변화 구성이 복삽하다는 것은 놀랄 만한 일은 아니다.

　COS의 치료 접근법은 인간의 상호작용과 감정의 복잡성 안에 자주 숨겨져 있는 이러한 핵심적 관계의 전략을 의식하게 한다. 그러나 양육자가 이러한 인식을 가질지라도 그들은 삶을 보존하려는 작전처럼, 느낌과는 반대로 행동해야 하는 어려운 임무에 직면하게 된다. 이것은 마치 사다리 아래를 지나거나, 소금을 엎지르거나, 또는 거울을 깨뜨리는 것과 같다. 미신을 믿지 않고 비록 안전한 것을 알고 있다 하더라도 당신의 몸이 경계태세 반응을 보일지 모른다. 성인은 어린 시절에 취했던 방어적 애착전략들에 주의를 기울이지 않을 때, 이전에 배웠던 전략으로부터 벗어나지 않으려고 감지하기 힘든 정서적인 경고를 받는다. COS는 이 경고와 방어의 과정을 설명하는데, 그 이유는 이 과

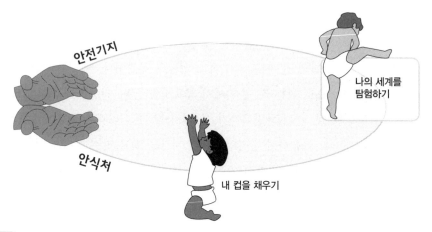

안전기지

안식처

나의 세계를 탐험하기

내 컵을 채우기

그림 1　안정성의 순환 : 아동의 욕구에 대한 부모의 주의. Copyright 1998 by Cooper, Hoffman, Marvin, and Powell.

정이 관계와 양육능력에 지대한 영향을 미치기 때문이다.

유지시키는 전략과 방어가 인정될 때, 안정성의 순환(COS)은 예전의 문제적 믿음과 행동을 유지할 때 드는 대가를 양육자가 관찰할 수 있게 돕는다. 양육자가 인식과 동기 둘 다 가지고 있을 때 상호작용 양상을 유지할 것인지 아니면 바꿀 것인지에 대한 선택도 가장 잘할 수 있다.

COS는 자녀의 애착 욕구를 충족시킬 수 있는 상호작용 양상을 선택할 수 있는 양육자의 능력을 향상시킴으로써, 비디오 검토와 양육자의 반영적 대화를 안내하기 위한 안정성의 순환(COS) 도표를 사용하여 안정관계를 발달시킬 수 있도록 돕는다. 아동의 필수적인 능력은 안정애착적 맥락에서 최고로 발달하기 때문에, 안정성의 순환(COS)은 양육자가 자녀의 사회적·정서적·신체적·인지적 발달을 위한 건강한 환경을 만들도록 궁극적으로는 성인의 자율성에 도움이 되는 접근으로 보인다.

그러나 안정성의 순환(COS) 접근법을 이해하는 데 중요한 것으로서 정서적으로 건강한 인간이 되기 위해서 안정애착과 자율성은 날실과 씨실처럼 같이 있어야 한다는 것을 전제로 한다. 아동이 발달시켜야 하는 것은 관계 내의 자율성과 자율성 내의 관계이다. 물리적 세상의 작동에 기초해서, 사람이 다른 사람들과 함께 있거나 혹은 혼자라는 것은 분명하다. 물론 명백한 이분법은 없다. 개인은 심지어 다른 이들과 함께 있지 않는다 하여도 별개의 독립체가 아니다. 다른 이들과 함께 있다는 내면화된 감각은 사람들의 삶의 경험 속에 불가분하게 섞여 들어가 있기 때문이다(심지어 그들이 혼자 있을지라도).

아동은 양육자의 걱정, 관심, 필요할 때 이용 가능했었는지와 관련된 느낌이 있을 때 자율성이 발달한다. 이런 연결이 결핍되었을 때 아동이 자기충족을 하려는 노력은 진정한 자율성이라기보다 자포자기의 행동이다. 진정한 자율성은 안정애착 안에서 성취된다. 자기충족은 정서적 강점, 심리적 건강, 혹은 하나의 진정한 선택 신호가 아니다. 인간 인식의 핵심은 자기와 다른 사람의 마음에 친밀한 관계를 갖기 위한 잠재력이라 할 수 있다. "영아는 경험되며 경험한다"(Beebe et al., 2010. p. 14). 이것은 한 사람이 삶을 시작하고 끝낼 때의 진실이다. 인간이 된다는 것은 경험되고 이해되는 경험과 자기 자신이 되고 탐색하기 충분하게 안전감을 느끼는 것을 요구한다.

이러한 이유 때문에 영아 애착연구는 전문적으로 풍요로울 뿐만 아니라 완전히 개인적인 경험이다. 애착이 과학적으로 연구되는 이유는 우리의 첫 애착을 통해서 (좋건 나쁜건)세상을 배운다는 사실 때문이다. 과학을 개인적으로 흥미롭게 만드는 것은 그것이 사랑 이야기라는 점이다. 이것은 단지 보통의 사랑 이야기가 아니다. 오히려 그것은, 우리의 첫사랑의 희망, 성취, 그리고 비통에 대한 이야기이다.

　애착에 대한 연구는 배움의 많은 부분이 비디오를 통한 부모-자녀 상호작용 관찰에 기반을 둔 것이기 때문에 타협되지 않은 정직함과 신속함을 가진 공유된 삶의 이야기를 이끈다. 가족을 부양할 수 있는 오래된 인간 애착의 과정을 지켜보는 것은 기분을 북돋아 줄 수 있다. 이것은 견디기 어려울 수도 있지만, 외면하는 것은 불가능힌데 왜냐하면 역사에 대한 우리의 경험이 친밀한 상호작용을 봄으로써 활성화되기 때문이다. 때때로 갈망하던 친절함을 받지 못하는 아기를 지켜보는 것은 우리로서는 고통스러운 일이다. 큰 고통과 최악의 두려움을 직면하는 아기를 보는 것은 우리에게 가장 가슴 아픈 일이다. 때문에 가장 좋은 점은 영아 애착연구가 그들의 욕구에 부응하여 우리의 마음을 열게 한다는 사실이다. 그것이 우리의 사랑 이야기가 되었던 것처럼 당신에게도 사랑 이야기가 되기를 희망한다.

상표가 등록된 안정성의 순환(COS) 자료 사용하기

우리 연구에 찾아온 것을 기쁘게 생각한다. 우리는 이 자료를 계속해서 전 세계 부모, 전문가들과 공유하고 사용하기를 바란다. 안정성의 순환(COS) 무료 다운로드와 또 다른 정보를 원한다면 www.circleofsecurity.com을 참고하기 바란다. 다만 자료(Resources) 탭 아래에 있는 유인물(Handouts) 장에 설명된 자료 공유와 관련된 제한도 따라 주기를 당부한다.

우리는 책 속 정보가 우리 작업에 대한 소개뿐만 아니라 당신의 작업을 향상시킬 수 있는 하나의 조직적 체계를 제공하길 바란다. 그러나 우리는 이 자료만으로 안정성의 순환(COS) 개입에 대해 당신을 충분히 준비시켜 줄 것이라고는 생각하지 않으며, 책 내용이 교육과 수퍼비전을 대체할 수는 없다고 생각한다.

우리에게 안정성의 순환(COS) 프로토콜의 정확성을 유지하는 것은 매우 중요하다. 그래서 안정성의 순환(COS) 이름과 도표는 상표로 등록되었다. 홍보자료나 연구, 직접적 서비스 승인에 안정성의 순환(COS) 이름을 사용하려면 우리 웹사이트를 방문하기 바란다. 안정성의 순환(COS)의 정확성을 지키기 위한 당신의 협조와 노력에 아동과 가족을 대신하여 감사드린다.

중성대명사

일차 양육자는 여성과 남성 모두다. 놀랍게도 애착은 성 중립적인 현상이다. 그러므로 양육자를 묘사할 때 남성과 여성 대명사를 번갈아 사용하였다. 또한 친부모가 아닌 많은 양육자들의 기여에 존경을 표하기 위해서 '부모', '양육자'를 모두 사용했다.

사례 연구

이 책에 들어 있는 예들은 실제 사례이지만, 가족의 사생활 보호를 위해 모든 정보는 변경되었다.

제 3 부
사례 소개

이 책에 쏟아진 찬사들

"안정성의 순환 개입은 훌륭한, 창의적, 변형적이라는 단어들로는 설명이 불가능할 정도로 그 역량이 깊고도 넓다. 저자들은 애착이론을 기반으로 많은 연구와 획기적인 개입에서 파생한 안 정성의 순환을 통해 영아와 부모가 모두 안정적일 수 있도록, 또 적응 유연성을 가지고 행복한 삶을 향유할 수 있도록 돕고 있다. 여기 대기들의 지혜를 흡수하라. 그러면 당신은 나처럼 영원 히 감사하게 될 것이다. 저자들의 헌신과 통찰이 함유되어 있는, 복잡다단한 이 책이야말로 실 제적인 치료적 탐색을 제공할 수 있을 것이다."

- Daniel J. Siegel, UCLA 의대 정신과의사, *Brainstorm: The Power and Purpose of the Teenage Brain*

"얼마나 아름다운 책인가! 통찰, 연민은 물론 감동적이고 영롱하며 유용하기까지 한 이 책은 훌륭한 과학, 깊이 있는 임상 경험, 그리고 지금까지 내가 만나 왔던 치료사를 위한 논리정연한 지침이라는 최고의 조합을 제공하고 있다. 효과적인 양육의 이해와 그 증진을 원하는 모든 사 람들에게 이 책은 '필독서'라고 과히 말할 수 있겠다."

- Phillip R. Shaver 박사, 캘리포니아대학교 데이비스 석좌교수

"효과적 연구로 뒷받침할 수 있는 중요한 접근을, 직관적 감각으로 애착을 증진시킬 수 있도록 저자들은 이 책을 통해 상당히 복잡한 개념을 능숙하게 해석하고 있다. 비디오의 민감한 활용 을 통해 부모는 자녀를 양육할 때 자신의 초기 경험이 어떠했는지 새로운 관점에서 자신을 볼 수 있게 되었다. 안정성의 순환은 신뢰를 형성하고 자신감을 고취시키는 방법으로 자녀 보호는 물론 지지 욕구에 반응하는 부모를 자유롭게 해 줄 수 있다. 실제적 개입 전략을 담은 저자들의 귀한 지혜가 양육방법의 향상을 원하고, 아동학대 예방법을 찾는 모든 임상가에게 좋은 선물이 될 것이다."

- Alicia F. Lieberman 박사, 캘리포니아대학교 샌프란시스코 유아정신건강과 Irving B. Harris 석좌교수

"안정성의 순환은 초기 부모-자녀 개입 프로그램의 선두로서 임상가는 물론 학생들에게, 국내 는 물론 국제적으로도 활기를 불어넣어 줄 수 있을 것이다."

- Jude Cassidy 박사, 메릴랜드대학교 칼리지파크 심리학부 교수

우리가 수년 동안 함께 일해 왔던 사람들에게,
당신의 삶을 열어서 가장 내밀한 이야기들을 나누어 줌으로
당신은 우리에게 가장 중요한 스승이 되어 주셨습니다.

제 1 부

초기
양육 관계
애착

1장

시야에 있지만 보이지 않는 것 : 안정애착의 결정적 중요성

당신이 아기에 대해 설명할 때, 아기 그리고 함께 있는 누군가를 반드시 설명하고 있는 당신을 발견할 것이다. - Donald W. Winnicott(1964/1987)

생각해 봐라. 당신은 1에 대해 알고 있기 때문에 2도 이해할 수 있다. 1 더하기 1이 2를 만들기 때문이다. 그러나 사실 2를 알기 위해서는 반드시 1 '더하기' 1에서 '더하기'라는 것도 이해해야 한다. - 수피교 명언

어두운색 머리의 25살쯤 되어 보이는 여자는 다리를 꼬고 의자에 앉아, 5미터 정도 떨어진 곳에서 딸아이가 장난감을 가지고 노는 것을 보고 있다. 그녀는 잠시 자리를 비웠다가 방에 돌아와서 딸아이가 우편물 위에 여러 모양의 링을 차곡차곡 쌓고 있는 것을 보면서, 곧바로 질문을 가장한 설명을 조용히 시작한다. "이건 무슨 색이지?" "파란색은 무슨 모양이지?" "오각형은 어디에 있을까?"

아이는 엄마의 질문에 답하며 카페트 위를 정신없이 돌아다닌다. 그러나 엄마를 마주 보지는 않는다. 잠시 후 병원놀이 장난감을 가져와 엄마 무릎 위에 올라가려 한다. 엄마는 아이를 바닥으로 살짝 밀어내며 "아직 링들이 정리되지 않았어. 저기 봐. 저기도!" 아이는 순종적으로 장난감 더미로 돌아가서 또 다른 링을 더 정리한다. 그리고 병원놀이를 집어서 엄마에게 돌아온다. 이제 엄마 무릎에 올라와서 엄마가 장난감 정리가 안 끝났다는 것을 지적할 때까지 엄마 귀를 진료한다. 아이는 엄마의 이야기를 무시한 채, 청진기로 엄마 심장소리를 들으며 엄마의 흥미를 끌기 위해 노력한다. 엄마는 아이를 보지 않고 바닥에 어질러진 장난감 더미로 간다. 결국 아이는 엄마에게로 가서 장난감을 정리한다.

이 관찰은 보통의 젊은 엄마와 유치원생 아이의 전형적인 상호작용 모습이다. 그러

나 이는 엄마와 딸의 삶에서 자연스러운 순간은 아니다. 로라와 애슐리는 유아와 양육자 간 애착패턴을 측정하는 Mary Ainsworth의 '낯선 상황' 실험에 참가했다. 아이에게 전념한 이 똑똑한 엄마는 양육적 조언을 얻고자 도움을 청했다. 비록 그녀가 이미 자신이 '훌륭한 엄마'라고 믿을지라도, 양육에 관한 모든 것을 알고 있는 전문가에게 도움을 받는 것은 손해가 아니라고 생각했다. 로라는 우리 중 한 사람이 인도하는 안정성의 순환(COS) 집단에 참석하여 12~20주 동안 방금 이루어졌던 상호작용에 관한 비디오를 봤다. 그녀는 프로그램 시작 전에 이 비디오를 보고 자신의 딸이 얼마나 귀여운지 알게 되었고, 평소에 보지 않았던 세세한 것들을 볼 수 있게 되었다고 했다. 그녀는 비디오를 보며 눈물을 흘렸고, 고개를 떨구며 말했다. "나는 아이가 나를 안으려 할 때마다 밀어내는 데 모든 시간을 낭비했었네요."

로라는 과거에 보이지 않았던 것들을 볼 수 있게 되었다. 모든 중심은 '그리고(1과 1 사이)'이다. 그녀와 그녀 딸 사이처럼. 이 별다를 것 없는 엄마-딸을 바꿔 줄 암호는 아이의 심리적 발달에서 주 양육자와의 관계가 결정적 역할을 한다는 주목할 만한 진실이다. 그러나 우리가 견딜 수 없는 그 사실을 보는 것으로부터 우리를 가로막는 '마음을 읽지 못함(mind-blindness)' 때문에(Shanker, 2004) 로라는 딸과 상호작용하는 동안 그 진실을 지각하지 못했다. 그녀는 편안함을 제공해야 할 순간과 탐색을 격려해야 할 순간을 볼 수 없었다. 아이의 욕구가 하루에도 수백 번씩 왔다 갔다 하는 것을 알 수 없었다. 그녀는 부모가 종종 하나의 욕구를 다른 것보다 더 편하게 마주한다는 것을 알지 못했다. 그녀는 자녀의 욕구에 응답하는 데 부모가 편안하거나 불편하게 되는 것이 부모 자신의 어린 시절 욕구가 얼마나 충족 또는 불충족되었는지에 의해 강하게 영향받는지도 몰랐다. 그리고 그녀는 심지어 아주 어린 아이들조차도 양육자를 불편하게 만드는 태도가 무엇인지를 학습하여 관계를 유지하기 위해 자신의 욕구를 숨기게 되고, 이것을 위해 얼마나 혼란스런 범주의 행동(흔히 '잘못된 신호'라고 하는)을 사용하게 되는지 알지 못했다.

COS 개입과 이와 관련된 시각자료는 양육자가 자녀의 욕구를 인식하고, 부모의 반응이 자녀의 욕구와 만나는지 아닌지에 대한 인식을 증가시키도록 돕는다. 인식이 향상된 부모는 욕구가 있는 곳에서 순간순간의 양육적 선택을 확장시킬 수 있다. 마음을 읽지 못하는 상태로부터 시야에 있으나 보지 못했던 것들을 볼 수 있게 되는 것으로의 이러한 전환은, 한 세대를 지나 다음 세대까지 아이의 평생에 걸쳐 건강한 관계를 손상시킬 수 있는, 문제가 있는 애착패턴의 속박을 깰 가능성을 갖게 된다.

안정성의 순환의 발전 : 완벽한 태풍

COS의 발달은 4명의 임상가가 완벽한 태풍을 만드는 '대기환경 조건'의 영향을 발견한 기쁜 이야기다. 우선, 아동에게 초기 개입은 필요하며 실행 가능하다는 것이 점차 명료해지고 있다. 동시에 인간의 건강과 발달에서 관계가 중요하다는 것이 더욱 확고해지고 있으며, 영아와 성인의 내적 세계가 밝혀지고 있다. 그러는 사이 광범위한 연구들이 이루어져서 위에서 말한 것과 같은 애착의 근본적인 역할을 밝히고 있다.

초기 개입의 필요성

- 0세부터 3세까지(Zero to Three) 같은 단체와 정신과의사들의 지지를 얻어 1980년대부터 90년대까지 영아 정신건강 분야는 양과 질 모두 지속적으로 성장했다(J. Cassidy, 개인 서신 교환, 2011. 05. 13.).
- 발달정신병리학 분야가 생겨났다. 1980년대 중반 과학자들은 "정상발달은 정신병리를 무엇이라 설명할 것인가?", "정신병리학에서는 발달을 무엇이라 설명할 것인가?"를 질문하는 의식적 노력을 하기 시작했다(C. H. Zeanah, 개인 서신 교환, 2011. 05. 17.).

　연구실에서부터 일반 가정까지 발달연구가 곳곳에서 진행되고 있는 동안, 우리는 초기의 사건들이 평생에 걸쳐 얼마나 많은 영향을 미치는지를 성인들과 매일 작업을 하며 알게 되었고 초기 개입의 중대한 필요성을 보게 되었다. 관찰된 부모들이 자신의 자녀에게 가하는 고통은 자신의 초기 유년기 경험의 핵심을 확인하는 정도로, 자신의 유년기 고통을 자녀에게 재연한다. 1970년대부터 성인 노숙자, 입양부모, 그리고 가족, 개인 상담을 해 본 결과 모든 면에서 이것이 사실로 드러났다. 그리고 빠르게 성장 중인 영아 정신건강 분야는 유아, 심지어 영아의 정신건강이 관찰과 측정이 가능하며, 개입과 예방이 가능한 대상이라는 것을 의심할 여지 없이 보여 주고 있다. 그러나 초기 개입을 어떻게 하면 되는가? 분명히 성인기 문제가 싹트는 것을 예방하기 위한 적응적인 방도로서, 아주 어린 아이의 발달 중인 정신을 우리가 어떻게 하면 지킬 수 있는가? 의문이 싹트고 있었다.

관계에 중점을 둔 초기 개입의 필요성

영아-부모 관계는 영아 정신건강에서 개입과 예방이 가장 요구되는 대상으로 떠오르고 있다.
- Charles H. Zeanah, Julie A. Larrieu, Sheryl S. Heller, & Jean Valliere(2000, p. 222)

우리는 임상경험을 통해 가족치료의 기본 원리를 확인했는데, 이는 사람의 행동 문제는 가족관계의 맥락에 뿌리를 두고 있다는 것이다. 이것이 명백히 드러나는 사례가 혼란상태의 가족에서 양육되던 아이를 양질의 입양가족에게 보냈을 때이다. 이 아이들은 꽃처럼 피어났고, 문제행동은 현저히 줄어들었다. 그 후 아동보호서비스는 아동의 문제가 해결되었다고 추측하고 다시 혼란 상태의 가족에게 돌려보냈다. 이후 문제행동은 빨리 재발하곤 한다.

가족치료의 주 골조는 많은 해답을 제공했다. 그러나 이 치료적 견해에는 갭이 있다. 비록 Salvador Minuchin이 역사는 항상 이 순간이 현재라 했고(Minuchin, 1980), Murray Bowen이 1950년대 초부터 현재 관계를 통해 자신에게 영향을 미친 근원가족을 탐구하기 시작했을지라도, 일반적으로 가족치료 분야에서는 맥락과 분리된 개인의 내적 경험에 관심을 덜 기울이는 모습이다.

내적 작동 모델에 중점을 둔 초기 개입의 필요성

- Selma Fraiberg의 1975년 논문 "Ghosts in the Nursery"는 영아기 트라우마의 세대를 초월한 영향력에 대해 조사했고, 30년 후 Alicia Lieberman이 반대 입장에서 좋은 부모-자녀 관계의 유익한 영향을 탐색하는 "Angels in the Nursery"가 나오게끔 했다.
- 1985년 영아의 대인관계에 대해 책을 쓴 Louis Sander, Daniel Stern 같은 발달학자들의 연구를 추적해 보면 양육자와의 관계는 유아의 발달 및 미래의 건강, 적응능력까지도 변화시킬 수 있다고 제안한다. 더 이상 유아의 발달적 운명을 오래된 '붉은 실'이나 발달을 막는 정신분석학적 견해에 따라 형성된 성격이라는 핵심 사건에 의해 봉인된 것으로 보지 않는다.
- 성인 애착 인터뷰(AAI)는 중요한 기술적 돌파구가 되었으며 부모의 작동 모델을 측정하기 위한

표준화된 도구를 제공했다(Main & Goldwyn, 1984; George, Kaplan, & Main, 1984). AAI에 의해 일반화된 원리와 정보는 성인의 내적 작동 모델을 연구하고 부호화할 수 있게 했기 때문에 임상가들의 흥미를 끌었다(C. H. Zeanah, 개인 서신 교환, 2011. 05. 17.).

- 1985년 출간된 "Security in Infancy, Childhood, and Adulthood"라는 제목의 Main, Kaplan, Cassidy의 보고서를 보면, 부모들의 AAI 범주는 그들 자녀의 애착 범주와 매우 밀접한 상관이 있다고 했다. 이것은 "이 분야가 지향해야 할 방향의 큰 전환점"이 되었다(Hesse, 1999, p. 395). 애착이론은 유아나 양육자의 행동에 중점을 둔 이론에서 애착에 기원한 부모의 정신적 표상과 결합하는 방식으로 전환되었다. 이 방법은 유아의 애착 행동을 예측하게 되었다(Main, Kaplan, & Cassidy, 1985).

연구, 임상적 작업 모두에서 보면 부모는 여러 상황에서 성격적 특성을 보인다. 이는 현재의 맥락에서보다 놀이 중에 더 드러난다. 그것은 또한 유아가 '돌발행동을 할 때', 설명이 거의 없이, 간단한 방법으로 행동을 강화하며, 그때의 보편적 관점에 따를 때 더욱 분명해진다. 아빠가 자신의 아들이 소리를 지를 때 원하는 것을 주면 아들은 매 상황 소리를 지르게 될 것이다. 아이의 행동은 그들이 부딪쳐 온 가족관계의 질 그리고 그들은 말하지 않았지만 행동주의자들의 믿음처럼 상과 벌을 형상화한 의미 없는 반영들을 알 수 있도록 하는 즉각적 표현이 될 수 있다. 아이들의 행동은 본능에 지배된다. 사실 행동은 타고난 욕구를 표현하는 수단이다. 문제행동은 그들의 욕구를 지속적으로 충족시켜 주지 못할 때 나타나게 된다.

임상장면에서 보면 아이가 편안함을 위해 드러내는 확연한 욕구를 사랑하는 엄마가 무시하는 것을 보게 된다. 하지만 그렇다 할지라도 엄마는 그들에게 최우선이자 최고의 관심대상이다. 반면, 우리는 주변을 탐색하고자 하는 아이를 꼭 껴안고 있는 부모도 보게 된다. 그들의 좋은 의도에도 불구하고, 부모는 자녀의 욕구를 충족시켜 주지 못하고 있다. 고군분투 중인 부모와 자녀를 보면 그 부모는 살아 있는 인형을 조종하는 듯한 행동을 모든 관계에서 보인다.

'커튼 뒤에 남자'와 초기 개입에 대한 이해를 합치하고자 하는 욕망은 우리 중 3명이 정신분석학적 훈련을 계속하도록 이끌었다. 우리 중 한 사람이 1985년에 스포캔에 James Masterson을 데려왔을 때 전문가 집단과 스포캔의 정신건강센터 직원 200명에게 교육을 선물하기 시작했다. 1986년 우리가 배운 것들은 임상관찰에 강하게 영향을 미쳤다. 우리 중 2명은 Masterson협회에서 원격훈련프로그램을 공부하기 시작했고, 정신분석학적 심리치료의 대학원 인증을 받았다.

Masterson의 발달적 대상관계이론의 견해는 우리에게 정신분석학이 초기 개입의 핵심을 제공한다는 희망을 주었다. 그러나 정신분석학은 여전히 운명의 '붉은 실'과 발달정지이론에 근간을 두고 있다. 이는 부모로서의 기능장애가 유아기에 원인이 있으며 아동기부터 성인기까지 일관된 경향을 보인다는 우리 견해와 일치되지는 않는다. 끊임없이 지속되는 주제에 대응하여 아동기를 통해 성격이 발달된다는 견해는 성격이 모든 것을 변화시킨 한 가지 사건의 산물이라거나 민감한 시기에 발생한 결과물이라는 견해보다 더 설득력이 있다.

1989년 COS의 발달에 중요한 디딤돌 역할을 하게 된 일주일간의 세미나 동안 Daniel Stern은 다음과 같은 대답으로 발달정지이론에 대한 그의 견해에 대해 질의응답했다. 그는 영아발달의 견해는 협소하고 제한적이어서 아주 어린 나이에 일어나는 아동의 내적 경험의 타당성을 폭넓게 이해할 수 없다고 했다. Masterson협회에서 훈련하는 동안 우리의 흥미는 또 다른 관점인 애착이론의 중요성과 내적 경험의 중요성에 좀 더 초점을 맞추게 되었다.

애착에서 개입의 필요성

- Mary Ainsworth가 애착패턴(불안-회피, 불안-양가)을 발표하고 20년 후, Mary Main과 Judith Solomon은 비조직화된/혼돈 패턴 범주를 추가했다(Main & Solomon, 1986, 1990). 이 추가는 애착이론이 임상세계에 더 가까워지는 데 큰 기여를 했는데 특히 학대당하거나 부모가 정신적 질병이나 다른 특별한 문제가 있는 아동의 애착 문제에 대해 이야기할 때 더욱 그러했다(Solomon & George, 2011; C. H. Zeanah, 개인 서신 교환, 2011. 05. 17.).

- 1989년에 우리는 개입이 어려운 가족과 비디오 기술을 활용한 Susan McDonough의 작업을 소개했다. 자녀와 긍정적 관계 맺기를 지원하기 위해 부모와 실행한 비디오 검토는 간단하면서 성공적이어서 비디오를 기반으로 한 접근 방식에 대해 좀 더 개방적으로 생각할 수 있게 되었다.

- 촬영이 생각보다 적은 비용으로 가능해졌다. 그것의 오락적 가치에 의해 주로 동기화된 기술적 진보가 미래 임상으로의 도약을 준비할 수 있다는 것이 이상해 보일지도 모르겠다. 그러나 VCR은 저렴한 장비, 시설, 관찰연구의 발달로 소비자들의 인기를 빠르게 얻을 수 있다는 것은 사실이다(J. Cassidy, 개인 서신 교환, 2011. 05. 13.).
- 1990년 Robert Karen의 "Becoming Attached" 논문은 아동발달의 딱딱한 개념을 일상의 언어로 표현하여 친숙한 개념으로 전환시켰다. 4년 후(1994) 내용이 추가되어 책으로 출간되었다. 이 책은 열띤 논쟁, 경쟁, 발견의 깨달음의 순간, 현실적 구성으로 현재의 애착이론의 역사로 독자들을 사로잡았다. 무엇보다도 애착이론은 일반 출판계의 큰 부분으로 알려지게 되었다.
- 1993년 스포캔에서 우리 중 3명은 Jude Cassidy를 소개받았다. 애착이론가이며 연구자인 그녀는 우리의 가장 영향력 있는 자원이며 애착이론을 이해하는 데 깊이를 더해 주는 안내자였다. 그녀가 지속적으로 매주 통화하며 안내해 준 덕분에 우리의 이론과 애착의 과학적 배경은 뚜렷해졌다.

애착이론은 가족관계와 내적 작동 모델 모두 초기부터 개입이 필요하다는 우리의 이해에 매우 중요한 구조를 제공한다. 이는 관계의 기능과 중요성에 대해 우리가 더 잘 이해할 수 있게 해 줬다. 행동은 반사적이고 의미를 가지고 있다기보다 본능적이라는 것을 확인했다. 아이들은 특별한 사건이나 발달정지보다 오히려 지속적인 주제에 대해 반응하며, 그들의 행동적 반응은 애착을 유지하기 위해 고안된 목표지향적 적응이다. 이 애착본능은 Judith Viorst의 필요한 손실(1990, 원저는 1986)에 신랄하게 담겨 있다. 여기에서 그녀는 심각한 화상을 입은 아기의 고통스러운 실화를 서술했다.

어린 소년이 병원 침상에 누워 있다. 그는 고통스러워하며 두려움에 떨고 있다. 그의 작은 몸 중 40%가 화상을 입었다. 누군가 그를 알코올로 적셨고, 믿을 수 없지만 그에게 불을 질렀다.

그는 간절히 엄마를 불렀다.

그의 엄마는 그에게 불을 질렀다.

아이가 잃은 엄마가 어떤 사람인지 또는 그녀와 사는 것이 얼마나 무서울지는 중요하지 않다. 그녀가 다치게 한 건지 안아 준 건지도 중요치 않다. 엄마와 분리되는 것은 때때로 그녀가 폭발할 때 그녀와 함께 있는 것보다 끔찍하다. 엄마의 존재 자체로 안전을 느끼게 하기 때문이다. 엄마를 잃는 공포는 우리가 아는 가장 초기의 테러이다(p. 22).

Viorst는, COS 작업이 발견한 애착이론의 기본 주제를 조금 다른 시각에서 요약하고 있다. 생애 초기에 주 양육자와 맺는 관계는 중요함 그 이상이다. 이는 감정적 필수조건이다. 관계유지를 위한 방법을 찾는 것은 그것이 긍정적인지 부정적인지 또는 안전한지 그렇지 못한지로 고려될 문제가 아니다. 적당하고 편리하다고 느끼면 선택하고 그렇지 않으면 무시하는 형태로 간편하게 추가하는 단순한 것이 아니다. Harry Harlow(천으로 만든 원숭이와 우유를 주는 철제 원숭이 실험), John Bowlby, Mary Ainsworth의 작업에서 했든지 또는 Viorst의 부모-자녀 관계의 충격적인 이야기이든지 간에, 관계는 신체에 필수적인 산소처럼 감정적으로 반드시 필요한 요건으로 드러났다.

그러나 애착이론은 그 계약관계의 중요성을 확인시켜 줄 뿐 아니라, John Bowlby가 아동의 삶에서 초기 개입으로 제시한 전체 구조 또한 제공했다. 애착은 유아가 그들과 가장 가까운 관계에 있는 사람들과 자신에 대한 내적 작동 모델을 형성할 수 있도록 돕는다. 안정애착은 아동이 성인이 될 때까지 건강한 발달을 할 수 있는 길로 이끈다. 안정적 내적 작동 모델과 함께 관계 내에서 성장할 수 있고, 나아가 같은 관계를 그들의 자녀와 맺을 수 있다. 이는 심리적 도전과제를 잘 헤쳐 나갈 수 있게 도우며 세대를 거쳐 지속될 것이다.

애착이론의 간략한 역사

1940년대 초반, John Bowlby가 부적응 아동과 함께한 자원봉사 작업을 바탕으로 정신 건강적 측면에서 양육자와의 놀이가 아동의 관계에 미치는 영향에 대한 혁명적 견해를 발표했다. Bowlby의 이론은 아동은 성과 공격성, 오이디푸스콤플렉스를 해결하기 위한 고군분투, 이 두 가지 원초적 욕구에 의해 내적으로 동기화된다는 Freud의 이론에서 발전됐다. 1944년 Bowlby는 "Forty-Four Juvenile Thieves"라고 불리는 연구를 출간한다. 거기서 그는 자기 연구 표본 가운데 정신적 장애가 가장 심한 청소년 범죄자에 대해 발표하는데 모두 그들의 엄마와 분리된 경험이 있었다. 이를 시작으로 Bowlby는 아동과 주 양육자와의 애착은 본성적으로 생애 전반에 걸쳐 요구된다는 것을 발견했다.

애착에 관해 Bowlby가 작업을 시작했을 때 그의 생각은 상당히 급진적이었다. 1920~40년 사이 유럽과 미국 저널에는 엄마의 돌봄과 정신건강 사이의 상관관계를 검토하는 논문이 27편 실려 있다(Blum, 2002). Bowlby 스스로가 엄마의 돌봄과 정신건강에 대해 폭넓은 연구를 시작한 이후 애착에 관련된 논문이 수천 편 쓰였고, 1951년 세계보건기구(WHO)에 의해 처음 출판되었다(이 논문은 40만 부나 판매되었다). 경험을 기반으로 한 아이들의 정신건강에 대한 이야기는 획기적이었다. "영아와 유아는 온화하고, 친밀하고, 지속적인 관계를 맺는 경험을 그의 엄마(또는 엄마를 영원히 대신해 줄 존재)와 맺어야만 하고, 이것은 둘 모두에게 만족감과 즐거움을 준다"(Bowlby & Ainsworth, 1951, p. 11 ; Bretherton, 1992).

이 생각에 대해 20세기 중반의 아동보육전문가들, 예를 들어 의사, 정신분석가, 사회학습이론가들은 반대했다. 의료적 관점에서 그 시대 우수한 소아과의사인 Luther Emmett Holt(1855~1924)는 위생의 필요성에 대한 새로운 이해를 주장했는데, 성인인 자녀와 다정한 스킨십, 특히 키스 같은 접촉을 피해야 한다고 제안했다. 아동심리학적 관점에서 John B. Watson(1878~1985) 박사는 미국 행동주의의 아버지인데, 신생아를 안아 주고 애지중지하는 것 자체가 정신건강에 해를 끼칠 수 있으며, 단 며칠 동안의 '지나친 스킨십'만으로도 아이의 인생을 망칠 수 있다고 이야기했다. 이어서 "모성애는 위험한 도구"라고 말했다(Blum, 2002, p. 37). Freud 역시 부모를 지속적으로 필요로 하는 것은 지나친 의존의 신호라고 보았다.

Mary Ainsworth는 영아기 엄마와의 분리가 아동의 발달에 어떤 영향을 미치는가에 대해 함께 작업할 연구자를 찾는 광고를 보고 Bowlby와 함께하게 되었다. Ainsworth는 인상적인 경험뿐만 아니라, 아동의 자율성 발달과 부모에의 안전한 의존의 중요성에 흥미가 있다며 지원했다. 그녀는 Bowlby가 아동이 주 양육자와 갖는 애착의 중요성에 대한 이론을 정립한 1950년에 함께 일했다. Ainsworth는 Bowlby의 생각에 크게는 동의했으나 어떻게 행동생물학(예 : 각인이론)이 아동의 욕구를 엄마에게 설명할 수 있는지 의구심을 가졌다. 그녀와 남편이 1953년 우간다로 이주했을 때, 운 좋게도 (발달심리학과 Bowlby가 정립한 다른 분야에 덧붙여) 행동생물학 개념의 관련성을 입증할 실증적 증거를 얻었다. 그녀는 자연스러운 상황설정 내에서 엄마와 아기를 관찰하면서 자료를 수집했다. 당시는 체계적이지 못했기에 세상에 발표하기까지 5년이 더 걸렸으나 결국 이론을 뒷받침하는 중요한 자료가 되었다. Ainsworth의 관찰은 영아를 안정애착, 불안정애착 또는 애착이 형성되지 않아 어디에도 속하지 않음으로 구분했다. 그러나 그녀 역시 COS 개입의 기초가 될 상관관계에 대해 알게 되었다. 가장 안정적인 애착의 영아는 대체로 만족하며 흥분해도 쉽게 진정할 수 있고 엄마의 손길을 거부하지 않는다. 안정애착 영아의 엄마들은 아기가 보내는 신호에 매우 민감하게 반응할 수 있다.

John Bowlby는 10년간 애착, 상실, 분리에 관한 그의 가장 영향력 있는 저서 3권을 집필하고, "20세기(그리고 21세기에도) 연구 중 가장 폭넓고 가장 깊이 있으며 가장 창의적인 이론 중 하나인 애착이론의 기초를 정립했다"(Cassidy & Shaver, 2008, p. xi). 반면, Mary Ainsworth는 볼티모어에서 엄마와 아기의 다른 자연스러운 상황설정 연구에 착수한다. 그곳에서 그녀는 출산을 앞둔 엄마들을 모집하여 아기의 첫돌 때까지 1년간 엄마-자녀 간 결합을 관찰했다. Bob Marvin은 이 프로젝트를 도운 학부생이었다. 1970년대 초 Ainsworth 역시 '낯선 상황'이라 불리는 획기적인 도구를 창안했다. 나중에 이것은 COS에서 부모-자녀 관계 비디오를 찍는 데 주요한 도구가 된다. 낯선 상황은 이 책의 제2부에서 더 자세히 설명하는데, 이는 연구자가 양육자와 영아 또는 유아 사이의 잠시 동안의 분리와 결합을 통해 자연스러운 애착을 관찰하는 것이다. Ainsworth가 이를 볼티모어 연구에 적용했을 때 분리는 일반적으로 불안, 탐색놀이 감소 등 아동이 예상 가능한 반응을 보인다는 것을 알았다. 그러나 그녀가 놀랐던 것은 아이의 엄마가 돌아왔을 때 몇몇 아이의 반응이었다. 어떤 아이들은 Ainsworth가 방에서 나가고 기다렸던 엄마가 돌아왔음에도 안도나 만족감을 나타내지 않았다. 어떤 아이들은 엄마에게 화를 내고 때리거나 발로 차기도 했다. 또 어떤 아이들은 등을 보이며 돌아앉거나 흥미를 보이지 않았다. 이 반응들에 더욱 흥미로워진 Ainsworth는 집에서 역시 원만하지 못한 부모-자녀 관계를 이 반응들과 연관 지어 생각했다.

Ainsworth는 이 연구를 통해 애착을 더욱 구체적으로 분류했다: 안정(분리 상황을 힘들어하나 결합되면 편안함을 느끼고 탐색활동을 재개하려 준비함), 양가/저항적 불안정(때리는 아이들), 회피적 불안정(무관심한 아이들).[1] 연구방법으로서 낯선 상황은 매우

---

1 수년에 걸쳐 이러한 애착패턴을 설명하는 데 다양한 명칭이 사용되었다. 이 장의 초반에 언급한 것처럼, 네 번째 분류 ─ 혼란된 애착 ─ 는 Mary Main이 후에 제안하였고 Mary Ainsworth가 기꺼이 수용하였다. 이들 패턴은 제4장에서 충분히 논의될 것이다.

설득력 있으며, 애착 분류는 애착이론이라는 새 분야의 전체 방향을 임상적 적용을 벗어나 연구로 우회시켰다. 또한 Ainsworth의 우간다와 볼티모어 연구처럼 자연스런 상황에서조차 배울 수 있다는 것을 알게 되었다.

1980년대 낯선 상황을 통해 수많은 애착연구는 애착 분류와 양육자-자녀 간 관계에서의 행동이 보여 주는 징후에 대한 유효성을 강화시켰다. 그리고 아이들에게서 드러난 정서 문제와 애착 문제 간의 상관관계를 찾는 연구들이 시작됐다. 이와 같이 애착이론은 발달심리학의 더 많은 분야에서 더욱더 신뢰받고 있다. 여전히 연구에만 초점이 맞춰져 있으나, Bowlby 자신조차 1980년대에는 개입하기 위한 애착이론을 발달시키는 데 집중하였으며, 심리치료에 어떻게 적용시킬 수 있을지 연구했다. 이는 초기 개입의 생존력에 관한 흥미를 증진시키며, 결국 COS 개념화의 준비 작업을 위한 분위기를 조성했다.

결과적으로 1990년대 초 애착이론의 영향력은, 예를 들어 다른 문화적 관점에서, 다른 한 쌍의 양자관계 사이에서(두 명의 성인, 형제, 부자관계), 종단적으로, 정신병리학의 발달과 관련지어, COS의 궁극적인 발달과 관련지어 세대 간 조합 등 좀 더 폭넓게 연구되고 있다.

순환 형식에서 '먹구름' 모으기

애착이론은 아이들이 그저 음식이나 주거지뿐만 아니라 따뜻한 정서, 편안함, 자존감, 자율성의 발달, 세상이 긍정적인 곳이라는 느낌 등의 필수 욕구도 갖고 있다는 사실을 명확히 보여 준다. 애착이론은 한 순간이나 한 가지 문제에 대해서가 아니라 이후의 정신건강이나 결핍의 기반이 되는 것을 확인했다. 매일 아이들이 적응하고 해결전략을 세우는 만 건 이상의 사건들을 통해 양육자의 심리상태가 세대를 초월하여 전달된다. 다시 말하면 아이 하나를 이해하기 위해서는 반드시 부모와 아이를 동시에 이해해야 한다는 것이다. 주 양육자와 아이 사이 애착의 질은 '둘'을 이해하는 데 도움이 되고 이를 통해 '하나'를 도울 수 있는, '더하기'에 효과가 있다.

애착이론은 성인의 훈육이 아이의 회피/접근 전략에 영향을 미친다는 것을 명확히 했다. 이는 회피/접근 전략이 얼마나 쉽게 아이가 추구하는 편안과 안전을 위한 욕구, 세상을 자신 있게 탐험하기 위한 욕구와 얽히는지 보여 준다. 어떻게 절차상 몸에 밴 전략이 양육자의 행동에서 드러나며 아이들의 친밀감과 탐색 욕구에 반응하는 양육자에게 영향을 미치는지, 부모는 선의로 행동했으나 아이들에게는 필요치 않았던 것을 왜 제공하게 됐는지 알 수 있게 해 준다. 애착이론은 아이가 부모의 인내심을 기대하고 믿는 순간, 예를 들어 아이가 실수를 했을 때 부모가 얼마나 멍청하게 행동하게 되는지 보여 준다.

특히 가족치료에서 집중하고 있는 고통받는 가족에 대한 조직화된, 눈에 보이는 증상들의 맥락을 이해하고자 하는 바람은 COS라는 작업을 촉진시켰다. 우리는 애착패턴이 가족 형태와 아동의 정신건강을 결정짓는 권한을 가진 힘 있는 존재라 확신했다. 그러나 어떻게 이 복잡한 애착 이론과 연구를 발췌하고 요약하면 너무도 힘든 문제를 다루고 있는 부모를 돕고, 임상현장에 제안하기 위해 좀 더 쉽게 접근할 수 있을까?

10년간 조용히 진화하고 있던 COS는 1998년 전화 한 통을 계기로 갑작스레 시작되었다. 스포캔에 있는 우리 셋, Bert Powell, Glen Cooper, Kent Hoffman은 지역 내 헤드스타트 프로그램과 몇 년간 협의했다. 우리는 애착이론을 실전에 제안하기 위해 버지니아대학의 Bob Marvin과 손을 잡고 그동안 발전시켜 온 방안들을 소개하기 시작했다. 미국의 헤드스타트 파트너십 지원금 신청을 받고 있는 미국보건복지부(USDHHS)에서 스포캔 헤드스타트 책임자의 행정보조원이 왔다. 그녀는 헤드스타트 책임자인 Patt Earley에게 가서 "우리가 하고 있는 것이 이것이지 않나요? 그렇다면 왜 투자하지 않는 것이죠?"라고 이야기했다. 책임자는 우리에게 지원금 신청서를 보냈고, 같은 질문을 했다. 나중에 우리는 Bob에게 전화하여 버지니아대학이 스포캔 헤드스타트에 흥미가 있다면 대학파트너가 되어 달라고 요청했다. 지원금 신청서를 작성하는 과정을 통해 COS 개입은 형태를 갖추었고 지원금을 받은 후 첫 연구를 시작했다. COS는 그 이후 엄청난 속도로 계속 발전했다.

우리의 본질적 목표는 양육자-아동 간 관계의 질을 개선하여 아동기를 원인으로 하는 성인의 문제를 막기 위해 초기에 개입하는 것이다. 이 관계 개선을 위한 수단은 부모를 변화시키는 것이다. 그러나 우리는 부모의 마음상태와 성인 애착이 관련 있다는 연구와 애착은 단순히 부모의 행동을 변화시키는 것 이상으로 중요하다는 것에 관한 연구들을 통해 행동의 변화는 부모의 근본적인 관계전략의 변화 없이는 이뤄지기 힘들다는 것을 알고 있다. 애착이론에서 밝혀졌듯이 아이들은 좋든 싫든 적응하기 위해 매우 열심히 노력하며, 그들의 안전·성장·생존과 관련된 끈을 유지하기 위한 부모와 관계전략에 의해 동기가 부여되기 때문에 부모의 변화는 자녀의 변화를 이끈다. 그러나 자녀의 욕구와 만나는 것이 어려운 부모에게는 방어가 있을 수 있기 때문에 우리가 부모를 변화시키기 위해서는 흔히 정신병리학에서 이야기하는 방어에 대해 고심할 필요가 있다는 것을 알았다. 그리고 부모 자신의 전략에 관해 다시금 상기시키기 위해서는 부모와 낯선 상황 비디오 촬영이 유용하다는 것을 알았다. 특히 자녀의 욕구를 충족시키지도, 자신의 최선을 자녀에게 제공하고 있지도 못하는 부모 – 자녀 간 상호작용 패턴에는 더욱 효과적이다.

부모의 정신상태를 변화시키기 위한 최선의 방법은 치료사와 함께하는 치료적 관계에서 반영적 대화를 하는 것이다. 이것은 아동이 부모와의 관계에서 경험하길 바라는 것을 치료사가 내담자에게 경험하게 하는 것이다. COS의 모든 측면에서 관계의 특성은 최고의 변화요인이라는 견해를 갖고 있다. 또는 Jeree Pawl의 이야기처럼 "남에게 대접받기 원하는 대로 대접하라"(Pawl & St. John, 1998)를 기반으로 하고 있다. 가족치료는 아동을 변화시키기 위해 부모가 제공해야 하는 것을 치료사가 부모에게 제공하는 진행방법의 중요성을 강조한다. Donald Winnicott의 '안아 주는 환경'에서 Heinz Kohut의 공감에 대한 강조, 거울반응, '변형적 내재화'까지 정신분석학은 만약 내담자가 존재에 대한 느낌과 치료사의 진심 어린 염려를 느끼지 못한다면 변화 역시 없을 것이라고 상정했다. 우리 모두는 우리가 부모와 영아 치료를 시작하기 전 장·단기 치료들로 이 사실을 증명했다.

우리는 이제 초기 개입(부모의 긍정적인 의도)을 위한 방법을 알고 있다. 부모를 돕는 도구는 일반적으로 보이는 시야(비디오)에서 숨겨져 있는 것을 보게 해 주며, 우리를 돕는 도구는 부모의 정신상태와 애착 문제를 이해할 수 있게 해 준다(AAI와 낯선 상황의 수정). 뿐만 아니라 변화를 원하기는 하지만 어려움을 촉진시키는 전달자(관심과 지지를 보내는 치료사와의 관계) 역시 필요하다. 우리에게 부족한 것은 매우 어리고, 빈곤하며, 교육받지 못한 부모에게 그들의 자녀가 부모로부터 무엇을 필요로 하는지를 보여 주는 방법이다. 우리에게 필요한 것은 아동의 애착욕구를 나타낸 약도이다.

COS 그래픽은 우리가 도달해야 할 곳을 보여 준다(그림 1.1 참조). 우리는 이 그림을 얻기 위해 많은 논의를 거치고, 애착 전문가들과 협의하고, 대상관계이론과 수많은 초

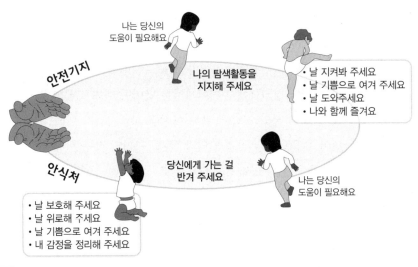

나는 당신의
도움이 필요해요

나의 탐색활동을
지지해 주세요

안전기지

• 날 지켜봐 주세요
• 날 기쁨으로 여겨 주세요
• 날 도와주세요
• 나와 함께 즐겨요

안식처

당신에게 가는 걸
반겨 주세요

나는 당신의
도움이 필요해요

• 날 보호해 주세요
• 날 위로해 주세요
• 날 기쁨으로 여겨 주세요
• 내 감정을 정리해 주세요

그림 1.1 안정성의 순환 : 아동 욕구에 집중하는 부모. Copyright 1998 by Cooper, Hoffman, Marvin, and Powell.

안 그리고 임상에서 배운 바를 반영한 반복 수정으로 10년 이상의 시간을 보냈다. 이 그림은 안전한 안식처와 아동의 안전기지 욕구 사이의 상호인과성을 간단히 나타내도록 반복해서 그림으로써 명확히 표현해 냈다.

　우리가 미국보건복지부-헤드스타트 파트너십에 제안한 연구인 개입은 양육자가 낯선 상황에서 자녀와 어떻게 상호작용하는지 비디오를 고르고 편집해서 보여 주며 다음의 내용이 가능하도록 격려했다.

- 아이가 탐색을 위해 떠나고, 편안하고 자연스럽게 돌아오는 것과 관련된 신호에 적절하고 민감하게 반응할 수 있게 한다.
- 아이와 자신의 행동, 생각, 양육적 상호작용과 애착에 대한 느낌을 깊이 생각할 수 있게 한다.
- 현재 자신의 양육패턴에 영향을 미친 과거 경험을 깊이 생각한다.

　1998년 11월 Bob Marvin이 이야기한 낯선 상황을 실시하는 훈련을 우리 4명이 함께 시작했다. 그리고 1999년 1월부터 사전 평가 동안 녹화 편집된 상호작용 비디오 검토를 위해 정신분석학자와의 매주 75분 모임을 포함하여, 세 팀이 20주간 그룹 개입을 하기 위해 18쌍의 부모들을 모집하고 평가했다. 치료사는 앞서 열거한 세 가지 목적을 부모가 성취하도록 돕는 것을 목표로 심리교육적이고 치료적인 토론을 했으며, 20주간의 부모 – 자녀 간 상호작용의 마지막에는 부모에게 개입에 참여함으로써 자녀와의 관계에 어떤 변화가 일어났는지 보여 주기 위해 다시 비디오를 찍었다. 이후 3년의 정부기금연구 기간 동안 75쌍의 부모 – 자녀 애착패턴이 기록되고 자료가 분석되었다.

안정성의 순환이 어떻게 애착을 촉진하는가

헤드스타트 연구기금으로 지원받은 연구는 개입으로 향상된 부모 – 자녀 간 애착을 보여 주는 것이었다. 우리가 연구를 시작했을 때, 우리는 가장 문제가 있는 애착인 혼돈애착으로 평가된 부모 – 자녀가 불안정애착(회피와 양가)으로 변하게 되기를 희망했다. 그러나 놀랍게도 우리가 본 많은 가족들이 모두 안정애착으로 가고 있었다. 일단 75쌍의 참가자 모두 연구의 마지막에 평가를 받았다. 사전 평가 때는 75쌍의 그룹 중 60%의 가족이 혼란 상태였는 데 반해 연구가 끝날 즈음에는 오직 25%만이 혼란 상태였다. 20주 프로그램 이전에는 80%였던 것에 반해 오직 46%의 가족만이 불안정으로 분류되었다. 그러나 이 결과가 이 가족들의 미래에 어떤 의미를 가져올 것인가?

　이는 자라는 아이들의 욕구를 마음으로 만난 결과라는 우리의 견해를 과장하기 위해 이야기하는 것이 아니다. 우리가 갖고 있던 견해든 아니든 간에, 안정성이 규정된 것이다. 친밀한 관계는 건강한 발달, 자신감, 충족된 사랑 그 이상을 이루기 위한 열쇠를 쥐고 있다. 애착은 물이나 음식처럼 영아에게 반드시 필요한 필수 요소이다. 이 사실이 충분히 고려되기 전에는 심지어 영아들의 이익에 기초한 개입조차도 시작하기에 어려움이 있다.

　간단히 말하자면, COS는 부모든, 조부모든, 양부모든 누구든 간에 아이가 성인이 될 때까지 가장 우선하는 누구라면 그 정해진 양육자와 유아 간 안정애착을 촉진한다. 애착은 가소성이 있다. 가장 불안정하고, 위협적인 환경의 부모라도 자기반성을 통해 새로운 내적 작동 모델을 만들고, 유년기의 불안정을 초월하고, 안정적 관계를 형성함으로써 안정성을 '획득'할 수 있다. 같은 가소성이 아이들에게도 생긴다. 부모가 자녀의 보살핌 및 신뢰와 관련된 욕구에 반응하는 방법을 바꾸면, 부모와의 애착이 불안정하고 혼란 상태였던 아이라도 변화될 수 있다.

　양육자가 열쇠이다. 우리는 자신의 자녀가 최고라는 부모의 본능적 욕구를 이용할 수 있기 때문에 COS 개입이 효과적이라 믿는다. COS 개입은 자신의 양육태도가 좋지 않았다는 부모에게 나쁜 부모라고 이야기하지 않는다. 오히려 축하해 준다. 이것은 궁지에 몰리고 압도되어 당혹스러운 부모, 특히 교육받지 못하고, 가난하고, 학대하거나 무시하고, 사회적 지원을 받지 못하는 부모가 자기 자녀에게는 자신이 필요로 하고 원했던 부모가 되어 줄 수 있는 기회이다. 우리는 자원이 적고 위험요소가 큰 상태에 있는 부모들을 본다. 15살의 노숙자엄마, 교도소에 수감 중인 엄마, 약물중독 부모, 가정폭력, 육체적·성적 학대, 아동보호서비스에 참여하고 있거나 기타 등등. 이들은 자신이 부모가 되었을 때 자녀에게 긍정적 의도를 드러낸다. 아마 그들은 아기가 탄생의 순간 찾던 그 얼굴을 추구하고 있을지 모른다. 또한 그들 역시 아기의 눈을 통해 자신을 반영함으로써 자신이 찾기 원하는 얼굴을 더하고 있을 것이다.

　대부분 COS의 성공은 부모의 경험과 아이의 경험을 반영하는 능력, 즉 부모의 반영능력에 의해 좌우된다. 부모는 애착행동이라는 렌즈를 통해 자녀와의 상호작용을 이해하고, 관찰하는 반영능력을 발달시킬 수 있기 때문에 자신의 경험과 관련된 이야기는 일관되며 조리 있어야 한다. 그들은 심리교육, 치료사와의 상담, 그룹 내 다른 양육자들의 지지를 받을 필요가 있으며, 아이의 신호뿐만 아니라 실수도 이해할 수 있어야 한다. 우리는 부모가 그들이 하는 것뿐 아니라 자녀의 욕구와 만나지 못하는 것을 보려는 용기 있는 의지가 있음에 놀랐다. 부모는 자녀와의 상호작용, 자녀의 욕구 그리고 전에는 보지 못한 자녀를 사랑하는 마음을 볼 수 있기 때문에, COS는 그들이 궁극적으로 곁에 있으나 보지 못했던 것들을 볼 수 있게 도울 뿐 아니라 부모의 반영능력이 변화될 수 있게 도울 수 있다.

　COS 개입은 부모와 부모에게 의존하고 있는 아이의 본능적이며 거부할 수 없는 내면과 접촉하기 때문에 많은 사람들의 참여를 유도할 수 있는 것 같다. 우리가 핵심이라 하는 부모가 잘한 한 가지와 아이 욕구에 잘못 반응한 한 가지를 찍은 비디오 장면을 신중히 준비하는 단계를 마련하면, 이는 부모의 잘하고자 하는 열망과 아이를 사랑하는 깊은 마음을 통해 부모에게 전달될 것이다.

　무엇이 부모를 변화시키는가. 무엇이 아이에게 공감적으로 다가갈 수 있게 하고 부모와 자녀 간의 변할 수 없는 유대감을 깊이 이해할 수 있게 하는가. 사랑과 수용을 기대할 수 없는 환경에서 자라난 부모를 위해 COS는 당신의 자녀가 매 순간 "나에게 당신은 너무 아름다워요"를 이야기하고 있음을 보여 준다. 그들이 진실로 아이들의 사랑의 심오한 깊이와 그들의 욕구를 이해하면 행동은 자연히 따라오게 되어 있다.

왜 안정성의 순환 개입이 중요한가?

> 아이들은 겪은 일들을 기반으로, 사회화하기 시작한다. – Karl Menninger

유아기 안정애착이 성인기의 만족스런 우정과 친밀한 관계의 어려움을 간단히 개선하는 것은 아니다. 비록 그렇다는 증거가 산더미처럼 많지만 사실 그렇게 간단한 문제는 아니다. 그러나 안정애착의 유익한 면은 거의 끝이 없다. 1990년대 초반, 한 연구자 그룹이 네 가지 위험요소를 지닌 애착관계의 질이 초기 문제행동을 설명할 수 있다는 모델을 제시했다(Greenberg, Speltz, & DeKlyen, 1993; Greenberg, Speltz, DeKlyen, & Jones, 2001). 네 가지 요소의 한 영역만으로는 일반적으로 아이 장애의 발달을 예측할 수 없었다. 하지만 두 가지 영역을 분석했더니 안정애착은 현재 영아의 높은 부정적 성향을 예측해서 보여 줬으며, 불안정애착은 후의 문제행동을 예측했다. 불안정애착과 고위험육아, 이 두 가지 영역을 다중문제 가족생태학 또는 영아의 높은 부정적 성향 같은 세 번째 영역과 조합하여 분석했더니 아이에게 증가되고 있는 고위험 문제행동을 예측할 수 있게 되었다(Keller, Spieker, & Gilchrist, 2005)(글상자 1.1 참조).

비록 불안정애착이 이후의 장애를 분명히 예측해서 보여 줄 수는 없지만, 특히 아이의 전 생애에 영향을 미치는 다른 영역에 문제가 없을 때 혼돈애착은 문제를 예측할 수 있다. Van IJzendoorn, Schuengel, Bakermans-Kranenburg(1999)에 따르면 혼돈애착은 다음과 같은 정신분석학적 결과물과 관련 있다고 한다.

- 학령기 아동에서 공격적 문제행동의 증가
- 스트레스성 사건 발생 후 진정하기의 어려움
- 사춘기 해리증상 위험의 증가
- 감정 조절의 어려움
- 학습 문제

글상자 1.1 역사 속 애착

일례로 사람들은 양육자와의 초기 애착의 질과 그 후 발달, 심지어 생존과의 관계성을 도출해 냈다. 아마 다음의 역사적 기록이 시초일 것이다.

13세기 로마 황제 프리드리히 2세는, 아이들에게 전혀 말을 가르치지 않으면 신이 아담과 이브에게 가르친 말을 자연적으로 할 수 있게 되는지 알기 위해 아이를 키우는 양육자들에게 말과 행동을 전혀 하지 말도록 지시했다. 실험을 연대순으로 기록한 수도승에 따르면 "그는 헛되이 노력했다. 아이들은 박수, 동작, 기쁜 표정, 듣기 좋은 말 없이는 살 수 없었다"(Coulton,1906)고 했다.

Deborah Blum은 그녀의 책 *사랑의 발견*(2005, 원저는 2002)에서 여러 연구를 인용했는데, 부모의 죽음으로 인해 애착이 박탈된 고아들은 깨끗한 위생과 돌봄이 있는 시설에도 불구하고 1931년 10개의 고아원에서 30%의 유아가 사망했다. 그리고 1945년에는 고아원의 88명 중 23명이 사망했다. 이와 대조적으로 엄마가 수감 중이라 혼란스러운 환경에서 자랐어도 엄마와 접촉한 아이 중에서는 사망한 아이가 없었다.

1952년 John Bowlby와 공동 작업한 James Robertson은 탈장으로 10일간 입원한 만 2살 아이들을 촬영했다. 이 아이의 부모들은 하루 걸러 30분씩 간단한 병문안만 허락되었다(이 시대에는 일반적인 상황이었다). 매일 아침 같은 시간 아이들을 촬영한 결과, 엄마의 돌봄을 박탈당한 이 아이들은 분노 폭발을 자주 표현했으며, 침대에 소변을 보고, 장난감을 던지고, 결국 실의에 빠지다가 10일 후엔 지치게 되었다. 이 동영상은 전 영국의 병원 정책을 변화시켜 부모가 아픈 자녀를 좀 더 자주 병문안할 수 있는 '면회 시간'을 만들었다.

- 낮은 자존감
- 또래에게 따돌림당함

영아기의 불안정애착은 행동 조절, 분노 조절, 유아기와 그 이후 또래와의 관계 결핍을 초래한다(Carlson & Sroufe, 1995; Sroufe, Egeland, Carlson, & Collins, 2005).

방어적 측면에서의 애착행동시스템 — 아이가 양육자에게 친밀감을 갖고 유지할 필요가 있는 행동 — 을 심리적 스트레스를 완충하는 역할인 심리적 면역체계의 한 종류로 설명했다(Lyons-Ruth et al., 1998). 50년간의 연구는 안정애착인 아이들에 대해 아래와 같이 이야기하고 있다.

- 부모와 좀 더 행복하게 즐긴다.
- 부모에게 분노를 덜 느낀다.

- 친구들과 사이좋게 지낸다.
- 강한 교우관계를 가진다.
- 친구들과 문제를 해결할 수 있다.
- 형제자매와 좋은 관계를 가진다.
- 높은 자존감을 가진다.
- 대부분의 문제에 대한 답을 알고 있다.
- 자신의 인생에 좋은 일이 생길 것이라 믿는다.
- 자신이 사랑하는 사람을 믿는다.
- 주위 사람들에게 친절하게 대하는 방법을 알고 있다.

COS 개입 동안 집단 회기 중 애착이론에 대해 배우고, 비디오를 보면서, 로라는 애슐리가 엄마 무릎에 올라오려 하는 시도를 보며 분리 후 편안하려 하는 딸의 욕구 표현일 뿐 아니라, 아이가 필요할 때 엄마가 딸에게 도움이 될 수 있는지를 물어볼 수 있게 되었다. 로라는 애슐리가 필요한 것을 탐색할 수 있도록 가르치고, 격려할 수 있는 사람이었다. 또한 그녀는 딸이 장난감을 갖고 가도록 안아 주는 것을 볼 수 있었다. 이는 엄마가 애슐리와 함께 있을 것이기 때문에 자신이 원하는 바를 엄마에게 적극적으로 표현한 방법인 것이다. 결국 로라는 자기 부모와 맺은 유아기 애착의 한 부분을 끌어낼 수 있었고, 시야에 있지만 보지 못하던 패턴을 끝내고 자신의 딸과 상호작용할 수 있게 되었다.

20주간의 COS 개입을 끝으로 3살인 애슐리는 낯선 상황 실험에서 안정애착으로 평가되었다. 이제 그녀는 탐색 시에는 안전기지로, 속상할 땐 안식처로 엄마를 이용할 수 있게 되었다. COS 개입에 참여하면서 가장 어려웠던 점과 보람 있던 점을 물어보니 로라는 애슐리가 독립적인 것처럼 보였으나 아직 얼마나 자신이 필요한지 알게 된 점이 보람 있었다고 이야기했다. 가장 어려웠던 점은 그녀의 딸이 아닌 자기 자신을 보아야 했던 점이라고 말했다. 친구와 가족들이 COS를 통해 얻은 점을 물으면, 그녀는 "시야가 확장되었죠. 그렇지만 그게 무엇인지 설명하기는 힘들어서 당신의 아이 얼굴, 목소리, 몸짓을 어떻게 읽으면 될지 설명하기가 힘들어요."라고 얘기했다.

2장

안정성의 순환 : 탐색을 위한 안전기지와 안식처에 대한 아동의 욕구 이해하기

피글렛은 푸우의 뒤로 쭈뼛쭈뼛 다가가 "푸우!" 하고 속삭였다.
"왜, 피글렛?"
"아무것도 아냐." 피글렛이 말하면서 푸우의 발을 만졌다. "난 그저 널 확인하고 싶었어."
- A. A. Milne, 위니 더 푸우

〈그림 2.1〉은 COS 개입프로그램에서 가족이 함께하는 작업의 핵심으로, 제1장에서 소개되었던 것이다. 이것은 부모에게 자녀와 안정애착을 맺는 방법을 보여 주기 위한 의도로 만들어진 로드맵이다. 아동발달에 관한 엄청난 진실을 기본용어에 축소해 놓았다. 일관성 있는 편안함(안식처)과 격려(탐색으로부터의 안전기지)를 제공하는 주 양육자는 자신과 타인 모두를 신뢰할 수 있는 성인으로 성장할 수 있는 기회와 세상을 성공적으로 탐험할 기회를 최대화해 준다.

COS 도표가 간단히 그려진 것은 부모의 지적 능력에 대한 고려가 아니다. 오히려 우리와 함께하는 부모들은 부모-자녀 간 유대에 대한 놀라운 통찰능력을 보여 줬다. 제1장에서 소개한 로라 같은 부모는 자신에 대한 신뢰와 아이의 일생에서 부모 역할을 충실히 수행할 수 있는 능력이 부족하다. 그녀는 탐험을 떠나는 출발선과 불확실할 때 되돌아오는 안전기지 모두에서 COS를 활용함으로써 말과 행동에 애착적인 힘을 실을 수 있을 것 같아 보인다. 우리는 거의 10년에 걸쳐 부모들이 보고 쉽게 이해할 수 있도록 안정성의 핵심을 그림으로 요약할 방법을 찾았다. 우리의 목표는 과학적 유효성과 즉각적 이해가 가능한 아이콘을 제공하는 것이다.

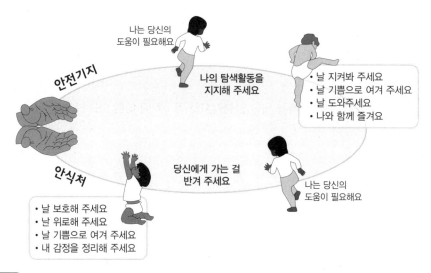

나는 당신의
도움이 필요해요

안전기지

나의 탐색활동을
지지해 주세요

• 날 지켜봐 주세요
• 날 기쁨으로 여겨 주세요
• 날 도와주세요
• 나와 함께 즐겨요

안식처

당신에게 가는 걸
반겨 주세요

나는 당신의
도움이 필요해요

• 날 보호해 주세요
• 난 위로해 주세요
• 날 기쁨으로 여겨 주세요
• 내 감정을 정리해 주세요

그림 2.1   안정성의 순환 : 아동의 욕구에 대한 부모의 주의. Copyright 1998 by Cooper, Hoffman, Marvin, and Powell.

순환 그림은 부모를 위해 복잡한 애착이론을 간단히 표현한 것이다. 치료적으로, 이는 기본적인 욕구 표현 같은 아이들의 행동을 해석하는 데 어려움이 있는 부모들에게 유용하다. 어렸을 때 안정애착을 했던 부모들에게는 지도가 필요하지 않을 것이다. 안전과 신뢰에 대한 아이들의 욕구는 명백하다. 그러나 아이와 건강한 애착을 맺지 못하는 부모는 자신의 충족되지 않은 욕구로 베일에 눈이 가려진 것과 같다. 그들 자녀의 안전에 대한 기본 욕구는 수용받지 못하며 위협당하기까지 한다.

모든 부모는 자녀의 욕구를 가끔 잘못 해석하기도 한다. 아기는 따뜻함을 원해서 울었는데 엄마는 아이에게 우유를 먹인다. 아기는 배고파서 울었는데 아빠는 그를 안아서 흔들어 준다. 부모가 아기침대에서만 가르치게 되면 아이들은 자신을 위해 거기에 있는 어떤 사람(부모)을 믿을 수 없게 된다. 어떤 욕구는 견디기 힘들 것이다. 그때 아이들의 특별한 욕구에 대한 메시지는 통역이 없는 것과 같아서 이해할 수가 없을 것이다. 또한 그것은 아이들의 욕구를 만날 기회를 상실하는 것이다. 필사적으로 아이들은 부모의 반감이나 철회로부터 자신을 지키기 위한 계획으로 욕구의 원래 메시지를 암호화한다. 이 실수가 부모로부터 연결된 느낌을 지켜 주어 친밀감을 유지해 주며, 생존을 위한 안전감을 유지해 주길 바란다. 부모는 전형적으로 이 실수를 수용하는데, 이 방법은 충족되지 않은 아이들의 욕구를 더 깊게 만들고 발달시킨다. 이것은 신뢰와 성숙된 양육의 유대 대신 양육자와 자녀의 관계를 붕괴시킨다. 행동과 감정의 언어들은 마치 로제타석에 새겨진 잃어버린 핵심구절과 같다.

이 장에서 설명하는 것처럼, 건강한 애착관계는 부모나 다른 주 양육자가 얼마나 중요한 존재인지에 대한 깊은 본능적 이해를 아이의 전 생애를 통해 아이에게 알려 준다. 그들은 자녀에게 부모가 얼마나 중요한지를 알 뿐만 아니라 그들이 아이들의 욕구를 얼마나 충족해 줄 수 있는지를 확실히 이해하고 있는 어른이기 때문이다. COS는 부모를 강하고, 따뜻한 손이 준비되어 있고, 기꺼이 돌볼 의지가 있으며, 아이를 안아 줄 수 있는 존재로 묘사한다. 순환에서 손으로 그려진 이 부모 그림은 그들이 얼마나 필요한 존재인지 그리고 그들이 어떻게 하면 부모로서 효과적인 역할을 해낼 수 있는지를 떠올릴 수 있게 해 준다. 이 과정에서 애착언어를 사용할 수 있도록 부모의 언어를 재정립하기 위해 자기방어와 자기비판을 제거한다. 안아 주는 환경의 힘 또는 '함께 있음(Being-With)'의 상태(제3장 참조)로 불러오는 것은 COS의 핵심이다. 만약 그 손들(부모)이 자녀와 함께 있는 데 쓸모가 없다면 그것은 순환이 아니다.

양육 추구, 돌봄과 탐색

암묵적으로 알고 있거나 또는 살면서 후에 배우게 된 '함께 있음'은 기본적 애착이론에 대한 이해를 요구한다. 희생양이 되는 것을 피하기 위해 충분히 근접성을 유지하면서 동시에 성인에게 요구되는 기술을 발달시키는 것은 어려운 과제이다. 그러나 이 균형 잡힌 행동은 모든 신생아를 위한 태초의 목표를 규정한다. 이 목표에 도달하는 것은 Bowlby가 분류하고 COS에서 요약된 세 가지 애착시스템 사이의 상호관계를 포함한다.

- 양육 추구(애착) : 가까운 곳에서 편안하고, 보호해 주며, 자신의 감정을 조직화해 주는 특별한 사람을 찾는 본능
- 돌봄(유대) : 편안하고, 보호해 주며, 필요할 때 자신의 감정을 정리해 주는 특별한 사람을 모니터링하는 본능
- 탐색 : 안전하다고 느껴질 때 자신의 내적 호기심과 숙달하고자 하는 바람을 따르는 본능

아이들은 그들에게 편안함과 안식처에서의 보호 그리고 안전기지에 대한 신뢰와 격려가 필요할 때가 있다는 것을 양육자가 인식해 주면 안정적으로 애착할 수 있게 된다. 아주 어린 아이들은 하루에도 12번, 심지어 100번 이상 이 두 가지 기본적인 욕구가 교차한다. 그들은 경고도 없이 이 두 사이를 유동적으로 오간다. COS 도표는 아이들이 얼마나 자주 자신이 원하는 것을 이야기하고 1분도 지나지 않아 또 다른 욕구로 움직이는지 부모에게 알려 주는 순환이다. 그들은 돌고 돌아 조금 탐험해 보고 다시 편안함과 안전을 위해 돌아오기를 반복한다. 그들은 자신의 컵을 신뢰감으로 가득 채우고 다시 떠난다. 우리는 이미 잘 알고 있다. 아이들의 빠르게 바뀌는 욕구는 시야에 있으나 보이지 않았던 것들이고, 그렇기 때문에 자녀의 욕구와 만나지 못한 부모는 로드맵이 필요하다.

애착행동의 기능 : 편안함과 보호

탐색행동의 기능 : 학습과 숙달

애착행동과 탐색행동은 서로 제어하고 억제하는 관계다. 시소를 떠올려 보라. 애착행동은 이쪽 끝이고 탐색행동은 저쪽 끝이다. 아이가 안전하지 못하다고 느끼고, 이해 못할 감정에 압도되면 탐색이 끝나고 애착행동이 활성화된다. 시소로 생각하면 애착행동이 올라가면 탐색행동이 내려온다. 반대로 아이가 안전하다고 느끼면 애착행동을 멈추고 탐색행동이 격려된다. 시소가 반대로 움직인 것이다(그림 2.2 참조).

물론 아주 어린 아이들은 상호 간 제재라는 개념이 없으며 놀이 중 왜 갑자기 편안함과 안전을 바라게 되는지 스스로도 이해하지 못한다. 아마 양육자들은 전혀 위협적이지 않은 전화를 받은 것처럼 아무런 경고도 없어서 알아차리기 어려웠다고 느낄 것이다(글상자 2.1 참조). 그렇더라도 이 분리는 아이의 애착시스템을 활성화시키며, 여기서 중요한 한 가지는 아이들은 자신의 양육자와의 관계를 회복시키는 일에 흥미가 있다는 것이다. 미취학 아동이 아빠가 막 문을 닫은 화장실 문을 두드리는 것을 생각해 보자. 또 엄마와 아이가 앞마당에 있을 때 이웃과 막 이야기를 시작하는데 엄마 바지를 당겨 대는 아이를 생각해 보자. 아이들이 울음을 보일 때, 아이들은 자신이 순간적으로 느낀 정의하기 힘든 공포로부터 자신을 보호해 줄 수 있는 애착대상이 유용한지 알고 싶어 한다. 아이들이 이런 방식으로 부모의 주의를 끌기 위한 재연결점을 찾았을 때, 이것을 이해할 수 없고 짜증이 나는 부모는 "뭘 원하는데?"라는 대답할 수 없는 질문을 하곤 한다. "Bowlby

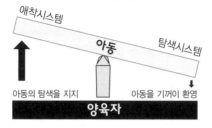

그림 2.2 탐색의 활성화(위)와 애착의 활성화(아래). Copyright 1996 by Cooper, Hoffman, and Powell.

에 따르면, 부모가 유용해 보이지 않으면 애착행동(예 : 울음)이 유발되고 아이의 본능은 신뢰할 수 있는 특별한 양육자와의 친밀감을 유지하기 위해 자신의 애착시스템을 활성화시킨다. 이때 유용한 양육자가 있음을 신뢰하게 되면 다시 감사하게 된다."

　어린아이들은 정확하게 표현하고 얘기할 수 있는 능력이 없거나 그 욕구를 대체할 수 있는 조절력이 없다. 다행스럽게도, 우리 인간의 아이들은 언젠가는 반응적인 부모가 될 수 있도록 기술을 발달시키기 위한 그들의 거침없는 행군을 도와줄 조력자를 갖고 있다. 우리는 그 조력자를 '엄마'라고 부른다. 엄마의 역할은 아이의 욕구를 충족시키고, 보호, 안정감, 기쁨, 감정을 조절하기 위한 도움과 같은 욕구를 실현시켜서 더 탐색할 수 있게, 애착활성화를 중지할 수 있게 해 준다. 일단 아이들이 탐색을 시작하면 그 역할은 변한다. 이제 양육자의 과업은 아이를 지켜보고, 필요하면 도와주고, 아이의 탐색을 즐기고 기뻐해 주는 것이다.

　능숙한 양육자는 아이의 욕구를 인지하고 충족시켜 주며, 애착행동과 탐색행동 사이의 유동적 역할을 수행하여 궁극적으로는 아이를 성인의 발달적 궤도에 올려놓는다. 그

글상자 2.1 왜 애착대상의 유용하지 않은 순간은 크게 상처가 되는가

다프네가 둘째 언니와 함께 웨딩드레스를 보러 간다는 소식을 첫째 언니 비키에게 이야기하자 비키 언니가 전화를 끊어 버렸고 이에 다프네는 놀라 아무 말도 하지 못했다. 스턴은 그의 멘토가 아무런 경고도 없이 그가 해고됐다는 사실을 이야기하면서 사전에 해고통지를 전할 시간이 없었다고 할 때 너무 충격을 받아 혼란스러웠다. 토시코는 그녀의 가장 친한 친구가 "요 근래 나를 위한 시간이 없었어"라며 자신의 나이 많은 엄마를 돌보는 데 사로잡힌 모습을 보고 더 이상 아무 이야기도 안 했다.

이 정보만 보면 많은 사람들이 비키, 스턴, 토시코가 비이성적으로 행동하는 것조차 과민반응이라 할 것이다. 비키는 질투가 많고, 스턴은 자신감이 없으며, 토시코는 이기적이라고 할 것이다. 같은 방식으로 부모 역시 잠깐 자신이 어린 자녀에게 반응할 수 없을 때(전화 받기, 이메일 회신하기, 화장실 가기) 아이가 보이는 치열한 행동을 보고 칠칠맞고, 아기처럼 굴며 신경질적이라고 판단해 버린다. 우리 중 다수도 스턴처럼 그 순간을 회상해 볼 수 있다. 우리는 친밀한 유대관계에 있는 누군가가 다가오기 어려울 만한 반응에 스스로도 놀랐었다. 합리적인 성인은 극소수라고 여기면서.

사실 감정은 애착과 연관되며, 상황은 그들의 생존이나 보호본능을 위해 합리적으로 요구한다기보다 좀 더 격렬하게 양육자가 돌봄을 불가능하게 할 수 있다. 그러나 이는 애착과 관련된 포식자로부터 보다 보호받는 것을 뜻한다. 그래서 가장 중요한 타인의 불가능한 상황은 생존 문제와 연관되어 치열한 감정을 불러일으킨다는 것은 놀라운 일이 아니기 때문에 많은 능력은 생존하기 위해, 그리고 타인과 연결되기 위한 기술을 발달시키기 위해 필요하다. 비키는 다프네를 위한 엄마의 대리인 역할을 자주 해 왔기 때문에 큰 상실감을 느꼈고, 다프네가 결혼에 설레는 것을 보며 기뻐할 수 있길 원했다. 고용주의 거절로 상처받고 먹먹해진 스턴은 멘토가 그를 위해 모든 것을 취소해 주길 바란 것이 아니다. 이 순간 그는 그가 했던 것보다 더 예전부터 자주 이를 제공했던 멘토에게 신뢰와 격려를 받을 필요가 있었다. 토시코는 쉽게 친밀한 우정을 형성하지 못했다. 그녀를 '가장 친한 친구'라고 충분히 생각해 줄 누군가를 믿기에 시간이 필요했고, 그녀의 친구가 강압적인 상황에 놓인 것을 무시하듯 행동한 것이 이성적이지도 공정하지도 못했다는 것을 그녀가 알고 있을지라도 그랬다. 그녀는 그녀의 친구가 전화하는 데 긴 시간을 쓸 수 없고, 가볍게 점심을 먹으러 나갈 수 없어서 인간적으로 버림받은 감정에 빠진 것을 도와줄 수 없었다.

이런 종류의 불용성은 생존을 위협받을 때 느끼는 것과 같을 수 있고 이것을 이해하는 것은 부모가 순환 주위에서 아이의 욕구를 충족시켜 주기 위한 공감적 전환을 하도록 도울 수 있다.

러나 민감하고 통찰력 있는 부모가 되는 것에 나쁜 기술은 없다. 많은 똑똑하고 좋은 뜻을 지닌 부모들은 아이가 추구하는 반응이 있다고 잘못 해석한다. 그러나 그때 아이는 "나는 그저 관심을 얻고 싶어요."처럼 엄마로부터 원하는 것을 정확히 표현할 수 없다. 잘못 해석하는 것이 패턴화되면 어떤 결과를 가져오는지는 제4장에서 논의한다. 많은 부모들은 '나의 아이가 연결되어 있기를 바란다'는 사실을 놓치고 있다. 이에 대해서는 제5장에서 논의한다.

애착, 탐색, 양육 행동 사이의 상호작용이 원만히 진행될 때, 보호와 기술발달 모두를 이룰 수 있으며 행동의 한 부분이 독립적으로 제공하는 것보다 더 큰 점진적 이득을 제공한다. 욕구를 능숙하게 읽고 충족시킬 수 있는 부모들의 특징, 특히 아이와 안정애착을 맺은 부모들의 특징은 친밀감 그리고 분리의 잔잔한 편안함의 정도와 관련이 있다. 자녀와 안정애착을 이루기 위해서는 두 지점 사이의 가장 짧은 거리가 직선이어야 한다. 그것은 부모와 자녀 둘 다 직접적 의사소통의 길을 잘 발달시키는 것이다. 만약 아이가 양육자로부터 가까워지거나 멀어지고 싶은 욕구가 있다면 그 욕구는 표현이 허락되어야 한다. 아픔은 아픔이고, 원함은 원하는 것이고, 분노·기쁨·요구는 더도 덜도 아닌 그들 자체이면 된다. 아이는 육체적 접촉을 원하든 혼자 있고 싶든 간에, 양육자가 가까이 혹은 거리를 두는 것에 대한 자신의 직접적 요구에 대해 연속선에서 반응적이고 유용하다는 것을 알고 있다.

이런 이유로 높은 안정애착을 보이는 부모와 아이는 쉽고, 자연스러우면서 즐거운 분위기를 보인다. 또한 자주 마주하여 접촉하고 육체적으로 안아 준다. 이런 부모는 아이와의 아주 기쁜 감정도 진정한 분노도 자유롭게 표현할 수 있는 성격적 특성과 능력이 있다. 직접적이고 명료한 감정표현은 소통의 주춧돌이 될 것이다.

아이가 걸을 수 있는 나이가 되면, 부모는 육체적으로 분리 가능한 아이들의 새 능력을 활용한 탐색 욕구를 지지하고 격려한다. 양육자로부터 멀리 떨어질 수 있는 아이들의 자신감은 그래도 필요할 때는 양육자에게 도움받을 수 있을 것이라는 믿음에 근거한다. 계속 반복되는 이 피드백은 양육자의 유용성에 대한 신뢰와 내적 호기심과 숙달하고자 하는 욕망을 따르는 것에 대한 아이의 자기확신감을 만들어 준다.

낯선 상황 실험(Strange Situation Procedure, SSP) 중 아이들은 자신의 양육자를 정기적으로 확인하면서 환경을 탐색할 것이다. 아이는 매 시간 탐색하러 떠났다가 양육자가 잘 있는지 확인하기를 반복한다. 나중에는 더욱 자발적으로 더 멀리까지 탐색하게 된다. SSP 동안 부모는 잠깐 분리되기 위해 방에서 나간다. 부모가 돌아왔을 때, 안정애착 아동은 분리되었던 감정을 조직화하는 데 도움받기 위해, 편안함을 느끼기 위해, 양육자에게 능숙하게 돌아온다. 재결합 순간 반응하고 수용하는 양육자를 향한 믿음은 결코 모든 아이들에게 주어진 것이 아니다. 하지만 안정애착 아동의 경우에는 이 능력이 일반적이다. 이런 아이들은 양육자로부터 가까워지고 분리되는 욕구 둘 다를 진실되게 표현하며, 이것은 근접과 분리에 대한 부모의 편안함을 반영하는 것이다.

COS 로드맵 읽기

〈그림 2.1〉은 양육자와 전문가들에게 '가능하다면 언제든 양육자가 아이의 욕구를 따라가야 하고, 필요하다면 언제든 책임져야 한다는 것'을 가르치기 위해 고안되었다. 순환의 가장 윗부분은 탐색할 때 아이의 욕구이다 : "날 지켜봐 주세요", "날 기쁨으로 여겨 주세요", "날 도와주세요", "나와 함께 즐겨요." 순환의 아랫부분은 애착행동이 활성화됐을 때 아이의 욕구이다 : "날 보호해 주세요", "날 위로해 주세요", "날 기쁨으로 여겨 주세요", "내 감정을 정리해 주세요." 우리가 설명한 것처럼, 양육자는 그 욕구들을 충족시켜 줘야 하며 애착행동에서 탐색행동으로('나의 탐색활동을 지지해 주세요') 그리고 탐색행동에서 애착행동으로('당신에게 가는 걸 반겨 주세요') 전환되는 욕구를 민감하게 알아차려야 한다. 아이들은 미소나 끄덕임 같은 양육자의 즉각적인 신호를 바탕으로 세상이 탐험하기에 안전한지 여부를 결정한다. 그러나 아이들은 또한 과거에 탐색하고자 하는 자신의 욕구에 보인 양육자의 반응을 통해 배운 것을 통해서도 행동한다. 양육자가 분리되는 것을 불편하게 느끼면 아이에게 애착욕구를 끝내는 것과 탐색을 활성화하는 것에 관한 양가적 행동을 가르치게 된다. 예를 들어 쉽게 지치고, 허기지고, 잘 놀라고, 상처받는 아이들 또는 탐색활동 중 양육자가 돌아오기를 반겨 주는 신호, 예를 들어 팔 벌리기, 공감적 표정 등을 계속 찾는 아이는 지금까지처럼 양육자가 편안함을 제공하는 방식으로 안전기지를 찾을 것이다. 양육자의 육체적·감정적 접촉에 대한 불편감은 아이에게 필요할 때 편안함을 추구하는 것을 회피하도록 가르치게 된다.

　순환에서의 대부분의 욕구는 거의 설명이 필요 없다. 그러나 명료한 설명이 필요한 약간의 이슈들이 있다. 순환 위에 있는 "날 기쁨으로 여겨 주세요"와 "나와 함께 즐겨요" 사이에는 차이가 있다. "나와 함께 즐겨요"는 성숙한 탐색을 격려하는 동안 긍정적인 감정을 공유하는 과정에 대해 이야기한 것이고, "날 기쁨으로 여겨 주세요"는 아이와 놀거나 활동한다기보다 아이에게서 기쁨을 찾아 달라는 것을 뜻한다. 기쁨에 대해서는 순환의 아래에 또 나와 있다. 또한 우리는 일반적인 기쁨도 매우 중요할 뿐 아니라, 탐색활동이 활성화될 때의 기쁨과는 다른 애착행동이 활성화될 때의 기뻐할 수 있는 능력 역시 강조한다. "날 도와주세요"는 탐색 동안에 비계를 제공하는 것을 뜻한다(글상자 3.5 참조). 우리는 부모에게 아이들이 스스로 해결할 수 있을 정도의 도움만 주라고 조언한다.

순환 아래의 "내 감정을 정리해 주세요"와 "날 위로해 주세요" 역시 혼란스럽다. "날 위로해 주세요"는 아이들이 넘어져서 무릎이 까진 것처럼 고통을 당했을 때 반응하는 것을 말한다. "내 감정을 정리해 주세요"는 아이들이 자신의 감정을 알아차리지 못할 때 도와주는 것을 이야기한다. 가끔 아이들은 압도적인 내적 경험을 정리할 수 있게 도와줄 필요가 있다. 대부분의 부모들은 아이에게 외부세계나 아이 행동을 관리해 줄 도움이 필요하다는 것을 알고 있으며, 아이의 새로운 감정세계를 어떻게 관리하면 좋을지 배울 필요도 있다고 생각하고 있다. 아이들이 겪는 지치고, 배고프고, 실망스럽고, 깜짝 놀라고, 슬프고, 좌절하는 등의 내면 경험을 도와줄 필요가 있다. 이유가 무엇이든 간에 아이들은 발달적으로 그 일을 스스로 해내기에는 아직 부족하므로 부모의 도움이 필요하다. 부모가 아이들에게 인식시키고, 명명하고, 의미를 부여하고, 내면의 경험을 다루도록 돕는 과정을 통해 아이들은 자기 자신의 그리고 관계적인 감정을 능숙하게 관리할 수 있게 된다.

부모가 순환과 관련된 확실한 욕구와 만나고 있는지 못 만나고 있는지를 치료사가 어떻게 인식하는지를 배우는 것은 치료를 중점적으로 이야기한 제2부에서 더욱 깊이 있게 다룬다.

더 크고, 더 강하고, 더 지혜롭고, 친절한

COS 개입을 받고 있는 부모는 순환에서 손들이 하는 이 역할을 수행하는 면에서 항상 크고, 강하고, 지혜롭고, 친절하기를 격려받는다. '크고, 강하고, 지혜롭고, 친절한'은 부모가 항상 기억하고 마음에 새겨 둬야 하는 구호이다. '크고, 강하고, 지혜롭고'라는 용어는 모두 Bowlby가 부모의 역할을 설명할 때 사용했던 용어이다(Bowlby, 1988). 그리고 또한 우리는 높은 기대감과 높은 애정에 대한 연구를 한 Baumrind의 영향도 받았다(Baumrind, 1967). 우리는 애정으로 고민하는 부모들뿐 아니라 책임감으로 고민 중인 부모들에게도 이야기하고 싶었다. 시간이 지날수록 이 구호는 부모들을 사로잡았다. 우리는 버스 뒤에 앉아 가면서 한 그룹의 엄마 이야기가 매우 흥미로웠다. 그녀는 앞에서 2살짜리 아이와 고군분투 중인 다른 그룹의 엄마를 보았는데, 그 아이가 거칠게 뛰어다녀서 다른 승객들과 버스기사가 매우 불편해하고 있었다. 갑자기 엄마가 뛰어오르며 크게 소리쳤다. "잠깐만, 난 더 크고, 더 강하고, 더 지혜롭고, 친절해." 그녀는 빨리 사태를 수습하고 아이는 말을 듣고 엄마 무릎에 조용히 앉았다. 우리는 기도문처럼 이 문구를 사용하는 부모 이야기를 유심히 들었다.

부모와의 셀 수 없이 많은 논의를 통해 그들 대부분에게 더 크고, 더 강하고, 더 지혜롭고, 친절한 롤모델이 없다는 것을 확인했다. 부모들의 경험을 들어 보면, 크고 강한데 친절하지 않거나, 친절한데 크고 강하지 못했다. 너무 친절한 부모, 너무 강한 부모, 둘 사이 널을 뛰는 부모가 있는데 이 모두 문제가 있다. 이에 관해서는 제7장에서 더 자세히 이야기한다. 친절하면서 크고/강한 것 사이의 균형을 잡을 수 있는 지혜를 가진 부모를 찾는 것은 생각보다 어려웠다. 우리는 또한 더 크고 더 강함이 순환에 도입된 것이 제한설정만을 위해서가 아니라는 것을 명료하게 설명할 필요가 있다는 것을 알았다. 놀란 아이를 부드럽게 안아 주는 것은 강하게 말하는 것보다 더 크고 더 강하게 되는 부분이다.

명료하게 말하자면, 아이에게는 매 순간 더 크고, 더 강하고, 더 지혜롭고, 친절한 부모에 대한 감(感)이 필요하다. 아이가 잠을 자는 시기 또는 유치원 시기에도 우리는 '항상' 그렇다고 덧붙인다. 역할에 대해 좀 더 자세히 이야기하자면, "가능하다면 언제든지 자녀의 욕구에 따라가라"이다. 사실 아이가 원하는 것만 들어주라거나 변덕을 이야기 하는 것이 아니다. 이것은 순환 안에서의 욕구에 대한 것이다. 우리는 또한 부모가 매번 자녀의 욕구에 따라갈 수 없다는 것을 알기 원한다. 예를 들어, 아이들이 순환 위 (상반구)의 "날 지켜봐 주세요" 순간에서 행복하게 놀이한다 해도 이 시간은 아이를 돌보러 가야 하는 시간이다. 부모는 아이의 욕구를 최우선으로 하는 순간에도 여전히 더 크고, 더 강하고, 더 지혜롭고, 친절하다.

반대로 우리는 이 "필요할 때는 언제든지 책임을 져라"(그림 2.3 참조)라는 공식이 허용적인 양육의 모토로 오해될까 우려된다. 때때로 부모들은 아이를 돌보러 가야 할 때에는 책임질 필요가 있다. 아이들은 자주 부모가 책임질 수 있다는 것을 알 필요가 있다. 누군가 책임져 주면 안전할 수 있다는 것을 알 필요가 있다. 부모가 그 역할 맡기를

항상 : 더 크고, 더 강하고, 더 지혜롭고, 친절해져라
가능하다면 언제든지 : 아이의 욕구에 따라가라
필요할 때는 언제든지 : 책임을 져라

그림 2.3　손들. Copyright 1998 by Cooper, Hoffman, Marvin, and Powell.

꺼리게 되면 아이들은 취약한 위치에 남겨지게 된다. 아이들의 관점에서 만약 부모가 3살짜리 아이를 침대에서 들지 못하면 그 부모는 충분히 강하지 못한 것이다. 부모는 귀신이나 유령으로부터 나를 보호해 줄 수 없는 대상인 것이다.

아이들은 자주 제한을 어기면서 부모에게 재확신이 필요하다고 이야기하려 한다. 만약 부모가 아이의 제한 어김을 좀 더 자유롭고, 좀 더 선택할 수 있기를 원하는 아이의 욕구로 읽었다면 난리법석이 뒤따를 것이다. 이것은 마치 아이가 "이건 안전해요? 당신이 책임져 줄 건가요?" 하고 물어볼 때, 부모가 그 질문에 대한 대답은 거절하고 다른 장난감이나 쿠키를 주는 것과 같다. 부모가 대답하기를 거절할수록 아이들은 더 크게 물어볼 것이다.

가끔 아이들이 어떤 것을 협상하기 위해 한계범위를 늘리려 한다는 것을 꼭 기억해야 한다(예 : 잠자리에서 동화책을 하나 더 읽고 싶어 한다). 만약 아이가 연령에 적합한 태도로 협상하려 하고, 합의를 수락한다면(예 : 부모가 책 하나를 더 읽어 주면 합의대로 순순히 아이가 자러 간다) 아이는 부모가 책임질 것인지 더 이상 요구하지 않는다. 그러나 합의되지 않는다면, 부모가 책임질 것인지 다시 확인하길 원한다는 것을 꼭 알고 있어야 한다.

어린아이의 다양한 욕구를 대부분 들어줄수록 부모는 훗날 평생 남을 만한 소중한 선물과 아이를 위한 COS를 만들고 있는 것이다. 낯선 상황 실험에서 안정애착을 보인 아동은 어떤 욕구든 부모가 자신을 버리고 떠난다든가, 홀로 남겨지게 될 것이란 두려움

없이 표현할 수 있다. 부모나 다른 주 양육자와 상호작용하는 이런 아이는 아래와 같이 보인다. 비록 완벽한 것은 실현 가능하지도 않고 바람직하지도 않다는 것이 중요하지만 말이다.

　2살 반인 파블로는 아빠와 놀이터에 있다. 약 10분 간격으로 순환의 위와 아래의 상태를 오가기를 수십 번쯤 반복하고 있다. 벤치에 앉아 있는 아빠의 무릎에서 벗어났다. 아이가 흥미롭게 놀이터를 둘러볼 때, 아빠가 부드럽게 잡으며 아이의 얼굴을 봤다. 파블로의 눈이 모래놀이터로 향했을 때, 아빠가 미소 지으며 부드럽게 "저거 꽤 멋져 보이네~"라고 말했다. 파블로는 모래놀이터에 가도 되는지 물어보듯 아빠를 쳐다봤고, 아빠가 다시 미소 지으며 끄덕이자 모래놀이터로 미끄러지듯 달려갔다. 아이가 그곳에 도착해서 아빠가 아직 거기에 있는지 보려는 듯 아빠를 돌아봤다. 아빠의 시선은 아직 아들을 향하고 있었고, 격려하듯 웃으며 다시 끄덕였다. 파블로는 모래놀이터로 돌아와 들어갔다. 아이는 다른 덤프트럭과 삽을 가진 아이 옆에서 모래를 끌어왔다. 아이가 장난감에 다가가자 다른 아이는 그것을 보호하려는 듯 장난감을 끌어당겼다. 파블로는 그 신호를 보고 아빠에게 돌아왔다.

　파블로가 벤치로 돌아올 때까지 아빠는 기다리다 아이의 팔을 잡으려 했다. 그러나 파블로의 팔이 아빠에게 닿기 전에는 먼저 파블로를 잡지는 않았다. 그리고 나서 아빠는 아이를 꼭 안아 주고 말했다. "저 아이가 못 갖고 놀게 해서 싫었구나. 그게 약간 무서웠어? 다음번엔 우리도 트럭을 꼭 가져오자. 알았지? 아마 저 아이도 잠깐은 같이 갖고 놀게 해 줄 거야." 아빠는 아이와 손을 잡고 모래놀이터로 가서 장난감을 가진 아이의 엄마에게 파블로가 당신의 아들과 같이 놀아도 되는지 물어봤다. 그녀는 승낙했고 가져온 장난감주머니에서 트럭 하나를 꺼내 파블로에게 주었다. 파블로는 조심스럽고 조용히 트럭 주위를 맴돌았으나 아빠의 손을 놓지는 않았다. 그래서 아빠는 모래놀이터 가장자리에 앉아서 파블로가 갈 때까지 가끔 조용하게 "다음 트럭", "우와~ 정말 모래를 옮겼어~"라고 이야기하며 아이가 자신을 몇 번 돌아보다 웃어 줄 때까지 그 자리에 있어 줬다. 아빠가 벤치로 돌아와서도 아들을 보며 미소 짓고, 끄덕이며 파블로가 이걸 해도 되는지 아빠에게 승낙받기 위해 쳐다볼 때마다 격려하는 신호를 보냈다.

　파블로는 경험상 아빠에게서 자신의 욕구를 충족시킬 수 있음을 알기 때문에, 안정 욕구나 직접적으로 재확인받고 싶은 욕구를 신호로 보낼 수 있었을 것이다. 파블로의 아빠는 아들이 모래놀이터, 즉 새로운 환경에 흥미를 보일 때 크고, 강하고, 지혜롭고, 친절하게 그리고 부드럽고 조용히 격려하며 순환의 아래에서 위로 전환될 수 있게 도왔다. 그는 아들이 하는 것을 보며 기쁨을 보였다. 파블로가 아빠가 거기에 있는지 확인하고자 돌아봤을 때, 이미 아이의 눈을 보며 크고, 강한 아빠의 역할을 강화했다. 파블로가 다른 아이에게서 부정적인 '거절'을 당해 당혹스러워할 때 아빠는 아이를 환영하며 무릎에 앉혀 주고 아이의 감정을 읽어 주려 했다. 하지만 아이를 모래놀이터에서 떨어뜨리거나, 그의 곁으로 달려가지 않고 파블로가 수긍할 때까지 기다려 주었다. 이는 '더 크고 더 강하면서 더 지혜로운'의 좋은 사례이다. 아빠는 아이가 다른 아이와의 놀이 협상에 도움을 요청할 때 책임져 줬다. 그러나 안식처나 안전기지를 제공하기 전에, 아이의 신호를 읽고 그 신호를 합리적으로 정확하게 자신이 알고 있는 방법과 예상되는 아이의 욕구로 통역하는 데 더 많은 시간을 사용했다. 이것은 강한 반영하기 능력을 적용한 것이다(글상자 2.2 참조).

이것은 매우 간단하고 매우 친숙한 장면이지만 하나의 특별한 맥락에서 순환이 살펴보아야 할 양육자가 어떻게 상호작용하는지를 묘사한다. 순환은 상당히 다른 종류의 관계에서 맺어진 서로 다른 두 사람의 관계에서의 차이점을 찾아서 다양한 관계 유형들을 만들어 낸다. 이런 이유로 치료사들은 아동 애착의 안정성을 평가할 때, '보이는 것'(빈틈없는 행동관찰)과 '추측'(예상 개념을 기반으로 한 추론)에 의지하는 것에 신중을 기해야 한다.

보이는 것 vs. 추측

뇌는 매우 효과적인 학습 도구라서 이미 과거에 형상화되고 저장된 기억과 연관된 감정을 알기가 매우 어려울 수 있다. 결과적으로, 우리가 관찰하는 것은 이미 도출된 결과물을 바탕으로 하고 있다. 이것이 치료사들에게 진실이고, 잘 훈련된 치료사라도 그러하며, 부모에게도 확실히 진실이다. 우리의 초기 애착관계를 통해 형성된 표상은 좋든 나쁘든 우리의 육아태도에 지대한 영향을 미친다. 우리는 우리가 이미 결론을 내린 것을 단순히 보는 것보다 강하게 사로잡힌 선입견에서 벗어나기 위해, 우리가 실제로 관찰한 것을 바탕으로 결론을 도출하는 훈련을 하는 데 더욱 힘써야 한다. 이미 모든 부모는 타고난 지혜를 지니고 있으며 자신의 자녀가 안정적이 되길 소망한다. 대부분의 부모들은, 심지어 삶의 스트레스에 항상 찌들어 있고 지지적인 양육환경에서 자라지 못한 부

글상자 2.2 반영적 기능

그 또는 그녀의 마음, 각각 독립된 개체로서 다른 이들과 당신 스스로를 볼 수 있는 능력은 '마인드사이트'(Siegel,1999), 마음 - 마음자세(Meins et al., 2002), 반영적 기능(Fonagy, Steele, & Steele, 1991), 정신화(Fonagy, Gergely, Jurist, & Target, 2002), 마음이론(Premack & Woodruff, 1978)이라는 여러 이름으로 불린다. 각 용어는 모두 감정적으로 안정적인 관계를 맺기 위해 필요한 성찰적 의식의 발달적 측면을 강조한다. 우리는 감정, 신뢰, 의도, 바람이라는 심리적 상태를 나타내는 용어로서 나 자신과 타인에 대해 이해하고 감지하기 위한 능력을 의미하는 '반영적 기능'이라는 용어를 사용할 것이다. 반영적 기능은 양육자가 아이가 본 것이나 느낀 것에 대해 합리적이고 정확한 관점에서 의사소통할 때뿐만 아니라, 양육자가 마음의 기능을 어떻게 분리해서 감사함을 말하는지 언어를 사용할 때도 발달한다.

  그 누구도 다른 이가 무엇을 보고, 느끼고, 생각하고, 어떻게 해석해야 하는지 매 순간 알기는 진실로 불가능하다. 우리는 타인이 우리에게 준 신호를 이용하여 추측하는 것은 잘할 수 있으나 이 역시 확실하다고 확신하기는 어렵다. "내 생각에"는 "나는 감정을 분리해서 당신이 느끼는 것을 추측할 뿐이에요"라는 말이다. 우리는 정확한 또는 부정확한 추측에 대한 확신과 추측을 통해 우리의 분리된 감정은 타인과 연결될 수 있고 다 함께 성숙한 경험을 할 수 있다. 추측은 실제로 경험해 본 것들을 통해 정확성을 얻을 수 있으나, 양육자는 영아가 독립적 개체라는 사실을 망각하지 말고 적합한 반영적 기능을 가져야 한다. 진실에 대한 이 감정이 간단하게 정확하지 않을 때 이 순간 또한 필연적일 것이다.

  양육자가 일상적으로 제공하는 관점이 정확하지 않을 때, 그 또는 그녀의 관점이 항상 옳다고 주장하거나, 그 또는 그녀가 영아가 전에 무엇을 할 수 있는지보다 영아의 마음이 어떤지 알고 있다고 계속 주장하는 일이 생긴다. 간략히 이야기해서 영아는 그 또는 그녀의 관점이 신뢰할 수 없는 것이라는 걸 배우게 되며, '너'와 '나' 사이에 차이가 없다고 믿게 된다. 결국 영아가 타인의 관점을 읽는 능력은 위태로워지며, 공감능력에 문제를 일으켜 우정과 타인과의 친밀감 형성의 질에 영향을 미치게 된다. 이것은 또한 자신에게 초점을 맞추는 결과(자기중심성)를 가져올 수 있으며, 개인적으로 의미 있는 언어로(주관적으로) 내적 경험을 조직화할 수도 있다.

모라 할지라도 자신의 형편없던 과거 애착의 베일 저편을 보는 데 동기유발될 수 있다.

  실제 관찰에서 결론을 도출하기 위해 부모는 관찰을 조직화하기 위한 잠재적 구조가 필요하다. 이것은 우리가 COS라고 부르는 로드맵이다. 모든 인간의 행동은 의미를 지니며 순환은 부모에게 그 의미를 보는 눈을 길러 주기 위해, 그리고 그들의 자녀가 정당한 욕구 안에서 보이는 모든 부정적 행동의 내면을 그들에게 보여 주기 위해 고안되었다. COS의 목적은 "이 아이가 나에게 원하는 게 뭔가요?"에서 "오! 아이가 원하는 걸 알겠어요."로 바뀔 수 있도록 하는 것이다. 순환을 통해 부모는 자녀의 정서를 이해할 수 있게 될 뿐 아니라, 자녀의 정서에 감정적이며 인지적인 반응(제5장에서 논의하는 이른바 부모 자신의 '죠스 음악'을 듣는 것 또는 자신의 어린 시절 애착의 유산)을 추적하고 조절할 수 있게 된다. COS 개입은 부모가 이 전환을 반영적 기능으로 만드는 것을 도와준다(글상자 2.2 참조).

이 인상적인 변화를 얼마나 이룰 수 있는지는 아직 명확하지 않다. 재통합하는 내내, COS 개입 회기 동안 치료사가 내담자를 위로하는 작업은 부모의 애착에 대한 장기기억을 위해 매번 추가되어야 한다. 그 후 자신의 부모에게서 배우지 못한 자기위로를 치료실 밖에서도 가능하게 해야 한다. 부모는 안정애착행동의 이미지와 개념을 위한 회기에서 기본적인 안정애착의 형태에 대해 반복적이고 집중적으로 노출되게 된다. 덧붙여, 위로가 되는 음악과 그들의 방어를 완화시킬 도구(부드러운 도구)가 자신의 자녀들에게 보일 행동의 새 문을 여는 길에서 부모의 내적 작동 모델로 새로 장착될 것이다(Gillath, Selcuk, & Shaver, 2008). 이 과정들은 이제 막 연구되기 시작했으나 그 효과와 잠재력이 어마어마한 것은 확실하다.

우리가 아는 것은 COS가 부모가 과거 자신이 마음을 읽지 못하는 상태였다는 것에서 충분히 인지할 수 있는 안정감과 안전감을 느낄 수 있게 하는 환경을 만듦으로써 부모의 변화를 이끌어 냈다는 것이다. 개입의 목표는 부모가 모든 순환 주위에서 자녀를 지지해 줄 수 있는 능력을 발달시킬 수 있도록 돕는 것이다. 그것이 자녀의 욕구인지 감정인지는 상관없다. 치료사의 역할은 현재 자신의 자녀를 돌볼 능력을 방해하는 과거의 유령과 마주하는 고통스러운 작업을 하고 있는 부모와 함께 있는 것이다.

치료사가 이 안아 주는 환경을 만들고, 부모의 책임과 용기의 직접적 산물로서의 위대한 도구를 성공적으로 이끌었을 때, COS는 대부분의 아동이 안정애착으로 기록되는 결과를 얻는다. 함께 있음의 결정적인 힘은 다음 장에서 논의한다.

3장

함께 있음 : 관계를 통해 아이의 욕구와 만나기

나는 여기 있다. 그래서 너는 그만큼 가치가 있다. – Jude Cassidy

함께 있음(Being-With), 이 믿을 수 없이 간단한 용어는 심오한 욕구를 나타낸다. 응답이 되면 이는 전 생애에 걸쳐 만족스러운 관계를 위한, 다수의 발달적 과업과 성인기 기능의 숙달을 위한, 그리고 신뢰와 자기조절, 심지어 신체적 건강을 위한 길을 마련해 준다. 욕구가 충족되지 않았을 때의 함께 있음은, 바로 '함께 있지 않음(Being-Without)'이 된다. 이것은 아동에게 삶의 필수적 인간관계 형성에 중요한 단계뿐 아니라 자율적 성인으로서 미래 관계를 마음껏 즐길 수 있는 능력을 상실하게 한다. 부모가 반응적 양육을 제공하고 순환의 주위에서 자녀의 욕구와 만나는 큰 희망을 갖고 있는 것은 자녀와 함께 있음에 의해서다. 그리고 치료사가 변화를 이끌어 낼 수 있는 것은 부모와 함께 있음에 의해서다.

함께 있음의 경험

함께 있음의 시작은 인간 삶의 기본적인 사실에서 시작된다. 인간으로 존재하는 것은 관계 안에 있는 것이다. 아이들은 보호, 편안함 그리고 필수적 상호작용을 제공할 양육자와 함께 있으려는 내적 욕구를 갖고 이 세상에 태어난다. 세계의 수많은 연구에서 일관적으로 밝혀지듯, 아이는 민감함과 세심한 주의를 제공하는 양육자에게 신뢰와 기쁨으로 보답할 것이다. 그리고 관심을 충분히 받지 못하면, 아이는 저항, 절망, 결국 분리로 답할 것이다. **안정애착 발달의 핵심은 필요할 때 자신의 양육자가 감정적으로 유용하게 자신과 함께 있어 줄 것이라는 아이의 인식이다.**

함께 있음은 누군가가 순환 주위의 모든 면에
감정적으로 유용하다는 것을 알고 있음을 의미한다.

영국 소아과의사이자 정신분석가인 Donald Winnicott이 이야기한 '안아 주는 환경'은 가족의 진심 어리고 안전한 경험을 불러일으키는 어떤 양육관계이다(이것은 함께 있음으로 특징지어지는 관계이다). 애착에서 가족은 아동에게 생긴 곤란하고 혼란스러운 경험을 공감적으로 조절해 주고 이해해 주는 데 유용한 '타인'이 있음을 뜻한다. 진정되고, 편안하고, 민감하게 자극받고, 안정되는 수많은 경험을 통해서 그것은 마치 아이가 반복적으로 부르는 것과 같고, 한결같은 응답은 "너는 나를 믿어도 된다."이다.

함께 있음은 알고 있음을 뜻한다.

이것은 또한 아이의 욕구는 수용될 수 있다는 것을 뜻한다. 그렇다고 해서 욕구를 항상 충족시켜야 한다는 것은 아니며 어떤 부모도 이 역할을 완벽하게 할 수 없으며, 해서도 안 된다. 그러나 아이의 대부분의 축적된 경험을 안아 주는 환경에서는 설령 아이 자신은 욕구를 이해하지 못하고, 인내하기 힘들고 고통의 원인을 찾지 못할지라도 아이의 욕구는 평범한 것이며, 이해받고, 공유될 수 있다고 확신한다.

함께 있음은 아이의 욕구가 수용 가능하다는 것을 의미한다.

아이는 모든 감정을 느끼고 표현할 수 있는 잠재력을 가지고 태어났다. 이 감정들 모두가 편안한 것은 아니다. 이 감정들 대부분은 아주 어린 영아가 다루지 못한다. 아이는 감정을 조절하는 것을 배우기 전에 압도당하기가 쉽다. 안아 주는 환경에서 양육자는 화, 슬픔, 두려움, 기쁨, 슬픔, 호기심 등의 인간의 모든 감정은 평범하고 수용될 수 있다는 것을 실제로 보여 주게 된다. 아직 감정을 조절할 수 있는 능력이 발달되지 못한 아기와 함께 있는 것은 순환 주위의 모든 면에서 아이의 감정적 경험에 공명하고 조율되는 것을 의미한다. 이에 대해서는 이 장에서 나중에 더 이야기한다(Stern, 1985). 이것은 그들의 감정에 공감하는 것을 의미한다. (만약 당신이 아이가 요구하는 것을 들을 수 있다면, 이것은 "이 어려운 감정에 있는 나와 함께 여기에 있는 누군가가 내가 나쁜 감정에서 벗어날 수 있는 방법을 허락하는 것"과 같은 것이다.) 이것은 아기의 흥분이 진정될 때까지 아기와 함께 머물러 주는 것을 의미한다("내가 느끼는 것을 당신이 알고, 이것이 바뀔 때까지 내 옆에서 기다려 줄 거라는 것을 나에게 알려 주세요."). 이것은 그 욕구가 따뜻함, 편안함, 음식, 수면, 격려, 그 외 무엇이든 간에 감정을 표현하는 욕구에 대한 응답을 의미한다.

아이가 아주 어릴 때 함께 있음은 아기를 위해 감정을 정리하고,
이 감정을 다루고 조절하는 것을 의미한다.

그녀의 감정적 경험에서 아이와 함께 있음은 공허한 은유적 표현 이상이다. 최근 연구에서 거울뉴런이라 불리는 존재가 드러났는데 이것은 한 개인 뇌의 뉴런이 타인 뇌의 뉴런을 점화시키는 반응을 한다고 규정되었다. 우리가 자동적, 무의식적으로 타인의 감정을 인식하면 우리의 감정상태가 변화된다고 Daniel Siegel과 Mary Hartzell이 이야기했다(2004, p. 65). 엄마가 아기의 기뻐하는 모습을 보고 웃으면 엄마와 아기의 뇌의 같은 뉴런이 점화되어 같은 감정을 이끌어 낸다. 과학자들은 이런 뉴런의 점화를 통해, 영아들은 감정에 대해 배우기 시작하고 그들 경험의 수용할 만한 부분으로서 그것을 보기 시작할 거라고 추측했다. 이 분야의 선구자인 V. S. Ramachandran(TED가 2009년 11월에 이야기한)은 이것을 '공감뉴런'이라 했다. Daniel Goleman은 이 능력을 "신경의 와이파이"라 불렀다(Goleman, 2006, p. 41). 함께 있음의 경험에서 거울뉴런의 효과는 엄마와 아기 간의 아래와 같은 조우에서 더 뚜렷해진다.

4개월인 첼시는 엄마 데니스의 바로 맞은편에 앉아서 엄마 눈을 보며 하품을 했다. 데니스가 부드럽고 친절한 눈으로 아이의 얼굴을 유심히 보면서 하품 템포에 맞춰 목소리를 내고 아기의 고갯짓 리듬에 "오 그래"라고 얘기했다. 하품을 끝내고 주위를 둘러보며 내는 아이의 숨소리를 들을 수 있었다. 데니스는 아이의 숨소리가 날 때, "아이고~ 오후가 기네~ 오후가 길어~"라고 얘기했다. 첼시가 엄마를 보자, 엄마는 아기를 보고 웃으며 말했다. "넌 내 사랑이지?" 첼시가 엄마 눈을 보고 부모라면 누

구라도 녹을 만한 미소로 천천히 웃었다. 데니스의 응답하는 미소는 천천히 얼굴 전체로 번졌고, 눈은 기쁨으로 반짝였다. 첼시의 미소는 기쁨을 공유하는 미소로 바뀌었다.

긍정적 감정은 빠르게 커졌고 첼시는 눈길을 돌렸다. 연구에서는 이처럼 아기가 얼굴을 돌린 것은 과한 흥분에서 진정하기 위한 노력을 보여 주는 것이라고 했다. 만약 아기가 이것을 했다면 아기는 빠르게 하향조절하고 양육자와의 상호작용으로 복귀할 것이다.

데니스는 아이가 잠시 눈길 돌리는 순간을 허락했고 다시 상호작용으로 돌아올 수 있도록 긍정적 감정을 유지했다. 첼시는 잠시 주위를 둘러보고 엄마에게 돌아온 뒤, 웃기 시작했다. 데니스가 다시 웃고 다른 긍정적 감정과 성숙한 기쁨이 점점 커지는 상호작용을 했다. 첼시는 너무 강렬함이 느껴지면 잠시 눈길을 돌리고 엄마가 참고 기다려 주는 동안 조용히 진정할 것이다. 그리고 나서 아기는 다시금 긍정적 상호작용으로 돌아올 것이다.

이 상호작용에서 우리가 본 것은 지금까지 묘사한 함께 있음의 모든 요소들이다 : 아이의 욕구에 따른 반응, 조율, 공명, 수용, 안아 주기. 이 장면은 영아 자신과 엄마가 감정을 조절하기 위해 학습하는 모습을 묘사했다. 또한 이 관계에서(그리고 다른 관계에도 확장해서) 공감의 역할을 강조했다.

공감은 성공적인 초기 관계의 발달과 유지를 위한 핵심 능력이다. 공감이 없는 감정적 경험은 공유될 수 없고 이해받을 수 없다. 공감받지 않고, 어떻게 자신의 감정상태에 대해 학습할 수 있겠는가? 공감은 행동으로 보여 주는 거울뉴런이다. 이것은 우리 경험 안에서 타인의 경험에 공명하는 것이다. 공감함으로써 만약 다른 사람에게 상처를 준 경우 죄책감을 느끼는 중요한 경험도 할 수 있게 된다. 당신이 아끼는 누군가를 다치게 해서 나쁜 감정을 느꼈을 때, 당신은 안전한 관계를 유지하기 위해 관계 회복을 위한 준비를 할 것이다.('불화와 회복'의 핵심 개념에 대해서는 제6장과 제11장에서 좀 더 자세히 다룬다.)

결국 공감을 받아들이는 것은 아이들이 자신과 타인에게 공감하는 능력을 발달시키기 위해 학습하는 방법이다. 공감은 감정적 요소와 인지적 요소(안아 주는 환경에서 양육된) 둘 다를 포함한다. 아이들은 부모의 함께 있음을 통해 타인의 관점을 이해하는 방법을 학습한다(글상자 3.1 참조).

글상자 3.1 아이는 어떤 성인과 함께 있음으로부터 유익할 수 있는가?

틀림없이, 공감, 수용 그리고 안아 주는 환경의 다른 이점들은 단시간이거나 일시적일지라도 좋은 점이 있다. 교사, 베이비시터, 코치, 언니, 오빠 그리고 아이 삶의 한 부분인 누군가는 이 훌륭한 방법들을 통해서 아이의 자존감을 향상시키고, 아이와 조화를 이루며 숙달시킬 것이다. 또한 이것은 아이에게 관계 내에서 가능한 것에 대한 아이디어를 제공하며 향후 관계에서 안정감을 찾을 동기를 유발한다. 사실 아이를 돌봐 주는 전문가(어린이집, 유치원 등)와 이야기할 때, 종종 삶의 궤도에서 특별한 어려움을 보이는 고위험군 아이에게 진실된 함께 있음을 제공하는 것에 대해 이야기하곤 한다. 단 하나의 '북극성'(또는 남십자성)과 접근하는 사람은 어떤 아이들에게는 필수적이다. "오, 알아요. 이건 정말 모든 혼란 뒤에 감춰진 일관적인 테마예요. 아직 어떻게 정기적으로 그것을 찾아줘야 할지 잘 모르겠어요. 하지만 그 아이를 위해 내가 해낼 때까지 계속 지켜볼 거예요." 이는 몇 년, 몇십 년이 걸릴 수도 있다. 그러므로 함께 있음 패러다임 활동이 가능한 한 사람과 접촉하는 것은 그 아이에게 크나큰 축복이다.

그러나 시간제/일시적인 함께 있음은 아이의 건강한 발달, 미래의 만족스런 관계, 개인 능력에 중대한 영향을 미치는 애착관계를 만들기에는 충분하지 않다. 애착은 애착 추구에 의해 좌우된다(이것은 아이가 자기 감정 정리를 도와줄 수 있는 특별한 사람에게서 편안함을 찾으려는 본능이다). 아이가 만약 도전 상황에 놓이게 되면 낯선 사람에게 애착행동을 보일 것이다. 그러나 이것이 애착관계를 만들지는 못한다.

인생의 초기 7개월 동안 아이들은 의지가 있고 능력도 있는 어떤 사람으로부터의 보살핌과 편안함도 수용한다. 6개월까지는 할머니, 할아버지가 방문하면 반기고 행복감을 느끼게 해 줄 것이나 한 달(낯가림, 분리에 긴장하는 시기)만 지나면 할머니, 할아버지가 아이를 안아 주려 하면 소리 지르며 거부할 것이다. 대략 7개월쯤의 아이는 초기 양육자를 선호하도록 발달하고 최초 애착발달을 시작한다. 그들은 계급을 나누기 시작한다. 엄마, 아빠, 할머니 그 뒤 베이비시터, 이런 식으로. 아이들은 필요할 땐 그들에게 다가갈 것이다. 그러나 리스트에 없는 누군가는 선뜻 받아들이지 못할 것이다.

많은 양육자에 대한 영아의 수용은 결국 다른 사람을 리스트에 넣어 주는 것이다. 그러나 전체 양육자 리스트가 어느 정도 길이인지는 말하기 어렵다. 4 또는 5? 아니면 6. 하지만 100보다는 적을 것이다. Mary Ainsworth가 우간다에서 발견한 것처럼(제1장 참조), 아이를 양육하는 것에 모두 참여하는 이웃이라면 애착대상이 될 수 있다. 미국 사회에서는 아이들이 아마 더 적은 수의 애착대상을 가질 것이다.

국가의 선례를 따라 보자면, 힐러리 클린턴이 이야기한 것처럼 "한 아이를 키우기 위해서는 마을 전체가 필요하다"고 생각된다. 생존과 한결같은 안전에 대해 생각해 보면, 사실 상식적으로 '추가 애착대상'이 있다는 것은 어떤 이익이 있다는 것을 말한다.

함께 있음의 발달적 측면에서의 이점

함께 있음 동안 발생하는 많은 것은 암시적이고 비언어적이다. 모든 상호작용에서 아직 말을 못하는 아기일지라도 사람들과 관계, 감정과 욕구, 소통하는 방법 그리고 타인에게서 기대할 수 있는 반응들은 어떤 것인지를 배운다. 아기가 있는 환경에서는 매우 가까이서 주의 집중을 하게 되기 때문에 주 양육자와의 상호작용은 특히 더 중요하다. 편안함, 수용, 인정에 대한 아기의 가장 큰 잠재적 원천은 아기가 "사람에게 다가감"에 있다(C. H. Zeanah, 개인 서신 교환, 2004). 우리가 묘사했던 어린아이와 함께 있음에서 부모는 언어적, 비언어적으로 아기가 괜찮고(심지어 불편함이 있을지라도), 사실 아기가 기쁘고, 엄마나 아빠가 충족되지 않은 욕구의 끔찍한 느낌을 이해하고, 부모의 도움으로 아기는 감정의 늪에 빠지거나 압도당하지 않을 거라는 메시지를 보내고 있다.

함께 있음은 비단 아이에게만 유익한 것이 아니다. 진짜 안아 주는 환경을 제공하기 위해 부모는 어느 정도 자기수용능력이 있어야 한다. 자기수용능력이 결여된 부모들은 순환 주위에서 아이의 욕구를 실제로 충족시킬 수 없다. 예를 들어 "날 기쁨으로 여겨 주세요"를 보자. (무의식적으로)전체적으로 불완전하다고 느끼는 부모는 아이를 이상화하는 경향이 있다. 아이를 엄격하게 대하며, 제한적이고, 아이 자체를 수용함으로써 나오는 기쁨보다는 제한적인 존중을 제공한다. 이렇게 아이가 수용된다는 것을 아이에게 보여 준다. 여기서 아기는 부모의 자아감을 부분적으로 취하는데, 이는 양육자 안에서의 유대감과 안정감을 향상시킨다.

데니스와 4개월 된 첼시 사이의 '대화'는 딸과의 안정애착 정립을 위해 엄마가 만들어 주는 안아 주는 환경을 보여 준다. 첼시는 어떻게 초기 관계를 정립하는가에 대해 절차상의 암묵기억을 형성한다(글상자 3.2와 '의도치 않게 알려진' 두뇌에서의 암묵적/외현적 정보 처리와 절차기억에 대해 논의한 제5장 참조). 암묵적 관계에 대한 지식(Lyons-Ruth, 1998)은 첼시의 대인관계 레퍼토리의 한 부분이 될 것이다. 이는 자전거 타기가 오랜 기간 육체적 레퍼토리의 한 부분이 되고, 독서가 인지적 레퍼토리의 한 부분이 되는 것과 같다. 첼시는 언어를 알기에 충분한 연령이 되기 이전에 엄마로부터 잠재적으로 배우게 될 것이기 때문에 차근차근 그녀 인생에서 중요한 타인과 어떻게 관계하면 될지 알아 갈 것이다. 이것은 자연적으로 내재되는 것이기 때문에 첼시가 이를 반드시 인지할 필요는 없다. 그녀는 영아기부터 엄마와 함께 있음 덕분에 베풀고, 신뢰할 수 있고, 절대적으로 확신할 수 있는 친밀한 파트너이자 부모가 될 것이다. 어떤 것을 기억하고 있는 것보다 오히려 알고 있는 어떤 것을 느끼게 되는 것이 절차기억의 하나이므로, 이 절차기억은 그녀가 자라면서 있을 모든 관계 맺기에 기대감을 제공할 것이다.

> **글상자 3.2 우뇌는 두 가지 기억시스템(암묵적 그리고 명시적)에서 정보를 조직화한다**
>
> 암묵적 기억시스템은 언어가 발달되기 이전인 유아기에 형성된다. 그러므로 아직 의미상 조직화되지 못했다. 정보는 아기가 언어를 획득한 후, 그리고 평생에 걸쳐 암묵적인 형식으로 끊임없이 저장되고 검색된다. 이는 자전거를 타기 위해 절차 정보가 필요한 것과 같다. 암묵적 정보의 핵심은 검색과 사용을 위해 의식적인 자각을 요구하지 않는다는 것이다. 이 직관의 특성은 "그저 이 일은 한다는 것이다." Karlen Lyons–Ruth와 Boston Process of Change Group은 다른 사람들과 일을 하는 방법에 대한 정보를 상징적이지 않은 간접적 표현방법으로 "암묵적 관계적 지식"이라는 신조어를 만들었다(Lyons–Ruth, 1998). 우리가 우리의 애착욕구와 협상하는 방법은 언어가 발달하기 이전에 배우며, 암묵적 관계적 지식인 우리 마음으로 표현하게 된다.
>
> 　명시적 기억시스템은 언어를 기반으로 하며, 사실적인 것과 자전적 기억과 같은 정보를 저장한다. 에피소드적인 기억은 특별한 자전적 기억의 한 예이다. 이는 듣는 사람으로 하여금 그 시간으로 돌아간 듯한 느낌이 들 정도로 묘사가 상당히 세부적이며, 실제 일어난 일에 대한 선명한 정신적 그림을 갖고 있다. 일반화된 묘사와는 대조적으로 한 사건 이상을 표현한다.

Salvador Minuchin이 이야기한 것처럼 항상 역사는 이 순간, 현재이다. 우리는 성인들에게 그들의 과거를 물어볼 필요가 없다. 우리가 한 전부는 초기 관계 맺기에서 보여 준 행동패턴을 관찰하는 것이고 이는 그들의 과거를 드러낸다. 이것이 그들의 암묵적인 관계에 대한 지식이다(Minuchin, 1980).

　이 기억들의 형성과정과 관계 맺기에 대한 기대감은 함께 있음을 통한 감정 조절 학습에서부터 시작된다.

감정을 관리하는 방법 배우기 : 공동조절과 자기조절

　애착은 생애 첫해부터 그 후까지 계속 진화하는 영아와 양육자 사이의 특별한 관계이다. 이는 본질적으로 정서, 감정에 의해 구성된다. 이는 부모와 영아 사이의 '정서적 유대'를 의미할 뿐만 아니라 영아의 감정 조절 용어로 상징화되어 있다. 사실 이는 양자 간 감정 조절의 핵심이고 첫 1년 간 모든 발달의 정점이며 앞으로 다가올 자기조절의 징조이다. ─L. Alan Sroufe(1995, p. 172)

인간으로서 우리는 감정을 관리하는 방법을 배워야 한다. 슬플 때는 편안함을 찾기 위해, 행복하고 기분이 좋을 때는 그 감정을 키우기 위해, 슬플 때는 진정할 방법을 찾기 위해, 인식을 조직화하고 생산적인 자기주장에 대해 결단을 내려야 한다. 다시 말해, 우리가 적절한 대외적 행동을 선택하는 방법을 찾기 위해서는, 우리 내면의 경험을 관리할 필요가 있다. 성공적인 초기 관계 맺기와 생산적인 작업하기를 상상하는 것은 어려운 일이다. 이 두 가지 규준은 성공적인 인생의 핵심으로 자주 고려된다. 이는 분노했을 때 공격당하는 충격을 막을 수 있으며 기쁜 순간을 만들어 낼 수 있다.

생애 첫 1년 동안 초기 양육자와의 관계에서, 영아는 감정을 관리하는 방법을 배우기 시작한다. 양육자는 처음으로 영아의 수많은 초기 경험을 관리한다. 양육자는 아기의 감정을 다른 감정으로 밀어붙이려 하지 않고 그 감정 있는 그대로 따르고 함께하면서 진정시키고, 아기가 모든 관계를 거부할 때는 흥분한 아기에게 함께 있음을 해 준다. 아이가 나이를 먹고, 감정상태가 더 복잡해지면, 아이와 양육자는 성숙한 감정 조절을 위해 함께 노력하기 시작해야 한다. 이것이 Winnicott이 이야기한 "안아 주는 환경"이다 (Winnicott, 1965b, p. 47). 양육자는 아이가 언어적, 비언어적으로 반응하는 동안 아이의 감정을 의도적으로 안아 줘야 한다. 그 이유는 아이에게 어떤 관계적 공간을 제공하기 위해서이며, 아이의 감정을 유지하고, 조절하기 위한 모든 중요한 능력을 정립하게 하기 위해서이다.

감정의 공동조절을 통해 아이는 자기조절을 배운다.

자급자족이 아닌, 자기의존

> 두뇌가 자기조직화 체계라는 것은 이제 널리 알려졌다. 그러나 이는 또 다른 자아, 다른 두뇌와의 관계맥락에서 일어나는 두뇌 발달의 자기조직화라는 사실이 간과된 것 같다. 여기서 다른 자아, 주 양육자는 영아 신경계의 '경험의존' 성장의 외부 정신생물학적 조절자로서 기능한다. 영아 신경계 요소들은 빠르게 조직화되고, 비조직화되며, 재조직화하여 생후 2년간 두뇌에서 급작스럽게 성장한다. –Allan N. Schore(1996, p. 60)

자기 감정을 조절하는 능력은 모두 중요하다(글상자 3.3 참조). 그러나 이 문장은 강철 같은 론 레인저(드라마 주인공)가 분노와 두려움으로 가득 차 일몰에서 홀로 싸워 한 손으로 악당들을 물리치던 장면을 생각나게 한다. 많은 문화적 신념과 반대로, 자기조절 그 자체는 최종 목표가 아니다. 오히려 희망 목표는 공동조절이 가능하고 일생을 통해 각 상황에서 최선을 다해 자기조절하는 것일 수 있다.

오직 하나의 능력만을 사용하는 것은 최적의 발달을 이끌지 못한다. 스스로 자기 분

글상자 3.3 행동수정 vs. 함께 있음

15살인 칼은 공격행동을 보인 그의 과거 때문에 행동중재교실에 있다. 그의 담임은 칼이 수학문제로 고군분투할 때 도와주려 노력했는데 반 친구 중 하나가 그를 보고 찌푸리며 그의 노력을 비웃었다. 칼은 폭발하여 욕설을 하며 친구에게 책을 집어 던졌다. 칼은 진정할 수 없었고 담임선생님은 도와주기 위해 친구로부터 떨어뜨려 스스로 진정되길 바라며 익숙한 타임아웃 방으로 가도록 했다. 교사는 칼이 분노했을 때, 다른 행동을 취할 수 있도록 도와주길 원했다. 비록 좀 더 생산적인 행동을 선택하는 것이 칼의 문제 중 중요한 부분이긴 하나, 이것이 핵심 이슈는 아니다.

National Research Council Institute of Medicine(National Academy Press)에서 펴낸 책, *From Neurons to Neighborhoods*를 보면 우리가 알고 있는 것에 대해 요약되어 있으며, 2000년대의 아동발달에 대해 모르는 부분이 언급되어 있다. "자기조절능력은 외현적·내면적 행동 규준의 준수방법을 학습하는 것과 같은 중요한 임무를 위한 전제조건이다"(Shonkoff & Phillips, 2000, p. 113). 다시 말해, 우리가 유능하게 우리 외현적 행동을 관리할 수 있기 이전에 내적 경험을 관리하는 방법을 반드시 배워야 한다는 것이다. 만약 우리가 조절되지 않는 정서, 감정이나 경험으로 넘쳐나면 우리가 생산적 행동을 선택하는 능력은 빠르게 약화된다.

불행히도, 타임아웃으로 고립된 것은 칼이 행동을 의도적으로 선택하게 만들 수 있기 때문에 감정 조절 방법을 가르치기에 적합하지 않다. 두려움 또한 그렇다. 만약 칼이 수감 중이고 친구가 살인자였다면, 그의 두려움은 그가 무언가를 던져 버리고 싶은 것을 금지할 수 있도록 극대화되었을 것이다. 하지만 사회적으로 생산적인 멤버가 될 칼이 그런 압도적인 두려움 속에서 살 필요는 없다. 그에겐 이 이상이 아닌 아주 적은 두려움만이 필요하다. 당신은 두려움으로 감정 조절 능력의 부족함을 고칠 수 없다. 불행히도, 이는 위협이 칼 같은 아이에게 충분하다고 생각하여 행동을 바꿀 좋은 뜻을 가진 사람들에 의해 오랜 시간 노력되어야 한다. 행동중재교실은 칼같이 자기 감정을 관리할 줄 모르는 학생들로 넘쳐난다.

감정 조절 방법을 배우는 과정을 말로 설명하면 복잡하다. 우선 칼은 친구의 장난으로 상처받고, 분노한다는 사실을 언어로 알 필요가 있다. 이럴 때 그는 오랜 시간 충분히 기다리고, 감정적 경험을 확인하여 무언가 던지고 싶은 충동을 막고 잠시 멈출 필요가 있다. 두뇌의 인식으로, 그는 원시적 변연계의 반응에서 경험을 조직화하고 중재하는 전두엽 피질을 사용하도록 전환시킬 필요가 있다. 잠시 멈추고 행동을 막기 위해, 지금 일어난 일을 반영할 수 있는 지점에서 감정적으로 진정시키는 충분한 자기진정이 요구된다. 만약 자기진정이 안 된다면, 선생님처럼 그가 진정되는 데 도움을 줄 수 있는 신뢰 가능한 사람에게 다가갈 필요가 있다. 이 과정에서 의미하는 것은 칼은 유용한 인식을 조직화하고, 이 어려운 과정을 통해 내면의 스스로와 이야기할 수 있는 자기성찰을 해야 한다는 것이다. 그가 어떤 것을 이해하고, 자기 내면에서 일어난 일을 말로 표현할 때, 친구와 어떻게 화해할지 선택할 수 있다.

말로 하는 것은 복잡하고 심오하지만, 이 암묵적 관계적 지식은 매일매일의 부모와 자식 간 일상적인 관계를 통한 안아 주는 환경에서는 야생화가 자연적으로 편안히 꽃을 피우는 것과 같다. 만약 그가 함께 있음의 혜택을 받았었더라면, 칼이 매우 어렸을 때 엄마나 다른 양육자에 의해 진정됐더라면, 엄마를 따라 스스로를 진정시키는 데 도움을 받았더라면, 필요할 때 스스로를 진정시킬 수 있게 됐을 것이다. 하지만 그는 시나리오에서 묘사된 것처럼 선생님에게서 벗어나는 다른 능력을 알게 되었다.

(계속)

감정 조절은 행동이고 행동수정(인센티브, 혜택 제거 등)을 통해 분명히 학습될 수 있다고 많이들 주장한다. 우리는 이것이 행동 그 이상이라고 주장한다. 이는 아이 그 자신과의 관계의 질에 대한 것이고, 중요한 타인과의 관계의 질에 대한 것이다. 애착과 두뇌 연구를 성공적으로 통합한 Allan Schore는 능숙한 감정 조절 단계를 설정하고 두뇌가 발달하는 데 효과적인 기간으로 생후 첫 1개월 동안 기쁨을 공유하는 것의 중요성에 대해 이야기했다. Schore는 긍정적 감정을 서로 공유하는 것은 좀 더 어려운 부정적인 감정 조절을 준비시킨다고 언급했다. 발딜심리학 논문(Feldman, Greenbaum, & Yirmiya, 1999)에서 생후 1년 동안 양육자와 아기 사이의 좀 더 많은 감정 공유는 아이를 좀 더 부모의 요구에 따르게 했으며, 만족을 지연시킬 수 있게 함을 밝혔다. 다시 말해, 생후 1년간 감정적 연결점이 많았던 아이는 발달하면서 부모의 지시에 잘 따를 수 있게 되었다.

우리는 모든 종류의 환경에서 이 이점을 볼 수 있었다. 동독의 영아를 위한 데이케어에서, 심지어 행동관리에 근간을 둔 처방에 영향을 받았을 때에도 아기들은 공감을 보여 준 양육자와 좀 더 안정애착을 맺었다고 한다(Ahnert, Lamb, & Seltenheim, 2000).

감정 조절 능력은 행동 조절 능력으로 이어진다.

노를 다스릴 수 있을 때까지 혼자 폭발하고 분노하는 성인을 생각해 보면 그것은 타인에게 접근하는 그들을 너무 취약하게 만든다고 생각한다. 중요한 관계로부터 고립되는 것에 의한 진정은 친밀감 발달을 유의미하게 간섭하고 복잡한 감정 경험을 통합하는 개인의 능력을 제한시킨다.

그리고 자기조절을 할 수 없기 때문에 끊임없이 자신을 보살펴 줄 타인을 찾는 사람은 누구인가? 일상생활에서 공동조절로 꼼짝 못하게 해서 자율성과 자기결정의 발달을 간섭한다. 그 결과, 삶은 매우 제한적인 선택권만을 갖게 되고, 할 수 있는 것보다 덜 풍요로운 인생을 살게 된다.

우리가 믿는 진실은 자율성은 절대 그런 게 아니라는 것이다. 적어도 우리가 이해하는 면에서의 자율성이란 단어는 그렇다.[1] 우리가 혼자 있을 때조차 우리는 타인의 내적 표상에 영향을 받는다. 우리 중 누구도 스스로에게 충분하지 않기 때문에 아이들의 건강한 발달의 종착지는 자기독립이 아니라 적절할 때 자기의존이 가능한 능력이다. 함께 있음의 가장 중요한 기능 중 하나는 아이가 자기조절과 공동조절을 배울 수 있는 환

---

[1] 웹스터는 자율성을 독립과 자유의지로 정의하고 타인의 영향으로부터 자유로움을 독립이라 정의한다. 이것의 핵심은 '자율'이라는 단어와 오해되고 있다는 것이다.

경을 제공하는 것과 각 전략에서 최선의 선택을 할 암묵적 지식을 발달시키는 것이다. COS 프로토콜에서 이 균형은 "관계 내의 자율성"과 "자율성 내의 관계"로 설명된다 (Hoffman, 1997, p. 31). 궁극적으로, 당신의 애착대상과 넓은 범위의 감정을 공유할 수 있는 경험은 애착을 증진시킨다. 이와 부응하여, 일관성을 잃을 것이라는 두려움 없이 감정의 모든 범위를 경험하는 자유는 내적 안정감의 핵심요소이다.

> 자율성 내의 관계 : 나 스스로 할 수 있으니 나와 함께 있어 주세요.
> 관계 내의 자율성 : '우리' 안에서 '나'와 '당신'을 유지해 주세요.

상상해 보라. 걸음마기 아기가 엄마에게 다가가 엄마의 소매를 잡아당기고 엄마의 주의를 끌고 이야기한다. "이거 전부 나 혼자 할 수 있으니 나 좀 봐 주세요." 엄마는 내심 빙그레 웃으며, 아들이 레고 탑 만드는 것을 본다. 이 상호작용은 COS의 위를 묘사한 것이다. 아마 당신도 아이의 자기모순적으로 보이는 행동을 보고 웃을 것이다. 어떻게 아이가 '전부 자기 혼자' 할 수 있겠으며 놀이 중 일부분만 누군가를 필요로 하겠는가? 자율성은 오직 관계 내에서 성취되기 때문에 Winnicott은 이를 "어떤 타인이 옆에 존재하는 동안 홀로 하는 경험"이라고 이야기했다(1965a, p. 30). 어떤 타인이 옆에 있는데 혼자 무언가를 하는 것은 평생 계속되는 패턴이다. 성인은 부모 곁을 떠나는 것으로 개별화를 이루지 않고, 다시는 부모를 필요로 하지 않는 것이 아니라 탐색을 위한 안전기지로 그들의 부모를 활용하는 것이다. 자율성은 누군가를 필요로 함이라는 것의 정반대 개념이 아니라 욕구가 충족될 때 발생하는 능력이다.

사실 자아를 뜻하는 것으로 알려진 '앎'의 경험은 관계를 벗어나서는 절대 완전할 수 없다. 마치 아이가 이렇게 말하는 것 같다. "나는 나예요. 나는 단지 나일 뿐만이 아니에요." 그리고 "당신은 당신이에요. 당신은 단지 당신뿐만이 아니에요." 아이의 정체성 발달을 위한 중대한 중심은 우선 부모 안에 있다. 비록 천천히 분화되어 가지만 절대 완전한 분리에 다다르지는 않는다. 형성된 '나'는 관계 내의 자율성의 경험이다… 소속감 내의 독특함… 개별화와 연결이라는 총체적 역설이다.

오직 중요한 타인과의 관계 내에서 건강한 자아가 발달한다는 생각은 대상관계이론의 변형으로 Heinz Kohut에 의해 퍼졌다(Kohut, 1977). Kohut이 처음 우리의 욕구는 타인을 필요로 한다고 썼을 때, 이는 나르시즘의 맥락에서 그런 것이다. 치료사들은 필요한 것을 제공하려 애썼지만 자존감이 결여된 일그러진 자아를 가진 사람은 공감능력을 잃었다. 이 접근 방식은 성인의 병리적 신호로서 계속해서 개인의 욕구 충족을 위해 노력하는 것을 의미한다. 건강한 심리적 발달은 핵심 양육자로부터 공감받아야 하고, 양육자는 아이가 미래 자기독립의 선구자로서의 가치가 있다는 것을 미러링해 주는 필수 역할을 수행해야 한다. Kohut은 이 연결을 성인이 될 때까지 끝내지 않기 위한 욕구에 대해 명백히 했다. 사실 그는 감정적으로 건강한 성인은 일생 동안 중요한 타인으로부터의 공감적 지지를 계속해서 요구한다고 믿었다. 그는 또한 이것이 정신병의 신호가 아니라는 것도 명백히 했다.

타인과 자기 스스로에 대한 큰 기대들

- 자기조절능력에 더해서, (애착의 안전감과 초기의 지지적 양육을 통해)함께 있음은 사회적 연결의 기본적 감각과 자기 자신과 타인에게 영향을 미치는 긍정적 기대를 발전시킨다(Sroufe et al., 2005).
- 아이의 독립심과 능력을 증진시키기 위한 가장 최선의 방법은 그들에게 안정애착을 제공하는 것이다. "민감하고 반응적인 양육의 경험, 지지와 양육·편안함을 위한 부모의 한결같은 능력, 그리고 모든 연령별 기능을 예견하여 측정하고 지도·격려하는 것"(Sroufe et al., 2005, pp. 268-269).
- 안정애착이었던 청소년들은 효과적으로 협상하고 강한 리더십으로 상호작용할 수 있는 기술로 또래관계에 더욱 능숙함을 보인다(Sroufe et al., 2005, p. 181).

앞의 글은 함께 있음이 안정애착 환경에서 자란 아이에게 주는 많은 선물에 대한 설명이다. 초기 양육자와의 관계는 타인과 자신, 내적 작동 모델로 형성된 관계 또는 아이가 성장하면서 함께한 자신이나 타인의 내적 표상에 지속적인 기대감이 생기게 해 준다(글상자 3.4 참조). 안정애착 아동은 필요할 때 도움받을 수 있다고 믿으며 다가갈 수 있을 것처럼 행동할 것이다. 아이는 자신이 상처받기 쉬운 연약한 존재임을 수용하고 가능한 친밀감을 깊게 만들 수 있는 방법으로 타인에게 의존할 것이다. 그리고 아이는 같은 기준으로 자신을 붙잡고, 누군가 이 고통을 보살펴 줄 때 편안함과 공감으로 반응할 것이다. 결국 이는 인간이 서로에게 행동하는 방법이다. 여기서 학습된 믿음은 인류에 대한 폭넓은 신념으로 전환될 것이고, 세상이 탐색하고 즐기기에 충분히 안전한 공간이라는

글상자 3.4 감정과 내적 작동 모델

Otto Kernberg를 포함한 다수의 대상관계이론가들은 감정을 긍정적·부정적 감정상태를 통해 분류한다고 믿는다. 우리가 흔히 "괜찮아" 그리고 "화가 나"라고 부르는 감정상태는 영아가 두뇌를 조직화하는 첫 단계이다. 이 일차적인 조직화의 목표는 좋은 감정을 극대화하고, 나쁜 감정을 최소화하는 것이다.

영아가 발달할 때, 감정은 특별한 정서상태의 기억과 연관된 내적 표상과 연결된다. 또는 Daniel Stern은 표상은 내재화되며 점차 일반화된다고 했다(1985, p. 97). 성인인 우리는 우리가 확실히 느끼고 있는 것을 타인도 반응해 주길 기대하며 어떻게 행동할지 선택한다(타인표상 또는 대상표상). 그리고 저 방법으로 느끼기 위해 스스로에 대해 생각해 본다(자기표상). 이 표상으로 감정과 연결되는 과정은 우리가 의식하지 않을지라도 늘상 이뤄지고 있다. 이 감정상태와 타인표상과 자기표상은 경험을 이해하기 위한 기본 구성요소를 형성한다.

발달 중인 영아들은 모든 다른 구성요소들을 조직화하고 이해하기 위한 방법이 필요하다. 왜냐하면 그들은 긍정적인 감정적 분위기를 극대화하고, 부정적인 감정적 분위기를 최소화하기 위해 학습할 수 있기 때문이다. 양육자에게 편안함을 기대하기 위해 학습하는 아이는 미래에 친밀한 관계를 찾아낼 것이다. 이는 "괜찮아"(또는 "너무 좋아")와 같은 감정과 연관된다. 또한 양육자는 아동의 탐색을 격려하고 지지할 것이다. 그로 인해 아동은 사교적이며, 열정적인 학습자로 성장할 것이고 "괜찮아"라는 감정을 지속시킬 성장을 환영할 누군가로 자랄 것이다. 초기 양육자의 내적 작동 모델은 아이들이 성장할 때 그들의 선택에 영향을 미칠 것이다. 그들은 "괜찮아" 또는 "화가 나"라는 감정의 징조를 대변했기 때문이다(더 많은 논의는 제4장 참조).

태도로 바뀔 것이다.

엄마 또는 아빠는 아이들이 스스로를 가치 있고 만족할 만한 존재라는 믿음과 함께 기쁨을 느끼고 수용해 준다. 자신에 대한 아이의 기대감은 용기, 성취감, 성공할 능력을 포함할 것이다[안정애착 청소년은 IQ가 통제될 때조차 또래관계에 좀 더 능숙하며 고등학교에서의 수학과 국어 점수도 더 높은 경향이 있었다(Sroufe et al., 2005)]. 흥미롭게도, 최근 영아에 관한 연구에서 발견한 점은, 일관적인 안아 주는 환경과 안정감을 제공받은 아동들은 덜 매달리고, 이후의 삶에서도 매우 독립적일 수 있다는 것이다. 아동의 욕구는 생애 초기부터 충족되어야 하고 적절히 반응되어야 하며, 아동은 삶이 안전하며 관계는 믿을 만하다는 신뢰감을 정립해야 한다. 이는 '마음의 중심부로부터의 신뢰감'의 한 종류로 고려되어야 할 것이다. 발달이론가들은 아동이 초기 양육자의 능력과 민감성을 믿을 수 있을 때, 이 믿음은 점차 자아의식의 성장과 통합된다고 이야기한다. 안정애착 아동은 자아 발달의 중심에서 양육자에 의해 제공된 안전기지와 안식처를 유지하며, 결과로 초래된 신뢰감과 자아의식은 더 깊게 내재화되고 죽을 때까지 경험하게 되는 것의 많은 부분을 이용할 수 있게 된다.

순환 주위의 영아와 함께 있음

COS 개입과 SSP는 12개월 이상의 아동에게 더욱 효과적으로 이용될 수 있다. 삶의 첫 1년 동안 영아들은 어떻게, 언제 양육자에게 의존하면 되는지, 그리고 어떻게, 언제 폭넓은 다양한 경험을 관리하기 위한 내적 자원에 의존하면 되는지에 대한 기본리듬을 배운다. 그러므로 순환의 꼭대기와 바닥에서 아기를 충족시켜 주는 것은 나이 든 아동의 욕구를 충족시켜 주는 것만큼 중요하다. 이 장의 처음에 이야기한 것과 같이, 영아에게 함께 있음은 주로 감정 조절에 대한 것이다. 이는 아기의 감정을 조절하는 것과 공동조절을 통해 아기가 자기조절 방법을 배울 수 있도록 도와주는 것에 대한 것이다. 감정 조절에서 강조하는 것은 〈그림 3.1〉에 묘사된 영아의 순환에서 설명하고 있다. 부모가 어떻게 함께 있음으로 안정애착의 뿌리를 내릴 수 있는지는, Tamar의 '아이들(Children)'이라 불리는 프로그램에서 감금된 임산모와 함께하는 우리의 작업처럼 COS가 예방기술로 활용될 수 있는 많은 환경에서 중요하다(Cassidy et al., 2010).

아기가 관계 내에서의 자율성을 요구할 때 : 기분이 좋을 때

- 내가 탐색할 때 나를 기쁨으로 여겨 주세요. 영아가 자기 세계를 탐색할 때의 그 기쁨은 매우 강한 메시지이다. 아기가 모험을 떠날 때의 기쁨은 양육자가 생각하는 발달적 목표를 성취했을 때의 부모의 자부심에 대한 것이 아니다. 자존감(개인의 자아표상의 총체)은 당신이 누군지, 당신의 존재, 그리고 당신이 한 일과 성취한 것으로 느끼는 좋은 기분을 위해 누군가 당신을 기쁘게 하는 감각을 포함한다.
- 내가 새로운 시각, 청각, 촉각을 시작할 때 나를 지켜봐 주세요. 영아가 진정될 때, 세상에 대한 그들의 자연스런 호기심은 그들이 탐색을 위한 안전기지로 양육자를 이용하고 싶을 때 나타난다. 모든 영아의 욕구는 아이가 탐색할 때 아이를 보호하기 위한 양육자를 위한 것이며, 영아의 신호를 상호작용으로 이용하기 위한 것이다. 양육자는 아이들이 자신의 일생을 숙달과 능숙함으로 이끌어 줄 흥미를 발달시키기 위해 행

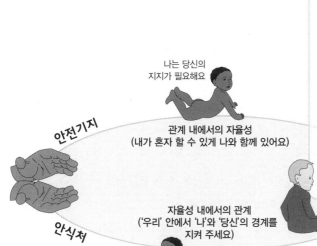

기분이 좋을 때
- 내가 새로운 시각, 청각, 촉각을 시작할 때 나를 지켜봐 주세요.
- 내 눈을 통해 세상을 보고 그것을 나에게 이야기해 주세요.
- 내가 너무 흥분하지 않기 위해 눈길을 돌릴 때는 기다려 주세요.

마음이 상했을 때
- 내가 할 수 있는 것으로 좌절했을 때 나에게 충분한 도움을 주세요.
- 내가 진정하기 위해 나 자신을 이용하는 연습을 할 수 있도록 내가 눈길을 돌릴 땐 기다려 주세요.

나는 당신의 지지가 필요해요

안전기지

관계 내에서의 자율성
(내가 혼자 할 수 있게 나와 함께 있어요)

자율성 내에서의 관계
('우리' 안에서 '나'와 '당신'의 경계를 지켜 주세요)

안식처

기분이 좋을 때
- 당신의 얼굴과 사랑에 빠질 때 나를 즐겨 주세요.
- 당신의 목소리, 얼굴, 접촉과 나의 감정을 매칭해서 그것을 나에게 보여 주세요.

마음이 상했을 때
- 내가 진정이 필요할 때 당신의 도움을 받는 연습을 하도록 나의 감정을 매칭해서 나를 편하게 해 주세요.
- 수용하고 공유하고 명명하는 것으로 나의 감정을 정리해 주세요.

기억하세요. 나는 당신이 나를 어떻게 대하는지에 따라 나 자신에 대해 배워요. 그래서 항상 더 크고, 더 강하고, 더 지혜롭고 친절함으로 나 자신에 관해 나에게 가르쳐 주세요.

그림 3.1　나의 모든 감정들(화, 슬픔, 두려움, 기쁨, 부끄러움, 호기심)을 수용하고 매칭해서 안정성의 순환을 만들기. Copyright 2002 by Cassidy, Cooper, Hoffman, Marvin, and Powell, with thanks to Beatrice Beebe.

하는 탐색을 지지한다.

- 내 눈을 통해 세상을 보고 그것을 나에게 이야기해 주세요. 영아가 자신의 눈으로 세상을 탐색할 때, 그들은 자신의 복잡한 경험을 정보와 대응시켜 조직화할 방법을 발달시키지 못했다. 마음이 어떻게 작동하는지에 대한 영아의 이해를 높이기 위해 양육자는 아기 관점을 알아채고, 아기가 보고, 듣고, 느낀 것을 이야기해 줘야 한다. 그리고 아기의 두뇌에서 일어나는 일을 추측할 수 있어야 한다. 즉 "넌 나한테 화가 났구나." 대신 "내 생각에 넌 나한테 화가 났어."라고 말해야 한다는 뜻이다. '생각'이란 단어를 추가하는 것은 매우 중요하다. 양육자의 추측이 정확할지라도, 아기가

개별적인 존재라는 사실을 강조하는 표현 대신 추측으로 이야기해야 한다. 이는 아기가 자기에게 집중하는 능력과 개인적으로 의미 있는 언어로 내면의 경험을 조직화할 능력뿐 아니라 타인의 인식을 알아차릴 능력을 발달시킨다.

- 내가 너무 흥분하지 않기 위해 눈길을 돌릴 때는 기다려 주세요. 앞에서 첼시와 데니스를 묘사할 때, 긍정적 감정을 느낄 때도 아기는 좋은 것을 너무 많이 갖게 될 수 있다. 너무 웃어서 고통스럽고 조절이 안 될 정도로 간지럼힘당하는 아이를 생각해 보면 알 것이다. 아기가 양육자에게서 눈길을 돌릴 땐, 스스로를 진정시키기 위한 것이니 양육자는 아기를 기다리고 아기 스스로 조절하도록 허용할 필요가 있다. 흥분이 가라앉으면 좀 더 상호작용하기 위해 양육자에게 돌아올 것이다. 고개를 돌리고, 자기를 진정시키고, 다시 돌아오는 능력은 선천적인 것이며, 자기조절을 성숙시킬 모든 중요한 능력을 발달시킬 초기 발판의 한 부분이 된다.

아기가 관계 내에서의 자율성을 요구할 때 : 마음이 상했을 때

- 내가 할 수 있는 것으로 좌절했을 때 나에게 충분한 도움을 주세요. 가끔 아기는 과제로 좌절할 것이다. 그러나 이는 과제를 쳐다보며 그것을 이해하고자 하는 표현이지 양육자에게 도와 달라는 신호가 아니다. 예를 들어, 아기가 탐색할 때 잘 일어서지 못하면 부모는 아기 몸을 지탱해 주려 할 것이다. 탐색 중 아기는 장난감을 잡으러 충분히 가까운 거리까지 다가간다. 부모는 그 장난감을 아기에게 집어 주기보다는 아기가 장난감을 집을 동안 충분히 노력할 수 있게 두고, 자기숙달 경험의 기회를 줘야 한다(글상자 3.5 참조). 십중팔구, 아기는 발달적 능력의 가장 끝부분까지 시도할 것이다. 이는 어떤 양육자에게나 어려운 순간이다. 당신은 아기를 고통 속에 두고 기다릴 것인가? 도와줄 것인가? 만약 돕는다면, 아기를 위해 이를 해 줄 것인가? 아기가 할 수 있는 것을 파악하고 돕기 위해 시도할 것인가? 이 질문들에는 간단한 대답이 불가능하다. 만약 양육자가 덜컥 시작한 과제로 좌절된 아기를 지지해 주지 못하면, 아기는 학습의 새로운 기술로 좌절을 활용하고 관리하는 방법을 배우지 못할 것이다. 이는 아이의 학습적 잠재력을 제한할 것이다. 만약 양육자가 아이의 도움 요청을 좀처럼 알아채지 못하면, 아기는 계속해서 발달적으로 자기 머리를 뛰어넘는 학습과제에 직면하게 될 것이다. 이로 인해 학습 도구로 타인을 생각할 수 없

글상자 3.5 비계

비계는 아동이 스스로 할 수 있는 것과 여전히 도움이 필요한 것 간에 차이를 배우는 과정이다. 이상적인 양육자들은 아동의 발달을 이해함으로 그 안에서 성공으로 이끌어 영아 혹은 어린 아동이 과제를 조직화하는 데 도움을 줄 것이다. 반면 할 수 있는 것에 고군분투하는 영아를 지지하기도 한다. 이러한 양육자의 능력을 '비계'라고 하고, 이는 중요한 가르침의 도구이다. 10개월 된 앨리는 첫걸음을 내딛기 위해 최선을 다하고 있었다. 아이가 아빠를 마주 보고 스스로 일어서려고 노력하는 동안 아빠는 "넌 할 수 있어. 그래, 할 수 있어."라는 말을 하였다. 아이가 다시 일어서려 노력하고 한 발 나아갈 때 아빠는 미소를 지었다. 아이가 균형을 잘 잡지 못함을 알아차렸을 때 아빠는 아이에게 다가가 아빠의 손을 잡도록 아이에게 손을 내밀었다. 아이는 아빠의 손을 잡았지만 아빠가 도움을 주고 있다고는 인식하지 못하였다. 아이는 넘어지기 전에 다섯 걸음을 걸었다. 아이가 미소 지으며 아이에게 집중한 아빠에게 인사하는 것은 마치 승리의 나팔을 부는 듯한 눈빛이었고, 이 눈빛은 모든 것을 말해 주고 있었다. "보세요, 내가 스스로 이 모든 것을 해냈어요."

아이가 어려움을 겪게 되고 필요한 경우 부모의 도움을 받으며 어떻게 할지 모르는 과제의 일부를 배우게 될 때 아동은 성취감과 자신감이 발달하며, 또한 부모의 지원을 경험하게 된다(관계 내에서의 자율성). 모든 상황에서 적절한 비계가 무엇인지의 청사진은 없다. 왜냐하면 모든 부모는 아이에게 얼마나 도움을 주어야 하는지를 정확히 아는 데 어려움이 있기 때문이다. 도움을 너무 적게 주는 양육자는 아이의 발달적 능력을 뒤로하고, 아이가 무언가를 시도하는 상황에 그냥 두는 것이다. 너무 많은 도움을 제공하는 것은 아동의 노력을 감소시키며 너무 많은 과제를 떠맡게 된다. 이런 두 가지 상황이 아니라면 아동의 자신감을 형성하는 데 도움이 된다.

게 되고 타인으로부터 배우려는 능력이 약화될 것이다.

- 내가 진정하기 위해 나 자신을 이용하는 연습을 할 수 있도록 내가 눈길을 돌릴 땐 기다려 주세요. 장 처음에 첼시와 데니스의 상호작용에 대해 보여 준 것처럼, 가끔 아기는 갑자기 고개를 돌리고, 편안함을 위해 양육자를 이용하는 동안에도 몇몇 순간 접촉을 제한할 것이다. 연구는 아기가 고개를 돌리기 전에는 흥분된 경험이 증가하다가 고개를 돌린 후 흥분이 떨어지는 것을 보여 줬다. 앞에서 논의한 것처럼, 부모가 이 행동을 거절로 이해하면, 그들은 아이가 자기진정을 학습할 기회를 인정하지 않게 된다.

아기가 자율성 내에서의 관계를 요구할 때 : 기분이 좋을 때

영아는 양육자에게 친밀함과 접촉을 위해 다가가는 끊임없는 리듬을 갖고 있다. 그들은 욕구를 많은 행동으로 신호한다. 예를 들어 울음, 짜증, 다가가기, 달라붙기, 응시하기, 옹알이 등이 있다. 양육자에게 보내는 이 모든 것은 양육자에게 좀 더 가까워지고 싶다는 신호이다. 이 모든 접촉으로 자율성을 잃는다면 영아의 발달은 더뎌질 것이다.

- 당신의 얼굴과 사랑에 빠질 때 나를 즐겨 주세요. 영아는 양육자의 얼굴을 보는 것에 기쁨을 느끼며 양육자와의 관계에서 안식처를 경험하는 것을 좋아한다. 이것이 바로 사랑에 빠지는 부분이다. 행복감, 호기심, 흥미를 보이며 부모의 얼굴과 눈을 응시하는 것은 매우 긍정적인 감정을 친근한 타인과 공유할 수 있음을 인지하기 시작한 것이고, 이는 지속될 것이다. 부모와 상호 간의 기쁨은 성인으로서 로맨틱한 파트너와 친밀한 관계를 발전시키는 능력의 핵심 과정이다.

- 당신의 목소리, 얼굴, 접촉과 나의 감정을 매칭해서 그것을 나에게 보여 주세요. Daniel Stern(1995)은 감정적 경험의 질과 윤곽, 리듬, 지속기간, 강렬함을 "형체로 느끼는 것"이라고 명명했다. 양육자와 이 모든 관점에서 감정을 공유하면서 보는 것과 느끼는 것은, 양육자와 영아의 내적 상태 모두가 영아 자신과 연결되는 것을 증가시키고 확장시킬 것이다. 만약 이것이 공유되지 못한다면 기쁨, 행복, 즐거움, 그 외 긍정적 감정들이 그들의 삶을 보상해 주는 힘을 잃을 것이다.

아기가 자율성 내에서의 관계를 요구할 때 : 마음이 상했을 때

- 나를 편하게 해 주세요. 영아가 편하기 위해 양육자를 이용하는 능력은 영아가 동시에 보여 주는 감정적 안정성과 비슷한 감정의 형체를 보여 주는 것으로 발달된다. 양육자는 영아의 얼굴, 목소리 리듬, 목소리와 몸의 템포, 접촉의 정도에서 보이는 감정을 형체화하여 보여 준다. 그러나 이 공감적 연결을 전달하기 위해 과하게 가지 않는 것이 어려울 수 있다. 양육자는 영아의 경험을 상기시키고 아이의 고충을 명확하게 해 주면서 영아의 감정상태에 함께 있을 방법을 찾을 필요가 있다. 부모는 반드시 감정을 공유하면서 '크고, 강하고, 지혜롭고, 친절'해야 한다. 그리고 아기의 감정으로 불러일으켜지는 내면의 고통을 조절하기 위해 부모를 필요로 하게 된다.

- 수용하고 공유하고 명명하는 것으로 나의 감정을 정리해 주세요. 양육자가 영아의 느낌을 수용하고 공유하고 명명해 줄 때, 감정 조직과 공동조절이 가능해진다. 아기 감정

글상자 3.6 감정을 위한 단어

많은 성인이 자신이 어떻게 느꼈는지에 대해 대답하기 어려워한다. 언어를 쓰지 않고 감정적 경험을 조직화하는 것, 일관적인 인식을 찾고 소통하는 것은 불가능하진 않지만 어려운 일이다. 감정을 묘사하기 위한 정확한 언어를 알고 있는 것은 어른과 아이들이 자기조절을 위해 필요한 강력한 능력을 발달시키는 데 도움을 준다.

을 수용하기 위한 첫 단계이다. 부모가 그것을 좋아해야 하는 것은 아니지만, 그것을 수용하는 것은 중요하다. 영아는 모든 감정을 완벽히 공동조절받아야 할 뿐 아니라 양육자가 아기의 감정을 공유하고 수용할 수 있다는 사실을 아기가 알 필요가 있다. 수용받고 공유된 감정들이 명명화되면, 아기가 자신에게 생긴 일을 정리하기 위해 언어를 사용하는 방법을 배우는 데 도움을 줄 것이다(글상자 3.6 참조).

순환의 욕구가 충족되지 않을 때

우리는 완벽한 부모나 초기 양육자가 되는 것이 목표가 아님을 너무도 강조한다. 목표는 '충분히 좋은' 양육자가 되는 것이다. 아동이나 아기의 욕구를 충족시켜 주고, 아동이 자신의 욕구를 자유롭게 표현할 수 있으면 그걸로 충분하다. 왜냐하면 그들은 이미 충족되었을 것이고, 보통 수용되고 있을 것이기 때문이다. 다음 장에서는 불화와 화해에 대해 설명할 것이다. 부모는 아동의 욕구를 충족시켜 주지 않고, 주어진 순간에 그 욕구 표현을 거부할 수도 있고, 그 후 실수를 인정할 수도 있다. 신뢰할 수 있는 부모 패턴은 매우 중요하다. 심지어 부모가 완벽하지 못하더라도 '좋은' 부모의 회복과 화해를 이해하는 아이는 안정애착을 정립할 뿐 아니라 매우 강한 자기수용과 타인수용을 보여 준다.

이것이 안정애착을 위한 핵심패턴이다. 제4장에서는 합당한 욕구가 충족되지도 않고, 참아야 하는 것도 아닌 환경에 있는 아이는 불완전하기 때문에 순환 주위에서 편안히 여행할 수 없고, 결국 불완전하거나 무질서한 애착을 보일 것임을 설명한다.

4장

제한된 순환들 : 불안정과 적응의 힘

매 순간 유능해 보이는 어른의 겉모습 뒤에는, 컵의 윗부분까지 가득 차 있는 물 한 잔처럼 한 인간의 어린 시절이 정성스럽게 담겨 있다. -Ted Hughes(1986, In Reid, 2008)

14개월의 어린 콜린은 카펫 바닥에 앉은 채 다리 하나 밑에 구부린 상태로 한 손에는 아기용 장난감을 든 채로 나지막하게 울고 있다. 닫힌 방문을 응시한 채 울음소리가 점점 커지며 방에 없는 엄마의 관심을 끌려는 것처럼 울고 있다. 곧 열린 문 사이로 복도에서 "애야" 하고 엄마 사라가 아이를 부른다. 엄마는 방으로 걸어 들어가면서 "안녕, 안녕" 하며 말하고 엄마가 보이자 콜린의 울음은 몇 번의 숨이 섞인 시위로 바뀌게 되고 눈물이 흐르는 것도 멈추게 된다. 엄마가 소파에 앉아서 콜린을 스쳐보며 장난감에 관심을 가지자 곧 콜린은 엄마를 외면한 채 장난감을 만지작거리기 시작한다.

콜린은 엄마를 2초 정도 쳐다보고 금방 장난감으로 다시 눈을 돌린다. 둘의 눈맞춤은 전혀 일어나지 않고, 둘 다 장난감을 바라볼 뿐이다. 엄마 사라의 목소리는 친근하고 콜린과 함께 장난감을 조종하며 이렇게 말한다. "와아, 이거 정말 재미있는 장난감이야. 그렇지?" 콜린은 그 말에 동의한다는 듯이 한 번 소리를 냈으나 엄마를 바라보지는 않는다.

이 장면에는 무슨 문제가 있을까? 어떠한 잘못도 없어 보인다. 엄마는 돌아오고 아이는 진정된 것 같으며 둘은 나란히 앉아 놀이를 하고 있다. 낯선 상황 실험(SSP)에서 드러나듯이 진실은 다른 면을 보여 주고 있다. 비디오 클립에서 보여진 것은 SSP에 모두 녹화되었는데, 이것은 사라와 그녀의 어린 아들 사이에 애착 유대감을 측정하기 위한 것이었다. 검사도구인 SSP는 커다란 그룹연구에서 부모-자녀 한 쌍의 애착패턴을 발달 심리학적으로 이해하는 데 매우 효과적이라고 증명되었다. COS 개입은 특정 아이와 양육자 간에 강점과 어려움을 파악하는 데 도움을 준다. 그리고 이것은 부모와 자녀 두 사람의 안정감을 증진하기 위한 개입이 반영된 구체적인 치료계획을 구상하는 목적에서 만들어진 것이다.

만약 사라와 콜린 사이가 안정애착이었다면 둘이 재결합했을 때 콜린이 엄마에 대한 긍정적인 기대를 하는 것을 볼 수 있었을 것이다. 아기는 엄마가 돌아왔을 때 계속해서 울었을 것이며 엄마에게 다가가 안아 달라고 하였을 것이다(이것은 안정애착인 12~18개월 아이들이 분리되었을 때 나타내는 일반적인 반응이며 이 외에도 불안에 대한 제한적인 신호들을 포함한 다른 반응들도 나타난다).

그는 분리 동안에 그가 느꼈던 심한 고통을 엄마가 이해해 줄 것을 확신하며 엄마의 얼굴을 볼 것이다. 그리고 그것은 침착해질 때까지 콜린이 감정적 고통을 다루는 것을 도울 수 있다. 그가 진정한 후에, 그는 미소 짓고 엄마를 보며 행복해 보였다. 그다음에 그가 편안하고 안전함을 느낄 때까지 잠시 동안 엄마에게 바싹 달라붙어 가까운 접촉을 유지했다. 그 뒤 그는 아마 가지고 놀았던 장난감이나 카펫에 흩어져 있거나 가까운 장난감 통에 들어 있는 다른 장난감 중 하나에 흥미를 보일지도 모른다. 장난감을 손가락으로 가리키거나 그것을 쳐다볼 수도 있다. 엄마를 쳐다보며 어떤 신호를 보내서 또한 엄마가 그것이 흥미로운 것임을 알 수 있도록 할 것이다. 가능성을 조사하러 가는 데 안전했고 엄마는 기꺼이 아이가 엄마의 무릎 안식처를 떠나 탐험을 떠나는 것을 허락해 줄 것이다. 아이가 장난감을 갖고 놀기 시작했을 때, 엄마가 자신을 보고 있는지를 확인하기 위해 가끔씩 엄마를 쳐다볼 수도 있다. 그는 미소 짓거나 속삭이며 놀이하는 소리를 내거나 또는 아주 어린 아이가 표현할 수 있는, 몸을 꼼지락거리며 기쁨을 몸 전체로 표현하며 개입한다.

엄마 입장에서는, 매 순간 아이가 원하는 것과 필요한 것에 조율된 것이 보였다. 엄마는 그들의 재결합 때 그가 얼마나 당황했는지를 보려고 아들의 눈을 쳐다보았다. 그녀는 아들이 가까이 왔을 때 그를 들어 올려 아이가 매달리거나 여전히 불안의 신호를 보이는 동안 계속 그를 안았다. 그리고 콜린이 의자로 나와서 가만 있지 못하고 돌아다니려는 신호를 보이면 곧 그녀의 팔을 느슨하게 풀기 시작했다. 전반적으로 사라는 그녀가 할 수 있는 한 기꺼이 콜린의 리드를 따르려는 의지가 보였다. 탐험을 할 때는 아기가 결정하도록 두지만 그러나 아기가 분리에 관해 당황하는 것이 분명할 때는 아이를 편안하게 적극적으로 책임을 진다.

비디오 클립에서 보는 것이 전부는 아니다. 물론 보인 부분의 묘사는 과잉일반화되며 대본 없는 실제 삶의 순간들에서, 혼란이 섞여 공정하지 않게 광범위하게 그려지기도 한다. 양육자와 안정애착된 아이 사이의 대부분의 상호작용은 결코 그와 같지 않다. 부모는 산만해지거나 지치고 그들의 다른 성인의 우려로부터 프로그래밍되어 있는 양육자의 정확함이 깃들어 있는 자녀의 욕구로 전환시키지 못한다. 엄마가 먹을 것, 담요, 혹은 자장가까지 제공하는데도 자녀들은 배고프거나 춥고 피곤할 수 있다. 오히려 아이들은 혼란스러워하고 속이 타며 그들의 욕구를 바로 들어줄 수 있는 사람에게 분노를 표출하게 된다. 엄마는 2살 난 아이를 가까이 보려고 들어 올리면서 깊은 한숨을 쉬고 있다. 2살 난 아이는 자신이 만든 블록 타워를 엄마가 보게끔 두세 번에 걸쳐 노력하고 있다. 왜냐하면 자신이 한 노력이 칭찬보상을 받을 것이란 것을 알고 있기 때문이다. 게다가 수많은 간섭 사건들, 환경, 개인의 특성 등이 안정애착을 처음에는 불안정으로 보이게 할 수도 반대로 만들 수도 있다. 일어나는 것은 궁극적으로 Susan Woodhouse가 언급한 "결국 과업을 마치게 되는 것"(개인 서신 교환, 2009)을 의미한다. 이는 비록 아이들이 어려운 순간을 맞더라도 부모를 안전기지로 사용하고 안식처로 여긴다는 것이다.

연결의 진정됨이 아이와 양육자 간의
안정적인 재결합을 전형적으로 표현한다.

아이와 상호작용하는 양육자에게서 완벽함을 기대하는 위험한 생각을 갖거나 스냅사진 한 컷으로 애착을 평가하려고 하는 위험이 과장되었다고만은 할 수 없다. 이것은 연구자들이 낯선 상황 실험의 예를 수백 번 수련하고 현미경으로 무장한 미생물학자의 정밀조사 방법을 배우는 이유이다. 연구를 목적으로 낯선 상황에서 실험할 때 오직 한 번의 기록만을 가지고 있기 때문에 아주 잘 측정된 평가는 매우 중요하다. 양육자와 아이 사이에 이루어지는 작업에서 우리는 수정된 낯선 상황 실험으로 부모－자녀 간의 상호작용을 보며, 안정성의 순환 인터뷰(COSI)로 부모의 지각상태를 알 수 있으며, 그룹 안에서 부모와의 상호작용으로 부모의 강점과 어려움을 평가하고 그리고 양육자가 순환에서 효과적으로 손 기능을 하도록 돕는 최선의 방법을 제공한다. 이런 다양한 종류의 정보를 모두 이해하는 것은 정확한 결론에 도달하는 데 필요하다.

사라와 콜린의 비디오 클립뿐 아니라 양육자와 아이의 어떠한 비디오 클립을 봐도, 겉으로 보기에는 괜찮음에도 불구하고 아기 콜린은 불안정애착이라고 말할 수밖에 없다. 낯선 상황 실험(제2부에 자세한 절차가 소개됨)에서 아동은 방 안에 장난감과 낯선 사람과 남겨지게 되며, 낯선 사람은 조용히 앉아 있고 양육자가 밖으로 나간 뒤에 아이에게 반응하도록 교육받았다. 양육자는 매우 짧은 시간 자리를 비우는 것이지만 콜린의 경우처럼 부모와의 분리에 대해 괴로움을 표현하는 것은 매우 정상적인 반응이다.

연구 프로토콜에 따르면 양육자와 아이가 재결합했을 때 어떤 일이 일어나는지에 기초하여 두 사람의 애착관계가 평가된다. 잘 알려진 바와 같이 안정애착 아동은 양육자가 돌아온 것을 보고 기뻐하고 안도한다. 그리고 아동 자신이 느낀 불안감에서 벗어나 편안하게 해 주기를 부모에게 기대한다. 콜린 또한 엄마가 돌아왔을 때 울음을 멈춘다. 솔직히 말하면 눈에 띌 정도로 자기조절을 보여 주며 즉각적으로 울음을 멈춘다. 하지만 엄마 쪽으로 기어가거나 팔을 벌려 안아 달라고 하는 대신에 마치 다시 돌아가 장난감을 갖고 놀고 싶었던 것처럼 행동한다.

연구결과로부터 우리는 콜린이 여전히 화가 나 있다는 것을 알게 되었다. 왜냐하면 안정감을 찾을 수 있는 안정애착인 아이들조차도 재결합 때 양육자가 돌아오고 나서도 1분 정도는 심장박동수가 상승하기 때문이다(Sroufe & Waters, 1977). 게다가 영아와 아동은 자신의 공포 자극에 대한 생리적 반응 조절을 HPA(시상하부 - 뇌하수체 - 부신) 시스템에 의존한다. 이 HPA의 중심축은 스트레스 호르몬인 코르티솔의 수준을 조절한다. 아동의 스트레스 반응 조절이 양육자를 자신의 필요에 의한 재료(원천)로 사용할 수 있는 능력과 직접적으로 상관관계가 있다는 것을 보여 주는 증거들이 많아지고 있다(Lyons-Ruth, 2007). 그러나 콜린이 보여 주는 것은 마치 나이 많은 군인의 극기심과 같고, 마치 그의 전부인 것처럼 장난감을 계속해서 가지고 논다. 만약 콜린의 마음을 들여다본다면 그는 의식적이건 그렇지 않건 간에 엄마에게 자신의 욕구를 보이려는 노력을 하지 않고 있다. 왜냐하면 그렇게 하는 것이 엄마를 불편하게 만들고 결론적으로 엄마가 자신 곁을 떠나게 만드는 것이라고 감지하고 있기 때문이다. 콜린은 버림받거나 보호받지 못한다는 감정을 피하고 보호받을 수 있는 성인에게서 살아남기 위해 가까이 머무르면서 안정감을 추구하는 자신의 욕구를 숨기는 것이다(Main, 1981).

　버려짐의 감정, 극도의 외로움은 내적 불안의 하나로서 Donald Winnicott에 의하면 "일차적 고통"이라고 표현된다. Winnicott은 일차적 고통을 다음과 같이 분류하였다 : "존재하지 않음", "지향하는 것이 없음", "몸과 연결되지 않음", "의사소통이 없는 완전한 고립", "파편화됨", "영원한 사라짐"(1974). 애착되고 싶은 우리의 일차적 욕구의 내면에는 유기와 관련된 공포가 있고 이것은 독특한 형태의 고통으로, 이 고통은 심리발달 중인 아동이 몇 초 이상 견딜 수 없는 고통이다. 소속감의 원천인 부모로부터 분리되어 있는 '함께 있지 않음'의 경험은 아동의 관계적 욕구가 충족되지 않을 때 발생한다.

버려짐은 버려짐이고 버려짐이다.

　일차적 고통은 모든 사람이 받는 것 같다. "영원한 사라짐", "존재하지 않음", "완전한 고립", "파편화됨" 등의 주제는 아이들(그리고 성인까지)과 관련된 악몽, 자장가, 공포, 동화의 형태로 나타난다. 비록 부모-자녀 간의 애착 목표가 내재화된 신뢰와 유대관계를 만드는 것이라 하더라도, 현실은, 어린 자녀는 구체적인 욕구를 갖고 있고 부모는 높은 민감성으로 조율하는 것이 불가능하며 자녀는 이것과 관련된 분노를 경험하게 되는 것이다. 모든 부모는 실패한다. 양육자가 실패하건 아니건 그것은 결코 문제가 아니다. 중요한 것은 얼마나 자주 그리고 어느 정도의 실제 인지된 버림이 있었냐는 것이다.

안정애착의 실제는
더 크고 더 강하고 더 지혜롭고 친절한 순환의 손들을
부모가 <u>매우 충분히</u> 제공하는 것이다.

　심지어 안정애착이 형성된 두 사람의 상호작용조차도 항상 좋고 안정되게만 보이지 않는 이유이다. 양육자가 필요할 때 '함께 있지 않음'을 경험하는 것은 아이들에게 너무 괴로운 경험이다. 그래서 아이들은 자신을 보호하기 위해 방어전략을 쉽게 구축할 수 있게 된다. 그리고 자신의 환경이 조금이라도 유기의 기미가 보이기 시작하면 사람과의 관계는 안전하지 않다고 생각하여 그에 맞춰 반응하게 된다. 이것은 왜 개별적으로 애착유대를 평가하여 관찰된 작은 증거들에 기초하여 과잉일반화하지 않도록 주의해야 하는지를 말해 준다.

COS 모델에 의하면 애착에 대한 본능은 단순히 친밀함을 갈구하는 것과는 다르다. 만약 그랬다면 연결됨의 좌절은 감당할 만한 좌절이다. 그러나 관계에서 기초적이고 필수적인 면으로서 함께 있는 것을 인지한다면 함께 있지 않음은 우리의 생존을 위협하는 경험으로, 그것은 조절되지 않는 고통스러운 감정상태를 유발하는 것이 분명하다. 이것은 왜 불안정애착이 전신에 영향을 주는 역기능, 평생에 걸친 관계의 어려움, 친밀한 관계도 못 맺고 또 자기 본연의 모습을 찾는 자기활성화도 못하는 것, 그리고 심지어 극단적으로 보면 인격장애로까지 영향을 주는지 설명이 된다. 순환은 아동기의 한 부분에 있고 부모-자녀 관계에서 어느 정도의 손상은 불가피하다. 그러므로 우리는 부모가 이것을 지속적으로 인식하고 손상을 회복하도록 돕는 것이 너무 중요하다고 생각한다.

제한적 순환

양육자가 COS에서 제시하는 필요사항들을 적절히 지지하고 정확히 반응하며 자녀에게 제공할 때 아이들은 안정애착을 경험한다(Cassidy et al., 2011). 어느 정도의 지지가 충분한지 그리고 얼마나 자주 제공해야 하는지에 대한 부분은 여전히 연구되어야 하겠지만 낯선 상황 연구 데이터에 따르면 단 50~60%의 아이들이 안정애착을 경험한다고 알려져 있다(Cassidy, 2008).

순환(위, 아래, 또는 손)에서 요구되는 구체적인 필요사항에 대하여 부모가 지속적으로 반응하지 않는 패턴이 나타날 때 순환은 제한적이라고 말할 수 있다. 이것은 마치 둥근 모양이 쪼개지면 틈이 생기는 것처럼, 결과적으로 애착이 불안정하게 형성되게 한다(그러나 산발적으로 일어나는 이러한 작은 균열이 하루에도 몇 번씩 반복적으로 발생한다는 것을 주목하는 것은 매우 중요하다. 부모는 혼란스러움에 야단을 피우는 아이에게 날카롭게 말하거나 기진맥진하여 요구사항을 무시해 버린다. 제3장에서 설명했듯이 만약 이러한 균열이 패턴을 형성하지 않는다면 그리고 만약 대부분의 시간에서 적절하게 회복된다면 관계는 실질적으로 더 강해질 수 있다). **그러나 불안정애착을 발전시키는 중점적인 부분은 아이가 순환상에서 요구하는 필요사항에 직면할 때 그의 양육자가 감정적으로 유용하지 않다는 아이의 인식에 있다.** 이는 아마도 상황상 요구되는 감정이 무엇이든 간에 아이가 이를 조절할 수 있도록 양육자가 돕는 것 대신에, "이런 감정을 느끼지 말고, 이런 걸 필요로 하지 말아라."라고 말하는 것을 의미한다. 영아의 경우 일상 스트레스 상황에서 양육자가 감정적으로 함께 있지 않는 상태를 점점 더 많이 경험하게 되며 그리고 이에 방어하게 된다.

순환 그림(그림 1.1)에서 볼 수 있듯이 아이의 욕구는 순환의 위와 아래 모두에서 만족되어야 한다. 아이가 안정을 필요로 할 때 그리고 아이가 탐험하러 나가는 데 지지가 필요한 경우 모두에서 만족되어야 한다. 이 아이들은 안정을 필요로 하는 단계에서 탐험을 위한 안전기지를 필요로 하는 단계로 지속적으로 움직인다. 사실상 이것은 그림이 원형의 순회 형태를 보이는 이유이다. 그러나 일부 부모의 경우 대부분 그들이 어린 시절 자신의 양육자를 통해 경험한 애착에 대한 과거의 부산물인 자신의 정신상태 때문에 (제5장 참조) 이러한 욕구를 충족시켜 주지 못하는 경우가 종종 발생하며, 이는 보통 순환의 한쪽 면에서 순환의 다른 한쪽보다 더 자주 발생한다.

순환식 언어로, 아이들이 어쩔 줄 모르는 상황이 닥쳤을 때 자신의 양육자를 안식처로서 생각하고 양육자를 찾지 않는 상황이라면 순환의 아랫부분에 문제가 있는 것으로 볼 수 있다. 〈글상자 4.1〉에서 보듯이 애착이론자들은 이를 '회피애착'이라고 부른다. 이런 상황이 부모를 불편하게 만들 것이라는 것을 아이가 알기 때문에 아이가 부모의 양육체계 활성화를 피하는 것이라고 생각할 수 있다. 양육자로부터 분리되어 탐색을 떠나는 것에 어려움을 겪는 아이들의 경우 순환의 윗부분에서 어려움을 보인다. 이는 '양가애착'이라 부른다. 양육자를 불편하게 만들기 때문에 아이들이 그들의 탐색체계를 활성화하는 것에 관해 양가적 감정을 지니는 것으로 생각할 수 있다.

회피애착

우리는 부모 그리고 다른 주 양육자들에게 불안정애착에 대하여 이야기할 때, 제한된 안정성의 순환이라 불리는 그림을 보여 준다(또는 '제한된 순환', 그림 4.1과 4.2 참조).

Mary Ainsworth의 원안에 따르면 콜린은 그의 엄마에게 회피애착을 보인다고 설명할 수 있다. 낯선 상황에서의 행동에 기초하여 우리가 콜린이 회피성 행동을 지닌 아이라고 말하지는 않았다. 아이가 회피적 행동을 지닌 아이라고 말하는 것은 정확하지 않다. 왜냐하면 회피는 관계에 있는 것이지 어른 또는 아이에 귀속해 있는 것이 아니기 때문이다. 회피는 부끄러워한다거나 조심스러워하는 것과 같지 않다. 이러한 성질은 아이에게

글상자 4.1 부모의 욕구에 대한 아이들의 반응

양육 스트레스와 부정적인 대응이 지속적으로 나타나는 순환상에서 아이들이 필요로 하는 사항에 대하여 도움을 요청할 때 아이는 양육자에 의해 직접적으로 이 필요사항이 만족되기를 시도하는 것을 멈출 것이며, 부모의 감정적 안정을 우선적으로 두는 것을 배울 것이다. 우리는 이 역할 전환을 '부모의 욕구에 대한 아이들의 반응'이라 부른다. 그 이유는 어린 아기가 부모를 보살피는 심리적 압박을 받기 때문이다. 예를 들어 양육자가 분리에 대하여 불안해할 때 그래서 아이가 탐색을 나가는 것에 대하여 부정적인 반응을 보일 때 그리고 호기심, 통솔력 또는 자주성과 연관된 감정을 가지면 안 된다는 메시지를 보낼 때 아이는 탐색하고자 하는 감정을 스스로 억제하는 것을 배운다. 그리고 대신에 양육자의 곁에 있을 필요성에 대하여 없어서는 안 될 연결고리를 유지하는 방법에 과도하게 중점을 둔다. 이러한 패턴은 불안정애착의 한 형태와 관련되며 이를 '양가애착'이라 부른다. 같은 방식으로 안전기지로서 편안함을 제공하는 것에 불편함을 가지는 양육자 — 안전과 친밀감의 필요성과 연결된 감정을 아이가 가지지 말아야 한다고 이야기하는 — 는 아이가 보살핌 추구 행동을 하지 못하도록 할 것이며 이는 '회피애착'이라고 부른다. 두 가지 형태의 애착 모두 불안정하다. 그리고 두 가지 사례 모두 아이는 친밀감 또는 분리를 경험하는 데 제한을 가지고 있다. 또한 감정 조절의 목적은 부모를 보호하는 데 있다는 왜곡된 느낌을 가진다.

  이러한 애착패턴은 명백히 아이들에게 어려움을 일으킨다. 그러나 양육자가 의식적으로 또는 무의식적으로 좀 더 크고 강하고 지혜롭고 친절한 부모로서의 역할을 저버릴 때 아이는 완전히 겁이 나는 상황에 직면하게 된다. 부모는 어린애처럼 행동하며(그래서 아이와 동등한 사람이 된다) 자신의 역할을 저버리거나 아이로 하여금 부모가 필요 없는 어른처럼 행동하기를 요구하거나(그래서 부모와 동등한 사람이 된다) 또는 아이에게 어른의 역할을 주고 보살핌을 받기를 요구한다. 이러한 모든 시나리오는 주 양육자가 더 이상 보호를 제공할 수 있는 어른이 아니며, 이는 아이가 정신적으로 상처받기 아주 쉬운 그리고 누군가에게 돌아가는 것에 두려움을 느끼도록 만든다. 이 역할 왜곡과 역할 전환 둘 다 아주 심각한 애착패턴을 야기할 수 있다. 이것이 '혼돈애착'이다. 모두 세 가지의 불안정애착 형태는 이 장의 나중에 다룰 것이다.

존재하는 것이다. 부끄러움을 많이 타고 조심스러운 아이는 주 양육자에게 안정애착을 지닌다. 게다가 아이는 어떤 양육자와는 회피적인 관계를 맺고 다른 양육자와는 안정적 또는 양가적 형태의 관계를 갖기도 한다.

애착 형태의 분류는
개인이 아닌 그들 간의 관계를 묘사한다.

  SSP 재결합 시간 동안 아이의 애착은 활성화된다. 그러나 아이와 부모 둘 다 아무 일도 없었다는 듯이 회피하는 형태의 행동을 보인다. 이러한 잘못된 부분은 아이가 두 가지 중요한 방법으로 자기 스스로를 보호하게 한다. "부정적인 감정을 감추는 행동은 생존을 위해 자신이 의지하는 누군가로부터 분리되어 느끼는 공포심뿐만 아니라 그와 동시에 접촉을 추구하려는 시도를 할 때 거절당하는 것으로부터 아이를 보호한다" (Cassidy, 1994, p. 235). 이러한 아이는 부모에게 가서 장난감을 건네준다. 그리고 사라와 콜린의 관계에서와 같이 상호작용은 모두 장난감에 대한 것이다. 대부분의 회피적 관계에 있는 두 사람은 모든 일을 감정적인 만남 대신에 해내야 하는 일로 바꾼다. 만약 장난감이 중점이 아니라면 우리는 아이를 거부하는 엄마를 보게 되거나 또는 아이와 눈을 맞추고 만지고 연결되는 것이 아니라 단지 아이의 바지에서 보푸라기를 떼어내는 것과 같이 양육 '업무'를 진행하는 것 같은 엄마를 보게 된다.

우리는 사라와 콜린 사이에 단 몇 분 동안 벌어지는 비디오 영상에서 이러한 모든 행동을 볼 수 있었다. 콜린은 엄마가 방에 없을 때 울었지만 엄마가 돌아오자 단 4초 만에 울음을 그쳤다(많은 회피애착 아이들 그리고 몇몇 안정애착 아이들은 부모가 자리를 비우는 동안 눈에 띄게 힘들어하는 모습을 보이지 않을 것이다). 콜린은 바로 장난감을 향해 시선을 돌리고 대부분의 관찰자들이 보기에 아이가 명백하게 놀이가 흥미롭거나 즐거워하는 모습을 보이지 않음에도 불구하고 대부분의 시간을 장난감을 갖고 놀며 보냈다. 재결합 때, 아이의 심장박동수가 증가함에도 불구하고 어떠한 고뇌와 고통의 징후도 겉으로 보이지 않는다는 연구결과와 콜린의 행동이 상관관계에 있다고 가정해 본다

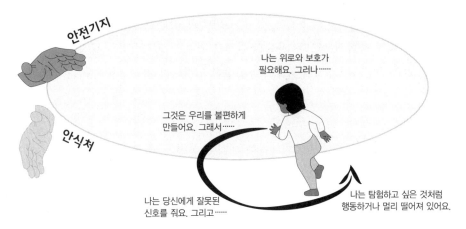

그림 4.1 제한된 순환의 아랫부분 : 잘못된 신호를 주는 아동 – 양육자의 욕구에 반응하기. Copyright 1999 by Cooper, Hoffman, Marvin, and Powell.

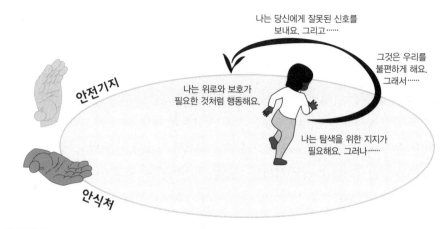

그림 4.2 제한된 순환의 윗부분 : 잘못된 신호를 주는 아동 – 양육자의 욕구에 반응하기. Copyright 1999 by Cooper, Hoffman, Marvin, and Powell.

(Sroufe & Waters, 1977).

만약 이러한 회피적 관계가 계속된다면 콜린은 자기 자신을 만족시키는 것이 거의 불가능하여 관계 성립을 거부하고 자신만을 지나치게 믿는 사람으로 성장할 가능성이 있다. 그러나 진짜 자율성은 갖지 못할 것이다. 영아 시절의 회피애착은 외현화 문제(예 : 공격성 그리고 적대심), 품행장애, 그리고 일반적인 정신병리와 연결된다(Sroufe et al., 2005). 이는 회피적 관계에 있는 대부분의 아이들이 이러한 이상행동으로부터 고통을 받을 것이라고 말하는 것이 아니다. 오히려 이러한 회피애착력이 있는 아이들이 이러한 문제를 경험할 가능성이 더 있다는 것이다. (애착과 관련된 정신상태를 회피하는 것과 연관된) 회피애착 유형의 성인은 자신의 감정을 감추고 고통스러운 감정을 거부하며 고통스러운 기억이나 사건을 잊어버리려는 경향이 있다(Mikulincer & Florian, 1998).

양가애착

부모 그리고 다른 양육자와의 양가애착에 대하여 설명할 때 우리는 아이가 기분이 좋지 않은데 진정이 되지 않을 때 부모와 가까이하기를 원한다는 설명과 함께 〈그림 4.2〉를 보여 준다. 아이는 편안함을 느끼기 전에 종종 내버려 두기를 원하지만 그 후 다가와 주기를 원한다.

낯선 상황 비디오 영상에서 18개월 된 드웨인은 아버지가 나가 버린 방문을 바라보며 서서 아버지가 돌아오기를 바라며 울기 시작한다. 아버지가 돌아왔을 때 아버지는 아이를 들어서 의자 쪽으로 옮겨 자신의 어깨 위로 들어 올린다. 드웨인은 아버지를 안으려고 손을 뻗어 올리지 않는다. 아버지가 의자에 있는 아이를 조용히 흔들어 타이르며 약간은 방어적인 자세로 "나 누구랑 이야기 좀 해야 한단다."라고 말하자 드웨인은 울기 시작한다. 그는 같은 말을 좀 더 동정 어린 말투로 반복하고 "괜찮아, 괜찮아."라고 말하기 시작한다. 아버지는 허리를 구부려 아이를 바닥에 내려놓을 준비를 하지만 아이는 손을 뻗어 아버지의 목을 다시 잡는다. 30초 후 아이는 여전히 울고 있고 아버지는 아이를 흔들어 달래고 등을 토닥거린다.

방의 반대편 소파에 조용히 앉아 있던 낯선 사람이 조용히 일어나 자리를 떠난다. 아이는 이 상황에 관심을 보이고 그의 눈은 낯선 사람을 따라간다. 아이는 울음을 그친다. 낯선 사람이 나가며 문이 닫히자 아이는 아버지에게 다시 몸을 돌리고 울기 시작한다. 아버지는 "왜 그러니? 왜 그러니?"라고 말한다. 그는 인형을 들어 아이의 얼굴로 가져가며 그 인형이 낼 것 같은 목소리로 "왜 우니?" 하고 말한다.

아이는 소파 쪽으로 손을 뻗어 가리킨다. 아이는 아직 울고 있지만 울음소리는 살짝 부자연스러워진다. 아버지는 "아, 그래 가서 놀아. 가서 놀아라."하며 내려놓는다. 아이는 소파 쪽으로 걸어가 아버지를 등지고 장난감 기관차를 집는다. 아버지는 유쾌하지 않은 말투로 웃으며 "괜찮아."라고 말한다. 즉시 아이는 장난감을 내려놓고 뒤돌아서서 다시 울기 시작한다. 그리고 돌아와 아버지의 무릎 주변을 껴안는다. 아버지는 다시 아이를 들어 올리고 흔들어 타이르기 시작하고 등을 토닥거리며 다시 "괜찮아."라고 말한다.

아이는 차분해질 때까지 아버지의 무릎에 머문다. 그 뒤 아버지는 아이를 내려놓고 아이는 바닥에 놓여 있는 장난감을 가지고 놀기 시작한다. 아버지는 15초간 조용히 아이를 바라보고 있다 바닥에 있는 고무젖꼭지를 집어 자신을 바라보고 있지 않는 아이에게 원하는지 물어본다. 아이는 조용히 장난감을 내려놓고 아버지에게 돌아와 젖꼭지를 받아 입에 문다.

드웨인은 자신의 아버지 자말에게 양가적인 애착 형태를 보인다. '양가애착'이라는 표현은 아직 기분이 좋지 않고 심장박동도 높게 뛰는 상태에서(Sroufe & Waters, 1977) 자신을 내려놔 달라고 요청하고 다시 안아 주기를 바라는 아이 행동의 패턴과 관련 있다. 드웨인이 경험하는 모순은 탐색을 하고자 하는 욕구와 자신이 필요할 때 양육자가 곁에 있기를 바라는 욕구 둘 다로 구성된다. 그러나 탐색을 하려 하면 양육자가 자기 곁에 있지 않을 것이라는 두려움이 생긴다. 이러한 난처한 상황을 해결하고자 떠나고 붙잡고 하는 행동이 나타난다. 이러한 행동패턴은 혼란을 겪거나 매우 피로함을 느끼는 아이 누구에게나 보일 수 있지만 이것이 규칙적으로 애착행동 그리고 탐색 방해로 나타난다면 양가애착의 표시이기도 하다.

상호작용을 통해 볼 수 있듯이 아버지가 아이의 주도를 따르는 경우를 거의 볼 수 없었으며 적절치 않은 방법과 부적당한 순간에 아버지가 리드를 한다. 예를 들어 아들은 낯선 사람이 방을 떠날 때 울음을 그쳤는데 아버지는 얼굴에 인형을 대고 "왜 우니?"라고 말했다. 이는 안정을 주는 행동이 아니다. 바로 아들은 내려서 장난감을 가지고 놀았고 아버지는 아이가 안정을 요구하는 상황이 아님에도 그러한 신호를 보이지 않는 상황에서 "괜찮아."라고 말했다. 이는 아이를 자극했고 이에 아이는 돌아와 울기 시작하고 아버지 무릎에 앉는다. 이러한 상황의 끝에 아이는 내려와 다시 놀기 시작하는데 아버지는 갑자기 아이에게 "고무젖꼭지 원하니?"라고 묻고 아이는 즉시 돌아와 받는다. 이 영상을 그룹과 함께 보며 왜 아들이 고무젖꼭지가 필요할 것이라고 생각했는지 물었을 때 아버지의 대답은 근원적인 과정을 드러냈다. 그는 "내가 외로움을 느꼈어요."라고 말했다.

양가애착은 여러 가지 근원적인 원인으로부터 생겨난다. 우리가 SSP를 통해 관찰한 바로는 자말을 '나는 네가 나를 필요로 하는 것이 필요해' 형태의 부모로 말할 수 있다. 이러한 사례에서 부모와 아이는 애착체계의 실행을 통해 친밀함을 유지하기 위해 함께 한다. "부모는 무의식적인 상태에서 아마도 깨달을 것이다"라고 Jude Cassidy는 설명한다. "늘어난 부정적인 감정은 아이를 혼란스럽게 만들고 아이가 환경을 탐색하기 위해 떠나는 행위를 막는다"(Cassidy, 1994, p. 243). Mary Ainsworth의 원안에서는 양가애착이 양육자가 곁에 머물러 주기를 바라며 애착행동을 보이는 아이들과 비일관적으로 있다 없다 하는 부모들에게서 생겨나는 것이라고 말했다.

우리는 아이에게 위험이 존재하지 않는 상황에도 아이의 안전을 챙기는 부모에게서 양가애착 형태를 발견할 수 있다. 그리고 그들은 아이를 자기 근처에 둔다. '세상은 매우 위험해'라는 이 관점은 부모가 자신의 아이를 배회하게 만드는 '내 아이는 매우 소중해'라는 관점과 매우 관련 있다.

수개월 동안 우리는, 자신은 아니라고 생각하지만 아이들이 양가애착 형태를 지닌 여러 어머니들과 연구를 진행해 왔다. 자신의 집과 이웃에서의 폭력 경험 여부를 알게 되면서 우리는 이들이 자신이 생각하는 세상은 매우 위험하기 때문에 아이를 매우 가까이 둘 필요가 있다고 생각한다는 결론을 얻었다. 때문에 치료에서 중점적으로 여기는 부분이 부모가 거부하는 정신상태를 다루는 것도 있다(George et al., 1984). 그들은 '가까이 있으렴. 그렇지만 내가 필요하지는 않을 거야' 방식으로부터 좀 더 안정적 관계 형식 안에서 아이를 관찰하는 방식으로 바꿀 수 있을 것이다.

회피하는 형식과 같이, 양가애착력을 지닌 사람들의 경우 문제가 있는 결과를 맞이한다. 그러나 양가애착은 외현화 문제와는 반대로 내면화 문제와 연관이 있고, 특히 불안장애와 연관이 있다(Sroufe et al., 2005). 성인기 양가애착전략은 감정적인 면은 늘리고 자기주장은 제한하는 것을 포함하는, 보다 수동적이고 감정에 중점을 둔 대처전략이다.

순환의 한 손 위의 불안정이 다른 한 손에 주는 영향

회피와 양가는 순환상 각각 한 부분과 연관된 어려움임에도 불구하고 실제적으로 양육자는 순환의 위와 아래 모두에서 어려움을 겪는다. 비록 자말이 자신의 아이가 탐색하도록 자신의 곁을 떠나게 두는 데 확실히 어려움을 보임에도 불구하고 그는 순환 아래(하반구)에서도 어려움을 겪는다. 이는 아들이 자신의 품 안에 있는 동안 안정을 취하지 못하기 때문이다. 자말이 아들의 얼굴에 인형을 보여 주며 인형을 통해 이 어린아이가 왜 우는지 이유를 알고자 요구하는 점은, 다시 말해서 능숙하게 안정을 취하게 하는 행동이 아니다. 이 아이는 자신의 애착체계를 과활성화시킨다. 아이는 언어 이전 시기에 이미 자신이 탐색을 떠나기에 충분히 진정된 감정을 갖는 것이 자신의 아버지를 불안하게 함을 이해하기 때문에 자신을 편하게 해 줄 안정을 찾지만 이 또한 거부한다.

양가적 아이는 만성적으로 심란한 마음을 표출하지만 자신을 놓아주고 받아 주고 하는 두 가지 요구 사이에서 우유부단한 행동을 보인다. 부모는 가까이 남아 있는 아이의 인지하지 못하는 요구사항들이 어떤 것인지 알지 못한 채 '욕구충족'에 매우 성공적인 기분을 느끼게 된다. 이것은 진정한 탐색(관계 내에서의 자율성)뿐만 아니라 진정한 친밀감(자율성 내에서의 관계)에도 정말 파괴적이다.

양가적 관계에 있는 아이들은 고립된다. 아이들은 안정을 느끼는 순간 탐색을 나가기를 원하지만 이러한 행동이 엄마 또는 아빠에게 두려움을 줄 수 있기에 계속해서 안정을 필요로 하는 것과 같이 행동해야 한다고 정신적으로 경고를 받는다. 슬프게도, 탐색과 정서 조절 모두 방해를 받는데 이는 자아의 성장 또한 방해받는다는 의미이다. 애착 방식에 변화가 있지 않는 한 이것은 만성적으로 다른 이에게 지나치게 집중하는 삶을 살게 할 것이다.

회피형 아이들은 같은 의미로, 애착행동을 저활성화 상태로 유지하지만 이것이 순환의 위에서 문제를 보이지 않는다는 것은 아니다. 아래에서 느껴지는 불편은 필요할 때 허락되지 않을 안정과의 연결 때문에 탐색을 위한 안전기지가 실질적으로는 자리 잡혀 있지 않다는 느낌으로 위에까지 번지게 된다. 이는 아이의 개성과 감각을 풍부하게 할 탐색을 방해할 것이기에, 홀로 있을 때는 물론 함께 있을 때에도 마찬가지다. 자신의 부모가 즐거운 마음으로 자신을 돌보지 않는 상황에 있는 아이들은 콜린과 애슐리의 경우처럼 활력이 없다(제1장 참조). 혼자 노는 것이 바로 외로울 때 노는 것으로 변화된다.

부모가 겪는 어려움은, 분리에 의한 것이든 친밀한 정서에 관련된 것이든 순환의 모든 부분, 즉 양육역량에 영향을 준다.

적응 : 애착에 있어 회피 그리고 양가적 전략들

필요가 발명의 어머니라면, 부재를 경험하는 위험에 놓여 있는 아이보다 더 창의력이 풍부한 존재는 아마도 없을 것이다. 부모 또는 주 양육자와의 분리는 일련의 자유가 사라지는 느낌을 낳는다. 이것은 어린아이에게서 자아를 발달시키는 구조 제공의 관계를 강탈하는 것이다. 이는 아이가 느끼는 감정적 경험이 보다 덜 압도되도록 만들어 주는 안아 주는 환경을 망가뜨린다. 마치 잔인한 세상에서 이해받고 수용되고 가치 있는 존재가 되는 안전망이 털린 것처럼, 아이가 외톨이로 버림받았다는 느낌을 받도록 겁을 주는 모습을 초래한다. 그리고 아이가 스스로를 보호할 수 있을 때까지 아이의 안전을 보장해 주는 어른의 안전한 품으로부터 떨어지는 실질적인 문제와 연결된다.

콜린이 자신의 엄마 앞에서 안정을 필요로 할 때 울지 않는 것을 배웠다는 부분을 이해할 수 있다. 드웨인이 아빠가 신호를 보내면 탐색을 위해 나아가는 행동을 하지 말아야 한다는 걸 배웠다는 부분 또한 이해할 수 있다. 양육자가 불안, 화, 슬픔 등을 보이는 것은 매우 잠깐이지만 이는 두 아이 모두에게 양육자가 불편함을 보이는 것으로 인식하도록 하는 것을 배웠다. Jude Cassidy에 따르면 두 아이 모두 자신의 부모에게 "애착과 연관된 부모 자신의 정신상태를 유지하도록 돕는 데 협조하고자" 신호를 보낸다. 회피애착(예 : 콜린과 사라)에서 "아이는 돌봄을 추구하지 않아 부모의 애착포기를 중재하며 부정적 정서를 최소화"하는 것으로써 이러한 신호를 드러낸다. 반면에 "높아진 양가적 아이의 부정적인 감정은 부모에게 당신을 필요로 한다는 신호를 보내고 애착을 강조하는 정신상태를 유지하는 것을 돕는다"(Cassidy, 1994, p. 248).

사라는 순환의 아래에서 거북함을 느낀다. 그녀는 아이와 재회했을 때 신체적인 안정을 아이에게 주려고 하지 않았다. 그녀는 아들이 분리되는 과정에서 얼마나 힘들어하는지 아이의 눈을 바라보며 알려고 하지 않았다. 14개월밖에 안 되는 어린 나이지만 콜린은 엄마의 불쾌함을 알아차리고 자신의 행동을 바꾸어 엄마가 상대적으로 행복하고 편하도록 만들면 자신의 욕구가 만족되기 쉬울 것이라는 것을 알아차린다.

자말은 순환의 위에서 거북함을 느낀다. 그는 아이가 이미 벗어나 놀고 있는 상황에서 자신의 아이에게 "괜찮아."라는 말을 건네며 마음이 흔들려 자신을 필요로 해야 한다는 듯한 신호를 준다. 그리고 안정을 취할 수 있게 자신에게 돌아와야 한다는 신호를 전한다. 아이가 장난감에 빠져 있을 때 아버지는 아이에게 고무젖꼭지를 보여 주며 순환의 하단부에서 아버지에게 어떠한 요구사항이 있다는 신호를 보이지도 않음에도 불구하고 아이를 방해한다. 드웨인은 아버지로부터 벗어나는 상황은 아버지를 걱정하게 만든다고 배운다. 그리고 계속해서 의무적으로 아버지에게 돌아와 부탁한다. 드웨인은 오히려 아버지의 감정 조절을 돕고 있었다.

콜린은 만약 자신이 계속해서 엄마 앞에서 운다면 상황은 더 악화된다는 것을 안다. 그래서 아이는 탐색하는 척한다. 드웨인은 만약 자신이 계속해서 혼자 논다면 아버지가 화가 난다는 것을 안다. 그래서 아이는 아버지가 필요한 것처럼 감싸안는다. 어린아이들은 생존하려고 노력한다. 그리고 지구에서 가장 창조적으로 적응하는 사람으로 자란다.

왜 이러한 어린아이들이 육체와 감정 모두에서 자신의 양육자에게 연결되는 것에 강하게 집중하는 것인가? 순환의 일부에서 부모가 응답해 줄 수 없는 본질적인 욕구를 강제로 포기하게 만드는 불안감은 어떻게 오는 걸까? 어떻게 함께 있음은, 심지어 타협이 되었을 때조차도, 이 함께 있지 않음의 경험에 비해 선호되는 것일까? 이 질문들의 대답은 '분열'이라 불리는 개념에 담겨 있다.

좋은 얼굴, 나쁜 얼굴

현재 유아에 대한 연구는 어떻게 아기가 '기대치의 패턴'을 자신의 삶의 첫해에 만들어 내는지에 중점을 두고 있다(Beebe, Knoblauch, Rustin, & Sorter, 2005). 부모-자녀 상호 의사소통을 조사하는 연구자들은 아이가 양육자에게 매 순간 집중을 하고 양육자가 보이는 아주 짧은 순간의 세심한 부분까지 따진다는 것을 알 수 있었다. 예를 들어 목소리의 톤과 억양의 변화, 말의 속도, 눈맞춤의 특성(눈을 응시하는 것을 받아들이는지 거부하는지), 얼굴표정, 접촉에 대한 개방성, 곤란한 상황을 받아들이는지 여부 등이 포함된다. 이와 같이 아이들은 예상 가능한 경험을 바탕으로 구체적인 패턴을 기대하도록 배운다. Beatrice Beebe와 동료들의 연구에서 그들은 1살 된 아이의 애착 정도는 4개월 아이와 부모 사이의 행동패턴 관찰을 통한 연구결과를 바탕으로 예상이 가능하다고 결론지었다(Beebe et al., 2005).

반복되는 상호작용을 통해 아이는 양육자에게서 두 가지 별개의 표현을 구성한다. 하나는 좋은 양육자(부드럽고 보살피며 배고플 때 밥을 주고 추울 때 감싸 주며 필요사항을 기본적으로 민감한 태도로 만족시켜 주는)이고 다른 하나는 나쁜 양육자(호되고 참을성이 없으며 추울 때 밥을 주고 배고플 때 감싸안아 주며 필요로 하는 순간을 기본적으로 잘못 알아차리는)이다. 이러한 상반된 두 행동표현이 같은 사람으로부터 나온다는 점을 아이는 알지 못한다. 아이는 '나쁜' 부모가 밤에 6번 깨면서도 아침에 일어나 회사를 가야 한다는 사실을 알지 못한다. 우리는 피곤하고, 혼란스럽고, 서두를 때, 휴식을 취했을 때, 아이와 하루 종일 같이 보냈을 때 자연스럽게 다르게 반응한다.

나쁜 양육자 표상에 의해 오염되는 것으로부터 좋은 양육자 표상을 지키기 위해 아기는 양육자를 두 사람으로 보는 '분열'이라 불리는 개념을 사용한다. 좋은 양육자가 현재 있다면 나쁜 양육자는 존재하지 않는 것이다. 그 반대의 경우도 마찬가지이다. 자라나는 아이의 목표는 좋은 양육자를 두고 나쁜 양육자는 없는 것을 유지하는 것이다. 회피하거나 양가적으로 애착된 아이들에게서 보이는 애착전략은 좋은 양육자 주변에서 최대한 자주 머무르고자 하는 것이다.

건강한 발달은, 아이가 우선 양육자의 좋은 그리고 나쁜 표상을 경험하고 이 경험을 조절하게 하는 것이다. 아이는 좋은 그리고 나쁜 양육자가 같은 사람임을 반복적으로 인지하고, 그 한 사람이 가끔 좋기도 나쁘기도 하다는 것을 알기 시작한다. 제대로 발달이 진행된다면 결국 아이는 부모가 항상 좋기만 하거나 나쁘기만 한 것이 아니라는 것을 깨닫고 모든 것은 그 사이에 있음을 인지할 것이다. 이러한 발달적 실현은 "B급 영화와 A급 영화의 차이점과 같은 것이다. B급 영화에서는 캐릭터가 모두 좋거나 나쁘고 일차원적이다. A급 영화에서는 캐릭터가 좀 더 복잡하다. 더 깊이가 있고 내적 갈등으로 혼란스럽기도 하며, 그들의 캐릭터는 좋은 그리고 나쁜 양상을 둘 다 가지고 있다"(Lichtenberg & Slap, 1973, p. 779). 우리는 모두 우리의 삶에서 '분열'을 꾸준히 사용한다(예 : 스포츠, 정치, 전쟁 또는 종교적·인종적 갈등, 다른 사람을 좋고 나쁘게 섬세하게 구분하거나 그렇지 못하기도 하고 자신이 어떤 편에 있는지에 따라 다르기도 함). 또한 좋고 나쁜 양육자를 조절하고자 초기에 사용했던 해결법은 우리의 관계에 대한 절차기억의 일부분이 되고 이것은 우리의 현재 삶에 영향을 준다.

　나쁜 부모 표상이 나타날 때 아이는 자신이 나쁘기 때문이라고 믿어 버린다는 점을 알아 둘 필요가 있다. 이는 어딘가에 좋은 부모가 있을 것이라는 희망을 가지도록 한다. 그리고 만약 내가 좋은 일을 하면 좋은 부모가 돌아올 것이라 생각할 것이다. 만약 아이가 자신이 좋은 아이라고 믿는다면 아이는 부모가 나쁜 사람이라고 결론지어 버릴 수도 있다. 그리고 그때 모든 희망은 사라질 것이다. Ronald Fairbairn은 이를 "도덕적 방어"라고 부르며 아래와 같이 명시했다.

　　신이 지배하는 세상에서 죄인으로 살아가는 것이 악마가 지배하는 세상에서 살아가는 것보다 낫다. 신이 만든 세상에서 사는 죄인은 나쁠 수 있지만 세상이 좋다는 사실을 통해 어느 정도의 안전에 대한 느낌을 항상 가지고 있다. 그리고 항상 구원의 희망이라는 것이 존재한다. 악마가 만든 세상에서 개인은 죄인으로서의 나쁜 점을 피할 수 있을지라도 그는 나쁜 세상에 살기에 나쁜 사람인 것이다. 게다가 그는 안전에 대한 어떤 느낌도 받지 못하며 구원의 희망도 없다. 예상할 수 있는 것은 단지 죽음과 파괴뿐이다(1952, pp. 66 - 67).

　우리는 "보편적 방어"라고 부르기를 선호한다. 도덕과 연관되어 이야기하는 것은 혼돈스럽고 임상적으로 방어는 믿을 수 있는 양육자로부터 나온 고통스러운 경험을 조절하기 위해 사용하며 이는 보편적으로 사용되는 것으로 보인다고 믿기 때문이다.

잘못된 신호 : 양육자의 필요에 따르다

양육자에게 아이 자신이 필요로 하는 것을 직접적으로 또는 간접적으로 알도록 만들 때 우리는 이를 '신호/큐(cue)'라고 부른다. 아이가 양육자에게 이를 숨긴다면 우리는 이를 '잘못된 신호/미스 큐(miscue)'라고 부른다. 콜린이 놀이에 흥미가 있는 것처럼 연기함을 우리가 알았을 때 그는 매우 혼란스럽고 안정이 필요했을 것이다. 아이는 엄마가 필요로 하는 것을 인지하고 이에 반응하면 엄마가 곁에 있어 줄 것이라는 희망에 엄마에게 잘못된 신호를 보낸다. 만약 콜린이 계속해서 울거나 엄마에게 다가가려고 했다면 사라가 방에 다시 들어왔을 때 아이는 정말 필요한 것을 위한 '신호'를 보냈을 것이다. 때때로 안정적인 애착을 보이는 아이 또한 '간접적인 신호'를 사용한다. 예를 들어 화난 표정을 짓는다거나 슬퍼 보인다거나 팔짱을 끼고 삐죽거릴 것이다. 아이는 안정을 원하는데 그러나 현재 분리된 상황에 대하여 화가 난 것이다. 만약 아이가 원하는 안정이 제공된다면 아이는 안정을 찾고 양육자로부터의 포옹을 받아들일 것이다. 어른으로서 우리는 또한 잘못된 신호를 사용한다. 길에서 누군가를 만나 어떻게 지내는지 묻고 인사를 건넬 때 우리가 아주 힘든 하루를 보냈을지라도 웃으면서 "좋아. 너는?"이라고 말한다.

비록 우리가 앞서 드웨인과 콜린이 자신의 양육자가 참을 수 있을 것이라 믿고 필요한 척 행동했을지라도 이는 잘못된 신호를 보내겠다는 의식적인 결정을 만드는 것이 아니었다는 점을 이해할 필요가 있다. 양육자가 순환의 한 부분에 불편함을 느낀다는 점을 인식하고 양육자가 곁에 있었으면 하는 해결법은 절차기억상의 일부가 되거나 관계상 은연중에 내포된 것이다(제3장 참조). 아이에게 이러한 행동은 언어습득 이전 단계에서 형성된다. 그리고 아이가 자라나면서 의식의 표면에 점점 스며들어 간다. 제5장에서 설명하듯이 사실상 자신의 필요사항을 절차적으로 위장하는 것은 어른이 될 때까지 이어지고 관계 안에서의 행동은 파트너에게 이미 준비된 태도에 연기하는 것과 같은 결과로 이어진다. 어른으로서 어떠한 의식적 인지 없이 진행된다. (이는 COS가 왜 강력히 변형되는지를 보여 준다. 이는 부모에게 자신의 눈으로 자신의 양육 형태가 어떻게 내부적으로 기능하는지를 볼 기회를 준다.) 여러 시간 동안 분리를 통한 불편함 또는 곁에 있는 것에 대한 불편함은 내재화되어 필요로 할 때 탐색을 위한 안전기지 또한 안정을 위한 안식처는 실제로 존재하지 않는다는 느낌이 다음 세대에게 넘어간다. 어른들은 이게 바로 나이며 현실에서 이렇게 될 수밖에 없다고 배웠다 말할 것이다. 어떤 아기들은 좀 더 기질에 의해 활발한 반면에 어떤 아기들은 매우 조용하다. 그러나 기질은 애착을 예측하지 않는다. 우리는 태어나 외면적으로 보이는 것을 찾고 더 중요하게 생각하는 것을 위해 그로부터 멀어지기도 하며 이는 배움에 의해 습득한 행동이다.

잘못된 신호는 모두가 다치거나 외롭지 않기 위해 보이는 표면적 방어이다. 불안정하게 애착된 아이는 매우 힘들게 자신의 필요와 부모의 필요를 찾고자 표현한다. 12개월 된 아이가 이러한 고통을 조절하는 게 얼마나 힘들지 그리고 함께 있지 못하고 거부당할까 봐 요청하지 못하고 엄마 품에서의 안정을 원하는 자신을 스스로 거부하는 것이 얼마나 힘들지 상상해 보라. 그리고 탐색하고자 하는 근본적 필요성과 호기심을 좇아가고자 하는 것을 거부하는 것이 얼마나 혼돈스러울지 상상해 보라.

안정애착은 우리에게 아픔과 외로움을 부여하지는 않는다. 우리는 모든 방어기제를 버리고 영원히 사용하지 않을 수 있다. 우리가 겁을 먹고 공격을 당할 때 방어기제는 강해진다는 점을 기억하라. 안전은 우리에게 안전하다는 느낌과 함께 우리의 현 상황을 반영하고 보다 정확하게 언제 방어기제를 사용해야 하는지를 알게 한다. 만약 우리가 마상 창시합을 벌인다고 했을 때 갑옷은 이점이 된다. 하지만 만약 우리가 시합이 끝나고 수영을 하러 간다고 생각하면 갑옷은 아주 큰 짐이 될 것이다.

불행하게도 잘못된 신호는 자연스럽게 알아차리는 것을 어렵게 만든다. 이는 우리가 원하는 것을 보여 주게 만들어졌고, 우리가 보고 싶지 않은 것을 가리도록 만들어졌기 때문이다. 부모는 자신의 신호를 해석하고 아이의 잘못된 신호를 해석하며 그들의 필요 사항을 만족시키고 자기 스스로를 보호하기 위해 많은 지원과 용기를 필요로 한다.

혼란애착 : 와일드카드

13개월 된 니키는 문 앞에 있는 엄마 알렉시스를 찾아 다시 울기 시작한다. 이는 두 번째 분리였고 재결합이었으며 니키는 엄마가 존재하지 않으면 무언가를 빼앗긴 것 같아 보였다. 단지 70초뿐이었지만 분리가 그녀에게 스트레스를 안겨 주었던 점이 분명하고 알렉시스가 더 빨리 아이에게 돌아와 주는 것이 중요하다는 점이 분명했다. 기본 프로토콜에 따라 알렉시스는 조심스럽게 노크를 하고 딸의 이름을 불렀다. 여전히 심란한 상태였지만 아이는 이름을 듣고 일어나 엄마가 들어올 곳 반대 방향으로 뛰기 시작했다. 문에서 스무 발자국 정도 떨어졌을 때 니키는 4초 동안 멈추고 그 자리에 가만히 서 있었다. 다음 행동을 결정하는 동안 니키는 알렉시스 쪽으로 돌아봤다 반대로 돌아서는 행동을 반복했다. 그리고 다시 멈춰 서서는 재회까지 30초 동안 니키는 자신의 입에 손을 가져다 대고 천천히 엄마가 기다리는 곳으로 움직이기 시작했다.

아이가 12개월이 되기 전까지 애착 형태를 정확히 분류할 수는 없다. 니키는 애착연결의 세 번째 형태를 보여 준다고 말하기 충분한 나이이다. 이는 '혼란애착'이라고 부른다. 애착을 조사하는 전문가들은 양육자와 아이의 누적된 여러 비디오를 통해 몇몇 사례의 경우는 안정, 회피, 또는 양가로 분류할 수 없었다. 패턴이 보이기까지 충분한 비디오가 있기 전에는 이러한 분류가 어려웠다. 이러한 아이들은 양육자를 원하고 두려워하는 행동을 동시에 보였다. 니키처럼 행동의 혼란스러움을 보이고 반면에 양육자가 없을 때는 종종 울음을 터뜨린다. 그러나 양육자가 돌아오면 도망가 버리거나 갑자기 양육자를 돌아보다 얼어 버리고 양육자가 다가가면 뒤돌아 얼굴에 손을 가져가며 양육자에게 다가가다 마는 행동을 보인다. 혼란애착은 두려움 관리에 기초한 관계에서 보인다(Main & Hesse, 1990; Solomon & George, 1999). 그러나 우리는 혼란은 정확하게 알아내기 매우 어렵다는 점에 주의해야 한다. 그리고 제대로 훈련되지 않은 사람에게 아이가 이러한 타입을 보인다고 명명해 버린다면 아이에게 해를 끼칠 수 있다는 점을 주의해야 한다.

앞서 이 장을 통해 이야기한 바와 같이 안정애착이 부재상태일 때 모든 목표는 두려움을 조절하는 데 중점을 두었다. 그러나 양가적이 되고 회피되는 경우에는 두려움 해결이 가능하다. 물론 안정된 아이는 두려울 때 양육자에게 다가간다. 이는 해결책인 것이다. 회피하는 아이의 경우 필요로 할 때 방어적으로 양육자에게 거부당할 가능성에 자신의 시선을 돌리고 탐색에 집중을 한다. 양가적 아이는 보호하는 형태의 양육자에게 연결을 유지하고 애착행동을 과장하여 보인다.

혼란의 경우 대조적으로 일관성이 있는 대응을 보이지 않는다(Cassidy & Mohr, 2001). 아이는 400만 년 된 본능을 가지고 있다. 두려운 것으로부터 피한다. 두려운 존재가 부모일 때 아이들은 이도 저도 못하는 상황에 갇혀 버린다.

몇몇 혼돈된 아이의 양육자는 무섭다(적대적이고 간섭한다). 다른 경우는 자기 자신에

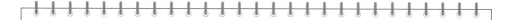

글상자 4.2 애착 형성에서 불안의 역할

- 안정애착 아이들은 위험을 두려워한다.
- 회피애착 아이들은 친밀함을 두려워한다.
- 양가애착 아이들은 분리를 두려워한다.
- 비조직화(혼돈)애착 아이들은 자신의 양육자를 두려워한다.

게 겁을 준다(어찌할 바 모르고 위축된다). 두 사례 모두 아이가 필요로 할 때 내버려졌다는 느낌을 받도록 만든다(글상자 4.2 참조).

비조직화된(무질서) 순환 :

나는 당신이 필요해요. 그러나 당신은 무섭거나 아니면 무서워해요.

나는 돌아갈 곳이 없어요. 어떻게 해야 할지 모르겠어요.

비조직화된(무질서) 순환(그림 4.3)은 방어적 대응의 위험에 대해 아직 충분히 정확한 정보를 주지 못하기에 전문가에게는 보여도 양육자에게는 보이지 않았다. 순환에서 손을 없앴다고 생각하고 구체적인 필요사항이 나타나지 않는다고 생각해야 한다. 아이는 단순히 "당신이 필요해요."라고 말한다. 아이가 버려졌다는 느낌을 받을 때 필요한 것은 바로 연결이다. 비조직화된(무질서) 순환의 완전함은 혼돈애착의 쓸쓸해 보이는 부분을 표현하는 데 있다.

손의 부재는 양육자가 더 크고, 더 강하고, 더 지혜롭고 친절한 면을 균형 잡아 보여 줄 역량이 부족함을 의미한다. '친절'이 '더 크고', '더 강한' 존재의 지혜 없이 표현되었을 때 아이는 자신의 양육자를 약한 존재로서 경험한다. 그리고 더 크고, 더 강하고, 더 지혜롭고, 친절한 존재가 전반적으로 부재상태에 있다면 아이는 자신의 양육자가 없다고 경험으로 깨닫는다.[1] 인색하고 약하며 떠나감을 명시하는 것은 서로 다른 형태로 표현된다. 인색하다는 것은 요란하거나 폭력적일 때 가장 명백하다. 그러나 이는 심지어

---

1 처음에 우리는 '손들'의 부재를 '인색하고 약함'으로 사용했다. 노르웨이에 있는 우리 동료 Stig Torsteinson과 Ida Brandtzæg는 우리가 부재하고/유용하지 않은 부모를 인정하지 않았다고 제안했다. 그래서 우리는 '떠나감'을 추가하기를 제안했다(글상자 4.3 참조).

아이를 비웃거나 깔보고 호되게 꾸짖는 경우도 될 수 있다. 약함이 양육자에게서 보일 때는 제한이 없거나 통제가 없고 아이에게 적절하지 못한 타이밍에 허락을 구하거나 아이에게 "내가 지금 뭘 해야 할까? 뭘 해야 할지 모르겠어."라고 말하는 것에서 찾아볼 수 있을 것이다. 마약과 음주의 남용, 우울, 불안, 심각한 정신적 질병 그리고 새로운 연애상대를 찾는 데 집중하는 등 이러한 상황이 부모의 부재를 만드는 몇몇 예시들이다.

> 혼란된 애착은 해결되지 않는 부모가 아이의 두려움의 원인이자
> 아이의 안전기지 둘 다일 수 있는 패러독스이다.
> 이 패러독스는 아이에게 감정적·행동적 통제를 잃게 하고
> 어른을 구제의 원천으로서 바라보는 역량을 줄여 만성적인 두려움을 안겨 준다.

두려움 속에서 살기

혼란된 애착 형태를 지닌 아이 그리고 어린 영아는 양육자에게 다가가는 것도 도망가는 것도 두려워한다. 이러한 아이들이 자신의 양육자와 재결합했을 때 이러한 상반된 욕구는 위에서 언급한 바와 같이 이상행동, 예를 들어 얼굴을 가리거나 움츠리거나 허우적 거리거나 순간적으로 얼어 버리는 등의 행동을 보일 수 있다. 대략 세 돌쯤에 이러한 아이들은 자신의 양육자를 유별나게 통제하게 된다(Solomon & George, 2008). 이러한 역할 전환은 두 가지 형태를 지니는데, 처벌을 통제하거나 양육을 통제한다. 이러한 "절

글상자 4.3 혼란된 애착 형태의 조짐

- 아이 학대
- 남용
- 방임
- 부모에 의한 물질 남용
- 부모에 의한 겁먹게 하는 행동
- 부모의 미해결된 상실 또는 트라우마

주 : Based on van IJzendoorn et al. (1999).

망적인 상황의 해결책"(Cassidy & Mohr, 2001)으로 아이는 적대적이거나 가혹한 방식으로 상호작용을 조절하거나 관계를 조정하거나(처벌 통제) 부모를 기쁘게 하고 이끌며 조절하거나 안심시키고자 시도한다(양육 통제). 종종 아이들은 이 두 가지 방식을 왔다 갔다 하기도 한다.

처벌 통제의 예

제이미는 3살이 되었다. SSP에서 두 번째 재회하는 순간 제이미는 엄마에게 돌아가지 않고 공격적으로 하나의 인형을 다른 인형으로 때리는 식으로 장난감을 가지고 놀기 시작했다.

엄마는 불쾌해 보였고 제이미의 시선을 다른 장난감으로 돌리려고 시도했다. 제이미는 갑자기 인형을 집어서 엄마에게 던졌다. 엄마는 부드럽게 "얘야 그러면 안 되지. 잘 놀아야지 집에 가는 길에 제일 좋아하는 아이스크림 먹을 거야."라고 말한다. 제이미는 그때 엄마에게 어떤 장난감을 가지고 놀아야 하냐고 묻고 엄마는 과도하게 밝은 톤으로 허락한다. "그래. 우리 인형의 집을 가지고 놀자." 제이미는 계속해서 인형으로 다른 장난감들을 친다.

양육 통제의 예

4살 된 달라는 SSP의 분리 단계 동안 엄마가 돌아오기를 기다렸다. 몇 분 후 달라는 놀기보다는 엄마가 나간 문 쪽으로 다가간다. 엄마가 돌아올 때 달라는 거의 표정변화가 없는 엄마를 가까이 본다. 눈을 마주치며 달라는 빠르게 인형에 집중하고 엄마에게 들어 올려 보여 준다. "같이 놀고 싶어요?" 아이는 날카로운 목소리에 가까운 느낌과 흥분된 목소리로 말한다. 그녀의 엄마는 조용히 분명하게 알 수 있도록 고개를 끄덕여 동의해 준다. 달라는 엄마에게 빠르게 다가가서, 보기에도 명백히 우울한 상태에 있는 엄마를 깨우려는 시도인 양 엄마를 따라 움직인다. 엄마에게 의사놀이 장난감을 가지고 가서 달라는 큰 소리로 "가까이 오세요. 아픈 데가 있네요. 팔 좀 봅시다!"라고 소리친다.

　행동이 명시하는 것이 정확하게 무엇이든 간에 이러한 행동은 아이가 두려움을 통제하는 데 도움을 주도록 되어 있다. 체계가 잡혀 있지 않은 아이가 재결합 순간에 순간적으로 얼어 버리고 행동을 멈추고 가만히 있는 것은 분리과정의 조짐으로 볼 수 있다["조기분리 경험"(Sroufe et al., 2005, p. 248) 또는 "특질이 되는 상태"(Perry, Pollard, Blakley, Baker, & Vigilante, 1995)]. 결국에는 분리와 그 외 다른 근본적인 방어기제는 아이가 상황에 대처하는 레퍼토리가 되고 성격의 일부가 된다. 한번 이러한 방어기제가 아이의 레퍼토리가 되면 아주 작은 감정적 방해에도 이러한 방어기제는 크게 작용한다.

　현재 연구는 만성적으로 감정 조절이 결여된 상태에 사는 아이가 뇌의 스트레스 대응체계를 어떻게 활성화시키는지에 집중하고 있다. 이러한 '악성 스트레스' 대응은 아이가 어른의 정확한 도움 없이 매우 심하고 반복되며 또는 긴 역경―예를 들어 육체적 또는 감정적 학대, 만성적 방임, 양육자의 물질 남용 또는 정신질환, 폭력의 노출, 그리고/또는 누적된 경제적 궁핍의 부담―을 경험했을 때 발생한다. "연구에서는 이러한 스트레스 대응이 뇌구조에 반대적 영향을 만들 수 있다고 이야기한다. 아주 심각한 경우, 예를 들어 만성적인 학대와 같은 경우 악성 스트레스는 보다 적은 두뇌개발을 초래한다. 악성 스트레스에의 덜 심한 노출은 스트레스 시스템을 바꿀 수 있으며 따라서 다른 사람에게 스트레스받는 상황이 아닐 수 있는 사건에 보다 낮은 기준치에서 대응한다. 이에 스트레스와 연관된 육체적 그리고 정신적 질병의 위험을 증가시킨다"(Shonkoff et al., 2005, p. 1).

　왜 아이가 위험하고 무능력한 양육자를 여전히 가까이하려고 하는지를 확실히 알기는 어려울 것이다. 그러나 아이의 애착 형태의 필요성에 기준을 두고 보자면 아주 어린 아이 자체는 단지 선택권이 없을 것이기에 보다 확실해진다. 제1장에서는 Judith Viorst가 묘사한, 화상을 입은 아주 어린 아이가 불을 낸 장본인이 자신의 엄마임에도 불구하고 엄마를 찾으려 울부짖는 이야기를 인용했었다. 이 이야기는 혼란된 애착 형태의 비이성적인 연결을 설명한다. Judith Viorst의 말은 가슴 아프게도 매우 분명하게, 어린아이는 양육자가 얼마나 혹독하고 학대하든 간에 그를 붙잡을 것이라고, 왜냐하면 양육자와의 연결을 끊어 내면 참을 수 없는 혼돈에 빠지기 때문이라고 말한다. 아직 자기 스스로 또한 발달단계에 있는 아이에게 감정적인 위안의 주원인으로부터 정신적 충격으로 다가오도록 하는 분리의 경험은 아이가 겪을 수 있는 가장 심한 고통과 같다.

　체계가 없는 애착 형태는 저위험군의 15%에서 나타난다. 그러나 부모에게 어려움이 있는 경우 무질서한 형태는 사회경제적 지위가 낮은 군에서는 34%, 음주 또는 마약 남용을 하는 엄마군에서는 43%, 학대하고 방임하는 부모군에서는 77%에서 나타났으며, 80개 연구의 후속연구에 따르면 6,282건의 부모-아이 관계에서 1,285건은 체계가 없는 경우로 분류되었다(van IJzendoorn et al., 1999). "SES가 낮은 부모의 COS 스포캔의 원연구에서 무질서 애착 형태의 아이는 60%에 달했다"(Hoffman, Marvin, Cooper, & Powell, 2006).

　위에서 말한 바와 같이 무질서는 발달과정에서 후에 다른 문제로 나타날 수 있다. 미네소타대학의 장기 연구에서 "필요사항이 만족되는 것에 만성적으로 나타나는 경계, 불안, 걱정은 큰 타격을 준다…. 무질서하고 혼란스러움은 자신의 안과 밖에서 벌어지는 주요한 경험을 통해 영향을 받는다"(Sroufe et al., 2005)고 결론지었다. "심하게 가혹하거나 또는 유난히 혼돈스러운 양육 형태(무질서 애착관계)의 과거가 있는 개인은 마음을 통제하고 행동상태를 넘어 자기 자신을 규제하고, 합동하고 또는 연결하는 데 방해를 받을 것이다"(Sroufe, Carlson, Levy, & Egeland, 1999, p. 10)(글상자 4.4 참조).

안정애착을 위한 방향

다행히도 사라와 콜린, 자말과 드웨인 같은 부모와 아이에게 관계를 변화시킬 수 있는 방법은 존재한다. 그래서 이러한 애착이 안정적으로 변화할 수 있게 할 수 있다. COS 개입을 통한 교육활동은 치료전문가가 양육자에게 안전기지를 제공하고 필요한 변화를 만들어 내며 안정을 느끼고 보호를 느낄 수 있는 안전한 공간을 구성할 목적으로 설

글상자 4.4 영유아기에서의 무질서 애착에 대한 발달 결과

- 취학연령에서 보이는 공격성 문제의 증가
- 어려운 상황 이후 안정을 찾기 어려움
- 청소년기 분리증상의 위험 증가
- 높은 피암시성
- 감정 조절의 어려움
- 낮은 반영 기능
- 학업 문제점
- 자존감 저하
- 친구들의 거부

주 : Based on van IJzendoorn et al. (1999).

계되었다. 그러나 성공적인 개입을 통한 교육활동은 부모가 과정에 직접 이행하는 부분에 기초한다. 비키(제5장에서 논의)와 같은 부모의 경우 보통 여러 가지 어려움을 겪는다. 게다가 자신의 어린 시절에서 겪었던 잘못된 애착결속 형식은 낮은 사회경제적 지위, 단단하지 못한 관계 형성 그리고 고독과 같은 점에서 어려움을 겪는다. 그러나 그들은 COS 개입 교육활동에서 성공할 수 있는 주요인에 가능성을 지닌다 ─ 그들의 아이들에게 좋은 부모로 기능하고자 하는 긍정적인 의도와 같은 부분. 치료전문가들은 이러한 긍정적인 부모의 생각이 필수적인 부분이라고 말한다. 그렇지 않고서는 개입은 시작하기도 전에 실패하고 말 것이다.

다음 단계는 순환을 활용하여 양육자가 아이의 필요사항을 보고 이해하는 것을 돕는데 있다. 아이의 부모는 COS 그림을 지도 삼아 아이가 자신의 감정을 잘 조절하고 필요를 알아내도록 배울 수 있다. 이러한 지도를 제대로 사용하기 위해서는 부모가 한 발짝 물러서서 자신과 아이를 돌아볼 필요가 있다. COS는 이러한 관찰능력을 키우기 위해 설계되었다. 마지막 단계는 양육자가 자신이 하고 있는 행동과 아이의 필요사항을 만족하는 데 아직 하지 못하고 있는 행동들에 대한 반사적인 대화를 통해 이루어진다. 순환 주변에서 아이가 필요로 하는 것을 이해하기 위하여 자기 자신이 필요로 하는 것 그리고 이것을 기초로 어떻게 대화할 것인지 자말, 사라, 알렉시스는 아이에게 맞추어 행동하고 그들의 감정을 조절하고 그들 자녀의 곁에 있다는 안정을 느끼게 한다. 적어도 일의 진행에 있어 충분히 자주 그리고 잘 진행한다. COS 개입 교육활동의 마무리 단계에는 이 모든 애착관계가 12개월 SSP를 통해 안정하다고 결론지어졌다.

COS를 활용하여 아이의 필요에 맞추는 것은 부모에게 있어서 매우 용기 있는 시도이다. 대부분 자신의 삶을 방어하고 이를 방패 삼아 살아왔고 이는 눈에 잘 보이거나 쉽게 뚫을 수 있는 부분이 아니다. 특히 그러한 부모들에게는 더 그렇다. 필요시 아이들에게 움츠러들지 않게 보이고자 하는 것은 그들에게 매우 큰 불편함을 가져왔을 것이며, 방어를 하는 것이 자기 자신의 생존에 매우 중요하다고 판단했을 것이다. 이는 아이의 필요에 응대하기에 위험한 것은 아닐지라도 충분히 무서운 것일 수 있다.

우리는 거의 예외 없이 심지어 아주 큰 트라우마를 지닌 부모에게서도 매우 긍정적인 의식과 지혜를 발견하였다. 이러한 긍정적인 생각은 왜곡되었을 수도 있지만 이는 아이를 거부하는 상황에서도 나타날 수 있다. 만약 자신의 어린 시절에 자신의 고난을 표현하는 것이 거부, 조롱 또는 학대로 다가왔다면 이러한 표현을 피하도록 아이들에게 가르치는 것은 실제로 사랑하기에 주는 행동일 것이다.

이는 제1장에서 로라가 겪은 경험과 비슷하다. 로라와 딸 애슐리는 COS 그룹에 참여할 때 회피애착 증상을 보였다. 아이가 곁에 머물고자 할 때 매우 불편하였는데 이는 그녀가 어린 시절 겪었던 유기와 거부 때문이었다. 로라는 자신을 최고의 선생님으로 만들고자 하는 목표를 세웠다. 배움은 그녀를 크게 만들었고 그것이 아이와의 연결고리를 만들어 냈으며 이로써 자신과 아이 둘 다 애착 관련 감정으로부터 보호할 수 있게 되었다. 그러나 작업이 진행되면서 로라가 애슐리에게 훈시하려고 하는 상호작용은 마치 배고픔을 이기기 위해 솜사탕을 먹는 것과 같음이 점점 더 분명해졌다. 이는 결코 만족할 수 없는 것이었다.

애슐리와 연결고리를 만들고자 갈망하는 것에 대해 직면하는 것은 로라에게는 매우 큰 위험이었다. 생각하는 것조차 심지어 그녀에게는 무시하기 어려운 일이었다. 그러나 자신의 딸과 안정적이고 친밀한 애착관계를 구성하고자 하는 강한 의도는 로라에게 용기를 주었고 이는 애슐리가 곁에 있으려고 할 때마다 엄마로서 느끼는 두려움을 이길 수 있게 해 주었다. 두려움을 알리는 이러한 신호를 우리는 '죠스 음악'이라 부른다.

5장

죠스 음악 : 마음상태에 따른 보살핌

우리는 받은 대로 다른 사람들에게 하게 된다. — Selma Fraiberg(1980)

5살 크리시는 멍하니 벽을 바라보고 있다. 19살의 엄마 비키는 못마땅한 말투로 무엇을 보고 있냐고 물어본다. 크리시는 옆으로 얼굴을 돌려 엄마 쪽으로 시선을 옮긴다. 엄마와 눈을 마주치지는 않고 벽 쪽으로 눈을 돌린다. 아이는 멍한 시선으로 방을 둘러보면서 천장을 응시하기도 하고, 재빨리 발을 구르며, 팔을 흔들기도 한다. 엄마는 화가 나서 격앙된 목소리로 딸에게 말한다. "문제가 뭐야? 뭐가 잘못되었어? 너한테 무슨 일이 생긴 거니?" 그제야 아이는 더 괴로운 듯 불안해하며 조용하고도 애절한 소리로 울기 시작한다. 엄마는 화가 나 벌떡 일어나서 아이의 이름을 거친 목소리로 부른다. "크리시, 크리시, 이 작은 천사야. 무슨 일이야?" 그러자 아이는 전보다 더 큰 소리로 "그만해." 한다. 아이는 더 괴로워하며 발길질을 하고 팔을 떨면서 큰 소리로 운다. 더 불안해진 엄마가 딸의 울음이 더 커지는 것을 비웃는다. 이러한 상호작용들이 이루어짐에 따라, 엄마는 불편한 비웃음을 계속 보이면서 아이가 소동을 멈추기를 화가 난 목소리로 계속해서 요구한다. 모든 상호작용을 통해 크리시는 조절의 어려움을 보이고 있음을 알 수 있다. 결국 어린 크리시는 팔다리를 마구 흔들며 울게 되고 엄마 비키는 화를 내고 소리를 지르며 크리시를 무시하는 결과를 낳게 된다.

로라의 3살 난 딸 애슐리는 낯선 상황이 되면 엄마를 몇 번이고 껴안으려 시도한다. 엄마는 부드럽지만 끈질기게 딸의 뒤에서 교육용 장난감을 가지고 '작업'을 수행하려 한다. 장난감이 놓여 있는 바닥에 딸의 몸을 낮추도록 하면서 엄마는 딸의 눈은 보지 않고 오직 카펫에 널려 있는 장난감들을 볼 뿐이다.

18개월인 드웨인이 낯선 상황에서 장난감 나무망치를 가지고 집중해서 놀고 있다. 그의 등 뒤에 있는 아빠 자말은 몹시 당황해하며 억지웃음으로 괜찮다고 말한다. 몇 분 뒤에 아들이 다른 장난감을 탐색하자 아빠는 갑자기 바닥에 떨어진 공갈젖꼭지를 주우며 아들에게 필요하냐고 물어본다.

마지막 두 개의 예시 장면은 이전 단원에서 다루었다. 그러나 다음과 같은 질문을, 크리시와 비키의 상호작용을 통해 다시 살펴볼 필요가 있다. "왜 3명의 부모들은 아이들이 요구하는 것과 반대의 것을 제공하는 것처럼 보일까?" 애슐리는 평안함을 원했지만 엄마는 교육을 제공한다. 드웨인은 탐색하기를 원하지만 그의 아버지는 아이 뒤에 물러나 있을 뿐이다. 크리시는 자신의 감정을 조절하는 데 도움을 받고 싶지만 엄마는 아이에게 엄마 자신을 조절하는 데 도움을 요청하고 있다. 왜 부모인 로라, 자말, 비키는 아이의 안내를 따르지 않고 아이의 요구를 보지 못하는 걸까?

아이들의 가장 큰 흥미에 반하여 행동하고 있다는 부모의 인식에 도움을 제공하기 위해 파헬벨의 "캐논"이 배경음악으로 들어간 오리건 해안이 보이는 비디오 클립을 보여 주기로 한다. 카메라는 해변을 따라 난 길을 보여 주면서 해변가가 수영하기 좋고 아이들이 물놀이하기 좋은 곳임을 쉽게 떠올리게끔 한다. 그리고 영화 "죠스"에 나오는 첼로 연주 배경음이 깔려 있는, 똑같은 비디오 클립을 보여 준다. 음악이 바뀌자 비디오 클립의 평온하던 반응은 갑자기 종말이 임박한 것과 같은 끔찍한 느낌으로 바뀐다. 머릿속에서 연주된 배경음악이 바로 COS가 안전한지 위험한지에 대한 욕구를 결정짓게 한다고 부모에게 이야기한다. 부모의 비디오 클립에 캡처된 순간들은 원래 우리 연구에서 묘사된 것처럼 각 부모에게 '죠스 음악'으로 들리게 되는 자녀들 욕구의 예라 할 수 있다. 이러한 명백한 이유 때문에 우리는 모든 집단에서 '죠스 음악'이라 부르는 것을 활용하게 되었다.

부모 중 어느 누구도 자신의 아이에게 좋은 것을 해 주려는 열망이 결핍된 사람은 없었다. 사실 그들 모두는 낯선 상황 실험에 참가했었다. 왜냐하면 자신의 아이와 안정애착을 형성하고 싶었고 그로써 좋은 부모가 되고 싶었기 때문이다. 하지만 그들이 받았던 육아 방식은 그러한 것들을 가르쳐 주지 않았으므로 부모는 대개 육아 방법을 모르고 있었다. 그들의 원가족 양육자들이 가르쳤던 것들은(그것이 무엇이건 간에) 순환 주위에 있는 어떤 욕구들을 표현하는 것을 위태롭게 했다. 이는 물리적, 정서적 또는 정신적으로 양육자와 거리가 생기는 결과를 초래하였을 것이다. 이러한 거리감은 아이를 위험상황에서 오직 생존하도록 하는 것, 그리고 함께 있지 않아 고립되는 상황에 남겨 놓아 아이를 아주 취약하게 만드는 결과를 낳았다. 현재 성인이 된 이 아이들은 더 이상 존재하지도 않는 죠스에 의해 집어삼켜질 것 같은 두려움을 느끼게 된 것이다.

묘사된 것처럼, 비디오 클립을 보는 것만으로 간단히 로라, 자말, 비키가 아이로서 내면화했던 위험의 모양 또는 색깔이 드러나지는 않을 것이다. 하지만 우리는 부모의 마음상태, 특히 양육자와 양육에 관한 그들의 인식을 드러내기 위해 부모와 자녀 간 어떤 일이 일어나고 있는지 이해하는 데 간격을 메우기 위해 COSI를 이용할 수 있다. Ainsworth의 애착평가방법은 양육자를 심도 있게 보지는 못한다. 왜냐하면 애착측정이 아이에 관한 것이었고 채점방식은 아동의 행동에 초점을 맞추고 있기 때문이다. 그러나 가족치료사들은 모든 관계를 평가하는 데 있어서 직관적으로 양육자를 다뤄야 한다고 이야기하였다. Bob Marvin은 낯선 상황에서의 부모 양육패턴 분류 평가(Britner, Marvin, & Pianta, 2005)를 우리 연구에 함께 소개하면서, 부모가 무엇을 하고 있는지를 보게 하고, 궁극적으로 복잡한 애착의 조율에서 나타나는 관계를 알아차릴 수 있도록 하는 체계적 방법을 제시하였다.

SSP를 하는 동안 아동과 양육행동을 모두 지켜보면서, 로라와 애슐리의 양자관계가 서로 순환 주위에서 욕구를 어떻게 협상하는지 임상적으로 더 유용하게 이해할 수 있었다. 그리고 초기 인터뷰(제7장 참조)와 COSI(제10장 참조) 사이에서, 약물중독은 물론 다른 문제도 갖고 있는 로라의 원부모가 로라가 안식처를 원할 때 곁에 자주 없었다는 것도 알게 되었다. 로라에게는 학업 성취가 가장 큰 희망인 것처럼 생각되었다. 자신의 딸에게 좋은 것을 주어야겠다고 결정하면서 약물남용을 극복하게 되었지만 자신도 모르게 로라는 교사와 같은 엄마로 변하고 있었다. 그리고 딸에게 자신의 불안정한 방법을 강요하고 있었다. 로라는 애슐리에게 심리적 평안을 주지 못하고 있음을 보지 못하고 있었다. 평안을 추구하는 것은 로라가 어린 시절부터 잘하지 못하는 것이었고 오직 궁지에서 벗어나게 하는 것을 배우는 것에만 초점이 맞춰져 있었다. 그녀가 아는 것은 자신의 어린 시절에 욕구가 가장 잘 충족되었다고 그녀가 믿었던 것, 그리고 동일한 성취 기회를 딸에게 제공하고 있는 청결하고 냉철한 부모로서 자신이 기능하고 있다는 게 전부였다.

제4장의 끝에서 시사하였듯, 순환 주위의 자녀 욕구를 냉철하게 무시하는 듯 보이는 부모는 사실 자기 자신을 종종 의식적 혹은 무의식적으로 보호하려 한다. 울 때마다 맞는 아이라고 자신을 상상해 보자. 맞지 않기 위해 당신은 금방 울지 않도록 학습될 것이다. 그러나 당신에게 삶을 의존하는 측면에서는 나쁜 양육자가 되고, 화내는 것을 피하는 게 좋다는 것을 빨리 학습하게 될 것이다. 어느 쪽이든 간에, 우는 것은 죠스가 들끓는 물을 불러일으킨다. 좋은 부모로서 당신은 심지어 자녀에게 높은 비용을 지불하게 되는 죠스가 들끓는 물에서 피하게끔 자녀를 가르치게 될 것이다.

아이는 가장 흥미 있는 관심사에 반응하지 않는 부모와 연결되는 방법을 찾게 된다는 것을 기억해야 한다. Judith Viorst의 끔찍한 이야기에 나오는 소년 이야기를 보자. 소년이 반항한다는 이유로 엄마가 그를 불 속에 집어넣었지만 주 양육자에 대해 끊을 수 없는 애착으로 아이는 엄마를 울음으로 갈구한다. 결국 그 양육자가 나쁜 양육자라는 명백한 증거가 있음에도 불구하고 함께 있지 않음을 피하려고 하는 것이 아이의 마지막 희망이었다.

절차기억 : 커튼 뒤에 있는 사람

아이가 애착 관련 욕구를 충족시키려 할 때 오직 절망적 전략뿐이라면 어떤 일이 일어날 것인가? 시도, 실패, 상대적 성공은 절차기억이 되고, 그것들이 엮여서 부모와 주변 관계와의 내적 작동 모델이 된다. 내적 작동 모델과 절차기억의 영속성 그리고 다음 세대에 영향을 미치는 그것의 힘은 과장이 아니다. 우리가 이러한 힘을 인정하지 않는다면, 자말은 이기적으로 자녀를 과잉보호한 사람으로 쉽게 치부될 것이다. 또한 엄마에게서 안정감을 구하는 아기에게 잔인하게 대하는 비키를 고소하는 것도 자연스러워 보인다. 하지만 자말의 훈육에 관한 절차기억은 엄마의 말을 거역하는 아이는 벌을 받아도 된다고 말하고 있다. 비키의 어린 시절은 비키에게 스트레스를 드러내면 엄마가 빨리 사라진다고 가르치고 있다. 로라는 냉정하게 자녀에게 정서적 철회를 하는 것이 아니라 단지 욕구 자체를 부정하여 안락함에 대한 욕구를 드러내는 위험으로부터 자신을 보호하려고 애쓰는 것이다.

안타깝게도 대부분의 부모는 자신의 양육에 있어서 절차기억이 작용한다는 것을 잘 모른다. 부모가 절차기억에 따라 행동할 때, 무언가 기억을 떠올리는 듯한 기분이 들지 않기 때문이다. 이러한 현상을 "생각하지 못한 앎"(Bollas, 1987)이라고 부르는 이유이다. 왜냐하면 심리적 방어기제가 점차적으로 올라감에 따라 부모는 무슨 일이 일어나고 있는지 설명할 수 없기 때문이다. 예를 들어, 만약 부모의 편안함의 욕구에 대한 초기 경험이 거절이었고 그 자녀가 기본적인 편안함의 욕구를 표현했다면, 그때 부모의 반응은 안락함의 욕구를 부정하면서, 거절을 피하기 위한 무의식적 절차에 영향을 받을 것이다. 게다가 이러한 절차기억이 발현됨으로 부모 자신의 명료하지 않은 스트레스가 생길 것이다. 이러한 불쾌한 감정상태에서 자신을 보호하고 편안함을 추구하는 위험으로부터 아이를 보호하기 위해 부모는 즉각적으로 방어를 하게 된다. 곧 아이들은 만약 아이가 편안함을 추구하는 것을 피하지 않는다면 그녀의 부모는 스트레스를 받을 것이고 방어적이 될 것이며 그러므로 덜 유용하게 될 것임을 알게 된다. 부모가 현재 상황에 대한 정확한 평가 대신 과거 자신이 겪었던 고통에 반하는 방어에 의해 움직인다면 그 아이들은 큰 대가를 치르게 될 수 있다.

우리는 옹알이할 때뿐 아니라 전 생애를 통해서 모든 종류의 절차에 대한 암묵기억들을 수집한다. 자전거 타기가 확실한 예이다. 자전거 타는 방법을 글로만 작성하여, 자전거를 한 번도 타 본 적 없는 사람에게 읽히고, 타는 방법을 익히게 하는 것은 불가능하다. 사이클리스트가 되려고 하는 사람에게 자전거를 타는 절차에 관한 단서를 주지 않고도 우리는 수천 가지의 자전거 타기 이야기를 만들어 낼 수는 있다. 자전거 타는 방법을 직접 배우고 나면 어떤 특징들로 가득 찬 것이 모두 절차기억으로서 저장된다.

이는 우리가 누군가와 얼마나 가까이에 서서 이야기하고 있는지, 눈을 얼마나 오래 쳐다보고 있는지, 상호작용하는 동안 사람을 만지는지, 만지지 않는지를 생각하지 않고 자연스럽게 하는 것 같다. 화가 날 때 이를 드러내고, 불안할 때 자신을 진정시키는 방법(발을 쿵쿵거리기, 몸을 앞뒤로 흔들기, 머리 때리기, 머리 만지작거리기, 신뢰하는 누군가에게 달려가기 등등)과 기타 '자동적인' 행동은 본질적으로 절차적이라고 볼 수 있다. 이러한 것은 습득한 것이 아니라 '진짜'로서 느껴지는, 절차기억을 기반으로 한 행동이 된다. 이 특징들은 우리에게 잘 전달되어 절대 잊히지 않는 절차방법이 된다. 사람들이 오랫동안 하지 않았던 일을 주저 없이 다시 할 수 있다거나, 다시 학교로 돌아가서 공부를 한다거나(심지어 교육적 추구는 어떤 비언어적 절차를 포함한다), 데이트를 한다거나 수십 년 동안 남편 없이 홀로 지냈어도 성적 행동을 다시 할 수 있는 등 이러한 모든 것이 "자전거 타는 것과 같다"고 표현될 수 있는 것이다. 그러나 절차기억 속에 저장된 것들을 잊는 것이 정말 어렵다는 것은 또한 불리한 점이 되기도 한다.

절차기억을 작동시키는 것이 무엇이든 기억하는 느낌은 아니다. 자연스럽게 할 수밖에 없어 마치 "신이 의도한 것 같다"고 여길 정도로 느낄 뿐이다. 이러한 이유 때문에 관계와 관련된 절차기억은 전혀 의문을 가질 수 없다. 결과는 로라, 자말, 비키 그리고 여타의 부모들이 일반적으로 양육자가 그들에게 만들어 준 끈을 당기고 있듯, 자신도 모르게 어린 시절에 태어난 인형을 조종하는 사람이 되어 버린 상태로 육아를 시작하게 된 것이다.

마음상태

당신이 보고 듣고 만지고 냄새 맡고 맛본 것들…

당신이 생각하는 모든 것들…

당신이 느끼는 모든 감정들…

당신이 지각하고 생각하고 느껴 왔던 모든 것들…

이것들이 모두 동일한 결말로 인도한다면…

의문을 가질 필요가 있다!

자서전적 기억을 형성할 수 있기 전에, 아동은 경험을 통해 자신의 인형극 조종자를 만들어 버렸다. 하지만 부모는 이제 언어를 가지고 있고 절차적인 것을 명시화할 수 있다(즉 무의식은 의식에서 만들어질 수 있다). 바로 COS가 생존할 수 있는 이유다. 가장 중요한 관계를 명시화하는 것에 관해 배우는 것은 우리 자신의 방어를 인식할 수 있게 해 주고 그것이 우리의 양육과 우리의 다른 친밀한 관계를 계속 흔들도록 할 것인가를 선택할 수 있게 해 준다.

죠스 음악 : 절차기억을 통한 경종의 울림

초반부 본 비디오 클립이 만들어졌을 당시 부모는 자신이 아이에게 주고자 하는 것이 정작 아이의 욕구와 다르다는 것을 전혀 인지하지 못했다. 또한 부모는 아이들의 실제 욕구가 무엇인지 제대로 판단하지 못하도록 가로막는 원인조차 인지하지 못했다. 부모는 마음속 깊이 자리 잡고 있는 자신의 어린 시절 기억이 통제되지 않는 영향 — 항상 혼자라는 느낌, 감정적으로 과도하게 압도되어 자기 스스로를 조절할 수 없고 어린 시절 그 누구도 조절하는 데 도움을 주지 않았다는 생각 — 에 가까워지는 위험을 경고하고 있다는 사실조차 알지 못했다. 사실상 부모는 그들이 이 경고를 듣고 그 경고에 답하는 의식 단계에 있다는 사실 역시 알지 못했다.

우리는 '죠스 음악'이 이러한 경고를 묘사할 수 있는 완벽한 명칭이라 여긴다. 식인상어가 다가올 때 나오는 영화 "죠스"의 테마음악과 같이 귀에 거슬리는 거칠고 날카로운 느낌으로, 죠스 음악이 부모에게 "지금 당장 여기서 손을 떼시오!"라고 이야기하기 때문이다. 부모의 원가족 양육자를 향한 애착이 안전기지에 있었으며 자신의 양육자들이 그들의 아이들을 향한 애착 또한 안전기지에 있던 모든 부모는 '순환(상반구, 하반구, 또는 손들)의 일정 부분에 있어 다른 사람들보다 더 편안함을 느낀다. 그러나 몇몇 부모들의 경우 특히 순환의 어떤 부분은 입을 크게 벌린, 할리우드 식인상어 죠스를 표현한다고 볼 수 있게 한다. 위에서 서술했던 장면과 같이 순환 아래에서 불편함을 느낀 로라는 애슐리를 자신의 무릎에 앉히기보다 이 어린아이를 다시 밖으로 돌려보내기를 원했다. 순환의 위에서 드웨인이 탐색을 떠날 때 아빠 자말에게 죠스 음악이 플레이되기 시작했다. 불과 5개월밖에 되지 않은 크리시가 원하는 바가 정확히 무엇인지 그 불안에 대해 관찰을 통한 규명이 어렵지만, 아이의 스트레스가 분명히 부모에게 스트레스를 일으킴을 알 수 있었다. 때문에 부모는, 자신이 좀 더 편해지고 싶어 아이에게 기분이 나아지길 명령했다.

죠스 음악이 전의식적 단계에서 작동되기에 단지 행동 관찰만을 통해서 부모가 느끼는 불편함을 알아차리기란 쉽지 않다. 개입을 통한 정보수집이 이후 추가적으로 이루어지지 않는다면, 로라의 경우를 예로 들어, 이들의 상호작용은 아마도 자신감 있게 침착히 이루어진 것처럼 보일 수도 있을 것이다.

방어 게시

COS 개입은 타인과의 관계 그리고 자신 스스로와의 관계에 있어 심리적 방어의 충동적 사용으로 문제를 규명하는 James Masterson으로부터 많은 영향을 받았다. 방어체계가 불필요할 만큼 현 상황이 안전하게 보여도 사실상 긍정적인 결과를 방해하고 있을 수 있다. 모든 인간은 보호를 위한 방어체계를 필요로 한다. 초기 애착단계가 불안정할수록 발전단계에서 극복해 나가야 할 트라우마가 늘어나며, 생존을 위한 보다 맹렬하고 강력한 방어체계가 요구된다. 방해받는 트라우마의 강도 또는 자서전적(또는 일화적) 기억을 만들기 위한 발전 수용력을 앞당기는 초기단계에서 경험된 트라우마는, 언어적으로 묘사된 정보가 아닌 암묵적 형태의 정보로 처리된다. 이는 위험(글상자 5.3 참조)과 연결된 편도체 기억의 일부가 되고 이는 공포에 대한 절차적 관리에 있어 장기적 영향을 드러낸다. 큰 트라우마가 분열, 마비, 격심한 감정초월, 고립, 그리고 상습적인 공격행동 표출과 같이 자신을 보호하고자 큰 방어체계를 가져온다.

> COS의 기본 가정은 자신에게 또는 다른 이에게 있는,
> 현재 관계적 욕구(순환의 욕구)는 공포를 유발할 수 있고
> 즉각적 자기보호를 충족시킨다는 점이다.

우리 모두는 절차기억을 지닌 취약한 존재이며 스스로 보호하고자 하는 용감무쌍한 본능을 지녔기에 방어기제를 발달시킬 수밖에 없다. 이에 COS 개입의 목표는 양육자의 방어기제를 제거 — 비현실적이며 불건전한 목표 — 하는 데 있는 것이 아니라 이를 밝혀 내어 부모가 언제 방어를 활용해야 할지를 선택할 수 있도록 하는 데 있다. COS 집단에 참석하기 전 로라는, 의식적 인지 없이, 친밀함과 편안함의 중요성을 거부하고 성취감에 중점을 두며 지속적으로 어린 시절의 고통으로부터 자신을 방어해 왔다. 로라에게 고통을 준 원인이 그녀가 어렸을 때 편안함을 거부당했던 경험에 있다면, 상식선에서 딸을 같은 상황에서 벗어나게 하기 위한 명백한 방법은 아이가 그것을 요구할 때 아이에게 편안함을 제공하는 일이다. 만약 죠스 음악이 이미 안전한 것(예 : 그녀의 딸에게 편안함을 주는 일)을 두렵게 만들고 있음을 이해할 수 있다면 이것이 바로 정확히 로라가 취해야 할 행동이다.

> 당신 자녀의 욕구가 안전하지만 위험하게 느껴지는 반응을 요구할 때

이것이 죠스 음악이라는 것을 당신은 안다. 갑자기 당신은 불편하게 —
외롭고, 안전하지 않고, 거절당했고, 버림받고, 화가 나고, 통제된 것처럼 느껴질 것이다.

이것이 바로 COS 재정립의 핵심이다. 양육자는 그것을 의식화할 때까지 좀처럼 죠스 음악을 듣고 있다는 사실도 알지 못한다. COS 개입은 두 가지 경로를 통해 이것을 성취한다.

1. COS는 죠스 음악에 이름을 붙이는 간단한 단계로 시작하면서, 절차적 기억을 언어로 만들도록 고안되었다. 변연계가 활성화될 때 감정을 묘사하는 단어를 사용하면서(정서 명명화), 편도체(우리에게 위험을 알리는 뇌 부분)와 변연계의 다른 영역들의 반응을 줄이고, 부정적 정서를 줄이는 전전두엽의 활성화를 증가시킨다(Lieberman et al., 2007). 일단 그들이 자녀의 어떤 욕구를 대면할 때 그들이 느꼈던 형언할 수 없는 불편함의 이름(죠스 음악)을 알 수 있으면, 우리는 부모가 마음을 열도록 반복해서 전체의 새로운 풍경을 보여 준다. 이것에 관해 우리가 부모와 말하는 방법은 지혜를 말하는 것인데 이 지혜는 감정의 뇌(변연계) 또는 생각하는 뇌(전전두엽)에서 발견되는 게 아니라 이들 둘 사이의 대화에서 발견된다.

2. COS 프로토콜은 비디오를 찍는데, 이것은 부모 자신이 자녀와 상호작용하는 것을 보도록 허락하게 한다. 전자제품으로 관찰하는 관찰 자아처럼, 비디오 형태의 카메라는 공유도 하고, 토론도 하고, 필요할 때마다 반복해서 볼 수도 있다. 그때 거기서 아이가 바르게 할 어떠한 압박도 없이, 그들은 절차기억의 동일한 필터가 아니어도 아이의 욕구를 볼 기회를 갖는다. 부모가 자신의 행동으로 외부를 통해 관찰할 수 있을 때 깨달음이 생겨난다. 우리의 많은 고객들은 그들과 아이들의 모습이 담긴 비디오 클립을 보고 "아이가 바로 저예요. 그리고 저는 우리 엄마이고요. 엄마가 저에게 한 행동을 제가 그대로 하고 있네요."라고 말했다.

사과는 나무에서 먼 곳으로 떨어지지 않는다.
부모의 자기보호전략을 없애는 것은 중력을 거스르는 것만큼이나 어렵다.

계획하지도 않았지만 아이들에게 해를 끼칠 수 있는 방식으로 자녀의 욕구에 반응하는 자신을 보며 미처 알아차리지 못했던 부분이 부모에게 충격으로 다가왔다. 절차기억이 배후를 조종했다는 사실을 깨달은 것은 매우 뜻밖이었다. 부모는 이전에는 들리지 않았던 죠스 음악을 연습을 통해 듣기 시작한다. 적어도 이 역량은 아이들의 욕구가 충족되지 못하고 그대로 남아 있는 상황을 줄이게 된다. 부모의 반영적 순간을 가질 수 있을 만큼 절차기억이 천천히 감소하고 나면 자녀 또는 자신에게 안전으로 경험되지 않았던 순환의 한 부분에 접근하도록 한다(글상자 5.1 참조). 중력을 거스르지 않는다면, 순환은 부모에게 새로운 문을 열어 준다.

마음상태가 양육 형태를 만드는 방법

'마음상태'는 한 사람이 관계에 대한 생각과 느낌을 어떻게 연결하는지, 그리고 한 개인의 생각으로부터 관계 기반 정보를 지지하거나 배제하는 방식을 설명한다.

　　　　　　　　　　　　　　　　　　　　　　– Carol George & Judith Solomon(2008, p. 841)

죠스 음악 비디오 영상은 부모와 다른 양육자에게 마음의 상태를 소개하는 우리의 방식이다. 이는 애착 관련 조사를 통해 이루어지는 무엇보다 중요한 개념이다. 애착과 연관된 마음의 상태는 자신과 의미 있는 타인에 관한 내적 작동 모델을 찾는 주된 방법이다. 이미 설명했던 바와 같이 한 개인의 내적 작동 모델은 영아기에 형태를 잡기 시작한다. 그리고 각각 어린 시절과 청소년기, 어른이 되어서까지 관계형성에 이 모델을 적용한다. 마음의 상태는 친밀한 관계를 바라보는 렌즈와 같이 생각될 수 있다. 의심의 여지 없이 아는 대로 생각하게 만드는 세상을 바라보는 이치와 같다고 할 수 있다. 한 발짝 뒤에서, 관계가 우리의 현재 인식 이상이라는 것을 고려할 때까지 마음의 상태를 넘어서는 생각을 하기는 어렵다.

안정적 마음상태는 제3장에서 살펴본 바와 같이, 자율성 내의 관계 그리고 관계 내의 자율성에 의해 표시된다. 안정적 마음상태를 지닌 부모의 경우 함께 있음에 가치를 두지만 다른 사람 사이에서의 경계 또는 관계와 자율적 자기 간의 경계 또한 분명하게 수용한다. 애착과 연관된 안정적 마음상태는 아이의 발달단계를 통한 긍정적 관계형성에 이르렀음을 보여 준다. 예를 들어, 우정부터 애정관계 형성, 그리고 배우자와의 소통의 어려움까지 이 단계에 포함된다(Miga, Hare, Allen, & Manning, 2010). 불안정하고 통제가 어려운 애착의 마음상태가 얼마나 향후 미래 관계성립에 영향을 주는지, 안정적 양육을 제공할 수 있는 개개인의 능력에 영향을 주는지를 정확히 조사하려면 보다 많은

글상자 5.1 부드럽게 죠스 음악을 소개하라

제2부에서 자세히 설명하듯이, 부모의 방어를 밝히는 것은 치료전문가를 통해 부모 자신의 삶에 힘들었던 부분에 대한 탐색을 위해 안전기지와 안식처를 창조하고자 현재와 다른 양육방식을 선택하도록 한다. 부모의 방어체계를 밖으로 노출시키는 것은 조심스럽게 진행되어야 한다. 충분히 활용되지 않은 강점을 살리고자 하는 부분이 노출되는 것을 우선적으로 해야 하기에, 비디오 영상을 선택하는 데 있어 신중을 기해야 한다. 부모가 순환 안에서 어려움을 겪고 있음을 인지시키고자(개입을 받아들일 역량을 가지고 있음이 보인다면), 확인 가능한 전반적인 어려움을 모두 보여 주기보다는 순환의 일부분에서 멀리했던 몇몇 가능성을 확인할 순간에 초점을 맞추는 것이 중요하다. 실패를 보여 주는 것보다 희망을 보여 주는 것이 이상적이다. 또한 자신의 아이들에게 못 미치는 자기 스스로를 보며 필요한 변화를 추진하는데 있어 도움을 줄 수 있다. 직접적으로는 아니지만 비디오를 통하여 죠스 음악에 반응하는 자기 자신을 돌아보는 것은 개입이 진행되는 동안 부모 스스로에게도 죠스 음악으로 비춰지기도 한다. 안전을 창조하고 부모의 방어 촉발을 피하기 위하여, 우리는 SSP 비디오상에서 보이는 사항을 과도하게 해석하지 않고 부모 스스로 찾은 행동을 도울 수 있는 부분에 보다 많은 신경을 써야 했다. 추측 이전에 부모에게 정확한 행동 설명을 해 주고자 우리는 부모의 그러한 호기심을 자극하려고 노력했다. "당신이 …과 같은 행동을 했을 때 기분이 어땠나요?" "아이가 …을 했을 때 쟈니가 말하고자 했던 건 무엇이라고 생각하나요?" 보는 것과 추측하는 것의 차이는 제2장에서 소개했는데 이후 제11장에서도 치료 원칙에 대하여 논의할 것이다.

시간이 걸릴 것이다. 그러나 우리는 부모의 마음상태가 아이에 대한 애착 기간의 75%를 예측함을 알 수 있다(van IJzendoorn, 1995). Allan Schore가 말했듯이 "트라우마가 있는 애착의 초기단계 과거 기록에서 유아기의 발달은 아주 많은 빈도로 장기적으로 통제가 결여되었으며 회복 또한 하지 못하는 주 양육자의 부적응을 야기한다. 이러한 부정적인 상태는 빠르게 성숙되는 우뇌에 심한 생화학적 변화를 야기하며 두뇌발달 시기에 이러한 일이 발생되기에 누적된 트라우마의 영향은 영속적으로 진행된다. 영아의 두뇌 상태는 성격 특성이 된다(Perry et al., 1995). 또한 초기 관계적 트라우마의 영향과 그러한 트라우마에 대한 방어는 성격을 형성하는 주요소가 된다"(Schore, 2002, p. 18). 유해한 스트레스의 영향에 대한 최근 연구에 따르면 초기 트라우마는 심지어 두뇌의 구조까지 바꿀 수 있다고 설명한다(Polan & Hofer, 2008). 또한 안 좋은 어린 시절의 경험은 어른이 되어서도 다양한 형태의 건강 문제를 야기할 수 있다고 설명한다(Felitti et al., 1998). AAI의 후속 분석에 따르면 엄마와 그들의 생물학적 아이의 안정 또는 불안정 초기 애착을 예견하는 가장 강력한 요소로 현재까지(1995) 바로 양육자의 마음상태를 지목한다(van IJzendoorn, 1995).

그러나 우리는 아직 애착형식이 어떻게 전달되는지 전부 이해하지는 못한다. 부모의 마음의 상태는 양육방식으로 나타나며 이는 아이의 애착전략으로 나타나게 된다. 그러나 양육방식은 단지 애착의 일부만 해석할 뿐이다(van IJzendoorn, 1995). 양육자의 마음상태는 아이의 절차적·암묵적 마음상태로 가는 방향을 설명하는 것으로 보인다. 이 것이 우리가 양육자의 마음상태에 기초하여 나이 한 살을 기준으로 아이의 애착방식을 예상하는 이유이다. 그러나 어떻게 마음상태가 아이의 애착행동방식에 연결되는지는 여전히 연구가 진행 중이다(글상자 5.2 참조).

또한 명백히 사과는 나무에서 먼 곳으로 떨어지기도 한다 ─ 약 25%의 경우에. 어떻게 부모는 그들이 아이였을 때 경험한 비조직화된 애착이 그들의 아이에게까지 계속적으로 이어지는 이 비조직화된 애착 '전통'을 피해 갈 수 있을까? "지속성만큼 변화는 개개인 발달에 있어 논리적이고 정당하다"(Sroufe et al., 2005, p. 19). 그리고 이러한 "현저히 나타나는 경험, 특히 중요 관계형성에서의 경험은 한 사람을 크게 변화시키는 데 영향을 줄 수 있다"(Sroufe et al., 2005, p. 220). 6개월 이상의 치료에서, 선택적인 지지관계와 지지적인 배우자는 부모가 아이를 학대하지 않도록 부모를 돕는 요소로 설명된다. 이에 사과가 나무에서 먼 곳으로 떨어질 때 이는 관계적 이유가 있는 것이다(더 자세한 내용은 이 장 마지막 절 "안정 습득" 참조).

Carol George와 Judith Solomon은 불안정애착 또는 혼란애착을 극복하기 위한 기초가 되는 능력을 "표상적 유연성"이라 부르는데 이것은 일관성, 마음-마음자세 그리고 반영적 기능이 포함되어 있는 요소이다.

일관성은 행동이나 감정이 모순되거나 무의미하거나 두서없는 겉치레식이라기보다 의미가 있는 전체적으로 통일된 형태일 때 오는 근본적인 규칙성이다. 예를 들면 한 사람의 과거의 일관적인 이해를 보여 주는 사항은 아마도 "아버지가 나에게 한 행동은 찬성하지 않지만 나는 그가 아버지로서 달리할 수 없었다는 것을 이해하기 시작한다. 아버지의 지난 생을 보았을 때, 그가 어떻게 할 수 있었을까? 이는 우리 두 사람 모두를 슬프게 만들 뿐이다."

마음-마음자세는 "의도적인 행동을 할 수 능력과 마음을 가진 개인으로 자신의 아기

글상자 5.2 함께 있지 않음

방어체계의 형성과 불안정 또는 무질서한 혼란애착의 전달이 항상 양육자에 의한 명백한 학대로부터 생긴 결과는 아니다. 종종 함께 있지 않음은 여러 세대에 걸쳐 가족력으로 이어지기도 한다. 앤이 데이케어센터에서 2살 된 캐리를 데리러 갔을 때마다 아이가 등을 돌리고 가까이 있는 장난감을 가지고 놀기 시작한다고 상상해 보라. 앤은 혼돈스러울 것이다. 한편으로는 캐리가 독립적이고 많이 컸다는 사실에 자랑스럽기도 하다. 그러나 다른 모든 아이들은 엄마 아빠에게 안아 달라고 아우성치거나 아장아장 걸어온다. 왜 앤은 캐리를 데리러 갈 생각을 할 때마다 걱정이 앞서는 것일까?

앤과의 인터뷰를 통해 캐리가 종종 복통을 일으키는 아이였고 아이가 우는 소리를 들으면 유아용 장난감으로 주의를 딴 곳으로 돌려 달래고자 했다는 사실이 드러났다. 그러나 이것이 이야기의 전부는 아니다. 앤의 과거를 들여다보면 앤이 어릴 적 안정이 필요할 때 앤의 엄마는 항상 신경을 곤두세우곤 했으며 이는 캐리가 무언가를 필요로 할 때 앤이 불편함을 느끼는 원인이었다. 앤의 엄마는 매우 방어적인 반응을 보였고 이는 그녀의 아버지(즉 앤의 할아버지)가 어린 시절 안정이 필요할 때 겪어 왔던 트라우마 경험이 있었다는 사실 때문이었다. 앤의 할아버지는 신체적·감정적 친밀과 접근을 피하도록 배웠고 그래서 친밀하게 다가오는 것을 필요로 하지 않는 아내를 선택했었다. 따라서 앤의 엄마는 부모가 둘 다 감정적으로 그 자리에 함께 있어 주지 않는 그러한 가정환경에서 자라 왔다. 그리고 그녀는 심리적 안정을 위한 요구를 하지 않아 왔다. 그러므로 앤이 어렸을 때 뭔가의 안정이 필요할 때 그녀는 갈등을 겪어 왔고 그녀의 엄마로부터 거부를 당해 왔다. 지금 앤은 4세대를 거쳐 캐리에게까지 이어지는 이러한 죠스 음악의 원인을 이해하고자 노력한다. 학대도 없었고 눈에 보이는 트라우마도 없었지만 함께 있지 않음의 절차적 정보가 집안의 저주처럼 이어져 왔었다.

를 대할 수 있는 성향이다." 이러한 역량은 다른 사람의 마음은 나 자신의 마음과 다르다는 것을 인지하는 능력을 향상시킨다. "나도 마음이 있고 너도 마음이 있지만 이것은 같지 않다. 네가 어떻게 생각하는지 이해할 수 있더라도 나는 내가 어떻게 할지 생각하는 것을 더 중시한다"(Meins et al., 2002, p. 1716).

반영적 기능 또는 정신화는 "자신과 타인의 정신상태를 마음에 그려 볼 수 있는"(Fonagy et al., 2002, p. 23) 역량을 말한다. 한 걸음 뒤에서 자신의 생각 또는 정신상태의 특정 부분을 인지할 수 있는 만큼 타인의 행동이나 느낌에 영향을 주는 자신의 행동에 대하여 어떻게 느끼는지 또한 인지한다. 이는 각자의 마음상태를 충분히 조망하면서 추가적으로 마음-마음자세를 유지하는 능력이다.

COS 개입은 문제가 있는 어린 시절 애착과 어른이 되어서의 양육방식 간의 간격을 넓히는 표상적 유연성을 키우기 위한 부모의 내적 능력을 펼치는 방법으로 보일 수 있다.

연구자들은 어떻게 어린 시절 애착방식이 어른이 되어서의 양육방식으로 전환되는지를 다양한 시각에서 찾아보았으며 이는 생물학적·환경적 요인을 통해 발견할 수 있었다. 아주 어린 시절부터 청소년기를 거쳐 어른이 되기까지의 길은 성취된 발달단계에 있을 수도 있고 또는 한 개인의 삶과 함께 이어 온 사건에 그리고 한 사람의 대표적 양육형태(내적 작동 모델)에 이러한 사건들이 어떻게 연결되어 있는지에 의존하지 않을 수도 있다. 삶의 모든 과정에서 불안정하고 결핍된 애착을 안정애착으로 바꿀 수 있는 기회는 누구에게나 있다. 가장 주목할 만한 기회는 아마도 아이의 탄생에 있을지 모른다. 아이에게 안정애착을 주고자 하는 타고난 양육방식 갈망은 애착에 대한 안정적 마음상태를 만들어 줄 수 있는 아주 좋은 기회다. COS 개입을 통틀어 우리는 그런 기회를 활성화하는 이 학습능력을 이용했다.

우리 연구의 중점은 양육의 목표를 성취하기 위해 부모가 사용하는 행동과는 상관없이, 자녀와 소통할 수 있는 양육자의 마음상태 인식에 있다. 많은 양육전문가들은 식단, 모유수유 또는 젖병 사용, 함께 잠자기 또는 따로 재우기, 타임인 또는 타임아웃적인 훈육방법, 자유놀이법 또는 플래시카드 사용이나 아이큐 향상을 위한 클래식음악 등 다양한 규율 및 기술적인 부분의 장점에 대하여 이야기한다. 이러한 사항들은 매우 중요하다. 그리고 이 모든 사항에 대하여 부모는 최고의 결정을 해야만 한다. 그러나 무엇보다 중요한 것은 양육자의 순환의 위와 아래 그리고 손에 해당되는 부분에 대한 마음상태에 있다. 불안정하고 혼란스러운 마음상태는 아이에게 큰 문제를 동반한 의도하지 않은 결과를 낳게 한다. 그리고 안정적인 마음상태는 결점을 감춘다. 우리의 프로토콜은 부모가 자신의 특정한 마음상태를 인식하고 반영하는 데 있다.("내가 순환상에서 어려움을 겪는 부분은 어디일까? 위, 아래, 아니면 손?")

마음상태는 복잡한 부분이다. 그리고 실질적 양육행동은 다양한 행동체계에서의 복잡한 상호영향의 결과물이다(George & Solomon, 2008). 죠스 음악은 부모에게 이 정신상태를 소개하는 방법 중 하나이다(특히 불안정하고 혼란스러운 마음상태에 대하여). 이는 근본적인 친밀관계(부모, 아이, 배우자, 동료)에 있어 우리 모두가 겪어야 할 기본적인 사항이다. 마음상태에 대하여 강의하기보다는 오히려 우리는 부모에게 2감각 통합경험을 제공하는데, 이것은 부모에게 관계에서 자기방어를 하는 감지하기 힘든 미묘한 역할에 대해 다른 관점을 제공해 줄 수 있다.

순환은 현재 어려움을 겪고 있는 부분에 다가가는, 빠르고 의미 있는 괜찮은 방식을 제공한다. 부모가 자신이 원하는 것이 무엇인지 아는 순간, 예를 들어 아이들을 탐색할 수 있게 허락하거나 마중하는 행동을 하는 데 자신을 가로막는 것이 무엇인지에 관심을 가지게 된다. 우리 연구에 함께했던 한 부모는 "내 아이를 마중하자. 내 아이를 마중하자."라고 자신에게 말했다. 아이가 있는 방에 들어갈 준비를 마치고 방에 들어간 다음, 아이에게 다가가 앉는다. 순간적으로 죠스 음악의 파워가 그녀에게 선명하게 다가온다.

COS 주위에 있는 죠스 음악

부모가 자신의 죠스 음악을 들을 수 있도록 도울 때, 우리는 어떤 마음상태인지를 측정할 수 있는 관찰 가능한 행동에 대한 질문을 던졌다(George et al., 1984).

- 집착 : "당신은 어려움이 닥쳤을 때 자신의 능력에 의존하지 못하고 다른 사람에게 의지하기만 하는 사람을 만난 적 있나요?"
- 거절 : "당신은 어려움이 닥쳤을 때 자신의 능력에만 의존하고 다른 사람에게 도움을 요청하지 않는 사람을 만난 적 있나요?"
- 혼란 : "당신은 좀 더 크고 강하고 지혜롭고 친절하지 못하는 반면에 인색하거나 약하거나 떠나가는 사람을 아나요?"

이 질문들은 사람들에게 자신을 살펴볼 기회를 주는 한편 이러한 주제들의 공통성을 일반화시킨다. 앞서 언급한 바와 같이, 일반적으로 부모는 순환의 위 또는 아래 부분 또는 순환상 손이 가지는 기능에서 가장 큰 어려움을 겪는다. 각각의 마음상태는 아이에게 독특한 메시지를 전달하고, 그 후 (항상 그런 건 아니지만) 일반적으로는 아이에게 어떤 특정한 유형의 애착 모습으로 전환되게 된다.

그들의 양육자가 귀를 기울이지 않는 죠스 음악을 영아와 어린아이들이 들을 수 있다는 사실은, 세상 모든 아이들이 함께 있음을 얼마나 많이 갈망하는지를 강조하는 현상이다. 영아와 어린아이는 관계 속에 있기 위한 그들의 욕구에 주목할 만큼 민감하고 그리고 그 관계를 유지하는 데 있어서 필요한 전략을 세우는 데에 천재적이다. 아주 어린 영아들은 아주 기본적인 정신적 연결을 만드는 것을 통해 관계를 유지하는 방법을 찾을 수 있는 능력이 있다. 제4장에서 본 바와 같이 때때로 모든 부모는 "좋은 부모"이다 ─ 무서워하는 아이를 달래고 배고픈 아이에게 밥을 주는. 그리고 때때로 모든 부모는 나쁜 부모이기도 하다 ─ 우는 아이를 들어 올리는 것을 매우 피곤해하거나 단순히 아이가 왜 우는지 잘못 이해한다거나 또는 실질적으로 아이가 필요로 하는 것을 주지 않는다. 아이들은 이런 두 모습의 부모를 하나로 통합할 능력이 없다. 그래서 아이는 좋은 부모를 찾고 나쁜 부모는 피하고자 '분열'을 사용하기도 한다(글상자 5.3 참조). 아이가 자라고 인지능력이 향상되면서 원인과 결과에 대하여 이해하기 시작한다. 그러나 우리는 심지어 태어난 지 4개월 된 아이가 분할 스크린 형식 비디오에 매우 방어적으로 행동하는 것을 볼 수 있다. 이것은 그들의 방어가 절차적이기 때문에 그들이 원인과 결과를 이해하기도 전에 실수를 범하는 것이다. 이것이 제4장에서 묘사된, 어떻게 잘못된 신호가 발생하는지에 대한 부분이다. 친밀하고 가까운 편안함을 원하는 아이 그러나 반복적으로 자신이 요구할 때 아빠가 불안함을 표현하는 것을 느끼는 아이는 오히려 꼭 안기는 것보다 탐색하러 나가는 것을 원하는 것처럼 행동한다. 아빠는 그런 행동에 편안해하고, 아빠의 편안은 아빠의 근처에서 머무는 것을 유도한다.

아이의 행동은 매우 적응적이다. 심지어 부모가 아이가 필요로 하는 것에 반응을 효과적으로 하지 못하는 경우에도 아이는 가능한 한 부모와 가까이 있다. 앞서 언급한 바와 같이 부모는 여전히 아이가 갖는 최고의 방책이다. 그러나 이것이 발생하기 때문에 마음상태가 성격 특성이 된다(Perry et al., 1995). 잘못된 애착은 보존되고 아이는 그에 부응하는 마음상태로 세상을 살아간다. 이것은 미래의 관계형성 그리고 아이 자신이 가족을 가지게 되었을 때의 양육방식에 영향을 준다.

심리학적으로 우세한 특성이 있는 마음상태를 통해 보면, 문제가 있는 애착행동을 고치는 시기는 아이가 매우 어릴 때라는 것이 분명해진다. 그렇지 않으면 죠스 음악의 잘못된 내용 전달이 광범위하게 영향을 미치게 된다. 대학교 1학년 첫 학기 학교를 그만두게 되는 19살 드웨인을 상상해 보라. 대학은 단지 30마일 정도만 집에서 떨어져 있지만 드웨인은 아빠를 지속적으로 자주 보지 못하고 초등학교 때부터 함께해 온 고향친구들도 보지 못하고 자신이 스스로 어떻게 해야 할지도 모르고 어떤 클럽에 가입할지 무엇을 입을지 어디에 가서 밥을 먹어야 할지도 알지 못한다.

글상자 5.3 편도체 장악

죠스 음악에 습격을 받은 어른은 '좋은 부모'였던 사람을 '나쁜 부모'로 바꾸어 버리는 행동을 한다. Daniel Goleman(1995)은 이를 편도에 의해 장악되었다고 표현했다. 편도체는 위험을 동반한 모든 환경을 감지하는 역할을 수행한다. 몸을 강한 긴장상태에 둔다. 불운한 어린 시절 경험은 위험한 것으로 편도체에 기록된다. 몇몇 부모들은 편도체에 방대한 양을 기록하고 어떤 부모들은 상대적으로 적은 양을 기록한다. 이 편도체 장악, 즉 죠스 음악은 분열을 야기한다. 일단 부모가 순환 밖으로 벗어나는 것(위, 아래, 손, 어딘가로부터)을 포함한 불화를 인지하면 부모는 향후 이것이 발생할 때 그들이 불화에서 회복하는 방법을 배울 수 있다. 부모는 자신이 좋음에서 나쁨으로 변한 것을 인지하기 시작하고 이것을 아이들이 인지하도록 한다 ― "엄마가 화난 거 같아. 왜냐하면…." 아이들은 부모가 정신적으로 조화된 상태에 있을 수 있게 한다. 이러한 인지능력은 어린아이들이 '좋은' 부모와 '나쁜' 부모를 통합하는 데 도움을 준다. 관계는 조화를 이루고 자라나며 두 행동 모두 모든 사람이 겪을 수 있는 것이라는 사실을 이해하고 누구나 언제든지 좋을 수도 나쁠 수도 있다는 점을 이해한다. 이는 현실적인 관계에 대한 기대 그리고 향후 관계형성에서 조율할 수 있는 능력을 갖추는 기초로 자리 잡게 된다.

25살 애슐리를 상상해 보라. 아이비리그 대학을 졸업하고 고학년이 되어서는 스티브와 데이트하며 대학졸업 후 첫 직장을 잡으면서 그 둘은 함께 살았고 6개월 뒤 직장에서 해고되기 전까지 모든 것이 좋았을 것이다. 아주 크게 실망한 애슐리는 하루 20시간 인터넷 검색을 통해 '내가 가진 것들을 감사히 여기는 곳을 찾을 거야'라는 생각으로 직장을 찾는다. 몇 주 뒤 그녀가 직장에서 잘리게 된 원인이 그녀의 능력이나 업무수행에 있지 않았음을 깨닫는다. 친구들과 만나서 노는 빈도도 점점 줄어들고 스티브는 결국 집을 나간다. 자신이 결혼하고자 생각했던 여자가 자신을 필요로 하지 않는다는 메시지를 아주 분명하게 보냈기 때문이다.

이 장 초반에 묘사된 세 아이들은 그들의 부모에 대한 애착행동이 20주 COS 개입에 따라 기쁘게도 모두 안정적이라는 답을 얻었다. 만약 변화가 없었다면 드웨인은 학위 없이 또는 원했던 대학생활 경험도 해 보지 못했을 수 있으며, 애슐리는 사납고 외로운 여자가 되고, 크리시는 비키가 임신 후 시작했던 것과 같이 결국 감옥에 가게 되었을지 모른다. 이러한 결과가 초기 애착 정도에 아이의 운명이 정해져 있다는 것을 의미하는 것은 아니다. 그러나 불안정적이고 혼란스러운 애착행동은 양육자의 죠스 음악에 의해 잠재적으로 관계 그리고 향후 미래가 매우 어렵도록 만들 수 있다.

죠스 음악이 우리에게 안전한 것을 위험하다고 신호를 보낼 때 우리가 좋은 관계를 형성하기는 어려운 일이다. 안전과 위험을 구분하는 능력은 아이를 키우는 데 있어 매우 중요하다. 우정을 유지하는 데 그리고 로맨스에서도 중요하다. 순환 주변에서 갈등하는 세 가지 유형의 마음상태는 부모에게 무엇이 안전하고 위험한지 잘못 인도한다.

하단 지향적 갈등

하단 지향적 갈등은 감정적 안정과 관련된 취약성에서 오는 어려움을 포함하는 경향이 있다. 부모에게 이는 '거절' 마음상태로서 설명되기도 한다(George et al., 1984). 양육자는 밀접한 신체적 또는 감정적 연결을 떠나 독립성을 권장하는데 이를 애착행동의 '거절'이라고 볼 수 있다. 이러한 부모들은 필요에 대한 직접적인 대화나 표현에 익숙하지 않고 불편함을 느끼는 경향이 있다(Main, 1981; Ainsworth, Blehar, Waters, & Wall, 1978). 상상할 수 있는 어려움은, 부모가 우는 아이를 죠스 음악의 느낌으로 위험하다고 인지하고, 아이가 울면 아이를 통해 자신을 보며 같은 감정적 느낌을 경험하고 아이와 비슷한 요구를 하는 자기 자신 또는 엄격하고 처벌적인 부모의 얼굴을 함께 보게 된다. 이제 그들은 감정적 양육에 대한 기회는 거절하는 데 반해 실용적인 양육과업은 종종 효과적으로 제공한다(Britner et al., 2005).

오랜 시간 동안 이러한 부모의 아이들은 양육자에게 원하거나 필요한 것을 직접적으로 표현하는 것을 거부하는 방법을 배워 왔다. 그리고 부모와 아이 간의 애착이 회피적인 것으로 정의되었다. 이러한 아이들은 애착욕구가 거부될 것이라 생각한다. 그래서 낯선 상황 실험에서 부모가 없을 때 아이가 거의 스트레스를 받지 않는 것처럼 보이고 부모와 다시 재결합할 필요가 없는 것처럼 행동하는 것은 놀라운 결과가 아니다. 양육자에게 다가가고 이를 거부당하는 걸 피하고자 아이들은 거리를 두는 행동을 취하기 시작한다. 그리고 탐색과 성취를 우선시하는 행동을 취한다. 우연의 일치는 아니지만 무언가를 회피하는 경향이 많은 아이의 부모는 탐색과 성취를 가장 중요하게 생각하는 경향 또한 있다.

거절하는 양육자는 방어적으로 아이의 결과 또는 개인 능력에 중점을 두는 경향이 있으며 이것을 순환의 아랫부분에 해당되는 모든 아이들이 필요로 하는 친밀함의 욕구보다 우선시한다.

예를 들어, 수잔은 3살 된 윌리엄이 누구인지보다 무엇을 하는지에 더 관심을 두는 것처럼 보인다. 자신이 가지고 놀고 있는 장난감이 원하는 방향으로 맞춰지지 않아 혼란스러움에 아이가 울고 있을 때 수잔은 이렇게 말한다. "더 잘할 수 있잖아." 그리고 "계속 시도해 봐. 할 수 있을 거야." 그리고 방 반대편 앉아 있던 곳에 계속 있는다. 근처에 있는 어른에게 "나도 저 나이 때 그랬어요. 그리고 우리 엄마도 맞출 때까지 계속하도록 했어요. 지금 내가 이 자리에 있는 이유가 그거죠." 수잔은 마지막 문장에서 보이는 아이러니한 부분을 인지하지 못한다.

흥미롭게도 이러한 부모들이 아이들 곁에 있는 것을 원하지 않는 것은 아니다. 많은 사례에서 그들의 행동은 오히려 "가까이 있으렴. 그렇지만 내가 필요 없을 거야."라고 말하고 있다. 이러한 메시지를 스트레스받고 있는 아이에게 전달하는 부모는 그림자가 씌워져 있는 것처럼 보인다. 아이는 그 자리에 있으며 아마도 조용히 장난감으로 스스로 규칙을 만들어 나갈 것이다. 그러나 부모가 곁에서 도움이나 안정을 주기를 원하지 않는 것처럼 보인다. 아이는 부모가 가까이하는 것을 허락에 의해 조건적으로 행해지는 것으로 느끼며 또한 스트레스를 받는 부분은 결국 대답도 이유도 없이 끝나며 "뭐 어때?" 또는 "왜 해?"라는 태도를 보이게 된다.

거절하는 어떠한 부모들은 아이가 과업을 수행하도록 강요하는데 아이는 아직 그것을 수행할 수 있을 만큼 발달이 되어 있지 않았다.

데릴은 자신의 2살 된 아이 사디가 얼마나 '독립적'인지에 대해 많은 이야기를 한다. 자랑스럽게 가리키며 아이가 SSP 분리시간에 "전혀 나를 필요로 하지 않아요."라고 한다. 우리가 관찰했을 때, 사디는 로봇처럼 장난감을 가지고 놀았다. 리듬에 맞춰 뾰족 나온 부분이 페그보드의 구멍 끝까지 들어갈 때까지 페그를 망치로 쳤다. 그렇지만 아이는 성취감을 보이거나 만족감을 보이지 않았다. 아빠가 방 안으로 들어오자 잠시 아버지를 보고 재빠르게 도망갔다. 아빠가 없는 동안의 슬픔을 표현하듯 보였지만 데릴은 단지 "안녕"하고 인사를 한 뒤 사디가 어른인 것처럼 바로 소파에 앉았다.

상단 지향적 갈등

상단 지향적 갈등은 신체적 또는 감정적 분리의 문제를 동반하는 경향이 있다. 부모에게 이는 '집착' 마음상태로 표현될 수 있다. 부모는 애착관계에 집착한다. 만약 우리의 어린 시절에 분리 시 안전과 지지에 대한 느낌을 경험했었다면, 아이의 타고난 탐색에 대한 열망은 위협이 없는 평안한 음악을 유발하는 경향이 있다. 반면에 만약 우리의 탐색과 개성화에 대한 과거가 공격, 버림받음 또는 공격과 유기에 대한 위협과 연결되어 있다면 — 순환의 상단 부분 — 아마도 죠스 음악을 불러일으키게 될 것이다.

이 맥락에서 길러진 아이들은 탐색하고자 하는 욕구와 활성화된 애착체계를 유지하고자 하는 욕구 둘 다의 혼란을 직면한다. 이것은 그들의 양육자에 대한 그들의 애착이 왜 양가적/저항적으로 불리는지에 대한 이유이다. 그들은 남에게 의존하는 것과 분리되는 것 사이를 왔다 갔다 한다(Cassidy & Berlin, 1994). 드웨인을 기억하는가? 그는 낯선 상황에서 아빠를 다시 만났을 때 아빠 무릎에 있으면서도 아빠에게 밀착하려고는 하지 않았다. 그러나 놀다가 자말이 "괜찮아."라고 말하자 아빠에게 돌아갔다. 이는 아빠가 정말로 이야기하는 건 "괜찮지 않아. 그리고 넌 아빠가 필요하단다."라고 아이가 추정하였기 때문이다.

우연의 일치는 아니겠지만 드웨인 같은 아이가 있는 주 양육자는 애착행동에 대하여 뭔가 목표가 되는 것을 보여 준다. 이러한 부모들은 직접적으로 소통하기보다 오히려 복합된 신호를 보내는데, 이것은 지나치게 침범하거나 또는 곤경이나 혼란에 빠트리는 경향 모두 왜곡된 친밀함을 제공하는 것이다. 자말은 아이에게 안정을 주려고 다가가는 행동을 취할 때 얼굴에 인형을 쓰고 짖는 소리를 낸다고 설명했다. 이 방법은 아이의 애착을 형성한다. 자말에게 죠스 음악은 아이의 개성화가 위험한 것이라고 말한다(심지어 아이의 성장이 어린 시절의 목표라는 점에 동의했음에도).

양육행동체계는 Britner와 동료들(2005)에 의해서 설명되었으며, (아이들에게 양가적으로 애착된)집착형 양육자는 관계의 '친밀함과 특별함'을 강조하며 아이에게 과도하게 집중하고 종종 아이가 부모 곁에 머무르도록 아이를 아기 취급하는 경우가 종종 발견된다(Cassidy & Berlin, 1994). 어떤 부부의 경우 이러한 '친밀함과 특별함'은 매우 명백하게 곤란을 일으킬 수 있는 갈등사항이기 때문에 상대적으로 찾기가 어렵다. 본 연구에 참여한 한 아버지가 아이에게 걸어가 허리를 구부리고 다가가는 자신의 영상을 보고 "나는 독수리처럼 보여요. 나는 내 아이를 불행하게 만들고 있어요."라고 외쳤다. 아이가 위험한 상황에 있지 않음에도 불구하고 그는 자신의 아이가 너무 특별하고 모든 순간에 자신이 없으면 아이는 생존하지 못할 것이라고 생각했다.

루이스는 계속해서 자신의 아이 사만다를 '매우 소중한' 존재로 설명했다. 그리고 자신이 아이를 어떻게 보호하는지 동작을 보여 주며 자신이 얼마나 단단한지를 설명하고 있었다. 그는 사만다가 자신의 곁에서 떠나가는 것을 거의 허락하지 않았다. 아들 드웨인이 자신과 떨어져 놀이를 하고 있는데 아빠 자말이 아이에게 고무젖꼭지를 원하냐고 물어볼 때 자말이 만든 죠스 음악과 동일하다. "내 아이는 너무 소중해." 이러한 형태의 생각은 종종 '셜리 템플 신드롬'이라고 불린다.

　루이스가 처음 SSP 분리를 위해 방을 벗어났을 때 그는 안심시키는 말을 소리 내어 계속해서 이야기했다. "금방 돌아올게, 아가…. 걱정 마. 아빠는 오래 떠나 있지 않을 거야…. 괜찮을 거야." 자연스레 사만다는 첫 분리 상황에 매우 감정적 동요가 있었고 아빠가 나간다고 말하기 시작하자 통곡하며 울기 시작했다. 그러나 아빠가 돌아오자 아이는 복합된 신호를 보냈다 ─ 드웨인이 자말에게 했던 것과 같이. 사만다는 울며 자신에게 집중해 주기를 원했으나 루이스가 그녀에게 다가와 사만다에게만 집중해 주었을 때 화를 내고 역정을 냈다. 이러한 부모들은 아이가 많은 발달 과업을 부모의 도움 없이 진행할 수 없을 때 부모로서 자신이 유용하다고 생각한다. 어느 수준에서 이런 아이는 엄마 또는 아빠가 자신이 성장하는 길에 실제로 함께할 것으로 안다. 이는 가끔 아이가 부모와 함께 있는 공간에서 혼란스러워하거나 화를 내는 행동을 하는 것을 이해할 수 있게 한다.

때때로 부모는 자신의 아이들이 자신에게 의지해 주기를 바란다. 그러나 부모는 아이들이 가지는 고뇌에 불편함을 느낀다. 그들은 선택적으로 유용하고(일반적으로 침범의 형식으로) 그리고 아이의 필요와 요구에 대하여 당황하거나 무시하는 행동을 취할 수도 있다. 그러므로 아이들에게서 보이는 양가성은 그들이 알아낸 맥락에서 정확한 반응이다. 루이스의 경우 사만다가 울며 아빠를 찾을 때 이는 루이스를 매우 동요하게 만들었다. 루이스는 살짝 겁을 먹은 듯한 웃음을 지으며 살짝 강하게 간지럼을 태우면서 말했다. "아가, 이건 그렇게 무서운 게 아니야, 그렇지?" 그러나 그때 사만다는 바닥에 몸을 내던지며 다리로 차고 소리 지르기 시작했다. 루이스는 "내가 없는 동안 너무 보고 싶었나 보구나."라고 살짝 만족하는 듯한 어투로 말했다. 그는 사만다가 의존적인 부분에 어느 정도는 불편함을 느끼는 듯했지만 더 길게 함께해 주려고 시도했다. 이러한 상태에 있는 부모는 어느 정도의 규칙과 제한을 단계적으로 설정해 주고 책임감을 길러 주는 것에 어려움을 느낀다. 그러므로 아이는 가능한 상황에 적응하고 양육자의 기대에 부응한다. "만약 매달리기, 저항하기, 과장하기, 걱정하기가 당신이 나와 지속적으로 연결되기 위해 필요한 부분이라면, 그 뒤 그것은 당신이 가지고 있어야 하는 부분입니다."

멜로디는 티파니의 요구사항에 하루 종일 너무나 집착했다. 유치원 첫 수업 날 수업 시간 중 아이가 편안함을 느낄 수 있을 만큼의 시간 동안 부모가 함께할 수 있도록 허락되었을 때 추수감사절에 여전히 아이와 함께 있었던 부모는 멜로디뿐이었다. 엄마가 자리를 비우려고 하면 티파니는 울기 시작했지만 화가 난 것 같지는 않았다. 티파니는 놀라울 만큼 엄마와 닮아 있었다. 그리고 멜로디는 자신이 좋아하는 같은 색의 옷을 티파니에게 입히는 경향이 있었다. 누군가 티파니와 멜로디를 보고 "정말 똑같다!"라고 하면 멜로디는 미소를 지었다. 멜로디에게 티파니는 매우 연약하고 민감한 아이로, 아이가 원하는 모든 것을 해 줘야 하고 곁에 있어 줘야 하는 존재이다. 멜로디가 티파니의 네 번째 생일파티 때 고용한 광대가 티파니가 보는 앞에서 결제를 요구했을 때 티파니는 뾰로통한 표정을 지었고, 멜로디는 지금은 결제할 수 없고 수표로 보내 주겠다고 하였다.

양가적 관계에 있는 모든 부모가 그들의 '완벽한' 아이에게 집착하는 것은 아니다. 그러나 부모는 항상 칭찬하거나 비판할 만한 일의 경계선에 있다고 느끼는 경향이 있다. 만약 당신이 멜로디를 본다면 당신은 숨겨진 카메라가 그녀의 행동 하나하나를 모니터링하고 있을 상황에서 멜로디가 행동한다는 것을 알아차리기 시작할 것이다. 아마도 그녀는 좋건 나쁘건 자신의 부모로서의 기능을 지켜보고 있는 청중 앞에서 억지로 떠밀려 하는 듯한 느낌을 받는 것처럼 보인다. 이러한 부모들은 보통 "내가 훌륭한 부모가 아니야?"라는 스스로의 느낌을 반영하여 오히려 지나치게 똑똑하게 행동한다.

루이스와 멜로디 둘 다 다른 부모들에게는 '과잉보호'로 보일 것이다. 특히 루이스는 자기방어 차원에서 "세상은 너무 위험해."와 같은 말로 딸을 곁에 둘 것이다. 그가 말하는 것은 어디에나 범죄자나 위험물이 도사린다는 뜻이 아니다. 이 표현은 딸을 가까이 두겠다는 양육자의 죠스 음악이 얼마나 강한지를 나타내는 것을 피하는 음모와 같다고 볼 수 있다. 루이스가 정말 위험하다고 느끼는 것은 사만다를 자신에게서 분리함으로써 오는 일을 말하는 것이다.

손 지향적 갈등

손 지향적 갈등은 기본적 조직 단계에서 주어지는 과제에 대한 문제와 연결되는 경향이 있다(관계에서 집행적 역할). 아이가 또는 아이의 경험을 조직하는 상황이 부모에게 요청했을 때 이들 부모는 요구되는 자주적 활동에 의한 통제가 결여되거나 더 크고 강하고 지혜롭고 친절하기보다는 오히려 '인색하고 약하고 떠나간' 행동으로 방어적이 되기도 한다. 이는 종종 비조직화 또는 와해된 마음상태로 분류된다. 이러한 부모들은 완전히 고뇌에 빠져 있거나 우울하고 무관심하고 폭력적이다. 이 형태에 있는 부모는 종종 자신의 과거 또는 경험에서 풀리지 않은 트라우마가 있거나 초기단계의 주요 양육이 결여되어 있는 경우가 있다. 편도체는 위험으로 보이는 모든 것에 대한 신호를 우리에게 알리도록 되어 있다. 학대의 과거가 있는 부모는 편도체상 기록 — 위험을 알리는 것 — 이 매우 크고 그러므로 아마도 과장될 것이다. 심각한 조절불능 — 심지어 해리 — 인 한 내담자는 사람들이 건배를 하며 잔을 부딪치는 소리에도 매우 민감하다. 이는 그의 부모가 반복적으로 술에 취했었고 자신이 어린아이였을 때 반복적으로 폭력을 겪었었기 때문이다. 대부분의 부모에게 자신의 주 양육자와의 관계 자체는 대부분 아주 무섭고 보호되지 않으며 지지되지 못하는 것으로, 자신의 아이에게 양육을 제공하는 것이 대재앙 정도의 큰 경고음처럼 받아들여진다. 내재화된 관계성 혼돈 감각에 대한 해결의 결핍은 양육이 존재하도록 기대되는 곳에 블랙홀을 남기는 경향이 있다. 이런 블랙홀에 빠지게 되는 느낌에 달리 어떻게 반응할 수 있을까?

아이에게 그 결과는 양육자와 애착관계에서 요구되는 필요사항이 공유되었을 때 혼란과 무질서를 경험하게 된다. 꽤 많은 빈도로 아이들은 자신의 양육자를 무섭거나 두려움으로 경험한다. 이는 양육자가 예상치 못한 경험을 제공했기 때문이고 아이는 계속해서 애착의 방법에 대하여 확신이 없다. 잠재적인 안정의 출처가 위험과 혼란된 상태에서 오는 것과 같을 때 아이는 관계형성에 일관된 전략을 형성하는 것이 불가능해진다. 이는 제4장에서 설명한 바와 같이 낯선 상황 실험에서 아이와 부모가 다시 만났을 때 혼란되고 비일관적인 행동을 이끈다.

비조직화된 애착양상의 가장 흥미로운 점 — 그리고 잠재적으로 매우 마음 아픈 점 — 은 무엇이 안전하고 무엇이 위험한지에 대한 감각 없이 자유낙하하는 나뭇잎과 같다는 것이다. 특정한 안전 상황에서 위험을 찾는 대신에 '거절하거나' '너무 집착하는' 부모들과 같이 비조직화된/혼란스러운 부모들은 종종 위험한 상황을 안전하다고 여긴다. 이는 순환에서 손의 역할이 부재할 경우 통제가 안 되는 회전과 같다. 이는 마치 막대기 하나에 접시를 올려놓고 균형을 잡는 것과 같다. 순환의 위도 아래도 혼돈상태가 되며 부모도 아이도 방향을 잃게 된다.

이러한 상황에서 자란 아이들이 위험에 더 노출되었다는 사실은 별로 놀랍지도 않다. 누구를 믿어야 할지도 어려워하게 되며 자기 스스로에게도 유해하고 상식도 부족하게 된다. 자라면서 그들은 사악한 무리들과 연관되게 된다. 이는 Freud가 말한 것과 같이 일단 관계형성이 혼란스러운 것으로 이해하게 되고 믿음이 없는 것이며 심지어 무서운 것이라고 이해하는 순간 그들은 자신이 사람들에게서 보기를 기대하는 것을 계속해서 보기 때문이다. 그들은 어린 시절을 양육자에게서 멀어지고 벗어나서 보냈으며 양육자는 그들에게 필요한 존재이면서도 무서운 존재가 된다. 그들은 아마도 어른들과의 관계형성에 있어서 자신의 선택에 동일한 혼란을 보일 것이다.

비조직화된 부모가 아이들에게 겁을 줄 만큼 나쁘다기보다(몇몇은 그럴 수도 있지만) 양육행동이 있어야 할 곳에 블랙홀이 존재하기 때문에 어떻게 아이를 겁주지 않는지에 대한 방법을 모르는 것이다. 정신질환이 있을 때 또는 심하게 취해서 정신을 잃었을 때 또는 배우자의 선호에 따라 아이의 편의를 완전히 무시하는 상황일 때 어린아이를 보호자 없이 내버려 두는 것은 아마 평범한 것처럼 또는 적어도 피하기 어려운 상황처럼 보일지도 모른다. 부모가 이러한 행동을 받아들일 수는 없더라도 아이가 자신의 욕구에 따라 하는 행동에 대해 충분히 반응하는 것을 조절하지 못할 수도 있다. 단순히 아이의 존재에 대한 사실만으로 죠스 음악은 시작될지 모른다. 우리는 부모가 아이에게, 심지어 아이가 그냥 가만히 응시하고 있는 것임에도 "나를 그만 응시해."라고 말하는 것을 들었다. 그리고 그 결과 부모는 매우 사나워지거나 사라져 버린다.

역할 전환은 부모가 자신의 양육자로서의 기능을 놓아두고 아이 같은 역할을 맡고, 아이가 부모의 역할을 맡는 것이라고 제4장에서 설명했다. 그리고 이는 비조직화된 애착과 연관이 있다. 나약하거나 유치하게 행동하는 비조직화된 부모들은 자신이 책임을 져야 하는 상황에 처할 때마다 죠스 음악을 들을지도 모른다.

다니엘은 분노폭발형 아버지를 보며 자라 왔다. 대부분 엄마에게 초점이 맞춰져 있었지만 일주일 중 많은 시간에는 그녀가 타깃이 되었다. 현재 그녀는 2살 난 아이를 둔

젊은 엄마이다. 그녀는 자신을 내세울 능력이 없다. 미씨가 말을 듣지 않을 때 다니엘은 그녀의 아이에게 '어른'처럼 굴라고 말한다. 아이가 울부짖으면 다니엘은 적절한 생각이라는 희망하에 아이에게 미끼를 던진다. "만약 장난감을 주우면 집에 가는 길에 간식을 줄게." 마지막으로 미씨는 역정을 내기 시작하고 다니엘은 "얘야, 너는 이러면 안 되지. 엄마는 네가 잘 행동하는 것이 좋다고 생각해. 엄마는 네가 잘 행동하기를 원해."라고 말한다.

무질서가 순환의 취약점으로서 명백하게 여겨질 때 심지어 아주 어린 아이도 그 안에서 보살핌을 받아야 한다는 생각을 하기보다 오히려 부모에게 보살핌을 제공해야 하는 상황에 자신을 대입하기도 한다. 제4장에서 보았듯이 3살이 되면 이 아이들은 엄격하거나 돌보는 방법으로 통제하게 된다.

파이를 자르는 다른 방법

우리가 애착의 렌즈를 통하여 양육자와 아이를 볼 때 프리즘을 통해 보는 것과 같은 느낌을 받는다. 명백하게 관계형성은 복잡한 것이다. 부모는 자신이 어렸을 때 받은 양육 전체를 그들의 양육방식에 그대로 가지고 온다. 심지어 영아들도 절차기억을 이미 갖추고 있음을 보았으며 양육자의 내적 작동 모델 또한 이미 갖추고 있음을 보았다. '배경 이야기'는 순환 주변에서 우리가 보는 모든 행동에 연관된다. 그리고 한 가지 범주화의 체계 주변으로 애착행동에 대한 이야기를 조직하기는 매우 어렵다. 설상가상으로 우리는 한쪽에는 부모를, 다른 쪽에는 아이를 놓고 단순히 관찰할 수만은 없고 항상 그들을 결합하는 '연결(and)'을 이해하려고 노력해야 한다. 그리하여 네 가지 기본적인 애착유형을 보았다 — 안정, 불안정 회피, 불안정 양가, 무질서(혼란). 그리고 각 유형에 부합하는 아이가 어떻게 행동하는 경향이 있는지에 대하여 보았다(제4장). 이 장에서는 순환의 위, 아래 그리고 손에 해당되는 부모의 양육방식에 정보를 전달하는 마음상태에 대하여 보았다. 제2부에서는 아이와 부모의 행동에 대하여 보다 구체적으로 볼 것이며 어떻게 우리가 COS 개입활동을 가장 최선의 방법으로 적용할 것인지 계획하는 것을 평가해 볼 것이다. 제7장과 제8장에서는 어떻게 SSP를 보강하여, 영상과 검토를 통한 우리의 평가 절차에서 볼 수 있는 상호작용에 기초한 애착행동의 관찰과 평가를 진행하는지에 대하여 볼 것이다. 제9장과 제10장에서는 부모가 그들의 애착 경험에 의존하여 발달하는 그리고 우리의 COSI가 비디오를 통해 우리가 본 부모의 양육행동 뒷면에 어떠한 민감성이 숨겨져 있는지를 어떻게 나타내는지를 보여 주는 '핵심 민감성'에 대하여 이야기해 볼 것이다. 이러한 각각의 관점 — 파이를 자르는 한 방법 또는 순환 — 에서 각 관계에서 애착의 그림을 완성하고 각 부모-자녀가 안정애착이 되는 데 우리가 어떻게 도움을 줄 수 있는지 알아볼 것이다.

마음상태의 업데이트 : 안정 습득

역사는 타성(惰性)을 이룬다. – Daniel Stern(1985, p. 113)

마음상태는 어떤 면에서 역설적이다. 한편에서는 이 장에서 바라본 여러 가지 이유와 같이 이는 매우 안정적이고 심지어 완곡하기까지 하다. 때때로 이는 단순히 최소 18년 이라는 세월을 한 부모 또는 한 명의 다른 어른 밑에서 자라 왔기 때문이기도 하다. 양육자는 계속해서 같은 제한설정을 하였으며 같은 방식으로 행동할 것을 권장했을 것이다. 그렇지만 뇌는 내적 작동 모델의 항상성을 성취하는 데 다양한 정보를 연결하고자 하기 때문에 새로운 정보들은 오랜 마음상태를 강화하는 데 더 선호되는 것으로 보이게 된다. 그러나 마음상태는 또한 바뀔 수 있다. 사실상 Bowlby는 오래된 내적 작동 모델을 새로운 것으로 업데이트하는 능력이 건강이라고 정의했다. 이 장 초반에 이야기한 바와 같이 불안정한 애착뿐 아니라 무질서한 애착을 가진 사람들에게도, 안정성은 오래 전부터 아동기에 발달(또는 '획득')될 수 있다. 일단 반응의 절차적 연결고리가 드러나서 반영을 하게 되면 죠스 음악의 볼륨은 줄어들게 된다. 임상가와 연구자가 부모와 아이를 돕는 주요소는 그들의 애착연결을 향상시키고 자신이 가지는 방어태세를 부적절하지 않게 사용하는 선택권을 양육자에게 주어 관계와 삶의 질을 높이는 데 있다.

6장

순환의 완성

시끄러운 음악은 일반적으로 우리가 듣기에 위협적으로 여겨진다.
죠스 음악은 우리가 보는 관점을 해칠 수 있다.

부모가 죠스 음악을 들을 때마다 어린 자녀의 감정적·관계적 욕구가 의미하는 바와 그 본성에 대한 부모들의 인식은 모호해진다. 죠스 음악은 부모가 자신의 인식, 생각, 감정, 행동과 자녀의 그것 사이를 왔다 갔다 하는 복잡한 상호작용을 감지하는 것을 어렵게 만든다. 시간을 갖고 반복하면, 죠스 음악은 자신의 아이들의 욕구에 의해 생겨난 감정을 의식적으로 신경 쓰는 것을 차단시키고, 대신 더 이상 존재하지 않는 죠스로부터 자신을 보호하고자 탈출구를 계획하고 다양한 탈출방법을 구상하는 것에 양육자가 더 중점을 두게 한다. 그 결과 양육자와 아이 사이의 의사소통은 일관성이 없거나, 부자연스럽거나, 과장되거나, 연결이 끊어지기 — 양육자도 아이도 자신 앞에 놓인 실제 사람에게 응답하지 않기 — 시작한다.

우리가 만난 (안정, 불안정, 혼란된) 부모들 모두는, 불안정한 정도가 크면 클수록 죠스 음악이 보다 더 커지는 경험을 하였다. 한 연구에 따르면, AAI에서 안정된 마음상태를 지닌 사람과 비교했을 때 불안정한 마음상태를 지닌 어른은 우는 아이의 소리에 대한 편도체 활성화가 높았다는 점이 보였다. 불안정한 사람은 아이의 우는 소리에 보다 더 흥분하고 짜증 내는 경향이 있다. "편도체 과민성은 아마도 아이가 우는 상황에 노출되어 있는 불안정한 사람의 부정적인 감정을 경험하는 기제 중 하나일 것이다. 또한 왜 불안정한 부모들이 아이의 애착행동을 거부하고 신호에 일관성 없이 반응하는지 설명할 수 있을 것이다"(Riem, Bakermans-Kranenburg, van IJzendoorn, Out, & Rombouts, 2012, p. 533).

COS 개입활동의 최종 목표는 부모에게 그들과 아이 사이 안정된 애착관계를 생성할 수 있는 양육방식에 선택의 기회를 주는 것에 있다. 자신의 아이와의 관계에서 이미 어려움을 겪고 있는 부모에게 새로운 기회는 새로운 양육방식의 개념에 있어서만 가능하다. COS 개입 교육활동은 이러한 개념을 제공하고 '마음을 읽지 못하는 상태'로부터 단순히 바라보는 시각에서 숨겨진 부모-자녀 간의 애착관계에 대하여 보다 분명히 하는 데에 의도가 있다. 그들의 죠스 음악을 관리하기 위해 부모는 '함께'라는 부분이 부모와 자녀 간에 있고 이것이 아이에게(그리고 거의 틀림없이 부모에게도, 글상자 6.1 참조) 얼마나 중요한 의미를 지니는지를 보기 시작했다. 부모는 심지어 아주 어린 아이들도 양육부재의 예감이 있어 부모의 관계적 불안정이 예민하게 다가온다는 점도 알게 되었다. 아이는 그러한 분리를 막고자 대담하게 다가간다. 부모는 관계에 대한 마음상태가 어린 시절에 뿌리 깊게 자리 잡고 있으며 이러한 마음상태는 자신의 아이에게까지 연결된다는 점 또한 배운다. 이러한 영향이 인식되지 못하고 분절된다면 양육자의 통제 범위에서 벗어난 것이라고 볼 수 있다.

죠스 음악을 듣게 될 때 부모는 언제든지 자기 자신과 아이를 보호하고자 하는 의도로 방어기제를 활용하게 된다. 의식이 가능한 정도의 바로 그 주변에 연속적인 일들이 일어난다. 많은 부모가 순환상에서의 진정으로 필요한 요구사항과 연결된, 즉 두려움, 고뇌, 공포의 감정을 활성화시키는 기억을 편도체에 차곡차곡 쌓고 간직한다. 편도체의 주요 기능 중 하나는 위험을 계속적으로 감지하여 우리를 유해한 것으로부터 지키는 것이며, 사실 이 뇌 기능은 매우 정확하게 작동하는 편이다. 불행하게도 편도체는 오래된 정보에 유사하게 작용하는 경우로 가득 차 있다. 안정을 찾고 격려를 장려하는 데 있어 부모는 어린 시절 아픈 경험의 결과와 연결되어 있다. 편도체가 지나치게 일반화하여 자신의 아이가 표현한 것을 자신의 어린 시절과 같은 두려움으로 보는 경향이 있다. 그래서 편도체가 죠스 음악을 작동시킬 때 — 심지어 '허위긍정'으로 읽을 때에도 — 부모는 아이가 겪는 경험과 같은 감정적·심리적 반응을 경험하게 된다. 이러한 방법을 통

글상자 6.1 부모를 위한 COS의 이점

1. 갈등은 줄이고 아이의 어려움은 인지한다.
2. 아이의 욕구를 맞춰 주는 데 있어 권한은 분산시키고 유효성을 늘린다. ("내 아이가 어떻게 느끼고 행동하는지에 대한 긍정적인 영향을 줄 수 있어요.")
3. 관계를 반영하는 데 일관성을 유지한다. ("내 아이를 키우는 데 있어 여러 사항들이 맞아들어 가고 있어요.")
4. 양육에 있어 안정, 안락, 긍정적인 느낌의 경험이 증가한다.
5. 아이의 동기부여에 있어 부정적인 속성을 줄인다.
6. 아이와 연결된 감각이 증가한다.
7. 밀접한 관계가 (중요한 사람들, 부모, 형제자매, 동료 등과 함께) 어떻게 기능하는지 인지한다.

해, 어린 시절 간직해 온 감정을 관리하는 목적으로 만들어진 성인의 학습적 방어 반응이 결과로 나타난다. 이렇게 할 때 성인의 근심은 줄어들 것이다. 그러나 아이는 그렇지 않을 수 있다. 부정적인 결과는 아이의 욕구와 달리, 편도체상에 아이 자신의 엄청난 정보를 저장하기 시작할 수 있다. 성인은 허위긍정을 인지하고 결과를 규정짓는 데 있어 새로운 것을 배우지는 않는다. 관계에 있어 애착은 이루어지지 않고, 친밀감은 파악하기도 어려워지고, 아이와 부모 누구에게서도 이점은 찾을 수 없게 된다.

사건이 실제적으로 밝혀지는 것보다 사건의 순서를 설명하는 데 더 많은 시간이 걸리는 법이다. 전체 과정은 사실 빠르게 진행되고 연속적으로 잇달아 일어나는 것으로 보이진 않는다. 이는 죠스 음악에 왜 성인이 사로잡혀 있는지와 밀접하게 관련된 여러 주요 이유 중 하나이다. 그가 왜 그리고 무엇을 하는지 깨닫기 이전에 아빠는 우는 아이를 거부하며 엄마는 갑자기 신나게 빠져 게임을 즐기고 있는 아들을 방해해 자신에게 돌려놓고자 한다. COS 개입활동은 이러한 잇달아 연속적으로 일어나는 사건들을 분명히 하도록 설계되어 있다. 무엇이 벌어지고 있는지 인식하는 것은 양육자가 나아갈 수 있는 방향에 작은 문을 열어 준다.

개입활동이 어떻게 이것을 성취할 수 있는지, 그리고 부모가 새로운 양육방식을 찾고 아이와 보다 나은 애착관계를 형성하는 방법이 무엇인지는 이 장 후반부와 제2부에서 보다 자세히 설명할 것이다. 그러나 우선적으로 왜 부모가 철두철미하고 위협적이기도 하며 매우 큰 노력이 요구될 것으로 보이는 이러한 변화를 시도하고자 하는 의지가 있는 것일까를 아는 것이 중요하다. 이러한 뜻밖의 일에 대해 이들이 만들어 낸 변화는 놀라울 정도이다.

두 아이의 엄마인 에밀리를 예로 들어 보자. 에밀리는 현재 지역에서 성공한 간호사다. 그러나 7년 전 10대 미혼모로 첫아이를 낳은 그녀는 오빠 차 뒷좌석에서 살게 되었다. 아버지는 원가족이 성적 · 정서적 학대를 하던 가정에서 자라 왔고 엄마 역시 에밀리의 어린 시절 내내 마약에 빠져 있었다. 에밀리는 '너무 심한', '충분하지 않은' 삶으로부터 멀어지고 싶어 노숙을 결정했다.

"임신한 것이 아마도 나를 아직 살아 있게 만든 이유일 거예요."라고 그녀는 말했다. "만약 라티샤가 아니었다면 나는 아마 중독되어 지금쯤 죽었을지도 몰라요. 그러나 이 어린아이를 갖게 된 것이 나에게 많은 변화를 가져다주었어요." 임신을 했다는 것이 바로 깨달음을 주는 신호였다고 에밀리는 말한다. 이 신호는 그녀에게 다른 삶을 살 수 있는 기회를 제공했다. 우리 연구에 참여한 많은 부모에게서 발견할 수 있었던 사항은 '아이에게 내가 받을 수 없었던 무언가를 준다'는 책임이 눈을 뜨게 해 주었다는 점이다.

에밀리의 경우 그녀는 COS가 활성화되어 있는 지역쉼터를 찾아갔다. 수년 동안 에밀리는 비디오 영상 검토를 사용하는 초기 집단을 통해 그리고 그 이후 아이를 키우면서 생기는 주 단위 이슈를 의논하는 장기 '공개' COS 그룹—COS 패러다임 안에서 진행되는—을 통해 COS로부터 최대 이점을 얻었다. Bowlby의 모델에 의한 "사전프로그램"(Bowlby, 1988, p. 3)을 통해 에밀리는 매우 무질서했던 자신의 어린 시절을 이해하게 되는 로드맵을 알게 되었다. "나는 이곳에서 배운 것이 좋아요. 모든 것이 더 이상 예전처럼 미친 것들이 아니라는 걸 알았다는 게 좋아요. 내가 내 아이를 사랑하고 아이가 필요로 하는 것이 무엇인지 안다는 게 좋아요. 내 부모님이 어떻게 그러한 욕구들을 인식하는지 몰랐다는 사실이 슬픔으로 다가온다는 것이 좋아요. 나는 예쁜 두 아이가 있어요. 그리고 나는 내가 무엇을 하고 있는지 알고요. 그래서 좋아요."

사회경제적 · 사회심리적 장애와 더불어 관계의 정신적 표현—마음상태—은 부모의 양육방식에 아주 큰 영향을 준다. 성인 애착 인터뷰(AAI)(George, Kaplan, & Main, 1984)는 인터뷰를 진행한 성인과 아이 사이의 애착형태 예측을 75%의 정확도를 바탕으로 보여 준다(Fonagy, Steele, & Steele, 1991; van IJzendoorn et al., 1999). 부모는 아이와의 상호작용에 직접적 영향을 주는, '생각해 본 적 없는 사실'(절차기억)을 통해 새로운 선택의 필요성이 제기된다.

긍정적 의도

[Selma Fraiberg] 어머니와 어린아이가 함께하는 정신심리요법은 어떤 부분에서는 "네 옆에 신이 함께하는"으로 해석되었다. – Robert Emde(1987, p. xix)

죠스의 얼굴과 마주할 수 있는 용기를 낸다는 것은 강력한 동기부여를 요구한다. Fraiberg의 말을 적용해 보면 이는 모든 부모가 가지고 있는 사실이다. 아이에게 최고를 주고자 하는 고유한 갈망 같은 것이다. 아이가 선천적으로 보살핌을 찾는 형태만큼 강력한, 부모의 선천적인 양육 형태는 어마어마하다. 안정애착을 찾는 것은 안정적 양육 방식을 제공하도록 미리 만들어진 프로그램이다. 상호 간 보살핌을 찾고 양육을 제공하는 형태는 역사, 문학, 과학에서 찾아볼 수 있다. "저항할 수 없는 욕망이 저항할 수 없게 되기를 바란다"고 Robert Frost가 말한 것처럼 갓 태어난 아이에 대한 엄마의 사랑은, 인간이 경험하는 저항할 수 없는 욕망이며 아이가 태어나 자라면 그 저항할 수 없는 욕망이, 다시 저항할 수 없게 되기를 바란다는 것이다.

그러나 예상치 못한 사실도 등장한다. 방금 아이를 출산한 한 엄마가 태어난 지 몇 분도 안 된 아이를 안고 그 아이의 쪼글쪼글한 얼굴을 보며 "오, 너는 못된 네 아빠를 닮았구나."라고 말하기도 한다. 아주 명백한 심적 표상이다. 아름다운 누군가를 보면서, 모성본능을 넘어서는 저항할 수 없는 아기에 대한 열망을 대체하는 것은 자신의 아동기 혼란애착의 흔적이다. 이것은 아기 아빠와 그녀의 관계에 도입되었고 이제 막 태어난 그녀의 아이에게까지 연장된다. 수십 년간 자신의 관계형성 사이에서 만들어진 이 방어기제가 이 엄마에게 작용하지 않았다면, 자신의 아기를 사랑하고 아기로부터 사랑받는 저항할 수 없는 욕망을 느낄 수 있었을지도 모른다. 방어기제는 매우 강력하다. "만약 방어기제가 왜곡하고 정보를 제외시키며 양육, 애착, 행동에 연결된 신호를 감지하지 못하게 한다면 유연성과 균형성은 쇠퇴할 수 있다. 이는 배척, 혼란 또는 좌절의 결과를 낳는다"(George & Solomon, 2008, p. 841).

다시 말하면 죠스 음악은 너무 요란해서 제대로 보지 못하게 할 수도 있다. 그러나 인간이 가진 가장 큰 선물 중 하나는 매우 끔찍한 트라우마를 겪었던 성인도 자신의 아이를 보호하려는 본능은 잃지 않는다는 점이다(Fraiberg, 1980). 방금 전 묘사했었던 엄마의 경우도 막 태어난 그녀의 아이를 보호하고자 하는 갈망은 마음 깊숙하게 가지고 있을 것이다. 하지만 그녀에게 부족한 것은 과거 트라우마 덕분에 발생한 400만 년 동안이나 지속된, 아이를 양육하는 안정적 기술일 것이다. COS는 자신의 아이에게 나타내는, 방어기제의 영향을 기초로 만들어졌다. 이 경험은 부모 마음 깊숙이 자리 잡은 방어형태를 바꿀 수 있는 동기를 제공하는 것이다. 우리는 이 동기부여를, 불가피하게 죠스 음악이 경종을 울릴 때 조심스럽게 부모에게 노출시킨다.

우리는 모두, 아이가 필요로 할 때 안정감을 주고 주의를 주고 감정을 정리하고 그들을 보호하려는 본능을 지니고 있다. 어린 시절 아주 깊게 자리 잡은 방어기제라 하더라도 우리는 이러한 본능을 모두 찾아낼 수 있다. 이것이 COS가 가진 주요 강점이다. 부모가 지적·행동적 문제를 가진 경우라도 통찰을 지향하는 이러한 요법은 교훈적 양육의 교육을 제공하고 아이 양육과 보호에 본래 갖추어진 갈망에 접속할 수 있도록 돕는다(George & Solomon, 2008, p. 850). COS가 행동적 접근방식과 다른, 주요한 점이기도 하다. 변화를 강요해서 엄마와 아이가 '올바르게' 행동하는 것에 중점을 두고 있지는 않다. COS는 자신의 아이를 보호하고 보살피며 반응하는 엄마의 강한 본능 그리고 보호와 보살핌을 추구하는 아이의 본능을 이용하여 불안정하고 무질서한 애착을 안정 애착으로 바꾸는 잠재적 능력이 있다.

> 사랑 없이 아이를 키울 수는 있다. 그러나 사랑이 없는 것은 비인간적이어서, 새롭고 자율적인 아이를 만드는 데는 성공할 수 없다. - Donald W. Winnicott(1971, p. 127)

반영적 기능 그리고 마음상태의 유연성

감정이 격해질 때 죠스 음악의 높고 날카로운 경고가 나타날 때 부모는 현시점에서 아이에게 반응하는 것이 아니라 어릴 적 기억에 의한 대본에 따라 연기하는 것처럼 보일수 있다. 죠스 음악은 부모가 현실을 직시하지 못하도록 막고 아이가 스스로 느끼고 생각하는 것처럼 행동하도록 분리시킨다. 부모는 자신의 어린 시절에 대한 영화를 보며 아이의 역할을 찾아 그에 맞춰 연기하고 자신의 원가족 부모의 역할 또는 원하던 상상의 역할대로 연기하여 아이가 원하는 것과 상관없게 행동할 수 있다(Liberman, Padrón, Van Horn, & Harris, 2005). 이는 아이에게 반응하는 방법에 대해 부모가 무엇을 할지 선택하도록 제안하는 고정된 관점이다. 심지어 아이가 전달하고자 하는 요구사항에 대한 개념까지도 해석해 버린다. 왜냐하면 이 영화는 결코 바뀌지 않기 때문이다.

부모는 자신 앞에서 실제로 벌어지는 것을 어떻게 볼까? 만약 죠스 음악이 이 시야를 방해한다면 답은 간단하게, 음악을 꺼 버리는 쪽으로 결정될 것이다. 그러나 이는 불가능하다. 그런데 고통스러운 기억은 고통스러울지라도 현재 진행 중인 일이 아니기 때문에 우리가 할 수 있는 일은 죠스 음악이 어떻게 발생하는지 알고 이를 반영적 대화로 이끌도록 돕는 데 있다. 죠스 음악의 볼륨을 낮추는 일은 오랜 시간에 걸쳐 가능했을지도 모른다. 배경음악으로 낮게 깔리면 실제 행동반응에 영향을 주지 않을 수도 있다. 우리는 부모에게 암묵적이고 절차적이었던 기억을 언어로 조직하는 기회를 제공한다. 그래서 부모에게 죠스 음악을 유발하는 것은 두려운 사건이 아니라 기억일 뿐이라는 새로운 시각을 제공한다. 외상 후 스트레스 장애를 겪고 있는 한 여성이 "난 여전히 소리가 들려요. 다만 더 이상 죠스가 있다고 믿지 않을 뿐이에요."라고 말한 것을 보면 알 수 있다.

결승점에 도달하는 일은 시간이 걸린다. 개개인의 어린 시절 기억의 경험이 어떤 것이냐가 결승점에 도달하는 것과 연관된다. 오랜 시간이 걸리는 일이지만 단 8주의 COS 양육 모델에서도 많은 차이를 발견할 수 있다. 우리는 이 프로그램이 단순히 무한한 용기를 주는 것이 아니라 400년간의 지혜가 환경을 어떻게 구성할 수 있는지에도 집중하고 있다. 제11장에서는 치료요법이 어떻게 환경과 연관되는지를 좀 더 자세하게 살펴볼 것이다. 우리는 수년간 사용했던 방어기제를 없애려고 시도하는 것이 아니라 오히려 부모가 방어기제의 원래 의미를 이해할 수 있도록 돕는다. 부모가 놓치고 있던 환경을 받아들이고 어린 시절 고통을 인식하며 그 고통에 대응하는 학습패턴을 익히고 선택할 수 있는 기회를 제공하여 적어도 언젠가는 방어기제 밖에서 행동할 수 있도록 돕는 것이 우리의 목표이다.

첫째, 우리는 비디오 영상을 통해 부모의 확실한 의도를 아이의 욕구와 연결한다. 우리는 그 후 반영적 대화를 활성화하여 아이가 필요로 하는 것을 좀 더 확실하게 이해하도록 초점을 맞춘다. 부모가 아이에 대한 공감을 보일 때 양육체계는 활성화되고 아이와 함께할 때 느낀 불편함을 참을 수 있는 의지를 만들어 준다. 이러한 정당성을 발견하면 우리는 특별히 어려웠던 사항 그리고 특별히 어려움을 겪지 않았던 사항을 포함한 비디오의 종합영상을 보여 준다. 여기서 이야기하고자 하는 것은, 당신의 아이는 불편함을 느끼는 순간에 당신을 필요로 하고 비디오 영상에서 볼 수 있듯(우리는 이를 "충분히 이용되지 않은 강점"이라 부른다) 부모는 이러한 요구사항을 만족시킬 수 있는 역량을 지니고 있고 특별한 요구사항도 만족시킬 수 있으며 죠스 음악에 의해 멀어지기도 한다는 것을 부모가 알게 된다는 것이다. 비디오를 통해 아이와 함께 있는 자신을 보고 다른 집단의 부모, 치료전문가의 지원을 받는 점진적인 단계를 거치면서 부모는 죠스 음악을 통제하고 아이가 안정애착을 형성하도록 돕는 방법을 찾을 수 있다.

그들의 죠스 음악은 이제 이름으로 구분할 수 있게 되고 그들은 의식적 선택을 할 수 있다. 그들은 더 이상 존재하지 않는 죠스에 의해 계속 위협을 받을 수도 있고 아이들의 욕구와 신호를 놓칠 수도 있을 것이다. 또는 한 발짝 뒤에 서서 "이건 내 죠스 음악이야."라고 말할 수도 있다. 게다가 이러한 새로운 선택권에 있어 부모는 아이들의 요구사항에 응답할 수 있다(불편함을 초래함에도 불구하고). 아이의 욕구를 무시해 버렸던 고통으로부터 아이를 보호할 수도 있게 된다(대답을 제한하거나 회피함으로써). COS 개입 교육활동은 지금 혹은 후에 이루어져도 된다. 만약 당장의 불편함으로부터 자신만을 보호하고자 한다면 아이의 욕구는 만족되지 못할 것이다. 그리고 아이는 왜곡된 방식으로 그 욕구를 표현하기 시작할 것이다. 이는 부모와 아이 모두에게 어려움을 초래한다.

모든 부모는 아이의 욕구와 함께 죠스 음악을 듣는다.
안정된 아이의 부모는 그들의 죠스 음악을 인지한다.
그들은 종종(항상은 아닌) 임시적으로 그들에게 고통을 안겨 줄 수 있더라도
아이의 욕구를 만족시키는 방법을 찾는 것을 선택한다.

실제로, 마음상태는 변화할 수 있다. 그러나 안정애착을 증진시키는 방법으로 부모와 아이가 상호작용을 시작하고 그런 행동을 함으로써 얻는 유익을 경험을 통해 배우는 데는 시간이 필요하다. 이것이 내적 작동 모델이 바뀌는 과정이며 또한 위급한 부모의 방어기제도 점진적으로 변화된다. 어떤 것은 사용하지 않아 차츰 약해지고 어떤 것은 자녀의 요구에 주의를 기울이는 데 덜 단호해지기도 한다.

만약 이 변화를 신경심리학자의 의견을 바탕으로 개념화해 본다면 우리는 COS가 부모와 아이 간에 새로운 신경계통계를 개척하고 있다고 말할 수도 있다. 이 변화를 개념

화하는 다른 방법은 새로운 시각으로 부모를 돕는 것을 생각할 수 있다. '나' 또는 '너'로 고정하는 것을 시도하기보다는 '함께'에 중점을 두어 안정을 지원하는 것이다.

제5장에서 본 바와 같이 내적 작동 모델은 현시점에서의 관계형성으로부터 자신과 남의 개념으로 업데이트하는 것을 허락하는 유연성을 필요로 한다. 이러한 유연성의 핵심은 바로 반영적 기능에 있다. 반영적 대화를 포함하는 COS 프로토콜은 부모의 반영적 기능을 발전시키기 위하여 설계되었다. 이는 보다 안정적인 결과로 이어진다. 반영적 대화의 특징은 제2부에서 설명된다.

반영적 기능

부모의 마음상태에 기초한 영아-부모 간 애착이 예측 가능함에도 불구하고, 한 성인의 어린 시절 애착과 그 후 결과적인 마음의 상태가 어떻게 다음 세대에서 부모-자녀 간 애착으로 전이되는지는 정말 아무도 모른다. 우리가 이해할 수 없는 이러한 차이 때문에 불안정하고 혼란된 애착의 세대 간 전이에 '해결책'이 나오기가 어렵다. 그러나 반영적 기능이 중요한 받침대 역할을 한다는 점에는 대다수 의견이 합의를 이룬다.

반영구적 기능의 정의는 "한 사람이 타인―이 경우 부모의 보살핌을 찾는 아이―의 것뿐만 아니라 자신의 정신상태, 생각, 느낌 그리고 의도를 이해할 수 있는 심리적 역량이다. 반영적 기능은 특히 부모 자신에게―어떤 변화가 필요한지―를 부모가 인식하는 것을 가능하게 해 준다. 사전에 설명한 바와 같이 죠스 음악을 통제하지 못한다면 이러한 역량이 매우 심하게 제한된다.

안정된 부모는 (1) 자신이 아이를 위하여 무엇을 하는지(무엇을 아직 하지 않았는지)를 한 발짝 뒤에서 볼 수 있고(반영적 기능), (2) 자신이 아이를 위한 방법을 찾는 데 있어 어디에서 어려움을 겪는지를 받아들일 수 있다(확실한 의도성). 반영적 기능은 사실상 안정애착을 지원할 수 있는 이들의 정신상태에서 기초 역량으로 꾸준히 발전해 왔다 (Fonagy, Steele, Steele, & Target, 1997).

> 반영적 기능 : 내 아이가 하는 것(투덜대기)이 무엇인지에 중점을 두는 것
> 그리고 내가 어떻게 느끼는지(좌절) 아는 것으로부터
> 내가 무엇을 하고 어떻게 내 아이가 이것을 느끼고 있는지로 이동할 수 있는 능력.

만약 반영적 기능이 부모로 하여금 죠스 음악을 이해하는 것을 허락할 수 있게 한다

면 이는 세대를 초월한 나쁜 부모-아이 간 애착관계를 깨는 열쇠가 될 수 있다. Fonagy 등(1991)의 대단한 연구를 보면, 임신한 엄마의 정신상태는 아이를 낳은 후 1년간 아이와의 애착관계를 75% 정확도로 예측할 수 있음을 알 수 있다. 만약 반영적 기능이 향상된다면 정신상태는 변화할 수 있을 것이다 — 그리고 뒤이은 부모-아이 애착패턴도.

Fonagy, Steele, Steele, Higgitt와 Target(1994)은 반영적 기능이 높은, 위험한 상태에 있는 부모조차 안정애착을 형성할 가능성이 상당히 높다는 것을 발견했다. COS 개입 교육활동은 반영적 기능에 대한 거의 대부분의 부모에게 성장을 가능하게 만든다는 점을 발견했다. 우리는 가장 낮은 반영적 기능을 가진 부모조차 반영적 기능에서 가장 큰 이익을 얻음을 보게 되었다(Huber, 2012). 때로 집단 치료에 방해가 될 정도로 낮은 반영적 기능을 가지고 있는 부모에게는 개별 치료가 필요하다. COS 프로토콜은 안정애착을 활성화하는 목표와 함께 반영적 기능 향상을 목적으로 설계되었다. 이는 Bowlby의 독창적인 아이디어를 기초로 한 내적 작동 모델이 향상될 수 있다는 아이디어 중 하나에 기초를 둔다. 기존 모델이 더 이상 맞지 않을 때 세계를 탐색하는 데 도움이 될 만큼 안정적으로, 일상생활의 변화에 대응할 수 있을 만큼 유연하게 업데이트가 가능한 내적 작동 모델을 갖는 것이다.

반영적 기능은 정신치료, 메타인지 모니터링, 마음-마음자세, 마음이론 등 다양한 정신적 기능을 포함한다는 의미다. 이 모든 것을 강화하는 중요한 능력이 바로 일관성이다. "안정애착은 확신할 수 있는 응집된 이야기들과 함께 만들어지는데, 안정애착은 이야기 서로 간의 세부적, 전반적으로 일치와 연관된다. 그리고 이야기에서 말하는 사람의 영향은 감정으로 형식 없이 모든 곳곳에 흐른다. 반면 불안정애착은 지나치게 과장되고 얽힌 이야기의 특징을 갖는다…. 또는 무시되거나, 너무 살이 붙어 있다"(Holmes, 1999, p. 58).

논리적·협조적 의논, 의견 전달 능력으로의 해석과 동시에 애착 관련 내용 기억으로도 해석될 수 있다. 이는 안정애착에 대하여 가장 강력한 예측 중 하나라고 볼 수 있다. 이러한 심리요법 개입의 함축적 의미는 치료전문가와의 반영적인 대화에서 환자가 왜곡된 경험에 대해 좀 더 체계화된 자신 그리고 좀 더 약화된 방어체계를 통해 스스로의 행동을 잘 통제할 수 있는 상태로 자신을 연결하는 것이다(Slade, 2008, p. 775). COS가 만들어진 목적이 바로 이것이다(글상자 6.2 참조).

글상자 6.2 선택점과 제한된 순환

아이가 어려움, 혼란, 화가 나서 더 많은 것을 요구하고, 통제를 못하게 되는 상황이 오면 부모는 힘이 없어지고 어찌할 바를 몰라 혼란스럽고 화가 나면서도 두려움을 느끼게 된다. 모든 부모는 아이한테 화가 나고 거부감이 밀려오거나 말도 안 되는 요구사항이라고 생각하게 된다. 만약 그 상황에 부모가 순환 밖으로 나간다면 관계상 단절이 형성된다. 만약 아이가 어려움을 느끼더라도 부모가 곁에 있어 준다면 바로 '나의 기분을 조절'하는 순간이 될 것이다. 단절은 불가피하다. 모든 부모는 어느 순간에는 코스에서 벗어나는 경험을 하게 된다. 그러나 치료를 통해 반영적 기능 그리고 함께 있는 새로운 경험이 새로운 선택요소를 만들 수 있게 한다. 새로운 이해단계를 통하여 부모는 반응하고 답하는 방식을 배우게 된다. "내 아이가 정말 어려움을 느낄 때 내 아이가 진정으로 말하고자 하는 것은 '나는 당신이 필요해요'일 것입니다."

이러한 순환의 손들에 다시 돌아가는 회복단계의 정도는 회복 후 관계가 단절이 이루어지기 전보다 더 강해졌는지 아닌지를 통해 확인해 볼 수 있다. 부모가 어떠한 방식으로든 단절을 인지하지 못하거나 단절을 통해 아이가 느끼는 바는 어떨지 또는 후에 벌어진 상황들을 인지하지 못한다면 모든 소중한 기회들을 날려 버리는 일이 될 것이다. 2살 된 아이가 거실바닥에 앉아 있는데 아빠는 가까운 곳에서 무언가를 읽고 있다고 상상해 보라. 아이는 낑낑거리거나 야단법석을 피우기 시작하고 아빠는 어떠한 반응도 해 주지 않고 신문만 더 꼭 쥐며 신경을 쓰지 않으며 신문을 더 위로 치켜들어 딸을 가린다. 아이는 도움을 요청하기 위해 울음을 터뜨리면서 정신적 스트레스를 표현한다. 아빠는 일어나 갑자기 그 공간을 나가 버린다. 어린아이는 홀로 남겨지고 스스로 안정을 찾고자 노력해 보지만 여전히 떼를 부린다. 아빠는 다시 나타나 미소를 보이며 "우리 딸 왜 그래? 괜찮지? 그렇지?"하고 말한다. 아빠가 아이에게 돌아와 일으켜 주었더라도 아이는 자신이 필요했던 순간에 왜 아빠가 떠나갔는지를 이해하지 못하며 현재 자신에게 기대하는 것이 무엇인지 이해하지 못한다. 이 상황이 반복되면 아이는 아빠가 우는 행동을 좋아하지 않는다고 믿게 되고 감정을 가능한 한 억누르고자 하게 된다. 아이의 아빠는 이러한 아이의 신호를 전혀 깨닫지 못하고 계속해서 아이가 필요함을 표현할 때마다 순환 밖으로 나가 버리는 행동을 지속하게 된다. 아빠에 대한 아이의 애착은 결국 회피 형태로 이어지며 관계는 절충된다. 만약 아빠가 순환에서 어떻게 하는 건지 인지하고 단절을 회복하고자 돌아간다면, 또한 지금 무슨 상황이 벌어지는지 아이가 힘들 때 곁에 있어 주는 새로운 방법을 찾고자 노력함을 보여 줬다면 결과가 어떻게 달라졌을지 상상해 볼 수 있다.

COS 개입연구가 어떻게 긍정적 의도와 반영적 기능을 향상할 수 있을까

〈그림 6.1〉은 COS가 어떻게 어린아이가 욕구를 표현하는 심리적 상황에서 부모가 방어를 바꾸도록 개입하며 안정애착을 증진할 수 있는지 보여 준다. 아이가 부모에게 정

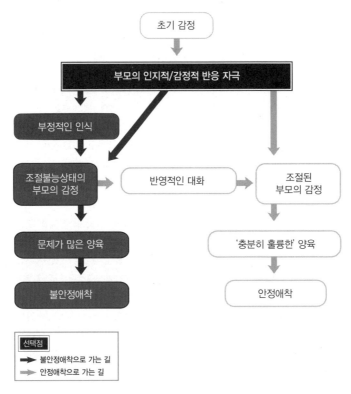

그림 6.1 감정 조절. Copyright 2009 by Cassidy, Cooper, Hoffman, and Powell.

리되고, 조절된 감정 반응을 자아낸다면 '충분히 훌륭한' 양육능력과 안정애착이 조성됨을 보여 준다. 그러나 만약 부모가 그렇지 않다면 이는 한 아이의 동기부여에 부정적 특성으로 인한 인지 반응을 촉진시켰다고 말할 수 있다. 그리고 이는 문제적인 양육방식, 불안정애착을 이끌어 낼 수 있다. COS 보호 교육활동의 중점은 부모의 감정과 인지 반응을 조직화하고 반영하는 도움의 목표와 함께 결여된 부모의 감정상태에 대해 부모가 반영적인 대화를 할 수 있게 하여 '충분히 훌륭한' 양육으로 가는 길을 열어 주는 데 있다. 있다. 이러한 과정 중에 COS는 부모의 긍정적인 의도, 반영적 기능의 수용능력을 향상시킨다.

욕구에 대한 아이들의 표현이 즉각적인 위험과 절망의 징후를 보일 때 양육자는 인지 변화와 감정 변화에 반응을 보이기보다는 방어적인 자세를 보이는 경향이 있다. 죠스 음악 소리를 듣는 부모들는 생존으로 가는 편도체의 손아귀에 있는 것과 같아 유일하게 할 수 있는 반응으로 싸움, 도피 또는 얼어붙는 행동을 보인다. 이와 같은 이유로 치료전문가들은 부모의 긍정적인 지향성, 숨겨진 강점, 그리고 아이들 세상에 있어 사랑으로 감싸진 중심으로서의 역할에 중점을 두어 20주간의 교육활동을 진행한다. 치료전문가들의 목표는 부모가 그 집단에서 안전하고 안정적인 존재라는 의미를 만들어 방어태세를 좀 더 누그러트리는 것에 있다. 무언가 안전한 공간을 구성하게 되는 순간 집단에서 부모는 각각을 위한 주요 방안으로서 선택된 방어(불안정하거나 혼란스러운) 작용에 대해서 탐색 가능한 안전기지로 사용한다. 부모집단, 그 외 집단, 그리고 치료전문가 집단 사이의 심도 있는 대화를 통해 각각의 양육자는 방어체계 사용의 부정적인 결과에 대한 이해에 조심스럽게 접근한다. 모든 것이 제대로 진행되었을 때 부모는 아이들을 보호하고 보살피는 것에 대한 그들의 간절한 바람이 그들의 양육 형태에서 명백히 나타나지 않는다는 사실을 깨닫는다. 반면에 고통스러운 절차기억에 의해 나타나는 통제되지 않는 감정은 문제가 여실히 드러나는 방어적인 양육 형태와 불안정한 애착을 만들어 낸다. 그들은 또한 자신의 감정에 의한 행동 경향을 통제하고 '충분히 훌륭한' 부모로 불릴 만큼 충분히 아이들의 요구사항에 제대로 응답하여 안정애착을 제공할 수 있는 기회를 가지게 된다.

비록 우리가 전반적인 기제를 이해하지는 못하지만 영상은 분명히 부모가 양육행동을 바꿀 수 있는 능력에 큰 역할을 한다. 자신과 다른 이들의 비디오 영상을 보는 것은 개념상 큰 의미를 지닌다. 또한 비디오 영상은 강점과 단점을 모두 보여 주고 의미 있는 역량의 전달을 활성화시킨다. 부모가 그들의 갈등 상황에 대한 진실을 관리할 능력이 있다는 암묵적인 의미 전달로써 일반화하며 부모 스스로에게 자신의 아이들의 필요사항에 대한 자신감을 줄 뿐 아니라 안정애착에 충분히 도달할 수 있음을 배울 수 있게 한다.

COS는 아래와 같은 단계를 통하여 부모-아이 안정애착을 만들어 가는 길을 제공한다.

1. **부모의 긍정적 의도를 받아들이고 인정하며 활용하라.** 부모의 긍정적 의도성에 대한 의미가 존재하지 않거나 또는 그 의미를 잃어버릴 경우, 집단을 유지하는 데 있어 손이 가진 역할을 더 이상 수행할 수 없다. 무능력하고 희망도 없으며 힘도 없다는 생각을 주입시키는 부모들의 부정적인 속성에 의해 감정도 과도하게 밀려오게 된다. 수감 경험이 있거나 아동보호 차원에서의 감금 경험, 마약 경험 그리고

음주 경력, 노숙 경험, 또는 아직 미성년자 등등의 카테고리 안에 포함되는 부모를 조사해 본 결과, 우리는 그러려는 의도는 손에 꼽을 수 있을 만큼 적다는 것을 알게 되었다. 양육을 어렵게 하는 데는 여러 가지 요인이 있겠지만 긍정적인 의도는 항상 포함시켜야 한다.

2. **로드맵을 제공하라.** 이는 COS 그림(그림 1.1)을 말한다. 부모와 아이 사이의 애착에 포함되는 세 가지 체계(애착, 탐색, 양육)의 기본적 개념을 말한다. 애착은 순환의 아랫부분으로 아이들이 안정적인 보살핌을 요청하는 상황을 말하며, 탐색은 순환의 윗부분으로 아이들이 지식을 얻고 자신감을 얻으며 역량을 얻기 위해 안전기지에서 떠나가는 상황을 말한다. 양육은 순환의 손에 해당되는 부분으로 부모가 더 크고, 더 강하고, 더 지혜롭고, 친절한 존재로 아이들의 요구사항에 언제든지 그 자리에 있으며 필요시 도움을 줄 수 있는 상황을 말한다. 이 로드맵은 부모가 아이들의 필요조건을 이해하고 아이들이 매일매일 반복적으로 들어왔다 나갔다 하는 이동을 어떻게 해야 하는지, 그리고 아이들의 필요조건은 충족시켜 주되 독립성도 길러 줄 수 있도록 지지하는 방법 등을 알려 주고 돕는다.

3. **관찰하고 추론하는 부모로서의 능력을 길러라.** 아이들과의 상호작용을 그들 스스로 볼 수 있도록 함으로써(또는 COS 필요조건을 통한 영상 속의 상호작용) 보호를 위한 교육활동은 순환상의 아이의 필요사항에 대한 부모의 관찰능력을 향상시킨다. 분명한 행동묘사가 이루어지면 자신과 아이의 행동 모두의 의미에 대한 정확한 추론을 하고자 순환을 활용할 준비를 갖추게 된다. 그룹의 안전과 승인은 상황이 녹화되었을 당시의 행동에 영향을 주었던 죠스 음악으로부터 멀어지게 한다. 몇몇 부모들은 즉각적으로 그들의 행동이 자신의 부모의 양육방식을 그대로 따라한다는 것을 인지한다. 그룹 환경에서 부모는 다른 부모들의 생각과 정보에 대한 장점을 얻고 자신의 죠스 음악으로부터 어려움을 겪는 부모들을 본다. 순환의 단절을 일반화하는 것은 수치심과 방어 형태로 나타날 수 있다.

4. **보다 심도 있는 대화를 진행하라.** SSP에서 그들과 아이가 함께하는 비디오 영상을 보며 그리고 치료전문가와 다른 부모들과 나눈 생각을 통해 부모는 무엇을 배웠는지는 중요한 변화의 움직임을 대변한다. 숨겨져 있었던 생각은 이제 공개된 토론을 통해 활용된다. 만약 자신의 어린 시절에 의해 몸에 배어 있는 다른 사람과 다

른 선택을 한다면 선천적인 긍정적 의도성과 함께 내부 적용 모델이 고정된 것이 아니라 아이와 함께 더 나은 관계형성을 할 수 있다는 점을 이해하기 시작한다. 그리고 성인이 되는 과정까지 노련하게 아이를 인도한다. 이 과정에서 이전 죠스 음악은 그 왜곡을 만들어 내던 힘을 잃고 부모는 애착행동의 무질서와 불안정을 형성하던 행동을 일으키는 감정을 통제하는 자신의 능력을 향상시킨다.

5. **마지막 단계.** 마지막 단계는 아이와의 깊은 관계가 변함없이 지속적으로 향유되고 유지되고 향상시키는지에 있다.

〈그림 6.2〉는 우리가 양육자의 마음상태가 아이들의 안정에 있어 반응과 대화가 얼마나 핵심적인 부분인지 그들이 이해하는 데 도움을 주기 위하여 부모에게 전달한 내용 중 하나이다.

안정애착 방침

이 책의 제1부에서 보았듯이 우리는 안정애착의 중요성을 강조하는 기본적인 애착이론, 안정애착을 반드시 구성하도록 하는 관계상의 요구사항, 그리고 그러한 요구사항을 만족하기 위한 공존의 힘에 중점을 두고 있다. 우리는 안정애착적응(회피, 이중경향, 그리

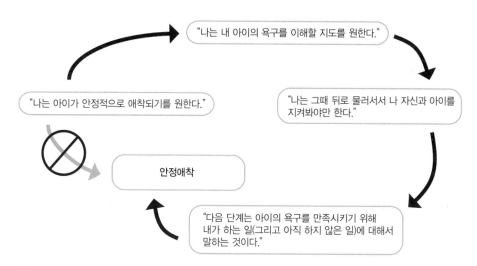

그림 6.2 안정애착으로 가는 길. Copyright 2004 by Cooper, Hoffman, and Powell.

고 무체계), 애착에 있어 양육자의 마음상태의 역할, 그리고 안정애착을 향한 방침의 요점을 살펴보았다. 제2부에서는 이 내용들을 활용하여 COS 평가와 보호에 대한 교육활동에 대해 구체적으로 접근해 볼 것이다.

 연속적인 심한 학대, 방임, 난잡한 가족 내력, 부족한 양육능력 등의 경험과 애착에 위험성이 높은 부모와 연구활동을 진행하는 경우, 특히 주목해서 따져 봐야 할 기본적 권리를 인지할 것을 원한다. 수년간의 경험을 통해 우리는 부모가 도움의 역할을 어떻게 수행해야 할지를 안내해 주었고 공통분모를 이끌어 낼 수 있었다. 정보의 교환 및 전달이 가장 우선으로 가장 시급하게 필요한 부분이 아니라는 사실을 우리에게 가르쳐 준 대상이 바로 부모다. 죠스 음악에 과하게 영향을 받는 경우에도 발달단계에 대한 핸드아웃은 부모에게 큰 도움이 되지 못한다. 수년간에 걸쳐 부모가 깨달음을 준 사항은 이렇다. "시작이 필요하다고 느끼는 상황이 아닌, 현재 실제의 위치에서 시작해야 한다. 만약 내가 죠스 음악에서 방향을 잃고 혼란스럽다면 내 죠스 음악이 이해될 수 있는 방법을 찾아야 한다. 당신한테 배우기 이전에, 당신이 나에 대하여 배워야 할 필요성도 있다. 당신과 함께 이 공간에서 내가 안전하다는 사실을 알려 주길 바란다. 당신이 나를 아낀다는 사실을 알게 해 주길 바란다. 그런 후에 괴로움을 느끼는 부분을 이야기해 주길 바란다. 내가 탐색할 준비가 되었을 때 내가 내 아이에게 답을 해 줄 수 있는 새로운 방법을 배우는 것처럼 순환의 위에서 나와 함께해 주길 바란다."

제 2 부

안정성의
순환 개입

7 장

관계 관찰

만약 당신이 어디로 가고 있는지 모른다면 당신은 매우 주의를 기울여야 할 것이다.
그 이유는 당신이 목적지에 도착하지 못할 수 있기 때문이다. - 요기 베라

양육자-아동의 양자적 관계는 방대한 문제들과 함께 여러 경로를 통해 COS 개입에 도달한다. 이들의 욕구가 초기 헤드스타트 프로그램에 있는 직원에 의해, 위험한 상태에 있는 엄마를 위한 신생아 클리닉을 통해, 아동보호국 서비스, 또는 개인 상담과 같은 다른 경로를 통해 주목되었을지라도, COS 치료에서의 첫 번째 질문은 이 가족이 관계에 있어서 '그리고'에 어떻게 고심하고 있는가를 묻는 것이다.

초기 면담 : 치료의 진정한 시작

COS 치료는 실제로 최초의 연락(그것이 전화였든, 직접 만난 면담이었든, 문자였든 또는 COS 참여를 고려하는 부모님과의 가벼운 대화였든 간에)으로부터 시작된다. 어떤 개입이었든, 초기 면접자는 치료적 과정을 무산시키거나 또는 다른 종류의 치료를 보장하는 중요한 기회를 제공한다. 만약 치료사가 COS 집단 형식을 개입으로 사용할 계획이면, 긍정적 결과를 가져올 수 있는 가장 잠재력 높은 안전한 치료전문가를 보증하기 위하여 반드시 참여자들을 스크리닝할 필요가 있다(지침은 글상자 7.1 참조). 부모와 자

녀를 개별적으로 곤란하게 하는 것이 무엇이든지('나' 또는 '너'와 함께 발생하는 것이 무엇이든지 간에) 간에, COS 초기 면담 시 반드시 '그리고'에 기본적인 초점을 두어야 한다. 이것은 이 책의 제1부에서 강조되었던 다음의 두 가지 감각에서 관계의 중요성을 성립하는 것을 포함한다.

- 현재의 행동적 분쟁을 관계를 지지하는 기회로 재정립하는 것
- 치료사가 양육자를 안아 주는 손들로 자리 잡는 것

문제를 관계적 사안으로 재정립하는 것

문제는 관계적이라는 것을 치료사가 이해하고 있을지라도, 어린 자녀와 문제가 있는 부모들은 거의 문제가 항상 자녀에게 있다고 본다. 부모는 자신의 방어적인 태도를 "애가 너무 예민해서요."라고 말하고, "애가 버릇이 없어서 고쳐 줘야 해요."라고 처벌적 태도를 보인다. COS 접근에서는 치료사가 가장 먼저 진행해야 할 중요한 임무가 부모가 행동을 대화의 연속적인 상호작용 부분으로 바라볼 수 있도록 전환시키는 것이다. 부모가 행동을 관계적으로 바라보게 된다면, 부모는 이것이 아동이 양육자에게 자신이 필요한 것을 전달하는 시도임을 이해하게 되고, 행동은 이유 없이 돌출된 게 아니라 의미를 가지고 있다는 것을 알게 된다. 개입이 단순히 아동의 행동을 고치는 데 초점을 맞추게 된다면, 의도치 않게도 부모들은 자녀의 타당한 욕구를 충족시키기보다는 자녀의 대화 능력을 없게 된다.

자녀가 너무 자주 운다고 자녀 문제를 진술하는 부모님을 그려 보자. 치료사는 이 문제에 대하여 관계에 관련된 여러 질문을 하면서 관심을 보일 수 있다. 아이가 울 때 아버님은 어떻게 하세요? 아이가 울 때 아이가 아버님께 오나요? 아이가 울 때 아버님께서 아이에게 가나요? 아이를 어떻게 달래 주시죠? 아이는 어떻게 반응하나요? 언제 달래 주는 것이 가능한가요? 언제 달래 주는 것이 불가능한가요? 아이 달래 주는 경험이 어떠세요? 아이가 진정되지 않을 때는 어떤 심정이세요? 부모님이 달래 주려 하는 것을 아이는 과연 어떻게 경험하고 있을까요? 이 질문들은 부모와 자녀가 어떻게 상호작용하는지에 관심을 보여 주면서 동시에 관계적 맥락, 문제의 의미, 그리고 잠재적 해결을 암시하게 된다.

치료사들은 이 재정립을 '~할 때 그 후에' 형태로 질문을 만들어서 한 단계 더 나아

글상자 7.1 COS 집단 개입에 적절하지 않은 양육자들

어떤 양육자들의 방어는 COS 집단 치료 과정에서 필요한 안전과 일관성을 타협한다(제12장 참조). 집단 작업에 적절하지 않다고 고려되는 양육자는 다음과 같다.

- 마약이나 알코올을 사용하고 있고 동시에 발생하는 치료에 적극적으로 헌신하지 않는 사람
- 우울증 같은 심각한 급성 정신건강 문제를 가진 사람(이러한 문제가 COS가 부모에게 이용 가능하지 않게 하는 경우가 많다)
- 자녀에게 엄격하고 만연한 부정성을 가지고 있으면서 자신을 반영할 의지가 없는 사람
- 가정폭력 환경에서 살고 있고 자녀의 욕구보다는 위험한 배우자를 우선순위로 두고 있는 사람
- 다른 사람들을 낮추거나 자신을 계속적으로 높이 생각하는 나르시즘이 있는 사람
- 관련 없는 대화로 집단 과정을 범람시키면서 자신의 정서를 관리하는 사람

갈 수 있다. 자녀가 A행동을 했을 때 부모님은 무엇(B행동)을 하셨나요? 부모님이 B행동을 했을때, 자녀는 어떻게 반응했나요? 이러한 질문들은 관계의 과정을 추적하는 것을 도우면서 상호작용에서의 빈칸들을 채운다. 치료사들이 자녀 탓을 하는 것의 차선책으로 부모를 탓하려는 것은 분명히 아니다. 그러나 부모는 종종 문제가 자신들과 관련 있어 보이는 것을 두려워하기 때문에 문제가 자녀에게 있다고 생각하는 경향이 있으므로 치료사는 어떻게 그러한 질문을, 방어를 야기하지 않고 진행해야 할지에 상당히 민감해야 한다. 이것은 부모가 문제에 얼마나 고심하고 있고 얼마나 성공하고 있는지 치료사가 관심이 있다는 것을 재확인시키는 게 도움을 줄 수 있다.

가족 간에 무슨 일이 발생하고 있는지 같은 마음으로 이해하면서, 관계의 투쟁과 함께 강점을 인정하고 안아 주는 환경 을 강화시키게 된다. 이 단계에서는 부모에게 아동에 대한 깊은 전념과 같은 일반적인 강점만 인정해 주는 것이 최선이다. 개입이 진행될 때까지는 구체적인 강점 안에 들어가지 않아야 한다. 관계에 대한 명확한 이해가 있기 전에, 무심코 부모가 순환에서 어려워하는 부분을 피하기 위하여 사용되고 있는 강점에 과도로 집중하도록 격려하게 되기 쉽다. 예를 들어 자녀에게 탐색을 증진시킴으로써 순환의 하단 부분을 피하고 있는 꽤 유능한 부모의 경우에, 이 가족에게 순환에서 가장 중요한 투쟁 부분을 피하기 위해서 과도로 사용된 강점을 부모가 의도치 않게 집중하도록 만들 수 있다.

영구적인 변화는 자녀의 행동을 처리하는 기술을 익히기보다는
관계역량을 발달시키고 증진하려는 부모로부터 생긴다.

손의 기능을 하는 치료사

부모가 자녀 행동에 대한 새로운 관점을 수용하면, 치료사는 부모가 충족하는 곳에서
만나야 하고, 과정 전반에 걸쳐서 부모와 함께 있을 수 있어야 한다. 초기 면담 시, 치
료사는 진단과 정보를 제공하는 양서를 작성해야 한다는 압박감을 느낄 수 있고 타당한
진단을 내려야 할 수도 있지만, 초기에 얻은 모든 정보는 진정한 관심(부모로부터 '이
외로운 느낌을 누군가와 함께하니 조금은 덜 외롭구나.'라는 생각이 들게 하는) 있는 분
위기를 창출하는 방법에 도달하게 할 수도 있다. 특히 다양한 위험요소를 가지고 있는
부모의 경우에 첫 번째 회기의 목적은 부모로 하여금 치료사가 자신의 말을 듣고 있다
는 느낌과 희망적이고 안전한 느낌을 갖게 하여 그다음 회기에 오고 싶게 할 정도로도
충분하다.

부모에 대한 반응은 COS 개입을 통해 정보를 요구하는 것보다 우선해야 한다.
특히 첫 번째 만남이 중요하다.

예비 관계적 목표 설정

초기 목표는 치료의 기반을 타협하는 데 유용하다. 부모가 초기 면접에 참여한다는 사
실은 자신의 자녀와 더 나은 관계를 갖고 싶어 한다는 것을 나타낸다. 지금 부모가 자녀
와 어떻게 상호작용하고 있는지를 이해하기 위한 첫 번째 단계로 비디오 녹화를 소개해
야 할 때이다. 녹화된 비디오를 보면서 부모는 자녀를 도울 수 있는 새로운 방법을 배우
게 될 것이다. 비디오를 사용하여 부모가 어떻게 힘들어하고 자녀의 욕구를 어떻게 성
공적으로 충족시키는지 그리고 스트레스를 담당하게 되는지 보는 것이 부모가 경험하게
될 핵심적인 개입이다.

　이 초기 접촉은 또한 치료과정으로 이끄는 치료적 계약의 시작이다. 이것은 부모가 평
가와 비디오를 검토하는 치료적 과정을 목표의 측면에서 이해할 수 있게 돕는다. 시간
이 지나고 부모와 치료사 간에 안식처와 안전기지가 형성됨에 따라 이 연결은 좀 더 수
준이 높아지고 집중되게 된다. 치료적 연결은 일련의 증상을 검진하는 것이 아니라 부

모가 치료사의 관심, 보살핌, 근심과 함께 전개되는 안전감을 경험하면서 시간을 거쳐 진화하는 역동적 과정이다.

안정성의 순환 평가 절차

COS 부모–자녀 상호작용 평가는 임상가가 개입을 실시할 목적으로 부모와 자녀 사이에 애착의 질에 대한 분명한 그림을 그리기 위해 고안되었다(COS 평가는 또한 아동 보호와 양육권의 사례에 사용될 수 있다. 글상자 7.2 참조). 좀 더 구체적으로 이야기하면 목적은 치료의 주안점이 될 '고정핀(linchpin)' 투쟁을 찾기 위함이다. 웹스터 사전에 의하면 고정핀은 "전체적 기능을 위해서 요소나 부분을 연결하는 데 사용되는 잠그는 핀"이라고 정의되어 있다(Merriam-Webster's 11th Collegiate Dictionary). 고정핀은 문제 있는 부모–자녀 상호작용을 유지하고 있는 것이 무엇인지 그리고 안정애착을 성립하고 건강한 아동발달을 증진시키기 위해 필요한 변화가 무엇이지를 명확하게 하는 것을 나타낸다.

제1부에서 명시한 것처럼, 우리는 상호작용 평가 시에 부모와 자녀가 가장 투쟁하고 있는 순환(위, 아래, 그리고 손들)의 부분에서 미활용된 강점을 찾는다. 예를 들어, 긴밀한 연결의 중요성을 묵살하고 있는 부모의 경우에 우리는 부모가 순환의 아래에 있는

글상자 7.2 아동 보호와 양육권 사례에서 COS 평가의 역할

COS 평가는 아동보호국이나 양육권 분쟁을 위해서 전체적인 계획 안에 있는 *하나의* 요소로 사용될 수 있다. 그러나 아동 배치를 위해서 단독으로 사용되어서는 안 된다. 많은 다른 요소들이 고려되어야 한다. COS 평가는 측정이 하는 한 목표를 가진 명확하고 일관적인 치료계획을 용이하게 한다. 배치가 진행 중인 다른 개입 형태에 달려 있다면 단순히 치료사의 주관적인 임상으로 치료의 결과를 측정하기보다는 개입이 성공적인지 아닌지를 측정할 수 있는 목표를 가지고 있는 것은 매우 중요하다.

명확하게 기술된 치료계획과 최소한 3개월간의 개입에 근거를 두고 있는 법정 평가는 관계 본연의 투쟁을 설명하고 있는 체계적인 접근에 반응하고 반영할 수 있는 부모 역량에 대한 타당한 단서를 제공한다. 우리의 경험에 의하면 이 단계의 평가와 함께 치료 중 반응을 근거로 한 평가는 좀 더 명확하게 부모의 양육역량을 나타낸다.

자녀의 욕구를 충족시키는 예들을 찾는다. 그러나 부모가 이미 잘 사용하고 있는 강점을 강화하는 것은 애착 유형의 관점에서는 약점이 되기 때문에 피한다. COS 평가에서 자녀가 회피적이라고 나타났는데 순환의 윗부분인 탐색과 성공을 축하해 주는 것은, 단지 자녀를 팔을 뻗으면 닿는 거리에 두는 부모의 방어적인 전략 유지를 격려하게 되기 때문에 안정애착을 형성하는 데 기여하지 못하게 한다.

이 장 후반부에 설명되는 것처럼 우리는 COS 평가 시 부모와 자녀 모두의 행동을 살펴야 한다. 더욱 중요한 것은 행동의 순차를 고려하는 것이다. 자녀의 행동에 대한 부모의 반응, 부모의 행동에 대한 자녀의 반응, 자녀의 반응에 대한 부모의 반응에 대한 자녀의 반응 등등. 초기 면접 시 사용했던 방식처럼, 부모-자녀 상호작용을 관찰할 때 치료사는 "부모가 A라는 행동을 했을 때, 자녀는 B라는 행동을 하고, 그 뒤 부모는 다시 C라는 행동을 했다"라는 식으로 생각하는 훈련을 하는 것은 중요하다. 이 순차성은 뻔히 보이는 곳에 숨겨져 있는 것(특정한 욕구에 타협하기 위해서 상호작용에 나타내는 전략의 반복적인 유형)을 드러나게 한다. 비슷한 상호작용이 다른 형태로 여러 번에 걸쳐 보이는 순차(보통은 최소 3번 이상)의 경우, 예를 들어 자녀가 놀이에 빠져 있는데 다른 장난감을 제시하는 부모의 침투, 자녀가 방의 다른 곳으로 가서 탐색하고 있는데 자녀를 부르고, 자녀가 낯선 사람하고 개입하고 있는데 그 상호작용에 끼어드는 것과 같은 연속적인 사건들로 나타나는 상호작용은 잠재력 있는 강점 또는 투쟁으로 간주된다. 안정 또는 불안정 관계전략을 나타내는 중요한 양자관계의 반복적 유형을 구별하는 기술은 이 책에서 제공하는 것 이상의 훈련과 경험을 요구한다. 이 책이 계속적인 학습을 지지하는 이해의 기반을 만들기 시작하도록 돕기를 희망한다.

> 음악이 바이올린이나 활에 담겨 있는 게 아니라
> 그 둘의 상호작용을 통해 만들어지는 것처럼
> 애착은 부모 또는 자녀 따로 존재하는 것이 아니다.

COS 상호작용 평가 절차는 수정된 '낯선 상황'이다. 1960년대 말에 개발된 낯선 상황은 애착이론의 주요 연구 도구가 되었다. 이것은 남극을 제외한 모든 대륙에서 수천 번 시행되었고 애착이론이 화려한 연구활동을 이루게 한 주요소이다(Cassidy & Shaver, 2008, p. xi).

1960년대에는 아동 발달과 심리학의 이해에 대한 통제된 실험 절차를 사용하는 큰 압력이 있었다. Bronfenbrenner의 유명한 말처럼 "근대 발달심리학의 많은 부분은 낯선 어른과 낯선 상황에 있는 정말 짧은 시간 동안 아동의 낯선 행동에 대한 과학이다"(1977, p. 513). SSP의 미덕은 실험실의 낯섦이 혼란변수가 아니라 자산이 되게 투자 되었다는 점이다. 애착의 대상 없이 낯선 상황에 놓인 아동은 애착행동체계를 활성화한다. 부모가 되돌아왔을 때 우리는 실제 상황에서 자녀가 부모에게 가지고 있는 애착전략과 부모가 자녀양육에 제공하는 전략을 보게 된다. 이 구조는 아동의 애착패턴이 어떻게 활성화되는지 알아볼 수 있는 SSP를 해 볼 수 없는 상담실이나 가정에서 관찰과 비디오를 제공함으로써 아동이 순환의 어디에 위치해 있는지에 관해, 아동의 애착체계가 활성화되었는지 아닌지(아동이 순환의 아랫부분에 있는지 아닌지)를 보다 자신 있게 짐작하도록 해 준다.

　이러한 이유에서 SSP나 이와 비슷한 구조적인 프로토콜은 사용할 수 있다면 매우 가치 있지만 실제 SSP는 장난감과 앉을 곳이 갖춰져 있는 놀이방, 넓게 터 있는 놀 수 있는 마루, 놀이방을 볼 수 있는 일방경이 설치되어 있는 관찰실, 놀이방에 설치된 카메라와 같은 상당히 세련된 설정을 요구한다. 다행히도 똑같은 구조와 비구조적인 패러다임이 임상적인 목적으로는 다소 덜 엄격한 요구사항과 함께 복제되는 것이 가능하다(물론 연구로서는 적절하지 않겠지만). 필요한 공간과 장비가 없는 개인 상담소의 경우엔 근처 대학 산하 상담실이나 아동정신건강센터를 이용할 수 있다. 개인 상담가는 사무실에 있는 비디오카메라를 가지고 부모가 나가고 돌아오는 것으로 필요한 분리와 재결합이 어떻게 양자관계에서 발생하는지를 녹화하여 많은 중요한 요소들을 성취할 수 있다. 이러한 경우에 치료사는 카메라로 찍는 사람이면서 '낯선 사람'으로 기능할 수 있다. 이와 마찬가지로 가정방문 비디오가 애착 관련 정보를 보여 주기에 충분한 COS 평가를 만들게 해 준 경우도 있다.

낯선 상황 절차(SSP)

SSP는 부모-자녀의 짧은 분리와 잇달아 재결합을 수반한 것을 몰래카메라로 찍는다. 이 프로토콜은 Ainsworth와 그 동료들의 *Patterns of Attachment*(1978)에 자세히 기술되어 있는데 여기에서 우리는 Ainsworth의 영아체계와 Cassidy-Marvin(1992)의 유아체계

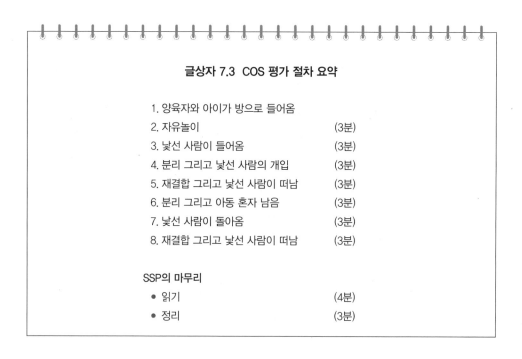

를 설명하는 개요와 부분의 요약을 제공한다. 연구 목적으로 이 절차를 실행하기 위해서는 이 두 체계의 매뉴얼을 따르는 훈련이 요구되지만 임상적 개입을 위해서는 좀 더 자유롭다. 예를 들어, 낯선 사람 없이도 부모-자녀를 위해서 사용된 애착전략의 충분한 그림을 얻을 수 있다.

이 절차는 부모와 자녀가 방에 들어오면서 시작한다. 그 후 부모와 자녀는 제공된 놀잇감과 3분 동안 남겨진다. 이 상황 끝부분에 낯선 사람이 방 안으로 들어온다. 영아체계에서 낯선 사람은 부모와 대화하기 전에 조용히 1분 동안 앉아 있은 후에 아동에게 개입한다. 유아일 경우의 절차에서는 낯선 사람은 부모와 1분 동안 개입하고 난 후에 아동과 개입한다. 이 상황의 끝부분에서 부모는 방을 떠난다. 분리 후에 낯선 사람은 아동에게 반응하도록 남겨진다.

3분 후에 (또는 아동이 심각하게 괴로워할 때) 부모는 되돌아온다. 부모는 아동에게 인사하고 위로하도록 지시된다. 그런 후에 아동이 놀이를 다시 할 수 있게 돕는다. 이 상황에서 우리는 처음으로 아동의 애착욕구에 타협하는 양자관계를 보게 된다. 이 재결합의 상황 동안 낯선 사람은 떠난다. 3분 후에 부모는 아동을 혼자 두고 방을 나간다. 아동이 3분 동안 방에 혼자 남겨진 후에 낯선 사람이 되돌아와서 아동에게 반응한다.

다시 3분이 지난 후에(필요하면 3분보다 짧게), 부모는 되돌아오고 우리는 다시 양자관계가 애착에 어떻게 타협하는지를 보게 된다. 낯선 사람은 눈에 띄지 않게 나간다. 이것은 다시 애착/양육의 춤에서 부모와 자녀를 관찰할 수 있는 놀라운 기회를 만든다. 3분이 지나면 낯선 상황이 완료된다. 단 20분 동안 양자관계에 관해서 엄청난 양을 배우게 된다.

우리는 SSP의 진단적 목적과 부모의 강점을 보여 줄 수 있는 긍정적 상호작용의 비디오 장면을 얻기 위해서 '읽기와 정리하기' 두 가지 상황을 첨부했다. SSP 끝부분에, 책을 가져와서 부모가 소파에 앉아 아동에게 3~4분 동안 책을 읽어 주게 한다. 이 상황은 종종 부모가 놀이에서 읽기로 전환하는 데 책임을 지게 요구하고 둘 다 이 활동을 즐길 수 있는 방식으로 한다. 이것은 부모가 전환하는 데 어떻게 책임을 지는지를(반면 아동의 욕구를 따르는지를) 또는 둘이 어떻게 순환의 윗부분에 있는 "나를 기쁨으로 여겨 주세요"에 개입하는지를 우리가 잘 볼 수 있게 돕는다. 이 상황은 또한 신체적 근접성을 요구한다. 근접성을 회피하는 양자관계에서 이것은 종종 미활용된 능력(강점)을 보여 주고 그리고 다른 상황에서는 친밀하려고 애쓰는 것을 강조한다.

정리하기는 종종 책임을 지는 면에서의 부모의 강점과 투쟁을 나타낸다. 임무를 수행할 수 있는 아동의 발달적 능력을 고려해서 부모가 아동의 발달에 적절한 기대를 하고 있는지를 관찰하는 것은 중요하다. 우리는 이 임무를 부모-자녀가 성공적이 될 때까지(주로 3~4분) 진행하게 해 주지만 간혹 이 임무를 완성하지 않으려 하는 게 명백한 큰 아동의 경우에는 치료사가 이 회기를 적절하게 마치는 게 중요하다.

SSP를 연구 목적으로 점수화하는 것은 모든 상황에서 특히 두 번의 재결합 상황에서 아동의 행동에 집중한다. COS 목적에서 우리는 어떻게 양자관계가 아동의 탐색욕구(위), 애착욕구(아래), 그리고 안식처와 안전기지 둘 사이의 형태에서 보호/책임의 존재(양손)를 타협하는지를 평가하는 데 관심이 있다. 각각의 영역을 나타내는 비디오 장면을 찾아서 관계에서 부모의 강점과 투쟁을 보여 주는 것을 기대한다.

낯선 상황을 수정한 후에, 부모에게 자녀는 아동을 보살펴 주는 곳으로 안내하도록 한다. 그 후에 부모는 안전성의 순환 인터뷰(COSI)를 위해서 면접실로 들어간다. COSI를 완성하는 데는 1시간 정도 소요되고 이것은 제9장과 제10장에서 논의될 것이다.

고정핀 찾기

상호작용 평가에서 중요한 질문은 "만약 이 양자관계에서 하나의 상호작용양식을 바꿀 수 있다면 그것은 무엇입니까?"이다. 위험성 있는 양자관계에서 긴 문제 목록을 만드는 것은 쉽지만 부모-자녀의 안전을 가장 잘 증진시킬 수 있는 것 같은 하나의 양식을 선정하라는 것은 도전이다. 이 질문은, "이 가정의 안전에 순환의 위 또는 순환의 아래 또는 순환의 양손의 과정을 변화시키는 것이 커다란 전환을 일으킬 수 있을까"이다. 이 양식은 가족의 비기능적 애착 '춤' 또는 전략을 함께 유지하는 방어적인 과정이다. 고정핀은 부모와 자녀가 정서적 친밀(무시/회피애착) 또는 분리(집착/양가감정적 애착) 또는 책임과 위계에 관련된 문제(미해결/비조직화) 그리고 안식처 또는 안전기지에 대한 아동의 욕구에 의해 유발된 정서적 고통에 대항하여 방어하도록 도와주는 무언가가 될 것이다.

　이 평가의 궁극적인 목적은 단순히 특정 애착 주제의 명칭을 부여하려는 것이 아니라 (SSP 연구 목적으로 상용되었던 것처럼) 투쟁의 고정핀을 알아내려는 것이기 때문에 평가의 결론을 정체되어 있는 상태의 지정이 아니라 행동의 경향으로 생각하는 것은 중요하다. 예를 들어, "이 아동은 회피아동이다."라는 진술은 개입을 알려 주지 않는다. 반면에 "이 아동은 순환의 아래에 있는 욕구가 부모의 부정적인 반응을 만들기 때문에 순환의 아래에 있는 욕구 표현을 회피한다."는 순환의 아래에 있는 아동의 욕구에 관하여 부모가 반응하도록 개입한다.

보는 것 대 추측하는 것 : 관계 대 행동 평가

제2장에서 소개된 것처럼, 부모-자녀 상호작용 평가 시 행동의 의미에 대한 행동관찰과 추론을 구별하는 것은 중요하다. 행동에 대한 관찰(보는 것)을 건너뛰고 명확한 관찰 묘사에 근거하지 않는 추론(추측)으로 바로 넘어가는 것은 종종 관찰하고 있는 관계보다는 우리 자신에 대해서 더 이야기하게 된다.

　보는 것 대 추측하는 것이 중요한 또 하나의 이유는 어떤 가족이 무시/회피애착 유형을 가지고 있다고 결정한 후에는 우리가 개방적인 시각을 유지하거나 최초의 결론을 확신하려는 충동을 저지하지 않으면 회피적인 가족으로 보여 주지 않는 신호를 찾기 어렵기 때문이다. 재빠른 판단을 하는 경향은 양자적 행동을 정확하게 해석하는 데 엄격한 훈련과 방대한 경험을 요구하는 많은 이유 중 하나가 되고 SSP를 기록하는 데도 해당된다.

앞서 말한 것처럼 이것은 이 책에서 제공하는 영역 이상으로 부모-자녀 평가에서 종합적인 훈련, 수퍼비전, 그리고 경험은 COS 평가 동안 배운 것으로부터 정확하고 통찰력 있는 결론을 가져올 수 있게 하는 필수조건이다. 이 장은 부모-자녀 상호작용 평가 시 고려할 원리와 과정을 소개하기 위하여 쓰였다. 이 장 끝부분에서는 부모-자녀 상호작용 평가 시 물어보아야 할 질문들이 있다. 이 질문들로부터 정확하고 교정된 결론을 이끌기 위해서는 많은 경험과 수퍼비전이 필요할지라도 정확한 질문을 하는 것은 중요한 첫 단계가 될 것이다.

보는 것으로부터 추측하는 것으로 나아가는 데 유념해야 할 첫 번째 요소는 부모와 자녀의 행동을 저변에 깔린 단서로써 의사소통하는 것으로 보는 것이고, 이것들이 충족되면 더 나은 관계를 만들 것이다. 안정된 양자적 행동은 내면에 깔린 욕구를 명백하게 하곤 한다. 불안정하고 비조직화된 양자관계에서 행동은 내면욕구를 감추는 기능을 하곤 한다.

종종 드러나는 행동보다는 감추어진 행동이 무엇인지 이해하는 것이 필요하다.

행동을 통하여 부모-자녀 관계를 이해하는 데 있어서 표현되거나 감추어지는 행동의 욕구를 구별하기 위하여 행동의 맥락, 의도, 기능을 고려할 필요가 있다.

행동의 맥락

관계를 이해하기 위해서 행동을 사용할 경우에 아동의 탐색기능 시스템이 활성화되었는지 또는 아동의 애착시스템이 활성화되었는지를 아는 것은 매우 중요하다. 다른 식으로 표현하자면, 아동은 순환의 위에 있는가 아니면 아래에 있는가? 행동만 본다면 아동이 순환의 어디에 있는지 잘못 판단하기 쉽다. 그 이유는 앞서 언급된 낯선 상황 평가에서처럼 12개월이 될 때까지 아동은 자신의 욕구에 대해서 잘못된 단서를 제공하기 쉽기 때문이다.

예를 들어 아동이 장난감을 가지고 놀고 있는 것을 보는 것은 아동이 순환의 위에서 적극적으로 탐색하고 있는지 아니면 순환의 아래에 있으면서 위안이나 보호의 욕구를 감추기 위해서 잘못된 단서를 보이는 것인지 알 수 없다. 행동의 맥락을 좀 더 알아야 할 필요가 있다. 먼저, 아동이 혼자 있었는가? 그렇다면 아동은 양육자가 없는 동안에 자신의 주의를 딴 데로 돌리면서 장난감을 가지고 자기를 달래고 있는 것일지도 모른다. 관계적 의사소통에서 잘못된 단서를 주기 위해서는 잘못된 단서를 줄 누군가가 함께해야 한다. 엄마가 방에 같이 있었다면 아동의 놀이의 질적인 면을 말해 줄 신호들이 있어서 아동이 순환의 위에 있는지 아니면 아래에 있는지를 결정하도록 도움을 줄 것이다. 아동의 탐색시스템이 활성화되면 아동의 놀이는 창의적이고 확장된다. 아동이 잘못된 단서를 줄 때 놀이는 자기 달래기로서 사용되므로 반복적이거나 제한적이기 쉽다. 이것은 유용한 힌트이지만 탐색이라는 점이 아동에 따라 다양하기 때문에 아동이 순환의 위 또는 아래에 있을 때를 알리는 유일한 신호로 사용되면 안 된다. 행동을 일련의 사건의 부분으로 보는 것이 아동이 순환의 어디에 있는지에 관하여 좀 더 많은 정보를 제공할 것이다.

행동의 의도

우리는 종종 행동 뒤의 의도에 관해서 가정을 내리곤 한다. 부정적으로 판단되는 행동의 경우에는, 우리는 전형적으로 해당되는 부정적인 의도를 그 행동을 하는 사람에게 지정해서 평가를 왜곡하고 양자관계를 도와줄 수 있는 능력을 심하게 손상시킬 수 있다. 아동이 떼쓰는 것을 부모에게 '관심받으려고' 하거나 부모를 조정하려고 하는 것으로 가정하는 올가미에 걸리기 쉽다. 자녀 놀이의 세부한 점까지 관리하는 부모의 경우에 완벽한 자녀를 만들려는 부모로만 보면서 부모에게 부정적인 의도를 지정하기 쉽다.

관계를 정확하게 평가하기 위해서는 아동의 행동이 적절한 욕구를 의사소통하려는 시도라고 가정하고 부모 행동의 반응에 깔린 의도를 자녀의 욕구를 충족시키려는 긍정적인 것으로 가정하는 것이 필수적이다. 부모가 가지고 있는 문제적 양육행동이 자녀에게 가치 있는 무언가를 제공하려는 시도임을 강조하는 개념을 가지고 부모에게 접근하는 것은 취약성을 가진 부모가 다소 안전감을 느낄 수 있게 한다. 부모가 보이고 고마움을 느끼게 돕는 것은 개입을 용이하게 한다. 이것은 종종 치료사가 말하는 특정한 무엇이 아니라 치료사의 태도로, 경우에 따라 다음의 예와 같이 말을 하기도 한다. "어머니가 방에 들어오시자마자 속상해하는 자녀를 위해서 무언가 하기를 원하는 것을 보았어요. 어머니가 장난감을 건네주었을 때 어떤 생각과 느낌을 가지고 있었나요?"

행동의 정확한 분석을 위해서는 행동에 관한 의사소통을 왜곡하도록 세대 간 전달되고 있는 힘에 대한 인정 또한 요구된다. 말을 안 듣는 반항적인 자녀를 가진 갈등회피형 부모를 생각해 보자. 이 시나리오에서 부모는 아마도 통제적이거나 폭력적인 양육자에 의해 길러졌고 이 때문에 자녀와의 관계 안에서 좀 더 크고 좀 더 강하게 되는 것을 포기하고 있는지도 모른다. 부모가 자신의 갈등회피적 양육자로부터 배운 갈등회피를 전략으로 사용하는 것을 보는 것은 드문 일이 아니다. 행동의 기원과 상관없이 행동의 기저에 깔려 있는 의도는 긍정적이다.

자녀의 반응은, 말을 안 듣고 반항적인 행동을 사용해서 안전의 욕구를 의사소통하려는 것이다. "제발 엄마 아빠가 더 크고, 더 강하고, 더 지혜롭고, 친절하다는 것을 보여 주세요." 자녀는 부모가 감당하기 충분하게 강하다는 것을 알 필요가 있다. 그렇지 않으면 부모는 보호를 제공할 만큼 충분히 강해 보이지 않는다. 자녀의 의도는 역시 긍정적이다.

그러나 그 후의 피드백 순환은 매우 빠르게 점증한다. 부모가 보호를 제공할 수 있는지를 보기 위해서 자녀는 더욱더 요구하게 되고, 갈등을 피하려는 부모는 감당할 수 있는 능력을 보여 주는 대신에 자녀가 시키는 대로 하게 된다. 이것은 자녀의 의도가 "엄마 아빠는 나를 보호할 만큼 충분히 강한가요?"라고 묻는 가정을 유지하고, 부모에게 좀 더 기능적인 반응을 이끌게 하기에 어려울 정도로 극단적이고 충격적인 자녀 행동을 일으키는 결과를 낳게 된다.

왜곡된 행동의 의사소통이 자녀의 부정적인 의도에 도움이 되었을 때 부모에게 남은 권고사항은 자녀의 기저에 깔린 욕구를 충족시키기보다는 징벌적인 태도(자녀가 부정행동을 보여 줄 때 무시하기/피하기 또는 마음의 부정적인 상태와 연결된 논리적 결과와 타임아웃을 사용하는 것)로 반응하는 것뿐이다. 물론 잘못된 조율과 징벌적 반응은 부모-자녀의 행동 의사소통의 왜곡을 더욱 이끌 것이다.

행동의 기능

관계에서 행동의 기능은 이상적으로는 행동의 의도와 긴밀히 연결되어 있다. 잘못된 신호는 아동이 충족되지 못한 욕구에 노출되는 고통으로부터 자신을 보호하기 위해서 그리고 동시에 욕구를 표현하는 아동에 의해서 유발되는 불편함으로부터 부모를 보호하기 위해서 욕구를 감출 수 있다. 종종 잘못된 신호는 의도치 않게 문제를 유지하는 특정

기능을 수행하고 있다. 예를 들어서 양육자와 양가감정적 애착을 가지고 있는 아동들은 짜증 내거나 부모에게 붙어서 떨어지지 않으려는 경향이 있다. 이 행동은 부모와 자녀 둘 다 소진시킨다. 제4장에서 언급한 것같이 Ainsworth의 최초의 양가감정적 애착의 공식은 비일관적인 양육자에 대한 자녀의 반응이었다. 자녀의 무의식적 의도는 부모가 자녀를 보호하기 충분할 정도로 집중하고 있다는 것을 확신하기 위해서 활성화된 부모의 양육시스템을 유지하기 위한 것일 수도 있다. 그러나 붙어서 떨어지지 않는 행동은 종종 부모를 압도하고 부모가 자녀를 뒤에 떼어 놓으려는 도망가는 피드백 순환을 설치하여 결국은 자녀가 더욱더 떨어지지 않게 하는 행동을 하도록 만든다. 관계에서 의도치 않은 행동의 기능과 의도를 이해하는 것은 치료계획을 형성하는 데 도움을 준다.

행동 이면의 욕구

우리가 행동이 의사소통의 형태라는 전제를 수용한다면 평가에서 중요한 부분은 행동이 의사소통하려는 것이 무엇인지를 이해하는 것이다. 행동은 동시에 여러 가지 기능을 수행할 수 있다. COS는 어린아이들이 수행하는 행동의 기능 중 하나는 순환 위에서의 욕구를 의사소통하는 것으로 가정한다. 예를 들어서 탐색적 행동에서의 아동의 몰두는 배움과 즐거움의 수단으로 기능하고 동시에 부모에게 "나를 지켜봐 주세요"의 순간을 의사소통하고 있는 것이다.

　때때로 아동의 행동은 정확하게 욕구를 의사소통하고 부모는 민감하게 반응한다. 그러나 행동이 불명확하고 부모와 자녀에게 문젯거리가 되거나 또는 행동이 어떤 면에서 우리가 긴급하게 해독할 필요가 있을 정도로 아동발달에 피해를 줄 수 있다. 본질적으로, 아동의 계속적인 나쁜 행동은 부모가 진짜 욕구를 이해하고 반동하는 데 드는 비용보다 나쁜 행동이 야기하는 고통과 함께 사는 것이 더 거대하다고 말하고 있는 것이다.

순환 주위의 행동 평가

애착이론이 임상가들에게 활용되도록 하는 한 가장 큰 선물 중에 하나는 아동의 관계적 욕구에 관한 특이성이다. COS에서 나타내는 10가지의 욕구는 아동의 모든 욕구를 포함하려는 의도가 아니라 애착에서 양육자가 규칙적으로 이 10가지의 욕구를 충족시킬 수 있다면 충분히 좋은 양육을 제공하고 있다는 것을 말한다. 무엇보다 중요한 질문은 "아동은 탐색하기 안전할 때, 탐색할 자신감이 필요할 때, 자신이 보호를 받고 정서적으로 지지하는 부모를 가질 수 있다는 충분한 자신감이 있나요?"이다.

충분히 좋은 양육이란 초기의 상태를 볼 필요가 없다. 이 질문의 핵심은 이렇다.

> 마침내 일이 끝났나요, 최소한 절반 정도는?
>
> – Susan Woodhouse(개인 서신 교환, 2012)

자녀가 스트레스를 받았을 때 들어와서, 진정되고, 다시 탐색하러 나갔는가? 약간의 어려움이 있었어도, 일이 전보다는 많이 끝났다면 안전의 기초가 있는 것이다.

순환의 윗부분이나 아랫부분에서 일이 끝났는지 아닌지는 일반적으로 자녀의 신호나 잘못된 신호로 나타난다(예 : 자녀가 자신의 욕구를 보여 주고 있는가 아니면 감추고 있는가?), 부모는 평가의 목적을 위해서 유용한 행동을 하려 할지도 모른다. 그러나 자녀는 순환의 아래와 위에 전형적인 양자적 상호작용의 이야기를 신호와 잘못된 신호를 통해서 말할 것이다.

순환의 아랫부분에서의 아이의 행동

순환의 아랫부분(자율성 내의 관계)을 평가하는 것은 자녀의 애착시스템이 활성화되고 있는 것을 알도록 요구한다. SSP 평가는 아래 절반의 순간이 만들어지게 디자인되어서 애착시스템이 양육자와 분리되는 것에 의해서 활성화된 후에 아동이 어떻게 낯선 사람과 함께 그리고 따로 행동하는지를 보게 한다. 따라서 아동이 보호, 위로, 기쁨, 그리고/또는 감정의 정리를 돕는 욕구의 신호를 보내는지 아닌지를 평가할 수 있게 한다.

신호 보내기는 아동이 근접성을 찾는 것에 의해서 나타나기도 하지만 아동이 말을 할 수 있을 때는 신체적 근접성 없이 언어와 정서적인 결합으로 나타나기도 한다. 아동이 위로를 이끌어 내는 접촉이나 말을 통해서 직접적으로 부모와 개입하면서 부모에게 접근하는가? 부모에게 다가가는 아동들은 자신을 안아 주기를 기대하고 있는 것으로 나타내고 있다. 분리에 의한 고통을, 부모와 눈을 맞추어서 부모가 보게 하는 아동들은 과거에 신뢰할 수 있게 감정처리를 도와준 엄마 아빠에게 이 감정을 처리하게 도와 달라는 기대를 하고 있는 것으로 보인다. 아동은 애정, 기쁨, 환대받는 느낌을 추구하는 신호를 사용한다. 아동은 신호하는 것을 통해 자신의 욕구를 알리는 의사소통을 하는데 이는 부모의 욕구를 살피는 방법의 행동과는 정반대이다.

종종 순환의 아래에 있는 아동의 잘못된 신호는 자신의 탐색적 행동을 모방한다. 회피애착과 일치하는 잘못된 신호는 보살핌을 회피하거나 거절하면서 욕구로부터 관심이 멀어지게 한다. 회피애착을 가진 아동들이 놀이가 반복적이고 단조로움에도 불구하고 장난감에 몰두하는 것처럼 보이는 것은 많이 발생하는 일이다. 또한 아동은 부모의 집중을 장난감으로 이끌면서 위로의 욕구를 멀리하기도 한다. 명백하고 자주 발생하는 예로는 아동이 되돌아온 부모를 바라보다가 갑자기 방에 놓여 있는 관심 없었던 장난감을 보면서 가리키는 것이다.

양가감정적 애착을 가진 아동들은 직접적으로 양육자에게 위로가 필요하다고 신호를 보낼 수도 있지만 부모의 양육시스템을 유지하기 위해서 달래 주기는 반드시 실패할 것이다. 아동이 안기고 감정을 위로받기도 전에 내려 달라고 요구하다가 다시 안아 달라고 요구하는 것은 흔한 일이다. 또한 아동이 속상해하고, 뿌루퉁하고, 떼를 쓰는 것을 볼 수 있다. 모든 것은 양육자의 참여를 유지하려는 비의식적인 계획과 함께한다.

때때로 재결합 시 아동은 부모에게 매우 통제적이 된다. 이것은 마치 부모가 아동의 감정이 정리되도록 도와주는 것 대신에 아동이 부모의 고통을 정리하려는 것처럼 보인다. 이것은 결정적인 구별이고 이 장 뒷부분의 역할 전환을 통해서 좀 더 철저하게 다룰 것이다.

순환의 윗부분에서의 아이의 행동

순환의 윗부분(관계 내의 자율성)을 평가하는 것은 아동의 탐색기능이 활성화된 것을 알도록 요구한다. 앞서 말한 것처럼, 아동은 때때로 장난감을 자기 달래기나 자기 욕구로부터 멀어지게 하는 데 사용한다. 이것은 위로의 욕구를 감추고 탐색을 필요로 하는 것처럼 보이게 하는 잘못된 신호이다. 놀이의 맥락과 견고성을 살펴보는 것은 아동의 탐색시스템이 활성화되었는지 아닌지 판단하는 데 도움을 준다. 확장적이고, 상상력 있는 놀이는 탐색을 제시하고, 반복적이고 메마른 놀이는 아동의 애착시스템이 활성화되었음을 제시한다.

순환의 아래에 놓여 있는 아동을 관찰하는 것과 함께 다음 단계는 아동이 신호를 보내는지(예 : 탐색의 욕구를 보여 줌) 또는 잘못된 신호(예 : 탐색의 욕구를 감춤)를 보내는지 결정하는 것이다. 〈그림 7.1〉에 나타난 것처럼, 신호 보내기는 직접적이고, 개입적이고, 편안하고, 차분하면서, 양육자의 긍정적인 기대를 보여 준다. 그래서 엄마의 무릎 위에 있는 아동이 장난감을 가리키고 눈맞춤을 하는 것이 직접적 신호의 예이다. 만약 이것이 안전하고 적절한 시간이라면, 안정적 부모는 자녀의 탐색을 지지할 것이다. 전형적으로 아동이 직접적으로 신호를 보내면 부모는 자녀를 지지하기를 원하고 지지할 수 있다. 만약 부모가 자녀를 탐색하는 지지를 한 역사가 없다면, 자녀가 계속적으로 신호를 주는 것을 보지 않을 것이다. 장난감을 보다 부모를 보다 다시 장난감을 보는 것처럼 신호는 더 간접적이게 된다. 이것은 탐색하기 위한 욕구를 감추려는 시도로 보이는 것은 아니다.

밀고 당기는 탐색(아동이 장난감에게 다가갔다가 다시 부모에게 매달리고, 속수무책이 되었다가 다시 장난감으로 되돌아가기를 원하는 것)은 전형적으로 양가감정적인 애착을 가진 아동들이 사용하는 잘못된 신호이다. 유능한 탐색은 부모의 양육시스템이 활성화되는 것을 막기 위해서 희생된다.

비조직화된 애착을 가진 학령기 전 아동들에 의해서 사용되는 잘못된 신호는 재결합 시에 갑작스럽게 과도하게 밝고, 과하게 순응적이고, '언제 깨질지 모를 달걀 위를 걷는 것 같고' 또는 과도하게 양육자를 보살피고 조직화하는 데 집중되어 있는 것을 포함한다. 아동의 목적은 순환의 손으로서의 부모의 우선적인 역할에 두려움을 느꼈던 부모를 보호하고, 관리하고, 보살피는 것이다. 위의 잘못된 신호는 제4장에서 묘사된 비조직화된 애착에서 보이는 통제적인 양육패턴의 예이다. 비조직화된 애착에 있는 통제적이고 징벌적인 행동은 논쟁, 반항, 공격성, 무시, 거절, 그리고 부모를 비난하고 벌주는 다른 수단을 포함한다.

이 장의 앞부분에서 아동의 행동은 보통 시야에 감춰진 무언가를 나타낸다고 언급했다. 그러나 전체적인 그림을 얻기 위해서 상호작용의 연속성, 부모의 반응에 대한 아동의 반응 그리고 아동의 반응에 대한 부모의 반응을 추적할 필요가 있다. 따라서 이 평가 시 부모의 양육행동 또한 중요하게 관찰되어야 한다.

양육자의 행동 : 순환에서의 손들

우리는 순환에서 손들을 평가할 때 부모가 더 크고, 더 강하고, 더 지혜롭고, 친절하게 되면서 효과적인 양육을 제공한 증거를 찾아야 한다. 자녀의 주도를 따를 때 잘못된 조율을 하거나 압박하는 부모들은 순환의 위 또는 아래의 문제들과 연결되어 있다. 부모가 분명하게 '인색하거나, 약하거나, 떠나가는' 행동을 한다면(우리가 순환의 '제한된' 손이라 부르는), 아동의 윗부분이나 아랫부분의 욕구 또한 심각하게 손상될 것이다. 그러나 순환의 윗부분과 아랫부분의 문제에도 불구하고 인색하고, 약하고, 떠난다는 것은, 고정핀의 투쟁이 일반적으로 손들과 관련되었음을 의미한다. 제한된 손들은 실제적이거나, 위협적이거나, 유기적이거나, 공격적이거나, 전환적이거나, 애착전략에 대립적이거나, 또는 포기의 차원과 같은 비조직화를 나타내는 모든 것을 진단적인 순환으로 나타낸다.

우리는 자녀를 가능하면 따라가고 필요하면 담당하는 양육자의 능력을 보면서 손들을 양육자의 기능의 질로 평가한다. 따라가는(조율, 어긋난 조율, 압박) 수많은 변화들 그리고 책임지는(더 크고, 더 강하고, 더 지혜롭고, 친절한 vs. 인색하고, 약하고, 떠나간) 것은 부모들에게 나타나지만 그 구별은 미묘하다. 우리는 오랫동안 이 행동들을 치료사들이 애착을 평가하고 고정핀의 투쟁을 표현하는 동적인 용어로 사용하는 데 도움이 되도록 범주화하는 데 어려움을 겪었다. 양자적인 상호작용이 매우 복잡하고 쉽게 박스나 목록표에 부합되지 않는 점에 유념하자. 〈그림 7.1〉은 생각을 조직하고 진단적 과정에 도움을 줄 것들을 찾기 위한 표시를 제공한다.

모든 범주가 양육하는 행동이고 따라서 손들이므로 고정핀이 손들이라고 하는 것은 애매하게 한다. 우리가 고정핀을 '손들'이라고 했을 때, 우리는 정확하게 양육자가 비조직화된 애착과 연결된 문제적인 정서와 행동을 나타내면서 '인색하고, 약하고, 떠나간' 것을 말한다.

⁝ 따르기 : 조율, 어긋난 조율, 압박

이 책의 앞부분에서 설명한 것처럼, 안정애착의 핵심은 가능하면 자녀의 욕구를 따르는 것이다. Daniel Stern은 용어 '조율', '어긋난 조율', 그리고 '동조'를 사용하였다. 동조는 "영아의 행동과 경험을 바꾸는 데 사용된 가려진 시도"로 설명되곤 했다(Stern,

아동 행동 : 윗부분의 순간들
아동의 신호 주기 : 직접적이고, 개입적이고, 편안하고, 차분하고, 양육자에게 긍정적인 기대를 보여 줌
아동의 잘못된 신호 주기 : 매달려 있고, 무력하고, 양육자에게 과도하게 집중하고, 지나치게 밝고, 달걀 위를 걷는 듯하고, 저항적/논쟁적이고, 통제적이고, 반항적이고, 공격적이고, 무시하고, 거절하고, 지나치게 순응하고, 무미건조함

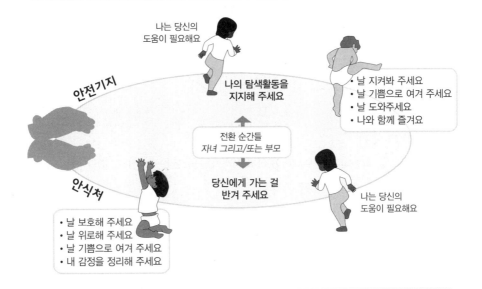

아동 행동: 아랫부분의 순간들
아동의 신호 주기 : 직접적이고, 개입적이고, 양육자에게 긍정적인 기대를 보여 주고, 애정적임
아동의 잘못된 신호 주기 : 회피하거나 거절하는 보호, 욕구로부터 멀어지게 하고, 양육자를 보살피고, 통제적이고, 반항적이고, 저항적/논쟁적이고, 공격적이고, 과도하게 순응하고, 과도하게 밝고, 경계하고, 무미건조함

양육자 행동('손들')   *비조직화의 표식 가능성을 나타냄
따르기
조율 : 확실하게 함께 있기, 감정의 공동조절
어긋난 조율 : 무미건조한/행동의 흐름, 과잉 밝음, 불안/과각성, 주의산만, 부정적 정서/속성, 거부/방임하는 애착
압박 : 성취 압박, 자기활성화로의 압박, 나와 함께 머무르라는 압박, 순환의 위/아래에 있으라는 압박

책임지기
더 크고, 더 강하고, 더 지혜롭고, 친절한 : 확실히 같이 있기/기대, 비계/공동조직화하기
인색한, 약한, 떠나간 : *공격이나 공격의 협박, *유기나 유기의 협박, *무력한/두려워하는, *해리, *방임, 갈등 회피
역할 왜곡(친구관계) : *함께 아이가 되자, *함께 어른이 되자, *나의 동반자가 되어 줘, *나를 필요로 하지 마
역할 전환 : *통제되는 부모, *자녀의 양육, *아이의 공격성
전환/대립적 전략

그림 7.1 ⑩ 안정성의 순환 : 관계 평가. Copyright 2007 by Cooper, Hoffman, Marvin, and Powell.

1985, p. 213). 성공적으로 따라가는 것은 '조율'되는 것으로 보인다. 무심코 자녀의 욕구를 따르지 않은(잘못 읽거나, 부정확하거나, 부정적인 속성이나, 또는 그냥 드러나는) 것을 '어긋난 조율'이라고 부른다.

우리는 '압박'이라는 단어를 자녀의 행동이나 경험에 영향을 주는 시도를 나타내기 위해서 사용했는데 그 이유는 이 단어를 혼자 사용했을 때 좀 더 이 의미를 불러일으키기 때문이다. 모든 부모가 이것을 한다. 이것은 순환에서 특정한 욕구가 충족되지 않게 하는 예측 가능한 패턴을 나타나게 할 때 문제가 된다.

조율

이상적으로 부모는 확실하게 함께 있어야 하고 정서적 공동조절(진정한 조율과 안정애착과 연관된 유형)을 하면서 따라가야 한다.

▶▶ 확실하게 함께 있기

자녀가 주도할 때조차도 부모는 항상 더 크고, 더 강하고, 더 지혜롭고, 친절해야 하는 것은 분명하다. 부모가 자녀에게 "너에게 주도할 자유를 주었지만, 너는 이 경험을 조직하고 있는 사람이 나이기 때문에 네가 안전하고 나는 여전히 책임지고 있다는 것을 항상 확신할 수 있을 거야"를 재확인해 주는 것과 같다. 그래서 만약 자녀가 가장놀이에서 주도하려 하고 부모에게 아기 역할을 주었다면 이것은 확실하게 함께 있는 존재가 여전히 부모라는 진실에 접촉을 놓지 않고 놀이공간에서 부모와 자녀가 현실을 보유하고 충분히 놀이에 개입되게 허락해 줄 것이다.

이 따라가는 방식은 책임감과 함께 압도되는 느낌 없이 자녀에게 주도하는 역할을 탐색할 안전함과 안정성을 제공한다. 부모님이 자신을 안전하게 해 줄 수 있는 것을 아는 안전함을 보유한 자녀는 자신의 상상력과 창의력을 탐색하고 발달시킬 수 있게 된다. 부모의 리더십은 명확하고, 묵묵히 표현되고, 필요하면 항상 이용 가능하다 — 어떤 점에서는 눈에 잘 띄지 않고 숨어 있는.

어긋난 조율

부모가 우리가 사용하는 용어의 의미로 '어긋난 조율'을 하고 있을 때 부모는 자녀의 욕구와 접촉이 없다. 이것은 자녀의 경험에 대한 부모의 공감이 자녀의 욕구를 손상시켰을 때 특별히 문제가 된다. 왜냐하면 자녀의 욕구에 관한 무언가가 부모에게 죠스 음악을 유발하고, 부모가 자녀의 욕구에 더 이상 정확하게 반응할 수 없게 하기 때문이다. 어긋난 조율은 다양한 형태를 취한다.

▶▶ 무미건조한/행동의 흐름

부모가 어긋난 조율을 하게 하는 한 가지 방법은 정서적으로 무미건조하게(열정, 정서적 결속, 즐거움, 기쁨 없이) 되고, 놀이의 창의성이나 복잡성에 기여하지 않고 단순히 자녀를 따라 하는 동작들을 하는 것이다. 이러한 부모들은 지루해 보이고 집중을 하지 않고 자녀와 노는 게 화나 보이기도 한다. 서로를 만족시키는 방법으로 어떻게 자녀와 노는지에 익숙하지 않아 보인다. 무미건조하고, 반응 없는 얼굴 표정, 그리고 느리고 힘들어하는 동작들을 주목하게 될 것이다.

　양육자의 이러한 행동 유형은 자녀를 외롭게 만들고 인정받지 못하고 나쁘며 부모에게 짐이 되는 것처럼 느끼게 만든다. 부모의 감정 결핍과 무표정은 아이에게 정보를 거의 주지 못하고 아이로 하여금 관계적·사회적 유능감을 발달시키기 어렵게 한다. 다음은 우울하고 지치고 압도된 부모에게서 종종 볼 수 있는 모습들이다.

▶▶ 과잉 밝음

때때로 (자신 그리고/또는 자녀에게 있는)부정적인 감정을 다루는 것에 대한 부모의 불편함은 계속적으로 밝고 유쾌한 정서를 표현하는 것에 의해서 관리된다. 관찰자나 자녀에게 있어서 긍정적인 정서가 진정성이 없음이 분명하게 보인다.

　진정성 있는 긍정적 정서는 상황에서 나오고 절정에 다다른 후에 다시 중립적인 상태와 부드러운 태도로 되돌아가는 경향이 있다. 과도하게 밝은 사람들은 전등 스위치처럼 긍정적인 정서를 켜고 끄는 경향이 있다. 당신은 밝음의 이면에서의 압력을 감지할 것이다. 웃음이 강요된 거짓처럼 보인다. 예를 들자면, 날씨에 상관없이 끊임없이 얘기하고 끈적한 유쾌함을 보여 주는 일기예보를 하는 사람이 있다.

　과도하게 밝은 정서표현이 종종 편안하게 같이 있는 것을 요구하는 일상의 사건들에 흥분감과 칭찬을 가져오는 데 사용되는 것임을 기억하는 것은 중요하다. 항상 그러는 것은 아니지만, 때때로 "잘했어."라고 말하는 것에 대한 우리 문화에서의 지나친 강조는 이러한 형태로 사용될 수 있다. 지나치게 밝은 정서는 순환의 아래쪽에 있는 아동들의 욕구가 충족되지 않을 때 좀 더 문제가 된다.

이 부정직한 정서는 자녀들에게는 매우 혼란스러울 수 있다. 자녀들은 무언가가 잘못되었을 때 자신이 감각을 신뢰하고 부모의 표정이나 말을 불신하거나 또는 자신을 불신하고 부정직한 정서를 진실로 수용하기 때문이다. 자녀가 당황할 때, 과도로 밝은 부모는 함께 있는 것의 반대 상태가 되고 자녀를 고통이나 또는 마치 자녀가 이행할 필요가 있거나, 무언가 특별한 것을 해야 하거나 또는 양육자의 정서와 일치하도록 행복하게 행동해야 한다는 느낌에 남겨 두게 된다.

▶▶ 부정적 정서/속성

우리 모두는 우리 자신과 다른 사람에 대한 긍정적이고 부정적인 내적 표상이 있다. 다른 사람들에 대한 표상은 최전선에 있으면서 우리가 그 사람을 어떻게 느끼는지에 영향을 준다. 우리가 누군가에게 기분이 상하고 화가 날 때 그 사람에 대한 좋은 점을 기억하기 힘들다. 그리고 우리가 그 사람을 특별히 좋아하면 그 사람의 나쁜 점을 생각하기 힘들다. 다른 사람들을 전적으로 좋거나 나쁘게 생각하는 표상들은 보통은 빠르게 지나가고, 대체적으로 그 사람이 나쁘지도 좋지도 않은 중간에 있다는 것을 알게 된다.

그러나 부모가 자녀의 부정적 표상을 구체화한다면 그것은 그 자녀의 인격 또는 특성이 된다. 자녀의 이러한 속성은 그 표상과 연결된 부정적인 정서를 함께 수반한다.

그러면 이것은 관찰자에게 어떻게 보일까? 부모는 자녀의 부정적인 속성에 대해서 직접적으로 나타내지 않을지라도 그들의 부정적인 정서를 감추기는 어렵다. 부모가 가지고 있는 부정적인 속성/정서는 자녀와의 상호작용 속에서 피를 흘리게 한다. 이것은 거부하거나 평가절하하는 목소리 톤, 처벌하거나 단속적인 움직임, 눈을 굴리거나, 얼굴에 나타난 순간적 경멸로 나타나기도 한다. SSP 중에 모든 블록을 가지기를 원했던 자녀에게 엄마는 불끈 화를 내고 뒷걸음을 치면서 "그렇지, 그런 식으로 할 줄 알았어."라고 말한다. 그런 후에 엄마는 거북한 웃음으로 자신의 감정을 감추려 하지만 정서는 차갑다. 비록 그 속성이 정확하지 않을 때일지라도 부모는 그것을 믿는다. 부모가 자녀를 잘못 감지하고 있을수록 자녀에 대한 반응은 더욱 왜곡될 것이다.

결론적으로, 부정적인 정서/속성은 부모가 자녀를 따라가기 어렵게 한다. 실제로 이

것이 자녀의 인지된 부정적인 성격을 지지하고 있기 때문에 자녀는 위험하고 파괴적이라고 느낄 수 있다. "아이가 항상 잘하는 게 없어요" 또는 "아이는 자기가 원하는 것을 원할 때마다 요구해요"라는 진술문은 자녀를 따르는 것은 문제를 만든다는 것을 제시한다.

아동의 자기감은 아동이 부모가 생각하는 아동의 모습을 어떻게 생각하는지에 매우 많이 의존하기 때문에, 부모의 부정적인 속성/정서는 아동의 왜곡된 자기감을 만들 수 있다. 부모의 속성이 부정확하다고 깨닫는 것은 아동의 발달적 능력 이상이다.

부모의 속성을 인식하는 것은 중요하다. 그렇지 않으면 부모는 개입을 이해할 수 없게 된다. 예를 들어 만약 부모가 아동이 자기 맘대로 하려고 한다고 믿는데 상담가가 부모에게 자녀를 따라가라고 주장하게 되면, 부모는 이것이 자녀의 부정적인 행동을 강화시킬 거라는 두려움에 이 개입을 거부할 것이다.

▶▶ 불안/과각성

때때로 부모의 불안은 너무 압도적이어서 순환의 위에 있는 아동은 탐색이나 순환의 아래에 있는 근접성의 추구를 따르거나 집중할 수 없다(아래의 주의산만 행동에 대한 설명 참조). 부모의 불안은 자녀에 대한 과경계적 집중을 이끌고 자녀의 주도를 따라가는 능력을 저지한다. 우리가 함께 작업한 한 엄마는 자녀가 자기를 벗어나게 하는 것은 필수적인 위험을 가져온다고 확신했다. 엄마는 자녀의 대근육 운동발달이 크나큰 지체를 이끄는 수준으로 자녀의 운동을 제한하는 전문가가 되었다. 이러한 부모들은 자녀에게 집중하고 있는 것처럼 보이지만 실제로 자녀의 욕구보다는 자신의 공포를 따르는 것이다. 우리는 이 차이를 어떻게 말할 수 있을까? 일반적으로 부모의 상황에 대한 모니터링이 별다른 위험이 없는 상태에서 자녀의 욕구를 방해하고 있다면, 우리는 불안하고 과각성상태의 행동을 보는 것이다. 부모가 불안하고 과각성상태가 될 때 자녀의 반응은 자신의 욕구를 감추는 것부터 부모의 불안을 조직화해 주는 범주에 이르면서 세상이 공포스럽다고 보게 되고 부모에게 매달리게 된다.

▶▶ 주의산만

주의산만은 극심한 불안 사례에서부터 몽상하거나 약간의 집착과 같은 미묘한 형태까지 있다. 정의에 의하면 부모가 주의산만하게 될 때 부모는 순환의 위나 아래에서 자녀를 따라가지 않는다. 새로운 일, 새로운 관심, 경제적 걱정, 가족의 죽음, 직장이나 학교에서의 어려움 등은 부모의 집중을 딴 데로 돌리고 자녀를 따라가기 어렵게 만든다. 주의산만은 부모가 즐거운 몽상을 하거나 자신의 손을 꽉 쥐고 걱정에 몰두하면서 멀리서 자녀를 지켜보는 형태를 취한다. 부모가 낯선 상황 전체나 부분에서 주의산만해 보일 수 있다. 좀 더 심각한 형태의 주의산만으로는 과거 외상력으로 일관성 있는 자기감을 가지고 있는 않은 부모가 해리를 나타낼 수도 있다. 이런 경우에 부모는 정말로 사라진 것이고 순환에서 손을 떠났기 때문에 자녀에게 더욱 치명적이고 비조직화와 연결되게 된다.

주의산만은 부모가 자녀의 놀이를 지켜보다가 생긴 건지, 자녀가 순환의 아래에서 보호를 추구할 때 주의를 딴 데로 돌려서 그런 건지에 따라 다른 영향을 가지고 있다. 자녀가 부모의 집중을 기꺼이 얻을 수 있는지 없는지에는 주목할 만하다. '주의산만'의 연속체에서 자녀가 상호작용을 하려 하지 않을 때 발생하는 주의산만은 자녀가 접촉을 하려 하지 않을 때 발생하는 주의산만보다 심각하지 않다. 이 연속체의 어떤 부분에서 부모는 '사라지는' 한계점을 건너게 된다.

부모가 주의산만하게 될 때, 자녀는 반드시 부모가 연결을 유지해야 할지 아니면 연결 없이 수행해야 할지를 결정한다. 회피애착을 지닌 아동들은 부모에게 탐색을 원하는 것 같은, 부모를 원치 않는 것 같은 잘못된 신호를 보내는 경향이 있다. 양가감정 애착을 지닌 아동들은 주의산만을 통해 깨려고 시도하거나 매달리거나 불평하면서 기회를 얻으려 할 것이다.

▶▶ **거부/방임하는 애착**

자녀의 순환의 아래에 있는 욕구를 거부하는 것은 방임보다는 좀 더 질적으로 활동적이다. 거부는 냉대하거나 퇴짜의 형태를 취하는 반면에 방임은 자녀의 욕구를 간과하거나 외면하는 특성을 가진다. 자녀의 잘못된 신호는 거부에 대한 반응으로 발달될 수 있지만 장기간의 잘못된 신호는 부모로 하여금 자녀의 욕구를 방치하게 한다.

자녀의 애착욕구의 거부와 방임은 자녀에게 필요한 위로가 부모에게 위협이 범람하는 감정을 유발할 수 있고 부모는 자신의 정서적 상태를 유지하는 방법으로 순환의 아래에 있는 자녀의 욕구를 거부하거나 방임할 수 있다.

이것은 자녀에게 어떤 욕구를 알게 하는 취약성에 모험하지 않게 하려는 진지한 시도의 형태를 취할 수 있다. 부모는 자녀가 울보가 되기를 원치 않기 때문에 욕구의 거부나 방임으로 자녀가 괴로움을 표현하는 것을 낙담시키고 싶다고 말할 수 있다.

압박

압박적 행동을 나타내는 부모들은 자신들이 따라가야 할 때 주도하려 한다. 압박은 자녀의 행동이나 감정을 바꾸려는 시도로 일반적으로 부모에게 덜 괴로운 방향으로 간다. 부모는 자녀의 주도를 따라서 활동에 참여하는 것으로 보이지만 자녀의 경험을 다른 방향으로 가게 시도한다. 이것이 패턴이 있고 전형적으로 부모가 탐색의 순간에서의 "나와 함께 즐겨요" 또는 "날 도와주세요"를 어떻게 더 '잘' 놀 수 있는지 보여 주는 순간으로 바꾸는 것이면 불안정의 표시로 보지는 않는다.

압박은 순환의 위·아래에서 발생할 수 있다. 순환의 윗부분에 있는 자녀를 압박하는 부모는 자녀가 부모와 함께 성취하거나 계속 관여되기를 원한다. 자녀에게 장난감을 소개해 주는 부모도 있고, 자녀가 탐색하는 경험을 갖기도 전에 새로운 것을 가져오는 부모도 있다. 이것은 부모가 자녀와 노는 게 불편하거나 익숙하지 않음을 나타내거나 부모나 놀이의 중심에 있는 방법이 될 수도 있다. 어떤 부모들은 자녀가 아직 열리지 않은 탐색에서의 상상력과 흥미를 허락해 주기 전에 장난감을 '적절하게' 사용하도록 지시한다(예 : 이것은 경주차가 아니라 견인차야. 그것으로 경주하지 마. 경주차가 사고 났을 때 견인차를 사용해 봐"). 자녀에게 물건의 색깔이나 이름을 테스트하는 양육자들도 있다. 다음에 설명하는 '성취 압박'을 살펴보라. 부모가 강조하는 것은 자녀가 소속감 안에서 탐색을 하게 허락해 주는 것이 아니라 명백하게 성과중심이다.

부모가 순환의 어떤 부분에서 하는지를 주목하면 부모에게 죠스 음악을 유발하는 게 무엇인지 알게 도와준다. 투쟁을 막는 고정핀을 찾을 수 있는데, 부모가 SSP에서 재결합 시 속상해하지 말라고 압력을 준다면 순환의 아래에서, 만약 부모가 "날 지켜봐 주세요"의 순간에 놀이에 침범한다면 순환의 위에서, 그리고 만약에 부모가 자녀가 부모를 보살피게 한다면 손의 기능에서 투쟁을 막는 고정핀을 찾을 수 있다.

부모가 순환의 어떤 부분에서 압렵을 주고 있는지를 보는 것뿐만 아니라 부모가 압박하는 특정한 결과가 무엇인지 아는 것은 양자 간의 애착에 관해 많은 정보를 주고 가능한 투쟁의 고정핀을 찾게 도와준다.

▶▶ 성취 압박

순환에서 자녀의 욕구를 충족하는 데 방해되는 순간까지도 계속 가르치는 순간을 찾으면서 자신의 역할을 선생님으로 과대하게 정의하는 부모가 있다. 가르치는 것은 분명히 중요하다. 그러나 부모교육에서 성취 압박은 순환 주위 자녀 욕구에의 조율의 방어적 대체로서 과도하게 사용되었다. 자녀에게 장난감을 적절하게 사용하도록 지도하는 것 외에 부모는 가르치기 위해 놀이를 방해한다(예 : 내 차는 빨간색이야. 다른 차들은 무슨 색인지 말해 주렴."). 때로 부모가 자녀에게 색깔, 숫자, 모양을 배우도록 압박하는 것은, 그것이 좋은 부모의 행동이라고 믿기도 하고, 완벽한 자녀의 완벽한 부모가 되고 싶은 강한 욕구가 있어서이기도 하며, 자신이 자라면서 원부모와 함께 학교에서 성과 관련 투쟁을 했던, 과거력에 대한 불안 때문이기도 하다. 아동은 성취 압박에 순응 혹은 반항으로 반응할 것이다. 자녀의 반응을 추적하는 것은 손의 기능에 대한 문제에 실마리를 던진다. 부모의 핵심 민감성(제9장 참조)을 아는 것은 성취를 위한 압박이 부모에게 의미하는 것이 무엇이며, 치료를 어떻게 진행해야 하는지에 대한 해결의 실마리를 던져 준다.

▶▶ 자기활성화로의 압박

자기 자신에게 의존하는 것을 배우는 것은 매우 중요한 기술이다. 그러나 자녀의 주도를 따르면서 자기의존을 지지하는 것은 자녀에게 부모가 필요 없다고 압박하는 것과는 사뭇 다르다. 우리는 부모가 자녀에게 순환의 위에 있든 아래에 있든 자기활성화를 하게 압박하는 것을 보곤 한다.

아동이 순환의 아래에 있을 때 자기활성화 역량을 갖도록 압박하는 것은 일반적으로 자신의 감정을 책임지라는 압박의 형태를 취한다. "다 큰 아이는 울지 않아." 이 압박은 때때로 자녀의 욕구를 방치하거나 거부하는 형태를 가지거나("나는 너를 도와주지 않을 거야. 너 혼자서 해야 해.") 또는 자녀가 자신의 발달 수준 이상의 임무를 하도록 미는 것이다("네가 이것을 언젠가는 배워야 하니까 지금 배우는 거야.").

순환의 위에서 부모는 '높은 유능감'과 함께 존중을 유지하거나 자신이 자녀의 욕구에 통제되는 것을 보호하는 방법(부모 자신의 핵심 민감성의 산출물)으로 자녀가 자기활성화 역량을 가지도록 압박하곤 한다(제9장 참조).

부모의 애착력과 자녀의 방어적 전략이 자기활성화 역량을 압박할 때와 편안함이 주요 동기가 될 때와의 차이를 구별하는 것은 중요하다. 부모는 때때로 다른 관계 또는 임무에 집중할 수 있게 되기를 원할 수 있고(예 : 신생아, 새 남자친구, 학업), 그리고 자신의 인생에 과중한 짐을 지고 있어서 자녀가 매일의 요구를 담당할 정도의 자기활성화 역량을 가지고 있는 것이 필요할 때도 있다.

당신이 자신에게 충분한 역량을 가지고 있다고 생각하는 것은 위험한 망상이다. 아동들은 자신이 자기활성화 역량을 가지고 있지 않음을 알고 있고 반드시 어떻게 되어야 한다는 생각은 부족한 느낌을 갖게 하고 자신이나 다른 사람에게 덜 의존할 수 있게 한다. 더욱이 유능한 어른으로부터 도움이나 충고를 찾기보다는 자기활성화 역량적 행동을 하는 것은, 특히 청소년 시기에 피해가 막심한 결과를 가져온다.

▶▶ 나와 함께 머무르라는 압박

순환의 윗부분에서 중심에 있어야 하는 부모의 압박은 종종 자녀를 지켜보기만 해야 할 때 자녀의 놀이 속에 끼어드는 형태로 온다. 부모는 자녀가 혼자 놀아서 자신이 중요하지 않고 버려진 것 같은 느낌이 들 때 이런 방식으로 행동하곤 한다. 자말은 아들 드웨인이 등을 보이면서 놀자 공갈젖꼭지를 제공하면서 이런 모습을 보였다. 자말은 나중에 "외로움을 느꼈다"고 인정했다(제4장 참조). 자말 같은 어떤 부모들은 순환 위에서 자녀를 자신에게 돌아오게 하여 순환의 아래에 있는 친밀감의 불편함 없이 자신의 근접감을 충족시키곤 한다. 이런 태도로 자녀와 연결하려는 부모의 의도는 종종 자기패배적이고 자녀는 부모를 더욱더 밀어내게 된다.

순환의 아래에서 자녀와 관여되기 위한 부모의 압박은 부모가 자신을 위해 자녀가 필요한 것으로 특성화된 양가감정적 애착을 이끈다. 자녀는 탐색할 준비가 됐을지라도 자기도 가까워지고 위로가 필요한 것처럼 행동하면서 그 욕구를 충족할 것이다.

자녀와 관여를 유지하기 위해 압박하는 부모의 의도는 가까운 관계를 가지는 것이나 그러한 압박은 얽매이고 정서적으로는 먼 관계를 만드는 기능을 할 뿐만 아니라 자녀가 자율성과 긴밀한 연결을 발달시키려는 시도를 방해할 수 있다.

▶▶ **순환의 위/아래에 있으라는 압박**

때때로 부모는 자신이 불편한 순환의 부분 때문에 자녀가 거기에서 표현되는 욕구를 멀리하게 조종하고 순환의 한 부분에만 머무르도록 압박한다. 부모가 효과적으로 이것을 하면 부모는 자신이 어디에서 죠스 음악을 듣게 되는지 말한다. 자녀를 순환의 위나 아래에 있게 조종하는 일관적인 패턴은 순환 위에 단지 하나의 손만 가지게 되는 것으로 설명된다. 이것은 손의 순간으로 보이나 불안정감과 연결되어 있고 양손이 다 없는('인색하고, 약하고, 떠나간') 것은 비조직화와 관련이 있다.

자녀가 순환의 위에 있도록 조종하는 부모들은 정서적인 문제가 불편할 수 있고 그리고 자녀가 탐색과 놀이 속에 있도록 시도하는 것이다. 이것은 회피애착이다. 자녀가 순환의 아래에 있게 조종하는 부모들은 분리가 불편할 것이고 이것은 양가감정적 애착을 증진시킨다.

: **책임지기 : 더 크고, 더 강하고, 더 지혜롭고, 친절한 대 인색한, 약한, 떠나간**

책임지기와 따르기를 분리하지만, 책임지는 능력이 있는 것은 자녀의 욕구를 따른 자녀의 경험을 조직화하는 데 주도권을 취하는 것이기도 하다. 예를 들어, 재결합 시 부모와 자녀가 관계를 조직화하는 데 책임을 가졌는가?

아동들이 스스로 헤쳐 나간다는 것은 너무 무섭기 때문에 누가 책임지고 있는지에 대한 감이 분명할 필요가 있다. 양육자의 책임지는 능력을 평가하기 위해서 부모의 권위를 주장할 필요가 있는 상황을 관찰할 필요가 있다. 부모는 자녀가 제한을 밀어내는 놀이 상황에서 필요한 경계를 세울 수 있는가?

제한설정 기회가 전혀 생기지 않으면 어떨까? 자녀가 부모의 책임능력을 의심한다면 자녀는 부적절한 행동을 해서 부모의 권위를 유발하고자 하기 때문에 제한설정 기회가 생길 것이다. 자녀가 더 크고, 더 강하고, 더 지혜롭고, 친절한 양육자의 능력에 자신감을 가지고 있다면 우리는 부모의 능력을 확인할 기회가 없을 것이다. 자녀가 제한설정을 테스트 안 하는 것은 문제를 없애는 것이 아니기 때문에 이것은 확인되어야 한다. 예를 들어 양육자를 통제하는 아동들이 과도하게 따르면서 부모가 제한할 필요가 없게 할 수도 있다. 협박하고 무서운 부모에 의해서 통제되는 아동은 부모의 위계질서의 표현이 필요하지 않을 수도 있다(Cassidy & Marvin, 1992).

앞서 언급한 것처럼, 낯선 상황에 부과시킨 읽기와 정리하기 상황은 SSP에서 발생할 기회가 없었을 경우에 전형적으로 '책임능력' 순간이다. 그러나 어떤 아동들은 정리하는 것에 매우 복종적이 되기 때문에 이것이 비조직화된 양육 아동의 공포스러운 순응일지 아니면 안정애착을 가진 아동의 협력일지 주목해야 한다. 안정애착을 가진 협력적인 아동은 종종 친구가 아닌 상사와 타협하는 것과 같은 타협의 여지가 있다고 느낀다. 과도하게 순응하는 비조직화된 아동들은 타협된 합의의 느낌보다는 강제적인 느낌을 갖는다.

치료 시 우리는 부모가 특정한 상호작용이 '따라가기 순간'인지 아니면 '책임지기의 순간'인지를 결정하도록 도와준다. 이 평가에서 부모가 책임능력이 있는지 아닌지뿐만 아니라 부모가 적절한 태도―더 크고, 더 강하고, 더 지혜롭고, 친절한―로 적절한 시간에 책임지는 능력을 보이고 있는지에 주목할 필요가 있다. 책임지는 능력이 있는 것은 제한설정에 한정되는 것이 아니라는 것을 기억하는 것이 중요하다. 괴로워하는 자녀를 안아 주고 위로를 제공하는 것은 자녀에게 안 된다고 말하는 것만큼의 책임능력이다. 실제로 이 두 종류의 책임능력 상황은 병존한다. 어떠한 권위도 없는 누군가에 의해서 보호되고 위로받기는 어려운 일이고, 위로와 보호를 제공해 주는 양육자와의 경험은 자녀로 하여금 제한을 쉽게 수용하도록 만든다.

더 크고, 더 강하고, 더 지혜롭고, 친절한

▶▶ 확실히 함께 있기/기대, 발판/공동조직화

부모가 자신이 담당하고 있다는 것을 명확히 알고 자신의 권위를 주장할 때 자녀는 긍정적으로 반응할 거라는 자신감이 있을 때 우리는 부모가 확실히 함께 있기/기대를 가지고 있다고 한다. 항상 가능하지는 않겠지만, 돌봄능력이 발판과 자녀와 함께 공동조직하기를 가지고 있을 때 가장 생산적인 교육의 순간이 된다. 부모가 자신의 책임능력에 자신감이 많을수록 부모는 발판과 공동조직화를 포함할 것이다. 예를 들어서 SSP의 분리상황에서 아빠는 바닥에서 놀고 있는 아들에게 걸어가서 "내가 나가야 하는데 곧바로 돌아올 거야."라고 말한다. 자녀가 시위하자 아빠는 무릎을 꿇고 앉으면서 "아빠 나가는 게 싫은 건 알지만 괜찮을 거야."라고 말한다. 자녀를 두고 떠날 수 있다는 아빠의 자신감은 자녀가 불안하게 문 쪽을 향하는 대신에 반응할 수 있도록 차분히 기다리는 것을 허락해 주었다. 아빠의 침착한 행동에 의해 재확인된 자녀는 "돌아오면 차 가지고 놀 수 있어요?"라고 말했다. 아빠는 웃으면서 "그럼, 놀 준비를 하게 차들을 잘 정렬해 놓으렴." 하고 말했다. 그런 후 아빠는 문으로 조용히 걸어가고 뒤돌아보면서 "괜찮지?"라고 말했다. 자녀가 고개를 끄덕일 때까지 잠시 멈추었다. 자신감, 연결, 그리고 재확인(자녀에게 충분한 도움을 주어서 자신을 책임지게 해 줌)에 의해서 분리는 발판을 만들었고 "차 놀이 하자"는 자녀의 요구를 수용하는 것에 의해서 공동조직화를 하였고, 괜찮은지에 대한 물음은 아빠가 떠나는 것을 보고 싶지 않게 했지만 자녀가 과도한 스트레스 없이 분리를 책임질 수 있게 만들었다.

부모가 확실하게 함께 있기/기대는 행동에서 보이고 자녀의 반응으로 확인된다. 부모로서 자신의 권위에 자신감이 있는 양육자는 책임지는 능력을 발휘하는 데 효율적이고 편안해한다. 부모의 권위에 자신감을 가진 아동들은 불가능하게 되는 것에 의해서 그것을 질문할 필요가 없고 연령에 적합한 태도로 타협을 할 수 있다. 부모가 말도 안 되는 부드러움이 없는 태도로 책임지는 능력을 취했을 때 자녀가 시위를 했었더라도 자녀는 보통은 제한안에 합의를 하고 편안해한다.

책임능력이 편안하고 자신감 있는 부모를 가진다는 것은
자녀에게는 거대한 선물로서 자녀에게 세상에 나아가서 탐색할 수 있는 자신감과
부모가 자녀를 안전하게 하고 필요하면 위로를 제공할 수 있다는 자신감을 제공하게 된다.

인색한, 약한, 떠나간

부모는 자녀를 따르거나 책임지는 능력 둘 다 가지고 있지 않아서 권위를 세우거나 집행적 역할을 포기하는 것으로 순환에서 자신 손의 역할을 떼게 된다. 본질적으로 자녀는 부모가 보이지 않는 채로 고아가 되는 것이다. 이것은 비조직화된 애착과 연결된다. 그런 경우에 자녀는 부모가 더 지혜롭고 친절하진 않더라도 최소한 더 크고 강하게 되도록 하기 위해서 압력하는 행동을 취한다. 또는 자녀가 부모를 보살필 것이다. 어떤 경우든지 책임능력의 문제는 부모-자녀 상호작용을 지배하게 될 것이다. 부모가 자신의 권위를 적절하게 사용할 의지와 능력에 대한 자신감을 자녀에게 고취시킨 후에야 책임

능력은 양육을 작은 부분이 되게 된다. 우리는 부모에게 책임능력은 양육의 10% 정도밖에 안 된다고 했지만 이것은 부모-자녀 관계의 기초이기 때문에 처음의 10%이다. 초기 10%를 잃었을 경우에 나머지 90%는 통제하기 어렵고 '불가능한' 아이를 유지하는 것이다. 물론 자녀의 문제행동에 집중하는 것은 친절하지만 단호하게 책임지는 양육자로부터 받을 수 있는 안정의 경험에 대한 자녀의 욕구에 관련된 더 심각한 문제를 놓치게 한다.

포기의 본질과 그것이 부모에게 의미하는 것을 평가하는 것은 중요하다. 이것은 치료사가 부모가 지금 처한 상태에서 부모를 만날 수 있고 부모에게 의미 있는 태도로 문제를 언급할 수 있게 한다. 또한 부모 투쟁의 중심부를 이해하는 것은 치료사가 공감을 잘할 수 있도록 지지한다. 부모가 부적합할 때조차도 치료사는 반드시 아동의 최선의 이익을 수행해야 하므로 부모에게 공감을 유지하고 부모의 긍정의도를 붙잡고 있는 것은 중요하다. 그렇지 않으면 치료적 노력은 도움이 되기보다는 처벌이 된다.

▶▶ *공격이나 공격의 협박[1]

부모는 자녀에게 자신의 권위를 주장하기 위해서 공격 그리고/또는 협박을 사용하지만 이것은 공포를 기본으로 하는 권위로 비조직화된 애착과 연관된다. COS 프로토콜은 이 비조직화된 양육 형태를 '인색한'이라는 단어로 묘사한다.

공격이나 협박을 평가하는 것은 특히 치료사 앞에서는 아주 미묘하기 때문에 어려울 수 있다. 공격은 신체적 폭력처럼 명백할 수 있지만 이를 드러내는 것처럼 감지하기 힘들 수 있다. 예를 들어서 부모가 괴물이 되기로 가정하고 자녀를 쫓았을 때 이것은 온화한 즐거움일 수도 있고 아니면 베일에 싸인 공격성일 수도 있다. 부모 생각에는 장난치는 것이었을 때조차도 자녀의 애착시스템이 활성화되고 자녀가 보호와 위로를 찾고 있을 때는 공격이 문제가 된다. 맥락이 중요하다는 것이다. 우리는 아이의 반응을 통해 그 놀이가 둘 중 무엇이었는지 구별할 수 있게 된다. 부모가 따라갈 마음이 없는 위협임에도 불구하고 자녀를 무섭게 할 수 있다. 반대로, 한 번도 언급되지 않은 위협 역시 아이들에게는 무서울 수 있다.

---

1 별표(*)는 그 행동이 비조직화의 표식 가능성임을 나타낸다.

▶▶ ***유기나 유기의 협박**

애착과 유기는 동전의 양면과 같다. 제9장에서 논의되는 것처럼 애착에 대한 우리의 내적 욕구는 유기되는 내적 공포와 짝을 이룬다. 책임의 수단으로 사용된 유기의 위협과 실제적 유기 둘 다 자녀에게는 파괴적이고 비조직화된 애착과 연관된다. 부모가 자녀의 협력을 이끌기 위해서 "차에 타지 않으면 너 놔두고 출발할 거야."라고 말하는 것을 흔히 들을 것이다. 부모가 실제로 그냥 떠나 버리는 경우는 (슬프게도 간혹 있긴 하지만) 흔히 발생하지는 않는다.

양육자가 반복적으로 자녀를 유기하거나 거의 유기할 뻔한 경험을 가지고 있는 것은 진정으로 비조직화로 향하는 수준의 외상으로 간주될 수 있다.

유기의 주제는 부모와 자녀의 놀이 중에 나타난다. 어떤 수준에서는, 숨바꼭질이나 까꿍놀이가 유기로 보일 수 있지만 자녀의 탐색시스템이 활성화됐을 때는 숙련놀이가 된다. 아동의 반응은 놀이의 주제인지 위협인지에 관한 단서를 제공한다. 애착시스템이 활성화되면 아동은 공격 문제와 함께 감추어진 유기의 위협에 가장 취약하다.

▶▶ ***무력한/두려워하는**

부모가 자녀를 직면하여 무력함이나 두려움을 느낄 때 부모는 안전기지나 안식처가 될 수 없다. 부모가 자녀에게 안전을 제공하기 위하여 두려움이 전혀 없거나 아주 강력해질 필요는 없지만 부모는 반드시 더 크고, 더 강하고, 더 지혜롭고, 친절함을 '충분히' 느껴야 한다. 부모에 대한 자녀의 반응은 종종 부모가 '충분히 좋은'의 표준에 달하고 있는지를 명확하게 해 주곤 한다.

COS에서 묘사하는 무기력하거나 두려워하는 행동을 낯선 상황의 어느 시점에서든 볼 수 있다. 분리는 부모로부터 자녀가 싫어하는 방법으로 행동하게 요구하기 때문에 부모가 종종 무기력감이나 두려움을 느끼고 있다는 표시를 제공한다. 부모는 분리 시 갑작스럽게 방을 떠나거나 때로는 헤어짐을 길게 끌면서 자기의 투쟁을 보여 준다. 이러한 전략들은 부모가 무기력함이나 두려움을 느끼고 있음을 나타낸다. 때때로 부모는 화가 난 자녀가 너무 두려워서 자녀의 욕구 주변을 발꿈치를 들고 다니면서 살피는 것처럼 과도하게 부응하고 있는 것으로 보인다. 이것은 정리하기에서 특히 분명해진다.

공포는 두려운 순응의 형태를 취하는데 이것은 책임지는 순간을 포기하거나 따라가는 순간에 어긋난 조율을 하는 형태를 말한다. 이때 부모의 권위 주장에 대한 자녀의 반응이 두렵기 때문에 자녀에게 주도권이 주어진다. 부모는 자녀가 공격적이 되거나 움츠리기를 두려워하고 애정은 보유된다.

처음에 부모가 두려워하면서 순응하고 있다고 힌트를 주는 것은 부모의 행동이다. 부모는 자녀의 상호작용에서 소극성을 보이거나 멈추고, 요구는 질문으로 진술되고, 자녀가 인정하지 않는 제한은 빠르게 철회한다. 자녀는 요구, 처벌적인 것처럼 보이지만 때로는 부모를 그냥 무시한다. 부모의 소극적 제안에 엄마 쪽을 보면서 경멸하듯이 "멍청한 짓이야."라고 크게 말하는 4살 아동의 경우가 이것의 명확한 예이다. 엄마의 반응은 사과하는 것이었다. 물론 두려운 순응은 미묘해서 탐지가 더욱 어렵다.

이러한 방법을 사용하는 것은 상상력을 발달시키고 창조성을 따르고 있는 자녀로부터 주도권을 취하는 역할에 유능해질 필요가 있는 안전함과 안정성을 박탈한다. 부모의 두려운 순응은 어쩌면 자녀들이 자신이 매우 힘이 세다고 느끼게 할 수도 있으나 자녀를 통제감이 없게 남겨 둔다. 이것은 마치 훈련받지 않은 사람이 747 제트기를 조종하는 것과 같다. 그 사람이 큰 힘이 있을지라도 통제력 없이는 끔찍한 경험을 하게 된다.

두려운 순응을 사용하는 것은 자녀가 부모에게 순환의 아래에서 자신의 욕구를 충족시켜 줄 수 있는 능력이 있다고 자신하기 어렵게 한다. 이러한 타인의 관계에 있는 아이들은 순환의 윗부분에 있는 것같이 보이나 두려움이 밑에 깔려 있기 때문에 통제 축을 잃으면 아무도 그들을 도울 수 없게 된다.

▶▶ *해리

해리는 앞에서 언급된 주의산만이나 몽상보다 훨씬 더 심오한 존재하지 않는 형태이다. 비임상군 중에서 해리를 보는 것은 흔한 일이지만 이것은 빈도수가 아주 낮게 그리고 아주 약한 형태로 경험된다. 일을 끝내고 집에 오는 도중에 고속도로를 타고 나왔던 것을 기억하지 못하는 게 해리의 하나의 예이다. 특히 외상력이 있을 경우에 해리는 지속적이고 부모-자녀 관계에 문제를 일으킬 정도로 심각하다.

장시간 부모의 얼굴이 밋밋해지고 표정이 없어지고 눈은 둔해지고 초점은 없어지는 것은 더 조사해 보아야 할 원인이다. 이것은 어린아이가 말로 표현하기 힘들고 부모가 보고하기 주저하는 경험이지만 쉽게 관찰된다. 이것이 관계 안에서 만연해 있을 때, 해리는 '약하고' 또는 '떠나간' 부모상의 혼합으로 보인다.

▶▶ *방임

아동은 상투적으로 부모의 책임을 방임하는 양육자로부터 '떠나가는' 극적인 형태를 경험하기도 하는데 이것은 매우 두려운 경험이라 할 수 있다. 이것은 앞에서 말한, 부모가 특별히 자녀의 애착욕구를 방치하는 것하고는 다르다. 순환에서 어떠한 욕구도 충족시켜 줄 수 있는 손이 부재하고 있음을 말한다.

SSP는 부모의 방치를 정면으로 이끌어 내지 않는다. 그래서 아동의 행동과 모습 그리고 이용 가능한 과거력에 근거해서 종종 추론할 필요가 있다.

회피 아동은 필요한 것을 잘 얻지 못하기 때문에 부모의 양육시스템을 활성화하려 하지 않는다. 그러나 심각한 상태에서 부모에게 갈 수 있다고 믿는다. 부모의 방임에 의해서 비조직화된 아동은 부모를 자원으로 여기는 데 제한된 감각을 가지고 있다. 심각하게 방임된 아동은 공포의 신호를 보여 주고 정서적 일치를 유지하려 투쟁할 것이다.

▶▶ *갈등 회피

갈등은 모든 사람에게 불편할 수 있다. 우리 모두는 심각한 갈등 상황을 피하려 했던 때가 있다. 동시에 갈등은 양육의 고유한 부분이기도 하다. 갈등이 매우 불편한 부모는 부모로서의 자기 권위를 포기하고 자녀와의 관계에서 '약함'을 보여 주고, 비조직화된 애착을 형성한다. 자연히 제한설정은 대립적이다. 만약 양육자가 만성적으로 제한설정을 회피했다면, 낯선 상황에서 부모가 갈등을 처리하거나 회피하는 상호작용이 발생할 것이다. 아동이 3살 정도가 되었을 때 비조직화된, 통제하는 양육애착을 나타낼 가능성이 있다. 이러한 경우에 자녀는 과도하게 순응하면서 갈등으로부터 부모를 보호한다.

▶▶ *역할 왜곡(친구관계)

처음에 우리는 역할 문제는 역할 전환만이 있는 것으로 간주했는데 시간이 지나면서 부모-자녀 역할이 전환이 아니라 왜곡되기도 한다는 것을 깨닫기 시작했다.

*함께 아이가 되자 : 부모는 때때로 자녀로 하여금 부모 역할을 하도록 초대하지는 않지만 동시에 부모가 부모 역할을 취하지도 않는다. 부모는 둘 다 아이가 되는 관계를 취

하기를 추구할 수도 있다. 이러한 양자관계에서 부모는 자녀에게 제한설정을 해야 할 때조차도 유치하고 장난기 있게 자녀에게 관여한다. 부모는 자녀의 행동, 안전, 안녕을 위해 책임을 지지 않는 경향이 있다. 낯선 상황 시 부모의 담당이 요구될 때 부모는 거절하거나 유치한 무능력을 보일 수 있다.

관계에서 아이가 되기를 주장하는 부모는 자녀를 부모 없는 상태로 남겨 둔다. 이것은 또 다른 형태의 '약함'이고 그것은 자녀를 매우 두렵게 하고 비조직화된 애착으로 이끈다.

***함께 어른이 되자** : 친구관계 역할 왜곡에서 자녀가 어른이 되게 부모가 초대하거나 압력을 가하는 것은 '떠나가게' 되는 또 다른 경험이다. 부모가 관계에서 어른 역할을 하고 있기 때문에 이것은 여전히 역할 전환은 아니다. 이것은 아래에서 설명하는 두 가지 변형의 경향이 있다.

1. *나의 동반자가 되어 줘. 부모는 어른 역할만 유지하면서 양육자로서의 자기 역할을 포기할 수도 있다. 이것은 어른의 세계에 있는 부모에게 참여하도록 자녀를 압박할 수 있다. 때로 어른이 자녀에게 강요하는 것은 동반자나 절친이 되는 것이다. 낯선 상황에서 부모는 제한설정 없이 자녀의 놀이에 양육, 위로, 지지를 제공하기 때문에 이것이 더 명확해 보일 수 있다. 만약 자녀가 과도하게 순응적이면 처음에는 이 관계가 별 문제 없어 보인다. 그러나 부모와 자녀가 재결합에서 어떻게 타협하는지를 보면 그들의 전략은 아동의 욕구에 의해서 움직이는 게 아니라는 것은 명확해진다.

   부모에게 동반자가 되는 것은 부모가 여전히 어른의 역할을 할지라도 자녀가 부모가 없는 게 되기 때문에 자녀를 매우 비조직화되게 만든다. 만약에 자녀가 제의를 수용한다면 자녀를 통제하는 양육이 될 것이다.

   한 아빠가 자신의 아버지가 어머니와 싸울 때 자신을 동료로 모집했다고 이야기했다. 그 역할을 수락하는 것에 의해서 그는 시간을 벌고 아빠에게 접근할 수 있었지만 본질적으로는 부모를 모두 잃었다. 그의 아버지는 동료가 되었고 어머니는 적군이 되었다. 이러한 삼각망(triangulation)은 흔히 발생하는 매우 파괴적인 것이다.

2. *나를 필요로 하지 마. 부모는 자녀가 자신을 필요로 하는 것이 불편하기 때문에 친구 관계 역할 왜곡을 증진시킬 수 있다. 부모가 동료나 짝을 찾고 있지 않지만 오히려 자녀가 순환의 위아래에서 자기활성화 역량을 갖도록 압박한다. 상황이 부모가 책임지는 것을 요구하든지 자녀를 따르는 것을 요구하든지 간에 부모의 손은 순환에서 떨어져서 '떠나감' 또는 '떠나감'과 '인색함'의 결합을 경험하게 된다. 자녀의 욕구를 해제하고 평가절하하는 부모에게 흔한 일이다. 예를 들어 SSP 중 재결합에서 엄마가 들어와서 딸과 떨어져 앉는다. 딸이 장난감을 들고 왔을 때 엄마는 인상을 쓰고 "그것 가지고 놀아."라고 말한다. 자녀는 풀이 죽어서 간다. 엄마는 "애기처럼 행동하지 마."라고 말한다.

　　동반자가 되는 친구관계와 함께 이것은 비조직화를 이끈다. 부모가 자신의 역할을 포기할 때 부모는 자녀가 필요하지 않고 자녀가 자신을 필요로 하지 않기를 원하고, 자녀가 심각하게 유기되는 것은 분명하다.

▶▶ *역할 전환

어떤 부모-자녀 관계는 역할을 거래한다. 부모는 무력하거나 두려움을 나타낼 수도 있고 자녀가 책임지게 압력을 가하는 요소도 있다. 낯선 상황에서 소개했던 것처럼 결정이 필요할 때 부모가 어른들의 사회적 의무사항을 자녀에게 남긴다. 부모는 유치하거나 소극적으로 행동할 수 있다. 어떤 경우는 부모가 '약함'을 경험하는 것이다.

　　아이가 3살 생일을 맞을 때쯤이 되면 양육적이거나 처벌하거나 번갈아 가면서 바꾸거나 하는 비조직화된 통제적 행동의 신호는 확실해진다. 개입이 손에 집중해 있을지라도, 양육과 처벌 사이의 구분은 이 개입이 어떻게 부모에게 소개될지를 책임지는 역할을 할 수 있다.

*통제되는 부모…

1. *자녀의 양육. 통제적 양육 아동은 두려운(인색한) 또는 두려워하는(약한) 부모를 대처하기 위해서 양육자처럼 행동한다. 이 자녀는 부모의 정서와 신체적 욕구를 관리하는 기능을 한다. 아이의 입장에서 통제적 양육과 적절한 타협과 근심을 구별하기는 힘들다. 적절한 타협을 가지고 자녀는 때에 따라서 부모의 결정에 대해서

대항하거나 타협할 것이고 부모는 자신감 없는 존재로 반응할 것이다.

통제적 양육은 매우 밝고 귀여워서 진정성 있기가 힘들다. 미소는 점차적으로 정상까지 올라갔다 사라지는 게 아니라 갑자기 켜지거나 꺼진다. 미소와 귀여움은 놀이와 마찬가지로 부모에게 집중된다. 아이는 부모에게 장난감을 가져오라고 하면서 놀이에서 리더십을 보이고, 부모에게 개입하고 시키며 즐거워할 것이다. 때때로 아이는 부모에게 지시하거나 낯선 사람에게 먼저 접근하라고 시키는 것과 같은 부모의 다른 기능을 하도록 한다.

2. *아이의 공격성. 징벌적 행동을 통제하는 것은 보살핌을 통제하는 것보다 훨씬 쉽다. 자녀는 공격적이거나, 강제적이거나, 요구가 많거나, 아니면 부모를 비하할 수 있다. 하나의 전형적인 예로, 아이는 의자에 앉은 엄마에게 장난감과 함께 바닥에 앉으라고 하고 직접적인 많은 요구를 했다. 1분도 안 돼서 엄마가 앉았던 의자를 가로채서 앉더니 놀이에서 엄마에게 지시했다. 역할 전환은 오해의 여지가 없다. 역할 전환은 자녀가 더 크고, 더 강하고, 더 지혜롭고, 친절한 부모가 되는 것이 아니라 내적으로 두렵고 외적으로 인색하거나 약한 부모의 역할을 취하는 것이다.

▶▶ *전환/대립적 전략

낯선 상황 동안의 어떤 양자적 관계에서는 한 가지 이상의 애착 유형의 예를 볼 수 있다. 예를 들어 어떤 재결합에서 자녀는 양가감정적 애착을 보였다가 다른 재결합에서는 회피애착을 보일 수 있다. 때로는 같은 재결합 상황에서 두 가지의 대립적 또는 전환적 전략들을 보게 된다. 그러한 명백한 모순은 관찰 시의 오류를 나타내는 것이라기보다는 관계적 질문을 만든다. 이 양자관계에서 무슨 일이 발생해서 아이가 자신의 욕구를 충족시키기 위해서 다른 전략들을 사용하는 걸까? 보통 아동의 전략 전환은 부모의 양육전략 대립 또는 전환을 반영한다. 그러한 경우에 아동은 근접성을 유지하고 탐색하기 위한 지지를 얻을 수 있는 일관적인 전략을 발달시키지 못한 거다. 부모는 때때로 친밀함의 불편함 그리고 다른 사람과 분리하는 불편함을 보였을 수 있고, 자녀는 둘 다 어떻게 활성화되는지 예측하지 못할 수 있다. 이것은 아동을 매우 두렵게 하고 아동이 비조직화되게 이끌기 때문에 심지어 패턴이 혼돈일 때조차도 전문가들이 패턴을 찾는 것은 중요하다.

보는 것 대 추측하는 것의 재검토

환경이 낯선 상황이었던 격식이 적거나(또는 많거나)에 상관없이, 공간의 제약 때문에 우리는 평가 시 관찰할 것들에 대한 설명을 제한할 수밖에 없다. 결론을 이끌 동료의 눈과 연결되어 있는 연상, 투사, 전이, 편견을 사용하려는 마음의 열의에 승복하기보다는 관찰할 패턴들을 보는 중요성을 다시금 강조하고 싶다. 치료적 목표로서 양자적 애착의 정의, 방어적 전략의 구별, 투쟁의 고정핀을 선택하는 것 모두는 다음 장의 감별진단을 중심으로 설명될 것이다.

8장

상호작용 평가 : 감별진단과 투쟁의 고정핀 인식

"여기서 어느 길로 가야 하는지 가르쳐 줄래?" 그러자 고양이가 말했습니다. "그건 네가 어디로 가고 싶은가에 달려 있어." "난 어디든 상관없어." 앨리스의 말에 고양이가 말했습니다. "그렇다면 어느 길로 가든 상관없어." ─루이스 캐럴, 《이상한 나라의 앨리스》

COS 상호작용 평가에서, 타냐는 아들이 놀이하러 갈 때 초조해했고, 불편해 보였다. 그러나 외견상으로는 엄마가 필요해서 엄마를 찾으려고 한 아들 닉이 위안을 얻고자 엄마에게로 돌아왔을 때, 그녀는 몹시 화가 난 것처럼 행동하였다. 궁극적으로 이 밀고 당김은 2살 아이의 중요한 탐색에 제약이 되었다. 그러나 아들은 어느 정도의 거리를 유지할 수 있고, 재결합 에피소드에서 20초 동안 독립적으로 놀이하였기 때문에 닉은 '어느 정도 양가감정 애착을 지닌 안정애착'을 가지고 있다고 진단되었다.

이는 다소 흔치는 않지만, COS 상호작용 평가에 따른 결론은 낯선 상황에서의 점수와 상충할 수 있다. 우리의 치료 시 닉이 안정애착이라는 진단과 상관없이, COS 평가 시 양가감정 애착 과정의 엄마─자녀의 양자관계에 초점을 둔 치료 목적을 가진다. 안정애착을 형성하더라도 고려해야 하는 중요한 문제가 있을 수 있다. 타냐가 우리 병원에 찾아왔을 당시에 닉은 "까탈스럽다" 그리고 "지나치게 의존한다"라고 묘사되었다. 보육환경에서 그는 "애정에 지나치게 굶주려 있다"고 보였다.

COS에서는 안정과 불안정이 행동의 연속성을 따른다고 본다. 평가의 목적은 애착 유형 확립을 위한 연구 목적을 따르는 것보다는 긍정적 변화를 지지하는 것이다. 이러한 이유로 우리 과제는 어느 체계에 의거한 구분에 중점을 두지 않고, 낯선 상황 안에 내재한 강점과 문제의 측정을 기본으로 현명한 결정을 하는 것이었다. 타냐와 닉과 같이, 안정애착으로 진단될 가능성은 있지만 여전히 실제적인 문제들을 가지고 있는 경우가 많다. 그 안정성의 순환의 어려움이 어디에 존재하는지를 아는 것은 부모-자녀 사이의 투쟁의 고정핀을 어디에서 찾게 되는지 알아낼 방법을 제공한다. 이러한 이유로 낯선 상황을 측정하는 기술은 도움이 되지만 COS 평가와 치료계획에선 중요하지 않다. 게다가 임상가가 가족과 상호작용을 지속하고, 치료적 관계를 진전시키는 동안 새로운 정보가 치료 목표를 변경할 수 있는 가능성을 지니게 될 것이다.

안정성의 순환 평가로부터의 결론 도출

제7장에서 논의한 바와 같이 우리는 핵심 주제를 정의하고 양자의 행동의 춤(범위) 안에서 우리가 무엇을 고려하는지에 대해 언급이 필요한 질문들을 제안한 적이 있다. 그러나 제7장과 이 장에 논의되고 있는 정보는 오직 안정성의 순환 진단 시스템의 기본원칙을 명확하게 하는 방법이다. 상호작용 평가로부터 어떤 결론을 도출해야 하는지에 주의를 기울이는 것이 중요하고, 그 결론은 충분한 교육과 지도감독에 기반을 두어야 할 것이다.

　안정성의 순환 진단 시스템은 부모와 자녀 행동 간 함축된 연관성에 기반을 두고 있고, 확실한 상호작용 형태를 포함한다. 예를 들면, 부모가 눈에 띨 정도로 역할이 전환되려는 염려를 수락하면서 자녀와 놀이를 한다면, 관찰자는 이 특정한 양자관계, 부모와 자녀의 관계가 일관적인 방식으로 비체계적 애착관계를 지니는 행동을 하고 있음을 추정할 수 있다. 치료의 목적을 위해, 부모가 그 자녀가 가져야 할 노력을 묻는 역할에 기반을 둔, 투쟁의 고정핀을 지우는 것부터 시작해야 도움이 될 것이다.

　반대로 상호작용적 춤은 적은 요구를 통해 변화를 초래할 수 있다. 예를 들어, 놀이에 집중한 자녀가 자신의 위치를 유지하고 있는 상태에서 부모는 정신적 고통을 겪고 있을 때를 제외하고, 그 순환 안에서 확실한 존재로 남아 있으면서 자녀를 계속 안내해야한다. 엄마가 순환의 기초단계에서 전적인 지지를 제공할 수 있을 때까지, 그리고 일을 확실하고 안전하고 완벽히 마무리할 동안(Susan Woodhouse, 개인 서신 교환, 2012), 여전히 남아 있을지 모를 불안함에 도움이 필요하기 때문이다. 지병이 있다거나 위험하다는 평가결과가 있지 않은 한, 딸이 아마도 '조금 더 환영하는 것'을 알게 하는 것은 서로에게 이익이 될 것이다.

양자관계의 다른 진단 시 부모와 자녀의 애착관계와 돌보는 행동 사이에서 부조화가 관찰될 때, 그 이유가 다음 사항에 해당되는지 확인하는 것이 중요하다.

1. ADHD와 자폐증과 같이 서서히 생긴 문제
2. 부모의 군부대 배치, 최근 질병, 또는 이혼으로 인한 생활 변화
3. 최근 가정위탁시설이나 입양시설에 보내진 자녀
4. 현재 병을 앓고 있거나 병이 재발한 자녀
5. 치료 초기 혹은 진행 중에 발견된 추가적으로 혼입된 스트레스 요인

COS와 의사결정나무

안정성의 순환에서는 고정핀에 대해 치료 초점의 선택을 돕는 의사결정나무를 개발하였다. 그 목적은 순환의 위, 순환의 아래, 그리고 순환 안에서의 손(지원)을 위해 장점과 문제점을 확인하기 위한 것이다. 안정성의 순환 상호작용 평가의 특정한 에피소드, 회차 안에서 특정 정보가 드러나는 경향이 있다. 〈글상자 8.1〉에 이 정보가 나와 있다. 모든 회차에서 나오는 이 정보에 대해 관찰자는 경계를 해야 하나, 이 단서들은 시작에 좋은 출발점이 되거나 혹은 두 번째, 세 번째, 그리고 차후에 비디오 검토를 하는 동안 관찰자가 더 많은 정보를 찾을 수 있도록 도울 것이다. 이 각 회차들의 비디오는 구체적인 양자관계를 보기 위해서 178쪽부터의 사례와 같이 진단과정의 차이를 살펴보는 데 이용되고 있다.

많은 임상가들이 유용하다고 하는 이 도구는 〈양식 8.1〉에서 볼 수 있는 안정성의 순환 평가와 치료계획서이다. 상호작용 평가 비디오를 본 후(아마도 여러 번), 당신은 음영처리되어 강조된 답변, 부분적 견본, 〈그림 8.1〉처럼 그 정보를 항목 1에 채우고, 항목 6과 7을 위해 예비적 결론을 도출할 수 있을 것이다. 제9장과 제10장에 서술된 마음상태 평가와 치료계획을 세우는 동안 항목 6과 7을 위한 정보는 치료계획서의 나머지 부분에서 작성하게 된다.

아래는 SSP를 하는 동안 두 투쟁의 고정핀을 확인하는 순서이다.

1. 우리는 부모가 먼저 순환 안에서 손의 기능을 하는지 안 하는지를 확인한다. 만약 부모가 나쁘고, 약하고, 그 위치에 없을 때, 부모 손의 기능이 안식처가 되고 안전기지를 확립할 때까지 순환의 위와 아래에서 해결할 수 없는 불안정과 어려움을 느낄 것이다. 이러한 경우, 우리는 실제적으로 투쟁의 고정핀에 초점을 둘 수밖에 없다.

2. 만약 부모가 기본적 도움을 제공한다면, 그다음 단계에서 우선시되어야 하는 것은 순환의 위이다. "자녀가 부모에게 오고, 편안함을 느낄 수 있는가?"라는 질문은 종종 최고의 출발점이 된다. 그리고 그 답변은 자녀와 부모가 대부분 다시 만난 후 나누는 양방의 대화를 통해 찾게 된다. 아니라는 답변을 얻게 될 경우, 투쟁의 고정핀은 순환의 아랫부분에 속하게 될 것이고, 기본치료 목적은 그 자녀가 부모를 안식처라고 인식할 수 있도록 두 관계를 돕는 것일 것이다. 때때로 부모는 순환의 아래의 취약점 없이 자녀와 친밀함을 느끼기 위해 순환의 위로 침범하려 한다. 이것은 순환의 윗부분에 중점을 두도록 유도하는 것이다. 그런데 그 문제는 부모가 탐색을 지지하는 순환의 아래와 연결하여 먼저 친밀함을 쌓는 것으로부터 해결이 되는 것이 좋다.

3. 만약 자녀가 부모를 안식처로 인식한다면 "자녀가 부모를 안전기지로 인지하고 있고, 순환의 위로 탐색하는가?"가 마지막 질문이다. 순환의 위에서 고정핀의 초점은 자녀의 탐색과 자율성을 저해하는지에 둔다. 우리는 자녀가 위안을 구하고 있는지, 저항하고 있는지 알 것이며, 부모는 더욱 효율적으로 위안을 주는 부모가 되기 위한 배움에 주력하고 싶을 것이다. 부모는 자녀에게 위안을 주는 것과 자녀의 고충을 강화하는 것 두 가지 모두 격려하고 있기 때문에 자녀는 위안을 구하고 있기도 하고 그렇지 않기도 하다. 만약 자녀가 차분하면 자녀는 탐색을 할 것이고, 부모는 분리를 경험할 것이다. 만약 그 기본적인 문제가 부모가 자녀의 탐색에 내재된 분리를 피하려는 시도를 하고 있는 것이라면, 위안을 주기 위해 우선적으로 양가감정 애착의 강화에 초점을 두는 것이다.

> 자녀는 얼마나 많은 시간을 환경에 집중하고 있고,
> 부모와는 얼마나 많은 관계를 맺고 있는가?

SSP에서 안정된 자녀들의 집중은 부모와의 관계와 탐색하려는 환경 사이에서 균형을 이룬다. 회피하는 자녀들은 부모와의 관계를 희생하면서 환경을 탐색하는 데 과하게 집중한다. 양가감정 애착 자녀들은 환경을 탐색하는 것을 희생하면서 부모와의 관계에 과하게 집중을 한다. 순환의 아래에서 고정핀 치료는 관계(불안정 회피)를 희생하면서 가상의 자율성에 집중할 것임을 의미한다. 순환의 위에서 고정핀 치료는 자율성(불안정 양면성)을 희생하면서 가상의 친밀감에 집중할 것임을 의미한다.

글상자 8.1 낯선 상황에서 동영상을 찾기 위한 지침

COS 상호작용 평가 영상을 보는 것은, 각 에피소드, 회차가 순환의 특별한 측면을 이끌어 내는 경향이 있다는 것을 아는 데 도움을 준다. 다음 안내를 통해, 종종 부모와 함께 그 과정을 사용한 영상을 발견할 것이다. 그 절차 안에서 우리는 부모가 죠스 음악에 어려움을 겪은 후, 어느 정도 자녀의 요구에 부분적으로 반응하는 방법을 찾는 짧은 영상 "약간의 성공을 동반한 어려움"을 발견할 것이다. 예를 들면, 자녀는 부모와 친밀해지기를 원하고, 부모는 자녀가 특정한 놀잇감과 함께 놀기를 원한다. 부모는 자녀와 함께 놀이하는 것에 우선 부담감을 느끼고, 후엔 결과적으로 자녀가 무엇을 원하는지 알게 되고, 짧은 순간이더라도 자녀를 받아들이고, 친밀해진다.

축하/해결 영상은 투쟁의 고정핀 중에서 발견된 짧은 성공의 순간들이며, 고정핀의 장점과 부모의 무의식적인 분별력과 긍정적인 의도가 담긴 축하를 작성하기 위해 마지막 단계의 영상 검토에서 이용된다. 예를 들면, 만약 부모의 핵심 쟁점에서 책임을 지고 있지 않다면, 부모가 책임을 지고 있는 적절한 축하/해결 영상에서 그 순간을 찾아야 한다. 이 장점들이 충분히 이용되지 않았기 때문에, 문제가 정확하게 해결된 아직 활용되지 않은 분명한 장점을 찾는 것이 쉽지 않을 때도 있다. 그러한 경우 축하/해결 영상은 부모 – 자녀 관계를 보여 주는 단순한 영상이다.

1회 차와 2회 차 : 도입과 놀이
- 이 회차는 종종 순환의 순간에서의 최고의 예들을 가지고 있을 것이기에 '약간의 성공을 동반한 어려움'의 순간을 찾을 수 있다.
- 자녀가 탐색하기 위해 가고 부모의 접촉기지를 얻기 위해 돌아오는 자녀의 변화를 찾아라. 그것을 '순환의 순간들'이라고 부른다. 아마 그들이 방으로 들어온 후 두 번째로 일어날 것이다. 때때로 그 접촉기지는 오직 부모의 존재 여부를 확인하기 위해 일어난다. 자녀는 이미 순환에 대해 알고 있고 우리는 부모에게 순환은 이미 그들 삶의 한 부분이라는 것을 알려 주기를 원하기 때문에 우리는 그것들을 '순환의 순간들'이라고 부른다(어떻게 영상을 사용하는지는 제12장 참조).
- 어떤 자녀들은 이 회차에서 불안해한다. 만일 그렇다면 부모는 어떻게 반응할까? 부모의 반은 죠스 음악 혹은 강점을 보여 줄 것이다.

(계속)

- 성취를 위한 탐색 혹은 압박에 대해 도움이 있는지, 자기활성화를 위한 압박이 있는지, 혹은 부모와 옆에 남기 위한 압박이 있는지를 찾아라.
- 얼마나 많은 부모가 자녀의 탐색을 이끌고 따르는가? 긍정적 신호는 둘 사이에서 균형을 맞추는 것이다.
- 2주 동안 '그 욕구에 이름 붙이기' 연습을 하라(제12장 참조). 당신은 다음의 좋은 점을 찾을 것이다: "날 도와주세요" 순간들, "날 지켜봐 주세요" 순간들, "나와 함께 즐겨요" 순간들, "날 기쁨으로 여겨 주세요" 순간들(정의는 제2장 참조. 어떻게 이 영상들을 사용할 것인가는 제12장 참조).

3회 차 : 낯선 사람의 개입 1

- 낯선 사람이 방으로 들어왔을 때 자녀는 그 불안감을 어떻게 조절하는가? 자녀는 그 낯선 사람을 피하거나 혹은 함께하는가? 놀이를 혼자 하는가? 부모에게 오는가? 혹은 놀잇감을 가지고 부모에게로 가는가? 낯선 사람과의 관계에 적응하기 위해 자녀는 부모를 안전기지로서 인식하는가?
- 부모는 낯선 사람을 어떻게 대하는가? 부모는 자녀의 관심을 얻기 위해 낯선 사람과 경쟁하기 시작하는가? 부모는 그들의 불안한 감정을 해소하기 위해 자녀와 놀이를 하고 그로 인해 자녀를 돕는 일에 여유가 적어지는가?
- 임상의사가 이 회차 영상을 어떻게 사용할 것인가? 이것은 정서 조절을 가르치는 데 사용될 수 있다. 자녀가 불안해하고 있는 영상을 보게 된다면, 부모는 어떻게 자녀의 정서를 조절할 수 있는지, 자녀의 불안감을 어떻게 상호 조절할 것인지에 대해 배울 수 있다. 그 상호작용은 강점 혹은 죠스 음악으로 보여 줄 것이다.
- 이 회차는 또한 자녀의 감정을 다루는 것을 돕는 것의 중요성을 부모에게 가르치는 데 사용될 수 있다. 부모는 자신을 소개한 후 자녀를 낯선 사람에게 소개함으로써 이 순간을 정리하는가? 부모가 소극적이어서 낯선 사람이 혹은 자녀가 먼저 접근하는가? 혹은 어떠한 체계를 제공하는가?
- 2주 동안 '그 욕구에 이름 붙이기' 연습을 하라. 당신은 다음의 좋은 점을 찾을 것이다 : "날 보호해 주세요" 순간들, "내 감정을 정리해 주세요" 순간들, "날 위로해 주세요" 순간들, "나의 탐색활동을 지지해 주세요" 순간들(정의는 제2장 참조. 어떻게 이 영상들을 사용할 것인가는 제12장 참조).

4회 차 : 분리 1

- 어떻게 자녀와 부모는 떨어지게 되는가? 부모는 자녀에게 무슨 일이 일어날 것인지 이야기를 하는가 혹은 설명 없이 그냥 걸어 나가는가? 만약 자녀가 저항을 한다면, 부모는 그 불안감을 직접적으로 다루는가 혹은 주위를 딴 데로 돌리는가?
- 자녀는 헤어질 때 부모가 필요하다는 것을 표현하는가? 만약 그렇다면, 그 회차는 완화시키는 순간일 수 있고, 자녀의 요구를 보는 데 사용될 것이다.
- 자녀는 부모를 보고 싶어 한다는 것을 표현하는가? 자녀는 부모를 부르며 부모가 떠났던 문으로 가고, 울고, 불안해 보이는 등등의 모습을 보일 것이다. 만약 그렇다면, 이것은 얼마나 부모를 필요로 하고 보고 싶어 하는지를 보여 주는 완화시키는 영상으로 사용될 것이다.
- 부모와 헤어져 있는 동안 자녀는 어떤 놀이를 하는가? 그때의 놀이는 종종 부모가 존재했을 때보다 덜 즐겁다. 그래서 자기 위로와 감정 조절을 위해 놀잇감을 사용하고 자녀의 도움을 보여 주는 완화

시키는 영상으로 사용될 것이다.

- 당신은 다음의 좋은 점을 찾을 것이다.

완화시키는 영상 : 부모의 양육방식을 알게 해 주는 짧은 영상. 자녀가 혼자일 때, 자녀는 슬퍼 보이거나 부모를 부를 것이다. 이 영상은 자녀에게 부모가 얼마나 중요한지, 이전의 더 힘들었던, 도전적이었던 영상들보다 '완화시키는' 부모의 경험으로 사용될 것이다. 일부 부모들은 이 부분에 의해 완화되지 않을 수도 있기 때문에 부모의 핵심 민감성을 아는 것이 중요하다(제9장 참조).

5회 차 : 재결합 1

- 자녀는 부모에게 가고, 부모는 자녀를 받아들이는가? 만약 그렇다면, 이것은 "강점"의 순간이다. 만약 그렇지 않다면, 그것은 "죠스 음악" 영상에 속할 것이다.
- 어떤 부모와 자녀들은 그다음 회차보다 이 회차에서 조금 더 안정적인 재결합을 찾을 것이다. 만약 그렇다면, "약간의 성공을 동반한 어려움" 영상으로 사용될 것이다.
- 부모와 자녀는 서로 피하는가?
- 결국에 부모와 자녀는 서로 재결합을 만들어 내는가? 만약 그렇다면, "약간의 성공을 동반한 어려움" 영상으로 사용될 것이다.
- 부모와 자녀는 편안함을 거부하는가? 만약 그렇다면, 그것은 "죠스 음악" 영상에 속할 것이다(특정한 관계의 어려움을 보여 주는 비디오 영상). 혹은 결국엔 자녀가 평안을 찾고 탐색을 한다면, 그 행동은 "약간의 성공을 동반한 어려움" 영상으로 사용될 것이다.
- 누가 재결합을 만드는가? 만약 자녀가 한다면, 그것은 "죠스 음악" 영상에 속할 것이다. 만약 부모가 주도권을 찾으려 한다면, 그것은 "약간의 성공을 동반한 어려움" 영상일 것이다.
- 자녀는 처벌적인가? 혹은 돌보는가? 그것은 "죠스 음악" 영상에 속할 것이다.
- 만약 부모가 중요한 역할을 찾으려 한다면, 그것은 "약간의 성공을 동반한 어려움" 영상일 것이다.
- 다양하게 변하는 계획들이 존재하는가? 만약 그렇다면, 그것은 "죠스 음악" 영상에 속할 것이다.
- 당신은 다음의 좋은 점을 찾을 것이다 : "날 위로해 주세요" 순간들, "죠스 음악" 영상들

6회 차 : 분리 2

- 자녀와 부모는 어떻게 떨어지게 되는가? 이 분리는 조금 더 격렬한 경향이 있다. 이 시기에 자녀는 더욱 강하게 혼자 남게 됨을 저항할 것이다. 양면적인 감정을 가지고 있는 부모와 자녀는 투쟁의 고정핀을 가질 것이고, 이 분리는 일어나지 않을 것이다. 일부 부모들은 아마도 충분히 활용되지 않은 강점을 보여 주기 위해 자녀의 감정을 받아들이거나 안심시키기 위한 접촉과 같은 행동을 할 것이다.
- 자녀가 혼자일 때, '완화시키는' 영상을 위한 자녀가 부모에게 도움을 구하는 최고의 순간을 찾을 수 있다. 특히 부모와 자녀가 서로 피하는 사이에서 보인다. 정서 조절을 위한 자녀의 역량과 그 역량의 제한점을 부모에게 가르치는 데 사용할 수 있다.
- 부모와 자녀가 서로 매우 피하는 경우, 부모가 자녀가 스트레스를 받고, 부모를 보고 싶어 하고 필요로 하는 '완화시키는' 영상을 강조하고 있을 때, 이 회차에서 놀이를 하는 동안 놀이를 대조하는 것이 필요할 것이다.

(계속)

- 양가감정적 두 부모와 자녀의 경우, 부모 없이 하는 자녀의 경쟁과 여전히 부모가 필요한 자녀의 경우 모두에게 설명하기 위해 놀이를 이용하는 것이 필요할 것이다. 자녀로부터의 경쟁은 부모가 필요하지 않다는 것을 의미하지 않는다.
- 어떤 자녀들은 분리기간 동안 공격적으로 변함으로써 자신의 불안감을 헤쳐 나가려 한다. 이것은 그들의 두려움과 괴로움을 관리하기 위해 어떻게 그 분노를 없애는가를 가르치는 데 사용할 수 있다. 조금 더 단호하고 벌주는 태도가 그렇지 않은 부모를 도울 수 있다.
- 당신은 다음의 좋은 점을 찾을 것이다 : "완화시키는" 영상

7회 차 : 낯선 사람의 개입 2

- 낯선 사람이 들어왔을 때, 때때로 자녀는 부모가 돌아오는 줄 알고 순간적으로 문을 여는 실수를 하면서, "아빠" 혹은 "엄마"를 부르거나 부모가 아니라는 것을 알았을 때 실망감을 나타내면서 그 사람이 부모이기를 기대했음을 보여 줄 것이다. 회피하는 부모와 자녀의 경우에는, 자녀가 부모의 도움이 필요하다는 것을 명백히 드러내 보이는 '완화시키는' 영상으로 사용될 수 있는 유일한 시기일 것이다.
- 낯선 사람이 방에 있을 때, 자녀가 낯선 사람에게 부모에 대해 물어보는 것과 같이 자녀가 부모를 보고 싶어 했음을 보여 주는 순간들이 있을 것이다.
- 마음이 상한 어떤 자녀들은 부모보다 낯선 사람으로부터 더 진정될 것이다. 어떤 부모들은 그 순간을 보고 "봐. 내가 당신에게 말했죠. 내 아이는 나를 필요로 하지 않는다고요. 어떤 사람에게도 그렇게 할 거예요."라고 말할 것이다. 따라서 우리는 이 자료를 사용하지 않는 경향이 있다.
- 당신은 다음의 좋은 점을 찾을 것이다 : "완화시키는" 영상

8회 차 : 재결합 2

- 부모에게로 갔는가? 그 자녀를 부모는 받아들였는가? 만약 그렇다면, 이것은 "강점의 순간"일 것이다. 만약 그렇지 않다면, 이것은 "죠스 음악"일 것이다.
- 이 회차는 최고로 강렬한 만남이며, 종종 많은 부모와 자녀는 "죠스 음악"으로 쓰이는 경향이 있다.
- 이 회차에서 서로 회피하는 부모와 자녀의 회피와 이전 회차에서의 부모의 갈망을 대조하기 위해 쓰일 것이다.
- 자녀의 탐색에 따른 부모의 불안함과 도움을 얻고자 하는 부모의 필요를 탐색하는 것은 양면성을 가진 부모와 자녀를 위해 사용된다.
- 통제와 양육은, 체계적이지 못한 부모와 자녀는 아마도 많이 힘들어할 것이고, 이 행동은 자녀가 부모를 필요로 하고, 이 행동들을 통해 요구를 협상하는 것임을 부모에게 가르치는 데 사용될 것이다.
- 어떤 부모들은 이 회차에서 스트레스를 가장 많이 받는 경향이 있고, 겁을 먹거나 무서운 행동을 보여 줄 것이다. 이런 경우, 머릿속에서 "죠스 음악"이 발생된 것이다.
- 당신은 다음의 좋은 점을 찾을 것이다 : "죠스 음악" 영상

읽기

- 읽기 회차는 다른 회차에서 보이지 않았던 기능들을 찾도록 사용될 수 있다.

- 이 회차가 문제해결과 관련된 도구로서 사용되는가? 그렇다면 이것은 장점이다.
- 이 회차의 과정이 해결되는가? 그렇다면 이것은 장점이다.
- "축하" 영상에서 자녀와 부모 모두가 즐기고 기뻐하는 것을 이 회차에서 종종 찾을 수 있다.
- 때때로 읽기의 구성은 부모 또한 자녀에게 최고를 가져온다.
- 때때로 자녀와 함께 읽음으로써 부모의 무능은 해결되고 이 문제의 중심에 있는 부모에게 죠스 음악을 보여 준다.
- 때때로 어떤 일을 수행하려는 부모와 자녀의 욕구는 이 회차에서 가장 강하게 나오고, 이는 "죠스 음악" 영상으로 사용될 수 있다.
- 당신은 다음의 좋은 점을 찾을 것이다 : "나와 함께 즐겨요" 순간들, "날 기쁨으로 여겨 주세요" 순간들, "내 감정을 정리해 주세요" 순간들, "죠스 음악" 영상

정리
- 부모가 책임을 질 수 있는가?
- 부모는 자녀의 감정 혹은 행동을 무서워하는가?(종종 화를 내는가?) 이것은 "죠스 음악" 영상의 핵심이 될 수 있다.
- 자녀가 순종하는 것을 부모가 두려워하는가?
- 자녀가 부모를 신경 쓰고, 부모를 위해 정리를 계획하는가?
- 중요 기능의 방식이 어떻게 해결되는지 추적하라.
- 부모가 더 크고, 더 강하고, 더 지혜롭고, 친절한가?
- 부모가 간청하고, 애원하는가?
- 부모가 겁을 주고 위협하는가?
- 자녀가 주장을 내세우는가?
- 부모와 자녀가 협상을 하는가?
- 일이 잘 마무리되었는가?
- 당신은 다음의 좋은 점을 찾을 것이다 : "날 도와주세요" 순간들, "내 감정을 정리해 주세요" 순간들, "죠스 음악" 영상

　다음은 COS 상호작용 평가의 핵심에 대한 의견 차이를 설명하고 있는 사례의 각 회차별 분석이다.

COS 상호작용 평가에 따른 감별진단

이전에 논의되었듯이, COS 상호작용 평가의 목적은 관찰한 행동을 감별하는 것이다. 상호작용의 부분에서 증거로 보여진 손의 역할은 충분한가? 혹은 안정, 회피, 양가, 또

는 비조직화된 애착을 보았는가? 이 순환에서 부모와 자녀가 겪는 문제는 정확히 무엇인가?

다음에 보이는 설명들은 평가 영상으로 볼 수 없음에도 불구하고, 각각의 회차에서 관찰한 것들이 어떻게 모아질 수 있는지 그리고 어떻게 축적된 정보들이 감별진단을 통해 통합되는지에 대한 설명을 위한 보기이다.

일련의 핵심 질문들로 시작하는 것이 좋다.

1. 안정성 과업이 해결되었는가? 상호작용이 항상 문제가 없을 수 없고, 언제나 아름다울 필요도 없고, 자녀를 위한 일이어야 한다는 것을 기억하라. 자녀가 괴로워할 때 그 자녀는 양육자에게 가고, 편안함을 얻은 후, 탐색하러 다시 돌아오는가? 다시 말해, 자녀의 고갈된 욕구의 컵이 다시 채워질 수 있는가? 만약 그렇다면 당신은 안정된 단계를 볼 것이다. 만약 그렇지 않다면 이것은 불안정한 단계이다.
2. 누가 누구를 정리하는가? 만약 부모가 관계를 정리한다면, 순환 안에 손이 존재하고 있는 것이다. 만약 그렇지 않다면, 체계적이지 못한 관계일 것이다.
3. 하위의 욕구를 알아채고 충족되는가?
4. 상위의 욕구를 알아채고 충족되는가?

⋮ 1회 차와 2회 차 : 도입과 놀이

3살 아들과 엄마는 방으로 들어왔다. 아들은 먼저 방으로 들어가 주위를 살핀 후 엄마를 보았고, 엄마는 아들을 보며 미소를 지었다. 아들도 미소를 지었고, 방 중간에 있는 장난감 상자로 가서 장난감을 꺼내기 시작하였다. 엄마는 아들을 따라 장난감 상자로 갔고, 앉으며 말하였다. "재미있어 보이네." 아들은 퍼즐상자를 엄마에게 보여 주었고 엄마는 웃었다. 아들은 말하였다. "이것은 퍼즐상자예요." 아들은 퍼즐을 분해하였고, 어려움을 느낄 때마다 엄마를 보았다. 엄마는 미소를 지으며 물었다. "그 퍼즐들을 어떻게 나누었는지 기억해 낼 수 있니?" 아들이 여러 번 시도하는 동안 엄마는 자녀를 조용히 바라보았다. 마침내 아들은 퍼즐을 맞추지 못하고 병원놀이 가방을 선택하였다.

엄마는 의자에 앉아 조용히 아들을 바라보았다. 아이는 병원놀이 가방을 엄마에게 주면서 혈압측정기에 대해 물었다. 엄마는 그것은 혈압을 재는 것이라고 대답하면서, 아들에게 그것을 팔에 감을 수 있는지 물었다. 몇 분 동안 아들은 생각을 하였다. 그리고 아들은 혈압측정기의 고무벌브를 꼭 쥐었고, 그 둘은 서로를 보고 잠시 동안 웃었다. 엄마는 온도계를 집었다. 아들은 말하였다. "이게 뭐예요?" 엄마는 아들에게 건네주며 말하였다. "이것은 체온을 측정하는 거야."

자녀가 놀이탐색을 하는 동안 엄마에게로 오는 변화는 이미 명확해 보인다. 자녀는 무엇인가를 찾고, 엄마는 그에 반응을 한다. 자녀가 탐색을 하다 막히면, 엄마는 자녀가 풀 수 있도록 한다. 그리고 자녀는 더 탐색을 한다. 자녀가 해결을 할 수 없다면, 자녀는 다른 놀잇감을 선택하고, 엄마와 그 놀잇감을 가지고 놀이를 한다.

- **탐색활동을 위한 지지가 있는가?** 있다. 엄마는 자녀가 결정을 내리고 탐색을 할 때 미소를 짓는다. 엄마는 자녀가 놀잇감을 선택하고 그것에 흥미를 가질 때 긍정적인 태도를 가진다.
- **"날 지켜봐 주세요" 순간이 있는가?** 있다. 자녀가 퍼즐상자와 병원놀이 상자를 가지고 놀이를 시작할 때 엄마는 자녀를 보았다.
- **엄마는 자녀를 따르는가?** 있다. 위에서 볼 수 있듯이.
- **"나와 함께 즐겨요" 순간이 있는가?** 있다. 자녀와 부모가 놀잇감을 가지고 노는 동안 서로 간에 미소가 있다.
- **"날 기쁨으로 여겨 주세요" 순간이 있는가?** 크게 미소를 짓지 않았고, 긴 시간 동안 지속되지 않았다. 그 순간은 놀잇감에 대한 것이었고, 서로에게 보여 주는 기쁨에 초점을 둔 것은 아니었다.
- **"날 도와주세요" 순간이 있는가?** 있다. 퍼즐상자와 혈압측정기를 가진 자녀는 엄마에게 도와 달라고 물었다. 자녀가 도움을 청할 때 엄마는 기다려 주었고, 해결할 수 있도록 혹은 그것이 무엇인지 말함으로써 자녀를 격려하였다. 엄마가 그것을 어떻게 하는지 알려 주지는 않지만 그것이 무엇인지는 말한다.
- **이것은 좋은 발판이 되는가? 아니면 어떠한 부담을 주는가?**
  - 자녀가 성취할 수 있도록 엄마는 부담을 주는가? 그렇지 않은 듯 보인다. 그러나 만약 그렇다면, 자녀가 포기를 하는 것을 엄마는 좋아하지 않는 것으로 보인다.
  - **엄마는 자녀의 자기활성화를 원하는가?** 다소 그렇다. 엄마의 모든 반응은 자녀가 문제를 해결하는 데 초점을 두고 있다.
  - **엄마는 자녀가 놀이에 참여하도록 압박을 가하는가?** 그렇지 않다. 엄마는 자녀에

게 너무 많은 자유와 시간을 주었다.

- **엄마와 자녀가 서로를 보면서 미소를 지었고, 놀잇감을 하나 집은 후 그 순간은 끝났다. 이는 어떠한 의미가 있는가?** 아직까지는 모른다. 그러나 이것은 누가 둘의 관계를 시작하고 끝맺음하는지를 알아내는 데 도움이 된다.

- **잠재된 문제들이 있는가?** 아직까지는 모른다. 어느 정도의 압박은 문제를 해결하고 성취를 위한 적절한 발판이 될 수 있다.

- **엄마는 강한 감정적 접촉을 없애는가?** 다시 말하지만 아직까지는 모른다. 한 번의 관찰로는 패턴이 구성되지 않는다.

⋮ 3회 차 : 낯선 사람의 개입 1

낯선 사람이 들어왔을 때 자녀는 낯선 사람을 올려보고 엄마를 잠깐 본 후 놀이에 집중하였다. 지금은 다소 무딘 감정을 보였다. 엄마와 낯선 사람이 이야기를 나누는 동안, 자녀는 20초간 빠르게 놀이를 한 후 퍼즐상자를 들고 엄마에게로 가 퍼즐상자에 대해 물었다. 엄마가 자녀에게 어떻게 퍼즐을 분해하는지 설명한 후 다시 낯선 사람과 이야기를 하였다. 자녀는 엄마 곁에서 퍼즐을 하였다. 후에 낯선 사람이 자녀에게 대화를 시도할 때, 자녀는 조심스럽게 엄마에게로 접근하는 반응을 보였다. 그 낯선 사람은 자리로 돌아가 앉았고, 곧 있을 헤어짐에 개입하지 않았다.

- **낯선 사람이 들어왔을 때 자녀는 불안감을 보였는가?** 그렇다. 무딘 감정, 순간적 피하는 모습을 보였다.

- **자녀는 자신의 불편함을 없애기 위해 엄마를 찾았는가?** 그렇다. 그러나 간접적으로 하였다. 자녀는 순환의 아래에 "날 보호해 주세요" 순간에 있었기 때문에 엄마와 가까워지려 하였고, 순환의 위에 있는 "날 도와주세요" 순간인 것처럼 잘못된 신호를 보냈다.

- **이것이 문제인가?** 아직은 모른다. 자녀도 어른도 잘못된 신호를 보낸다. 답을 얻어야 하는 질문은 자신이 순환의 아래에 있을 때, 이것이 자신의 경험을 숨기기 위한 중요한 전략으로 보이는가에 있다. 그래서 지금 이 질문에 대해 고려하고 있다.

엄마는 다른 회차에서 자녀가 엄마에게 도움을 청할 때와 같이 조금 더 같은 방식으로 반응을 하였다. 엄마는 자녀에게 정보를 주었고, 자녀는 그것을 해결할 수 있었다. 엄마에게서 어떠한 패턴이 있는 것처럼 보이지만, 우리는 사실 어떤 역할이 있는지 보아야 한다. 자립심을 위한 발판이냐 압박이냐 하는 것이 다른 점이다.

⋮ 4회 차 : 분리 1

엄마는 노크 소리를 들었다. 그 소리는 엄마가 떠나야 한다는 신호였고, 엄마는 자녀에게 다가가서 엄마가 잠시 동안 나갔다가 곧 돌아온다고 말했다. 자녀는 병원놀이 가방을 엄마에게 가져가 고무로 된 망치에 대해 물었다. 엄마는 이것은 반사운동을 검사하는 것이라고 말한 후 둘은 함께 그것을 가지고 놀이를 한 후 엄마는 다시 돌아왔다. 엄마는 문을 향하였고, 나가려 하였다. 자녀는 불안해 보였고 자신과 같이 갈 수 있느냐고 물었다. 엄마는 자녀에게 네가 함께 있기 원하는 것을 안다고, 곧 올 거니까 괜찮을 것이라고 엄마가 돌아올 때까지 놀 수 있다고 말하였다. 엄마는 방에서 나갔고, 문을 닫았다. 자녀는 병원놀이 상자와 함께 계속 놀았지만 감정 없이 놀이를 하였고, 가끔씩 슬픈 눈으로 문을 바라보았다. 낯선 사람이 자녀와 함께 놀이를 하였지만 그것은 대단한 성과는 아니었다. 자녀는 남은 시간 동안 조용히 놀이하였다.

- **엄마와 자녀는 분리에 대해 서로 이야기를 나누는가?** 그렇다. 엄마는 아들에게 어떠한 일들이 일어날 것인지를 그리고 다시 돌아올 것이라는 말로 안심을 시켰다. 자녀는 병원놀이 상자를 사용하여 "날 도와주세요" 순간으로 잘못된 신호를 보냈다. 엄마는 자녀의 질문에 대답을 하였고, 엄마가 다시 올 것이라고 자녀를 안심시켰다. 자녀는 불안해 보였고, 엄마와 함께 있고 싶다는 신호를 보냈다. 엄마는 자녀가 엄마와 헤어지기를 원치 않음을 알아챘고, 안심시키며, 자녀의 놀이를 격려한 후 떠났다.
- **자녀에게서 애착관계가 보였는가?** 그렇다. 자녀는 엄마와 함께 나가기를 원한다고 말하였고, 엄마가 떠난 후 불편함을 보인 후 감정 없이 놀이하였다. 남은 이 회차 동안 엄마가 떠났던 문을 계속 쳐다보았다.
- **엄마가 없을 때 어떻게 자기조절을 하였는가?** 놀이하는 것으로 주의를 돌렸다. 이것은 이러한 상황에서의 매우 일반적인 전략이다. 때때로 자녀들이 시도하는 자기조절방식이 사례에서 중요시된다. 예를 들면, 어떤 자녀들은 자신의 괴로움을 다루기

위해 공격적으로 변한다. 이는 벌을 내리거나 "공격적인 자녀다"라는 두려운 태도에서 "두려워하고 있고, 무서움을 공격적으로 표현하는 자녀다"라는 공감하는 태도로 부모의 인식을 바꾸는 데 매우 도움이 된다.

: 5회 차 : 재결합 1

엄마는 들어오며 안녕이라고 말하였다. 아들은 엄마 쪽으로 몸을 틀며 눈을 맞추고, 눈길을 돌렸다. 엄마는 자녀에게 무엇을 하고 있냐고 물었다. 아들은 "놀아요."라고 말하고 다시 몸을 돌려 고무로 된 망치를 집었다. 엄마는 의자에 앉아 자녀를 보며 미소를 지었다. 자녀는 침울한 기분으로 그 망치를 엄마에게 주었고, 몇 분 동안 멈춘 후 망치의 머리를 엄마 다리 쪽으로 놓았다. 엄마와 자녀는 그 망치에 대해 이야기를 나눈 후, 짧은 시간 동안 서로에게 미소를 지었다. 몇 분 후 아들은 장난감 상자로 가서 다른 흥미로운 장난감을 찾았다.

재결합에서 주요 질문은 자녀가 엄마와 가까워지기를 원하는가, 마음을 진정하기 위해 엄마를 필요로 하는가, 그 후 다시 놀이탐색으로 돌아서는가 아니면 그렇지 아니한가 하는 것이다. 만약 그렇다면, 안전함을 느낀다는 증거이다. 그렇지 않다면, 그들이 어떤 잘못된 전략을 사용한다는 것이다.

- **첫 눈맞춤 이후 자녀가 눈길을 돌리는 것은 잘못된 신호인가?** 아마도 아닌 듯하다. 많은 자녀들이 자신이 안전하다고 느끼더라도 재결합 시에 빠르게 시선을 회피한다. 이것은 아마도 자기조절의 순간일 것이다. 당신이 친구를 만났을 때 눈길을 맞추고 이내 눈길을 돌렸다가 다시 되돌아오듯이 말이다.

- **엄마에게 놀잇감을 주는 것은 신호인가 잘못된 신호인가?** 이것은 조금 더 까다로운 질문이다. 만약 편안함을 되찾기 위해 감정을 숨기는 데 장난감을 사용했다면, 이것은 잘못된 신호다. 만약 자녀가 엄마와 관계를 맺고 편안함을 느끼는 데 장난감을 사용했다면, 장난감 없이 엄마에게 가는 것보다 비록 덜 직접적일지라도 이것은 잘못된 신호가 아니다. 자녀는 엄마와 가까워지려 하였고, 자신의 괴로움을 보였다. 중요한 순간은 자녀가 엄마에게 긍정적인 접촉을 하였을 때이다. 자녀가 엄마와 가까워진 후 놀이를 하러 가는 동안 자녀는 우울함에서 조금 더 긍정적인 감정으로 변했다. 누가 먼저 미소 짓는 것을 끝냈는지는 말하기 어렵다. 이 한 번의 재결합을 통

해서 자녀는 안정적으로 보였지만 다소 아이의 접근이 제한되었다.

6회 차 : 분리 2

엄마는 떠나라는 신호를 들었고, 자녀에게 가서 엄마는 떠나야 하고 상담선생님과 잠시 동안 이야기를 해야 한다고 말했다. 아이는 이내 엄마와 함께 놀이하고 싶어 하였다. 엄마는 꼭 가야 한다고 하면서 엄마가 되돌아왔을 때 같이 놀 것이라고 말하였다. 엄마는 문 쪽으로 갔고, 자녀는 곧 엄마를 따라갔다. 엄마가 자녀를 돌아봤고, 몸을 숙여 눈맞춤을 하고, 엄마는 곧 올 거니까 너는 여기에서 놀고 있어야 한다고 말하였다. 자녀는 마지못해 받아들였고, 엄마는 떠났다. 첫 번째 헤어짐 때처럼 헤어짐의 시간 동안 다소 긍정적인 감정과 함께 놀이를 하였다. 얼마 후 자녀는 문 쪽으로 걸어가 두드리며 "엄마" 하고 불렀다. 문은 쉽게 열리지 않았고, 자녀는 놀이를 하러 다시 돌아갔다.

 이 헤어짐은 자녀가 엄마를 따라가 조금 더 강하게 못 나가게 하는 것 외에 첫 번째 헤어짐과 많이 비슷하였다. 감정의 강도가 증가함에 따라 엄마는 첫 번째 헤어짐과 같은 방식으로 자녀의 감정을 알아 주지는 않았다. 아이의 감정적인 강도가 증가함에 따라 엄마는 감정적으로 덜 반응하기 시작했다는 신호인가? 기억해 두어야 한다. 이것은 두 번째 재결합 때 물어야 하는 또 다른 좋은 질문이다. 자녀가 문으로 갔을 때, 자녀는 자신의 괴로움을 분명히 표현하였고, 엄마 찾기를 원하였다.

7회 차 : 낯선 사람의 개입 2

낯선 사람이 문을 여는 동안 자녀는 조금 놀랐다. 누가 들어오는지 보기 전에 자녀는 "엄마" 하고 불렀다. 낯선 사람을 보자 자녀는 몸을 돌려 장난감을 가지고 놀았다. 낯선 사람이 자녀와 대화하고 놀이를 시도하였고, 어느 정도 성공을 이루었다.

 누가 문 밖에 있는지 알기 전에 엄마를 부르는 것은 자녀의 마음에 어떤 사람이 있는지를 보여 준다. 자녀의 애착관계 체계는 활성화되었고, 자녀는 엄마가 돌아오기를 기다렸다. 이것은 헤어짐이 있는 동안 자녀의 애착은 활성화되어 있다는 것을 엄마에게 보여 주는 것으로 사용하기 좋은 영상이다. 이것은 또한 이 회차에서 자녀가 엄마를 기다리는 동안 주의를 돌리는 데 장난감을 사용하고 있다는 것을 보여 준다. 그 장난감은 탐색하는 데 사용하는 것보다 다른 기능으로 실행시키고 있다.

⋮ 8회 차 : 재결합 2

엄마는 방으로 들어왔고 안녕이라고 말하였다. 자녀는 몸을 돌렸고, 놀이를 하였다. 엄마는 자녀에게로 가 "잘 기다렸어?"라고 물었다. 자녀는 엄마로부터 등을 돌리고 있었고, 장난감에게 조그마한 소리로 무엇인가를 이야기하였다. 엄마는 자녀에게 장난감이 재미있는지 물었다. 자녀는 조그만 소리로 "네"라고 말하였다. 엄마는 의자에 가서 앉아 놀고 있는 자녀를 보았다. 15초 후에 자녀는 엄마에게로 갔고, 슬픈 감정으로 장난감을 엄마에게 보여 주었다. 엄마는 자녀가 놀잇감에 흥미를 갖도록 노력하였다. 자녀는 감정을 진정시키게 되었고, 엄마는 "슬펐구나. 안아 줄게."라고 말하였다. 엄마는 팔을 벌렸고, 자녀는 일어나 엄마의 무릎에 앉아 엄마 품에 포근히 안겼고, 평온해 보였다. 몇 분 후 엄마는 장난감을 가리켰고, 자녀는 미소를 지었다. 자녀는 엄마의 무릎에서 일어나 장난감 상자로 가 그 안을 보았다.

- **자녀는 평안함을 얻기 위해 엄마에게로 갔는가?** 자녀가 엄마로부터 등을 돌려 앉았고, 장난감에 집중을 하였다. 이것은 정확히 잘못된 신호로 보인다. 자녀가 엄마에게로 간 짧은 시간 동안 장난감을 손에 쥐고 조금도 행복해 보이지 않았고, 슬퍼보였다. 이것은 신호인가? 혹은 잘못된 신호인가? 그 대답은 자녀가 장난감이 괴로움을 잊기 위한 것인지 아니면 다가가기 위한 의미로 사용되었는지에 달려 있다. 자녀의 감정은 이것은 신호라고 말하고 있다.

  엄마는 장난감에 집중하였고, 자녀가 즐겁게 놀도록 격려하였다. 이것은 신호인가? 잘못된 신호인가? 엄마는 자녀에게 잘못된 신호를 보냈다. 그 이유는 자녀의 비언어적 신호는 모두 괴로움에 대한 것이었고, 엄마는 자녀가 순환의 위 안에서 탐색하기를 압박하고 있기 때문이다.

  자녀는 엄마의 흥미에 따라 놀이를 하였지만 분명하게 이것은 자녀의 뜻은 아니다. 엄마는 자녀의 흥미를 유발하기 위해 계속 노력하고 있었다. 잠시 후 엄마가 시도하고 있던 의도가 받아들여지지 않았을 때 엄마는 순환의 아래로 옮겨졌다. 엄마가 자녀에게 다가갔고, 자녀는 엄마에게 안김으로 반응을 하였고, 평온해 보였다.

  몇 분 후 엄마는 장난감을 가리켰고, 자녀는 놀잇감을 잡았지만 보기만 하였고, 그것을 가지고 놀지는 않았다. 엄마는 놀잇감을 가지고 놀 수 있도록 격려하였다. 잠시 후 자녀는 엄마의 무릎에서 일어나 어떤 장난감이 있는지 장난감 상자를 들여다보았다.

- **이 회차가 잘 마무리되었는가? 힘든 점은 없었는가?** 만약 있다면 어떤 종류였는가? 이제는 관찰자가 답변을 필요로 하는 좋은 질문 몇 개를 가지고 있다. 답변보다는 좋은 질문과 함께 SSP의 첫 관찰이 나오기를 선호한다. 지금은 질문에 대한 답변을 얻기 위해 영상에 대해 조금 더 깊이 파고들고, 다시 영상을 봐야 하는 시기이다. 질문에 대한 답변을 얻기 위해 아마도 어떤 부분들은 다시 천천히, 자세하게 시청해야 할 필요가 있다. 예를 들면 두 번째 재결합 때 자녀가 엄마의 무릎에 앉았을 때, 자녀가 먼저 엄마 무릎에서 일어났는가 혹은 엄마가 자녀에게 일어날 시간이 되었다고 알렸는가? 엄마는 자녀의 정서적 컵이 다 채워질 때까지 기다렸는가 혹은 자녀가 정서적으로 다 채워지기 전에 탐색하도록 보냈는가? 천천히 자세하게 그 순간을 다시 보자 상황은 명백하였다. 엄마가 먼저 자녀가 탐색하도록 주의를 돌렸다. 자녀가 장난감으로 시선을 돌려 보기 전에 엄마의 손가락이 장난감을 가리켰다.

읽기

이 읽기 회차는 잘 진행되었다. 엄마는 자녀가 책을 선택하도록 하였고, 소파에 나란히 앉았다. 엄마가 책을 읽는 동안 엄마는 책에 있는 그림에 대해 질문을 하였고, 자녀가 보고 있는 것에 대해 이야기를 나누었다. 엄마와 아들은 편안해 보였고, 책 읽는 것이 즐거워 보였다. 엄마는 이 활동에서 대화를 하며 즐겁게 진행하는 것에 대해 별 문제가 없었다.

정리

이제 정리할 시간이라는 엄마의 말과 함께 정리하는 시간이 시작되었고, 자녀는 저항을 하였다. 자녀는 책 읽기를 좋아하였고, 더 읽기를 원하였다. 엄마는 자녀가 책을 더 읽고 싶어 하는 것은 장난감을 정리하고 가야 하는 것을 원치 않기 때문임을 알고 있었다. 엄마는 따뜻하지만 강한 톤으로 말하였고, 자녀는 조금 더 저항을 한 후 장난감을 장난감 상자에 넣으면서 정리를 시작하였다. 엄마는 게임을 접목하여 정리할 수 있게 하였고, 자녀는 잘 정리하며 마무리되었다.

고정핀은 누구인가?

- **첫 번째 중요한 질문 : 상담이 잘 마무리되었는가?** 자녀는 평안함을 느끼기 위해 엄마를 찾았으며 마음이 충분히 평온해지고 놀이탐색으로 다시 돌아가기까지 엄마와의 접촉을 유지하였는가? 질문에 대한 대답은 몇 가지를 제외하고는 '그렇다'이다. 자녀의 괴로움이 증가하는 동안 엄마는 불안정한 전략을 쓰는 듯 보인다. 자녀가 여전히 괴로움을 느끼고, 평안함이 더 필요하다는 사실에 직면하면서도 엄마는 자녀를 순환의 아래에서 순환의 위로 가도록 강요하였다. 자녀가 무엇이 필요한지에 대해 이전의 충분한 증거가 지속적으로 제안되고 있음에도 불구하고, 엄마는 자녀의 정서적 컵이 놀이할 준비가 될 정도로 충분히 찼다는 것을 자녀가 보여 주기 이전에 그 과정을 끝마쳤다.

- **누가 이 관계를 정리하는가? 엄마인가 자녀인가?** 엄마의 행동이 이 관계에 대해 두려워하거나 무서운 태도를 취한다는 증거는 없어 보인다. 엄마는 인색하지도, 약하지도, 떠나지도 않는다. 엄마는 더 크고, 더 강하고, 더 지혜롭고, 친절하게 책임을 질 수 있는 부모이다. 놀랄 것 없이 그녀의 아들은 통제되지 않고 있다. 그 답변은 엄마는 이 관계를 정리하고 있는 사람들 중 한 사람이라는 것이다. 순환 안에서 손의 기능은 고정핀이 아니다.

- **엄마는 자녀의 놀이를 지원하는가?** 엄마와 아들은 여기에서 상당히 잘 지냈다. 중요한 문제가 되는 한 가지 측면은 엄마는 자녀가 알아서 문제를 해결하도록 압박을 준다는 것이다. 이것은 자녀가 어떠한 문제에 직면하였을 때 엄마에게 오지 못하도록 가르치게 되는 것이고, 특히 10대 때 심각한 문제가 될 수 있다.

알게 된 많은 강점이 있다. 그러나 순환의 아래에서 도움이 필요한 아들이 순환의 아래에서 욕구를 숨기기 위한 방법을 찾으며 엄마에게 잘못된 신호를 보내서 엄마를 순환의 위로 가도록 여전히 압박을 하는지 여부에 대한 질문을 여전히 해야 한다. 자녀의 욕구를 들어주기를 꺼림에도 자녀는 엄마로부터 순환의 아래의 절반 정도의 반응을 충분히 계속 주장하는가? 어떠한 방법으로 진행될 것인가? 우리는 아직 모르지만, 다른 형제자매, 병, 사고, 입학 등등의 인생사로부터 영향을 받을 수도 있는 엄마와 자녀 사이의 안정에 분명한 취약점이 있을 수 있다고 본다.

고정핀은 순환의 아래에 있다. 치료 목적은 엄마가 죠스 음악을 잘 다루도록 돕는 것이다. 그래서 엄마가 자녀를 잘 받아들이고 자녀의 감정을 잘 다스리도록 돕는 것이다.

감별진단은 문제가 얼마나 분명하느냐에 따라 간단할 수도 있고 복잡할 수도 있다. 평가 영상을 반복해서 본 후 모순, 중요 세부요소들, 그리고 답이 나오지 않은 질문들이 있을 수 있다. 질문이 막혔을 때 비슷한 생각을 가진 다른 상담사들과 비디오 영상을 보고, 상의를 통해 도움을 받을 수도 있다. 적어도 그 평가에서 몇몇 질문들이 있다는 것을 인정하는 것과 답이 명확하다고 가정하지 않는 것이 중요하다. 답을 단정 짓지 않음을 유지하는 것은 비디오 평가를 통해 진단할 때 부모와 자녀를 보호할 수 있고, 잠재적으로 부적절한 치료적 추측의 위험을 방지할 수 있다. 우리의 견해로는 해답을 얻지 못했거나 진행 중인 질문들에 직면하여 확신을 강요하는 것보다 비교적 확신을 얻을 때까지 궁금증을 유지하는 것이 더 효과적이다.

> SSP에서 곤란한 상황에 놓이는 것이 어떤 것인지에 대한 발상을 얻기 위해
> 치료사가 적어도 한 번은 낯선 사람의 역할을 하는 것이 좋다.

상호작용 평가에서 부모-자녀 행동의 일반적인 성격

SSP를 관찰하는 동안에 그냥 보는 것에 집중해야 한다고 가정하는 것은 위험하다고 경고하는 가운데 평가 중 나타나는 부모-자녀 행동의 일반적 성격이 있음을 아는 것은 도움이 된다. 가장 보편적인 형태로서 노력해야 하는 문제는, 자녀가 우울하거나 화나 있을 때 특히 자녀를 무서워하는 부모이다. 이러한 관계는 일반적으로 자녀가 부모보다 더 큰 지배권을 가진, 역할 전환인 경우가 굉장히 많다. 이런 부모의 경우 자녀에게 무서워 보이게 하려고 하거나, 화를 낼 때 강한 방법(얼굴표정과 목소리)을 사용하는 것이 흔히 발생한다.

순환의 위에서 겪는 문제의 가장 흔한 형태는 자녀의 독립심으로부터 압박을 받고, 필요한 존재가 되기를 요구하는 부모이다. 이런 부모는 참견을 하거나 만나서 이야기를 나누지 않는 중간에서 종종 바뀐다. 자녀가 우울할 때 부모가 책임을 지려 하거나, 숨으려고 하는 문제를 가지고 있는 것이 이러한 부모에서 흔히 보이는 일이다. 그와 동시에 자녀가 우울해하기 때문에 부모를 필요로 함을 느낀다.

순환의 아래에서 나타나는 가장 흔한 문제의 경우는 자녀가 위로를 필요로 해서 우울해할 때 자녀의 불안감을 다루기 위해 부모가 자녀에게 그만 우울해하도록 압박하려는

불안감을 가진 부모다. 많은 자녀들은 자신의 괴로움과 진정이 필요하다는 것을 나타내지 않는 잘못된 신호를 보내면서 문제를 해결하려 할 것이다.

다음 세 가지의 중요한 경고를 기억하라.

1. 당신이 무엇을 보고 있는지, 무엇을 보려고 기대하는지를 믿어라. 무엇을 보았는지가 부모와 자녀의 행동의 성격 중 하나에 완벽하게 맞지 않더라도, 당신이 보았던 것을 기초로 하여 최고의 진단을 내리고, 최선의 투쟁의 고정핀을 선택할 수 있도록 한 후, 치료의 과정으로서 변경하는 데 대한 준비가 되어 있어야 한다.

2. 믿을 수 없게 들리겠지만, 자녀의 반응에 부모는 반응하고, 부모의 반응에 자녀가 반응하는 것은 자녀와 부모 사이의 단 한 번의 행동이 아니고 계속적으로 연속되는 일이라는 것을 기억하라. 예를 들면, 자녀가 놀이를 주도할 때 부모가 반응 시 사용하는 목소리 톤과 버릇, 그리고 그와 같이 부모 주도 시 자녀의 반응하는 목소리 톤과 버릇은 양자적 춤(자녀와 부모의 관계에서 어떻게 비언어적으로 그리고 다감각으로 조화를 이루는지)에 대한 단서를 종종 제공한다. 만약 자녀가 지나치게 염려하거나 처벌적이라면, 부모의 법이 매우 완화적일지라도 부모가 무서운 훈육법을 따르고 있음을(제7장 참조) 제시할 것이다. 때때로 자녀가 지나치게 밝고, 쾌활하게 행동하는 것이 분명하게 관찰되지 않을 수 있지만 부모의 절제된 정서적 참여로부터 보상되고 있는 것일 수도 있다. 이것은 지나치게 밝은 자녀와 감정이 무딘 부모를 관찰할 때 상호작용 평가에서 나타날 수 있다.

3. 마지막으로 평가의 마지막에서 다양한 목적을 가지고 있지만 고정핀에 우선순위를 두는 것이 중요하다는 것을 마음에 지녀라. 너무 많은 목적은 부모에게 혼란을 일으키고, 상담의 영향력을 희석할 수 있다. 고정핀을 용이하게 함에 따라 부차적인 목적이 단계에 포함될 수 있다. 예를 들면, 부모와 자녀의 역할이 바뀌었고, 그것이 고정핀이 될지라도, 그 과정은 제한된 긍정적 감정을 보여 주는 부모가 어떻게 즐거움을 지원하는지를 해명해 줄 것이다. 그러나 집중하고 있지 않다면 상담에 대한 영향을 적게 받을 것이다.

치료에서 창작 이야기 사용하기

상호작용 평가는 치료하는 동안 부모와 함께 이야기를 만들도록 해 왔다. 서로 다른 진단하에서 부모가 묘사했던 이야기는 이렇게 항해를 하고 있는 셈이다. 자녀는 우울할 때 위로를 얻기 위해 나를 필요로 한다. 자녀가 위로를 필요로 할 때, 나와 함께 놀이하기를 원하는 것과 같은 행동으로 잘못된 신호를 보낼 때가 있고, 잠시 후에 자녀는 위로를 느끼기 위한 것이라 신호를 보내기도 한다. 내가 위로를 제공하면서 자녀의 욕구에 대해 반응을 할 때, 놀이를 끝마치기 전 자녀가 놀이탐색을 하도록 하지 않고, 자녀의 정서적 컵이 충분히 가득 차고 놀이탐색이 준비되었다는 것을 나에게 알리는 시기가 온다. 자녀가 준비되었다는 신호를 보낼 때까지, 자녀가 괴로움을 가지고 있을 동안 자녀와 함께 있음으로 나의 죠스 음악을 처리할 수 있는 이와 같은 방법을 쓴다.

상호작용 평가는 순환 안에서의 자녀와 부모의 방어적인 계획을 명확하게 한다. 다음으로 중요한 부분은 다음 2개 장에 걸쳐 이야기될 부모의 핵심 민감성을 무엇이라 부르는지 평가하는 것이다. 핵심 민감성은 부모 자신의 문제를 배척하기보다 포용할 수 있는 방식으로 함께 이야기를 만들어 가도록 안내한다. 우리가 자녀를 돕는 노력 안에서 그들의 편에 서기 전에 부모의 핵심 민감성을 잘 이해하지 못했을 때, 부모는 방어하게 만드는 죠스 음악이 생기기 시작한다. 우리가 부모의 핵심 민감성을 알아내었을 때(제9장 참조), 다시 되돌아와 치료하는 동안 탐색되고, 밝힐 수 있는 이야기를 지지하는 영상의 부분들을 선택할 수 있게 된다. 〈그림 8.1〉은 지금까지 모은 데이터를 사용하여 완성된 질문 1과 6과 함께 치료계획을 정리해 놓은 것이다.

그림 8.1 완성된 질문 1과 6과 함께 안정성의 순환에 대한 평가와 치료계획서의 예

1. 순환의 각 부분에서의 강점과 투쟁 목록

- 손들
  - 따르기 : 확실하게 함께 있기와 감정의 공동조절의 많은 예
  - 어긋난 조율 : 자녀가 순환의 아래에 있을 때 순환의 위에 가게 하는 여러 압박들. 자기활성화를 위한 여러 압박들
  - 책임지기 : 두려움을 일으키는 일 없이 자신감 있게 책임을 짐
  - 역할 왜곡 : 책임을 거부하는 신호는 없이 부모가 관계를 정리함
  - 전환/대립적 전략 : 신호는 없음

- 순환의 위
  - 놀이탐색 지지 : 엄마는 자녀가 나가 놀잇감을 선택했을 때 미소를 지음. 엄마는 자녀가 자신이 흥미 있어 하는 놀잇감을 선택하였을 때 긍정적인 태도를 지님
  - 날 지켜봐 주세요 : 엄마는 자녀가 퍼즐박스와 병원놀이 가방을 가지고 놀이를 시작하였을 때 자녀를 봄
  - 날 기쁨으로 여겨 주세요 : 엄마는 자녀의 탐구를 즐기는 듯 보임. 그러나 기쁨을 표현함에 제한이 있음
  - 날 도와주세요 : 자녀는 퍼즐박스와 혈압기에 대해 도움을 청함
  - 나와 함께 즐겨요 : 엄마와 자녀는 놀잇감을 가지고 놀이를 할 때 서로에게 미소를 지음

- 순환의 아래
  - 당신에게 가는 걸 반겨 주세요 : 첫 번째 재결합에서 엄마가 미소를 지었고, 자녀는 엄마에게로 다가감. 두 번째 재결합에서 엄마는 팔을 벌려 안기도록 함
  - 날 보호해 주세요 : 이러한 예가 있었던 한 번의 순간은 낯선 사람이 들어왔을 때이고 엄마는 그때 자녀의 불안감을 읽지 못하고, 자녀는 엄마에게 자신이 보호가 필요하다는 직접적인 신호를 주지 않음. 따라서 명확한 예가 없음(SSP에서 흔한 상황)
  - 날 위로해 주세요 : 자녀가 엄마에게 등을 돌렸을 때, 자녀는 장난감에 집중하였는데 이것은 잘못된 신호였음. 자녀의 감정의 컵이 채워지기 전에 엄마는 자녀에게 탐색을 강요함으로써 잘못된 신호를 보냄
  - 날 기쁨으로 여겨 주세요 : 최고로 즐거웠던 순간은 동화를 읽었을 때였지만 여전히 제한적이었음
  - 내 감정을 정리해 주세요 : 두 번째 재결합에서 자녀가 엄마 앞에 섰을 때 자녀는 슬퍼 보임. 엄마는 자녀가 감정을 정리하도록 도움을 주는 데 책임을 지며, 자녀에게 안아 주냐고 물었고, 안아 줌

- 위의 투쟁들 중에서 어떤 것이 투쟁의 고정핀인가? 날 위로해 주세요 : 엄마는 위로를 제공할 수 있었지만 탐색 집중에 방해함을 남용하였고, 자녀가 준비되기 전에 위로를 멈추는 데 서둘렀다. 부차적인 목적은 기쁨을 더욱 표현하도록 엄마를 돕는 것이다.

6. **주 양육자가 무엇을 배우기를 원하는가?(죠스 음악을 위한 짧은 이야기)**

    단계적인 학습 목적을 만들어 보자(당신은 두 고정핀의 학습 목적들이 담긴 상당히 복잡한 한 쌍의 목적을 아마도 두 번 정도 만들어야 할 것이다). (이것은 COSI로부터의 추가적인 정보를 뺀 초기 형태이다.)

    - 학습 목적 1(내 자녀는 순환에서 X를 위해 나를 필요로 했다.) "고정핀의 욕구" : 나의 자녀는 우울할 때 위로받기 위해 나를 필요로 하였다.
    - 학습 목적 2(자녀가 X를 필요로 할 때, 자녀는 Y를 함으로써 잘못된 신호를 보냈다.) "고정핀 자녀의 잘못된 신호" : 자녀가 위로를 필요로 할 때, 자녀는 놀이하기 원한다는 행동을 함으로써 나에게 잘못된 신호를 보낸 적이 있다.
    - 학습 목적 3(자녀가 X를 필요로 할 때, 자녀는 Z를 함으로써 다른 신호를 보냈다.) "고정핀 부모의 전환" : 자녀가 위로가 필요할 때, 나는 자녀의 놀이탐색을 격려하였다. 내가 위로받으려는 자녀의 욕구에 반응하였을 때, 나는 자녀의 욕구가 충족되어 놀이를 할 준비가 되었다는 것을 나에게 알리기 전에 자녀가 탐색할 수 있도록 한 때가 있었다.
    - 학습 목적 4(나는 나의 [가능하다면 기분을 기술하라.]을/를 다루기 위한 방법으로 Z를 하였다.) "죠스 음악" : 자녀가 위로를 필요로 할 때 나는 나의 죠스 음악을 다루기 위한 방법으로 자녀의 탐색을 격려하였다. 지금 우리는 죠스 음악의 본질을 모른다. 더 자세한 사항을 COSI를 통해 알아볼 필요가 있다.
    - 학습 목적 5(나는 X의 필요성에 반응할 수 있는 능력을 가지고 있고, 예를 들면 …을 함으로써 나의 죠스 음악을 다룰 수 있다.) "충분히 이용되지 않는 고정핀의 능력" : 나의 자녀가 우울하여 나에게 왔을 때(재결합 2) 나는 자녀에게 위로를 제공해 주었다.

7. **동영상 선택** [비디오 평가 없이는 선택을 할 수 없다. 그래서 학습계획의 이 부분은 지금 하지 않을 것이다. 두 번째 재결합이 고정핀이다.]

양식 8.1

안정성의 순환 평가와 치료계획서

1. 순환의 각 부분에서의 강점과 투쟁 목록

    - 손들
        - 따르기 : _____
        - 어긋난 조율 : _____
        - 책임지기 : _____
        - 역할 왜곡 : _____
        - 전환/대립적 전략 : _____

(계속)

- 순환의 위
  - 놀이탐색 지지 : _____
  - 날 지켜봐 주세요 : _____
  - 날 기쁨으로 여겨 주세요 : _____
  - 날 도와주세요 : _____
  - 나와 함께 즐겨요 : _____

- 순환의 아래
  - 당신에게 가는 걸 반겨 주세요 : _____
  - 날 보호해 주세요 : _____
  - 날 위로해 주세요 : _____
  - 날 기쁨으로 여겨 주세요 : _____
  - 내 감정을 정리해 주세요 : _____

- 위의 투쟁들 중에서 어떤 것이 투쟁의 고정핀인가? _____
  _____

2. 무엇에 민감한가?　　□ 존중　　　□ 안전　　　□ 분리

- 투쟁의 고정핀을 이해하는 데 민감함은 어떠한 영향을 주는가? _____
  _____
  _____

- 투쟁의 고정핀을 제시하는 데 민감함은 어떠한 영향을 주는가? _____
  _____
  _____

  투쟁의 고정핀에 따라 주 양육자가 분쟁이나 접근을 어떻게 만들어 내는지 예를 제시하라.
  _____
  _____

  투쟁의 고정핀에 따라 주 양육자가 분쟁이나 접근을 어떻게 만들어 내지 않는지 예를 제시하라.
  _____
  _____

3. 반영적 기능 등급

  A. 낮음 : 반응에 대해 묻는 질문에 회피 혹은 일반화된 표현만 사용
  B. 중간 : 반영적 기능에 대한 약간의 사례
  C. 높음 : 반영적 기능이 면담 내내 명확하다.
  코멘트 : _____

4. 두 관점에서의 공감에 대한 등급

A. 견해 취함에 대해 등급을 매기라.

  a. 낮음 : 견해 취함에 대한 결핍 혹은 회피

  b. 중간 : 약간의 견해를 취함

  c. 높음 : 견해 취함이 면담 내내 분명하다.

  코멘트 : _____

  _____

B. 정서적 공조에 대해 등급을 매기라.

  a. 낮음 : 정서적인 공조에 대한 결핍

  b. 중간 : 어떠한 정서적 상태와 함께 제한적인 견해를 취함

  c. 높음 : 폭넓은 감정을 넘는 공감능력

  코멘트 : _____

  _____

5. 나 자신에 집중할 수 있는 능력에 등급을 매기라.

A. 낮음 : 나 자신에게 집중 못하는 듯하거나 피함

B. 중간 : 제한적으로 나 자신에게 집중함

C. 높음 : 필요시 자신에게 집중할 수 있음

  코멘트 : _____

  _____

6. 주 양육자가 무엇을 배우기를 원하는가?(죠스 음악을 위한 짧은 이야기)

단계적인 학습 목적을 만들어 보자(당신은 두 고정핀의 학습 목적들이 담긴 상당히 복잡한 한 쌍의 목적을 아마도 두 번 정도 만들어야 할 것이다).

- 학습 목적 1(내 자녀는 순환에서 X를 위해 나를 필요로 했다.) "고정핀의 욕구" : _____

  _____

  _____

- 학습 목적 2(자녀가 X를 필요로 할 때, 자녀는 Y를 함으로써 잘못된 신호를 보냈다.) "고정핀 자녀의 잘못된 신호" : _____

  _____

- 학습 목적 3(자녀가 X를 필요로 할 때, 자녀는 Z를 함으로써 다른 신호를 보냈다.) "고정핀 부모의 전환" : _____

  _____

- 학습 목적 4(나는 나의 [가능하다면 기분을 기술하라.]을/를 다루기 위한 방법으로 Z를 하였다.) "죠스 음악" : _____

  _____

(계속)

- 학습 목적 5(나는 X의 필요성에 반응할 수 있는 능력을 가지고 있고, 예를 들면 …을 함으로써 나의 죠스 음악을 다룰 수 있다.) "충분히 이용되지 않는 고정핀의 능력" : _____
_____

7. 동영상 선택(영상의 번호를 넣으라.)

1단계

- 부드러운/양육자의 활성화(1단계 - 영상 1) : _____
_____

- 잘 사용되지 않은 성공능력(1단계 - 영상 2) : _____
_____

- 고정핀과 죠스 음악 마이너(1단계 - 영상 3) : _____
_____

- 축하와 해결의 순간들(1단계 - 영상 4) : _____
_____

2단계

- 부드러운/양육자의 활성화(2단계 - 영상 1) : _____
_____

- 잘 사용되지 않은 성공능력(2단계 - 영상 2) : _____
_____

- 고정핀과 죠스 음악 마이너(2단계 - 영상 3) : _____
_____

- 축하와 해결의 순간들(2단계 - 영상 4) : _____
_____

9장

핵심 민감성을 통한 마음상태와 방어과정 이해하기

그것이 세워진 이유를 알 때까지는 울타리를 쓰러뜨리지 마라. -G. K. Chesterton

부모와 함께 작업을 하는 동안에는 울타리를 쓰러뜨리지 마라. 만약 장기간 방어가 이루어지는 것이 아니라면, 양육자의 일은 우리에게가 아니라 자신을 위해서 울타리를 쓰러뜨리는 것이다. 첫 번째 장소에 울타리를 세우도록 고통을 공감해 주는 방법을 찾도록 하자. 막기 위해 세운 벽과 고통을 인정하라. 부모가 지금 무슨 일이 일어나고 있는지 부모의 생각과 느낌, 즉 전 생애에 걸쳐 일어났던 일들을 색칠하고 있는 현재에 관한 생각과 느낌을 봄으로써 아무것도 없는 곳에서의 선택을 할 수 있도록 부모를 도우라. 관계보다는 벽으로 스스로를 보호해 왔지만 자녀를 위해서 새로운 방법으로 반응하기로 한 부모를 믿으라.

COS 상호작용 평가 비디오에서는 걸음마 아기가 찡찡거릴 때 시선을 회피하는 엄마를 볼 수 있다. 안아 달라고 딸에게 요구함으로써 어린 딸의 놀이를 방해하는 아빠를 볼 수도 있다. 그때를 제외하고는 딸이 편안함을 얻고 싶을 때 아빠 무릎에 앉아서 '대디걸'이 되려는 딸아이를 가볍게 핀잔주는 아빠도 볼 수 있다. 순환을 둘러싼 이러한 상호작용은 아들이 신호를 줄 때 엄마가 더 자주 편안하게 해 줄 필요가 있음을 우리가 확인할 수 있도록 돕고, 아빠가 딸로 하여금 더 많이 탐색할 수 있도록 물러서게 할 필요가 있음을 확인시킨다. 그러나 치료사는 이러한 행동을 직접적으로 목표화해서 부모가 수년 동안 방어해 온 울타리를 무너뜨리도록 요구함으로써 양육의 새로운 방식으로의 전환을 요청한다.

2살짜리 아들을 더 자주 안아 주는 혼란스러운 엄마를 도와주는 것은 친밀한 유대를 키워 주는 것으로, 그 후에 아이의 화난 행동이 논리적으로 이해되도록 도울 수 있다. 그러나 죠스 음악이 생기는 위험으로부터 엄마를 보호하는 방어를 할 수 없게 하는 것으로 엄마가 받아들인다면 엄마는 여전히 먹먹한 귀를 갖게 될 것이다. 많은 부모가 개입 전 이러한데 엄마는 지각된 위험을 피하려고 하지는 않는다. 엄마는 불편함을 느끼고 극단적으로 싫어하는, 명확하지 않은 정서상태로 엄청난 둔감성을 발휘함으로써 그 조언을 방해하면서 더 본능적으로 반응할 수도 있다. 다른 말로, 도움을 주고자 했던 치료사는 개입방법을 엄마를 위한 죠스 음악을 좀 더 경험하는 것으로 전환할 수도 있다.

애착에 기반한 양육행동을 현저히 변화시키는 것은 과거에 실제로 일어났던 고통스러운 사건, 즉 현재의 삶에는 더 이상 일어나지 않는 것으로부터 부모를 보호하기 위해 선택적으로 세워진 울타리임을 부모가 알도록 돕는 데 있다. 그러나 그러기 위해서 치료사들은 우선, 클라이언트를 위해 안아 주는 환경을 만들어야 한다. 이는 제7장 초반부에 소개된 부모의 외현적 걱정에 관심을 보여 주는 것뿐만 아니라 부모의 암묵적, 즉 내재되어 있는 공포에 대한 안전감을 불러일으키는 것 역시 포함한다.

이 장을 통해서 우리는 우리 대부분이 나누고 있는 애착관계에서 무의식적이고 해결되지 않은 공포에 대해 이야기할 것이다. 아이들에게는, 주요한 세 가지 주제인 분리, 존중, 안전을 둘러싼 양육자의 특별한 투쟁에 민감화되어 있는 것이 특별한 일은 아니다. 관계적 관점에서 보면, 위험한 자율성(분리)에 대해서나, 완벽함이 결여(존중)되었거나, 부모와의 경계(분리)에 대한 경계를 표함 없이 존재를 경험한다면, 우리는 함께 있기의 결여를 경험하는 데서 정확히 힘겨워하기 시작할 것이다. 우리 일에서는 이러한 고투를 "핵심 민감성(분리 민감성, 존중 민감성, 안전 민감성)"이라고 묘사한다.

까다로운 아이로부터 벗어나고픈 엄마는, 엄마가 편안함에 대한 욕구를 보였을 때마다 자신의 원가족인 어머니로부터 날카로운 거부를 느꼈을 수도 있다. 오늘날 엄마는 자신의 어머니가 진정을 위한 과도한 욕구로 어머니를 옆에 두었던 자신의 양육에 대한 과정적 기억을 옮겨 어머니의 칭찬을 활성화시켜 왔던 방식으로 엄마가 아이에게 어떻게 실행해 왔는지를 보여 주게 된다. 또는 엄마 자신을 키웠던 할아버지의 무의식적 기억을 갖고 있을 수 있다. 할아버지는 그녀가 균형을 유지할 수 없는, 깰 수 없는 변덕스러운 상태를 가진 횡포적인 사람으로서 엄마는 감시 속에서 통제되고 억제된 느낌을 갖게 했다. 어린 아들의 '요구'는 이제 엄마에게 알람을 작동시켜서 아들의 욕구로부터 벗어나게 만들어 버린다.

딸이 자신의 길을 갈 때, 그리고 아빠가 원하는 편안함을 딸아이가 찾기를 바랄 때 불편함을 느끼는 아빠에게 아마도 그의 어머니는 아이가 어렸을 때 어떤 사람들, 자신의 세계를 찾아 나서는, 즉 포기될 자신의 행동에 책임을 지는 선택을 한 사람들이 아들을 확신시키는 것을 우연히 보고 고삐를 꽉 죄려고 했을 수도 있다. 아빠는 딸아이가 자립하려 할 때 죠스 음악을 들을 수 있다. 아빠가 아이를 위해 안식처가 되고 책임을 질 필요가 있을 때 갑자기 자신의 어머니가 원했던 무기력한 아동이 된 것처럼 느낄 수 있다.

COS 스타일에서, 위에 묘사된 엄마의 행동은 존중 민감성이거나 안전 민감성이라는 두 가지 옵션을 갖는다. 언급된 아빠의 행동은 지속적으로 분리 민감성과 관련되어 있다. 순환을 둘러싼 아동기의 충족되지 못한 욕구는 결과적으로 상처 난 세포처럼, 세 가지 핵심 민감성을 이렇게 발달시키고 만다.

핵심 민감성은 모든 사람에게 어느 정도 나타나며 이는 익숙한 성격 특질로 드러나기도 한다. 우리 모두에게 익숙한 경험이 핵심 민감성을 발달시키게 되는 데는 이유가 있다. 우리는 모두 충분히 자존감을 경험할 만큼 민감하여 원하는 목표에 도달하지 못했을 때 자기 가치에 대해 힘들어할 때가 있다. 우리 모두는 버려지는 것에 민감하고 심지어 그것이 불안하게 할 때 위협으로 느끼기도 한다. 우리 모두는 물러나 달라는 신호를 보냈음에도 개인적 공간을 가깝게 침투하는 사람들이 있을 때 침범의 느낌을 느낄 정도로 민감하다. 핵심 민감성이란 일어나는 일과 매일의 고투가 규준이 되어 버릴 때 결국 암묵적인 관계적 앎의 핵심으로 형성되어 버리는 것에 관한 것이다.

아마도 당신이 존중 민감성을 가진 개인을 만난다면, 그들은 스스로 취약한 친밀함을 피하고자 업적과 완벽함을 과장할 수도 있다. 이들은 자신이 누구인지에 대해 사랑과 친밀함으로 대접받지 못하고 달성해 온 일들로만 대접받을 수 있다는 절차적 경험을 갖고 있다. 그들은 타인의 인식에 과도하게 휘둘려, 그들을 존중하는 사람들과 관계를 형성함으로 가치를 확신하려고만 하고 비판에 직면해서는 분노를 표하거나 위축될 수도 있다. 분리 민감성을 가진 어른들은 종종 기쁨조가 되는데, 그들은 관계에 몰두해서 타인의 욕구를 채우려고만 한다. 그들은 혼자 남겨지기를 피하려는 경향이 있어 버려짐의 강한 공포에 남겨져 있기도 한다. 만약 그들이 호의적인 상태가 되지 않는다면, 무기력함으로 지지를 얻고자 노력할 것이다. 안전 민감성을 가진 사람들은 친밀함을 불편해하는데 그 이유는 친밀함에 대한 비용으로 자기를 잃고 통제된다고 느끼기 때문이다. 관계가 염려되는 곳에서 그들은 딱딱한 장소에 사로잡히게 된다. 그들은 존중 민감성을 가진 사람들과 같은 방식으로 자족하는 것처럼 보이지만, 반대로 주의집중하는 것을 좋아하지는 않는다. 그들의 모토는 "그대 자신의 자기가 진실되도록"이다.

부모의 확고한 핵심 민감성을 이해하는 것은 치료에서의 부정적 기인을 예방할 수 있다. 부모가 어떻게 이 민감성을 표현하는가를 이해하는 것이 죠스 음악 뒤의 힘을 인식하고, 부모가 어떻게 양육행동을 형성하는가를 인식하게 할 수 있다. 이러한 두 가지 이점은 안아 주는 치료 환경을 만들 수 있게 한다. 반영을 촉진하는 것은 변화과정의 중요한 측면으로도 점차 인식되었는데(Fonagy & Bateman, 2007) 처방적 조언보다 종종 더 효과적이었다. 반영의 힘을 강화함으로써 부모가 자신의 치료과정을 추적하도록 돕는 것은 COS 방법의 핵심이다. 그러나 죠스 음악의 불편함을 참기 시작하는 안식처 없는, 그리고 자신의 내적 과정을 탐색한 안전기지 없이 부모는 자기 자신의 어린 시절부터 의지해 온 자기보호 전략을 포기할 수 없다. 자신의 아이와의 긍정적 연결의 순간을 인식하기 시작할 때 우리의 지지를 느낄 수 있는 양육기술이 거의 없는 부모지만, 그러나 결국 그러한 경험이 없는 것보다는 더 나은 양육자로서 점차 기능할 수 있게 될 것이다.

안아 주는 환경은 반영의 능력에 앞선다.
반영능력은 반응하기를 선택하는 능력에 앞선다.

COS 상호작용 평가는 부모의 핵심 민감성에 대한 단서를 종종 제공하지만 마음의 상태는 AAI(George, Kaplan, & Main, 1984)와 같은 아주 강력한 도구처럼 면담을 통해서 밝혀질 수 있다. 제10장에서 논의하는 COSI, 즉 우리가 사용한 임상적 이유 때문이다. COS를 위해 구체적으로 준비된 이 면담은 부모의 내적 표상을 탐색하고 아이와의 관계와 양육에 대한 부모의 느낌을 탐색할 수 있다.

이 장의 목표는 핵심 민감성이 상호작용 평가를 형성하기 시작했는가라는 이야기 속으로 어떻게 들어가느냐를 설명하는 것이다. 그것은 각각의 세 가지 민감성이 어떻게 다른 내적 작동 모델과 애착패턴에 대응하는지를 탐색함은 물론, 부모의 핵심 민감성의 통합적 지식의 결과를 강화하는 치료로 어떻게 묘사하는가를 탐색한다.

분열 : 핵심 민감성의 기초

제4장에서는 부모와 관련된 아기의 좋은 얼굴과 나쁜 얼굴 아이디어를 소개했다. 대상관계이론의 맥락에서, 아기들은 세 가지 주제의 맥락에서 지속적으로 사건을 처리한다 : 모든 중요한 양육 경험은 '타자'로, 발달하는 자기로, 둘 사이 상호작용으로 나타나는 감정으로. 이러한 상호작용이 긍정적이면, 아이는 긍정적이거나 '좋은' 타자감과 자기감을 갖게 되고 결국 좋은 느낌의 상태로 나타난다. 상호작용이 좋지 않으면, 아이는 부정적이거나 '나쁜' 타자관과 자기관을 형성하고 결국은 나쁜 느낌의 상태를 가져오게 한다. 아기가 자신 앞의 '좋은' 부모를 볼 때 '나쁜' 부모는 존재하지 않는다.

이것이 바로 20세기 초기 Melanie Klein(1948)에 의해, 이후 Ronald Fairbairn(1952), Otto Kernberg(1975), James Masterson(1976) 외 다른 대상관계이론가들에 의해 폭넓게 탐구된 '분열'이라는 정신병리적 개념을 단순화한 것이다. 대상관계이론가들은 긍정적이거나 부정적인 카테고리의 경험을 분류하는 것이 발달하는 아이의 마음을 조직화하는 첫 번째 단계를 대표한다고 가설화한다. Dan Siegel(1999)은 이것을 "상태의존기억"(p. 105)이라고 지칭하면서, 이것은 아기와 어린아이들이 자기, 타자, 느낌을 뇌의 다른 부분 안의 독특하면서 다른 작동 모델로 절차기억으로 저장하는 방식이라고 하였다. Siegel은 이러한 것을 "애착 관련 맥락"(p. 106)이라고 부르면서 유사한 경험이 비록 시간이 지나서 일어나더라도 숨겨진 마음상태를 일깨우는 것과 연결되어 있다고 했다.

주요 발달 목표는 좋고 나쁜 자기와 타자 표상을 통합하는 것인데 분리된 애착 관련 맥락 내에서 좋고 나쁜 것을 분열된 채 유지하는 것보다 자기와 타자의 하나의 내적 작동 모델 형성을 통합하는 데 있다. 아이들은 완전히 좋은 부모와 별개로 완전히 나쁜 부모가 존재하는 것이 아니라 좋고도 나쁜, 즉 섞여 있는 부모를 깨닫기 시작한다. '충분히 좋은' 부모 됨은 제11장에서 기술되는 것처럼, 아기가 정서를 조절하고 분열과 회복의 과정을 거쳐서 '좋고'도 '나쁜' 대상(모든 중요한 타자의 내적 원형)을 함께 전체 대상관계의 능력으로 통합된 전체로 연결하게 한다. 부모의 양육이 이 기준에서 더 많이 부족할수록 통합은 덜 일어나게 된다. 만약 분열이 지속적으로 회복되지 않는다면, 분열표상은 통합되지 않고 사람들은 좋은 대상과 나쁜 대상을 계속 분리하며, 특별히 스트레스 상황하에서는 인생의 풍부하고 복잡한 것을 줄이고 흑백논리로 일반화시키려는 경향을 보이게 된다. 이러한 방어 전략은 세 가지 핵심 민감성을 따라 세 가지 두드러진 특성을 보인다. 각 민감성과의 밀접한 관련이 어떻게 표현되는지는 〈글상자 9.1〉에 잘 요약되어 있다.

핵심 민감성은 애착과 밀접하게 연관되어 있다. 만약 순환 위에서 아기가 어떤 욕구를 표할 때만 좋은 부모가 나타나고 아기가 다른 욕구를 표현할 때는 나쁜 부모가 나타난다면, 아기는 나쁜 부모를 멀리하게 하는 필요성이 있을 것 같은 행동만 자연스럽게 하게 될 것이다. 따라서 편안함을 위해서 애쓴 아기는 양육자로부터 탐색을 허락받기 위해 노력하고 열어 두었던 욕구를 차단하기 시작할 것이다. 이러한 전략은 회피애착으로 명명된다. 애착 유형은 전략의 행동적 표출을 기초로 하는데 핵심 민감성은 그러한 행동과 전략 뒤의 핵심 믿음으로 정의된다.

순환의 아래 혹은 위를 피하는 전략을 발달시키는 것은 아이가 희망을 포기하라는 것을 의미하는 것이 아니다. 이를테면 탐색에서 즐거움을 표하는 '좋은' 부모를 분열하기로 선택한 아이는 "만약 내가 당신이 참는 방식으로 행동함으로써 사랑하고 친밀하게 할 수 있다면 거기에는 내가 결국 사랑받고 '더 나은' 모습이 될 수 있을 거라는 믿음이 있기 때문이에요."라고 말하는 것이다.

개입이 없다면, 친밀함을 위한 노력을 거절한 부모가 계속 그렇게 한다는 것이 바로 현실이다. 방어전략은 계속 존재할 것이다. 이러한 엄마들은 자신의 원가족인 어머니에게서 위안을 얻으려는 울음이 거부되었고 보호를 구하거나 양육영역을 죠스가 득실거리는 물로 경험할 것이다. 아들이 힘들어서 울 때, 그녀는 여느 사랑하는 엄마가 아이가 위험에 처했을 때의 방식으로 반응할 것이다. 엄마는 자신이 배워 온 회피인 죠스로부터 아이를 멀리 떨어뜨리기 위해, 탐색을 향해 노력할 것이고 거기서 그녀는 인정을 받았던 것을 기억한다. 아들에 대한 무의식적인 재지시를 통해 엄마는 편안함과 위안의 요구와 관련되었던 고통스러운 기억과 느낌을 피할 수 있게 된다.

죠스로부터 아들과 자신을 보호할 절차기억을 가지고 살게 되면서, 엄마는 자신이 굉장히 반응적인 '좋은' 부모라는 관점을 확실히 갖는다. 엄마는 자신의 비반응적인 양육자와 위안을 찾을 때 거부되었던 경험 모두의 고통에서 벗어날 수 있기 때문에 아이에게 가하는 고통으로부터 엄마가 얼마나 그 고통을 분리할 수 있는지를 깨달을 수 없었다. 결과적으로, 엄마는 아들의 정신건강에서 문제가 되는 핵심 민감성의 절차적 씨앗을 뿌리고 있었다.

글상자 9.1　친밀한 관계 내에서의 핵심 민감성

분리 민감성

우리는 우리 자신의 요구, 필요, 느낌에 집중하는 대신 다른 사람이 원하는 것, 필요로 하는 것, 느끼는 것에 관심을 두어야만 한다고 느낀다. 자신에게 중요한 타인이 지속적으로 활용 가능하다고 느끼지 않을 경우, 우리는 삶을 어찌할 수 없음을 느끼고, 때문에 다른 사람의 욕구에 관심을 둔다. 우리의 내재된 공포는 우리 자신의 삶과 우리가 잘할 수 있다는 능력에 집중한다면, 우리가 가장 필요로 하는 것에서부터 결과적으로는 벗어나게 되고 '나쁘고', '이기적'이 될 것이라는 것과 관련되어 있다. 우리는 우리의 일이 타인의 욕구에 초점을 둔다고 믿고 우리 자신에 관해서는 도울 수 없게 된다.

- **결론** : 우리는 그들을 돌봄으로써 우리에게 그들이 더 가까워지도록 조절을 시도하거나 그들로 하여금 우리를 돌보도록 시도한다. 그렇지 않다면 우리는 그들이 우리를 떠날까 봐 두려워한다. 대안적으로, 우리는 우리와 가까운 그들이 우리 자신을 돌보도록 압박할 때 자주 화를 낼 수 있다.
- **일반적 방아쇠** : 우리는 관계에서 무언가 잘못되었을 때 그 신호들을 스캔한다(관계의 중심을 잘 유지하면서 화나고 힘든 상태 안에서 자주). 우리는 공포가 포기를 이끌 것이기 때문에 공포를 나타내는 것을 피한다. 우리는 충분히 사랑받든 그렇지 않든 몰두하고 싶어 한다.
- **다른 사람으로부터 들을 수 있는 것** : "나한테 너무 많은 것을 원해." "네가 나한테 너무 매달리는 것 같아." "너는 내가 떠나도록 위협하기를 원하는 것 같아서 결국 남기로 결정했어."
- **반영 내에서 생각하지 못했던 앎** : "나는 네가 가까이 있음으로 나를 재확신시켜 주기를 원해.(표면 아래를 보면, 나는 네가 나를 떠날 거라고 생각해.)" "내가 너에게 집중하지 않는 대신 나에게 관심을 둘 때마다 너는 나가 버렸어. 내가 진짜 원하는 것을 말하면 너는 화가 났어." "내가 도울 수 없다고 생각해서 너는 가까이 왔고 나를 돌봤어."
- **치료 목표** : 우리의 인식, 의견, 욕구는 건강하고 본질적이라는 것을 재확인하라. 이것을 포기하는 것은 우리가 결국 누구인지를 부인하는 것이고 더 깊은 친밀감의 수준으로 가는 것을 포기하는 것이다.

존중 민감성

우리는 마치 (꾸미지 않고, 불완전하며, 결함이 있는) 우리가 충분히 존중받지 않을 것처럼 우리가 그렇다고 믿는다. 따라서 비난, 판단, 버려짐으로부터 우리 자신을 보호하는 것은 우리의 진짜 자기를 숨기고

(계속)

업적과 성취로 지속적으로 우리가 가치 있음(특별한, 독특한, 평균 이상의, 예외적으로)을 인정하려고 하는 것이다.

- **결론** : 우리 모두가 중요하다는 인식을 가져라. 우리는 인식 ─ 다른 사람들이 우리에 대해 생각하는 것과 우리가 우리 자신에 대해 생각하는 것 ─ 을 조절할 수 있다. 다른 사람이 생각하는 것은 항상 다소 깨지기 쉽다는 인식이 있어 우리는 비현실적으로 높은 자기존중감을 유지하려고 재확신을 하는 등 애를 쓴다. 우리는 자주 다른 사람들에게 '우리를 잘 대해 주지 않아서' 혹은 우리를 완벽하게 이해해 주지 않아서 실망한다. 우리는 실패하거나 불완전하거나 하는 것으로서 우리를 바라보는 관점을 계속 유지하고 있다. 우리 중 일부는 (자주 선제적으로 우리 자신을 불완전한 곳으로 밀어넣어 다른 사람들이 그렇게 하지 못하도록) 이렇게 각성하고 있다. 우리 중 일부는 또한 (우리가 불완전감이나 실패감을 경험하지 않음을 확신하려는 시도로 '달걀껍데기 위를 걷는 것'처럼 우리를 그것들과 가깝게 하는) '완전하지 못한' 자신을 상상하기를 원하지 않을 수도 있다.
- **일반적 방어쇠** : 다른 사람의 일부분에 대해서 긍정적이고 부정적인 인식을 스캔한다. 비판, 옳을 필요/잘못되지 않을 필요에 대한 빠른 반응, (같다고 생각하거나 '완전히' 동의가 되는)친한 다른 사람들과 '같은 페이지에 있고 싶은' 열망, '완벽하지'는 않을지라도 친밀한 관계가 위축되거나 비난을 하거나 화가 난 상태로 만나게 될 신호. 취약함은 굉장한 고통을 느끼게 한다.
- **다른 사람으로부터 들을 수 있는 것** : "그건 항상 너에 관한 것은 아니야." "네가 비난받는다고 해서 세계가 끝난 것이 아니야." "나는 너의 확장이 아니야." "나는 낙관적이어야 한다고 압박을 느끼거나 너에게 좋은 말만 해야 한다고 압박을 느껴. 만약 내가 그렇게 하지 않으면 너는 비판받는다고 느낄 거야."
- **반영 내에서 생각하지 못했던 앎** : "나는 네가 나를 특별하게 느끼도록 요구했다고 생각해.(표면 아래를 보면, 나는 실제로 가치 있다고 느끼지 않는 게 확실하거든.)" "나는 내가 틀렸다는 느낌으로부터 나를 보호하기 위해 내가 너에게 완벽히 화가 난 건지 나지 않았는지 궁금해." "나는 네가 동의하지 않은 것이 우리가 항상 같다고 생각한 환상을 뒤집어 놓았기 때문에 위축되었다고 생각해."
- **치료 목표** : 나의 진정한 자기는 사랑스럽고, 실수는 일어나기 마련이라는 것, 차이라는 것은 건강하다는 것, 우리의 욕구와 취약성을 나누는 것은 필요하다는 것을 재인식한다.

안전 민감성

우리는 의미 있는 타인들과 연결되기 위해서 우리가 진짜 누구이고 정말 무엇을 원하는지에 대한 대가를 치러야 한다고 믿는다. 그러한 점은 '타인들'에 의해 침투되거나 통제받는다는 것을 반드시 느끼게 한다. 따라서 우리 자신이 손상받지 않고 자기감을 유지하는 유일한 방법은 뭔가를 숨기고 충분히 자기만족을 하게 하는 것이다. 우리는 친밀하기를 원하지만 또한 약간 혼자 있기도 원하면서 자신을 보호하고 싶어 한다. 그러면서도 침투/노예화와 고립 간의 타협 같은 것이 필요하다. 이러한 타협은 우리로 하여금 관계에 완전히 가득 차지 못하게 하므로 불만족(그런 친밀함이 우리를 좌절로 몰고 감)하게 만든다.

- **결론** : 신체적·정서적 거리를 유지하는 것이 아주 중요하다. 우리는 친밀함(우리가 다른 사람과 너무 가까울 때, 우리의 자기감이 의심스럽다)을 조절하려는 시도를 한다.

- **일반적 방아쇠** : 누군가 우세하고 조종하며 침투적이고 또는 '너무 가깝다'('너무 친밀한', '너무 이해하는', '너무 염려하는')는 신호를 스캔한다. (보이는 것에의) 노출이 고통스럽게 할 수도 있다.
- **다른 사람으로부터 들을 수 있는 것** : "나는 나한테 많은 것을 원해." "네가 나한테서 사라지는 것 같아." "내가 너한테 너 자신에 대해 물어볼 때마다 왜 숨어?" "나는 너를 통제하고 싶지 않아. 다만 가까워지고 싶어."
- **반영 내에서 생각하지 못했던 앎** : "다시 한 번, 나는 우리가 너무 가깝다고 느꼈기 때문에 놀랐어(불안했어, 불편했어)." "나는 자기만족 모드로 다시 대해질 거라고 생각했거든. 네가 그렇게 하리라고 확신했어." "아마 그것이 너를 화나게 해서 뒤로 물러나게 했다는 것을 내가 알아서 나는 기분이 상했을 수도 있어." "떠넘기는 대신 누군가 나와 타협할 의지가 있다고 상상하지 않을 때와 같아. 나는 이것에 대해서 이야기하고 싶고 네가 정말로 들어 줄 거라 확신해. 그리고 우리가 결정한 결과를 통제하려고 노력하지 않을 것이라는 것도 확신해."
- **치료 목표** : 친밀함이 노예화를 의미하는 것은 아니라는 것을 재확인한다. 우리 자신을 관계로 돌아오게 하는 것은 침투나 침입, 통제를 요구하는 것이 아니라는 것과 친밀함이 안전한 것이라는 것.

돌을 차는 것과 개를 차는 것은 차이가 있다.
물리학의 법칙은 채인 돌 때문에 지도를 약간 사선으로 만들게 할 수도 있지만,
물리학은 만약 우리가 개를 차게 되면 일어날 일을
정확히 예측할 수 없게 한다.

— Gregory Bateson(1972, p. 171)

이러한 위치(우리의 내적 경험과 외적 현실이 같다는 것)가 우리의 기본옵션이라면,
우리는 모든 시대에 뒤처진 작동 모델을 담고
습관적으로 생각하고, 느끼고, 행하는 구조화된 패턴을 가진 자동조절장치이다.

— David Wallin(2007, p. 136)

Bonnie Badenoch가 말했듯이, "비통합된 암묵기억은 단지 내적 혹은 외적 경험에 의해 접촉되었을 때만 분리된 주머니의 휴면상태에 있는 것을 행동으로 일어나게 하는 형태를 갖게 할 수 있다"(2011, p. 49, 원문에서 강조). 이것은 때때로 비극적인 일은 물론, 분리의 비타협적인 본성 때문에 세대 간 전이되는 문제가 될 수 있다. "두뇌처럼 참을성이 있는 한 모든 것을 통합하는 것이 가능하다." Badenoch가 말하듯이 "두뇌의 전반적인 흐름으로부터 분리된 채 남아 있는 회로는 말 그대로 기본 네트워크의 고리 밖에 머물게 된다"(원문에서 강조).

암묵적 관계를 알고, 그것을 반영하는, 방아쇠 사건에 부모가 어떻게 무의식적으로 반응하는지를 알아차리려는 — 분열되었던 것을 통합하려는 — 시도가 없다면 이 패턴은 다음 세대에까지 이어질 것이다. Badenoch는 심리치료의 역할은 "우리 두뇌가 암묵적 뉴런 회로의 일시적인 고립과 분리를 야기하기 때문에… 우리의 두뇌를 통합하는 흐름으로 가도록 해야 한다"(p. 83)고 결론을 내리고 있다.

치료 성과를 강화시키는 핵심 민감성 식별하기

COS는 순환 위에서의 아동의 욕구를 맥락 내에 있는 반영적 기능을 촉진함으로써 절차기억을 통합적 두뇌의 흐름으로 만들려는 시도를 한다. 이러한 노력의 성공은 부모의 핵심 민감성을 평가함으로써뿐만 아니라 각기 양자 간에 구체적으로 힘든 점과 강점들을 차별적으로 진단함으로 강화시킬 수 있다.

애착연구는 아동과 부모 모두 애착의 특별한 여러 가지 특징적 애착의 작동 모델로 개념화될 수 있다는 것을 발견했기 때문에 대상관계이론가인 James Masterson이 평행트랙에서 세 가지 특별한 성격장애 — 경계성, 자기애성, 분열성 — 간의 차이를 명확히 알 수 있는 치료사의 능력에 기반해 치료방법론을 만들었다. Masterson은 이러한 정신분석적 치료 대다수가 세 가지 특징적 패턴의 광범위한 스펙트럼 내에 해당한다고 보았다. 특정한 환자를 정확히 진단하는 능력은 치료사에게 치료사가 한 특정한 치료가 성공할 가능성을 높여 준다. 모든 사람이 성격장애는 아닐지라도, 이러한 특징적 패턴이 덜 경직되며 광범위한 형태로 유용하게 활용될 수 있다. 이러한 주제를 조직화하기 위해서, 우리는 '핵심 민감성'이라는 용어를 이러한 패턴 내 강도 범위(가벼운 것에서부터 심각한 것에 이르기까지)까지 포함해야 한다.

이러한 대상관계 진단적 카테고리는 애착이론과 정확히 일치되지는 않지만 애착이론에서 말하는 부모의 내적 작동 모델을 이해하는 데 구체성을 더해 줄 수도 있다. 이러한 구체성은 치료에 네 가지 이점을 제공할 수 있다.

1. 부모의 잠재된 염려를 언어로 표현하도록 돕는다.
2. 그들의 방어 목표를 명확히 한다.
3. 우리가 그들의 방어를 우연히 촉발하는 것을 피하도록 돕는다.

4. 때때로 관리하기 매우 어려울 수 있는 방어에 대해 치료사가 공감적 조직을 해 줄 수 있다.

예를 들면, 앞에 기술된 엄마와 같은 부모들은, 아이가 회피애착을 보일 때 지지를 피하는 것에 대해 매우 다른 이유를 가지고 있기도 하다. 분리 민감성 부모는 엄마 자신의 느낌을 관리하도록 하고 아이의 고통에 반응하도록 하는 자기활성화(자율적 자기확신)로부터 멀어져 있다. 존중 민감성 부모는 위안을 원할 때 모욕당했던 기억을 회피하고 싶은 것이다. 안전 민감성 부모는 친밀하고자 하는 아동의 욕구에 의해 노예처럼 혹은 삼켜지는 것을 피하는 것이다. 분리 민감성 부모의 모욕에 이슈를 갖는 것이나 안전 민감성 부모의 자기활성화를 더 지지하는 것, 자녀가 엄마를 정복하지 않을 거라고 존중 민감성 부모를 확신시키는 것은 확실히 마크를 놓치는 것이다. 이렇게 조율이 안 된 개입은 부모가 자신이 이해받지 못한다는 느낌을 갖게 할 것이다.

COS는 James Masterson과 Ralph Klein에게 우리에게 평가 도구를 제공하였다는 점에서 큰 감사의 빚을 지고 있다. 어떻게 우리가 이 일, 명명법에 접근할 수 있는지에 대해서 약간의 차이는 있다. 우리 목표는 부모를 조직화하는 것이고 관계적 역기능을 '병리'와 '건강' 간에 지속적으로 존재하는 역동적인 긴장의 문제로 파악하고자 한다. COS는 모든 양육자가 절차기억에 기반한 방어전략을 사용한다는 것과 핵심 민감성으로 방어들이 자주 연합된다는 것을 인식하는 것이다. 모순적으로, '병리학'이라는 단어 자체의 어원은 불안전성의 맥락에서 정서적으로 고통받는 경험을 정상화시키는 것이다. 병리학이라는 사전적 정의가 '비정상적인 어떤 것'일지라도, 그리스어 *pathologia*에 뿌리를 두고 있는 이 단어는 '인간 정서―모든 정서―에 대한 탐구'를 의미하며 병리학은 또한 '파토스'라는 단어로부터 정의될 수도 있는데 '매서움'과 '투쟁'이 함께 붙는다. 따라서 정서적 투쟁은 인류에게 본질적인 측면이기도 한 우리 모두에게 일반적이다. 이러한 관점은 부모가 장애를 진단하기 위해서가 아니라 고통에 방어하기 위해 사용하는 특정한 패턴을 진단함으로써 관계적 역기능을 치료하는 경우에 활용될 수 있다.

> 치료사가 자기존중에 대한 정서를 조절하는 이슈와 관계 내에서 자율성과
> 친밀함의 상호작용으로 우리 서로가 투쟁하고 있음을 아는 것은 정말 중요하다.

규칙적으로 학대하거나 방임적인 패턴을 (극적으로 혹은 미묘한 방식으로) 보이는 부

모와 함께 일하는 것은 치료사를 매우 어렵고 정서적으로 힘들게 만든다. '경계성', '의존성' 혹은 '자기애성' 성격장애라는 라벨을 붙이는 것은 치료사와 부모를 더 멀리 만들 수도 있다. 치료사 안에 '우리/그들' 태도는 피할 수 없는 불행한 결과를 만들어 결국 안아 주는 환경 구성을 방해한다. 2살짜리 아이의 문제에 치료를 원하는 전형적 부모처럼 경미한 문제로 부모가 올 때 이러한 진단적 라벨은 자주 사용하지 않는다. 따라서 COS 접근은 '존중 민감성', '안전 민감성', '분리 민감성'이라는 용어, 즉 더 직관적으로 이해할 만하고 좀 더 관계적 스타일에 집중시키며 각 스타일을 조직해 온 죠스 음악의 감정적 질에 초점을 둔 것으로 대체한다. 부모에게 말을 할 때, 그들을 도와주는 것을 제외하고는 이러한 라벨을 사용하지 않으며 그들의 양육적 선택에 흐르는 과정을 반영하도록 돕는다.

융통적 방어	경직된 방어
존중 민감적	자기애성 성격장애
분리 민감적	경계성 성격장애
안전 민감적	분열성 성격장애

핵심 민감성 구별하기

핵심 민감성은 양육자의 행동에서 나타나는 내적 방어과정을 조직화하지만 상호작용 평가만으로 이러한 민감성을 분별하려는 노력은 치료사에게 추측해야 할 일을 많이 남겨두기도 한다. 부모에게 내재된 고민은 숨겨져 있어서 보통의 눈으로 볼 수 있는 것이 아니다. COSI 기록 비디오가 효과적인 이유이기도 하다.

제8장에서 제시되었던 것처럼, 행동척도는 반드시 질문을 불러일으킨다. 같은 기본 애착패턴을 보이는 양자 간 관찰된, 의미 있는 모순점을 설명할 수 있는 것이 바로 핵심 민감성이다. 핵심 민감성은 관계에서 '살아갈 규칙'으로 나타나는데 ― Donald Winnicott의 언어로 "끊임없는 추락"(제4장 참조)을 피하기 위해 활용되는 방어적 전략 ― 즉 함께 있지 않기를 피하기 위해서다.

핵심 민감성은 순간순간 전략이 되는 분열의 내적 작동 모델과 특별한 방식이다.

1. "이것은 연결을 위해 내가 <u>해야만 하는</u> 것과 <u>하지 말아야만 하는</u> 것이다."

2. "이것은 함께 있지 않음을 멀리하기 위해서 내가 <u>해야만 하는</u> 것과 <u>하지 말</u>
　　<u>아야만 하는</u> 것이다.

〈그림 9.1〉은 각각의 핵심 민감성이 양육자와의 관계에서 얼마나 전형적으로 표현되며 또한 치료 목표와 개입이 얼마나 자주 효과적인지를 보여 주는 예이다. 다음 기술은 비디오에서 당신이 보았을 것을 정리한 것이다 : 전형적인 공포의 신호, 방어적 환상, 각각의 핵심 민감성과 관련된 고정적 주제와 있을 수 있는 잠재적인 염려 패턴.

존중 민감성

- 부모가 자녀로 하여금 '더 나아지고', 눈에 띄게 되기를 원한다는 것은 무엇을 의미하는가?
- '평균적'이라고 여겨지는 것은 어떤 느낌인가?
- 자녀가 부모가 원하는 대로(일방적으로) 생각하지 않는다면 부모는 왜 위협을 느끼는가?
- 아이가 순환의 아래쪽 반을 완전히 경험하게 할 때 부모가 때때로 편하지 않은 이유는 무엇인가?
- 아기가 완벽히 화가 났을 때도 아이로 하여금 탐험하도록 보내는 부모가 있다면 왜 그러한가?

존중 민감성은 완벽하지 않고 실망스러움에 노출된 공포로 투쟁하고 있지만, 특별하게 보이고 싶은 욕구를 포함한다. 수행과 완벽을 우선시하는 부모들은 앞에 언급했던 것처럼 종종 '존중 민감적'이다. 이러한 부모는 아이가 누구인지보다 아이가 무엇을 하는지에 더 관심을 두는 경향이 있다. 따라서 관계를 위한 관계는 성취에 중점을 둔 관계 뒤로 물러나게 될 것이다. 그런 부모는 자신의 가치가 성취에 달려 있다는 수행 중심의 환경에서 자라났을 가능성이 높다. 자기존중감이 오히려 상호 존중과 기쁨의 안전한 배경보다는 성취에 의해 결정되었다면 그 존중감은 깨지기 쉽다.

아이들이 그런 환경에서 자라서 어른이 되었을 때, 그들은 만약 당신이 그들이 하는 방식으로 하지 않는다면 과도하게 성취/완벽함에 집중해서 도전을 느끼고 비난할 것이다. 그들은 양육자의 요구에 기초한 핵심 믿음을 가져서 수행과 일치가 연결됨을 유지

그림 9.1 핵심 민감성 : 한눈에 보기 - 양육자

민감성	분리	존중	안전
자녀에 관한 양육자의 공포	아이가 나가서 다시 돌아오지 않을 것이다. 아이는 양육자보다 세계에 더 관심을 가질 것이다.	아이는 양육자에게서 받은 거부와 모욕의 기억을 일으킨 느낌 때문에 위안을 필요로 할 것이다.	아이는 너무 많이 '필요로 해서' 압도할 것이다/ 양육자가 이미 준 적당함은 안전의 경험을 제한하였다.
책임을 지는 것에 대한 양육자의 공포	"책임을 진다는 것은 네가 화가 나서 나를 영원히 떠난다는 것을 의미한다."	"책임을 진다는 것은 우리로 하여금 일치감을 잃게 해서 나의 취약성을 드러나게 하도록 강요하는 것이다."	"책임을 진다는 것은 너의 화남을 촉발해서 너는 나를 압도할 것이다. 나는 네 노예가 되기를 원하지 않는다."
죠스 음악을 피하기 위한 주요 전략(일반적으로 투쟁의 고정핀)	아이로 하여금 관계에 초점을 두게 하고(순환의 아래) 그리고/또는 순환 위에서 없어서는 안 될 자기를 만들라. 아이의 자발성을 방해하라. 아이가 화가 나고 분리하도록 하는(자기활성화를 요구하는) 위계를 만들라.	아이의 탐색/수행/성취(순환의 위)에 초점을 두라. 아이가 위안을 받고 정서적으로 조절하려는 요구를 무시하라. 자신과 아이를 특별하게 보라. 일치감	아이가 (특히 순환의 아래쪽)관계를 멀리하도록 한다. 아이가 너무 요구해서 자기만족을 촉구하거나 친밀함과 연결됨의 욕구가 필요 없게 된다.
의미 있는 타인들에 대한 각성	"너는 나와 뭉개져 있거나 내가 버려질까?" 뭉개지거나 버려진	"너는 나를 특별하게 만들거나 나를 부족하다고 느끼게 만드니?" 위에 있거나 아래에 있는	"너는 나에게 침범할 거니 또는 내가 고립될까?" 고립된 혹은 통제된
아이의 방어적 환상('긍정적')	"결국 나는 어떻든지 간에 나를 사랑하는 누군가가 있다."(늘 활용 가능한 타인)	"나는 가장 밝고/가장 특별하며/악과 대항해 완벽함을 아는 가장 연약한 아동이다."(완벽함과 융합된 타인)	"내 딸은 정말로 그런 많은 상황에서 어떻게 자신을 돌보는지를 안다."(자기만족하는 타인)
아이의 방어적 환상('부정적')	"그는 그렇게 난리를 친다! 그는 나를 이미 미워한다. 그는 나와 아무것도 하고 싶어 하지 않는다."(버리는 타인)	"그녀는 너무 망가졌다. 그녀는 집중만 원한다. 타임아웃을 하는 신에게 감사한다."(비판하고/요구하는 타인)	"나는 그가 너무 지나친 욕구를 가지지 않기를 희망한다. 그가 나를 계속 잡아 둘 이유가 없다."(삼키는 타인)

그림 9.1 (계속)

민감성	분리	존중	안전
비디오 검토와 개입에 대한 목표 주제들	아이와 함께 있는 부모의 유능감 및 위계를 둘러싼 죠스 음악과 작업하라(예 : 순환의 위에서 탐색을 시작하고 관심을 가지는 아이와 분리 경험, 필요할 때 책임을 기꺼이 질 수 있는지, 목적의 확실성과 견고성, 언어의 명확성과 방향성).	순환 아래에서 필요한 긍정적 경험과 조율을 둘러싼 죠스 음악과 작업하라(예 : 서로 바라봄, 부드러움과 아이의 느낌에 참여하는 기쁨, 기꺼이 타협하는 것, 아이의 템포에 맞추는 것).	양육자와 아동 간의 친밀함을 둘러싼 죠스 음악과 작업하라(예 : 서로 바라봄, 쉬운 의사소통, 부드럽게 아이의 능력을 보는 것, 느낌과 신체적 접촉의 성공적 타협, 적당하게 시간을 제한해서 친밀함에 대한 아이의 욕구를 보는 것).
조절되지 않은 감정의 모습으로 나타난, 경도에서 중도까지의 부정적 자기표상의 범위	무능감, 죄책감, 나쁜, 원하지 않는, 도움받지 못하는/희망이 없는, 버려진	실망감, 취약함, 부적절한, 불완전한, 수치스러운, 모욕적인, 비어 버린, 조각나 버린	침입적, 걸려 버린, 노예처럼, 전유된, 소통할 수 없는, 쓸데없는, 완전히 고립된

* 안전 민감적 표상은 두 그룹으로 구분될 수 있는데 그 이유는 부정적 표상은 관계로부터 그들이 얼마나 가깝고 관여되어 있으냐 혹은 얼마나 멀고 제거되듯 떨어져 있느냐에 따라 달라질 수 있기 때문이다.

하는 것이라고 믿는다. 만약 그들이 그 핵심 민감성을 질문하지 않는다면, 그들은 자식에게 똑같이 물을 것이다. 따라서 그들은 순환의 위에서 가장 편안할 수 있고 순환의 아래쪽에서의 긍정적 경험이나 전문적 지식은 부족할 수 있다. 왜냐하면 그들이 '문제를 풀지' 못할 때 공포를 느끼기 때문에 순환 아래에 있는 욕구를 아동이 표현할 때 죠스 음악은 발동할 가능성이 높다.

> "나는 순간적으로 부모를 패배자라고 느낄 때 나의 인생을 그런 내용으로 느껴요. 나는 다른 부모들이 나에 대해 생각하는 것에 대해 알고 있어요. 나는 누구도 그런 비판적 생각을 하는 것을 원하지 않아요. 그래서 나는 가장 좋은 부모가 되어야만 하죠. 나의 단 하나의 가치는 항상 굉장히 좋은 아빠로서 인식되고 두드러져야만 내 가치가 있다는 것이죠."

이 젊은 부모는 존중 민감적이다. 그가 대중 앞에서 이렇게 말했을 때 200명의 사람이 그의 말을 즐겼지만 뒷자석의 낄낄 웃는 단 3명에 의해 황폐화되었다.

"나는 완벽한 나의 부모 됨에 당신이 지속적으로 감동을 받는다고 확신하고 있어요."

"그런데 내가 무엇을 하든, 나는 결코 완벽할 수 없다는 것이죠."

존중 민감적인 묶임의 힘은 완벽하게 보일 때만 내가 가치가 있고, 만약 내가 불완전하게 보인다면 거부될 것이고, 내가 완벽하지 않다는 것이다. 존중 민감적인 사람은 완벽함에 결코 도달할 수 없으므로 진실에 한 발짝 더 앞서가려고 애를 써서, 함께 있지 않음의 블랙홀에 빠지는 광란의 시도를 한다. 완벽함을 느끼려는 시도 중의 하나가 사람들이 그가 했던 방식으로 사물을 보는 것이고 다시 그 반영된 것을 돌려주는 것이다.

분리 민감성

- 부모는 아기가 진정하지 못하고 여전히 뒤집혔다고 생각할 때도 아기를 탐색하도록 내보내는 이유가 무엇인가?
- 부모가 아이를 거의 옆에 두고 싶지 않은 것은 무엇을 의미하는가?
- 왜 부모는 아이가 안전할 때 순환의 위를 충분히 경험하는 데 불편감을 느끼는가?

분리 민감성은 가까이 머물기를 원하는 것을 포함해 버려짐의 공포와 계속 투쟁하고 있는 것이다. 분리 민감적 양육자는 원가족 부모로부터 탐색을 활성화하고 분리하려는 시도가 우호적이지 않았던 환경에서 자라난 사람들이다. 아이였을 때 이 양육자는 자기 지지에 대한 내적 능력을 형성하지 못하고 부모를 자원으로만 보도록 지속적으로 기대하면서 양육되었다. 마치 부모가 "스스로에 대해서 생각하라는 것이 아니라 네가 나를 필요로 하기 때문에 나는 네가 필요해."라고 말하는 것과 같다. 다른 경우에는, 부모가 너무 사용 가능하지 않거나 너무 집착해 있어서 아이는 자신의 진정한 욕구가 무엇인지를 알지도 못한 채 연결되어 있는 데만 집중해 버리기도 한다. 다른 식으로, 이 아이들이 부모로부터 떨어져 경험을 시작한다든가 행동함으로 유능해진다면 부모의 관심과 사용 가능한 기회를 잃어버리게 된다, 즉 버려진다. 어른이 되면, 과보호하게 되거나, 결코 떠나지 않을 거라는 무언의 약속의 대가로 타인의 욕구에 부응하는 경향이 있다. 분리 민감적인 부모들은 타인의 희망, 욕구, 느낌에 집중해서 자신의 희망, 욕구, 느낌의 중요성을 완벽히 부인하거나 무시하기도 한다. 아이였을 때 그들은 탐색과 자율성에 대한 열망이 금지되었기 때문에 성인이 되어서도 책임을 지거나 결정하기를 두려워한다.

내적인 압박은 자신의 유능감과 능력에 대한 상당한 비용을 지불해서 인생에서의 중요한 타인에 집중하는 것이다.

이러한 부모들은 아이가 힘들 때는 떠날 가능성이 없으므로 아이들을 순환의 아래쪽에 있도록 압박할 수 있다. 더불어 분리 민감적인 양육자들도 순환 아래의 아동의 욕구를 관리하기에 너무 압도될 만큼 힘들다는 것을 아는데 그 이유는 아이를 책임지거나 진정시키려면 자신의 정서를 관리할 수 있는 자율성과 자기활성화가 너무 많이 부모에게 요구되기 때문이다. 압도되는 느낌으로부터 자신을 보호하기 위해서 부모는 아이를 탐색하도록 푸시할 수도 있는데 그럴 때에는 아이의 놀이 중심에 자신을 위치시키거나 침입함으로써 순환 위에 아이에게 매달려 있기도 한다.

> "내가 자라서 자녀를 가지게 되었을 때 어머니가 나에게 미쳐 있는 것은 옳지 않아요. 내가 원하는 대로 양육하려는 것이 뭐가 나쁘죠? 나는 때로는, 실제로 어머니처럼 해요. 그러나 어머니는 내가 항상 가까이서 전화하고 문자하고 계속 같이 있기를 원해요. 내가 나를 위해서 뭔가를 할 때 죄책감을 느끼죠. 지금도 내가 이것을 말로 표현하니까 내가 나쁜 사람인 것처럼 느껴져요."

이것이 전형적인 분리 민감적 진술이다. 나는 자율적으로 살려고 하지만 내 양육자는 순환 위에 있는 내가 불편했고 그래서 나는 분리하려는 나의 욕구를 없애 버리고 양육자의 욕구에 초점을 두어야만 했다. 이 젊은 엄마는 사실을 말하기 시작했지만 죠스 음악이 나타나 자신을 유능하고 괜찮은 사람이라고 생각하는 데 문제를 일으켰다. 그녀는 자신이 진짜 원하는 것을 느꼈으나 금방 나쁘다고 느끼기 시작했다. "내가 죄책감을 느낀다면," 그녀는 스스로에게 무의식적으로 말하였다. "나는 유능감을 향한 내 몸짓을 활성화시키도록 하지 않을 거예요. 죄책감을 느끼면서 나는 어머니와 평생 밀착되어 있어서 내가 분리된 자기를 가져서 내가 위험했을 때 어머니가 돌아서 가 버렸던 기억을 피할 수 있어요."

> "당신이 떠나지 않을 것을 보장하기 위해 내가 해야 하는 것을 말해 주세요."

> "추신. 당신을 쫓아 버릴 일은 내가 무엇이든 확실히 할 거예요."

이 말들은 분리 민감적 사람들이 보낸 메시지이다. 마치 드라마의 마지막 덧붙여진 장면이 드라마를 계속 진행시키는 것처럼, 그래서 드라마가 끝나지 못하도록 하는 것처럼

"내가 당신을 화나게 만들었어, 당신은 떠날 것이라고 말하겠지. 내가 사과할게. 드라마는 계속되어야 할 것이고 그것은 우리가 관계 안에서 계속 여기 있을 거라는 것을 의미하는 거야."

안전 민감성

- 부모가 정서적 친밀감에 대해 자녀에게 자기만족의 가치를 끊임없이 부여하는 때의 의미는 무엇인가?
- 왜 부모는 자녀의 긍정적이고 부정적인 강한 정서를 모두 피하는가?
- 부모는 왜 때때로 아이가 순환 위의 어디에 있는지를 구별하지 못하는가?

안전 민감성은 Ronald Fairbairn(1952), Harry Guntrip(1969), Ralph Klein(1995)에 의해 발달되기 시작한 분열적 성격 이슈에 관한 용어이다. 둘 사이에 아무것도 없기 때문에 멀리 그리고 고립된 것과 친밀하고 침투적인 것 사이에 선택해야만 하는 분열에 기반한 느낌을 포함한다. 종종 안전 민감적 부모들은 아이였을 때 과도하게 관여하고 어긋나게 조율된 부모에 의해 침투된 자기감을 보호하기 위한 느낌을 가졌다. 이것은 해결되지 못한 딜레마를 남겨 두는데, 침투를 허락하면 자기감을 잃고 자기를 가지면 침투를 거부하지만 고립되게 되는 것이다. 다른 말로, 안전 민감적 양육자는 존중 민감적 부모한테 양육될 수 있는데 존중 민감적 부모의 일치하려는 시도는 침투적인 것으로 경험되었거나 안전 민감적 양육자는 친밀감을 침투로 경험하고 자기만족을 기준이라고 여기는 안전 민감적 부모에 의해 양육되었다. 달리 말해, 안전 민감적 부모는 아이와의 정서적 친밀감과 거리 두기 간에 타협을 찾는다. 자율성을 잃지 않으면서도 애착을 경험하려는 방법 찾기는, 안전 민감적 엄마가 자녀와 관계를 열망하는 것 같지만 엄마가 자녀의 욕구에 의해 삼켜지는 강력한 정서적 신호에 대해서는 경계하고 있음을 드러낸다. 따라서 그녀는 많은 시간 아이에게 거리를 좀 두고 있을 것이다.

"자기를 갖기 위해서 나는 혼자 남아야 해요."

"연결되기 위해서 나는 내 감각을 잃어야 해요."

"나는 학교에 절대 적합하지 않지요. 선생님들 모두 내가 몽상가라고 부모님에게 말했어요. 나는 몇 시간이나 책만 읽었고 나 자신을 내 백일몽에 가두어 놓았지요. 나는

아빠가 되겠다고 생각했지만 항상 거리가 있었어요. 일터에서 나는 딸아이를 그리워
했지만 내가 집에 돌아오면 아이의 욕구에 질식할 것 같았어요."

이 아빠는 안전 민감성으로 투쟁하는 것을 보여 준다. 내가 너무 가까울 때 나는 너무
친밀해서 거리를 두기 원하고, 거리를 두면 너무 고립되어서 친밀하고 싶다. 어디에 있
건 나는 여전히 불만족스럽다.

"나는 당신이 가까울 때도 거리를 두기를 바라요."

"그러나 당신이 가깝지 않으면, 당신은 너무 멀리 있어요."

애착패턴 맥락에서의 핵심 민감성

문제를 가진 부모–자녀 한 쌍을 치료하는 과정에서 진단의 차별화가 중요한 까닭은 강
조해도 지나치지 않다. 모두에게 맞는 한 사이즈는 없기 때문이다. 존중 민감성 이슈를
가진 양육자가 당면하는 특별한 욕구는 분리 민감성 양육자의 그것과는 굉장히 다르다.
한 명의 특정한 부모에게 유용한 것이 무엇인지 직감적으로 접근하기보다는 치료사가
잘 개발된 COS 지식의 차별적 접근을 개입방법으로 선택할 때 더 구체적일 수 있다.
핵심 민감성을 구별하는 것은, 어떤 민감성에서는 어떤 행동 및 애착패턴(회피, 양가)
이 발견되는지를 밝히는 것보다 훨씬 복잡하고 도전적인 과업일 수 있다. 다음의 처방
은 작동 모델의 일반적 형태를 나타내지만 이것을 복잡하다고만 생각하지는 말아야 한
다. 부모–자녀 관계는 그들을 이해하기 위해 우리가 만든 지도보다도 훨씬 더 복잡하
기 때문이다.

회피애착 아동 양육자의 핵심 민감성

불안정 회피애착의 양육자는 친밀한 신체적·정서적 접촉에서 독립성을 요청한다. AAI
에서 이 양육자들은 이미 언급했던 것처럼, 순환의 아래쪽 애착욕구를 '거부하는' 것으
로 여겨진다. 그들은 직접적인 정서적 의사소통에 불편하고 욕구를 표현하는 것이 쉽
지 않아 보인다. 시간이 지나면서, 그런 부모의 아이들은 양육자에게 욕구나 원하는 것
을 직접적으로 표현하지 말아야 함을 배운다.

왜냐하면 부모가 없을 때도 고통을 거의 보이지 않았던 낯선 상황 실험을 보면, 아이는 부모와 다시 만났을 때 오히려 회피하고 관계적 전략은 정서적 보트를 흔들 수 없다는 것을 나타냈다는 것이 놀라운 일이 아니기 때문이다. 애착이론이 설명하듯이, 그런 아이는 자신의 애착욕구가 거부될 것이라는 것을 예상한다. 순환 아래의 욕구와 관련된 거부의 고통을 피하기 위해서 이 아동은 부모가 강조하는 것과는 일치하지 않는 탐색이나 성취를 우선시하거나 거리를 두는 패턴을 만들기 시작한다. 성취나 탐색을 강조하는 부모는 종종 존중 민감적인데 그들은 순환 아래의 기회를 거부하면서 동시에 순환 위에는 대개 편안해한다.

안전 민감적 부모들은 또한 친밀함을 거부하고 아이에게 자기만족을 촉구한다. 그들은 성취에 기반한 자기존중(자존감) 때문이 아니라 부모 자신이 삼켜지거나 통제되는 것으로부터 보호하기 위해 관계에서 어느 정도 정서적 거리를 두려고 그런 방식의 행동을 취한다. 다른 사람들과의 친밀을 안전한 것으로 경험하지 못했기 때문에, 관계의 작동 모델은 자동적으로 거리를 유지하기 위해 친밀함을 희생하는 방식으로 만들어졌다. 그런 곳에서 이 사람은 자기만족을 우선시하는 것을 배웠다. 양육자로서, 관계에 진심으로 관심을 두게 될지라도 이러한 성인은 그것을 보이는 것에 매우 조심스럽고 직접적으로 연결되려는 아이의 강렬한 욕구에 경계한다. 정서적으로 질식할 것 같은 내재된 공포와 아이의 욕구로 갇혀 버릴 것 같은 감각은 양육관계에서 부각된 주제로 남아 있다.

때때로 우리는 분리 민감적 부모가 아이와 회피애착을 만들어 온 것을 보았다. 이 경우에, 부모가 순환 위에 매달려만 있도록 촉구하는데 — 예를 들면, 아이의 탐색을 최소한 관리하면서 — 아이의 성취를 후원하는 것이 아니라 아이가 너무 멀리 가지 않도록만 한다. 이 부모는 아이의 탐색을 지지하려고 노력하지 않고 친밀함을 목적으로 순환의 위에 초점을 두고 있는 것이다. 이러한 부모는 고통스러운 기억과 느낌을 촉발하기 때문에 순환 아래의 아이의 욕구를 피하거나 거부하기도 한다. 자율적 자기조절은 아이의 느낌을 관리하도록 요구하여 궁극적으로는 아이의 느낌을 배제시켜 아이가 죠스 음악으로 가득 차게 해서 진정시킬 수 있다. 그래서 이 엄마는 아이를 장난감을 가지고 분산시킨다. 분리 민감적 부모의 욕구는 아이가 피하는 전략을 배움으로써 충분히 침투적이 된다. 버려진 느낌으로, 자신의 가장 끔찍한 악몽을 꾸게 되어 버린 데서 관계를 만들 때 분리 민감적 부모의 이러한 행동은 특히 더 어려워질 수 있다.

양가애착 아동 양육자의 핵심 민감성

또 다른 양육전략은 아이에게 분리에 대한 불안을 낳는 것이다. AAI에서 이 부모는 관계 이슈에서 '몰두된' 카테고리를 만든다. 양육에서 이러한 맥락 내에서 자란 아이들은 친밀함을 매달리고 거부하는 것 사이를 번갈아 왔다 갔다 하면서 결국은 쉽게 위로받지 못하고 애착행동체계가 시간이 지나도록 활성화된다. 이러한 부모는 친밀함도 위로도 어떤 것도 주요한 기능을 가지지 못한 왜곡된 친밀함을 제공한다. 왜곡된 친밀함은 분리 민감성에서(분리 마음을 제외하고는 정서적으로 뒤얽혀서) 뭉개져(엉망이 되어) 버리는 경향이 있고 융합되는(존중 민감성에서 한마음이거나 '같은 페이지에 있는') 경향이 있다. 뭉개진 부모와 혼합된 부모는 '우리'라는 단어를 말에서 엄청 많이 사용한다. 〈글상자 9.2〉를 보면 똑같은 단어가 핵심 민감성에 따라 얼마나 다른 의미를 갖는지 그 차이를 확인할 수 있다.

  예상했듯이, SSP에서 몰두된 양육자(분리 민감적이고 존중 민감적)의 아이들은 부모와 처음 분리되었을 때 매우 뒤집히는(upset) 경향이 있다. 그러나 양육자가 돌아왔을 때 아이들은 재결합에 대해서 혼돈된 신호를 보낸다. 아이들은 울고 돌봄을 찾는데 돌봄이 주어져도 거부하고 화를 내며 난리를 친다.

  이러한 아동의 부모는 (대개 침투적인 방향으로) 아동의 욕구와 요청에 부응하기도 하고 소진되거나/좌절되거나 혹은 방황하기도 한다. 그들은 아이가 확실히 힘들어할 때

글상자 9.2 '우리'의 방어적 사용 구별하기

뭉개진(분리 민감적)

- 홀로 있음의 방어로서 '우리'
- "우리가 같이 있을 필요는 없어. 나는 단지 네가 내 옆에 머물기를 원해. 나는 필요하다면 내 특별함을 포기할 거야."

융합된(존중 민감적)

- 차이(분리)에 대한 방어로서 '우리'
- "나는 우리가 안정감을 같이 느끼기를 바라."
- 일치감 : "물론 너는 나처럼 생각하고 느껴."

아이를 누르는 경향이 있어서 아이가 돌아오거나 더 요청하도록 드라마를 만든다. 부모는 자기 스스로를 발견하는 맥락에서 아이의 양가적인 측면이 자신의 정확한 반영이기 때문에 그렇게 된다.

: 집착(몰두된)/양가애착 유대에서의 존중 민감적 부모

'집착(몰두된)/존중 민감적' 양육자들은 아이였을 때 원가족 부모로부터 차별받아서 위축되거나 처벌받았다. 이런 카테고리의 양육자들은 아이의 욕구에 몰두하거나 과도하게 확인한다. 그러나 아이에 대한 이러한 각성은 아이를 위해서가 아니라 오히려 부모의 연약한 동일시 감각을 보호하기 위해서이다. 거부하는/존중 민감적 양육자들처럼, 이러한 부모는 완벽함에 초점을 둔다. 그러나 인간적으로 완벽한 행동을 보이는 것보다, 이러한 부모는 '완벽하거나 특별한' 아이와 함께하는 마음이거나 융합되기를 원한다. 왜냐하면 부모에게 보이는 아이는 '아주 약하고', '특별히 완벽한' 경향이 있기 때문이다. '너무 소중하게' 되는 비현실적인 맥락 내에서 그런 아이가 된다.

: 양가애착 아동의 분리 민감적/집착(몰두된) 부모

분리 민감적 부모는 진정한 관계를 대가로 관계의 드라마에 몰두된 것처럼 보인다. 그들은 자신을 위해 아이의 욕구를 종종 의존하게 만들려 과장한다("나는 정말로 내가 가는 동안 나를 그리워할 거라는 것에 한 표를 던진다."). 이 카테고리 안에서 부모들은 책임을 지는 힘든 시간을 갖고 아이가 규칙과 제한을 아는 맥락 내에서 안전감을 느끼게 하려고 필요한 위계를 만들기도 한다. 그래서 다시, 아이는 가능한 모든 방식을 사용해서 양육자의 기대를 만들고 적응한다. "매달리거나, 거부하거나 연기를 하거나, 걱정하거나, 뭉개진 모습으로 내가 연결되기를 원하는 것, 당신이 얻기를 원하는 것을 한다."

혼돈애착 아동 양육자의 핵심 민감성

다시, 핵심 민감성 주제는 우리 모두에게 애착 유대가 안정적이든 불안정적이든 공통적임을 밝힌다. 해결되지 않은 혼돈된 애착력을 가지고 있다고 하더라도 핵심 민감성은 방어적 전략의 연속선 안에서 더 심각하고 경직된 면에 충분히 접근할 수 있을 만큼 넓은 경향이 있다. 심각하고 경직된 형태에서의 모든 핵심 민감성은 혼돈된 카오스를 관리하는 방식으로 합체하여 이러한 방어적 전략을 가진 성인으로, 융통성이 없고 만연한 성격장애를 형성할 수 있다.

존중 민감적 : 아이가 부모에게 실망할 때, 부모는 모욕감을 느끼고 분노하거나 완전히 위축되는데 아이는 지속적으로 공포 상태가 된다.

안전 민감적 : 아이는 자기만족을 요구하는 양육자를 경험하게 되는데 어느 정도 아이는 방임됨을 경험하는 부모를 조직화하도록 강요된다.

분리 민감적 : 양육자는 (유기라고 인식된)분리된 자기활성화(위계)에 너무 놀라서 역할을 바꾸고 아이가 책임을 지도록 허락한다.

차별화된 진단, 차별화된 치료

앞에 특정한 양육자–자녀 한 쌍의 특별한 이슈에 접근한다면 양육전략 간 차이를 구별하는 것은 중요하다. 아이를 거부하는 애착 유형의 양육자는 친밀함, 타협의 의도를 증가시키도록 격려하는 개입방법이 필요할 것이다. 만약 부모가 존중 민감적이라면, 수행 중심의 페르소나보다는 오히려 그에게 관심을 갖는 아이를 인식하면서 친밀함을 향한 특별한 문을 열어야 한다.("이 조그만 아이가 당신과 즐길 수 있다고 확신해요. 얘는 당신을 '아빠라서 좋아요'라고 말하면서 당신을 보고 있네요.") 이러한 양육자를 위한 중심 치료적 주제는 순환의 아래(예 : 상호 응시, 어떤 일을 하지 않으면서도 감정을 공유하는 것, 아이의 느낌에 참여하는 것, 번갈아 하는 것, 기꺼이 타협하는 것, 아이의 템포에 맞추는 것)에 있는 아이와 양육자 사이 욕구의 긍정적 '순간'과 취약한 조율에 의해 촉발된 죠스 음악에 대한 접근까지도 포함한다.

다른 한편으로, 만약 부모가 안전 민감적이라면, 치료사는 아이가 양육자를 압도하거나 통제하는 데 관심이 없다는 것을 강조해야 한다.("당신이 보다시피, 아이는 당신을 보고 미소를 짓다가 다른 데를 보네요. 아이는 정말로 접속을 좋아하고 스스로도 몇 초간 시간을 보낼 줄도 알아요.") 이러한 부모들을 위한 치료적 주제는 따라서 순환 아래에 있는 양육자와 아이 간의 안전한 관계(얼굴과 얼굴을 마주 보는 접촉의 순간, 시간을 두고 만들어 가는 상호 응시, 주고받는 의사소통의 편안함, 민감하고 부드러운 접촉에 대한 아이의 능력 재인식)로 촉발될 수 있는 죠스 음악에 초점을 둔다.

아이의 욕구에 몰두하는 분리 민감적 부모를 위한 개입은 차이를 만들어 가는 방향으로 움직인다. 그러한 부모에게는 죠스 음악이 탐색과 자율성을 위한 아이의 자연스러운 열망을 지지하면서 관계 내에서 위계를 만들어 나가는 데 죠스 음악이 어떻게 방해하는가를 보여 준다. 이것은 아이의 한 부분인 분리를 지지하는데 분리 민감적 부모가 아이는 가더라도 끊임없이 다시 돌아온다는 것을 알게 된다.("아이가 장난감을 가지고 뛰어노는 것을 얼마나 좋아하는지 보세요. 그리고 당신과 새로운 것을 나누기 위해서 돌아오는 것도 보세요.") 치료에 대한 구체적 주제는 순환의 위에 있는 아이에게 갖는 양육자의 유능감(기꺼이 책임지기, 과업에 집중하기, 목적을 명확히 확고히 하기, 아이의 탐색에 관심을 갖고 분리경험에도 관심 갖기, 솔직하기, 말할 때의 명확성과 방향성)을 지지하는 것도 포함한다. 치료는 부모가 아이의 유능감을 지지하도록 돕는 것(예 : 과업의 완수, 자기조절, 적당한 위험을 참는 것, 양육자와 거리를 두는 경험)도 요청한다.

존중 민감적 양육자는 아이가 세계를 경험하는 다른 방식에서 점점 편안함을 찾아 나가도록 죠스 음악을 관리할 필요가 있다.("이 아이는 정말로 자기가 하고 싶은 자기 마음을 가지고 있어요. 아이가 당신에게 트럭을 어떻게 가져오는지 보세요. 아이는 당신이 하나를 갖는 것을 알게 하려는 게 아니라 당신과 놀 새로운 방법을 찾은 것 같아요. 당신과 아이가 새로운 것 하나 가져오고 다른 것 가져오고.") 이러한 부모에게 치료 주제는 양육자의 조율에 초점을 두고 부모와 아이 간의 차이가 있음을 점점 더 알도록 격려해서 아이의 분리욕구를 필요하고 수용 가능한 것으로 경험하도록 허락하는 것이다(예 : 아이의 분리 템포와 느낌을 확인하기, 분리 마음으로부터 협상하기, 아이와 부모 간의 분노를 허락하기, 감정의 진정성, 솔직함, 말하기의 명확성과 방향성).

정서적 작업을 위한 부모의 능력 키우기

양육자들은 애착전략과 민감성을 다양하게 보여 준다. 그들은 또한 정서적 작업을 위한 능력을 달리하면서 치료에서 자기 자신을 나타낸다. 하나의 국면으로 양육에 상대적으로 안정적인 부모의 경우, 정서에 관해 조직하거나 말을 하는 능력을 나타낸다. 그들은 현재의 양육 레퍼토리 외에 느낄 수 있는 선택권에 대한 지원도 원하기 때문에 치료를 하러 온다. 이런 부모는 양육의 구체적 질을 높이기 위해서 최신 기사나 책을 읽는 시간을 수차례 보낸다. 이러한 부모들에게 이 책에 소개된 많은 것을 세션을 적게 하거나 수정된 형태로 적용할 수 있다.

한편, 다른 국면으로는 치료사를 안전기지로 사용할 능력이 없는 양육자들인 정신치료를 해야 하는 부모의 능력에 대해 이야기해야 할 것이다. 그들은 안아 주는 환경에 대한 역사가 거의 없어서 정서는 분리되거나 압도되어 반영할 능력이 거의 없다. 이러한 부모는 혼돈된 애착전략의 신호를 보여 주면서, 거부되거나 몰두되는 두 번째 전략을 나타내게 될 것이다. 예상한 대로, 특정한 문제에 감정조절을 하기 민감한 부모에게는 치료 안에서 안전을 제공하고 그 중심 이슈를 다루어야 한다. 양육 이슈를 급히 다루기보다 안전한 치료적 관계를 발달시키는 것이 더 중요한 초점이 될 것이다.

확장된 국면

치료사로서 우리의 일은 가족의 특별한 욕구를 충족시키는 방법을 찾는 일이다. 각각의 가족에게 그 방법이 사용되기 위해서 치료사는 양육자 전략을 진단할 수 있어야 하고 역기능의 주제, 핵심 민감성, 이러한 이유에 접근할 수 있는 부모의 능력을 진단할 수 있어야 한다. 많은 부모는 관계에 대해 내재된 한계와 왜곡의 원인을 갖고 있으므로 접근할 시간이나 기꺼이 하려는 의지가 없다. 현재 상황에서 가족체계가 유지되는 것을 확인할 우리의 능력이야말로 결국 이 작업의 본질적 특징이라 할 수 있다. 우리 목표가 가족을 감히, 미리 결정된 관계 지점에 도달하게 할 수는 없다. 치료 모델, 치료사, 부모를 모두 포함해서 많은 제한적 맥락 내에서만 '성공'이 존재할 것이기 때문이다. 이러한 이유 때문에 더 넓은 국면을 따라 변화를 보는 것이 중요하다. 이것은 정말로 광범위한 국면이기에 클라이언트와 치료사 모두 우리 자신을 거기 위에서 찾아야 한다.

아이의 안전이 가장 중심순위인 맥락 내에서 우리 과업은 각 부모와 아동을 사랑하고 일할 수 있는 자신의 핵심 욕구를 충족시킬 가장 좋은 방법을 찾으려는 사람들의 투쟁에 감사하는 것이다. 이러한 고투적 삶에 동참하는 것은 특권이다. 우리 각각은 충족되지 못한 욕구의 고통을 다루는 일을 지속적으로 해야 하고 이러한 욕구가 충족될 때 환희를 경험하게 된다. 양육과 부모-자녀 관계에 대한 부모의 인식을 가능한 한 충분히 이해하는 것이 부모가 양육자로서의 잠재력을 깨닫도록 돕는 중요한 발걸음이 될 것이다.

10장

부모 지각 평가 : 치료 효율성 강화를 위한 안정성의 순환 인터뷰 활용하기

때로는 질문이 대답보다 더 중요하다. – Nancy Willard

상호작용 평가가 이루어진 후에 우리는 부모에게 핵심 신념, 느낌, 행동, 지각 간의 상호작용을 추적하도록 돕는 COSI에 참여하도록 했다. 좀 더 구체적으로는 COSI가 부모의 역량을 열도록 돕고 그들의 방어적 전략의 의미와 본성을 밝히도록 돕는 것이었다. 이것은 개별화된, 효과적인 치료계획을 세우는 핵심 정보이기도 하다. COSI는 다음 요소로 나타난다.

- 부모 내러티브의 응집력
- 아이와 자기에 대한 긍정적이고 부정적인 속성
- 관계에서 부모가 가치 있어 하는 것(예 : 친밀 대 위계)
- 타인의 행동과 느낌뿐만 아니라 부모의 느낌과 행동에 초점을 두는 능력(반영적 기능)
- 자기와 타인에 대한 공감
- 핵심 민감성

양육자 능력 평가

이 장 끝의 〈양식 10.1〉을 보면, COSI에서 각각의 질문이 밝히는 능력은 각각의 질문 후에 기술되어 있다. 다음은 능력과 일어날 수 있는 치료적 함의에 대해 명심해야 할 몇 가지 일반적인 점이다. COSI 질문에 대한 대답은 뒤의 사례 예시에 나와 있는 구체적인 예처럼 어떻게 치료계획으로 요소화될 수 있는지이다.

내러티브 응집성

COS를 포함한 많은 치료에서 목표는 클라이언트가 어려운 감정을 직면할 때 응집성을 형성하고 유지하는 것을 배우도록 돕는 일이다. 이런 점에서 COSI는 스트레스 테스트 같다. 우리는 부모가 감정적으로 도발적인 질문을 받을 때 응집적인 내러티브를 제공할 수 있는지를 보려고 노력해 왔다. 만약 아니라면 어디에서 무슨 방식으로 내러티브가 붕괴되는가? COS 개입의 가장 중심적인 치료적 도구는 부모가 자기 아이의 비디오를 검토하는 동안 반영적 대화에 참여하는 것이다. 성공의 순간과 투쟁의 순간(죠스 음악)을 모두 지켜보면서 응집성을 성취할 필요가 있다. COSI는 부모가 관리할 수 있다고 치료사가 생각하는 강도 수준에 적합한 비디오를 골라서 부모가 지탱할 수 있는 응집성의 수준에 대한 가치 있는 정보를 제공하도록 디자인되어 있다.

반영적 기능에 대한 응집성의 중요함은 제6장에서 소개하였다. '응집성'이라는 개념을 사용하는 AAI(George et al., 1984; Main & Goldwyn, 1984; Main, Goldwyn, & Hesse, 2003)는 Grice(1975)의 작업에 기초하고 있는데, Grice는 협력적 담화가 다음 상황을 충족시킬 수 있다고 말한 언어철학자이다.

1. 질 : "신뢰하라, 그리고 당신이 말한 것에 대한 증거를 가져라."
2. 양 : "짧게 말하라, 그리고 완성하라."
3. 관계 : "현재에서의 토픽과 관련지어라."
4. 매너 : "명확하고 질서 있게 하라."

응집성의 부족은 전형적으로 Grice의 네 가지 기준을 침범하여 AAI에서 미해결된 애착패턴(혼돈된/왜곡된)으로 나타난다. COSI가 과학적 점수를 얻지 못했다 하더라도 AAI 카테고리는 부모가 COSI에 답한 것을 리뷰할 때 치료를 위해 유용한 임상적 조직을 알 수 있게 한다. 부모 발달 인터뷰(PDI ; Aber, Slade, Berger, Bresgi, & Kaplan, 1985), COSI는 부모에게 아이와의 관계를 묘사할 수 있는 문구나 단어를 고르도록 하고 자녀와의 관계에서 특별한 에피소드를 갖는 구체적 기억(예 : 에피소드적 기억)과 연결하도록 한다. 에피소드적 기억을 갖는 묘사적인 단어나 문구가 어떻게 부모의 내적 응집성의 수준을 밝힐 수 있는가. 우리 연구실에서 있었던 한 예를 들면, 아이와의 관계에서 '재미있는'이라는 형용사를 사용한 부모가 있었는데, 그 부모는 에피소드적 기억(특별한 사건을 가진 구체적 기억)을 묘사하게 되자 집에 불이 났고 소방차가 와서 소방차가 나타나는 것을 보았을 때 참 재미있었다고 말했다. 응집성은 극단적 방법보다는 놀이로 나타난다. 예를 들면, 책임지지 않는 부모는 양에 대한 기준을 침범한다. 그들은 기억의 완전한 관계적 본성을 제공하지 않고 너무 간단해지는 경향이 있다. 몰두된 부모는 간결하고 명확한 매너로, 종종 관련 없는 정보의 홍수 속에서 길을 잃을 정도로 기억을 다시 배치할 능력이 부족하기도 하다.

인지적 응집성은 여기서는 깊이 접근할 수 없는 복잡한 개념이지만, 면담을 하는 부모들의 내러티브가 논리적이고 진행적인 이야기를 만들어 내는지 아닌지는, 가장 단순한 수준에서 COSI 질문과 대답으로 인해 인터뷰하는 사람이 찾아볼 수 있기는 하다. 비상식적으로 말하거나 부모가 본래의 목적에서 벗어나 붕괴되기 시작하는 이유가 있는가? 이야기에서 감정적으로 맞지 않는 측면이 있는가? 예를 들면, 어머니의 죽음을 이야기하면서 웃거나 표정이 없거나 무반응적인 얼굴로 기쁨을 묘사하지 않는가? 그런 순간에 당신은 그 부모를 대함에 있어서 제한된 응집성 혹은 응집성의 결핍 요소를 다뤄야 한다는 것을 알 수 있다.

자녀와 자신에 대한 표상

부모는 자녀에 대해서 긍정적인 것에서부터 부정적인 것까지, 그리고 정확한 것부터 왜곡된 것까지 다양한 지각을 갖는다. 부모가 분열을 사용할 때(제9장 참조), 부모는 정확하게 긍정적인 것과 부정적인 속성을 전부 연속선상에 두고 평가하지 못하기 때문에 아이를 (이상적으로) '전부 좋은'으로 혹은 (부정적 속성을 광범위하게) '전부 나쁜'으로 방어적으로 본다. 자녀를 완벽히 결점이 없거나 결점 투성이로 보는 부모는 아이의 전체를 경험할 수 없고 관계 역시 멈출 것이다. 부모가 자녀를 긍정적인 것에서부터 부정적인 것까지 그 질의 범위를 따스함과 수용의 바탕하에 맥락 내에서 완전히 아는 것은 중요한 신호이다(예 : "그는 좋은 아이예요. 그는 나를 멋쟁이로 만들어요. 하지만 내가 정말로 원하지 않을 때도 웃기만 하죠."). 아동의 욕구는 알려져야 하고 수용되어야 하며 아이 자체로 기쁨이 되어야 한다. 부모가 이렇게 할 때 아이는 정확한 자기 이미지 ("나는 내가 누구인지를 알아.")를 발달시킬 수 있고 높은 자존감을 발달("나는 내가 가치 있다는 것을 알아.")시킬 수 있다.

거부하는/집착(몰두)하는/가치 있는 관계

애착에 대해 마음을 거부하는 어른은 느낌보다는 기능에 더 초점을 둔다. 마음이 포기된 상태는 관계의 중요성을 직접적으로 부인하거나("그는 너무 독립적이어서 달라붙는 접촉의 느낌을 원하지 않는다고 생각해.") 아이의 '완벽함'을 에피소드적 기억으로 확증하지 않고 이상화해서 묘사해 버리기도 한다.(부모가 반응하는 '유능함'이라는 단어로, "그녀는 모든 것을 잘해요. 나는 걔가 능숙하지 못한 것이 하나도 없다고 행각해요.")

애착에 대해서 집착(몰두)하는 어른은 기능보다는 느낌에 더 초점을 둔다. 이 부모는 유능감, 자율성, 자기 지지를 비하하면서 순환의 아래에 몰두되어 있는 경향이 있다.("걔는 딱 마마보이예요. 걔는 다른 아이들과 많이 놀지 않죠.")

관계에 균형 감각이 있는 부모는 인터뷰가 진행될 때 아이들을 향해 수용, 이해, 심지어 따스함도 보였음을 기억하고 있다. 사건이나 재외상을 경험하기보다는 오히려 기억으로서 고통스러운 기억이 경험된다. 자신의 것뿐만 아니라 타인의 느낌과 행동을 합리화하는 방법을 부모들은 갖고 있다. 비난과 꾸중도 현저히 결여되어 있다.("나는 자랄 때 아빠를 많이 좋아했다고 생각하지는 않아요. 그는 항상 일했고 내가 성격적으로 그것을 이어받았죠. 내가 나중에 깨달은 것은 형과 나를 대학에 보내기 위해서 그가 두 가지 일을 하고 있었다는 거예요. 나는 우리가 함께 더 많은 시간을 보내기를 바랐는데도 말이지요.")

만약 부모가 거부 혹은 집착(몰두)하지 않는 식으로 애착관계에 주요한 평가를 받지 않았다면 치료사는 부모가 하게 될 비디오 검토에 대해서 어떻게 반응할 것인지에 대해서 상대적으로 편안해질 수 있다. 애착관계를 평가하는 것은 부모가 자신의 삶을 관리할 수 있으면서 분리의 시기 동안 친밀한 사람을 그리워하는지와 때때로 타인을 믿고자 하는 욕구를 인식하고 수용할 수 있는지를 살펴보는 반응으로 증명될 수도 있다. 그러나 부모가 거부하고 있을 때 순환의 아래의 중요성을 제한해 버리는 것에 비디오의 초점을 둘 수 있다. 관계에 몰두된 부모의 경우에는 그 비디오는 분리를 위한 지지 혹은 손에 초점을 둘 수도 있다. 어떤 방식이건, 부모는 아이의 욕구에 의해서 유발된 고통(죠스 음악)에 대항한 방어로서 자신의 몰두(집착)를 보도록 요청될 것이다.

자신에게 초점을 두는 능력

> "세계를 바꾸려면 당신과 함께 시작하라."

자신에게 초점을 두는 능력은 심리치료 과정의 기본이다. 그것은 부모가 자신의 생각, 감정, 행동에 초점을 두는 것을 지칭한다. 그것은 또한 증가된 자기보호(방어) 혹은 증가된 취약성의 방향에서 순간순간 선택에 따르는 내적 능력을 의미한다. 자신에게 초점을 두는 이런 방식의 능력은 좀 더 큰 반영적 기능 영역의 일부라고 볼 수 있다.

자신에게 초점을 두는 것은 타인에게 초점을 두는 것(특히 비난하기)보다 좀 더 부모가 취약하다고 느낄 수 있다. 치료가 이루어지는 동안 클라이언트들은 자신의 생각, 느낌, 행동에 초점을 두도록 요구된다. 각 사람들은 이러한 결정적 치료기능을 수행하기 위한 다른 능력을 가진 치료를 하게 된다. 우리는 어린 발달의 시기 동안 우리에게 초점을 둘 수 있다고 배웠다. 불안정하거나 비조직화된 가족에게서 자란 사람들의 경우, 타인에게 초점이 나뉘어 있을 수도 있는 상황에서 생존했고 위험이나 어려움 속에서 생존할 수밖에 없었다. 그러한 상황에서 자신에게 집중하는 능력은 쉽게 손상받을 수밖에 없었다. 이것은 바로 안아 주는 환경을 만드는 것이 치료 결과에서 왜 중요한지를 보여준다. 자기 자신에게 초점을 두는 능력이 더 낮은 클라이언트는 종종 치료사가 그들과 함께 있기를 더 필요로 한다. 그들이 자신의 생각과 느낌에 안전하게 집중할 수 있다는 것을 믿기 시작하면서, 그들은 자기 아이의 생각과 느낌에 좀 더 개방적으로 공감할 수 있게 된다.

처음에 우리는 James Masterson의 작품에서 이 개념을 소개했다. 치료 세션에서 과정을 살펴보는 것은 클라이언트가 자기 자신에게 초점을 두는 데 얼마나 많은 시간을 할애하는가를 결정하도록 만든다. 그것은 많은 클라이언트가 방어적으로 타인에게 초점을 두면서 시간을 보냈고 자신의 생각, 행동, 느낌에 초점을 두는 치료에 얼마나 시간을 적게 보냈는지를 보기 위해 눈을 뜨는 것이다. 치료에서의 핵심 목표는 클라이언트가 치료 시간이 자신의 기억, 생각, 느낌, 행동에 초점을 두면서 시간을 보내는 의미 있는 비율을 만들고 거기에 적응하도록 돕는 것이다. 자기에게 초점을 두는 능력은 변화의 타깃이 부모이기 때문에 COS 개입에서 결정적이다. 어린아이들보다 부모는 변화에 더 자유롭다. 마치 우리 모두가 다른 사람을 바꾸는 것보다 자신을 바꾸는 것에 더 자유로운 것처럼. 부모는 파트너가 아이에게 영향을 주는 '잘못된' 모든 것에 초점을 두는 것에서 벗어나도록 돕거나 혹은 부모에게 영향을 주는 아이가 하는 모든 잘못된 것은 부모가 변화를 이끌도록 권한을 부여하는 것이다.

반영적 기능

우리는 반영적 기능(reflective functioning, RF)을 Howard와 Miriam Steele에 의해 소개 받았는데 그들은 RF(Steele & Steele, 2008)라는 용어와 개념을 창안해 낸 팀의 구성원이다. 그들은 우리에게 COS를 처음 만들고 초기 수행하는 동안 부드러운 지지를 해 주었다. 그들의 영향력은 우리 개입에서 RF가 너무 중요한 초점이라는 것을 깨닫도록 도와주었다. RF는 명확히 정의되고 측정 가능해서 아이의 애착의 안전성이 부모에게 RF의 높음과 연관되어 있다는 것을 연구로 확증할 수 있게 해 주었다(Fonagy et al., 1991). 이런 이유로 RF의 증진은 변화라는 우리 이론에 핵심이 되었다.

반영적 기능은 타인뿐만 아니라 자신의 생각, 느낌, 행동과 의도를 이해하는 심리적 능력이다. 다른 말로, 그것은 부모가 자신의 느낌이 행동에 얼마나 영향을 미치는지를 인식할 수 있는 관계적 능력을 포함하며 그들의 행동이 다른 사람의 행동에 영향을 미침으로써 다른 사람의 느낌에 얼마나 영향을 주는지, 바꾸어 그 순환이 다시 반복을 시작하는지를 포함한다.

RF에 대한 일부 질문이 COSI로 답변될 수 있다.

1. 부모가 지식이나 경험의 세대 간 전이를 인식한다는 것을 보이는가? 예를 들면, "그가 나에게 아니라고 대답할 때마다 나는 항상 그를 좀 힘들게 하죠. 나는 내가 어렸을 때 내 아버지가 했던 방식으로 하는 것 같아요. 그는 나에게 대답으로는 아니라는 것을 허용하지 않았어요."

2. 부모가 아이에게 있는, 그리고 자기에게 있는 행동을 촉진시키는 생각과 느낌을 이 해하는 데 관심이 있는가? 예를 들면 "그가 정말로 난리발작을 보일 때, 나는 내가 아이에게 정말 힘들게 하고 있는 것은 아닌지 궁금해서 때때로 그만할 거예요."

3. 부모는 아이의 발달단계를 적절하게 알고 있고 아이의 행동을 설명할 때 그것을 고 려하는가? 예를 들면 "그는 모든 것에 아니라고 말하죠. 그러나 나는 이 단계의 아 이들이 이 나이에 그렇게 한다는 것을 알아요."

4. 부모는 면담하는 사람이 혼란스러운 상태를 더 이해하기 쉽도록 만들거나 혹은 모 순을 수정하는 증거를 통해 면담하는 사람의 관점을 고려하는가? 예를 들면 "내 상사에 대해서 말하기 시작했을 때 나는 주제를 다른 것으로 옮겼다고 생각해요. 내가 말하려는 것은 내가 아이가 요구하는 것처럼 내가 느끼는 것을 좋아하지 않는 거예요."

5. 부모가 한 걸음 물러서서 자발적으로 반영적 멘트를 하는가? 예를 들면 "나는 아 이가 나에게 위안을 줄 때 기분이 좋아지는 것을 알지만, 아이가 그 일이 자기의 일 이라고 느끼기를 원하지 않아요."

6. 부모가 아이의 내면이 무엇인지를 절대적으로 아는 것처럼 행동하는 것과 비교해 아이의 내적인 동기, 생각, 느낌을 의논할 때 아이에 대한 그녀의 해석이 명확한 가? 예를 들면 "나는 아이가 내가 뭔가를 하도록 강요할 때 나를 좋아하지 않을까 봐 걱정해요." 이와 비교해 "내 아이는 내가 뭔가를 하도록 강요하면 나를 좋아하 지 않아요." 이것은 부모가 아이에 관해 부정확한 속성을 가질 때 특별히 중요하 다. "그는 정말로 조종하려고 한다"와 "그가 그런 식으로 행동할 때 나는 정말 조 종당한다고 느낀다"처럼.

7. 부모가 아이와 자신에 대한 내적 작동 모델을 업데이트하려고 개방한다는 표시를 보이는가? 예를 들면 "나는 아이가 내 뱃속에 있을 때부터 화가 났어요. 나는 그가 의도적으로 나를 찬다고 생각했어요. 나는 그것에 대해 뭔가 좀 어긋났다는 것을 알아요." 부모가 이러한 능력이 부족할 때, 안전한 관계를 만들 수 있는 좀 더 부 가적 시간이 필요하다는 것을 의미한다. 우리 접근이 아이를 향한 양육자의 내재된 긍정적 의도를 담보하는 치료라고 하더라도, 안아 주는 환경의 결핍을 경험한 많은 부모는 이러한 의도에 다가가는 데 장벽이 있다. 천천히, 보살피는 현존이 '호전'

을 우선시하는 것보다 오히려 함께 있기를 우선시하는 데 활용되는데 이것은 아이를 포함해 다른 사람에 대한 그녀의 관점을 업데이트하도록 허락할 수도 있다.

위에 소개된 각 차원에 대한 부모의 현재 능력을 아는 것은 개입에서의 시작점을 형성하도록 돕는다. 만약 부모가 충분한 RF를 증명한다면, COSI의 내용 중에서 반영하기로 개입을 시작할 수 있다. 어떤 부모는 그들이 결코 생각할 수 없었던 것들을 생각하게 하는 그 질문에 대답하는 것이 유용했다고 보고하기도 한다. 부모가 반영할 수 있는 표시가 없었을 때, 치료는 가장 도전받을 수 있을 것 같기도 하다. 때때로 부모는 반영을 적극적으로 거부한다. 예를 들면, 부모는 이렇게 말할 수도 있다. "과거를 파헤치고 부모를 욕할 이유가 없어요. 게다가 나는 아이와 아주 잘 지내거든요."

만약 부모의 RF가 낮다면, 처음 단계는 반영적 능력을 형성하는 데 초점을 두어야 한다. 때때로 반영적 대화로 부모를 초대하는 것만으로도 의미 있는 변화가 일어난다. 많은 부모들은 아이가 무엇을 느끼는지를 생각해 보라는 질문을 받으면, "아무도 나에게 그렇게 물어본 사람이 없었어요."라고 대답한다. 만약 RF에 거부적이라면, 첫 단계는 부모가 반영적 대화로 들어가기 위해 충분히 안전감을 느끼는 지점에서 안아 주는 환경을 강화하도록 설계되어야 한다.

공감

공감은 초기 발달 동안 배우게 되는데 공감능력은 안정애착과 연관되어 있다(Sroufe, 1983; Kestenbaum, Farber, & Sroufe, 1989). 우리는 공감이 두 부분으로 구성되었다고 생각한다 : 관점적 수용과 감정적 공명. 관점적 수용은 다른 사람의 신발 안에 머무는 인지적 능력과 타인의 관점에서 세계를 상상하는 인지적 능력을 포함한다. 타인의 관점을 받아들이는 이러한 선택은 우리 자신의 행동의 끝을 수용하면 어떨지를 상상하도록 돕는다. 그것은 우리가 해 온 것과 다른, 타인의 경험 의도가 무엇인지를 명확히 하도록 도울 수 있다.

공감의 두 번째 측면은 감정적 공명이다. Carl Rogers의 표현을 빌면, "다른 사람의 사적인 세계를 마치 당신의 것인 양 감각하기 위해서, '마치' 질을 결코 잃지 않으면서 — 이것이 바로 공감이고 이것 치료에서의 본질인 것 같다(1957, p. 98). 그것은 부모가 타인의 경험을 경험하는 것이 왜곡될지 모른다는 것을 알면서, 동시에 자신의 능력을 타인이 느끼는 것과 함께 공명하는 능력을 증진시키도록 돕는 것이 중요하다. 예를 들면, 아이의 느낌을 느끼는 것은 아이의 경험을 이해하려는 부모의 편견일 수 있다. 또한 부모가 타인의 느낌을 추측하는 것만이 가능하다는 것을 상기하는 것이 중요하다. 부모는 그들이 틀릴지도 모른다는 가능성을 항상 열어 놔야 하고 자신의 아이들의 느낌이 자신의 것과는 본래적으로 다를 수도 있다는 것을 알아야만 한다.

스스로를 공감하는 부모의 능력은 또한 중요하다. 관계 갈등을 관리하기 위한 가장 보편적 방어전략은 그 갈등을 흩어 버리고 아이나 자신을 비난하는 것이다. COSI를 하는 동안, 우리는 부모가 자신의 고투에 대해 연민을 갖는 것과 자기비난을 하는 것 간에 어떤 것을 하는지를 살펴보기를 희망했다. 자기를 위한 공감은 행동에 대한 변명을 하는 것과는 꽤 다르다. 자신에 대한 공감은 자기가치감과 자기를 위한 연민을 가지면서 동시에 실수를 깨닫는 특성이 있다. 비디오에서 나타나는 고정적인 이슈를 보는 데 가장 보편적인 반응은 부모가 자기 자신에 대한 부정적 표상으로 떨어지고 치료사에게 자기비난으로 소통한다는 것이다. 부모가 스스로를 비난하는 데 사로잡혀 있는 한 그녀의 배움은 심각하게 타격을 입을 것이다. 자신의 고통과 수치심을 오히려 말로 표현하고, 이 접근이 부모의 생애사와 현재 느낌을 공감적으로 담보하도록 디자인되어서 그 느낌에 대한 방어를 부모가 성찰하도록 지지하고 부모가 그녀와 아이에게 더 나은 대우를 할 수 있도록 비방어적 반응을 선택하도록 돕는 것이다.

COSI에서의 많은 질문은 아이의 경험에 대한 부모의 이해에 초점을 둔다. 수행한 낯선 상황에서 부모와 아이의 경험 모두에 초점을 둔 질문이 처음에 이루어진다. 이러한 질문은 양육자가 아이의 욕구와 투쟁을 이해하고 확인할 수 있는지 아닌지를 인식할 기회를 제공한다. 예를 들면, SSP에서 아이의 분리 경험에 대한 질문을 했을 때, 양육자는 아이의 힘듦에 공감하는가? 양육자는 아이가 위안을 필요로 한다는 것을 알아차리는가? 혹은 양육자가 아이의 눈물에 나타난 취약함을 없애 버리려 이 욕구를 부인하는가?("나는 그녀가 피곤했을 뿐이라고 생각해요. 그녀는 우리가 오늘 여기에 와야만 했기 때문에 낮잠을 못 잤거든요. 아이는 대개 그렇게 울지는 않아요.")

COSI에서 부모의 묘사와 상호작용 평가에서 비디오를 모두 살펴보는 일은, 당신에게 실제적 상호작용과 관련된 경험에 대한 부모의 지각을 대조해 보도록 허락한다. 이런 일은 부모가 아이에게 공감능력이 있는지를 살펴볼 수 있도록 하는 창을 제공한다.

공감하는 부모의 능력이 낮다면, 치료사는 비판과 실패에 대한 부모의 각성을 살펴보려고 할 것이다. 낮은 공감이 종종 순환의 아래쪽의 투쟁과 연관되어 있기도 하다. 만약 순수한 공감이 존재한다면, 부모를 동기화하고 지지하도록 활용될 수 있고 비디오 반영 과정을 통해 상대적으로 앞으로 향해서 나갈 여정을 약속할 수도 있다. 만약 공감이 현저히 빠져 있다면, 부모가 아이의 편안함을 주려는 어떤 부분에 힘들어하는지를 특별히 살펴본 후에, 순환의 아래에 있는 욕구를 충족시키기 위해 합리적으로 제공된 근거를 포함한 치료적 과정이 요청될 것이다. 공감이 되지 않고 아이에게 과도하게 동일시될 때 부모가 아이의 자율성을 발달시키도록 지지함을 돕는 치료가 가장 우선시되어야 할 것이다.

핵심 민감성

부모의 핵심 민감성을 확인하는 일은 매우 도전이 되는 일이다. 개별 심리치료에서 치료사는 시간을 두고 클라이언트의 핵심 민감성을 풍부하게 식별하게 된다. 개별 치료에서 치료사는 특별한 민감성에 대한 상호작용적 식별을 구체적으로 알아차리는 이득이 있어서 그렇게 표시한 것에 대한 클라이언트 속성의 의미에 대해 체계적으로 질문할 시간을 가질 수 있다. 그것은 종종 특정한 민감성을 드러나게 보여 주지 않는 클라이언트에게 핵심 민감성을 명확히 하는, 상호작용 뒤에 있는 의미이기도 하다.

처음에 가능함을 확신하기 전에 우리는, 상당히 많은 COSI들로 실험을 하고 표준화된 면담을 통해 핵심 민감성을 결정할 수 있다고 확신하지 않았다. 부모의 방어가 더 융통적이고 적용 가능할수록 COSI에서의 핵심 민감성을 결정하기는 더 힘들었다. 방어가 더 경직되고 광범위할수록 민감성을 결정하기는 더 쉬웠다. 다행히 치료계획에서의 핵심 민감성의 상대적 유의성에 대한 상관이 밝혀졌다. 특별히 심하게 방어적인 부모들은 핵심 민감성이 회피 그리고/또는 부모의 방어에 대응하는 것에 대한 로드맵을 제공했다. 우리로 하여금 경험에 공명하는 방식으로 그들의 방어에 관해 말하도록 한다는 것 또한 부모의 핵심 민감성을 이해하는 것임을 발견하게 되었다. 그것은 부모의 죠스 음악을 이해하게 하는 지름길이었고 무엇이 방아쇠가 되는지를 알게 하는 것이었다. 그것은 무엇을 하고, 무엇이 더 중요하며, 치료에서 해서는 안 되는 것이 무엇인지를 명확히 해 주었다. 이 장 후반부에 제시되는 COSI 사례는 어떻게 우리가 각 질문으로부터 부모의 핵심 민감성에 대한 단서를 얻고 제13~15장에 제시된 사례의 예시를 따라 어떻게 핵심 민감성이 치료계획과 수행에 요소화될 수 있는지를 보여 준다.

그러나 치료사는 부모에게 맞는 진단을 하기보다는 오히려 부모를 진단에 맞게 맞추는 혹은 부모에게 진단이 제한적인 경향이 있는 먹잇감으로 전락하는 상황을 피하기 위해 개입을 통해 부모의 핵심 민감성을 지속적으로 평가해야 한다. Alfred Korzybski[1]에 따르면, 핵심 민감성은 매우 유용한 지도이지만 항상 지도로만 봐야지 그 지도가 나타내는 사람으로 봐서는 안 된다고 강조한다.

안정성의 순환 인터뷰

COSI는 AAI처럼 절차에 기초한 연구는 아니지만(George et al., 1984; Main & Goldwyn, 1984; Main et al., 2003), 오히려 발달 치료계획에서 임상적 사용의 유용한 질문이 될 수 있다. 그러나 그 질문들은 AAI 발달가들의 획기적인 작업을 기초로 형성되었고 그 질문 중 두 가지가 그 인터뷰로부터 나오게 되었다. PDI(Aber et al., 1985)에서 세 가지가 나왔다. 나머지 질문들은 수행한 SSP에 대한 부모의 반응에 대한 질문을 제외하고는 AAI와 PDI의 영향을 받아 만들어졌다. 그 질문들은 COSI의 독특한 것들이다.

COSI(양식 10.1)는 25가지 질문으로 구성된다. 그러나 수년 동안 우리는 그것이 사용되는 다양한 맥락에 적합하도록 면담을 변화시켜 왔고 임상가들이 필요한 질문을 추가하거나 빼도록 독려했다. 부모의 피로와 스케줄 제약에 민감해서, 우리는 그 면담을 1시간 정도 하는 것으로 디자인했다. 반구조화된 인터뷰이기 때문에 부모 대답의 길고 짧음의 다양성에 따라 시간은 달라진다.

안정성의 순환 인터뷰 관리하기

COSI는 단순히 부모와 인터뷰하는 사람의 참석에 의해서만 관리된다. 오히려 과정을 요구하는 것이기 때문에 이탈을 최소화하는 것이 도움이 된다. 인터뷰는 AAI처럼 전사

---

1 과학자/철학자인 Korzybski는 "지도는 그것이 재현하는 영역이 아니다"라는 아이디어로 유명하다(1958, p. 58).

를 통해서만 기록되기보다는 이후의 리뷰를 위해 촬영되는데, 그 이유는 우리가 톤, 타이밍, 행동에서 보이는 언어적·비언어적 의사소통에 모두 관심이 있기 때문이다. AAI는 인터뷰의 전사로 반영된 언어로만 점수화되지만 언어적인 것뿐만 아니라 비언어적 의사소통에 도달하는 것은 말하고 있는 것과 어떻게 말하고 있는가 간의 불일치를 확인하도록 돕는다. 그러한 불일치는 말한 것의 의미에 단서를 제공할 수 있다.

비디오카메라는 삼각대 위에 놓고 인터뷰를 무인으로 찍는다. 몸의 자세나 가벼운 움직임을 볼 수 없다고 프레임 밖으로 사람을 두고 너무 가깝게 하지 않는 것이 중요하다. 한편, 우리는 얼굴 표정을 보기 어렵다고 앵글을 넓게 하지도 않는다. 사진 안에 사람의 머리와 무릎이 모두 들어오기만 하면 된다. 외부 마이크를 사용하는 것이 내장 카메라 마이크를 사용하는 것보다는 음색이 더 좋을 수 있다. 마이크와 카메라는 켜 두고 부모가 사진 안에 들어오도록 하는 등 준비를 하고 카메라에 있는 디지털 메모리나 테이프가 있는지 확인하기 위해 체크리스트(글상자 10.1)를 사용할 수도 있다. 바보처럼 보이지만 하루를 급하게 보내다 보면 쉽게 실수할 수 있는 부분이기도 하다.

인터뷰하는 사람들은 인터뷰에 매우 익숙해서 열정적인 매너로 질문을 할 수 있다. 우리는 물어보는 질문에 그들이 체크하도록 제안하고 질문을 반복하거나 빠뜨리지 말도록 요청한다. 원본을 고수하고 질문을 첨가하거나 답을 제안하지 않는 것이 중요하다. 질문을 더하거나 빼는 것은 구조를 바꾸고 질문의 리듬을 바꿔 감정의 동요 없이 자료를 얻도록 대답하는 사람들에게 강조하기 위한 강도를 증가시키거나 감소시키는 것으로 이어질 수도 있다.

대답하는 사람의 불편함을 어떻게 관리하는가로부터 중요한 자료가 나오게 된다.

이것은 임상적 면담이고 일부 질문은 부모에게뿐만 아니라 면담하는 사람에게 더 불편함을 유발하는 대답일 수 있다는 것을 기억하는 것이 중요하다. 비디오 장비를 준비하고 기록하며 직접적으로 질문하는 것 등이 다소 초조한 것은 당연하다. 그러나 긴장한 웃음과 같은 불편한 것에 반응하는 것이 면담의 톤에 영향을 미칠 수 있다. 따스한 개입, 관심, 염려, 존중하는 태도로 부모와 함께 있기를 하는 것이 면담하는 사람의 일이다.

우리는 부모에게 접근하는 것뿐만 아니라 부모와 함께 있기의 효과성을 평가하는 데

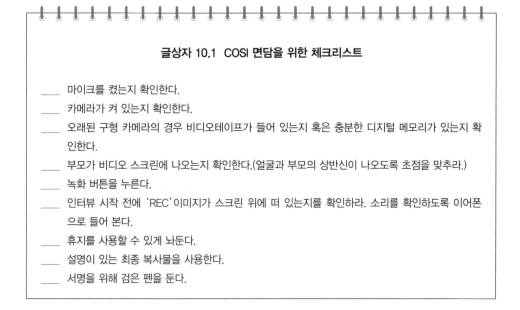

글상자 10.1 COSI 면담을 위한 체크리스트

____ 마이크를 켰는지 확인한다.

____ 카메라가 켜 있는지 확인한다.

____ 오래된 구형 카메라의 경우 비디오테이프가 들어 있는지 혹은 충분한 디지털 메모리가 있는지 확인한다.

____ 부모가 비디오 스크린에 나오는지 확인한다.(얼굴과 부모의 상반신이 나오도록 초점을 맞추라.)

____ 녹화 버튼을 누른다.

____ 인터뷰 시작 전에 'REC'이미지가 스크린 위에 떠 있는지를 확인하라. 소리를 확인하도록 이어폰으로 들어 본다.

____ 휴지를 사용할 수 있게 놔둔다.

____ 설명이 있는 최종 복사물을 사용한다.

____ 서명을 위해 검은 펜을 둔다.

비디오 살펴보기를 추천한다. 당신이 어떻게 감정적으로 활성화되도록 반응하는가를 알아차리는 것은 당신이 부모의 과정을 추정하지 않는 것을 배우도록 도울 수 있다. 동료와 비디오를 번갈아 돌려 보면서 당신이 면담하는 사람으로서 성장하는 방법에 대해 이야기하는 것이 훨씬 더 도움이 될 수도 있다.

타이밍의 중요성

질문 타이밍은 중요하다. 대답을 한 후에 너무 긴 쉼은 부모를 혼란하게 할 수도 있고 대답이 불충분했다고 느끼게 만들 수도 있고 그들이 치료 안에 있음을 의미할 수도 있다. 한편 굉장히 빨리 질문하는 것은 부모로 하여금 대답을 간결하게 해서 귀중한 정보를 얻을 수 있는 대답을 못하게 할 수도 있다. 어떤 질문은 다양한 부분을 갖고 있어서 진행하기 전에 각 부분의 대답을 기다려 주는 것이 중요하기도 하다.

구체적으로 하기

AAI에서 나온 주요 차원은 일반적 묘사보다는 일화적 기억을 요구한다. 세 가지 타입의 반응이 있는데, 에피소드적, 유사 에피소드적, 일반화된 묘사라고 볼 수 있다. 면담하는 사람이 그 차이를 구별하는 것은 중요하다. 에피소드적 기억은 실제 사건으로 형성된 기억이며, 이를테면 "지난 수요일, 우리가 공원에 갔을 때…"이고, 유사 에피소드적 반응은 "우리가 공원에 갈 때마다…" 그리고 일반화된 반응의 형태는 "항상 함께 있을 때 즐거웠어요."로 볼 수 있다. 에피소드적 기억은 처음 대답이 실제 경험에 근거하고 있는지를 명확히 하도록 돕는다. 에피소드적 기억이라고 지지할 수 없는 대답은 실제로 일어난 적 없는 경험이나 사건의 흐릿한 이미지를 구성하거나 걸러진 것들일 수 있다.

일반화된 기억에 대한 참여자의 첫 번째 반응은 "우리 어머니는 밤에 내게 책을 읽어 주셨기 때문에 나를 사랑하셨어요."와 같이 전형적인 것이다. 이러한 일이 일어날 때 "최근에 이 일이 일어날 때를 이야기해 주세요."와 "구체적인 예가 생각나세요?"처럼 구체적 에피소드를 알아보거나 질문을 사용할 수 있다. 에피소드적 기억에 대해 물어볼 때, 만약 부모가 아이와의 관계를 묘사할 때 '즐거운'이라는 형용사를 사용한다면, 그리고 "우리는 그냥 재미있어요."라고 말한다면 면담하는 사람은 구체적 기억에 대해 살펴볼 필요가 있다. 만약 그 사람이 "우리는 항상 놀이하고 TV 보면서 재미있었어요."라고 말한다면, 그다음으로 "그 일이 일어났던 마지막 때에 대해서 말씀해 주시겠어요?"라고 신속하게 질문할 필요가 있다. 만약 면담을 받는 사람이 "지난 수요일"이라고 묘사도 없이 말한다면, 면담하는 사람은 부모에게 그 경험을 묘사해 달라고 요구해야 한다.

에피소드적 기억을 만들어 내는 것이 중요하다는 데 부모의 무능함이나 자기저항이 있기 때문에 재빨리 여러 번 그 과정을 따라야 한다. 부모가 에피소드적 기억을 만들지 않을 때 감정을 실은 이슈에 대해 응집적으로 이야기하는 그들의 능력에 균열을 낼 수 있다. 그런 면에서 이러한 균열을 분석하는 것은 부모의 내적 작동 모델에 빛을 드리울 수 있다.

기술된 조사는 부모가 거의 정보를 제공하지 않는 상황에서 면담하는 사람을 이끄는 데도 도움을 준다. 그러나 어떤 부모들의 경우는 그 대답들이 질문되는 것조차 어려워하기도 한다. 부모가 본래 목적에서 벗어날 때 약간의 구조를 제공하는 것도 때때로 필요하다. 본래 목적에서 벗어난 대답의 패턴이 정보를 주기도 하지만 일단 그 패턴이 형성되면, 면담은 과도하게 길어지게 되고 면담을 하는 사람이 개입을 해야 할 수도 있다.(예 : "우리는 딱 1시간만 할 수 있기 때문에 중간에 끼어들어서 이 질문을 다 해야 할 수도 있어요.")

COSI를 통한 효과적인 사정은 연습과 경험이다. 많은 COSI를 분석한 후에 처음으로 감춰진 패턴이 드러나기 시작한다. 또한 경험과 수퍼비전으로, 다른 질문들이 요청되기도 한다. 호기심이 충만할수록 질문이 대답보다 훨씬 더 유용하다는 것이 명확해진다. 우리는 치료사가 COSI가 밝힐 수 있는 것과 밝힐 수 없는 것에 대해 타인으로부터 통찰을 얻도록 동료와 팀을 이루도록 격려해야 한다. 두 세트의 눈은 종종 한 세트의 눈이 보는 것보다 두 배 이상을 볼 수 있다. 우리는 또한 기본적 기초 위에 이러한 일을 수행하려는 독자들이 부가적 훈련과 수퍼비전을 받기를 바란다. 한편 〈글상자 10.2〉에 나와 있는 기본 규칙들이 유용한 지침을 제공한다.

안정성의 순환 인터뷰 해석하기

COSI의 질문에 대한 부모의 반응으로 굉장한 양의 정보가 정교화될 수 있다. 단순한 것에서부터 인터뷰에 나온 상호작용적 과정까지 정보는 발견될 수 있다. 인터뷰의 풍부함을 위해서 동시에 무엇을, 어떻게, 언제, 왜라는 질문이 주어진다.

> 부모가 무엇이라고 말하고 있는가?
> 부모가 어떻게 그것을 말하고 있는가?
> 부모가 언제 그것을 말하고 있는가?
> 부모가 왜 그것을 말하고 있는가?

'무엇'이라는 반응은 내용이다. 단순한 내용이 유용하다면, 어떤 면에서는 COSI로부터 가장 정보가 취약한 부분이기도 하다. 그것은 아이의 나이와 수, 구체적 사건 등과 같은 정보를 줄 수 있지만 그러한 것이 부모에게 무엇을 의미하는지를 알려 주지 않을 수도 있다. 부모가 실패했다는 것을 아는 것은 우리에게 부모가 실망했는지, 안도했는지, 슬픈지, 화가 났는지, 죄책감을 느끼는지를 우리에게 말해 주지는 않는다. 당신이 면담을 진행하면서 유용한 신호나 침범, 분리, 비난 등과 같은 주제의 묘사를 포함한 내용에서 패턴을 발견할 수도 있다. 하나의 사건보다 패턴이 더 강력한 정보가 된다. 나타난 어떤 패턴은 부모의 핵심 민감성을 비춰 줄 수도 있다.

글상자 10.2 COSI를 관리하기 위한 기본 규칙

1. 당신이 낯선 상황을 관찰하도록 요구받는다면 진실하게 대답하라. 만약 요청받지 않는다면 당신이 부모의 낯선 상황을 봤거나 보지 않았다는 것을 자진하여 말하지 마라.

2. 그녀 자신의 경험에 초점을 맞춰서 응답자들에게 질문이 주어질 때("당신에게는 그것이 무엇과 같았어요?" 혹은 "그것이 당신을 어떻게 느끼도록 만들었죠?")와 그녀가 아이의 경험(혹은 타인의 경험, 혹은 정보)에 초점을 두면 한 번 더 질문으로 돌아와라. "그러면 그 일이 일어났을 때 (초점을 둔 질문이 무엇이든 간에) 그것은 당신이 어떻게 느끼도록 했죠?"

3. 사건에 대한 구체적 정보를 요청하는 질문이 요구될 때와 응답자들이 첫 번째 조사에 평범한 대답을 할 때, 두 번째 조사에 대답하는 것이 불편할 수 있지만 지나치지는 마라.

4. 만약 한 질문에 대한 대답이 이루어지는 동안 응답자가 다음 질문에도 부적절하게 대답한다면, 다음과 같은 질문을 하라. "당신은 [이미 대답한 질문]에 대한 것 외에 다른 것을 말할 수 있습니까? 혹은 이것에 대한 정보는 이미 주셨습니다만, 다음 질문은 _____이에요."

5. 아이와 함께 관계를 묘사하는 다섯 가지 단어나 문장에 대해 질문 7을 관리할 수 있다.
   - 당신이 다섯 단어로 쓸 수 있을 것이고 그 단어에 대해 질문을 할 수 있다는 것을 응답자에게 말해주라. 그녀가 5개를 발견하기 위한 시간을 갖도록 참을성을 가지고 격려하라.
   - 만약 시간제약 때문에 당신이 단어 3개 혹은 문장만을 하기로 결정했다면, 당신이 다섯 단어를 찾은 후에 그녀에게 당신이 그녀의 세 단어에 대해 이제 물어봐도 되는지를 말하라. 그녀에게 첫 번째, 세 번째, 마지막 단어를 물어라. "당신의 첫[세 번째, 마지막] 단어는 ~였어요. 왜 이 단어를 골랐는지 구체적 경험이나 사건을 말씀해 주세요." 만약 그녀가 일반적 진술을 하면 구체적 사건에 대해서 물어라. 만약 그녀가 구체적 사건을 정교하게 잘 묘사하지 못하면, 다른 구체적 예를 물어보라. 구체적인 에피소드적 기억에 대해 두 번 물은 후에도 만약 얻지 못했다면, 다음 질문으로 넘어가라.
     - 두 번째, 네 번째 단어가 특별히 다르거나 정보를 제공하고 있다면, 그 단어에 대해 묻고 대답 1, 3, 혹은 5로 최소한의 정보를 남기고 그 단어에 대해 물어보라.

6. 비언어적 반응(끄덕임, 미소, "음" 등)을 활용함으로써 이해와 공감을 보이도록 노력하라. "그것이 당신이 _____을 느끼도록 만듦에 틀림없어요."와 같은 코멘트는 피하라. 기억하라. 당신이 인터뷰한 많은 사람들은 그들이 생각하고 느끼는 것보다 다른 사람들이 원하는 것에 더 집중하는 숙달을 보이고 있다. 우리는 그들이 독특한 관점으로 모든 정보를 채우기를 원한다. 우리 반응, 의견, 언어적 격려를 제공하는 것은 그들이 보이는 것에 대한 우리의 반응을 따르게 할지도 모른다.

7. 당신이 질문할 때와 반응자들은 대답하지 않는 것처럼 보일 때 그 질문을 한 번 더 물어보라.

8. 아이의 경험에 대해 질문하게 될 때, 만약 부모가 감정지향적인 말을 하지 못한다면 질문해 보라. "그러면 그럴 때 [아이 이름]는 어떻게 느낄까요?"

9. 만약 대답이 너무 간결하다면(하나 혹은 두 단어), 좀 더 정보를 얻을 수 있도록 다시 물어보라. "내게 _____에 대해 좀 더 말씀해 주시겠어요?"

당신은 각 질문에 대해 대답으로 나타날 수 있는 주제들을 괄호로 묶을 수 있다. 예를 들면, 질문 15["(아이의 이름)은 당신에게 화를 내거나 실망하나요?"(RF : 공감, 감정적 봉쇄, 긍정성 대 부정적 속성)]는 괄호로 주제를 묶을 수 있다. 대답으로는 "예, 나는 더 좋은 방식으로, 불쌍한 마음을 가지고, 반응하기를 바라고 그가 그렇게 할 때 화를 내기도 해요." 정답보다는 부모에게 다른 그림을 그리도록 한다. "아, 하지만 그게 나에게는 문제가 되지 않아요. 그 애새끼가 나이에 맞게 행동할 때까지 걔를 방에 두었죠." 첫 번째 대답은 공감과 아이에 대한 긍정적 속성(불쌍한 마음), 자신을 반영하는 능력("나는 화가 나려고 한다."), 공감의 부족, 부모가 문제에 관여하려는 것에 대한 충분한 감정적 봉쇄를 보여 주었다. 두 번째 대답은 반영적 기능("아, 하지만…"), 공감의 부족, 감정적 봉쇄의 부족(흩어 버리는), 부정적 속성("그게 문제는 아니죠. 그 애새끼가…")에 문제가 있음을 보여 준다.

부모가 행동 측면(순하게, 공격적, 애원하는 등)에서 어떻게 반응하는가는 완전한 사진을 구성하는 데 우리에게 받침이 되기도 한다. 그 부모가 직선적 방식으로 정보를 제공 하는가 혹은 핵심 민감성을 보여 주는 비난, 거리 두기, 순응으로 현재 요소들을 구성하는가에 대한 단서를 살펴보는 것은 유용하다. 이 장의 결론에 사례가 나타나 있다.

반응이 만들어질 때의 두드러진 이슈를 이해하기 위해서 우리는 현재 상호작용의 맥락에서 대답해야 한다. 부모가 지각된 도전, 비난, 침범에 반응한다면, 그의 반응은 방어적 스타일에 대해 말하고 있는 것이다. 예를 들면, 그가 아이였을 때 화가 나면 무엇을 했는지를 회상하는 질문을 받은 부모가 갑자기 냉정한 눈으로 면담을 하는 사람을 바라보았고 의자에 다시 앉으면서 "나는 아버지가 항상 그랬던 것처럼 TV 소리를 크게 했어요."라고 말했다. 반응에서 나타난 지각 가능한 거리감과 많지 않은 공격성은 그가 순환의 아래쪽에 있는 욕구와 관련된 것으로부터 얼마나 거리를 유지하려고 하는지와 아버지의 방어적 이상을 유지하기를 희망하기 간에 어떻게 그가 하고 있는지를 알 수 있도록 돕는다. 이것은 순환의 아래쪽에 있는 그의 딸과의 관계에서 고정적인 투쟁을 보여 주며 존중 민감성과 일치한다.

때때로 반응은 그저 반응일 뿐이다.

때때로 반영적이고, 취약하고 질문에 정확한 대답이라는 것이 바로 부모가 무언가를 말한 이유에 대한 대답이라는 것을 항상 상기하는 것이 중요하다. 반영적 취약성에 대한 중요한 기준은 아이에 대한 묘사뿐만 아니라 아이나 그 부모에 대한 비난을 하지 않고 상호작용과 행동 부분까지 고려하는 일이다. 자신의 양육사를 묘사할 때, 그 부모가 자기 원가족 부모의 행위가 자신에게 영향을 미쳐서 그의 부모를 아이의 관점뿐 아니라 이제 원가족 부모의 행위를 변명해 주지 않으면서 성인의 관점을 가지고 이제 감정적 영향력을 나눌 수 있게 된다. 이것을 취약성의 선으로 나타내면, 방어에서부터 반영, 취약의 연속선상에 사람들이 놓여 있음을 보여 준다. 그들이 아이 때 배운 것과 현재 부모로서 하는 것 사이의 세대 간 연결은 또한 반영능력의 취약성을 나타내는 좋은 예시가 되기도 한다.

예를 들면, 부모가 그녀가 자라면서 힘들 때 편안하고 싶었는데 필요한 것을 얻지 못했다는 것은 이상한 일은 아니다. "우리 엄마는 나를 안아서 무릎에 앉히는 데에 훌륭하지 않았어요. 나는 어린아이로 항상 거기에서 투쟁했어요. 심지어 내가 그녀가 문제가 있다는 것을 알게 되었지만 여전히 나는 아이를 안는다는 것을 피하고 있음을 보게 되죠." 그러한 부모는 방어적이지 않다. 그녀는 고통스러운 기억이지만 단순화해서 이야기하고 있다. 그녀는 어떻게 여전히 투쟁하고 있는지에 대해 말하면서 사실을 확실히 개방하려고 한다. 안전 민감성을 나타내는 내용이지만 안전 민감적인 사람은 이 부모가 진짜 자기에 얼마나 많이 도달할 수 있는지와 그녀가 이 과정에서 얼마나 안전하고 개방감을 느끼는지를 더 나타내는 질문이 될 수도 있다. 방어기능을 보여 주는 것이 대답은 아니다. 반대로, 위에 인용된 예시는 아버지의 대답이 얼마나 공격적이었고 원가족 아버지가 순환의 아래에 있는 자신의 욕구에 반응한 적이 없는 고통스러운 기억을 깨닫지 않기 위해서 면담하는 사람과 얼마나 거리를 두는지를 보여 준다. 면담하는 사람과의 관계에서 대답 기능이 어떠한지를 이해하는 것은 매우 도움이 되는 일이다.

다음은 상호작용적 사정에 제시한 예시인 제8장에 나온 어머니의 COSI 대답을 적어 놓은 것이다. 부모의 지각, 부모 대답의 의미와 핵심 민감성에 대한 여러 가설을 포함해 관찰된 것이 각 대답에 따라온다. 우리는 그 데이터에 대해 설명하는 것이 유용하다는 것을 알게 되었고 결국 하나로 조직화하면서 갈등을 해결할 수 있게 되었다. 하나의 설명으로 빠뜨리는 것이 때때로 있기도 하다. 트레이닝 동안 우리는 참여자들에게 3개의 핵심 민감성의 관점에서 진술하도록 요청했다. 이것은 COSI를 완성하는 것은 아니었는데,

짧게 말해서, (연구보다는)임상 세팅에서 가장 유용한 대답과 질문을 뽑았기 때문이다.

COSI의 처음 5개 질문을 우리는 'SSP에의 반응'이라고 부른다. 그 기억이 부모의 마음에 신선하게 남아 있기에 SSP 이후 곧바로 질문을 활용하는 것이 유용하다.

사례 예시 (질문 번호는 양식 10.1에 준함)

2 당신이 그/그녀와 함께 지금 한 경험에서 당신의 참여는 어땠습니까?

> 나는 그가 어떻게 할지 약간 걱정스러웠어요. 그리고 아이가 장난감을 가지고 스스로 바쁘게 놀면서 잘 조절하는 것을 보고 기분이 좋았지요. 박스 안에는 아이가 좋아하는 장난감이 많았어요.

부모 지각의 추측 : 이 부모는 걱정을 보이고는 있지만 그 걱정이 자신을 위한 것인지 아이를 위한 것인지는 명확히 모르겠다.("나는 그가 어떻게 할지 약간 걱정스러웠어요.") 우리는 공감의 잠재적 사인과 "잘 조절하는"이라는 단어를 사용한 엄마에 의한 감정적 조절의 잠재적 이해력을 살펴볼 수 있고 이것이 스트레스적 경험을 조절하는 것의 중요성을 알아차린다는 면에서 강점으로 볼 수 있기도 하다. 양육자가 어떻게 이 지점에서 아들의 욕구를 인식하고 감정적 어려움을 조절하는 데 그녀가 어떻게 접근하는가가 이슈가 된다.

'스스로 바쁜'과 '박스 안에 좋아하는 장난감이 많은'에 관한 '기분이 좋은'이라는 그녀의 코멘트는 아이가 취약함을 보이지 않고 엄마를 그리워하지 않고 선택한 아이의 자기활성화와 안도에서의 자부심을 의미하는가? 그녀의 코멘트는 그녀가 돌아올 때까지 혼자 바쁘게 노는 그의 능력을 환영하는 동시에 그녀를 위한 그의 욕구에 가치를 주고 있음을 뜻하는 것인가? 만약 전자라면, 이것은 순환의 아래에 있는, 엄마의 책임지지 않으려는 욕구에 초점을 둔 치료가 필요하다는 것을 암시한다. 만약 후자라면, 관계에서 이미 안전기지와 안식처가 존재하고 있음을 암시하면서, 자기조절과 공동조절을 위한 아동의 욕구를 평가하도록 말하는 것일 수 있다. 그녀가 '좋게 느끼는' 것은 더 이상 아이가 엄마를 필요로 하지 않는다는 데 대한 실망이라고 단언하는 것에 대해 집중할 필요가 있다. 만약 그러한 경우라면, 순환의 위로 향하려는 잠재적 개입으로 이동하는 엄마의 욕구가 필요하게 된다고 추측할 수 있다.

3 두 번, [아이 이름]만 남겨 둔 채 방을 떠나라고 요청받았잖아요. 아이가 그때 어땠다고 생각

하세요?(부모가 구체적으로 각각에 대해 혹은 분리되었을 때 모두에 대해 이야기해도 괜찮다.) 그때마다 당신은 어떠셨어요?

그는 괜찮아 보였어요. 처음에는 낯선 이가 거기에 있어서 더 쉬웠어요. 두 번째에는 약간의 재안심이 필요한 것 같았어요. 그는 정말로 잘하고 있었어요. 아이는 내가 매일 어린이 집에 아이를 떨어뜨려 놓았기 때문에 분리에 익숙하다는 생각이 들어요.

부모 지각의 추측 : 이 부모는 아이가 자기조절하려는 욕구를 알아차리려는 사인을 다시 보여 주고 있다. 우리는 자기와 공동조절(안정) 혹은 순환의 아래쪽 욕구가 거의 없어서 자활을 바라거나(불안정/회피), 혹은 안심을 원하는 아이의 욕구를 평가하는 방향에서, 말한 것처럼 어떤 지점에 있는지를 모르겠기에 엄마의 중심(불안정/양가)에서 관계를 유지하려고 한다.

"그는 정말로 잘하고 있었어요."는 엄마가 돌아올 때까지 신뢰의 매개변수 내에서 현재의 스트레스와 일을 합리화하려는 아이의 능력을 인식한 진술이다. 아니면 엄마가 자랑스럽거나 실망했거나 하는 의미일 수도 있고 자기조절을 하므로 다른 욕구가 필요 없다는 안심일 수도 있다. 만약 엄마가 자랑스럽게 느낀다면 그것은 존중 민감성과 일치할 수 있다. 만약 엄마가 안도를 했다면 이 어머니는 인터뷰가 진행될 때 존중이나 안전 민감성의 사인을 보이기 시작할 것이다. 실망은 분리 민감성인 어머니로 보인다. 자부심, 실망, 안도는 내용 그 자체만으로 구별될 수는 없다. 그녀의 행실과 맥락이 단서를 제공할 것이다. 또한 우리는 순수한 그녀 자체가 말하고 있을 가능성도 조심스럽게 배제해서는 안 될 것이다.

4 대부분의 부모는 일방경 뒤에서 아이를 볼 기회를 전혀 갖지 못하고 있었다.

　a. 당신이 거기에 서 있는 동안 [아이의 이름]에게 당신의 눈에 띄는 무언가가 있었습니까?

나는 장난감을 가지고 노는 아이의 집중력에 감동했어요. 그는 완전히 흡수되어서 낯선 사람과 정말로 많이 상호작용하지 않았죠. 나는 집중하는 그것이 좋은 일이라고 생각해요.

부모 지각의 추측 : 그러나 이러한 반응이 실제로 의미하는 것이 무엇인지를 결론짓기는 너무 이르다. 이 양육자는 아이의 행동을 볼 수 있음을 보이고 적어도 합리적이라는 것을 보여 준다. 그녀는 낯선 사람과 방에 남겨져 있을 때 자기를 진정시키는 수단으로서 그가 "장난감으로 놀이에 집중하는" 것으로는 연결하지 못한다. 이 엄마는 그가 낯선 사람과 상호작용하지 않으려 그것을 선택했다는 것을 알아차리고 이것이 편안하다

고 본다. 그녀는 장난감에 흡수되어 있는 그의 욕구를 분리의 어려움을 관리하려는 수단으로서 추적하고 있는가? 만약 그녀가 그렇게 보고 있다면, 우리는 아직 그녀가 이 어려움을 어떻게 합리화하고 있는지를 여전히 모른다. 그녀가 가 버렸기 때문에 그런 것인가? 낯선 이가 그에게 불편하기 때문에 그런 것인가? 그녀가 자랑스러워하는 어떤 것("나는 장난감을 가지고 노는 아이의 집중력에 감동했어요.")과 그녀가 상호성에 기반한 자활을 평가하는 방식으로 격려의 방법을 발견하였는가? 그녀가 긍정적이라고 언급했지만 실제로 약간 실망한 어떤 것인가? 그녀는 자기조절과 상호조절 모두를 환영할 수 있는가?

b. 그/그녀가 당신이 자신을 지켜보는 동안 정말로 원했던 것은 무엇이라고 생각하십니까?

그는 뭔가를 많이 원하는 것 같아 보이지 않았어요. 만약 그랬다면 나는 그가 무언가를 말했을 거라고 생각해요. 두 번째, 그는 조금 스트레스를 받는 것 같았어요. 그는 그처럼 새로운 상황에 홀로 남겨져 있지는 않았거든요.

부모 지각의 추측 : 사소한 빨간 깃발 : "그는 뭔가를 많이 원하는 것 같아 보이지 않았어요." 낯선 방에서 낯선 이와 홀로 남겨져 있는 것은 아이에게는 스트레스적인 상황이라는 것을 이해할 수 있다. 게다가 분리 시에 그는 엄마에게 가지 말라고 부탁했고 엄마는 문 앞에서 슬픈 얼굴을 보이고는 정서를 보이지 않는 일방경 뒤에서 아이의 놀이를 지켜보았다. 아이는 좋은 시간을 보내고 있는 것 같지 않았다. 엄마의 코멘트는 순환의 아래(보호, 위로, 감정 정리)에 있는 잠재적 욕구를 흩어 버렸다. 그때 양육자는 균형감각을 위해 다시 관찰을 했다. "두 번째, 그는 조금 스트레스를 받는 것 같았어요. 그는 그처럼 새로운 상황에 홀로 남겨져 있지는 않았거든요." 아이가 문 앞에 가서 엄마를 불렀던 두 번째 분리를 생각해 보라. 그녀는 신호로서 그것을 알아차리고 약간 스트레스를 받는 것 같다고 했다. 그녀가 크게 스트레스를 받는다고 하지 않고 약간 스트레스를 받는 것 같다고 단순하게 말할 수 있는가?(SSP에서 유래된 현실 체크는 평가자가 비디오를 보고 아이가 보여 주는 어려움이 얼마나 큰지와 관련된다. 만약 그것이 유의미하고 양육자가 "약간 스트레스를 받는" 것으로 묘사했다면, 이것은 순환의 아랫부분의 욕구를 최소화하고/흩어 버리는 것처럼 보이기 시작한다. 만약 다른 한편, 아이가 단순히 고통을 받고 있는 것처럼 보인다면 우리는 이 양육자의 지각을 점점 믿을 수 있게 된다.) 그녀가 "그는 그처럼 새로운 상황에 홀로 남겨져 있지는 않았거든요."라고 한

코멘트는 그가 해 왔던 것을 관찰하면서 명확해질 수도 있다. 그것은 그녀가 그가 혼자 있는 것을 너무 많이 경험하지 않았다고 확신하는 것에 대한 그녀의 힌트일 수도 있고 순환의 위에 있는 투쟁을 의미하는 일종의 각성일 수도 있다.

5 당신은 방으로 두 번 다시 돌아왔다.

　　a. [아이 이름]는 매번 어떤 것 같다고 생각하십니까?

　　나는 그가 나를 보고 행복했다고 생각해요. 그는 낯선 이와 많이 놀지 않았어요.

부모 지각의 추측 : SSP의 핵심에서, 각 분리 이후에는 재결합이 따른다. 주요 애착 대상에 의해 홀로 뒤에 남겨진 뒤 발생한 불가피한 스트레스는 모든 아이에게, 고통을 조절하기 위해 아이가 의지하는 사람으로부터 분리될 때 동반되는 모든 감정적 범위를 포함해서 애착체계를 활성화시킨다. 왜냐하면 재결합 때 아이가 보이는 양육자에 대한 반응뿐만 아니라 아이에 대한 양육자의 반응(그리고 양육자의 반응에 대한 아이의 반응)이 애착 연구가 안전과 불안전과 관련된 이슈를 어떻게 합리화하느냐에 중심이 된다.

COS가 재결합 시 아동에 대한 부모의 지각을 어떻게 이해하는가 하는 것이 중요한 감정적 욕구를 활용 가능한 지지의 수준과 감정 조절에 대한 양육자와 관련된 느낌과 기억을 강조하는 방식으로 부모에게 이 특별한 재결합은 스트레스가 되기도 한다. 양육자의 한계는 스스로 반복(죠스 음악과 고통스러운 느낌과 기억에서 떨어져 있으려는 일련의 무의식적 선택)되기도 해서 SSP라는 중요한 시간에 아이에 대한 반응으로 나타난다는 것을 이해해야 한다.

이 엄마의 짧은 반응은 순환의 아래에 요구되는 위안의 수준에 대한 질문을 불러일으킨다. 그녀는 아이가 자신을 보고 행복해했다고 진술한다. 그의 스트레스를 알아차리지 못하고 머물러 있는 모든 것이 좋고 행복하다거나, 혹은 그녀가 가 버렸을 때 그가 행복하지 않았다고 하면서, 매우 긍정적 방식으로 어머니가 있음으로 아이의 느낌이 바뀔 것이라고 하는 것인가? 낯선 이에 대한 코멘트는 그녀가 아이가 더 이상 사교적이지 않아서 엄마가 실망했을지도 모르거나 아이가 불편해했음을 표시하는 방식으로 그가 행동했다고 본다는 것을 지칭한다. 그러나 그녀의 특정한 반응보다도 힘듦 속에서 의식적(무의식적) 순간에 간결하게 반응하는 것은 순환의 아래에 있는 아이의 욕구를 최소화시키는 어머니의 잠재력에 대해 무언가를 말하고 있는 것이다.

아이가 분리와 재결합을 다루고 있다는 엄마의 생각이 어떤지에 대해 우리가 함께 엄마의 반응을 생각할 때, 우리는 이 모든 것이 무엇을 의미하는지 정확히 알지 못한다. 그것은 그녀가 그녀를 원하지 않는 것 때문에 아이를 자랑스러워한다는 것을 의미하는 가?(존중 민감적) 혹은 아이가 그녀를 너무 많이 요구하지 않는 것에 대한 안도를 의미하는가?(안전 민감적) 어떤 경우건, 좋은 질문을 형성하기 위해서는 아이가 위안을 필요로 할 때 엄마가 죠스 음악을 듣는지 아닌지에 대한 충분한 정보가 있어야 한다. 판단하기 위한 충분한 정보는 없다.

　b. 재결합 때 당신은 매번 어떠했습니까?

　그가 너무 뒤집어졌다는 것에 내가 좀 불편했고 그가 그렇지 않았을 때 기뻤어요.

부모 지각의 추측 : 아이가 순환 아래에 있는 욕구와 관련된 엄마의 느낌과 표상에 대해 우리가 무엇을 분별할 수 있을까? 그녀는 그가 뒤집어졌을 때 불편하고 그렇지 않았을 때 기뻤다고 말했다. 긍정적 느낌과 관련된 이 맥락에서 엄마가 예상하는 불편함은 엄마가 기대했던 것이 일어나지 않았을 때 아이가 순환의 아래에 있을 때 죠스 음악을 듣는 것은 아닌지에 대한 질문을 하는 데 무게를 실어 줄 수 있다. 핵심 민감성과 관련해 이것이 의미하는 것은 명확하지 않다.

　게다가 우리는 이 엄마가 자기반영능력이 있어서 자기("나는 조금 불편했어요.")에 초점을 둘 수 있어서 인터뷰하는 사람과 기꺼이 이러한 점을 나눌 수 있다고 보았다. 이 것은 양육자가 치료적 동맹을 형성할 만큼 개방적이고 인터뷰하는 사람을 안전기지로 활용할 만큼 개방적이라는 것을 보여 주는 강력한 지표이다. 자신의 감정적 경험을 나눌 수 있는 능력은 그녀가 다른 사람에게 얼마나 드러낼 수 있는가에 비방어적이라는 것을 보여 주고 실제 자기표현과 안전이나 강렬함과 안전 민감성과 가장 일반적으로 연결된 기질이라는 것을 보여 준다. 안전한 부모는 종종 그들이 숨길 것이 아무것도 없다고 느껴서 실제 일어나고 있는 것을 묘사한다. 노출하는 것을 반기기 때문은 아니지만, 믿을 만한 가치가 있는 참조점이 있다는 것을 믿기 때문에 안전 민감적 부모들은 내적 명령에 따라 진실을 말한다. 다른 사람을 신뢰할 수 없을 때 그들은 믿음이 이루어지는 참조점을 찾으러 나가기도 한다.

　c. 재결합 시에 [아이의 이름]는 당신에게 위안을 원한다는 것을 보여 줬나요?

　처음에 아이는 내가 돌아오는 것을 행복해했고 나와 함께 놀 수 있을 거라 생각했다는 것을 알아요. 두 번째, 아이는 포옹을 원했고 그래서 예스했고, 아이는 좀 위로를 원했어요.

부모 지각의 추측 : 다시, 이 어머니는 관찰했고 특히 아이의 신호가 명확하고 강할 때 아이의 느낌을 알게 되었으며(공감) 또한 아이의 실제적 욕구를 알아차렸다. 손을 다리 위에 놓은 채 아이는 어두운 데에 있었는데 거기서부터 미소를 지으면서 아이는 첫 번째 재결합을 했다. 이것이 정확히 '행복한' 것이라고 할 수는 없다. 그가 슬픈 얼굴로 다가갔을 때인 두 번째 재결합에서는 그의 반응이 부드러워져서, 엄마는 아이가 위로를 원한다는 것을 알아차리고 안아 주었다.

동시에 어느 정도, 엄마는 아이가 엄마와 놀고 싶어 한다는 열망으로 그 욕구를 축소하였다. 이것은 많은 안전 민감적 부모에게 '협상'이라고 할 수 있을 것인데 그 부모들은 아이가 약간 거리 두기를 희망하면서도 동시에 거기에 머물기를 원한다. 엄마를 '너무 많이' 원하는 아이를 두는 것은 압도된 느낌을 갖게 하지만 놀이하기 위해 엄마를 원하는 아이를 두는 것은 좀 더 관리 가능한 범위의 욕구 수준으로 유지할 수 있게 한다.

그녀의 두 번째 반응은 욕구를 파악하는 능력을 다시 확인하고 그 욕구를 기꺼이 알아차림은 물론 그 욕구를 충족시키는 것이었다. 다시, 그 욕구는 약간 축소되었다("아이는 좀 위로를 원했어요."). 그녀의 반응은 방어적이 아니라 치료를 지지하는 동맹을 형성한다는 것을 알려 주었고 안전 민감성과 실제 자기 능력의 방향에서 다른 힌트를 주었다.

동맹을 형성하기 위한 지표를 적어 두는 것이 항상 중요하다. 이 엄마는 이제 비록 불편하더라도, 일관적으로 그녀가 함께할 때 타인과 더불어 반영하는 능력을 갖게 되었고 그녀가 실제로 느끼는 것과 같은 것을 나눌 수 있는 능력을 갖게 되었다. 이러한 일은 다가올 치료의 잠재적 성공을 지시하는 데 매우 중요하다.

d. 결정나무 :

① [만약 그/그녀가 위로에 대한 욕구를 보였다면]

　　a. 당신은 무엇을 했습니까?

　　그는 나에게 다가왔고 "안아 주세요"라는 표정을 지었고, 나는 안아 주었어요.

부모 지각의 추측 : 다시, 그녀는 좀 더 반영적이 된다. 그녀는 아이가 물어본 것과 반응한 것에 대해 욕구를 인식하고 있음을 명확히 할 수 있다. 타인과 결부된 이 반응은 아이가 엄마에게 매우 직접적으로 신호를 줄 때 마치 그녀가 순환의 아래에 있을 때 불

편했던 것처럼, 자신의 느낌과 반응을 관리할 수 있다. 아이와 욕구 충족에 대한 엄마의 헌신은, 비록 불편할지라도, 엄마가 최근 불편함을 경험한 이유 안에 어떻게 그녀가 일부가 되고 그들이 누구인지가 얼마나 중요한지를 더 잘 이해하게 하는 욕구 충족의 방향으로 능력을 증진시킬 잠재력에 대해서 이야기할 수 있다.

존중과 안전 간 핵심 민감성 경향에 대한 차이로서, 스스로에 대해 약한 정보를 제공하는 능력과 수행에서 강조의 결여는 안전 민감성의 방향에 차이를 가져온다. 존중 민감적 부모가 순환의 아래에 있는 욕구와 투쟁할 때, 그들은 능력에 제한이 있거나 욕구를 충족시키는 데 관심을 갖는 것에 의미를 부여하는 경향이 낮다. 아이와 상호작용하는 측면에서 종종 긍정적으로 회전하는 경향도 있다.("오, 나는 그가 약간 불편할 수도 있다고 생각해요. 하지만 그는 꽤 탐구적이어서 내가 방 안으로 들어왔을 때 내가 그 새로운 장난감을 봤기를 확신하기 원했어요.")

　b. 그가 당신에게서 위로를 원할 때 어떻게 느끼셨나요?

　좋았어요. 그가 요구했을 때, 내가 알게 되었고 그는 대개 매달리거나 하지 않았어요.

부모 지각의 추측 : 반응으로서의 "좋아요"는 욕구가 얼마나 수용 가능한지, 하지만 편안할 필요가 없다는 것을 좀 말해 준다. 그가 하지 않았던 것('매달리는 것')을 정의하는 그녀의 단어 선택은 우리로 하여금 정의하는 몇 가지 단어는 그녀가 피하고 싶었고 아이에게 표현하지 않도록 가르쳤을 수 있을 법한 것을 이끈다. 그녀는 그가 순환의 아래에 있는 욕구를 가졌다는 것을 부인하도록 아이에게 가르쳐 오지는 않았다. 적절한 강도의 범위로 그녀를 알게 하면서 그녀는 친절히 반응한다. 그는 더 많이 필요로 할 수도 있지만 그 일은 어느 정도로 완성되는 것이다.

　c. 그/그녀가 당신에게 위로를 필요로 한다는 것을 보여 준 방식이 이것입니까?

　예, 굉장히 전형적이죠.

부모 지각의 추측 : 이 모두는 과정으로 평가될 수 있다. 우리는 순환 아래의 욕구에 대한 관계의 감각을 잘 형성할 수도 있다.

6 당신이 [아이 이름]에게 장난감을 집도록 요청했을 때, 무슨 일이 일어났는지 말씀해 주시겠어요?
　a. 당신은 그것이 그/그녀에게 어떻게 일어났다고 생각하십니까?

　그는 그것을 원하지 않았지만 전형적이기는 해요. 일단 당신은 그가 좋다는 것을 하도록 하죠.

b. 당신에게 무엇과 같습니까?

큰 것은 아니죠, 우리가 매일 하는 것이죠.

부모 지각의 추측. 이 질문은 양육자가 아이가 위계(손)에 어떻게 반응했는지를 성찰하도록 요청한다. 이런 경우, 엄마는 아이가 청소의 필요에 대해 행복하지 않다는 것을 알아차려서 그녀가 한 번에 책임질 수 있다는 것을 안다. 드라마가 아니다. 문제도 없다.("큰 것은 아니죠, 우리가 매일 하는 것이죠.") SSP에서 그가 정리를 저항할 때는 그녀는 그의 느낌을 알아차렸다. 그는 독서를 중단하는 걸 원하지 않았고 친절한 매너로, 순응으로, 굳게 책임지도록 변화되기를 원하지 않았다. 그녀의 묘사는 무슨 일이 일어났는지를 잘 보여 준다.

책임지고 그녀가 함께 잘 있음에 반응해 온 그녀의 지각은 관계에서의 긍정적 측면으로 보인다. 이것은 무기력을 느끼지 않는 부모의 예시인데, 그는 책임을 지는 얼굴을 하고 있고 엄마가 되기를 원할 때 부정적 속성을 경험하지는 않는다.

8 자녀의 부모 됨에서 가장 기쁨을 주는 것은 무엇입니까?

아이가 배우고 자라고 변화하는 것을 보는 것.

부모 지각의 추측 : 이 질문은 자녀로부터 채워지는 부모의 모든 즐거움을 탐구할 수 있는 기회를 제공한다. 이 질문에는 전형적인 대답이 나올 수가 없다. 이 어머니는 순환역량의 절반인 윗부분에서 그녀의 기쁨을 확인한다. 관계의 친밀성에는 덜 초점을 두고 있으며(안전에 민감한 양육자의 인식이 증가하는 맥락에서 이해할 수 있어야 함), 그녀의 관심은 배우고 성숙해지기 위한 아이의 역량에 있다.

a. 예를 들어 보면?

그건 항상 일어난다고 생각해요. 매일 아이는 새로운 것을 배워요.

부모 지각의 추측 : 이것은 어떤 에피소드에 대한 기억이 아니다. 오히려 그것은 일반적인 요약이다. 이런 이유로 그것을 더 알아보기 위한 인터뷰가 요구된다.

나에게 최근의 예를 좀 들어 줄래요?

음… 생각해 보면… 아이가 막 요거트를 먹는 중이었고 다 먹은 후에 아이는 그 통을 버리더라고요. 그 애는 스스로 그렇게 하기 시작해서 내가 말할 필요가 없었어요. 그게 너무 좋 았어요.

부모 지각의 추측 : 그녀의 대답은 학습과 성숙이라는 더 큰 주제의 맥락에서 일관되 고 한 순간의 에피소드이다. 관심의 이유는 더 큰 자율성과 독립성("그는 스스로 그것 을 했어요.")을 배우는 아이의 능력이 그녀에게 기쁨을 가져오는 것이기 때문이다. 이 것은 아이의 진정한 안전에 대한 그녀의 지지의 신호일 수도 있고, 또는 그녀의 아들이 자급자족하기 위한 안전에 민감한 필요에 대한 신호일 수도 있다.

　b. 동시에 당신은 아이가 당신에 대해 어떻게 생각할지 상상해 보았나요?

　이것은 엄마를 행복하게 해요. 그 아이는 요거트 통을 버린 후에 나를 쳐다보고 웃었고, 나 　는 아이에게 잘했다고 말했어요.

부모 지각의 추측 : 이것은 학습의 능력에 대한 상호 간 실수 또는 지원의 한 예일 수 있다. 아이가 자신의 능력을 좋아한다는 걸 알고 있는 것처럼 보이지만, 중요한 것은 그 들의 관계(부모-자녀)의 중심일 수 있다. 그는 엄마가 무엇을 원하는지 알고, 엄마는 이것을 알게 하도록 하기 위해 아이를 보상한다. 아이의 그러한 수행기술을 익히는 것 에 대한 승인을 경험하는 것이 잠재적으로 긍정적이지만, 독립성을 우선시할 필요성에 대한 암묵적 합의를 어떻게 나눌지 제안할 수 있다. 그래서 짚어 봐야 할 문제는 친밀한 가까운 관계에 대한 그녀의 불편함으로부터 스스로를 방어하기 위해 자신감을 지나치게 강조하는지에 대한 여부이다.

　c. 당신이 이 일을 기억할 때, 당신은 스스로 어떤 생각을 했었나요?

　나는 아이에게 스스로 어떻게 생각해야 하는지를 가르쳤었고, 그렇게 했고, 그래서 잘한 　것 같아요.

부모 지각의 추측 : 부모 계층 구조와 순환의 윗부분 모두의 관점에서, 이 어머니는 이 아이의 자율과 함께할 수 있는 능력을 지원하는 데 매우 편안하다. SSP가 어머니가 아 이와의 양자관계에서 순환 아랫부분에서 어려움을 겪고 있다는 것을 보여 준다는 것을 고려해 볼 때, 이 어머니의 명백한 의제는 순환의 윗부분을 명쾌하게 해결하는 것으로 부터 부모로서의 성공을 느끼고 있는 것을 알 수 있다.

9 당신이 아이의 부모로서 가장 고통스럽거나 어려운 건 어떤 건가요?

음, 자주 그러지는 않지만, 때때로 아이가 약간 짜증 내고, 그 아이를 기분 좋게 하는 데 아무것도 통하지 않아요.

부모 지각의 추측 : 다시 한 번, 위안을 줘야 하는 갈등을 둘러싼 주제와 잠재적인 부정적인 속성은("짜증 냄") 그녀의 부분("그 아이를 기분 좋게 하는 데 아무것도 통하지 않아요.")의 감정을 정리할 수 있는 가능성을 막고 있다는 것과 연결되어 있음을 알 수 있다. 그녀가 선택할 수 없는 감각과 긍정적인 속성 미만의 결합은 순환의 아래쪽 반에서의 유능하고 효과적인 것을 느끼지 않은 양육자의 일반적인 응답이다. 그녀가 묘사할 수 있는 것은 아이의 정서적인 갈등을 위해 정서 조절의 자원으로서 그녀 자신이 제공할 만한 것이 자신이 선택할 수 없는 것일 것이다. 이것은 분명히 그녀의 어려움과 고통의 근원이다.

a. 예를 들어 줄래요?

나는 아이가 피곤하거나 기분이 너무 좋지 않을 때가 가장 그래요.

부모 지각의 추측 : 이것은 아직 충분한 에피소드 기억이 아니다. 이것은 그녀가 특별한 주제와 긴밀하게 연결된 부분에서 갈등을 겪고 있다는 것을 의미하는데, 이것은 중재를 할 수 있는 것에 초점을 맞출 수 있는 것을 의미할 수도 있을까? 이 인터뷰는 더 자세히 알아본다.

당신의 최근의 예를 나에게 알려 줄래요?

아주 최근은 아니지만, 회사에서 받은 휴가 동안이었고 아이는 항상 상처를 입었고 흥분했고, 밤에는 완전히 뻗었어요. 나는 그 아이가 어떤 것에도 흥미를 갖게 할 수가 없었고, 나중에 아이를 재울 때 아이는 짜증을 냈어요. 결국 나는 아이가 잠이 들 때까지 견딜 수가 없었어요. 아이는 다음 날 아침이 되면 괜찮아졌어요.

부모 지각의 추측 : 그녀는 기억을 에피소드 형식으로 잘 정리하여 전달한다. 그녀는 또한 자신이 아이의 정서적인 폭풍을 조절하기 위해 그녀가 선호했던 기술이 아이를 순환의 꼭대기로 더 데려가고 있다는 것을 명확하게 인식하게 된다("[무엇인가]에 흥미를 갖게 한다"). 기분전환과 주의전환은 도움이 될 수 있다, 그러나 그것을 아이의 정서적인 어려움의 상황에서 기본적인 방법으로 사용함으로써 어떻게 이 엄마가 순환의 아래

에서 갈등을 겪게 되는지를 보여 주게 된다. 이것은 아마도 그녀의 잠재적인 안전 민감성과 함께 지속되었던 것일 수 있고, 아이와의 어떤 거리와 '너무 친밀'해지지 않는 것을 아이와 유지하려는 것을 포함한 행동일지 모른다.

　b. 당신은 그때 아이가 당신에 대해 어떤 생각을 한다고 상상하나요?

　정확하지는 않지만, 아마도 "왜 나를 더 기분 좋게 도와주지 않는 거야?"일 것 같아요.

　부모 지각의 추측 : 이 진술은 상당히 비방어적이며 반영적 기능(그녀가 아들의 욕구의 모든 것을 아직 제공해 주지 못하고 있는 것을 볼 수 있는 능력)과 감정이입(아이의 욕구에 대한 민감한 능력과 만나지 못하고 있음)을 모두 보여 준다. 이것은 그녀가 아이의 욕구에 대한 부모의 방법을 찾기를 원한다는 것을 말하고 그것을 공유하고자 하는 인식과 자발적인 단계이다. 그것은 또한 그녀 자신의 취약성을 드러내는 것을 자발적인 것으로 말한 것이기도 하다.

　c. 당신이 이 예를 기억함으로써, 당신은 당신 자신에 대해 무엇을 생각했나요?

　아이가 그렇게 상처를 입을 때, 그것은 나를 너무 감동시키고, 때때로 나는 내 반응으로 인해 그를 위해 힘들게 하지 않을지 궁금해해요. 나는 나 스스로 또는 어떤 것을 끔찍하게 느끼지는 않아요. 그러나 나는 내가 항상 이처럼 스트레스를 표현할 때를 좋아하지 않아요. 내가 이렇게 느낄 때 나는 침착하고 싶지만, 그가 진정될 때까지 견디는 것이 어려울 때예요. 그것은 catch-22와 같이 느끼는 것과 같아요. 만약 내가 잠잠했다면, 나는 그를 더 도울 수 있었을 거예요. 그러나 나는 아이 곁이 아닌 곳에서 진정할 수 있고, 나는 그 상황에서 그를 도울 수가 없다는 것이 오직 내가 하고 있는 방법이에요. 이해되나요?

　부모 지각의 추측 : 그녀의 대답은 그녀 자신의 갈등에 대한 엄마의 이해가 드러나는 순수한 금과 같다. 엄마는 지금 그녀가 그녀의 아이의 어려운 정서를 돕고 그녀 자신이 일깨워 정서적인 스트레스를 관리해야 할 때 스스로 통제하기 어렵다는 것을 발견하는 것에 매우 전념하고 있다는 것을 명확히 하고 있는 중이다. 자신의 취약함에 대한 그녀의 의지는 아이의 고통에 대한 그녀의 반응을 자기반영과 인식하는 것이며, 또한 아이의 어려움을 더 잘 이해함으로써 치료가 성공적일 수 있게 하는 강한 능력이다. 자신에게 초점을 맞출 수 있는 능력의 수준은 실질적으로 이 부모가 자신들이 바라던 것보다 더 나아질 것이며 그녀의 갈등에 접근하는 COS로 가능한 새로운 방법들을 긍정적으로 만들어 나갈 것이라는 것을 증명한다.

'catch-22'와 같은 문제에서 그녀의 틀은 안전 민감성의 '딜레마'로서 명확하게 기술된다(Masterson & Klein, 1995, p. 63). "만약 내가 진정했다면, 나는 그를 더 잘 도울 수 있었을 것이다." 안전 민감성 딜레마는 너무 가까이 있는 것도 문제가 되고 너무 멀리 있는 것도 문제가 된다는 것을 의미한다. 그녀는 아이가 너무 가까울 때 자신을 적절히 조절할 수 없었고, 그녀는 아이가 필요한 것을 모두 꺼내놓는다는 것을 알고 그녀가 가 버릴 때도 있었다. 둘 다 친밀감도 거리감도 없다. catch-22와 같이, 그녀의 실현이 너무 가슴 아픈 것은 그녀가 그녀의 자녀를 위한 그녀의 진짜 연민을 끝냈다는 것이며, 현재 상황이 "거기서 아이를 도와야 해."라며 그녀를 따라다니는 말을 허락하지 않는다는 것을 말하고 있는 것이다. 이 어머니는 이 딜레마를 벗어나는 방법을 명확하게 찾고 있는 중이다.

13 당신이 화가 나거나 스트레스를 받을 때 아이가 안다고 생각하나요?

　네, 나는 아이가 안다고 생각해요.

부모 지각의 추측 : 그녀의 대답은 부모가 특별한 능력(존중 민감성)이나 부모가 많이 요구하는(분리 민감성) 것을 바라지 않는 것에 그녀를 적응시킴으로써 아이 마음을 그녀가 인식할 수 있다는 좋은 신호이다.

　a. 아이가 당신이 화가 나거나 스트레스를 받았다는 것을 아는지 어떻게 아세요?

　나는 아이가 그런 센스가 있다고 생각해요. 아이들은 알아요. 또한 나는 나의 기분을 아이에게 알도록 시도하기도 하는데 그래서 그는 무슨 일이 일어날지 추측하지 않아도 돼요. 나는 나의 기분을 명확하게 알리고 싶은 것이 아니에요. 그러나 만약 내가 말한 것처럼 너무 안 좋은 날에는 그렇게 해요. 만약 내가 안 좋은 날이라면, 나는 아이가 그 기분을 책임지거나 또는 어떤 것도 원하지 않아요.

부모 지각의 추측 : 다시 그녀는 명확해지고 있고 균형을 잘 잡아 가고 있다. 스스로 마음을 잘 알고 있음을 보여 주고 아이도 자신의 마음을 잘 알고 있음을 나타내고 그리고 '마음읽기' 같은 것보다는 함께 나누는 것이 의도적으로 필요하다는 것을 알게 된다. 이 것은 이례적인 선물이나 한쪽으로 치우친 마음자세(존중 민감성) 또는 간절한 생각과 아이의 매달림(분리 민감성)과 같은 것에서 은연중에 나타날 수 있다. 이 어머니는 안전 민감성 범위 어딘가에 있다는 것이 나타나고 있어서, 그녀가 마음속에 있는 것을 공유하는 것에 대해 의도적인 필요가 있다는 것에 대해 명확하게 안전한 상태이다. 그녀는 명확

한 경계를 가지고 있고("나는 모든 나의 감정을 공유하지는 않는다.") 그녀의 경험에 대한 의무를 느끼지 않는 아이의 욕구에 공감하기도 한다("나는 또한 나의 기분을 아이에게 알리려고 한다. 그래서 아이는 무슨 일이 일어날지 추측할 필요가 없다… 만약 내가 안 좋은 날일 때, 나는 아이가 그 책임을 지기를 원하지 않는다."). 이 구분된 마음의 명확성은 아이가 느끼는 감정에 대한 안전과 지지의 신호로 이것은 그것에 대해 부담을 느끼는 것 없는 부모의 마음상태를 포함한다. 이것은 상당한 힘이고 인정의 좋은 가치이고 일단 치료가 시작되게 하는 힘으로써 이 엄마가 인식하도록 하는 도움이다.

b. 아이는 당신을 달래려고 하나요?

예.

부모 지각의 추측 : 그녀는 간단하고 명료하게 되고 있다. 이것은 정확히 치료하는 임상에서 어머니가 어떻게 접근하고 싶어 할지에 관해 활용하고자 하는 단서이다. 그녀를 명확하게 하라. '가르칠' 필요는 없다. 그리고 어떤 방식으로든 모델을 보임으로써 공감을 상상하라. 그녀의 투쟁은 그녀의 공감이 다른 사람(그녀의 아이 또는 그녀의 치료사)의 필요에 의해 휩쓸리지 않을 것이라는 것을 충분히 신뢰하는 방법과 더 관련이 있다. 그녀가 그녀의 경계를 존중하는 것은 그녀가 이것을 완전히 신뢰한다는 것을 알게 되면서 그녀의 새로운 선택권과 선택을 자녀에게 허용할 중요한 주제(죠스 음악)가 된다. 그녀는 가장 명확하기를 원한다. 가능한 만큼, 더 충분히, 그녀의 작업에 대한 주제가 그렇게 되기를 원할 것이다.

c. 아이는 어떻게 하나요?

아이는 내게 와서 나를 만지며 말해요. "괜찮아질 거예요. 괜찮아요."

부모 지각의 추측 : 그들 사이의 공감을 나누는 것은 아름다운 힘이다. 아이는 엄마가 괜찮기를 원한다. 아이는 또한 자신의 욕구보다 엄마를 더 생각하며 말한다. 치료를 하며 아이는 자신의 친밀감에 휩싸인 감정 없이 그녀에게 잘 접근할 수 있다.

d. 아이는 당신을 어떻게 달랬나요?

나는 아이가 너무 사랑스럽다고 생각해요. 그게 절 웃게 만들어요.

부모 지각의 추측 : 그녀는 친밀한 이 단계가 좋다고 말한다. 너무 많이는 아니지만.

이는 그녀가 이 분야에서 실제 능력을 가지고 있음을 임상가에게 드러낸다. 그녀는 이 것을 넘어 확장하기를 원하지만, 그녀의 선택에 의해 그렇게 될 것이다. 우리는 이 양자 관계에서 정신병리학을 보지 않는다. 다시 말하자면, 새로운 땅이 덮일 수 있다. 친밀함 의 거리 안에서 새로운 접근이 가능해질지 모른다.

　　e. 아이가 당신을 달랠 때, 당신은 아이가 어떤 기분을 느낄 거라고 상상하나요?

　　나는 아이가 나를 달래면서 기분이 좋을 것 같다고 생각해요. 그러나 또한 아마도 내가 기
　　분이 상했다고 보겠죠. 나는 그것처럼 어떤 것도 아이가 부담을 느끼기 원하지 않아요.

　부모 지각의 추측 : 이것은 모든 부모로부터 듣게 되는 소망이기도 하다. 아이들은 그 들의 부모가 긍정적인 그리고 부모의 고통 안에서 영향을 받을 수 있다는 것을 알 필요 가 있다. 그러나 아이들은 자신이 의무가 있다고 느낄 필요는 없다. 이 어머니는 이것이 다르다는 것을 인식하였고, 이는 그녀가 상당히 강한 반영적 기능의 힘이 있음을 보여 준다. 동시에 그녀의 말 '부담'은 친밀한 관계에 대한 자신의 경험을 암시할지도 모른 다. 아마도 도와줄 수 없거나 도와줄 수 없었던 것에 대한 책임감을 느낄 수도 있다. 이 단어를 기억한다는 것과 사용한다는 것은 치료가 아주 유용할 수 있는 적절한 순간이라 는 뜻이다.

14 모든 부모는 그들의 어린 자녀와 함께 짜증과 화의 순간을 가지고 있다.

　　a. 당신은 어떠한가?

　　나는 정말 내가 아이에게 화를 내는 게 싫어요.

　부모 지각의 추측 : 우리는 그녀가 "아이에게 화를 내는 것"에 대한 의미를 확실히 모 른다. 그러나 우리는 그녀가 이 같은 방식으로 행동하게 될 때 화가 난다는 것을 알 수 있다. 우리는 또한 인터뷰에 의해 책임과 불완전함으로 보이게 되었던 것을 숨기기 위 해 시도하지 않는다는 것을 알게 된다.

　　b. 만약 당신이 추측해 본다면, 아이는 이때 당신을 어떻게 생각할까요?

　　오, 아마도 "내가 엄마를 너무 화나게 했나?"일 것 같아요.

　부모 지각의 추측 : 이것이 대부분의 대답이고, 만약 그렇지 않더라도 아이는 그들의 부모가 화를 낼 때 거의 그렇게 느낀다. 그녀가 자신의 아들을 위해 이 딜레마와 함께 공감을 할 수 있다는 것을 보는 것은 매우 힘이 있다. 그것은 또한 그녀가 아이로부터

어떻게 느꼈었는지에 대한 힌트가 된다. 아이의 잠재적 경험에 대한 그녀의 명확성은 그녀 자신에 대한 무언가를 우리에게 말해 준다.

c. 당신은 당신 자신에 대해 어떻게 생각하나요?

나는 내 화가 아이로부터 날 때 나 같지 않다. 아이는 단지 작은 아이일 뿐이고 이렇게 대접받을 이유가 없다.

부모 지각의 추측 : 아이에 대한 그녀의 염려는 좋은 신호이다. 우리는 여기서 그녀가 묘사하는 화가 어떤 수준인지를 모른다. 이것은 치료하는 동안 초점을 둘 가치가 있는 것이며 그녀가 어린 시절 양육자로부터 경험한 것일 수도 있다.

d. 그/그녀가 당신을 무섭게 한 적이 있나요?

여러 번 있다고 생각해요. 그것이 내가 하기를 원하지 않는 것이죠.

부모 지각의 추측 : 이것은 우리에게 더 많은 것을 말하지만 여전히 그녀가 묘사하는 것을 결정하도록 남아 있다. 그녀 자신의 행동이 과할 수도 있다. 또한 무서운 행동에 대한 그녀의 기억이 그녀의 최근 행동의 사정에 영향을 줄 가능성도 있다. 이 모든 것은 일단 치료가 시작되면 점차 분해된다(서서히, 잠정적으로, 조심스럽게 접근되는).

e. 어떻게 말할 수 있나요?

그는 내가 화낼 때 울거든요.

부모 지각의 추측 : 이것은 그녀의 행동이 강렬하다는 것을 의미할 수도 있다. 그녀가 힘들 때 신호를 주는 것을 의미할 수도 그녀의 화에 대한 어려움으로 아이가 뒤집어졌음을 의미할 수도 있다. 이것은 치료에서 탐구되어야 할 것이다. 이것은 초점화할 가치가 있는 토픽 같아 보이고 일단 접근하려고 개방해야 할 주제로도 보인다.

f. 그녀/그가 그때 무엇을 하나요?

그가 뒤집어져서, 나는 내 화를 누르고 그가 진정하도록 도울 방법을 찾아야 해요.

부모 지각의 추측 : 그녀의 공감, 자기에 초점을 두는 능력과 순환의 아래에 있는 감정조절을 기꺼이 하려는 것을 여기서 볼 수 있다. 그녀가 아이가 중요한 욕구가 있음을 안다면, 그녀는 순환의 아래(위로와 감정 정리)를 제공할 수 있다. 만약 초기 관찰이 정확하다면, 그녀가 투쟁하는 것에 그렇게 뒤집어지지 않을 수도 있고 그것이 간단할 수도

있고 그의 감정적 컵을 순간순간 채우는 것이 어려울 수도 있다. 만약 그렇다면, 이것은 그녀의 안전 민감성을 공동생산하는 것이고 아이가 느끼도록 일관된 거리를 유지하여 아이가 깊게 고통받지 않도록 도울 수 있다. 이 엄마가 어떻게 천천히 거리를 두는가에 접근하는 것은 치료를 하는 동안 치료사와 함께 찾는 공간과 아이를 위한 다른 옵션을 제공하는 아이에 대한 '부담'일 수도 있다.

23 당신이 [아이 이름]에게 해 온 양육 방식에서 당신이 배운 것이 있나요?

> 내 부모님은 퍼즐 같았고 나는 그것을 맞추도록 격려받았어요. 그것이 정말로 내가 나 자신을 생각하는 데 도움이 되었기에 그가 그것을 배우기를 바라요.

부모 지각의 추측 : 우리는 세대 간에 이어지는 자기활성화의 신호를 보고 있다. 엄마의 부모가 그랬던 것처럼 순환의 위에 머무는 것이 최우선으로 고려된다. 그녀는 의심도 없이 이것이 중요하다고 믿고 있다. 만약 순환의 아래와 균형을 잘 맞추고 있다면 그녀는 정확히 맞을 수 있다. 이러한 균형이 이루어지지 않는다면, 아이도 균형에서 어긋나 있게 된다.

24 당신이 자랄 때 그랬던 것처럼 [아이 이름]에게 반복하기를 원하지 않는 방식이 있나요?

> 나는 꽤 괜찮은 부모 밑에서 자랐지만 그들은 엄청나게 바빴어요. 나는 혼자라고 느껴 왔고 그가 그런 느낌을 갖게 하고 싶지 않아요. 내가 그들을 필요로 했다면 그들이 거기에 있다는 것을 알았지만 부모님이 너무 많은 일을 하셨기에 괴롭혀 드리고 싶지 않았던 것이 컸어요.

부모 지각의 추측 : 이것은 우리가 인터뷰를 통해서 살펴볼 수 있는 확실한 점이다. 그녀는 순환의 아래에 초점을 두지 않았거나 그 부분에서 한계가 있는 부모를 두었다. 그녀의 내적 경험은 '홀로 있음'을 느끼는 것이었다. 그녀는 아이가 같은 외로움을 참도록 하고 싶지 않은 공감적 희망을 보여 주었다. 순환 아래의 욕구에 대해 묻는 것은 '괴로움'이라고 했다. 그녀는 이것을 합리화하려고 했지만, 안전한 관계적 세팅 내에서의 명확성과 로드맵이 없다면 이러한 일은 일어나지 않을 수도 있다. 치료계획을 세우는 데서 지지적이고 비침투적인 안전감을 통해, 이 엄마는 아들과의 관계적 옵션을 잠재적으로 더 넓혀 가는 일이 가능할 것이다.

치료계획 완성하기

치료계획이 이제야 완성될 수 있을 것이다. 우리는 제8장에서 '일을 완수한' 것을 알게 되었고 어린아이가 위안을 찾을 때 애착체계가 활성화되어, 진정하기 위해 엄마를 찾고, 탐색으로 나갈 수 있다는 것을 알게 되었다. 그가 여전히 고통받고 있고 아이의 컵이 채워지지 않았을 때 순환의 아래에서 위로 아이를 몰아붙임으로써, 그리고 아이가 더 민감해질 때 엄마가 아이의 고통을 알아차리지 못한다는 것이 일종의 투쟁이라는 증거로 나타났다. 순환의 아래에 있을 때 그녀의 투쟁은 고정핀 이슈였다. 관찰하면서 스스로 아들의 힘든 느낌을 진정하려고 한다는 것이 엄마의 죠스 음악이라는 가정을 하게 했다. COSI를 통해, 엄마의 죠스 음악의 의미와 중요성에 대해서 더 알게 될 가능성이 생기기도 했다.

이 엄마는 죠스 음악이 아들이 힘들 때 엄마가 어떻게 상처를 치료해 주어야 하는지와 관련되어 있다고 설명했다. 그녀는 만약 아이와 서로 함께 있으면서 마치 다른 사람과 있으면서 자신의 감정이 양립할 수 없는 것처럼 엄마가 거리를 두고 호흡실에 있지 않는다면 자기진정을 할 수 없었다. 이것은 그녀가 안전 민감성을 형성하고 활동하는 데 나타나는 절차기억으로 만약 당신이 하나를 선택하면 다른 하나를 잃어버리는 것처럼 자율성과 관계가 양립할 수 없다는 내적 작동 모델에 기인한 것이다. 당신이 둘 다 원하기 때문에, 결국 둘 사이를 왔다 갔다 하는 춤은 끝나 버릴 것이고 두 세계의 가장 좋은 점을 발견하기 위해 노력하면서 실제로 더 나은 것을 찾지 못하면서 협상을 끝내 버릴 것이다. 이 엄마에게는 만약 그녀를 불안하게 만들지라도 아들의 욕구를 선한 것으로 보게 하는 법을 배우도록 하고 감정적으로 압도되는 것이 협박이 아니라는 것을 알게 하는 것이 감정적으로 활용 가능한 도전이 될 것이다. 이 치료를 촉진하기 위해서, 암묵적인 것이 외현적이 될 필요가 있는데 그녀는 고정핀 투쟁을 묘사하기 위해 말을 하기 시작할 것이다.

이 엄마가 이미 위험을 감수하고 새로운 길을 찾기 위한 많은 강점을 가졌다는 것은 좋은 뉴스다. 그녀는 매우 반영적이어서 취약하게 될 수도 있다. 그녀는 아들이나 자신을 비난하지 않거나 아들의 행동이 위로를 원할 때 그가 함께 있으려 하는 데 대한 중요한 투쟁으로서의 엄마 반응을 보게 될 수 있다. 엄마는 또한 그의 경험에 강한 공감 수준을 나타낼 수도 있다. 모든 신호를 긍정적 결과를 나타낼 수 있을 것으로 보인다.

치료사는 고정핀을 가지고 앞으로 나아가는 데 엄마의 강렬한 감정을 초록빛을 비추면서 다스려야 하는데, 관계에 머무는 현재 능력에 대해서는 불안 측면의 노란빛도 염두에 두어야 한다. 그녀를 코너로 몰아서 치료사로부터 거리를 두는 것을 해결책으로 삼는, 감정을 드러내도록 강요받는 사람이어서는 안 된다. 치료사가 이 이슈에 얼마나 민감한지와 상관없이, 그녀가 비디오를 통해서 감정적 자료를 얼마나 많이 느끼는지를 아는 것이 필요하다. 친밀함과 치료적 관계의 강도, 손상을 발견하는 방식에 대한 균열로서 이러한 순간을 아는 것은 관계에서의 안전을 형성하는 데 본질적이다. 그녀가 주어진 순간에 얼마나 가깝고 얼마나 먼지를 관리할 수 있는 욕구에 대하여 무비판적 대화를 하면서 서서히, 거리를 두고 치료적 만남의 강도를 정하는 것은 중요하다. 치료사는 그들이 치료가 얼마나 가깝거나 얼마나 강렬한지보다 이 부분에 대해서 대화를 할 수 있는지에 더 관심을 두어야 한다.

이 클라이언트의 컵이 가득 차면, 자연스럽게 탐색으로 전환시킬 수 있는지를 치료사가 알아차리지 못한다면, 아들이 얼마나 많은 욕구를 갖는지를 나타내는 비디오 클립을 보면서 알도록 기대해서는 안 된다. 이것은 엄마에게 아들과 함께하는 강렬한 감정적 순간이 제한되어 있음에 대한 안도감을 줄 것이다. 이러한 느낌이 아이와의 현재 관계에서 너무 많이 느껴진다고 할지라도, 우리는 그녀가 느낌이 절차적이고(죠스 음악) 실제로 일어나는 정확한 지표도 아니며 터널이 끝나면 빛을 볼 수 있다는 것을 알도록 엄마를 도와야 한다.

상호작용 평가에서의 기본 치료적 이야기

"내 아이는 뒤집어졌을 때 위로를 위해 나를 원하죠. 아이가 위로를 위해 나를 필요로 할 때, 그가 놀이를 원하는 것처럼 행동함으로 어긋날 때가 여러 번 있죠. 그리고 잠시 후에 나에게 위로를 원하는 신호를 하죠. 내가 위로를 원하는 아이의 욕구에 반응할 때, 아이의 컵이 채워졌다는 것을 알기 전에, 그리고 그가 탐색할 준비가 되었다는 것을 알기 전에 내가 아이를 탐색하러 나가도록 할 때가 있었죠. 나는 그가 준비가 되었다고 신호를 줄 때까지 그의 고통 속에서 그와 함께 머무는 것에 대한 내 죠스 음악을 관리하는 방법으로서 이제 이렇게 할 수 있게 되었죠."

이 이야기는 그녀의 핵심 민감성이 다음의 것을 형성할 만큼, 즉 이야기를 더 완성할 만큼 강화되었다는 것을 보여 준다.

"내 아이는 뒤집어졌을 때 위로를 위해 나를 원하죠. 아이가 위로를 위해 나를 필요로 할 때, 그가 놀이를 원하는 것처럼 행동함으로 어긋날 때가 여러 번 있죠. 그리고 잠시 후에 나에게 위로를 원하는 신호를 하죠. 그가 내게 위로를 위해 돌아올 때, 나는 반응하기를 원하고 그의 고통 강도가 또한 나를 많이 감싸안아서 내가 좀 떨어져서 스스로를 진정시키도록 더 많이 숨쉬기를 원하지요. 이 순간에 나는 진짜 묶여 있는 느낌이 들어요. 만약 내가 위축되면, 나는 더 진정됨을 느끼겠지만 그는 그가 필요로 하는 위로를 얻을 수 없죠. 만약 내가 그와 함께 머문다면, 나는 상처를 입어서 스스로를 진정시키는 방법을 몰라요. 이것을 관리하기 위해 나는 두 가지 극단인 어긋남으로 아이를 탐색하는 데 관심을 갖도록 몬다는 것을 발견하게 되었고 방법을 발견하려고 하며 그것이 나에게 너무 많이 느껴지지 않는 방법을 찾을 수 있어요."

이제 치료계획(그림 10.1 참조)을 완성할 가능성이 생겼다. SSP에서의 상호작용에서 나온 고정핀의 사정을 완수한 수에, 당신은 COSI를 사용해서 부모의 강점과 내적 작동 모델 안에서의 투쟁을 고려하면서 부모에게 치료적 접근을 구성하도록 도울 수 있다. 우리는 그 두 가지를 조합함으로 치료적 안전기지 관계를 타협할 가능성을 최대화하도록 돕고 좀 더 안정된 관계적 스타일로 엄마와 아이가 발견하도록 성공을 돕고자 한다.

그림 10.1 안전성의 순환 평가와 치료계획 구성 완성

1. 순환의 각 부분에서의 강점과 투쟁 목록
- 손들
  - 따르기 : 확실하게 함께 있기와 감정의 공동조절의 많은 예
  - 어긋난 조율 : 자녀가 순환의 아래에 있을 때 순환의 위에 가게 하는 여러 압박들. 자기활성화를 위한 여러 압박들
  - 책임지기 : 두려움을 일으키는 일 없이 자신감 있게 책임을 짐
  - 역할 왜곡 : 책임을 거부하는 신호는 없이 부모가 관계를 정리함
  - 전환/대립적 전략 : 신호는 없음

- 순환의 위
  - 놀이탐색 지지 : 엄마는 자녀가 나가 놀잇감을 선택했을 때 미소를 지음. 엄마는 자녀가 자신이 흥미 있어 하는 놀잇감을 선택하였을 때 긍정적인 태도를 지님

(계속)

- 날 지켜봐 주세요 : 엄마는 자녀가 퍼줄박스와 병원놀이 가방을 가지고 놀이를 시작하였을 때 자녀를 봄
- 날 기쁨으로 여겨 주세요 : 엄마는 자녀의 탐구를 즐기는 듯 보임. 그러나 기쁨을 표현함에 제한이 있음
- 날 도와주세요 : 자녀는 퍼줄박스와 혈압기에 대해 도움을 청함
- 나와 함께 즐겨요 : 엄마와 자녀는 놀잇감을 가지고 놀이를 할 때 서로에게 미소를 지음

● 순환의 아래
  - 당신에게 가는 걸 반겨 주세요 : 첫 번째 재결합에서 엄마가 미소를 지었고, 자녀는 엄마에게로 다가감. 두 번째 재결합에서 엄마는 팔을 벌려 안기도록 함
  - 날 보호해 주세요 : 이러한 예가 있었던 한 번의 순간은 낯선 사람이 들어왔을 때이고 엄마는 그때 자녀의 불안감을 잃지 못하고, 자녀는 엄마에게 자신이 보호가 필요하다는 직접적인 신호를 주지 않음. 따라서 명확한 예가 없음(SSP에서 흔한 상황)
  - 날 위로해 주세요 : 자녀가 엄마에게 등을 돌렸을 때, 자녀는 장난감에 집중하였는데 이것은 잘못된 신호였음. 자녀의 감정의 컵이 채워지기 전에 엄마는 자녀에게 탐색을 강요함으로써 잘못된 신호를 보냄
  - 날 기쁨으로 여겨 주세요 : 최고로 즐거웠던 순간은 동화를 읽었을 때였지만 여전히 제한적이었음
  - 내 감정을 정리해 주세요 : 두 번째 재결합에서 자녀가 엄마 앞에 섰을 때 자녀는 슬퍼 보임. 엄마는 자녀가 감정을 정리하도록 도움을 주는 데 책임을 지며, 자녀에게 안아 주냐고 물었고, 안아 줌

● 위의 투쟁들 중에서 어떤 것이 투쟁의 고정핀인가? 날 위로해 주세요 : 엄마는 위로를 제공할 수 있었지만 탐색 집중에 방해함을 남용하였고, 자녀가 준비되기 전에 위로를 멈추는 데 서둘렀다. 부차적인 목적은 기쁨을 더욱 표현하도록 엄마를 돕는 것이다.

2. 무엇에 민감한가? ☐ 존중 ☑ 안전 ☐ 분리

- 투쟁의 고정핀을 이해하는 데 민감함은 어떠한 영향을 주는가?
  아이의 고통은 엄마에게 너무 많이 다가오고, 엄마는 스스로를 안정시키기 위해 거리가 필요하다. 엄마는 너무 가깝지 않은 정서적인 친밀함의 타협을 찾고 있고, 타협은 아이를 탐험하도록 한다.
- 투쟁의 고정핀을 제시하는 데 민감함은 어떠한 영향을 주는가?
  투쟁의 고정핀에 따라 주 양육자가 분쟁이나 접근을 어떻게 만들어 내는지 예를 제시하라.
  엄마가 아이와 함께할 때 아이가 좀 더 침착하고 스스로 탐험하도록 원하는 것을 보도록 도우라. 아이의 욕구는 엄마의 정서로 압도하거나 통제하면 안 된다. 그러나 엄마는 그렇게 하고 있고 그래서 또한 아이는 성장하고 발전할 수 있다. 엄마가 거리를 두길 원하는 것과 치료의 강도에 주의를 기울이라. 엄마를 너무 앞서가서도 안 되고 너무 뒤따라가도 안 된다.

투쟁의 고정핀에 따라 주 양육자가 분쟁이나 접근을 어떻게 만들어 내지 않는지 예를 제시하라.
아이가 엄마를 너무 필요로 하는 것과 엄마가 그의 정서를 안아 주도록 하는 것이 어떻게 아름
답게 해결할지에 대해 너무 강조하지 말라. 엄마의 감정을 위해 너무 앞서가지 말라.

3. 반영적 기능 등급

A. 낮음 : 반응에 대해 묻는 질문에 회피 혹은 일반화된 표현만 사용

B. 중간 : 반영적 기능에 대한 약간의 사례

C. 높음 : 반영적 기능이 면담 내내 명확하다.

코멘트 : 반영 기능이 높다. 여기 두 예가 있다. catch-22 같은 감정들의 종류이다 : 만약 내가
진정되었다면, 나는 아이를 더 도울 수 있을 거예요. 그러나 내가 진정할 수 있는 유일한 방법
은 아이 주변에 없는 것이고 아이가 있다면 나는 아이를 그 상황에서 도울 수 없어요.

아이가 당신을 진정시킬 때, 당신은 아이의 감정이 어떻다고 상상하나요?

나는 아이가 나를 진정시킬 때 아이가 기분이 좋아진다고 생각해요. 그것은 또한 아마도 내가
화가 났다고 나를 보겠죠. 나는 아이가 그렇게 느끼기를 원하지 않고, 그 어떤 것도 아이의 책
임인 것처럼 부담을 주고 싶지 않아요.

4. 두 관점에서의 공감에 대한 등급

A. 견해 취함에 대해 등급을 매기라.

a. 낮음 : 견해 취함에 대한 결핍 혹은 회피

b. 중간 : 약간의 견해를 취함

c. 높음 : 견해 취함이 면담 내내 분명하다.

코멘트 : 중간보다 높음. 어머니는 아이의 관점을 통한 것을 볼 수 있다. 그리고 또한 어머니는
자신을 위한 안과 밖에서 오는 아이의 도움을 최소화한다.

아이가 혼자일 때 무엇이 필요한지 언제 질문했나요 : 그는 무엇이든 많이 필요해하지 않았어요.

B. 정서적 공조에 대해 등급을 매기라.

a. 낮음 : 정서적인 공조에 대한 결핍

b. 중간 : 어떠한 정서적 상태와 함께 제한적인 견해를 취함

c. 높음 : 폭넓은 감정을 넘는 공감능력

코멘트 : 엄마는 아이의 정서에 공명하는 데 있어서 중간 능력을 가지고 있다. 그의 정서에 더
깊이 하기에는 아이에게 공명하는 능력이 좀 부족하다. 왜냐하면 엄마는 자신의 내면의 혼돈 속
에서 길을 잃었기 때문이다.

5. 나 자신에 집중할 수 있는 능력에 등급을 매기라.

A. 낮음 : 나 자신에게 집중 못하는 듯하거나 피함

B. 중간 : 제한적으로 나 자신에게 집중함

C. 높음 : 필요시 자신에게 집중할 수 있음

코멘트 : 엄마의 생각과 감정을 설명할 수 있는 높은 능력의 예들 : 아이가 그렇게 상처를 입을

(계속)

그것은 나를 너무 감동시키고, 때때로 나는 내 반응으로 인해 그를 위해 힘들게 하지 않을지 궁금해요. 그가 너무 뒤집어졌다는 것에 내가 좀 불편했어요.

6. 주 양육자가 무엇을 배우기를 원하는가?(죠스 음악을 위한 짧은 이야기)

단계적인 학습 목적을 만들어 보자(당신은 두 고정핀의 학습 목적들이 담긴 상당히 복잡한 한 쌍의 목적을 아마도 두 번 정도 만들어야 할 것이다).[이것은 COSI로부터 더해진 정보를 가지는 비전이다.]

- 학습 목적 1(내 자녀는 순환에서 X를 위해 나를 필요로 했다.) "고정핀의 욕구" : 아이는 화가 났을 때 위로를 필요로 한다.

- 학습 목적 2(자녀가 X를 필요로 할 때, 자녀는 Y를 함으로써 잘못된 신호를 보냈다.) "고정핀 자녀의 잘못된 신호" : 아이가 위로를 필요로 할 때, 아이가 원하는 대로 행동하면서 나와 어긋나는 시간들이 있다.

- 학습 목적 3(자녀가 X를 필요로 할 때, 자녀는 Z를 함으로써 다른 신호를 보냈다.) "고정핀 부모의 전환" : 아이가 위로를 필요로 할 때, 나는 아이의 탐험을 격려한다. 내가 편안함을 위한 아이의 욕구에 응답할 때, 거기에는 내가 상처를 받는 느낌이 들고, 그래서 나는 아이가 탐색의 준비가 끝나고 마음이 채워지기 전에 아이를 탐색하도록 시도하면서 나의 죠스 음악을 조절한다.

- 학습 목적 4(나는 나의 [가능하다면 기분을 기술하라.]을/를 다루기 위한 방법으로 Z를 하였다.) "죠스 음악" : 나는 죠스 음악을 처리하기 위한 방법으로서 아이가 위로를 요구할 때 탐색을 격려하며 어긋난다. 죠스 음악은 아이의 심한 정서가 강하게 나에게 다가올 때 내가 나를 진정시키는 방법은 혼자 있고자 하는 것뿐이다. 만약 내가 혼자 있다면, 그다음에 아이를 도울 수 있기에 나는 바위와 단단한 곳에 끼어 있다.

- 학습 목적 5(나는 X의 필요성에 반응할 수 있는 능력을 가지고 있고, 예를 들면 …을 함으로써 나의 죠스 음악을 다룰 수 있다.) "충분히 이용되지 않는 고정핀의 능력" : 아이가 화가 나서 나에게 올 때(재결합 2), 나는 아이를 들어 올려 안아 그를 편안하게 했다. 내가 이렇게 할 때, 아이는 진정했고 탐색에 관심을 가졌다.

양식 10.1

안정성의 순환 인터뷰

안녕하세요. 저의 이름은 _____입니다. 다음 몇 시간 동안 부모가 되기 위해 당신이 어떻게 하는지에 대한 몇 가지 질문을 할 것입니다. 저는 당신과 아이에 대해 알기 위하여 간단한 것을 해 보고자 합니다. 그다음 당신과 아이가 함께 경험한 것들을 답변에서 찾고자 합니다. 당신과 자녀의 관계에 대해 몇몇 질문, 그리고 당신이 부모로서 관계가 성장할 수 있었던 당신의 삶에 대해 몇 가지 질문을 한 후 마치겠습니다.

1 제가 당신과 자녀에 대해 알 수 있도록 삶에서 아이와 함께 어떤 일들이 있었는지 간단하게 알려 주세요.

　a. 언제 아이가 태어났나요?

　b. 다른 아이도 있나요? 만약 그렇다면 몇 명이나 있고, 그 아이들의 연령과 이름은 어떻게 되나요?

　c. 당신 삶에서 아이의 성장에 도움을 주는 데 생각나는 사람들이 있나요? 그리고 그들이 누군지 간단하게 설명해 줄 수 있다면 그들이 어떻게 도와줬나요? [여기에 일반적인 설명이 허용된다.][이 질문은 부모가 참여하는 인터뷰를 위한 기회를 제공하고, 인터뷰에 대한 기본 소개를 제공하고, 인터뷰가 진행됨에 따라 부모가 자신의 지원 시스템에 대해 반성하고 잠재적으로 지원 시스템을 활성화할 수 있게 한다.]

고맙습니다. 저는 지금부터 당신이 아이와 함께 이 방에서(윗층, 아래층 등) 경험한 것에 대한 몇 가지 질문을 물어볼 것입니다.

2 아이와 함께했던 최근 경험 중에 당신이 참여했던 것이 당신에게는 어땠나요? [이것은 부모의 반영적 기능(RF)을 엿볼 수 있는 시작을 제공한다. 그리고 아이와 부모 자신의 인식과 정서 조절에 대한 부모의 접근을 알 수 있고 자아와 다른 것에 대한 부모의 표현 센스를 만들기 시작하는 방법이다.]

3 당신은 2시간 동안 이 방에서 아이를 떠나기를 질문받았었습니다. 그 시간에 당신은 아이가 무엇을 생각했을 것 같나요?(서로가 특유한 존재가 되고 동시에 분리에 대한 일반적인 기술은 부모에게 수용 가능한 것인지를 알게 한다.)(RF, 부모의 최근 공감의 경험, 욕구의 인식, 인식과 정서 조절의 접근) 각각의 시간이 당신에게는 어땠었나요?(RF, 자신에 관한 공감, 인식능력과 개인 정서 조절)

4 대부분의 부모님들은 결코 일방경 뒤에서 자녀를 볼 기회를 갖지 않는다.

　a. 당신이 아이를 지켜보며 서 있는 동안, 당신에게 눈에 띄는 어떤 것이 있었나요?(RF, 공감, 인식과 정서 인식과 조절이 필요)

　b. 당신은 아이가 당신이 지켜보고 있는 그 시간 동안 무엇을 필요로 한다고 생각했나요?(RF, 정서 인식과 조절, 자신을 위한 공감)

5 당신은 두 번이나 방 안으로 들어왔습니다.

　a. 각각 있었던 시간이 아이에게 어땠을 것이라고 생각하시나요?(둘의 재결합 또는 각각이 특유한 존재가 되는 것을 일반적으로 서술해 보는 것을 제공하는 것은 부모를 수용하도록 한다.)(RF, 인

(계속)

식 필요, 정서 인식과 조절, 공감)

b. 각자 있던 시간처럼 재결합은 당신에게 어땠나요?(위에서처럼 같은 규칙들을 제공한다.)(RF; 정서 인식, 자신을 위한 공감)

c. 재결합의 두 번 모두, 아이가 당신으로부터 편안해지고 싶은 욕구를 보였었나요?(RF, 인식 필요, 정서 인식과 조절, 공감)

d. 결정나무 :

　① [만약 아이가 편안함에 대한 욕구를 보였었다면]

　　a. 당신은 무엇을 했었나요?(RF, 인식 필요, 정서 인식과 조절, 공감)

　　b. 아이가 당신으로부터 편안해지고 싶은 욕구를 보였을 때 어떤 느낌이었나요?(RF, 승인 필요, 욕구와 정서적 강도에 대한 자기인식능력)

　　c. 아이가 보통 자신이 편안해지고 싶은 욕구가 있을 때 이와 같은 방식을 보이나요?(RF, 취약한 정보에 대한 적합성과 일관성의 이슈)

　또는

　② [만약 아이가 편안함을 요구하지 않았다면]

　　a. 당신은 아이가 당신에게 편안함을 요구한다고 했을 때 아이를 어떻게 봤나요?(RF, 인식 필요, 정서 인식과 조절)

　　b. 아이가 당신에게 당신이 편안하게 해 주기를 바란다고 보였을 때 무엇이 그렇게 보였나요?(RF, 욕구와 정서적 강도에 대한 자기인식, 취약한 정보에 대한 적합성과 일관성)

6 아이에게 장난감을 잡도록 물어봤을 때, 당신은 무슨 일이 일어났었는지 서술해 볼 수 있나요?(적절한 체계를 위한 능력, 자신에 대한 조절과 정서적 강도의 맥락)

a. 당신은 아이가 어땠을 거라고 생각하나요?(RF, 공감)

b. 그것이 당신에게 어떤가요?(RF, 공감, 강도의 맥락에서 일관성)

지금 저는 아이와의 하루하루의 관계에 대해 몇 가지 질문을 하려고 합니다.

7 저는 아이와 당신의 관계를 서술하기 위해 다섯 단어 또는 문구를 선택하도록 질문하려 합니다. 이것에 시간이 약간 걸릴 거라는 것을 압니다. 그래서 1분간 생각하고 해 보도록 하고, 그다음에 각각의 단어와 문구가 주어질 것입니다. (RF, 일관성/적합성)

[1, 3, 5개 단어] 당신은 아이와의 관계를 서술하기 위해 _____단어를 사용했습니다. 이 단어들이 의미하는 것을 보여 줄 수 있는 당신의 마음에 떠오르는 특별한 사건들을 말해 주세요.

_____

[만약 필요하다면 에피소드로 이야기하도록 두 번째 구체적인 기억을 질문하라. 에피소드 기억들을 질문하는 모든 질문은 같은 방식으로 제공한다.]

8 당신은 아이의 부모가 되는 것이 가장 즐거운 적은 어떤 것입니까?(RF, 정서 조절, 긍정적 정서와 기쁨에 대한 능력)

a. 예를 들어 줄 수 있나요?(일관성/적합성)(만약 필요하다면, 최근의 구체적인 예를 알아본다.)

    b. 당신은 그때 아이가 당신에 대해 무엇을 생각했을 거라고 상상하나요?(RF, 다른 사람에 대한 투사/묘사)

    c. 당신이 기억하는 이 예를 들면서, 당신은 당신 자신에 대해 무엇을 생각하나요?(RF, 자기 묘사)

9 아이의 부모가 되는 것에 있어서 가장 큰 고통과 어려움은 무엇인가요?(RF, 정서 조절, 정서 억제, 긍정적 대 부정적 귀인, 취약한 정보에 대한 개방성)

    a. 예를 들어 줄 수 있나요?(일관성/적합성)(만약 필요하다면, 최근의 구체적인 예를 알아본다.)

    b. 당신은 그때 아이가 당신에 대해 무엇을 생각했을 거라고 상상하나요?(RF, 다른 사람에 대한 투사/부정적 대 긍정적 속성)

    c. 당신이 기억하는 이 예를 들면서, 당신은 당신 자신에 대해 무엇을 생각하나요?(RF, 자기 묘사, 자신에 대한 공감)

10 아이의 부모가 되는 것의 가장 큰 두려움은 무엇인가요?(RF, 고통스런 정보의 이야기에 대한 일관성과 적합성, 정서 억제의 능력)

11 아이가 조용해지거나 당신에게서 멀어진 적이 있나요?(RF, 인식 필요, 강도에 대한 내용에 있어서의 정서조절, 부정적 대 긍정적 속성, 공감)

    [만약 그렇다면]

    a. 당신은 아이가 그랬던 때에 어떤 감정을 느낀다고 생각하나요?(RF, 부정적 대 긍정적 속성, 정서 인식과 조절)

    b. 왜 아이가 그렇게 느낄 거라고 생각하나요?(RF, 공감)

    c. 아이가 그런 방식으로 행동할 때 당신은 어떤 감정을 느끼나요?(RF, 강도의 내용에 대한 일관성과 적합성, 자신에 대한 공감)

    d. 당신은 무엇을 했나요?(RF, 정서 조절, 바로잡는 것에 대한 이해)

12 아이가 치대고, 뿌루퉁하거나 자신의 나이보다 어리게 행동한 적이 있나요?(RF, 인식 필요, 정서 인식과 조절)

    [만약 그렇다면]

    a. 아이가 그런 때에 어떤 감정을 느낀다고 생각하나요?(RF, 인식 필요, 공감)

    b. 왜 아이가 그렇게 행동한다고 생각하나요?(RF, 인식 필요, 부정적 대 긍정적 귀인)

    c. 아이가 그렇게 행동할 때 당신은 어떤 감정을 느끼나요?(RF, 강도의 내용에서 일관성과 적합성, 자신을 위한 공감)

    d. 이런 순간들 속에서 당신은 무엇을 했나요?(RF, 일관성과 적합성, 자율성과 편안함에 관한 인식 필요)

13 당신이 기분이 상하거나 괴로워할 때 아이가 안다고 생각하나요?

    [만약 그렇다면]

    a. 아이가 당신이 기분이 상하거나 괴로워할 때를 어떻게 알까요?(아이의 연령대에 적합한 정서 능력

(계속)

이해, 이상화 또는 역할 전환에 대한 영향들, 정서 조절 주제들)

b. 아이가 당신을 진정시키려고 시도한 적이 있나요?(이상화 영향 또는 역할 전환, 정서 조절)

c. 아이가 어떻게 행동했나요?

d. 아이가 당신을 진정시킬 때 당신은 기분이 어땠나요?(RF, 정서 조절, 이상화 또는 역할 전환)

e. 아이가 당신을 진정시킬 때 당신은 아이가 어떤 감정을 느낄 거라고 상상하나요?(RF, 이상화 또는 역할 전환, 아이에 대한 공감)

14 모든 부모는 그들의 어린 자녀들에게 짜증이 나거나 화가 나는 경우들이 있다.

a. 당신은 어떻습니까?(RF, 일관성/적합성)

b. 만약 추측해 본다면, 이런 때에 아이는 당신을 어떻게 생각했을까요?(RF, 긍정적 대 부정적 속성)

c. 당신 자신에 대해 당신은 어떻게 생각하나요?(RF, 자기 묘사, 공감)

d. 아이가 당신을 무서워한 적이 있나요?

[만약 그렇다면]

e. 당신이 말할 수 있나요?(RF, 강도의 내용에 대한 일관성과 적합성, 공감)

f. 아이가 그런 때 어떤 행동을 하나요?(RF, 일관성과 적합성, 인식 필요)

15 아이가 당신에게 화를 내거나 불만스러워한 적이 있나요?(RF, 공감, 정서 억제, 긍정적 대 부정적 속성)

a. 당신에게 그런 것들이 어떤가요?(일관성/적합성, 자신에 대한 공감)

b. 만약 추측해 본다면, 당신의 자녀는 자신이 화를 내거나 짜증을 낼 때 당신에 대해 어떤 생각할까요?(RF, 긍정적 대 부정적 속성, 공감)

c. 당신은 자신에 대해 무엇을 생각하나요?(RF, 자신에 대한 공감)

d. 아이가 당신에게 짜증을 내거나 화를 낼 때 당신을 당황시킨 적이 있나요?(RF, 일관성과 적합성, 역할 전환)

[만약 그렇다면]

e. 당신은 그것에 대해 내게 말해 줄 수 있나요?(RF, 정서 조절, 일관성과 적합성)

f. 그런 때에 당신은 무엇을 하나요?(RF, 일관성과 적합성)

16 때때로 어린 자녀들은 자신만의 방법으로 무엇을 하고, 그 방법은 그들의 부모들이 원하는 방법과 매우 다르다.(RF, 인식 필요, 공감)

a. 당신과 아이 간에 이런 일이 일어난 적이 있나요?

b. [만약 그렇다면] 이런 일이 일어났던 최근 사건을 서술해 주세요.(일관성/적합성)

c. 그건 밖에서 일어났나요? 만약 그렇다면, 무슨 일이 일어났나요?(즉 아이가 무엇을 했고 당신은 무엇을 했나요?)(일관성과 적합성, 바로잡는 능력, 긍정적 대 부정적 속성, 공감)

d. 만약 아니라면, 무슨 일이 일어났나요?(RF, 공감, 인식 필요, 바로잡는 능력, 정서 조절)

17 아이가 '불가능'한 존재라고 느꼈던 적이 있다면 설명해 줄 수 있나요?(RF, 정서 조절, 아이와 자신에 대한 공감, 긍정적 대 부정적 속성)

[만약 그렇다면]

당신은 더 나아지도록 무엇을 했었나요?(일관성과 적합성, 바로잡는 능력, 자녀와 자신에 대한 공감)

18 만약 당신과 아이의 관계에서 한 가지 양상을 바꿀 수 있다면, 당신은 무엇을 할 건가요?

만약 대답은 오직 부모 또는 자녀에 초점이 맞춰져 있고 관계에 초점이 맞지 않다면, 더 알아본다.(RF, 일관성과 적합성, 자신에 대한 초점, 진정한 관계 대 이상화된 관계 목표)

19 일부 부모들은 자신들은 자녀들이 특별한 이유를 가지고 자신들의 삶에 왔다고 믿는다고 말합니다.

   a. 자녀에 대한 이런 생각들을 한 적이 있나요?(자신에 대한 초점, 진정한 관계 대 이상화 관계)

   b. 만약 그렇다면, 당신은 아이가 당신의 삶 속에서 어떤 이유를 갖는지 간단히 말해 줄 수 있나요?
      (RF, 이상화 관계/자녀에 대한 정서 조절 기능, 부모의 아이에 대한 기대, 자신과 다른 사람에 대한 묘사, 아이에 대한 공감)

이제 저는 당신 가족 안의 한 자녀로서 당신의 성장 경험에 대해 몇 가지 질문을 하려 합니다.

20 당신을 키우는 데 주로 누가 책임을 졌나요?(한 명 또는 두 사람 정도가 필요합니다.)

21 우리는 앞서서 아이가 기분이 상하거나 당신으로부터 편안함을 얻으려고 하는 아이의 행동에 대해 이야기 나누었습니다. 지금은 당신에게 물어보려고 합니다.

   a. 당신이 어렸을 때, 당신이 가능한 한 아주 예전으로 돌아가서 기억해 보면서, 당신이 화가 나거나 괴로웠을 때 당신은 어떤 행동을 했던 것 같나요? [RF, 일관성과 적합성, 정서 조절 역사, 자신에 대한 공감]

   b. 당신의 [주 양육자]는 무엇을 했나요?(만약 두 명의 양육자가 있다면 각각을 물어본다.)(RF, 일관성과 적합성, 정서 조절, 자신과 양육자에 대한 공감)

   c. 당신은 이런 때가 있었다는 걸 기억하나요?(RF, 일관성과 적합성, 정서 조절 역사의 필요, 자신에 대한 공감)

22 모든 아이들은 그들이 성장하면서 그들만의 방식으로 행동하기를 원하는 때를 갖습니다. 당신이 기억할 수 있는 가장 옛날을 생각하고 당신은 당신이 원하는 방식으로 무엇을 하기를 원했었는지를 말해 주세요.(RF, 자율성에 대한 욕구와 정서 조절의 역사)

   a. 당신의 [주 양육자]는 어떻게 반응했었나요?(만약 두 명의 주 양육자가 있다면 각각 질문한다.)
      (RF, 일관성과 적합성)

   b. 그것은 당신이 어떤 감정을 느끼게 했었나요?(RF, 욕구와 정서 조절, 자신에 대한 공감)

   c. 당신은 몇 살이었나요?

23 당신이 아이에게 양도하는 것과 같은 부모로의 방법으로부터 무엇을 배운 것이 있나요?(RF, 일관성과 적합성, 긍정적 대 부정적 속성, 이상화와 진정한 목표, 치료계획과 계약을 위한 기본적인 욕구와 정서 조절 목표)

(계속)

---

24 당신은 아이에게 반복하고 싶지 않았던 것을 당신이 드러나게 한 방식들이 있나요?(RF, 일관성과 적합성, 긍정적 대 부정적 속성, 이상화와 진정한 목표, 치료계획과 계약을 위한 기본적인 욕구와 정서 조절 목표)

25 저는 마지막 한 가지 질문을 가지고 있습니다. 당신은 당신에 의해 양육되는 존재로서 아이가 무엇을 경험하며 배우길 바라나요?(RF, 일관성과 적합성, 이상화 대 진정한 목표, 치료계획과 계약을 위한 기본적인 욕구와 정서 조절 목표)

출처 : *The Circle of Security Intervention: Enhancing Attachment in Early Parent-Child Relationships* by Bert Powell, Glen Cooper, Kent Hoffman, and Bob Marvin. 본 저작물에 대한 복사 승인은 본 저작물 구매자의 개인적인 용도로만 승인된다. 구매자는 www.guilford.com/powell-forms에서 본 저작물의 더 큰 버전을 내려받을 수 있다.

11장

치료 원칙과 계획

우리 가슴을 아프게 하는 것을 막기 위해, 우리는 고통에서 벗어나고 있다고 생각한다. 그러나 장기적으로 성장을 방해하는 벽은 우리가 견디고 곧 넘길 수 있는 고통 이상의 상처를 준다. 고통은 우리를 흠뻑 적신 뒤 사라진다. 하지만 오랫동안 우리는 고통을 기억할 것이다. 고통 그 자체는 죽을 것 같은 느낌의 강렬한 한순간이었지만 결국에는 사라진다. 고통에 대한 우리의 기억은 단지 흔적이 된다. 벽은 남아 있게 된다. 기억에는 이끼가 낀다. 기억은 난해하게 교차되고, 다른 것들을 받아들이면서, 우리 스스로 폐쇄하게 된다.

- Alice Walker(1990)

COS 접근의 핵심은 부모와 아동기 애착문제를 가진 몇몇 치료 대상자들, 즉 죠스 음악에 의해 스스로를 방어하기 위한 방아쇠를 당겨 벽 앞에 서는 고통을 경험하고 있는 사람들을 돕기 위함이다. 우리의 개입은 정신분석적 방어 분석의 이론으로부터 구성되었다. James Masterson은 클라이언트의 '방어적인 거짓 자기'와 '진정한 자기' 사이의 투쟁으로 치료과정을 보았고, 치료사는 사용된 방어의 부정적 결과를 해석·대면하고 진정한 자기를 위한 관계 공간을 지지하고 제공해야 한다고 보았다. Masterson에 따르면 '진정한 자기'란, 우리 내면의 모든 실제하는 방어적인 자기로 손상된 면을 의미하는 '거짓'이라는 자기를 포함하는 것으로서 잠재력 또는 선천적인 것을 의미했다. COS 접근 방식의 이론적 구조 내에서 우리는 '보호하는 자기' 또는 단순히 '방어적인 자기'라는 용어를 사용한다. 실제 자기는 평범한 모습에 숨겨져 있으므로, 우리의 해야 할 일은 치료 중 실제 자기를 주시하고, 진정한 자기를 지지하는 것이다. 우리의 접근법은 치료받는 사람에게 개입하는 것이지 행동을 말하는 것이 아니다. COS 개입은 상당히 높은 차원의 전문적인 것으로 발달해 왔으며, 안전한 보살핌과 진정한 자기수용의 모든 것을 이 책 또는 단편적인 COS 개입에서 다루지는 않는다. 그러

나 진정한 자기의 능력을 알면, 실제 자기의 투쟁과 핵심 민감성의 경계하는 방어로부터 스스로를 도울 수도 있다. 진정한 자기의 능력에 대한 목록이 〈글상자 11.1〉에 제시되어 있다.

부모의 핵심 민감성은 보호/방어적 자기 조직으로, 순환 주변의 모든 아동의 요구에 대응할 수 있는 유연성을 발휘할 수도 있고 방해할 수도 있다. 죠스 음악에 의해 부과된 부모의 방어한계를 벗어나 행동을 취하도록 하는 것은 부모가 진정한 자기 능력을 많이 사용해 보지 않았다면 위험을 감수하는 일일 것이다.

아이는 부모의 습관적 방어전략에 대응하기 위해 거짓 방어적인 자기를 개발한다. 불행히도 우리는 습관적인 방어전략을 사용하기 쉬운데, 그 이유는 우리가 이미 알고 있듯, 이미 알고 있고 믿고 있는 것을 과용하는 경향이 있기 때문이다. 절차적으로 배운 방어가 이제는 자동으로 생각되고 사용된다. 우리는 "현재 나는 안전하고, 이제는 내가 살아남는 데 도움이 되었던 방어 기술을 사용할 필요가 없다."라는 말로 방어를 재평가하는 것을 잘하지 못한다. 우리는 스스로 무엇을 방어하고 있는지 더 이상 알지 못하고, 심지어 고통으로부터 자신을 보호하기 위해 무엇을 노력하고 있는지도 알지 못한다. 그래서 우리는 과거로부터의 불규칙한 감정상태를 경험할 때, 그 필요에 대한 두려움이나 불편함을 경험한다. 물론 죠스 음악이 나타나는 지점이다. 감지된 위험을 관리하기 위해 우리는 즉시 자신을 보호하기 위해 방어로 전환한다.

COS는 암묵적인 방어과정을 명백하게 함으로써 실제 자기에게 재탄생할 수 있는 기회를 주기 위해 고안되었다. 상호작용 분석 비디오 클립을 사용하여 부모는 실제 위협이 없는 아동의 요구에 부응하여 암묵적 방어가 실제로 이루어지는지 확인할 수 있다. 부모는 또한 불필요한 내부 전략과 보호 조치가 안정애착을 손상시키는 것을 볼 수 있다. 또한 결국 자신의 자녀를 위한 안전한 안식처/안전기지를 제공함으로 얻을 수 있는 친밀의 경험도 놓치게 된다는 것을 알게 된다. 이 과정을 명명하고 추적할 수 있다는 것은 부모에게 선택의 기회를 제공한다. 단순히 죠스 음악에 주의를 기울이기보다는 부모가 자녀의 욕구와 만날 수 있도록 하는 것이다.

부모는 어려운 선택을 하려고 하지 않기 때문에, 이 인식은 자동으로 다른 행동으로 이어지지는 않는다는 것을 기억해야 한다. 부모는 죠스 음악을 기반으로 부모의 감정으로 자신을 안심시키려고 하며 더 오래도록 불행한 감정을 유지하려고 할 것이다. 높고

글상자 11.1 진정한 자기의 능력

- 즐겁고 불쾌한 느낌의 깊고 광범위한 수용력
- 숙달과 즐거움의 경험과 같은 적절한 자격을 기대하는 능력
- 자신의 독특한 개성, 희망, 꿈, 목표 및 목표를 정체시키고 자신을 자의적으로 표현할 수 있는 능력을 포함하여 자기 활성화 및 자기주장을 할 수 있는 능력
- 자기존중감을 인정할 수 있는 능력, 왜냐하면 자기존중감을 높이기 위해 항상 누군가에 의존할 수는 없기 때문이다.
- 자기진정능력
- 장애물이나 좌절에도 불구하고 약속을 이해할 수 있는 능력
- 창조성을 위한 능력으로, 오래되고 익숙한 생활양식을 바꾸고 새롭고 성공적인 삶의 방식으로 바꾸는 창조적인 능력
- 친밀함을 위한 수용력으로, 최소한의 포기 혹은 흡입의 경험을 가진 다른 사람과 가깝고 개방된 관계로 들어갈 수 있는 능력
- 버려진 느낌 없이 혼자 있을 수 있는 능력
- 자기의 연속성, 시간과 상황에 따라 진정한 자아가 지속된다는 것을 인식할 수 있는 능력
- 반영 기능, 분리된 마음의 현실을 상상하고 인식할 수 있는 능력

출처 : Roberts and Roberts(2007). Copyright 2007 by Jason Aronson. Reprinted with permission.

강한 감정적 상태일 때, "나의 반응은 현재보다 과거에 대한 것인가?"와 같은 간단한 질문은 부모가 자녀를 위한 안전을 선택하도록 하는 결정적인 갈림길을 구별 짓는 능력이 된다. 질문하는 것을 배우는 것은 습관적인 반응을 바꾸기 위한 변화의 기회를 만들어 준다. 부모는 항상 "안전한가?"라는 질문에 즉답하지는 않지만, 이 질문은 죠스 음악을 생각나게 하는 방아쇠의 중요한 부분을 중단시킬 수는 있다.

그래서 치료사는 아동이 방어적 자기가 아닌 진정한 자기를 선택하도록 부모님을 도와주며 놀이할 수 있는 안전한 반영의 경험을 하는 첫 번째 환경을 제공할 것이다. 치료사는 COS 개입을 하며 관계, 영향, 반영(relationship, affect, reflection, RAS)이라는 자신의 역할을 명확히 하고 기억하여 도움을 주도록 해야 한다.

감정 : 부모가 고통스러운 정서상태를 받아들이도록 돕기

방어과정의 중심은 감정이다. 감정이 아동의 욕구에 의해 유발된 불행한 정서가 아니었다면, 제대로 된 진정한 자기로부터 행동하는 것을 선택할 수 있을 것이다. 그러나 부모가 죠스 음악을 무시하고 결정을 할 때, 부모는 처음으로 방어가 필요했던 그 영향에 의해 노출되어 있다. 클라이언트가 고통스러운 정서상태를 받아들이도록 돕는 것은 COS 과정에서 핵심 목표다. 부모가 진정한 자기 선택을 만드는 수용력을 키우기 위해서는 부모를 항상 두렵게 만들었던 감정을 직면할 수 있게 그들과 함께할 누군가가 필요하다. 당신이 수영하는 법을 더 잘 이해해서 수영장 주위를 걷는다고 해도 물에 대한 공포를 억누를 수는 없다. 당신이 안전하다는 것은 자신의 두려움을 직면하며 물에 들어감으로써 안전과 두려움의 차이를 점점 배우게 된다. 방어 절차는 정서적인 상태를 경험하는 동안 제정되고, 클라이언트는 감정상태 안에 있을 때 대안적 절차를 연습할 필요가 있다. 대안적 절차를 연습하는 것은 당신이 이미 화가 불끈 나기 시작할 때 실제로 그것을 다루는 것보다 당신이 진정되었을 때 당신의 화를 다루는 것에 대해 이야기 나누는 것은 훨씬 쉽다. 그러나 그것은 진정한 변화를 만들어 내기 위해 화가 나는 순간 해 보는 대안적 행동을 선택하는 것을 배우게 것이다. 왜냐하면 조절이 안 되는 정서적인 상태는 근본적인 갈등의 중심부이고, 그 중심부에서 치료사가 부모에게 다른 방법을 고려해 보기 시작하는 조절의 의지를 제공하는 것이 본질이다. 부모가 죠스 음악으로 이끌어지는 본래의 감정의 어떤 부분을 느끼고 있을 때 반영을 해 주는 것은 진정한 특별한 순간이다. 부모의 믿음이 함께 있지 않음에 대한 기억으로 돌아가려는 동안 종종 부모와 함께 있는 우리의 선택은 자녀와 함께하는 부모를 위한 새로운 방법으로 이어지게 한다.

관계 : 내담자를 위한 안식처/안전기지

COS 개입의 핵심원칙은 부모가 그들 스스로 안전기지 관계 속으로 운영하려 할 때 부모의 관계 수용력이 최고로 높아지도록 하는 것이다. 그러나 수퍼비전을 제공할 때, 우리는 많은 치료사들이 함께 있기가 어렵다는 것을 발견한다. 그들의 클라이언트들이 부정적인 감정을 느낄 때, 치료사들은 종종 그 안으로 뛰어들어 안심시키고, 충고를 제공하거나, 감정 속에 있는 내담자와 함께 있기와는 반대로, 감정의 밖인 인지적 토론으로

끌어들인다. 위에서 언급한 것과 같이, 치료의 중요한 부분은 치료사가 나눌 수 있고, 견딜 수 있고, 그리고 탐험할 수 있는 두려운 감정을 경험하는 내담자를 허락하여, 한 사람이 그가 자신이 상상했던 것보다 덜 당황하여 더 잘 관리할 수 있는 정서상태를 느낄 수 있는 다른 방향으로 나오도록 하는 것이다.

부모를 위해 COS에서 사용하는 이미지는 아이를 안고 있는 부모의 손이고, 치료사를 위해 사용하는 이미지는 부모를 안고 있는 치료사의 손이다. 아이들을 위한 안아 주는 환경으로서의 부모라는 Winnicott의 기술은 치료사가 내담자를 위해 만들어 줄 수 있는 환경과 똑같다. 예를 들면, 이 진술문에서 '유아'를 '부모'로 대체할 수 있다. "신뢰할 수 있는 부모와 우리 자신에게 경직되지 않은 안전함을 제공하는 일관성의 존재이다. 그러나 이것은 살아 있고, 사람이며, 유아를 안전하게 느끼게 하는 것이다"(Winnicott, 1994, p. 89). 안전기지/안식처 개념은 부모-자녀 관계뿐 아니라 부모-치료사 관계에서도 관찰되고 궁극적으로 조정될 수 있는 명확한 관계 과정을 유지하도록 운영한다. Karlen Lyons-Ruth는 역사적으로 애착이 보호라는 더 관찰 가능한 형태에 초점을 두었다는 주장을 제기하지만, 신흥 신경과학은 "사회적 소속은 코르티솔과 같은 스트레스 호르몬을 줄이고 옥시토신과 같은 웰빙의 호르몬을 향상시킨다."는 것을 보여 주고 있다. 이와 같은 웰빙 호르몬은 아동의 부정적인 발달결과를 가져오는 '독성 스트레스'의 즉각적인 영향으로부터 보호해 주는 완충제를 만들어 준다. 즐거움과 기쁨과 같은 긍정적인 정서를 나누는 것이 이러한 호르몬을 보호하고 지키는 기반이기 때문에 중요하다. 실제로 긍정적인 정서상태 동안 함께 있기는 스트레스를 조절하고, 고통스러운 정서상태에서 함께 있기로 안정애착을 유지하는 것은 중요하다. 다시 말해 치료사는 부모-아동 한 쌍보다 더 함께 있기를 할 수 있어야 한다. COS 개입에서 우리는 부모가 더 많이 느끼도록 압력을 가하지 않는다는 점에 유의해야 한다. 부모는 자연스럽게 느끼며 어느 정도 경험하게 될 것이고, 우리는 치료사가 아동이 자신의 경험 안에서 부모와 함께 있는 순간을 가능하게 하도록 하길 원하며, 치료사가 아니더라도 정서적 과정을 안내하는 누군가가 함께 있기를 원한다. 치료사는 부모가 자신의 자녀와 함께 있음을 필요로 하는 같은 방법으로 부모와 함께 있어야 한다. 다른 말로 하면, 두려움으로 인해 붕괴된 부모에게는 치료사가 때때로 강하고, 허약하지 않고, 강함의 능력을 부모에게 전달할 수 있어야 한다. 부모와 함께하는 치료사는 부모가 두려움이나 슬픔 감정에 흔쾌히 취약해질 수 있도록 지지해 줘야 한다.

COS는 "네가 다른 사람들에게 하기를 원하는 것처럼
다른 사람들에게 하라."라는 접근에 기초한다.
– Jeree H. Pawl and Maria St. John(1998, p. 7)

치료사는 부모가 자녀와 함께 있기로 나아가기를 바라는 것과 같은 공감적 이입의 경험을 부모에게 해 줘야 한다. 이러한 감정이입은 순환을 둘러싼 아동의 욕구를 더 훌륭한 이해와 연결하여 아동이 현재 겪고 있는 개인의 욕구를 특별하게 만들어 준다(순환을 둘러싼 욕구에 대해 설명할 때 우리가 사용하는 언어는 제12장에서 볼 수 있다). 동시에 최적의 효과적 변화를 이끌어 내기 위해 치료사는 순환 주위의 부모의 욕구를 더 잘 이해하고, 부모의 핵심 민감성이 탐색과 방어에 어떻게 영향을 미치는지 알고 있어야 한다. 따라서 핵심 민감성을 고려하는 것은 부모와의 치료관계를 수립하는 핵심 구성요소라 할 수 있다(치료계획에 대한 더 많은 것은 277쪽 참조). 핵심 민감성은 부모에게 죠스 음악이 언제 어디서 나타나는지 치료사가 정확하게 인식하고 반영할 수 있도록 하는 투쟁 방법을 제공할 수 있도록 돕는다.

반영 : 부모의 관찰과 추론 능력 키우기

제6장에서는 반영 기능에 대해 알아봤다. COS의 목적은 한마디로, 저항 경향의 정서를 수용하고, 견디고, 명명하는 것을 따라 치료관계를 구성해 부모의 반영 기능을 향상시키는 것이라 할 수 있다. 부모, 자녀와의 애착을 충분히 관찰하여 방어 역반응을 살피고 부모가 자녀의 욕구와 감정에 대해 더 정확하게 추론하도록 하는 탐색 행동을 돕는다. 정확한 추론은 민감하게 조율된 반응으로 이어질 수 있기 때문이다.

보기 대 추측하기

보기 대 추측하기는 이 책에서 더 쉽게 논의될 수 있다. 비디오 클립을 통해 상호작용 평가(SSP)를 다시 보는 것은 부모의 관찰방법을 발달시키는 핵심이다. 부모의 행동관찰을 하는 것보다 부모에게 자녀가 나오는 첫 번째 비디오 클립을 보고 서술하도록 요구할 때(예 : "얘가 화를 내고 있어." 또는 "이 아이가 우는 걸로 내 관심을 끌려고 하고 있어요.") 추론능력은 한층 향상된다. 보기와 추측 간 차이를 부모가 알 수 있도록 하는 것이 치료사의 과제이다. 행동 서술을 통해 보는 것을 알려 주는 방법이 그것이다. "아이가 방 주변을 걷고 있고, 장난감을 들어 올린 다음 그걸 내려놓고 있어요."

추측은 사실상 "아이가 마음이 상했는데, 어떻게 해야 되는지 모르고 있어요." 또는 "아이는 자신이 선택해서 집은 장난감을 좋아하지 않나 봐요."와 같은 것이다. 어떤 추측은 부모가 자녀의 내부 동기, 신념, 생각 또는 기대를 알고 있다는 것을 암시하는 설명이 될 수 있다. 그러나 세밀한 관찰을 통해서 통상적으로 부모는, 자녀의 경험보다는 부모의 투사로 추측하는 경향이 있다. 그런 경우는, 부모가 관찰할 수 있는 것과 부모가 전반적인 상황에서 보통 결론지어 버리는 것 사이 차이에서 일어난다. 그럼에도 부모는 추론이 사실이라는 것을 말하기 위해 있었던 일들을 기억해서 말한다. 배워야 할 것은 바로 실제를 보는 것으로, 진정한 자녀의 욕구를 부모의 죠스 음악 속에서 드러나는 것을 추측하게끔 하는 것이다. 부모의 새 보살핌을 위한 그 첫 번째 단계는, 부모가 보는 것과 추측하는 것 사이의 구별을 능숙하게 할 수 있도록 하는 것이다.

부모의 이러한 변화를 도움으로써 우리는 결론을 도출하기보다 호기심을 자극하는 것이 효과적이라는 것을 발견했다. 비디오의 짧은 부분을 부모에게 보여 줄 때, 우리는 부모가 첫 번째 해석을 하기 전에 행동을 기술하도록 묻는다. 그리고 나서 부모의 해석을 뒷받침하는, 무엇을 보았는지 말하도록 하여 사례를 해석하도록 노력했다.

- "당신의 아이가 무엇을 하고 있나요?"(관찰)
- "당신의 아이가 요구하는 것이 무엇이라고 생각하나요?"(추론)
- "당신 아이의 감정은 어떻다고 생각하나요?"(추론)
- "당신은 무엇을 하고 있나요?"(관찰)
- "당신은 어떤 감정을 느끼나요?"(자기반영)
- "당신은 이 순간 무엇을 요구하고 있나요?"(자기반영)
- "당신이 이것을 봄으로써 당신 자신에 대해서 무엇을 생각하게 되나요?"(자기반영)

관찰과 추론은 물론 자기반성(자신의 내부에 의해 조직되는 것)은 RF에 추가된다. COS는 치료사와의 안전한 관계 속 느낌을 가지면서 부모의 능력을 향상시키기 위해 COS를 사용한다. 우리의 희망은 부모가 자녀를 키우는 일상 세계에서 향상된 능력을 사용할 수 있게 하는 것이다.

안전 개입 '순환' 내 RAR 개요

이미 언급했듯이, COS 치료는 쌍방 간 개별적 필요에 따라 맞추어진다. 상호적 부모 인지 평가를 통해 모인 자료는 20주간의 프로그램에 활용된다. 처음 두 세션은 '순환'에서 아이의 욕구가 무엇인지 부모를 가르치는 데 쓰이는데, 부모와 아이 간 상호작용 관찰을 통해 추측 이전 상황 보기 연습이 아이에게 필요한 것이 무엇인지를 인지하게 하는 시작이 된다.

부모가 본 것에 대해 불편함을 나타낼 때, 우리는 부모의 핵심 민감성, 반영적 기능, 공감력 그리고 그들 자신에 집중할 수 있는 능력에 대해 배운 것들을 활용할 수 있다(제8장과 제10장 참조). 위에서 언급한 바와 같이, 목표는 부모의 불편함을 경감시키는 것이 아니라(단순히 경감시키는 것은 현재의 상태를 계속 유지하게 만들 뿐임), 불편함과 방어 뒤에 숨겨진 그들이 사용하지 못한 강점인 내면의 능력을 발견하기 위해 불편함과 방어를 가이드로 사용하는 것이다. COS는 이와 같이 강점 관점의 치료법이다. 부모가 중요한 양육능력을 발전시키기 위해 불편함을 견딜 수 있다는 기대를 가지게 하는 것은 부모의 강점과 잠재력이라는 강력한 역량에 대한 메시지이다. 그 잠재력에 대한 증거가 비록 미세할지라도(예 : 타인이 방으로 들어올 때 아이에게 다가가 만지거나, 아이가 편안함을 느낄 때까지 아이가 자신의 다리에 기대는 것을 감정적으로 꺼리는 엄마) 부모의 방어적인 방식에서의 미세한 틈을 인지하고 반영하는 것은 부모의 긍정적 지향성을 드러나게 한다.

다음은 치료의 초기 단계에서 안아 주는 환경 구성과 관련된다.

1. 치료의 긍정적 의도와 부모는 아이를 위해 최선을 다할 수 있다는 희망을 인지하는 것. 치료자의 선언문은 다음과 같을 수 있다. "성장 가운데 직면한 어떠한 어려움에도 불구하고 당신은 당신의 아이를 위해 최고의 보살핌을 제공하기 위해 여기에 있습니다. 당신의 어떠한 실수에도 불구하고 당신은 좀 더 안전한 미래를 위한 새로운 선택을 찾기 위해 여기에 있습니다."

2. 정기적인 이 프로그램에 지속적으로 참여하여 헌신하는 것이 얼마나 어려운 것인지를 존중하는 것. 부모로 하여금 어려움과 헌신을 인정하게 하는 것이 중요하다.

3. 모임으로 하여금 긍정적이고 만족시키는 경험을 하게 하는 당신의 헌신을 인정하는 것.

4. 이 일이 아이에게 얼마나 중요한지에 대해 얘기하고 부모에게 COS 프로토콜이 거의 50년의 연구에 기반을 두고 있음을 확신시키는 것.

5. 이 프로그램의 참여는 모임의 불안/근심을 공유하는 것임을 알게 하는 것. 참여한 부모로 하여금 그들의 불안을 얘기할 수 있게 하여 그들의 경험을 서로 이해하며 혼자가 아님을 알게 하는 것.

6. 부모를 대함에 있어 '순환'을 가이드로 사용하는 것. 자기 자신에 대한 이러한 질문이 유용하다. "지금 부모는 순환에서 어느 위치에 있는 것인가? 한 부모가 뚜렷한 감정적 고통을 경험하고 있으면 지금 순환의 꼭대기에서 기억과 감정 속을 헤매고 있는 것일 수 있다. 이것은 "나를 위로해 주세요"가 아닌 "나를 지켜봐 주세요" 순간이다. 여기서 치료자는 부모와 함께 있기 따뜻함과 공감을 가지고 있어야 하지만 여기서 위로를 제공하는 것은 부모의 탐색을 방해하게 된다. 부모가 방어적이고, 감정에 압도당했거나 단지 다음으로 나아가려 할 때는 "내 감정을 정리해 주세요" 순간이다. 여기서 치료자는 부모의 감정을 상호조절할 수 있도록 유도해야 한다. 여기서 종종 부모는 순환의 위와 아래 사이에서 동요하게 되는데 치료자의 언어적인 가이드가 아닌 그 이상의 함께함이 가장 중요하다. 부모의 감정을 안정시켜 함께 있지 않음의 그림자(제3장 참조) 단계에 떨어지시 않도록 해야 함을 염두에 두라.

차분히 함께 있기가 치료사가 줄 수 있는 최고의 것일 수 있다.

3~8주에서는 SSP 각 회기 동안 촬영된 1단계 동영상을 보게 된다. 동영상은 치료사에 의해 선택, 편집되어 강점(중요한 노력 가운데 얻은 성공들)과 투쟁(좀 더 노력이 필요한 것들을 설명함)을 보게 된다. 치료자는 동영상을 검토하며 부모에 맞는 함께 있기를 만들게 된다. 적절한 시기가 되면, 안아 주는 환경을 강화할 수 있는 서로 격려하는 분위기에서 다른 사람들의 의견/식견을 나누며 보고, 추측할 수 있게 한다.

9주에서는 부모에게 죠스 음악과 제한된 안정성의 순환(양가, 회피, 혼란)이 소개된다. 치료사는 우리 모두가 자기만의 죠스 음악을 가지고 있음을 기억하고 양육에 있어 불안정한 선택을 야기하는 두려움이나 고통을 정상화해야 한다.

첫 번째 동영상 검토에서의 목표는 부모가 두 번째 동영상 검토 시(10~15주) 접하게 되는 주요한 어려움에 집중할 수 있도록 준비시키는 것이다. 첫 번째 동영상 검토에서와 같이 두 번째에서도 모임은 선택된 동영상을 주의 깊게 보게 된다. 여기서의 동영상은 주요한 어려움에 초점을 맞춘다. 아이들의 요구를 충족시키지 못하는 부모 자신을 보는 것은 많은 부모들에게 명확한 감정적 경험이 된다. 모임이 도전받는 이 단계에서는 부모와 함께 있는 치료사의 능력이 무엇보다 중요하다.

16주째 세션은 수정된 SSP의 쌍방 간의 대화가 기록되는 단계이다. 여기서 치료사는 리뷰를 위해 편집하게 된다(17~19주). 여기서 부모는 자기의 긍정적인 변화를 관찰하고 확실한 격려를 받게 된다. 하지만 부모의 확장된 보고, 추측하는 능력은 동영상에 포착된 계속되는 어려움을 알게 하여 앞으로 계속 이 동영상 검토를 사용하려는 열망을 가지게 된다. 20주에서는 그들의 성취를 축하하게 된다.

맞춤 치료의 계획

제8장과 제10장에서 설명된 상호작용 평가 및 부모 인지 평가는 치료 조직자의 섹션 1에서 5까지의 항목을 채우는 데 필요한 정보를 제공한다. 섹션 6은 제10장에서 보여 준 바와 같이 양육자의 자기만의 나약함과 필요를 이해하는 데 기반을 둔 치료 목표를 기록하는 좋은 항목이다. 치료를 시작하기에 앞서 목표를 달성하기 위한 동영상이 선택된다. 섹션 7에서는 동영상에 대한 정보를 기록하라(제8장의 '낯선 상황에서 동영상을 찾기 위한 지침' 섹션 참조). 제10장에서의 치료 조직자는 채워진 섹션을 단순히 설명하지는 않는다. 왜냐하면 동영상이 없는 정보는 무의미하기 때문이다.

치료 계약을 위한 교섭

치료 계약은 증상 중심적 체크마크가 아닌 시간에 따라 변하는 역동적 과정이다. 도입 시에는 치료과정을 가이드할 치료 계약의 틀이 만들어진다. 예를 들면, 치료사는 평가와 동영상 검토가 어떻게 부모와 아이 간의 관계를 개선함으로써 부모의 목표를 달성하는 데 도움을 줄 수 있는지 설명하며 관계적인 변화가 필요함을 인정하고 정상화한다. 치료사는 부모가 단순히 아이의 행동을 변화시키는 것이 아니라 관계적인 면에서의 변화를 위해 주요한 헌신이 필요함을 부모와 협의하게 된다. 시간이 지남에 따라 이 계약은 점점 복잡해지고 집중된다. 왜냐하면 평가는 그 자체로 계속 진행되어 소위 평가단계를 만들어 가기 때문이다. 치료사는 치료가 진행되는 동안 새로운 정보가 발견됨에 따라 치료의 목표와 계획을 항상 리뷰해야 한다. 치료사와 부모 간 목표 수정되는 파트너십을 통해 부모의 치료 목표와 부모를 돕기 위한 치료사의 역할은 지속적으로 명확해져 간다.

치료계획에서 핵심 민감성의 역할

부모의 핵심 민감성을 이해하는 것은 치료상 협력을 위한 교섭을 활성화한다. 때문에 치료를 위한 특정 주제, 계속 혹은 피해야 할 과정에 대한 중요 로드맵을 치료사에게 제공한다. 치료사는 부모의 내재적 합리적/이성적 지식을 상대로 공감을 소통하는 데 이러한 이해를 사용한다. 이 지식이 부모의 인지 범위 밖의 것이라도 치료사의 조정은 부모 경험을 증진시킨다. 치료사는 강요적으로 조절장애적인 부모의 마음을 읽는 것이 아니라 부모에게 공감을 표현해야 한다. 치료사는 부모를 이해하고 공감함으로써 부모로 하여금 자신을 방어하기 위해 사용한 방어적 조직이 진정한 자아를 해치고 아이와의 관계를 제한했다는 것을 깨닫는 데 도움을 줄 수 있다.

　서로 다른 핵심 민감성을 진단할 수 있는 능력은 치료접근 방법에서 짐작/추측을 가능하게 한다. 부정적인 것에서 긍정적인 것까지 다양한 감정 범위를 경험할 수 있는 진정한 자아의 능력을 개발하는 목표를 설정하라. 이러한 역량을 가지는 것은 어려움에 처해 있는 아이의 필요를 충족시키는 데 필수적이다. 각 개인의 핵심 민감성은 각자의 감정 경험을 제한하는 이유를 이해할 수 있게 한다. 존중받기에 민감한 사람은 실패에 대한 부정적 감정과 공개적으로 노출될 수 있는 잠재적 수치심을 부인할 것이다. 분리에 민감한 사람은 혼자 있음의 고통스런 감정과 버림받는 것, 돌보아 줄 수 있는 누군가를 추구할 것이다. 그리고 안전 민감적 사람에게 강한 감정의 경험은 고통 통제에 자신을 노출시키는 것을 두려워하여 스스로를 격리시키려 할 것이다.

핵심 민감성은 아이의 필요를 충족시키는 부모의 능력에 영향을 끼칠 뿐만 아니라, 아이를 위한 부모의 목표를 형성하는 데 중요한 역할을 한다. 존중받기에 민감한 부모, 분리에 민감한 부모, 안전에 민감한 부모는 각각 매우 다양한 방어적 목표를 가지고 있다. 예를 들면, 이러한 세 가지 서로 다른 부모는 자녀가 숫자를 익히는 학습능력을 개발하는 데 서로 매우 다른 내재적 목표를 가지고 있다. 존중받기에 민감한 부모는 자녀가 사람들 앞에서 평균 이상의 높은 재능을 보이는 데 내재적 압력을 받는다.("타미, 네가 얼마나 빨리 숫자 퍼즐을 풀 수 있는지 저 아줌마에게 보여 줘.") 분리에 민감한 부모는 아기가 새 장난감을 찾으러 걸어갈 때마다 아이가 다시 잘 돌아오기를 걱정하며 격려한다.("이것 봐, 제니퍼, 여기 돌아와서 숫자 퍼즐을 끝내자.") 안전에 민감한 부모는 아이가 적당한 정도의 거리를 유지하는 데 필요한 수단으로 아이가 학습을 집중할 수 있는 다양한 방법을 찾을 것이다.("쟈니, 저기에 네가 할 수 있는 숫자 퍼즐이 있어.") 존중에 민감한 부모에게 그의 조숙한 자녀의 능력에 대한 칭찬은 순환의 위에 머무는 양자 간 경향을 더욱 악화시키는 것이다. 분리에 민감한 부모에게 따뜻함/친밀함과 부양/돌보기에 대해 초점을 맞추는 것은 자녀의 의존적 성향을 계속 유지하는 것이 좋은 것이라는 메시지를 주는 것과 다름이 없다. 안전에 민감한 부모에게 자녀가 나름대로 자신의 역할을 능숙하게 잘하고 있다고 지지하는 것은 지금까지의 방어체계를 잘 유지할 수 있도록 윤활유를 제공하는 것과 다름이 없다. 이러한 세 가지 핵심 민감성은 치료 도중 다양한 방법으로 나타나게 된다. 따라서 이러한 핵심 민감성을 치료계획에 포함하고 그것의 잠재적 출현에 경계를 늦추지 않는 것이 매우 중요하다.

추가적으로, 위의 예시에서 보였듯이 이러한 핵심 민감성은 행동을 통해 발견되지 않을 수 있음을 기억해야 한다. 도리어 부모의 행동 뒤에 숨겨진 의미를 이해하면서 발견될 수도 있다. 부모들의 동일한 표현("저기 숫자 퍼즐을 봐.")은 각각의 핵심 민감성에 따라 서로 다른 의미를 내포하고 있다.

분리 민감성

분리에 민감한 사람의 공통된 방어는 무력감이다. 이러한 경향은 자신의 문제를 해결할 수 있는 다른 사람들을 찾아 그들을 돌보는 것을 의미한다. 힘든 순간에 주위 사람들이 떠나가고 혼자 남아 결국 버려질 것이라는 두려움의 어려움도 만나게 된다. 이러한 상황에서 치료방법은 지속적으로 부모와 함께 있으며, 부모의 능력을 기대하며 무기력에 도전하게 하는 것이다. 여기서 부모에게 충고를 주거나 무엇을 할지 알려 주는 것은 역효과를 가지고 온다. 이러한 방법은 무능함을 조장하고 무력한 상태의 방어 인지를 지속시키는 결과만 가져온다.

부모가 무력하게 행동할 때, 치료사는 충고와 지시하거나 직접적 행위를 알려 줘 도움을 주고 싶어 할 수 있다. 예를 들면, 상호 평가의 마지막에서 부모가 아이로 하여금 장난감을 치우게 하는 데 어려움을 겪고 있을 때, 치료사가 개입하여 마무리 지을 수 있도록 돕고 싶은 유혹을 느낄 수 있다. 또한 부모가 자신의 경험을 되돌아보기를 요구받았으나 혼란스러워할 때, 치료사는 그 빈 공간을 채워 주려는 유혹을 받을 수 있다. 치료사는 본인이 어떻게 느꼈으며, 어떻게 생각하고, 어떠한 결론에 이르렀는지 부모에게 말하려 할지 모른다. 치료사는 여기서, 부모가 반영을 위한 능력을 사용할 수 있다는 긍정적 기대, 부모의 무력함에 도전을 주는 것과, 단순히 어떻게 생각하고 느꼈는지를 말해 주는 것 간의 차이를 구별해야 한다.

유기의 기억에 대해 무력함을 방어로 사용하는 부모는 유능해지도록 도전받는 상황에서 어려움을 겪는다. 분리에 민감한 부모는 치료사가 지속적으로 도전하는 경우보다 스스로 행동·각성하는 경우를 회피하려는 경향이 훨씬 강하게 나타난다. 치료사는 어떻게 해야 할지를 모르겠다고 호소하는 부모들의 무력함에 죄책감을 느끼고 합리적으로 치료를 진행하지 못하는 경우가 있다. 물론 부모가 양육과제를 수행하는 데 부족할 수 있으며, 주된 방어기제가 무력함인 부모를 지도하는 것은 밑 빠진 독에 물 붓기 같을 수 있다. 부모가 자기 스스로(또는 아이를 대변하여) 행동하려는 욕구가 죠스 음악을 유발한다는 것을 부모가 알도록 돕는 것이 불편함을 견디어 새로운 수준의 양육능력에 집중하는 것보다 훨씬 효과적이다.

관계 내 불화와 회복이라는 주제는 COS 치료의 중심에 있게 된다. 여기서 서로 다른 핵심 민감성을 가진 부모들은 그들의 관계가 무너질 것이라는 나름대로의 주제를 가지고 있다. 분리에 민감한 부모의 경우에는, 독립/자율적인 행동은 결국 버림을 당하게 할 것이라는 두려움을 가지고 있다. 그래서 분리에 민감한 부모는 지금까지보다 더욱 잘할 수 있을 거라는 치료사의 신념에 흔히 화를 낸다.

이렇게 죄책감을 느끼고 치료사의 믿음에 위축된 부모는 치료사에게 냉담하다며 화를 낼 수 있다. 치료사는 사실상 무너진 적 없는 것을 회복하려고 시도하기보다, 부모가 느끼는 고통을 조용히 존중해 주고 (치료자 또는 아이와의)관계가 깨지는 위험은 전혀 없으며 사실상 독립성/자율성은 관계를 지원한다는 것을 얘기할 필요가 있다.

COS 치료가 부모-아이 간의 관계에 집중하므로, 관계를 책임지는 부모의 무력감에 집중되는 도전을 받게 된다. 책임을 진다는 것은 두 가지 주된 부분에서 나타난다: (1) 지시하고, 비계설정하고, 범위를 설정하는 것[예 : 아이에게 장난감을 치우게 하는 것 (특히 아이가 저항할 때)], (2) 아이가 힘들어할 때 적극적으로 대처하는 것(예 : 상황을 주도하여 아이의 감정을 편안하게 만드는 것). 분리에 민감한 부모는 대개 아이의 요구에 분노하고 화를 내며 혼란스러워한다. 따라서 이러한 요구를 줄이려 하는 것보다 부모가 이러한 요구에 대한 자발적 행동에 두려움이 있다는 것을 얘기하게 하는 것이 치료를 지속할 수 있게 한다.

분리에 민감한 부모를 대할 때 치료사는 배려를 통해 천천히 돌보면서 어려움에 봉착할 수도 있다. 계속되는 요구에 치료사가 분노하기 시작하면, 접근방법이 바뀌어 억눌린 분노로 부모를 대하게 될 수도 있다. 하지만 부모의 행동을 재촉하게 되면, 결국 치료사는 책임감과 죄책감을 갖게 된다. 이렇게 되면 치료사는 다시 부모를 돌보는 상황이 되고 순환이 다시 시작되게 된다. 치료사가 분리에 민감한 부모에게 죄책감을 느끼거나 분노하게 되는 많은 실패를 통해 배우게 되는 것은 부모한테 동정의 상태로 돌아갈 수 있을 때까지 조용히 치료사 자신의 감정을 정리하는 것이 최선의 반응이라는 것이다. 부모에 대한 효과적인 방어 방법은 항상 공감과 따뜻함을 포함한다.

성공적인 대면은 친절함을 포함하여야 한다.

대면은 갈등이나 불화와 아무런 관계가 없다. 오히려 양육자의 방어적 선택을 주의 깊게 명명함으로써 그러한 방어적 선택이 자신이나 아이에게 미치는 영향을 인지하게 할 수 있다. 이와 같이 당신이 부모에 대해 분노의 감정을 가지기 시작한다면, 당신의 분노 경험이 부모를 방어적으로 인도하는 부모 내면의 표상적 영화에 하나의 캐릭터로 남게 된다는 것을 기억하라. 화를 내고 거부하고 싶은 마음이 드는 것은 중요한 통찰을 제공하지만 그렇게 하게 되면 결국 치료를 망치게 된다. 그러한 마음이 들 때 지금 이 순간 왜 내가 이러한 마음을 가지게 되었는지 자기 자신에 질문하라. 나의 죠스 음악이 작동하게 된 것인가? 아니면 부모가 방어적으로 기대하는 바에 따라 이러한 마음을 가지게 된 것인가? 이러한 반문은 치료사로 하여금 감정적으로 동요된 마음을 진정시킬 수 있는 안전기지를 제공하는 중요한 점검이 된다.

> 치료사는 치료과정에서 나의 감정상태가 섞여 버리기 전에
> "얼마만큼이 나에 대한 것이고 얼마만큼이 치료 대상자에 대한 것인가?" 하는
> 기본적 질문을 할 필요가 있다.

역할놀이는 긍정적이든 부정적이든 치료의 일부분이며, 치료사의 능력은 치료상의 관계를 좌우하는 데 필수적인 역할을 한다. COS 개입과 같은 간단한 작업에서 우리는 치료사가 그들의 감정상태를 부모에게 해석하도록 권장하지 않는다. 대신 경험을 통해 부모의 내부 세계에 대한 공감력을 키운다.

두 아이의 엄마인 23살 샤나, 그녀는 모임에 가입한 이유를 표현하는 것에 어려움이 있음을 발견했다. "나는 몰라요. 나는 그냥 아이들에 대해 무엇을 해야 할지 알고 싶어서 누군가가 필요했던 거예요. 난 친정엄마가 없고, 그게 지금 저예요." 그녀의 몇몇 내재적 시선이 제공되는 동안, 샤나는 '무력한' 자신과 '무거운 짐'을 지기 위해 누군가가 필요하다는 그녀의 상태를 곧바로 인식하게 되는 중요한 자신의 상태를 인식하게 된다.

책임을 두려워하는(자녀의 동기를 스스로 활성화하는), 샤나는 현재 통제하려 하는 2살 난 딸아이에게 계속 "안 돼."라고 말하고 있었다. 바로 그녀는 '죠스 음악'이 나오는 때이고 보통 이때는 두통에 시달리거나 해결할 수 없는 상황이라고 말한다. 치료사는 그녀의 분절된 감각의 투쟁들을 확실히 인식하고, 비디오 클립에서 관계를 바꿀 있는 팁을 치료사가 일부러 선택하지 않도록 했다. "샤나, 당신의 두통이 확실하다고 들리네요. 동시에 나는 당신의 두통이 이 모임에서 사라지고 스스로를 지키기 위해서는 죠스 음악이 켜지는 순간 마시의 욕구를 보면 좋겠다는 생각이 드네요."

치료사는 무엇을 해야 할지 말하지는 않지만, 아이를 돌보는 방식에 대한 도전을 결심했다. 그녀의 딸에 대해 비디오를 통해 더 분명하게 볼 수 있었고, 자신이 '더 크고, 더 강하고, 더 지혜롭고, 친절한' 존재이며 '약점'을 더 드러나게 하는 '생생한 무대'라는 것을 알게 되었다. 괴로웠던 기억과 감정의 출렁거림에 치이면서 샤나는 자기가 자녀에게 한 방식이 친정엄마가 자신에게 행동했던 방식이었음을 알아차렸다. 이런 경험에 서 그녀는 동기를 부여받고 힘을 얻었다.

그녀는 회기를 경험하며 자신에 대한 다른 느낌들을 시연했다. 그녀는 비디오를 검토하면서 무엇을 배웠는지 물었을 때, 이제는 명확하게 "나는 길을 잃었었고, 약했고, 나는 엄마가 아니었어요. 그런데 이제 더 이상 나는 그 상태로 가지 않을 거예요."라고 대답할 만큼 힘을 얻었다.

마시와 함께했던 치료 스태프가 한 달이 채 못 되었지만 예전의 마시가 아니라고 말해 주었다. "아이는 이제 제가 교실에서 돌보지 않아도 됩니다. 아이는 이제 자신의 삶을 처음으로 경험하는 작은 아이이지요."

존중 민감성

존중하는 부모는 자신이 누구인지를 믿지만 그렇지 않은 부모(불완전하고, 평균적이고, 결함이 있는)는 자신이 충분히 가치가 있다고 생각하지 않는다. 거꾸로 말하자면, 가치를 느끼기 위해서는 부모가 실패했거나 부적절하거나 다른 사람들이 자신의 자녀를 특별(쉽게 말해 좋은, 나쁜, 특별한 욕구를 가진 독특함을 갖는 점들은 실제로 두드러진 부모의 이미지를 유지하도록 한다.)하다고 보지 못하게 한다는 암시에 대해 경계해야 한다. 따라서 존중감이 강한 부모와 함께 일하는 치료사의 한 가지 도전은 부모가 실패와 같은 느낌을 느끼지 않고 자신을 변호할 필요가 없도록 부모에게 피드백을 제공하는 것이다.

새로운 무언가를 배우는 것을 알지 못한다는 취약점과 잠재적으로 최적의 방법보다 덜 좋은 뭔가를 하는 것으로 간주하려는 점을 관리해야 한다. 만약 이 취약점이 실패 같은 느낌과 관련되어 있다면 배우는 과정이 부정적인 감정으로 변할 수 있다. 다시 말해 근본적으로 배운다는 것은 부모가 어떻게 되는 것인지를 뜻하는 것이다.

긍정적인 치료 결과의 핵심은 투쟁의 영역을 탐색하면서 자신에 초점을 둔 방식의 취약성을 관리할 수 있는 부모의 능력이다. 부모가 존중감을 느끼는 데 취약할 때, 그들은 이미 실패한 듯한 느낌으로 고군분투하며 이에 따라 치료사의 발언에 대해 공격받는다고 잘못 해석하여 수치심을 느끼게 된다. 치료과정은 종종 균열과 교정 중 하나이다. 균열과 교정은 제3과 제4장에서 언급한 것과 같이 부모와 자녀의 안정애착관계가 발달하는 데 결정적이다. 치료적 관계에서 Kohut은 자기애적 환자들과 작업을 하는 과정에서 균열과 교정 과정은 이를 증명하는 첫 번째라고 하였다. 그는 치료사와의 전이 관계에서 반복적인 균열의 교정을 통해 환자가 보다 안전한 내부 상태를 개발한다고 이론화했다("변화시키는 내면화", Kohut, 1977, p. 32). 이 개념은 협상하는 치료과정의 세부로 제12장에서 볼 수 있다.

존중 민감성을 느끼는 부모들이 안정감을 느끼도록 도와주는 것은 도움이 그들이 누군가에게 함께 있기를 해 줄 수 있는 사람으로 이해되는 느낌이다. 존중을 민감하게 인식한 치료사는 이 과정에서 대화를 통한 공감에 초점을 맞춘다. 치료사가 공감적 피드백을 어렵게 제공하는 것은 문제가 되지 않으나, 어쩔 수 없이 균열도 일어날 것이고, 다행히도 교정을 할 수 있는 기회도 만들어질 것이다. 교정은 치료사가 공감적으로 부모가 필연적으로 겪는 경험을 인식하는 것이다. 이것은 치료사가 방어하지 않고 자신을 개방하는 것을 포함할 것이고, 부모가 최근에 무엇을 어떻게 경험하고 있는 고통을 일으켰는지 생각하는 것으로 이루어질 것이다.

그것은 때때로 부모가 자녀의 불안 영역을 배우기 위해 필요한 공감적 대화를 유지하고 전달하기 위한 바늘과 실처럼 느껴질 수 있다. 부모의 긍정적인 의도를 알고 전달하는 것이 매우 유용하다. 부모의 긍정적인 의도를 드러내면서, 치료사는 부모가 자신의 불완전한 취약점을 더 잘 해결할 수 있고 가치 있게 받아들여진다고 느끼도록 돕는다. Masterson은 해석의 종류 중 이것을 "거울 해석"이라고 부른다(1993, p. 76). 내담자의 경험에 대한 미러링(이해와 존중)은 방어적 해석이 일어나지 않도록 한다.("우리가 우리 아이에게 최선이 아닌 일을 했다고 상상하는 것은 너무 고통스러울 수 있어요. 나는 당신이 뇌에 가장 좋은 것을 원한다는 것을 알아요. 나는 그것이 당신이 새로운 방식으로 일어난 일을 보기 시작한 이유라고 생각해요.") 이러한 유용하게 경험할 기회를 최대로 늘려 줌으로써 부모가 개입을 공격적으로 경험하지 않도록 한다.

제9장에서 설명했던 것과 같이, 존중감을 섬세하게 느끼는 사람은 상대방과 '편견이 없는' 관계에서 안전감을 느낀다. 차이점은 마치 한 사람이 옳고 다른 하나는 틀렸다는 것처럼 위협으로 경험한다는 것이다. 만약 부모가 치료사가 '편견'이 있다고 느낀다면, 치료적 관계 안에서 전이가 일어난다. 치료사가 부모와 '한마음'이 되려고 지나치게 노력하는 것을 제안하지는 않지만, 치료사와 부모 간에 초기의 이상적인 전이가 없으면 결국 진정한 치료 동맹으로 나아가기가 어렵다.

치료 동맹은 '편견 없는' 것과는 다르다. 사실 치료 동맹은 거의 '편견 없는' 것과는 반대이며, 오히려 그것은 치료사라는 거울과 방어와 자신을 보호하고자 하는 자아를 요구하는 것보다는 부모의 진정한 자아를 충분히 보여 줄 수 있도록 치료사를 믿는 것을 요구한다. 이것은 부모가 종종 계단을 앞뒤로 한 걸음씩 오가는 듯한 느린 과정이다.

많은 치료사들에게 존중감에 민감한 부모들의 이상화(idealization)는 불편하게 느껴지고, 그들은 부모에게 보다 현실적인 방법으로 그들을 보게 하려고 한다.("당신은 내가 만난 최고의 치료사예요. 당신은 내가 노력하는 것에 대해 다른 사람들보다 더 많이 알고 있죠.") 경험하기가 어렵더라도 이 인식을 없애 주려는 시도는 대개 치료에 문제를 일으킬 수 있다. 부모의 이상화는 부모가 안전하게 느끼는 데 도움이 되며, 따라서 균열 위험이 적은 투쟁을 시도할 수 있는 통로가 되어 준다. 이 이상화가 내담자와 함께 공개적으로 탐구되는 것은 장기간에 걸친 심층 치료일 때 가능하다. 이것은 치료사가 실망하지 않고 충분히 이해할 수 있다고 생각하기 위해 노력하는 부모의 시각이 분산되지 않도록 이상화에 대한 자신의 역행적 감정을 다루어야 한다는 것을 의미한다.

다시는 모임에 함께하여 즐거워했고 동시에 첫 번째 주 회기에 암시되었던 취약점에 대해서는 확실히 긴장했었다. "나는 많은 이런 작업을 해 봤어요. 그리고 나는 많은 책을 읽었고 그건 내가 어떻게 하면 좋은 부모가 될 수 있는지에 대해 파악하는데 초보자는 아닙니다."라고 말했다.

다시의 4살 아들 제이콥은 다른 아이들과 함께 놀이하는 능력이 빈약했고, 그의 교사들은 아이가 무언가를 또래관계에서 시도하기 전에 승인을 기다리는 그의 지속적인 요구가 분명 염려스럽고, 편안해지지 않아 매우 걱정하고 있었다. 그녀는 처음에는 이러한 문제에 대해 어떤 문제도 느끼지 못했다. "그냥, 수줍은 아이야."그리고 "두 번째로는 그는 너무 똑똑해서 친구들이 자기처럼 총명하지는 않으니까 정말로 친구와 놀기를 원하지 않는 거야. 또 그는 독립심을 배우고 있는 중이야."라고 설명했었다.

비디오 검토를 보면서 다시는 자신과 아들이 SSP에서 분리를 경험해 보면서 알게 되는 아들의 '수줍음'이 주요 문제가 아님을 침묵을 통해 인식했다. 그녀의 취약점을 도와주기 위해 치료사는 질문을 통해 자녀에게 집중할 수 있도록 했다. "당신은 아이가 당신에게 다가왔다가 다시 장난감으로 가는 모습을 보면서 그가 어떤 기분을 느끼고 있다고 생각하나요?"

현재 14주 과정에 있는 다시는 그녀의 아들이 그녀가 방을 나갔을 때 아들의 놀이 결핍과 무관심을 명확하게 인식하고 있다. 아들을 가까이에서 보고 그녀는 과거의 자신으로 돌아가, 자신이 이전에 가지고 있었던 것이 인정하기에는 너무나 두려웠다는 것을 빨리 주장했다. "아이가 나를 잡아당기고 있어요. 아이가 나의 죠스 음악을 듣는 것 같고, 지금은 아이가 그걸 즐기고 있는 것 같아요." 몇 달 전에는 불가능해 보였던 눈물이 그녀의 얼굴에 나타났다. "나는 아이가 그렇게 하는 것을 정말 원하지 않아요. 아이는 분명 자신의 컵을 채우길 요구하고 나는 아이에게 그것을 제공하지 않았어요. 그건 나의 문제이지, 내 아이가 아니에요."

안전 민감성

안전 민감적 부모들은 그들의 자녀가 가까워지면 아이가 통제하거나 방해가 될 것이라고 믿는다. 그래서 그들은 오직 안전을 지키는 방법을 믿고 자신의 본래의 감각은 스스로 해결하고, 아이에게도 자급자족하기를 기대한다.

치료사가 할 일은 이 두 가지 결정적인 부분의 균형을 잡는 것이다. 치료과정을 위해 부모와 충분히 감정적인 동맹을 가져야 하고, 이차적으로 부모들이 방해받거나 통제받는다고 느끼지 않도록 적절한 감정적인 거리를 유지해야 한다. 명백하게 말하지만 이두 가지 목표는 종종 이상할 수 있다. 만약 치료사가 너무 조용하거나 또는 동맹으로 초대하지 않는다면 부모는 당신이 무관심하다고 볼 수 있다. 또 만약 치료사가 너무 많이 가르치거나 내담자의 동기에 대해 너무 추측을 하면, 당신이 내담자에게 침입한다고 느끼게 할 것이다. 심지어 너무 공감적이거나 온정적인 것도 내담자의 허락 없이 내담자의 내면으로 들어간 것과 같이 안전에 대한 민감성을 가진 누군가를 침범해 온다고 느끼게 할 수 있다. 그러므로 치료사가 내담자를 도울 때 중요한 목표는 압도되는 것 없이 배우는 과정 안에서 충분히 정서적으로 동맹을 맺고 치료사가 내담자와 함께 연결될 수 있도록 조율하는 것이다. 치료적 관계에서 내담자가 강렬하게 해결하고 싶어 하는 욕구를 존중하는 방법 안에서 가까이 있고 또 멀리 있는 갈등과 욕구에 대해 서술해 주고 말해 주는 것은 매우 도움이 된다.

항상 적절한 거리를 유지하는 방법은 없고, 너무 가깝지도 너무 멀지도 않은 관계는 균열이 생길 것이다. 그렇기 때문에 관계가 균열하고 교정하는 것이 치료의 성공을 위한 핵심이다. 교정은 치료자가 치료과정에서 관계의 거리와 밀착에서 있어 내담자의 상황에 따라 내담자인 그녀가 너무 가깝지도 멀리 가지도 않도록 하고 안전감을 다시 느끼고 개방하도록 하는 과정을 인정하는 것이다. 안전에 민감한 부모들이 치료적 관계에서 적정한 거리의 통제감을 느낄 때 그들은 더 안전하다고 느끼고 과제를 해결하려는 의지를 더 가질 것이다.

그러나 어려움에 처하는 일반적인 경우는 침입한 부모를 뒤쫓는 것이다. 질문과 제안을 하는 이 부모들을 뒤쫓는 것은 질문에 대답하는 것에 초점이 맞춰지면서 치료사는 덫에 걸린 느낌이나 심지어는 관계를 철회하고 싶게 만들기도 한다. 이러한 상황 아래 많은 치료사들의 침입이 부모를 덜 안전하게 느끼게 하고 부모들의 치료를 위해 필요한 거리로부터 부모의 철회를 촉발할 수 있다.

치료의 중심적인 주제는 안전 민감성 딜레마의 관리이다. 비록 그것이 깊이 숨어 있는 것이기는 하지만 부모 그리고 자녀도 함께 친밀한 관계를 갖기를 원한다. 그러나 이 갈망은 그녀를 통제되고, 흠뻑 젖고, 압도될 것에 대한 두려움에 노출시킨다. 부모는 자신을 보호하기 위해 거리와 이탈을 추구하기 시작한다. 그녀는 충분한 거리를 성공적으로 조율하고 나면, 고립되어 있고 연결되지 못하고 있음을 느끼기 시작한다. 그리고 연결되기를 기다리고 다시 순환을 시작한다.

'딜레마'를 방어적으로 관리하는 가장 일반적인 방법은 '조율'을 창출하는 것이다 (Klein, 1995). 이 방법은 중요한 관계를 반은 안으로, 반은 밖으로 만드는 방법이다. 치료사는 아이와 상호작용하면서 이 과정을 볼 것이다. 그리고 치료적 상호작용에서도 같은 과정을 볼 수 있다. 예를 들면, 부모가 아이와 헤어질 때 안아 주는 것 없이 떠나고 나서 보려고 하지 않으면서도 아이가 그녀를 볼 수 있도록 창문을 보며 질질 끄는 모습이다. 또는 그녀는 아이를 재울 때 자녀를 안아 주지 않고서는 아이가 잠이 든 후에 그 옆에 누워 아이와 친밀함을 느끼는 행동이다.

모든 성공적인 치료가 그렇듯이 시기/타이밍이 매우 중요하다. 종종 안전에 민감한 부모와의 대화의 리듬은 느리고 서로 다른 종류의 핵심 민감성보다 더 많은 갈등 중단의 순간들을 만든다. 치료자는 이러한 불편한 침묵의 순간들을 질문이나 해석, 또는 가르침으로 채우고 싶은 마음을 가지게 된다. 이러한 안전에 민감한 부모와의 치료에서 중요한 부분은 너무 빠르거나 느리지 않은 리듬을 조절하는 것이다. 치료사는 가능한 많이 리듬에 맞추어 '상호적인 춤'을 이끌어 가야 한다. 치료과정이 어색해지거나 긴장되거나 느려지거나 또는 멈춰져 중단이 생기는 경우가 발생하더라도, 그 순간을 회피하면 안 된다.

치료자의 현 입장을 부모에게 전달하는 것은 안전함을 느끼는 데 도움을 줄 수 있다. '입장에 대한 진술'을 제공하는 것은 이러한 것을 명확히 할 수 있는 방법이다(Klein, 1995). 비록 치료사가 말해야 하는 것이 듣기 힘든 것이라 할지라도, 부모는 치료사가 생각하는 것을 알지 못한 채 예상하는 것보다 치료사가 생각하는 것이 무엇인지 알기를 원한다. 하지만 존중 민감적 부모는 하나가 되는 감각을 확인하고 자기존중을 강화시키는 것들을 듣기 원하기 때문에(특히 스트레스를 받은 경우에), 안전에 민감한 부모와는 다르다. 안전에 민감한 부모가 치료사가 지속적이고 신뢰를 유지하여 헌신하고 있음을 알게 되면, 그들은 안전을 느끼는(적절한) 거리를 유지할 수 있다. '입장에 대한 진술'은 복잡한 것이 아니라 치료자의 경험에 대한 사실 그대로의 자기 진술이다. 부모는 치료사가 자신의 갈등/어려움에 무관심하다고 생각할 수 있기에, 입장에 대한 진술은 치료사가 무관심하지 않으며 그 이상으로 관심을 가지고 걱정하고 있음을 나타내는 설명이면 충분하다. 진술문에는 너무 과하진 않지만 따뜻함을 가진 단어를 선택하는 것이 가장 좋다. "당신을 안아 주고 싶어요.", "당신에게 깊은 애정을 느껴요."와 같은 표현은 너무 과해 최초의 입장에 대한 진술의 목적을 달성하지 못하게 한다.

아드리엔은 그녀의 3살 된 아들 브라이언을 분명히 사랑한다. 하지만 그녀는 그것을 인정할 수가 없다. 그녀의 초점은 아들이 그녀를 얼마나 화나게 하는 것에 있다. "브라이언은 계속 무리하게 나에게 요구해요. 나를 일부러 화나게 하려고 하는 것 같아요."

그녀의 분노는 아들로부터 적절한 안전 거리를 유지하려는 방법임을 알지 못한 채, 그녀는 그룹 모임에서 그녀의 아들은 '괴물'이라고 확신하고 있었다. 그리고 그녀의 이러한 부정적인 속성에 의해 발생되는 명백한 어려움에도 불구하고, 그녀와 아들은 SSP에서 많은 애정/애착을 공유하였다. 하지만 모임을 떠나야 할 순간이 되었을 때, 브라이언은 "잔뜩 화가 나서 내가 머물기 요구를 시작했어요. 저는 아들을 데리고 간신히 나갈 수 있었어요." 동영상은 그녀의 아들로부터 벗어나기 위해 얼마간의 강압적인 방법을 사용했음을 보여 주었다.

두 번째 동영상 검토에서는, 아드리엔에게 문 앞에서 그녀를 몹시 필요로 하는 아들을 보게 되었다. 그러한 가운데 그녀는 들어오자마자, 그녀를 향해 미는 아들이 손을 재빨리 낚아채 그녀로부터 밀어내었다. 집단 촉진자의 어떠한 언급도 없는 상황에서도 그녀는 그녀의 잘못을 깨달았고 다음과 같이 말했다. "브라이언은 정말 나를 필요로 하고 있었군요." 그리고 그녀는 아들이 가족관련 기록물을 찢는 과한 행동을 보이고 반응했던 날로부터 자세히 얘기했다. "브라이언은 나에게 요청하고 있었군요. 심술궂게 되려는 의도가 아니었군요. 단지 순환의 아랫부분에서 좀 더 원하고 있었을 뿐이었어요."

이러한 관찰 이후 6주가 채 되지 않았을 때, 아드리엔은 아들과의 관계를 확연히 다르게 설명하였다. "브라이언은 천사도 아니지만 그렇다고 악마도 아니에요. 단지 엄마를 원하는 조그만 아이일 뿐이죠. 나는 지금도 갈등하지만 앞으로도 갈등할 거예요. 하지만 아들의 잘못은 아니에요. 나는 아들의 빈 그릇을 가득 채울 방법을 계속 찾아야 해요."

절차상 공감과 부모의 절차상 도전

핵심 민감성의 역할을 이해하는 것은 치료과정상 공감을 강화하는 데 도움을 줄 수 있다. 다른 사람의 갈등에 대해 공감을 가지는 것은 즉각적으로 인식되는 것이 아니다. 왜냐하면 그것은 그 사람만의 내면으로 들어가 그 사람만의 핵심 민감성의 렌즈를 통해 세상을 보는 작업이기 때문이다. 이러한 작업을 잘 수행하기 위해서는, 그 사람만의 과정상/절차상의 갈등에 적절히 대처해 나가는 그 사람만의 핵심 민감성을 이해하는 것이 매우 유용하다. 확정적이지 않지만, 우리의 지각을 조직하는 방어적 전략을 인식하는 것이 도움을 준다. 이것을 위하여 우리의 방어적 패턴에 대해 치료와 수퍼비전하에 동료와 함께 논의하는 것은 매우 추천받을 만하다. 당신의 관계적 성향을 알고 다른 사람의 핵심 민감성의 렌즈를 통해 당신 자신을 바라보는 것은 당신 자신의 최선의 의도가 어떻게 오해받고 불화를 가져오는지를 명확히 보여 준다. 관계의 파열이 일어날 때, 핵심 민감성은 균열과 교정(회복) 경로의 잠재적 의미를 제시한다. 핵심 민감성을 안다는 가치는 치료사 안에서 틀에 박힌 치료 기술을 발견하거나 진단하는 것이 아니라 자신의 마음상태의 조화를 창조하는 것이다.

부모의 선천적인 양육시스템은 아이들의 욕구를 만나 강력한 이끌림을 경험할 때 창조된다. 아직 자녀로부터 자신을 방어하기 사용해 왔던 절차기억과 배운 패턴은 있겠지만, 부모는 자신의 타고난 양육적 지혜를 가진 부모가 될 수 있다. 현명한 치료사들은 죠스 음악과 순수한 자아의 두 가지 힘을 존중한다. 부모는 이 둘 안에서 명확한 선택을 할 수 있을 때 분명하게 그들의 긍정적인 의도와 순수한 지혜가 표면에서 떠오른다. 용기에 대한 한 가지 정의는 두려움에도 불구하고 수행해야 할 일을 하는 것인데, 이것이 바로 우리가 내담자에게 묻는 것이다. 치료 안에서 부모들은 종종 그들 자신을 위해서만은 아닌 그들 자녀를 위한 과제에 직면할 것이다. 그렇기 때문에 Selma Fraiberg는 아기와 부모가 함께하는 것이고, 부조종사 역할처럼 부모가 자신을 갖는 것과 같은 상태가 되도록 한다고 했다(Emde, 1987, p. xix).

12장

안정성의 순환 개입 프로토콜

우리는 과거에 행했던 어떤 것으로 환자를 치료하지 않는다. 오히려 과거에 행해 왔던 것에 대응하기 위해, 자신과 타인에게 그 방식을 여전히 지금도 하고 있는 환자들을 치료하려고 노력하고 있다. ─Philip M. Bromberg(1998)

평가와 계획이 완료되면, 좀 더 형식적인 치료과정이 시작된다. COS는 의료시설(입원이나 외래 모두), 거주시설, 지역사회, 가정 내 세팅에서 시행되는데 가족과 함께 혹은 개별적 방식으로 모두 이루어질 수 있다. 집단 치료는 다른 부모들의 지지와 통찰을 그 부모에게 제공할 수 있다는 장점이 있고, 집단 치료는 우리가 평가해 왔던 연구 구성이었기 때문에 이 장에서는 집단 개입에 초점을 두기로 한다. 이 장 후반부에서는 다른 모델들의 적용도 논의될 것이다. 검토를 위해서, 집단 세션을 잡고 (이상적으로) 여섯 쌍을 촬영하려는 논리가 어떤 의료 세팅에서는 비현실적으로 여겨질지 모르겠지만 개별, 부부, 가족 치료의 형식에서 똑같은 절차가 동등하게 효과적일 수 있다는 것을 광범위한 임상 경험을 통해 암시할 수도 있다. 이 장에서는 집단에서 사용했던 핸드아웃 자료를 포함해 부모에게 이야기했을 때 효과적이었던 언어를 모델로 활용할 것이다.

제11장에서 기술했듯이, COS 프로토콜 과정 내내 치료사가 양육자와 협상하는 관계의 질은 결정적으로 중요하다. 치료의 각 단계에서 양육자에게 좀 더 민감할 수 있는 자료를 차근차근 알아 가는 과정은 양육자로 하여금 취약성을 점차적으로 느끼게 할 수 있다. 순환의 패러다임에 입각해, 양육자는 처음에 아이의 욕구와 감정에 대한 관찰을

하게 되고 관찰을 통해 알게 된 것이 무엇인지 결론을 말하도록 요구된다. 그 후 양육자는 자신의 경험, 특히 아이의 애착욕구와 관련해 힘들었던 시기에 자기 경험에 집중할 것이 요청된다. 비디오는 양육자의 인식 밖에 있던 절차적 대본을 드러내게 되어 있다. 양육자들이 희망했던 대로, 아이에게 민감하게 반응하지 못한다는 것을 깨달을 때 양육자가 힘들어하는 것은 지극히 당연하다. 개입할 때, 참여자들이 당황하면 양육자가 나눌 수 있고, 진행할 수 있으며 새로운 생각은 물론 감정도 표출할 수 있도록 치료사가 안아 주는 환경으로서의 역할을 하는 것이 핵심적이다.

아이의 욕구가 무엇인지에 대해서와 양육자로서 아이의 욕구를 어떻게 생각하고
행동하며 느끼는지를 반성할 수 있다면, 참여자들은 성공할 수 있다고 격려되어야 한다.
심지어 안정이나 불안정 애착이 행동의 변화에 의해 측정된다 할지라도
치료에서의 강조는 반성하고, 느끼며, 나눌 수 있는 능력에 있다.
양육자를 위한 행동적 처방이 주어지는 일은 거의 없을 것이다.

COS는 행동이 아닌, 관계에 접근한다.

1~2주 : 안아 주는 환경 만들기 및 심리교육하기

우리가 설명했듯이, COS에서의 변화이론은 부모가 아이의 욕구에 반응할 능력과 열망을 가지고 있다는 믿음에 기반하고 있다. 그러나 부모 자신의 발달적 생애사와 관련된 아픈 영향력은 아이의 기초적 애착 신호들을 알아차리거나 반응하지 못하도록 방어를 굳게 만들어 버렸다(Fraiberg, Adelson, & Shapiro, 1975). 우리 관점에서, 이런 주요한 방어들은 암묵적으로, 관계적 앎의 일부가 되었기에 부모가 비록 인식하지 못한다 할지라도 관계 안에서 활성화된다. COS 프로토콜을 개발하면서, 양육자들을 압도하지 않으면서도 비교적 간단한 개입 모델로서 정서적으로 복잡, 견고하게 구성된 양육자를 어떻게 이해하도록 돕고 또 접근할 수 있도록 하느냐 하는 것이 우리에게는 주요한 도전이었다. 그래서 우리는 프로토콜의 첫 두 세션에서는 중요 심리교육을 하면서 부모를 지적으로나 정서적으로 압도된 느낌으로부터 보호하는, 안아 주는 환경을 만들기로 했다.

1주

첫 번째 집단 만남에서는 부모가 가치 있고 존중받으며 정서적으로 함께 있다는 느낌, 흥미로움을 갖도록 하는 것이 매우 중요하다. 모두를 위해 안아 주는 환경을 만드는 것이 시작이다. 부모는 무엇을 기대해야 할지도 모르면서, 이것도 과거에 해 봤던 교훈적인 강의와 마찬가지일 것이라고 생각할 수 있다. 이미 비디오로 녹화해 둔 아이와 부모의 비디오 클립을 통해 잘못하고 있는 것을 볼 것이라 부모는 기대하게 된다. AAI(성인애착 인터뷰)는 "무의식을 놀라게 하는" 마음(George et al., 1996, p. 3)으로 기술된 바 있다. 우리 프로토콜에서는 양육에 관한 한 이 체험이 부모가 기존에 접해 왔던 다른 경험들과 다르다는 것은 물론 긍정적이면서도 정서적으로 함께 있는 방식으로, 즉 우리가 가치를 두는 메시지로 부모의 무의식을 놀라게 하기 원한다.

소개와 리뷰, 또한 '20주 동안의 개요'(글상자 12.1)를 설명한 후에, 우리는 부모를 위한 사랑과 아이의 깊은 욕구를 표현하는(조 카커가 부른 "You Are So Beautiful" 같은 노래처럼) 노래의 사운드트랙으로 부모를 위한 간단하면서도 긍정적인 3~4편의 비디오 클립을 틀고 편집하는 관계적 사정을 수행한다. 이 조화로운 유행을 통해 우리는 아이들에게 부모님께 불러 주고 싶은 노래가 무엇인지를 물어보았고 아이들이 만장일치로 하나를 골랐다고 말한다.(이 클립은 "아름다운 테이프들"이라고 부르게 된다.) 그 비디오가 끝나면 대개 방 안에 침묵이 흐른다. 아무도 말하는 사람이 없다. 여러 부모가 울지 않으려고 애를 쓴다. 비로소 비디오를 볼 때 어떠했냐는 질문을 받으면서 작은 토

글상자 12.1 20주 동안의 개요

- 1주 : 소개
- 2주 : 순환을 뒷받침하는 이론
- 3~8주 : SSP 사정을 통해 편집된 비디오를 검토하는 단계 1
- 9주 : 새로운 정보 소개 : 죠스 음악과 제한된 순환
- 10~15주 : SSP 사정을 통해 편집된 새로운 클립 살펴보기를 검토하는 단계 2
- 16주 : 집단 과정을 위한 세션을 시작하고 수정된 SSP 필름 준비
- 17~19주 : 수정된 SSP를 통해 편집된 클립 살펴보기를 검토하는 단계 3
- 마지막 세션 : 축하와 졸업

론이 일어난다. 부모가 자주 하는 한 가지 질문이 그 비디오를 복사해도 되냐는 것이다. 대답은 물론, 예스다.

다음으로 우리는 안전에 대한 공식(그림 2.3에서 제시)을 소개하는데 그 공식은 유인물로 활용될 수 있다. 굉장히 중요한 유인물이 된다. 부모에게 설명하고 부모를 탐색하는 데 필요하다. 어떤 부모는 친절함을 잃어 가면서 단지 크기만 하고, 또 다른 부모는 부모의 기능(크고 강한)을 잃는 대가로 친절하기만 하다. "가능하다면 언제나, 아이의 리드를 따르라."는 정보가 말하는 것처럼 아이가 자신의 욕구에 대해 부모에게 신호를 주고 부모는 반응한다는 생각은 많은 부모에게 새롭기까지 하다. 아이의 신호를 따른다는 이 주제는 몇 주 안에 중심생각이 될 것이다.

"필요할 때는 책임져라."라는 마지막 아이디어는 부모가 책임을 떠맡을 때 명확한 이유를 가져야 한다는 말이다. 만약 부모가 책임을 진다면, 그 이유가 무엇이며 그렇게 접근될 필요는 무엇인가? 많은 불안정애착 부모는 순환에서, 부모가 따라갈 때 아이의 욕구를 방해하거나 책임진다─예를 들면, 놀이를 떠맡거나 지시하는 것. 그러나 아이가 기꺼이 책임질 수 있는 부모를 필요로 할 때, 그 부모는 물러서서 따라야 하고 아이가 그 과정을 통제할 수 있도록 허락해야 한다.

이미 찍어 둔 비디오 클립을 부모에게 보여 줌으로 부모는 아이가 순환으로 돌아오고, 또 나가는 기본 리듬에 대해 배우도록 하면서 다음인 '놀람'이 발생한다. '순환의 순간'─자녀가 이미 성취한 어떤 것─을 발견하도록 하듯이 새로운 무언가를 우리는 부모에게 많이 가르치지 않는다. 우리는 부모가 '순환의 순간'을 준비하도록 하고, 그 것은 10~30초간 지속된다. 첫 번째 순간은 이론 없이 이루어진다. 부모는 그들이 본 것을 묘사해야 하고 치료사는 부모가 본 것과 추측한 것 간의 차이를 배우도록 돕는다(제11장 참조). 추측한 것과 본 것을 구별하는 능력은 이미 이 책 전반에서 강조되어 온 것처럼 부모가 비디오를 탐색하도록 돕는 COS의 기초라고 할 수 있다.

몇 개의 클립이 진행된 후에 부모가 관찰한 것은 두 가지 결과로 명백화될 수 있다: (1) 탐색, 부모와의 접촉기반, 그리고 탐색으로 다시 나가는 것 혹은 (2) 부모와 친밀해지는 것, 탐색을 위해 나가는 것, 그리고 다시 연결하기 위해 돌아오는 것. 일단 이 리듬의 기초가 '발견'되면, 〈그림 12.1〉은 이미 발생해 버린, 그들이 본 것을 정리하는 방식의 설명이 이루어진다. 비디오 클립은 참조 포인트로서 순환을 활용해 아이가 위쪽에 있을 때 부모에게 요구하는 것, 탐색하러 나가는 그 의미, 혹은 아래쪽에 있을 때, 접촉 기반을 위해 돌아온다는 그 의미를 알도록 탐구되어야 한다. 이 시점에서 나가는 것과 돌아오는 것의 기본리듬이 강조된다. 2주 내에 그 구체적 욕구는 더 철저히 탐구되어야 할 것이다.

다음은 우리가 그룹에게 어떻게 순환을 소개하는가를 보여 주고 있다.[1]

"안정성의 순환[그림 12.1]을 여행하는 것에 대한 시작점으로서 안전기지 아이디어를 활용하자. 순환의 위쪽에서부터 시작할 수 있다. 아이들이 안전하고 안정되었다고 느낄 때 아이의 호기심은 발동되며 세계에 대해 배우기를 원한다. 그러나 탐색을 떠나기 전 아이들은 부모가 탐색을 지지하는지를 지각하고 싶어 한다("나의 탐색활동을 지지해 주세요" 참조). '나의 탐색활동을 지지해 주세요'는 순환에서 두 개의 변환 욕구 중 하나다. 아무리 어린아이들일지라도 부모가 무엇이 안전한지, 무엇이 위험한지를 구별하고 있음을 조심스럽게 관찰하게 된다. 그리고 부모가 아이인 자신이 탐색하는 동안 자신을 보호해 줄 것을 많이 기대하며 보호를 위해 부모가 얼마나 집중하고 있는지를 또한 눈여겨본다. 실제로 어린아이들이 이것에 대해서 생각하고 있는 것은 아니다. 기억해야 한다. 아이들은 자동적으로 그렇게 연결되어 있음을! 시간이 지나면서, 아이들은 부모가 지시한 것이 안전하고 또 위험하다는 것을 기억하게 된다. 탐색을 지지하는 것은 종종 탐색에 대한 부모의 지지는 물론 안전의 즉각적인 신호라는 생애사의 조합이 되기도 한다."

"부모로부터의 지지를 가지고, 아이들은 굉장한 모험을 시작할 수 있다. 아이들은 방 저편이나 소파 뒤를 걸어 다닌다. 나이가 들면서 점점 아이들은 더 멀리 여행할 수 있고 더 오래 머물게 된다. 여기에 가장 중요한 포인트 하나가 있는데, 아이들이 더 탐색하게 될지라도 아이들이 부모의 슬하에 있을 때 했던 것처럼 아이들이 부모를 필요로 하게 된다는 점이다. 아이들이 순환 주변을 여행하게 될 때 부모의 변화는 원했을지라도, 아이들은 순환 주변에 항상 있는 부모를 필요로 한다는 것을 기억하는 일은 무척 중요하다."

"아이가 탐색을 할 때, 위험이 있는지 혹은 뭔가가 일어날 수 있는지(순환에서 "날 지켜봐 주세요" 참조)를 관찰하는 것이 부모의 일이다. 부모가 이것을 좀처럼 인식하

---

1 이 장에서 모든 모델화된 치료사의 설명은 Cooper, Hoffman, & Powell(2009b COS-P Manual)에서 재인쇄 또는 수정됨.

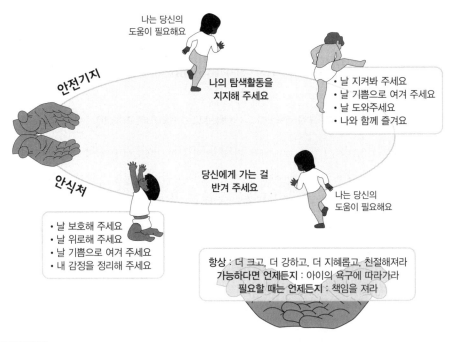

나는 당신의 도움이 필요해요

나의 탐색활동을 지지해 주세요

안전기지

안식처

• 날 지켜봐 주세요
• 날 기쁨으로 여겨 주세요
• 날 도와주세요
• 나와 함께 즐겨요

당신에게 가는 걸 반겨 주세요

나는 당신의 도움이 필요해요

• 날 보호해 주세요
• 날 위로해 주세요
• 날 기쁨으로 여겨 주세요
• 내 감정을 정리해 주세요

항상 : 더 크고, 더 강하고, 더 지혜롭고, 친절해져라
가능하다면 언제든지 : 아이의 욕구에 따라가라
필요할 때는 언제든지 : 책임을 져라

그림 12.1 안정성의 순환 : 아동의 욕구에 참여하는 부모. Copyright 1998 by Cooper, Hoffman, Marvin, and Powell.

기 어려울지라도, 아이가 놀이에 몰두되어 있는 것처럼 보이더라도 부모활용이 어렵다면, 아이의 탐색은 끝나게 될 것이다."

"때때로 아이들은 부모가 아이들을 지켜보기만 하는 것보다 더 많은 것을 필요로 하기도 한다. 탐색을 돕는 것을 아이들이 원할 때도 있다(순환에서 "날 도와주세요" 참조). 이러한 요구는 양육자가 전적으로 떠맡지는 않으면서, 필요한 도움을 주는 것을 말한다(아이들은 단순히 스스로 할 수 있게끔 돕는 것을 필요로 한다). 이것은 '비계'라고 불리는데 대개 부모가 주도하기보다는 아이의 욕구를 지속적으로 따르는 것이 요구된다."

"다른 때, 아이들은 양육자가 자신들과 즐겁게 되기를 원하기도 한다(순환에서 "나와 함께 즐겨요" 참조). 이러한 공유된 순간들은 양육자가 주의 깊으며 조율적이고 활용 가능하며 감각을 아이에게 제공하는 것이다. 이런 점들은 아이가 그런 집중을 받을 가치가 있다고 느끼게 만든다."

"항상 아이는 무엇을 하는지 간에, 부모가 아이를 기뻐해 주고, 아이가 존재한다는 이유를 알게 하고 싶어 한다. 왜냐하면 탐색의 순간 — 자율성과 숙달감을 형성해야만 하는 순간 — 동안 아이는 부모가 자신을 기뻐하는지를(순환에서 "날 기쁨으로 여겨주세요" 참조) 확신하기 위해 뒤를 돌아보게 될 것이기 때문이다. 이러한 기쁨은 '내가 단순히 한 것'과 관련된 것이 아니라 '내가 지금 누구인지'와 관련된다. 아이에게 자신이 가치 있음에 대한 뿌리 깊은 감각을 형성하도록 하는 것은 바로 그런 순간들이다."

"충분히 오래 탐색해서 피곤하거나 놀라거나 불편해질 때, 아이들은 더 이상 탐색에 관심을 갖지 않는다. 만약 아이가 불안전한 상황에 처해 있다면, 부모는 아이를 책임지고 탐색을 끝내도록 해야 한다. 아이들이 부모한테 반응을 요구하는 새로운 세트의 욕구가 갑자기 일어날 수도 있다."

"이제 순환의 반쪽인 아랫부분에 대해서 말하고자 한다. 만약 아이가 놀라지 않았다면, 아이가 순환 아래에서 필요로 하는 가장 우선적인 것은 아이가 부모에게로 돌아갈 때 환영해 달라는 사인을 보내고 있다는 점이다. "당신에게 가는 걸 반겨 주세요"는 순환에서 두 번째 전환점이다(순환에서 "당신에게 가는 걸 반겨 주세요" 참조). 탐색을 지지하는 것처럼, 부모에게 돌아가는 것이 환영받는다는 아이의 느낌은 지지의 역사와 즉각적 신호와의 조합이라고 할 수 있다."

"때때로 아이는 부모에게 보호에 대한 신호를 준다(순환에서 "날 보호해 주세요" 참조). 확실하고 즉각적인 위험으로부터 보호하는 일은 우리가 확실히 이해하는 양육의 기본적 부분이다. 그러나 때때로 너무 놀라서 아이들은 당신이 위험하지 않다고 생각할 때조차도 아이들은 진정되기를 원하기도 한다."

"때때로 아이는 위험에 처하지 않아도 위로를 원한다(순환에서 "날 위로해 주세요" 참조). 대부분의 부모는 위안의 생각을 이해하지만 모든 부모가 위로받도록 하거나 편안하도록 하는 경험을 가진 것은 아니라서 아이에게 편안함을 주려고 애를 쓰기도 한다."

"때때로 아이들은 내적인 경험, 즉 압도당하는 느낌을 조직화하도록 도움을 원한다(순환에서 "내 감정을 정리해 주세요" 참조). 대부분의 부모는 아이들이 자신의 외적 세계나 행동을 조직화하는 것 돕기를 원하고 있음을 이해한다. 그러나 많은 부모에게 아이가 자신의 내적 세계를 조직화하도록 돕는 것을 원한다는 것은 새로운 아이디어다. 아이들이 내적 세계를 조직화하고 싶은 욕구는 피곤하고, 배고프고, 실망스럽고 놀랍고, 슬프고 좌절될 때 등등 일어난다. 원인이 무엇이든 간에 아이들은 부모의 도움을 필요로 하는데, 그 이유는 아이들이 혼자 하기에는 여전히 너무 어리기 때문이다. 부모로 하여금 아이들의 내적인 것을 조직화하도록 돕는 과정은 반복적으로 이루어져야 하는데 아이들은 관계에서, 그리고 자기 스스로 그 느낌들을 관리하는 방법을 배워야 한다. 순환 아래쪽의 욕구가 충족되면 아이들은 안전과 안정을 느끼게 되고 아이들의 호기심은 순환을 지속하게 만든다."

안전기지와 안식처를 가지고 있기 때문에 순환 위의 욕구를 타협할 수 있는 아이들이 있다고 부모는 들었다. 제1장에 소개된 이점의 목록을 나눠 주면서 우리는 〈글상자 12.2〉에 재구성된 것을 제공하였다.

우리는 모든 부모가 아이들이 안정감을 느끼기를 원한다는 것을 알게 되었고 충분하지는 않더라도 필요하다는 것을 발견하게 되었다. 우리는 부모에게 "안정애착으로 가는 길"(그림 12.2 참조)이라는 핸드아웃을 주면서 아이들이 안정적이라는 느낌을 가질 가능성 증진의 세 단계를 설명했다. 집단이 함께하는 20주 동안 이 세 단계가 부모의 기대를 뒷받침하게 될 것이다.

첫 번째 회기의 말미에 우리는 '순환의 순간들', 즉 두 번째 회기 시작에 나눌 수 있게 하기 위해 다음 주 동안 그 순간들을 관찰·발견하도록 부모에게 요청하였다. 부모가 가치 있고, 성공적이며, 긍정적으로 도전되고 앞으로의 만남에 어떤 일이 일어날 것인가 호기심을 가지면서 첫 번째 회기의 집단 만남은 마무리되어야 한다.

2주

2주의 시작은 순환 이야기를 나누는 것으로 시작하는데 그 이야기는 부모가 집단에서 본 순환에서의 행동을 아이들과 함께 몇 번이나 했는지의 일화적 기억에 관한 것이다. 각 부모의 이야기를 탐색하는 일은 시간이 걸리기 마련이다. 부모의 이야기가 진행되면서 순환을 다시 볼 기회들은 충분히 갖게 될 것이다.

: 정서 조절 설명하기

순환 위의 욕구는 부모가 이해하기 가장 어려운 것을 종종 포함하는데 그것은 바로 "내 감정을 정리해 주세요."다. 이것은 정서 조절의 커다란 토픽을 상징하기 때문에 더 이해가능하다. 제2장에서 이 욕구를 받치는 이론이 설명되었다. 연습할 때, 부모에게 명확하고 이해하기 쉬운 개념으로 이것을 설명하는 것은 도전이 될 만큼 어렵다.

글상자 12.2 차이를 만드는 차이

50년간 진행된 연구를 보면, 안정적인 아이들이 할 수 있는 것이 더 많음을 알게 된다.

- 부모와 더 많은 행복을 즐긴다.
- 부모에게 분노를 덜 느낀다.
- 문제에 빠졌을 때 부모에게 도움을 요청한다.
- 스스로 문제를 해결한다.
- 친구들과 더 잘 지낸다.
- 우정을 지속한다.
- 친구들과 함께 문제를 해결한다.
- 형제자매와 더 좋은 관계를 가진다.
- 자존감이 더 높다.
- 대부분의 문제가 답이 있을 거라는 것을 안다.
- 앞으로 좋은 일이 있을 거라고 믿는다.
- 그들이 사랑하는 사람들을 믿는다.
- 주변 사람들을 친절하게 대하는 방법을 안다.

Copyright 1999 by Cooper, Hoffman, Marvin, & Powell.

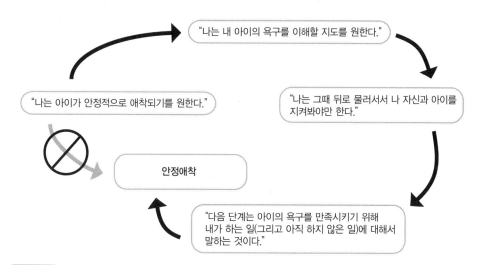

그림 12.2 안정애착으로 가는 길. Copyright 2004 by Cooper, Hoffman, and Powell.

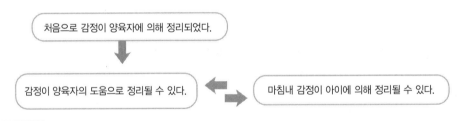

그림 12.3 정서 관리 배우기. Copyright 2001 by Cooper, Hoffman, and Powell.

인생의 초기에 부모가 아기의 정서적 경험을 조직화해 주고 아기가 양육자의 도움으로 천천히 그러한 것을 관리할 수 있게 되는 것을 기술한 〈그림 12.3〉을 활용할 수 있다. 이러한 일은 생후 첫 4개월 안에 볼 수 있다. 아이가 양육자의 도움으로 정서를 관리하게 되면 아기는 긍정적 혹은 부정적 정서로, 과도하게 자극되었을 때에도 그 순간을 벗어나 양육자에게 돌아오거나 다시 함께하려는 노력을 한다. 잠깐 지나가 버리는 이러한 순간이 바로 아기가 자기 정서를 관리하는 법을 배우게 되는 시작인 셈이다. 그래서 부모와의 안전한 관계 속에서 모든 느낌을 활용할 수 있는, 전체 정서 범위 관리를 위해 아이는 부모를 어떻게 사용할 수 있는지, 또 자기 자신을 어떻게 사용할 수 있는지를 배우게 된다.

자격취득 트레이닝뿐만 아니라 20주 모델을 통해 트레이닝을 받은 치료사들은 종종 1, 2, 9주에 여기는 물론 다른 중요한 장소에서 COS-P DVD(Cooper, Hoffman, & Powell, 2009a; 더 많은 정보는 www.circleofsecurity.net에서 찾아볼 수 있음)를 사용한 DVD의 일부를 볼 수 있다. 함께 있는 것이 부모가 아기나 걸음마 아이의 감정을 어떻게 같이 조절할 수 있는지 알려 주기 위해 다음 설명과 함께 〈그림 12.4〉도 사용할 수 있다.

"어느 중요한 연구에서는, 아이들이 가진 느낌을 나누고 이해하려는 우리의 선택이 우리가 가져야만 하는 가장 본질적인 재능 중의 하나라고 밝히고 있어요. 우리는 이 재능을 '함께 있음'이라고 부르죠. 아이와 기꺼이 함께 있으려는 것과 아이들이 느끼는 것을 느끼려는 우리의 의지는 아이들이 정서에 관해 배울 때 안전을 경험하게 하고 서로 연결되어 있음을 알게 해 줘요. 우리 상당수는 아이가 행복을 느낄 때는 함께 있음이 쉽죠. 어려울 때는 바로 아이들이 감정적으로 힘들어하고 있을 때예요. 우리는 아이들이 힘들어하고 있는 것으로부터 종종 떨어지게 해서 다시 행복을 느끼도록 해 주고 싶고 뒤집어졌다는 것을 말로 하도록 하기를 원하죠. 아이들을 가장 크게 도울 수 있는 것은 재미있게도, 아이들이 느끼는 느낌을 막는 것이 아니라 오히려 아이들의 정서에 아이와 함께하는 것이라는 점이지요.

아이들이 우리한테서 필요로 하는 것을 가시화하게 돕는 것, 아이가 느끼는 힘든 점을 검은 화살표라고 상상해 봅시다. 화난 경험을 조직화하고 견뎌 주는 것을 회색 화살표로 표시해 봅시다. 당신이 자녀의 힘든 일이 가중될 때 함께 머물수록 아이는 당신이 자신과 함께 있음을 경험하게 되지요. 어떤 사람이 거기에 있음을 아는 것은 아이가 다른 면에 오도록 허락하면서 심하게 압도되는 느낌을 줄여 줄 수 있어요. 우리가 뒤집어졌을 때도 혼자 있을 필요가 없다는 자신감을 갖는 것은 정서적으로 안정되었다는 느낌의 핵심이지요."

치료사는 느낌을 수용하고 이해함으로 그들과 누군가, 기꺼이 함께 있는 경험에 대해 집단 구성원들에게 물어볼 수 있다.

함께 있음의 반대인 함께 있지 않음은 〈그림 12.5〉처럼 보인다. 아이가 어떤 느낌을 보일 때, 양육자는 아이가 그것 외에 다른 것을 느끼도록 하고 그 느낌을 밀어내 버린다. 아이와 이런 식으로 상호작용하는 부모를 본다면, 부모는 하나를 밀어내려고 정서적 투쟁을 하는 것과 같아서 아이의 반응과 모습은 더 힘들어진다. 고통스러운 경험을 하고 집으로 막 돌아왔을 때를 상상해 보자. 그 일을 배우자에게 말하자 그 사람이 즉각적으로 이렇게 이야기했다고 생각해 보자. "오, 괜찮아, 용기를 내. 텔레비전 보면서

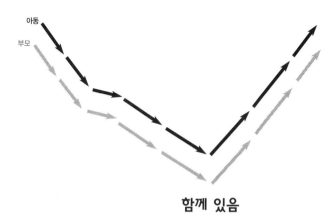

함께 있음

그림 12.4   공명과 부정적 느낌의 조율. Copyright 2009 by Cooper, Hoffman, and Powell.

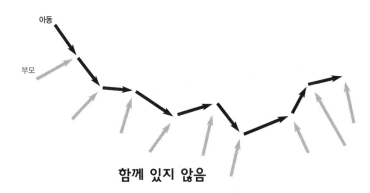

함께 있지 않음

그림 12.5 부모의 죠스 음악 때문에 일치하지 못하게 된 아이. Copyright 2009 by Cooper, Hoffman, and Powell.

재미있는 것 하자.” 그럴 때 당신은 어떤 느낌이 드는가? 치료사는 누군가 함께 있기를 원했던 사람과 그렇지 않았던 사람과 그런 때가 있었는지에 대해서 이야기하도록 부모를 초대할 수도 있다.

집단에서 그렇게 하는 포인트는, 우리가 사는 바쁜 세계 속에서 우리가 아이들을 느낌으로부터 분열되게 하거나 방향전환을 하게 한다는 것이다. 만약 부모가 아이로 하여금 정서를 관리하도록 돕는 중요 방법이 아니라면 문제가 되지도 않는다. 부모가 어떤 때 정서적 경험에서 함께 있어 줄 수 있는지 아이는 알고 싶어 하지만 모든 시간에 부모가 함께 있을 필요는 없다. 아기가 보내는 강력한 메시지는 “내가 무엇을 느끼든, 나는 거기서 엄마(아빠)와 함께 있을 수 있고 종종 있을 거라는 점이야.”라는 것이다. 더 긍정적인 감정 상태로 아이를 변화시키는 데 함께 있음은 가장 효과적인 방법이며, 아이가 느낌을 갖지 말도록 했던 것들을 느끼도록 아이를 분열시키고 방향을 전환하게 해서 실제로 더 오랫동안 고통의 시간에 있게 할 수도 있다.

다음을 보자.

“또한 우리 아이들은 때때로 충족되어야 하는 욕구를 수행할 수 있도록 우리의 책임을 필요로 한다. 가능할 때마다 더 크고 더 강하고 더 지혜로우며 친절하게 아이의 욕구를 따르라는 한 부분을 기억하면서 다른 한편으로는 필요할 때는 언제나 부모가 책임을 지라는 것을 기억하라. 매일매일, 느낌에 집중하면서 책임을 져야 한다.

우리는 아이들에게 전 세계가 느끼는 매 순간, 멈춰야 한다고 아이들에게 가르치기를 원하지 않는다. 그러나 우리 아이들이 그 순간이 왔을 때 그들이 나누는 모든 느낌의 핵심을 아는 것은 중요하다. 그들이 믿을 수 있는 한 가지는 홀로 경험하는 어떤 느낌도 없다는 것이다. 그 공간에서 분열과 방향전환이 도움을 줄 수 있기도 하다. 그런데 여기에 다시 확신할 수 있는 정보가 있다. 만약 네가 함께 있는 게 가능하다면 자녀의 느낌을 견딜 수 있다면, 그것은 충분해 보인다."

더하여, 함께 있기가 기법이 아니라 오히려 마음의 상태라는 것을 강조하는 것은 도움이 된다. 느낌을 함께 조절하기 시작하지 못한 채 즉각적 결과만 기대한다는 것을 부모가 알게 하는 것도 도움이 된다. 양육자가 아젠다를 강요하기보다 욕구를 충족시키도록 한다면 아이들이 빨리 반응할 것이라는 것, 아이가 이런 새 방식에 반응하도록 양육자가 아이로 하여금 적응할 시간을 갖게 하는 것 또한 일반적인 것들이다. 양육의 새로운 접근에 적응할 시간을 아이들에게 줄 필요가 있다는 것을 부모에게 명확히 알리는 것은 도움이 된다. 함께 있기란 즉각적인 결과를 얻는 것, 그와 반대로 시간을 두고 관계의 질을 만드는 것에 관한 것이다.

⋮ '그 욕구에 이름 붙이기'를 부모가 배우도록 돕기

회기의 다음 파트는 부모로 하여금 아이가 순환 위의 어디에 있는지 추측하게 하고 행동 묘사를 배우도록 하는 데 초점을 둔다. 달리 말하면, 그 욕구에 이름 붙이기이다. 이것이 매우 중요한 이유는 부모가 보고 추측한 것, 즉 아이가 순환 위 어디에 있는지 아는 부모의 반영적 능력을 촉진하기 때문이다. 당신은 사정에서, 순환 위 욕구 하나를 각 부모와 아이가 성공적으로 협상하는 순간을 하나 고르도록 해야 한다(그림 12.6 참조). 순환 위에서, 순환 아래 여러 예들을 보면 확신하게 될 것이다. 고위험군인 한 쌍에게는 "날 위로해 주세요"와 "내 감정을 정리해 주세요"에 관한 클립을 찾는 것이 도전이 될 것이다. 어디서 투쟁이 확실히 일어나는지를 정확하게 알아맞히는 짧은 순간들을 통해 인식의 눈을 훈련시키는 것은 트레이닝과 수퍼비전에서도 중요하다. COS에서는 이러한 발견을 미활용된 강점이라고 부르고(제7장 참조), 불안정이나 혼돈의 바다에서 짧은 유능감의 순간들을 발견하는 훈련된 눈을 키워야 한다.

욕구에 이름 붙이기에 더하여 부모는 이것이 순간을 (이끌도록) 책임지는지 혹은 따르는 것인지를 판단해야 한다. 책임지는 순간을 갖는 것은 연습을 통해 항상 유용하다. 책임지기의 가장 일반적인 예는 정리에서 발견될 수 있다. "날 도와주세요" 순간이 있거나 "내 감정을 정리해 주세요"인 순간에 부모는 책임을 자주 져야 한다. 프로그램이 진행됨에 따라 책임을 지거나 책임을 지지 않게 되는 이유와 시간을 반영하는 능력은 부모의 행동 재평가를 위해 부모가 자신을 버리게 하는 데 핵심이 된다.

부모가 아이의 욕구를 충족시키는 일에 성공하려면 비디오를 고르는 일이 중요하다. 선택된 비디오는 집단으로 하여금 그들이 보는 것에 대한 동의를 필요로 한다. 그러나 맞는 욕구를 추측하는 것은 진행과는 크게 상관이 없다. 한 욕구가 다른 것으로 변환되거나 두 욕구(즐거움과 기쁨)가 정확히 나타나는 비디오를 선택하는 것은 부모로 하여금 반영적 대화에 참여하도록 한다. 집단이 빠른 결론을 내도록 하는 것보다 관찰에 이어 배우는 것, 아이의 욕구에 대한 다양한 가설을 만드는 것은 훨씬 중요하다. 그 욕구에 이름 붙이기의 두 번째 이득은 부모가 위와 아래의 순간들을 구별하려고 노력하는지, 치료사가 관찰할 수 있다는 점이다. 부모가 순환 위 아이의 욕구를 만약 보지 못한다면 그 투쟁을 기억하고 기록해 두는 일이 중요하다.

아동과 부모가 하는 것을 기록하는 과정에서 정확히 본 행동에 초점을 두는 것은 중요하다. 우리 모두는 어떻게 사람이 느끼고 생각하며 우리가 본 것들을 묘사하는지를 추측하려고 한다. 어떤 사람이 웃을 때, 예를 들면 우리는 그가 행복하고 즐거운 생각을 한다고 본 것을 생각하는 경향이 있다. 그러나 어떤 사람은 초조할 때 웃는다. 그들이 행복하다고 생각하는 것은 실수다. 제11장에서 설명했듯이, 비디오를 돌려 보는 것은 우리가 본 것과 추측한 것을 분리시키는 법을 배우는 좋은 방법이 된다.

집단 부모들에게는 이렇게 말할 수 있다.

> "아이들을 위해 중요하게 배워야 하는 것은 욕구를 확인하고 소통하는 능력이에요. 부모님은 아이의 행동에 기초한 욕구를 추측할 수 있어요. 안정성의 순환은 부모와의 관계에 대해, 아이가 가진 본질적 욕구들에 관한 것이에요. 안정성의 순환을 지도로 사용함으로써 이 비디오들이 보여 주고 있는 것이 어떤 욕구인지 추측해 보지요."

각 비디오를 본 후에 부모에게 묻는다.

1. **당신은 [아이의 이름]의 행동에서 무엇을 봤나요?** 부모가 결론, 라벨, 추측으로부터 분리해 행동을 묘사하는 것을 배우도록 돕는다. 처음에는 부모가 "아이가 화나서

행동하거나 통제하려고 해요"처럼 추측이나 결론으로 응답할 것이다. 당신은 '통제'가 무슨 색깔이었는지를 물을 수 있고 그 대답이 생각한 것이 아니라 본 것에 필요한 것인지를 강조할 수 있다. 다른 질문을 통해 같은 이슈에 도달하게 할 수도 있다. "아이가 화가 났다는 결론으로 이끈 것이 무슨 행동인가요?"

2. **아이가 원하는 것이 무엇이라고 생각하나요?** 부모는 COS에서 확인된 욕구를 고를 것이다.

3. **아이의 느낌을 당신은 무엇이라고 상상하나요?** 부모는 아이가 경험하는 잠재된 느낌을 단어로 나열하도록 도울 필요가 있다. 모든 부모가 열심히 참여한 후에는 어떤 느낌의 대안들이 때때로 더해질 필요도 있다. COS 프로토콜은 6가지의 주요한 정서에 초점을 두는데 분노, 슬픔, 환희, 공포, 호기심과 수치심이 그것이다. 부모가 이러한 6가지 정서를 추적하기 시작하는 것은 아이들과 함께 주제를 명확하게 찾도록 할 것이다.

4. **이것은 순간을 (이끌면서) 책임지는 것인가요, 따르는 것인가요?** 만약 책임을 질 이유가 없다면 아이의 욕구를 따라야 한다. 그런데 만약 부모가 책임을 져야 한다면 그 이유는 무엇일까? 앞에 언급한 것처럼, 많은 부모들은 필요할 때는 책임을 지지 않고 필요하지 않을 때는 책임을 진다. 이것은 어려움을 가진 쌍에게 종종 죠스 음악 회기에서의 중심 이슈가 될 것이다. 당신은 여기서 처음 기초 작업을 하게 될 것이다.

〈그림 12.6〉은 순환을 둘러싼 모든 욕구를 적어 놓은 것인데 그것은 부모가 6가지 비디오를 보고 무슨 욕구인지를 체크하도록 칸을 만들어 놓은 것이다.

⠿ 균열과 회복 소개하기

그 회기에서는 균열과 회복의 토픽으로 끝을 맺는다. 부모에게 나쁜 뉴스는, 항상 맞는 욕구를 아무도 채울 수 없다는 것이고 좋은 뉴스는 안전은 균열이 발생했을 때에도 관계를 회복하게 할 방법을 발견할 수 있게 한다는 것이다. 우리는 부모 – 자녀 관계에서 매우 구체적인 방식으로 균열을 정의할 수 있다. 부모가 순환 밖으로 나갈 때, 관계에 균열이 인다. 부모의 표상으로 〈그림 12.1〉의 손을 떠올려 본다면, 부모가 순환에서 손을 떼어 버릴 때 균열이 생긴다고 할 수 있다. 때때로 순환에서 두 손을 모두 떼어 버안정적 양육을 위해서 아이의 욕구를 확인하는 능력을 적어 놓은 것이다. 종종 부모는 아이의 욕구를 추측해야만 한다고 느낀다. 안정성의 순환은 당신이 특정한 순간에 구체적으로 아이가 경험하는 것을 알고자 하는 욕구와 아이를 따를 것인지 혹은 책임질 것인지에 대한 욕구를 확인할 수 있도록 돕는다.

안전의 순환을 지도로 활용하여, 각 비디오에서 보여 주고 있는 특별한 욕구를 확인하라.

비디오 예시	1	2	3	4	5	6
나의 탐색활동을 지지해 주세요	따라가기 책임지기	따라가기 책임지기	따라가기 책임지기	따라가기 책임지기	따라가기 책임지기	따라가기 책임지기
날 지켜봐 주세요	따라가기 책임지기	따라가기 책임지기	따라가기 책임지기	따라가기 책임지기	따라가기 책임지기	따라가기 책임지기
나와 함께 즐겨요	따라가기 책임지기	따라가기 책임지기	따라가기 책임지기	따라가기 책임지기	따라가기 책임지기	따라가기 책임지기
날 도와주세요	따라가기 책임지기	따라가기 책임지기	따라가기 책임지기	따라가기 책임지기	따라가기 책임지기	따라가기 책임지기
날 위로해 주세요	따라가기 책임지기	따라가기 책임지기	따라가기 책임지기	따라가기 책임지기	따라가기 책임지기	따라가기 책임지기
날 보호해 주세요	따라가기 책임지기	따라가기 책임지기	따라가기 책임지기	따라가기 책임지기	따라가기 책임지기	따라가기 책임지기
내 감정을 정리해 주세요	따라가기 책임지기	따라가기 책임지기	따라가기 책임지기	따라가기 책임지기	따라가기 책임지기	따라가기 책임지기
날 기쁨으로 여겨 주세요	따라가기 책임지기	따라가기 책임지기	따라가기 책임지기	따라가기 책임지기	따라가기 책임지기	따라가기 책임지기

- **항상** : 더 크고, 더 강하고, 더 지혜롭고, 친절해져라
- **가능하다면 언제든지** : 아이의 욕구에 따라가라
- **필요할 때는 언제든지** : 책임을 져라

그림 12.6 그 욕구에 이름 붙이기. Copyright 2001 by Cooper, Hoffman, Marvin, & Powell.

림으로 균열이 생기지만, 순환에서 단 하나의 손을 떼는 것으로도 균열은 생길 수 있다. 만약 당신이 탐색하기 위해 안전기지로 대표되는 한 손을 생각하고 돌아올 안식처로 대표되는 다른 한 손도 생각한다면, 당신은 부모가 순환에서 손을 뗄 때 양가(위의 손)애착과 회피(아래 손)애착을 이해할 수 있다.

부모가 지속적으로 순환에서 안식처로서의 손을 뗀다면, 아이는 회피적이 될 가능성이 크다. 안전기지가 지속적으로 불가능할 때 아이는 양가적이 되기도 한다. 그러나 모든 부모가 때때로 순환에서 손을 떼기도 한다. 피곤하고 힘들다고 상상해 보라. 아이는 아이스크림 먹겠다고 조르고 울면서 안아 달라고 한다. 당신은 아이를 분열시키거나 다시 지시하는데, 그것이 약간의 균열을 일으킬 수도 있다. 다른 한편으로, 아이가 정글짐에 매달려 있다고 생각해 보자. 아이가 틀림없이 안전할지라도, 아이가 높이 올라갈수록 불안한 당신을 발견할 수 있다. 갑자기 당신은 아이를 위에서 잡아 내리며 말할 것이다. "같이 그네 타러 가자." 이것이 또 다시 일어나는, 관계에서의 균열이다.

부모가 두 손을 순환에서 떼어낼 때(양육자가 인색하거나 약하거나 떠나간) 아이는 더 강렬한 수준의 균열을 경험한다. 균형을 잃었을 때 더 크고 더 강한 것으로부터 모든 부모는 비열하게 되거나 책임지는 것에서 우회하는 길을 찾아서 친절하거나 약해진다. 혹은 부모가 관계에서 벗어나, 아이로 하여금 전적으로 외로움을 느끼게 하며 믿을 자원이 없다고 생각하게 한다. 균열이 인식되고, 이름 붙여지고, 회복될 때 관계 안에서 응집력을 나누는 원천이 될 수 있다. 이러한 균열이 생길 때, 특히 지속적으로 회복이 없이 진행된다면, 아이는 안전의 자원이 되는 모든 중요한 관계에서 신뢰를 잃어버리기 시작한다.

회복은 양육자가 순환 위에서 돌아오는 과정으로 언급되었다. 우선, 부모는 자신을 모아야만 하고, 모든 사람이 다음 단계로 진행할 수 있게 진정되도록 아이의 감정을 정리하고 진정하도록 도와야만 한다. 회복의 반영 파트는 만약 아이가 순환의 아래에 여전히 차분하게 있다면 이루어질 수 없다. 부모의 함께 있기가 다시 발달되고 있음을 깨닫고 난 후, 아이는 순환의 위로 움직일 것이고 그때 부모와 아이는 자신의 부분을 책임지면서 각자에게 일어났던 일을 탐색할 수 있다. 그리고 나서 각자의 측면에서 정서적 회복을 이루려 할 수 있다. 다음에 달리 어떻게 해야 할지에 대한 새로운 선택을 고려하는 것이 마지막 단계이다.

〈그림 12.7〉에서의 '타임인'은 관계를 회복함에 있어서 부모로 하여금 회복 과정을 더 배울 수 있도록 돕는다.

회기 말미에, 부모가 새로운 '순환 이야기'를 가지고 다음 집단에 참석하도록 격려하고 할 비디오 검토에 대해서 말한다. 한 부모의 비디오가 매주 검토될 것이다. 누구 비디오가 각 주에 검토될 것인지를 준비해야 한다. 가장 반영적이고 가장 방어적이지 않기 위해서는 가장 쉽게 작업할 수 있을 것처럼 보이는 부모와 함께하는 것이 가장 좋다. 첫 번째 검토가 잘되는 것은 중요하다, 그 이유는 진행될 모든 검토에 대한 단계가 정해지기 때문이다. 모든 부모는 어떻게 과정이 진행될 것인지 이 첫 번째 비디오를 돌려 보

내가 뒤집어지고 내 아이도 뒤집어져요.

필요하다면, 내가 순환으로 돌아올 때까지 나는 '타임아웃'(내가, 내 아이가, 혹은 우리 둘 다)을 시작한다.

내가 더 크고 더 강하며 더 지혜롭고 친절하다는 것을 깨닫기

내가 어떻게 느끼든지, 내 아이가 나를 필요로 한다는 것을 스스로 떠올리기

＊'타임아웃'이 처벌이 아니라면 첫 번째 단계로서 도움이 될 것이다.

나는 (충분히) 차분하고 내 아이는 뒤집어져요

우리는 안전한 '회복 일상'을 함께 만들 수 있다(기억하라. 첫 번째 천 번이 너무 어렵다는 것을!).

내가 책임져서 내 아이는 조절이 가능하다.

우리는 지역을 바꿀 수 있다. '타임인' 지역으로 가서 거기에 같이 앉아서 느낌이 변화되도록 하자.

나는 진정된 목소리 톤(확고한, 확신에 찬, 친절한)을 유지할 수 있다.

우리는 뭔가 다른 것을 할 수 있다(몇 분 동안) : 읽기, 혹은 창문 밖 쳐다보기, 함께 청소하기.

나는 아이의 느낌을 말로 가져오는 것을 돕는다("너에게 이게 어려워 보인다.", "너 화났니/슬프니/무섭니?").

나는 좀 전에 일어났던 것에 대한 느낌을 말한다("네가 그렇게 할 때, 나는 …을 느꼈다.").

나는 아이가 충분히 진정될 때까지 아이와 머문다.(압도됨으로부터 진정되고 혼돈된 느낌으로부터 아이가 진정되는 데는 시간이 걸릴 수 있다. 엄지의 법칙: 책임져라, 그리고 공감하라.)

나는 (충분히) 차분하고 내 아이도 (충분히) 차분해요.

나는 회복을 지지하기 위해 따를 수 있고 미래에 더 나은 회복을 위해 따를 수 있다.

나는 아이가 듣는 것과 함께 말하는 것을 노력하고 있는 아이의 느낌과 욕구를 단어로 사용하도록 돕는다.
[KISS를 기억하라−짧고 달콤하게 말하라(Keep It Short and Sweet)]

아이가 자신의 파트를 책임지도록 돕고 나는 스스로의 파트를 책임질 수 있다.(엄지의 법칙: 어떤 욕도 허용되지 않기)

우리는 미래의 문제를 다루는 새로운 방식에 대해 말한다.(매우 어린 아이일지라도, 새로운 선택에 대해서 크게 말하는 것은 몇 년 동안 반복될 수 있는 패턴과 느낌을 만들 것이다.)

그림 12.7 '타임인'으로 관계 회복하기. Copyright 2001 by Cassidy, Cooper, Hoffman, and Powell.

면서 궁금해할 것이다.

단계 1 : 사용되지 않았던 양육능력을 발견하기 위해 비디오 클립 돌려 보기

COS 프로토콜에서 비디오 검토의 첫 번째 라운드는 단계 1이라 불린다. 각 부모는 순서가 올 때까지 3주 안에 치료를 시작하고 지속해야 한다. 6명을 한 집단으로, 단계 1은 8주 안에 끝날 것이다. 각 주에 한 부모의 SSP 편집된 비디오가 부모 및 집단과 함께 진행된다. 단계 1에서 비디오 검토는 부모가 개발되지 않은 양육기술(정서적 연결의 순간을 나누는 것을 피하는 부모)을 성공하는 것을 보여 주는 데 초점을 두고 그 일의 전망에 대해서는 단계 2 비디오 검토에서 이루어질 것이다. 단계 2의 비디오 검토는 부모가 완전히 자신의 개발되지 않은 능력을 사용하는 데 방해를 일으키는 방어적 과정에 초점을 둘 것이다. 비디오 검토를 통해서, 비디오 검토를 하는 동안 다른 부모들은 워크시트를 받게 되는데 이것은 관찰기술을 강화하고 통찰력을 갖게 될 뿐만 아니라 비디오가 검토되는 부모에게 지지를 하기 위해 활용될 것이다.

단계 1 비디오가 부모의 고투를 보여 주면서 가장 편하지 않은 순환의 부분에 초점을 둘지라도, 9주까지 부모를 불안정애착이라고 공식적으로 소개하지는 않는다. 모든 집단 만남을 통해서 양육자의 투쟁은 정상이 되고, 결과적으로 순환의 반이 참여자에게 덜 편안하다는 것을 알고 탐색하게 될 더 안전한 공간이 될 것이다. 단계 1 비디오 검토는 각 부모가 비디오를 검토할 때 부모가 친밀해지고 반영적 대화로 안전감을 느끼게 하는 것이다. 또한 단계 2로 나아갈 때 좀 더 도전하는 국면을 만들려는 의도도 있는데 단계 2는 사정 단계 동안 각 쌍이 선택한 고정된 투쟁에 접근한다.

단계 1에 앞서서, 치료사는 10~30초 되는 비디오 클립을 4~5개 선택해 두어야 한다.

- 첫 번째 클립은 부모의 양육을 일깨우고 영향을 '부드럽게 하는' 매우 긍정적인 비디오다. 놀이나 독서할 때 공유된 눈맞춤이나 접촉의 부드러운 순간일 수 있다. 항상은 아니더라도 가끔 분리할 때 부모를 바라는 아이를 보여 주는 비디오다.
- 두 번째 클립은 다루어질 고정적인 투쟁에 기초해 사용되지 않은 강점을 보여 줄 것이다. 그래서 예를 들면, 순환의 아래에서 활용되지 못하는 고정핀을 가진 부모와 작업을 한다면, 몇 초간이라 할지라도 아래의 욕구에 반응하는 부모를 보여 주

는 비디오 클립을 통해 발달되지 않은 강점이 언급될 것이다. 부모의 권위가 없는 고정핀이 손을 가리킨다면 발달되지 않은 강점은 부모가 책임지는, 비록 순간이라고 할지라도 정리하는 순간이 될 것이다.(그런 순간이 드물다면, 단계 2에서 미활용된 강점으로 활용되도록 이 비디오를 저장하는 것도 가장 좋을 수 있다.) 이러한 순간들을 자주 발견하는 것은 도전이 되기도 한다. 이것은 짧은 기간이 될 수도 있고 조심스럽게 편집할 수도 있고 보여 주기 위해 매우 짧은 비디오 클립을 사용할 수도 있다. 우리는 몇 년에 걸쳐 각 비디오에는 숨겨진, 활용되지 않은 강점이 있다는 것을 발견했다.

- 세 번째 클립은 '죠스 음악 마이너'라고 불리는데 고정핀 투쟁을 관리 가능한 강도의 수준으로 보여 주기 때문이다. 이것은 물이 얼마나 방어적인지 혹은 부모가 정서적 어려움을 진행하도록 요구될 때 부모가 얼마나 개방할 수 있는지를 테스트한다. 취약성에 대한 부모의 반응은 치료사가 단계 2에서 사용된 죠스 음악 클립의 강도를 사용할 때 얼마나 대범한지를 예측할 수 있도록 돕는다. 치료사가 부모에게 관찰된 투쟁에 대해 대화하도록 요청할 때 이것이 프로토콜에서의 첫 번째 순간이 된다. 이 클립은 아이가 부모에게 따라오도록 신호를 주고 필요하지 않을 때 부모가 책임지고 이끄는 것을 간단하게 보여 줄 수 있다. 전형적으로, 죠스 음악 마이너 클립은 죠스 음악 메이저 클립보다 강렬하지 않지만 같은 이슈에 접근한다.
- 마지막 클립은 고정핀 투쟁과 부모-자녀 관계에 관한 성공의 축하이다. 우리는 부모가 도전을 받는 집단 느낌을 갖고 희망을 갖기는 원한다. 집단이 "아~"라고 말하는 것을 기술하게 된다. 친밀함의 부드러운 순간이나 공유된 바라봄이나 미소는 그와 같은 것이다. 클립이 전반적인 이야기에 해당될수록 더 좋다고 할 수 있다.

단계 1의 리뷰를 각 부모가 번갈아 가면서 할 때 치료사는 집단이 더 안전한 환경을 갖도록 도와서 거기서 가치를 찾아야 한다. 안아 주는 환경과 모든 부모가 아는 사실을 이야기하는 것은 전형적으로 상호 간 지지할 코드를 형성할 순서를 갖게 된다는 것이다. 얼마나 강한 상호 간 지지가 이루어질 수 있는지 아는 것은 경이로운 일이다. 하지만 어떤 부모는 때때로 행동화하기도 하는데 그런 경우에는 치료사가 그날 '뜨거운 자리'에 앉아 있는 부모를 보호해야 한다. 만약 집단 구성원이 불편하다거나 스스로 비판을 방어한다고 "당신 그렇게 폭발하는군요."처럼 가혹하게 말한다면, 치료사는 집단 구성원들과 상호작용해서 그녀의 느낌에 초점을 맞추도록 함으로 방어적 비판을 하는 그 부모를 간단히 도와야만 한다. 만약 비디오 클립이 그녀 자신의 경험(과거나 현재)의 어떤 것을 건드려서 그녀로 하여금 무언가를 말하게 한다면 궁금함의 방향으로 탐색이 이루어질 수도 있다. 비록 그녀가 자신의 느낌을 탐색하지 못한다 할지라도 자발적으로 집단에게 자연스러운 방어를 소개하는 동안 확고하고 친절한 방식으로 그 비판적 과정이 빨리 멈추도록 할 수는 있다. 이 모든 것은 짧아야만 하는데 치료사는 비디오 검토로부터 동떨어진 시간을 많이 써서는 안 되기 때문이다.

집단 구성원들은 또한 그 부모의 작업에 심각한 손상을 입히는 매너로 위로를 주거나 재확신할 수 있다. 이런 경우에 집단 방어의 본성을 해석할 수 있어야 하고 그 부모에게 구조받기를 원하는지를 물어봐야 한다. 부모들은 아니라고 항상 이야기할 수도 있는데 치료사는 그들이 불편함을 참고 있는 것에 대해 빠르게 집단과 타협해야 한다. 부모가 그렇다고 이야기하면 치료사는 그때 부모의 욕구에 대해 개방적으로 반응할 수 있다. 만약 집단에 파괴적이고 방어적인 부모가 있다면, 집단 밖의 시간에서 이 이슈를 논의할 소통의 시간을 마련할 때까지 가능한 한 친절하게 그 부모의 관여를 제한하고 경계를 설정할 필요가 있다.

비디오를 보는 부모를 보호하는 동안 비판적이거나 방어적인 집단 구성원을 당황하게 하는 것을 피하는 것이 좋다. "나는 당신이 특정한 이 이슈에 대해 정말 많은 중요한 느낌을 가지고 있다는 것을 알 수 있는데 우리가 당신 비디오를 검토할 때 그것을 탐색해 보도록 하지요."라고 말하는 것이 때때로 도움을 주기도 한다. 멀리서 조정하는 것이 강력한 도구가 되기도 한다. 이 집단에게 "다시 비디오를 보지요."라고 말하는 것과 재생 버튼을 누르는 것이 상호작용을 종결하기도 한다.

9주 : 죠스 음악으로 들어가기

9주에 부모 모두는 그 과정에서 가장 어려웠던 것과 가장 좋았던 순간들을 말함으로 첫 번째 비디오를 어떻게 검토하는지를 나누게 된다. 죠스 음악에 들어가기에 앞서 부모의 투생이 일반화되고, 집단과 디불어 "클럽에 오신 것을 환영합니다."(양식 12.1 참조)라는 핸드아웃을 큰 소리로 읽게 된다.

핸드아웃에서는 모든 부모가 힘들어하고 있음을 강조한다. 투쟁이 일반적이며 심지어는 꼭 일어나는 일로 경험하는 것임을 부모들이 허락받으면 부모는 편안해지기 시작한다. 양육자가 순환에서 자신의 상대적으로 편안한 욕구를 탐색하도록 돕기 위해서 우리는 그들이 자신의 생애사, 즉 자신의 원부모가 순환에서 가졌던 강점과 투쟁을 포함해서 자신의 역사를 반영해 보도록 제안한다. 집단이 자신의 성장 경험을 토의하기 시작하면, 자신의 자녀에게서 최근 지나가 버린 것이 무엇인지를 반영하게 될 수 있다. 우리는 지속적으로 부모를 비난하는 것에 관심을 두지 말라고 강조하지만 오히려 자신의 생애사가 자녀의 투쟁을 지나치게 하지는 말도록 자신의 역사를 반영해 보도록 한다.

부모의 어떤 마음상태가 자신의 느낌과 신념, 방어에 영향을 주는지를 이해하도록 돕기 위해서 우리는 두 파트의 오디오/비디오 클립을 사용한다. 한 파트는 소리를 끄고 아름다운 바다가 담긴 것을 틀어 준다. 비디오 클립은 바다로 이끄는 숲길을 걷고 있는 관점으로 나타난다. 50초간의 클립은 밖에 물이 보이는 조용하고 기분 좋으며 안전한 느낌으로 이끄는 해변가로 끝이 난다. 두 번째 파트는 같은 해변가 장면이지만 배경음악이 영화 "죠스"의 잘 알려진 첼로 선율로 작곡된 세트가 된다. 이 클립은 꽤 다른 느낌을 자아낸다. 갑자기 조용한 해변가의 산책에는 음산하게 뻗어 나가는 위험이 도사리는 나무 사이로 기분 나쁜 음악이 감돌도록 전개된다. 마지막 해변가에 도달하게 되면 물에서 벗어나고픈 강한 욕망과 육감이 일어난다.

부모는 즉각적인 본능적 경험을 갖게 되고 두 가지 시각적 경험의 분위기를 극적으로 바꾼 배경음악에 몇 분간 사로잡히게 된다. 우리는 이러한 마음의 상태가 머릿속에서 연주한 음악과 같다고 설명한다. 색깔이 어떻건, 우리의 주관적 경험을 어떻게 정의하건 간에 음악은 마음의 상태를 나타내는 훌륭한 상징이므로 그 음악은 언어에 기초하지 않고 굉장히 정서적이다.

아이의 애착과 경험적 행동으로 야기된 음악의 타입은 이러한 행동들을 가진 우리의 생애사에 따라 달라진다. 제5장에서 말했듯이, 우리의 탐색과 자율성, 혹은 친밀함과 위안의 욕구와 관련된 우리의 역사는 고통과도 연관되어서 순환에서 아이들의 욕구는 유사한 고통을 일으킬지도 모른다. 죠스 음악은 실제로 안전을 일으키는 어떤 것에 대한 공포반응이라고 명확히 하는 것이 중요하다.

최근 연구들이 두뇌가 굉장히 복잡하다(Pessora, 2008)고 제안하고 있지만 두뇌의 일부는 연속적 방식보다 훨씬 동시적으로 반응해서 우리는 양육자에게 '변연계 경보'와 '전두엽 사정' 간 차이를 가르치고 있다. 이 프레젠테이션에서 변연계 경보가 정확성보다는 훨씬 더 빠르고, 전두엽에서 중재된 해석은 느리지만 훨씬 정확하다고 강조한다. 부모에게는 그들이 변연계에 반응한 '죠스 음악'에 의해 '납치된' 것일 수 있음을 이해시키기 위해서 우리는 '선택점'을 만들 기초 작업을 해야 한다.

선택점은 양육자가 자신의 편도체('느끼는 두뇌' 부분)가 과거에 위험과 관련된 것들의 '도서관'에 기초한 즉각적 경보임을 깨닫게 될 때 만들 수 있다. 왜냐하면 편도체는 거짓 긍정성이 많고 정확하기보다는 빠르기 때문에 야기된 많은 경험들은 놀라움을 느끼게는 하지만 위험하지는 않다. 선택은 계속 존재하지 않는 죠스에 방어하게 하거나 혹은 전두엽(부모와 함께 '생각하는 두뇌'라고 부른다)에 관여하고 반영하게 한다. 느끼는 두뇌와 생각하는 두뇌가 대화하도록 함으로, 양육자는 최근 상황에 좀 더 정확한 사정에 기초한 반응을 개발할 수 있다.

부모와 함께 작업을 할 때 우리는 이 공식을 사용한다. 내 아이가 X를 하면 나는 죠스 음악을 듣지만 Y를 함으로 오히려 나 자신을 보호할 수 있다. 나는 정서적 불편을 참기로 선택하고 현재 상황을 반영해서 내 아이의 욕구에 정확하게 반응할 수 있다. 요약하면, 부모가 방어보다도 오히려 경험과 반영에 힘들어할 때 죠스 음악에 의해 제기된 그 느낌은, 이전에 탐색되지 않고 조절되지 않은 부정적 감정이 반영적 대화의 안전한 맥락 내에서 치료적 방향이 일어나도록 허락하면서 다루어져야 한다.

양육자의 투쟁을 일반화하는 것을 넘어서서, 연습의 내재된 목표는 양육자가 알고자 기대하는 것의 특정한 노력의 아우트라인을 설정하는 것이다. 양육자는 투쟁이 손들의 이슈, 아래의 손 이슈, 위의 손 이슈, 또는 그 세 가지의 복합에 대해 잘 나타날 수 있을 것이다. 동시에 이러한 투쟁은 죠스 음악의 힘이 의식 밖의 고통스러운 경험을 하게 한, 이해 가능한 것으로 기술될 수도 있다. 더하여, "클럽에 오신 것을 환영합니다."라는 핸드아웃은 모든 부모의 긍정적인 의도를 칭송하는 것이다. 따라서 '비난하지 않기'의 맥락이 이루어져야 집단 치료사의 긍정적 의도 내에 부모의 신뢰감을 강화하면서 집단 과정을 만들 수 있다.

"클럽에 오신 것을 환영합니다" 후에, 부모는 마음의 상태가 죠스 음악을 사용하는 인식에 어떻게 영향을 주는지를 이해함으로 먼저 불안정애착을 소개하고 그 후 제한된 순환의 〈그림 12.8〉과 〈그림 12.9〉를 설명한다. 치료사는 제한된 순환을 이렇게 소개할 수 있다.

"우리의 죠스 음악이 어떻게 우리 아이들에게 잘못된 신호를 줄 수 있는지를 살펴보 도록 하죠. 우리는 '순환의 제한된 위'에서 시작할 겁니다. 우리 중 일부는 아이로 하 여금 분리하기 어렵도록 해서 그들이 탐색하러 나갈 때 우리 죠스 음악이 발동할 겁 니다. 아이들에게 '나는 당신이 내 탐색을 지지해 주는 것이 필요해요. 하지만 그것은 우리를 불편하게 만들어요.'라는 것을 가르치게 될 것입니다. 왜 그들이 이렇게 말할 까요? 왜냐하면 **우리가** 불편할 때, 그들이 불편하기 때문이죠. 그러나 우리 아이들이 탐색을 원할 때, 그들은 우리의 죠스 음악이 들린다는 것을 알고 죠스 음악을 피하고 위안을 원하거나 보호를 원하는 것처럼 행동하죠. 이것이 **잘못된 신호**(miscue)라고 불 리죠. 당신은 그것을 아이가 '나는 탐색 지지를 필요로 하지만 그것이 우리를 불편하 게 해서 나는 당신에게 잘못된 신호를 하고 내가 위안이나 보호를 필요로 하는 것처 럼 행동해요.'라고 말하고 있는 것을 생각해 보아야 합니다."

"'순환의 제한된 아래'는 친밀의 불편함에서 오는 것이죠. 그래서 우리 아이들이 환 영받기를 필요로 할 때, 우리의 죠스 음악이 발동됩니다. 이것은 우리 아이들에게 '나 는 내가 당신에게 가는 것을 당신이 환영하는 것을 필요로 하지만 그것이 우리를 불 편하게 만들어서 내가 탐색하기를 원하거나 거리를 두기를 원하는 것처럼 행동함으로 당신에게 잘못된 신호를 하고 있어요.'라고 말하도록 가르칩니다."

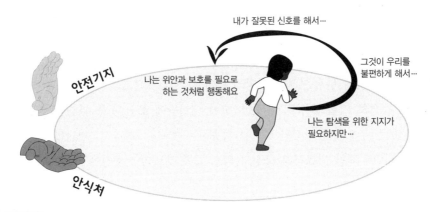

그림 12.8   순환의 제한된 위 : 아이의 잘못된 신호 ─ 양육자의 욕구에 반응하기. Copyright 1999 by Cooper, Hoffman, Marvin, and Powell.

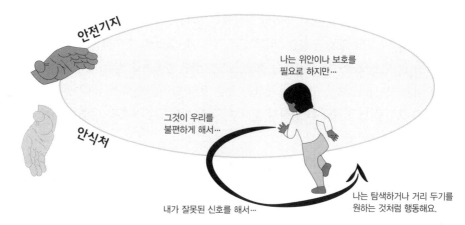

그림 12.9 순환의 제한된 아래 : 아이의 잘못된 신호 — 양육자의 욕구에 반응하기. Copyright 1999 by Cooper, Hoffman, Marvin, and Powell.

이 그림은 회피와 양가애착을 단순화했지만 부모에게 구성을 설명하는 기능은 있다. 우리는 순환의 위나 아래에서 더 편안하게 되는 경향이 있는 아이디어를 제시한다. 만약 우리가 덜 편안한 순환의 반에 참여하지 않는다면, 우리는 아이의 신호를 잃어버리는 위험에 처할 것이고, 대안적으로 아이들에게 순환의 반에 있는 그들의 욕구에 관해 잘못된 신호를 하도록 가르칠 것이다. 이런 식으로, 우리의 초기 잘못된 신호는 우리의 잘못된 신호의 주제가 된다.

"제한된 손을 이해하기 위해서(그림 12.10 참조), 먼저 우리가 손에 대해 배운 것을 검토해 보죠. 우리 아이들은 우리가 더 크고 더 강하고 더 지혜로우며 친절한 것의 균형을 필요로 합니다. '제한된 손'은 세 가지 다른 방식으로 나타납니다.

친절하지 않으면서 더 크고 더 강한 것은 인색한 것으로 바뀌어요. 불친절한 우리 존재는 아이들에게 결코 좋지 않아요.

우리가 인색할 때 우리는 아이를 놀라게 해서, 연구에서는 종종 놀래키는 양육자를

그림 12.10 제한된 손들 : 균형을 유지할 지혜 잊어버리기. Copyright 2009 by Cooper, Hoffman, and Powell.

갖는 일이 문제를 일으킨다고 명확히 제시하고 있죠.

더 크고 더 강함 없는 친절은 '약함'으로 변할 수 있어요. 아이가 책임질 누군가를 필요로 할 때 굴복하거나 붕괴되는 경향이 있는 약한 양육자를 일컫죠.

우리가 책임을 필요로 할 때 굴복하는 것은 우리 아이를 놀라게 하죠. 만약 우리가 그들을 책임질 만큼 충분히 강하지 않다면, 우리 아이들은 보호할 만큼 충분히 강하지 않은 것에 공포를 느낄 겁니다.

제한된 손을 갖는 세 번째 방식은 바로 '가 버리는 것'입니다. 가 버리는 것은 오고 가는 것과는 다르죠. 우리 모두는 아이로부터 멀어질 때가 있고 일하러 갈 때가 있고 밖에서 시간을 보낼 때가 있고 전화로만 대답할 때가 있어요. 손처럼 '가 버리는 것'은 우리가 아무도 돌아오지 않으리라는 공포 속에서 아이가 살도록 남겨 두는 것처럼 반복적으로 부재하는 것을 말합니다.

알코올중독이나 약물남용처럼, 아이의 욕구에 대해 로맨틱한 파트너를 고르는 것, 방임은 모두 가 버리는 것의 예가 되는데 우리 아이는 혼돈, 유기, 대처할 수 없음을 느끼면서 남겨집니다. 아이가 반복적으로 양육자가 가 버리는 것을 경험하면, 아무리 양육자가 돌아와도 아이가 누군가 머물 것이라는 믿음을 완전히 갖게 되기 전에는 시간이 많이 걸리고 힘든 작업이 될 것입니다."

집단이 탐색하는 마지막 토픽은 안전을 고르는 것과 관련된다(그림 12.11 참조). 이것은 우리가 안정을 선택하고 선택하지 못하는 모든 순간에도 불구하고 희망적 메시지를 명확히 하는 것이고, 선택이다. 반영과 연습으로, 부모는 아이를 위해 안정을 선택하는 능력을 강화시킬 수 있다. 이러한 새로운 인식은 새로운 선택을 할 수 있도록 집중하게 될 때 부정적인 사건을 잠재적으로 경보체계로 만듦으로 죠스 음악을 멀리 떨쳐 버리게 할 수 있다.

그것이 진행된 후에, 치료사가 부모에게 단계 2에서 비디오 검토는 죠스 음악을 이해하고 안정을 선택하는 데 초점을 두게 될 것이라고 말하면서 그 회기는 끝나게 된다.

아이의 욕구

아이가 당신이 편하지 않은 반응을 요구할 때

죠스 음악

당신은 갑자기 불편함을 느낀다…(예 : 외로움, 불안전, 거부된, 버려진, 화난, 통제된)

선택점

- 당신은 아이의 욕구에 반응할 수 있다(그것이 당신에게 불편함을 야기할지라도).

혹은

- 당신은 아이의 욕구를 제거함으로 더 깊은 고통으로부터 당신 자신을 보호할 수 있다(반응을 피하거나 제한함으로). 만약 당신이 불편한 느낌으로부터 스스로를 보호한다면, 아이의 욕구는 충족되지 않을 것이다. 시간이 지나면 아이는 간접적으로 그 욕구를 표현하기 시작할 것이고 당신들 모두에게 어려움을 야기할 것이다.

모든 부모는 아이의 욕구와 관련된 죠스 음악을 듣게 된다. 안정적인 아이들의 부모는 죠스 음악을 인식한다. 종종(항상은 아니지만) 그들은 일시적 고통이 따르더라도 아이의 욕구를 충족시킬 방법을 찾을 수 있다.

안정성으로 가는 단계

1. 불편함을 인식하라("내 죠스 음악이 또 들리는군.").
2. 불편함을 칭송하라("나는 이제 이 특별한 욕구가 내 죠스 음악을 발동시키기 때문에 아프다.").
3. 아이의 욕구에 반응하라.

그림 12.11 안정성 선택하기. Copyright 2001 by Cooper, Hoffman, Marvin, & Powell.

단계 2 : 더 안정적 전략을 위해 고정핀을 확인하고 그 가능성을 인식하기 위해 비디오 검토하기

10~15주 동안, 부모는 단계 2에서 비디오 검토에 참여하게 된다. 부모가 그들의 고정핀 투쟁과 죠스 음악 감정과 관련된 것을 확인하도록 돕는 데 초점이 있다. 검토에 앞서, 사정한 것을 다시 편집한 비디오 클립이 한 주에 한 부모가 개입에 앞서 제출되어야 한다. 단계 2 비디오 리뷰에서의 목표는 부모가 그들이 아이의 욕구를 충족시킬 능력을 이미 가지고 있다는 것(활용되지 않았던 강점에서 본 것처럼)을 인식하도록 돕는 것이지만 죠스 음악이 안전할지라도 아이의 욕구를 충족시키는 것이 놀라움을 느끼도록 만

든다는 것이다. 이것은 그들이 아이의 욕구가 죠스 음악을 발동시킬 때 더 안정적 전략을 활용할 의식적 선택을 하도록 하는 것이다.

비디오 클립은 단계 1 리뷰와 같은 주제이지만 다른 순서로 나타난다. 죠스 음악이 많은 클립은 그 클립을 부드럽게 한 후에 즉각적으로 보일 수 있는데 종종 핵심적 고정핀 투쟁의 프레젠테이션에서 좀 더 강력하고 직접적이기도 하다. 집단의 안아 주는 환경이 손상받지 않으면서 부모는 취약성에서 증가할 수 있는 것을 관리할 만한 경험과 기술을 더 많이 갖게 된다.

이러한 검토를 하는 동안 각 부모는 취약함을 경험하게 될 것이고, 어떤 부모는 다른 사람보다 그들의 느낌을 더 보여 줄 것이다. 아이에게 불안정성을 키워 왔다는 것을 깨달을 때 부모가 우는 것은 이상한 것이 아니다. 감정적으로 더 몰고 가는 것이 도움이 안 될지는 몰라도, 부모가 이 특별한 불안정성이 자신이 자랄 때와 얼마나 관련 있는지 자발적으로 들여다보기 위한 충분한 침묵의 시간을 주는 것은 도움이 된다. 관심과 염려와 돌보는 치료사가 있는 것과 아픔을 함께 나눌 집단이 있다는 것은 그 느낌을 덜 놀랍게 하고 좀 더 관리 가능한 것으로 만들도록 돕는다. 그것은 또한 반영적 능력을 증진시키고 전에 없었던 선택점을 건설하도록 돕는다. 암묵적인 것이 발현될 때까지 절차적 기억이 언어로 주어질 때까지, 만성적 불안정 상호작용의 패턴은 숨겨진 채 남아서 선택 밖에 있게 된다.

부모가 정서적으로 취약하게 되고 강력한 느낌을 나누게 될 때, 그 순간 치료사의 주요한 목표는 부모와 함께 있기이다. 어떤 종류의 가르침도 아픔이 목격되고 펼쳐지는 부모의 경험에는 부수적인 것이다. 감정적 강렬함이 방어로서 치료사의 죠스 음악을 발동시키는 것도 이상한 것은 아니다. 치료사는 종종 그 방에서 강도를 높이고자 무의식적으로 '과도하게 가르치는' 반응을 하기도 한다. 더 유용한 접근은 부모에게 침입적이지 않은 접촉과 종종 말을 하지 않고 직접적이지만 그 아픔에 기꺼이 같이 머물러 주는 것이다. 종종 부모가 가장 필요로 하는 것은 그들 스스로의 방식으로 천천히 순환에서 펼쳐진 차트화되지 않은 영역을 탐색하게 하는 것이다.

그 목표가 해결책이 아니더라도 심지어는 과거의 아픔을 이해할 수 없을지라도, 오히려 부모와 함께 있기가 목표가 될 수 있고 현존함으로 또 더 크고 더 강하며 더 지혜롭고 친절하게 되는 모델이 되는 것이 목표가 될 수 있다. 부모가 그들의 아픔이 말할 수 없는 것이 아님을 깨달을 때, 그들의 죠스 음악을 무시하는 더 안전감을 느끼게 된다. 우리는 또한 함께 있기의 첫 번째 손이 경험하는 것이 부모가 아이에게 제공할 수 있게 되기를 희망할 수 있다.

죠스 음악 클립을 보는 일반적인 방어 반응은 스스로를 비난하고 "나는 나쁜 부모예요."라고 부정적 자기표상으로 떨어지는 것이다. 그것은 치료사가 이것을 방어로 보는 데 매우 유용하다. 이 방어는 부모의 핵심 민감성에 따라 다른 의미와 기능을 갖는다. 일반적으로 도덕적 방어, 즉 제4장에서 논의된 것은 놀이에서 있다. 다른 말로 "만약 내가 스스로를 비난할 수 있다면 나는 나쁜 사람이라는 결론을 내릴 것이고 내가 이런 식으로 되도록 어떻게 배워 왔는지에 대해 복잡함도, 연민도 가지지 않을 것입니다."라고 표현할 수 있다. 나쁘게 된다는 아이디어는 함께 있지 않기의 순간에서 매우 제한된 자원만 있다는 감각에 지속적으로 도달하게 되는 결론을 낳는다. 이것은 아이의 눈으로 이루어진 결론인데 아이는 합리적이지 않은 일을 합리적으로 요구하는 데 필사적이고 자신이 비록 나쁘다고 할지라도 아이가 더 나아지려고 노력한다면 '좋은' 부모가 아이를 친절히 대해 주기를 바라는 순수한 희망을 갖는다. 관계에서의 문제를 익숙한 방식으로 탐색하고 일반화하려는데 아이가 나빠서 관계가 문제에 빠졌다는 이유를 믿는 그 방어가 필요하다. 이것은 부모의 잠재된 아픔과 충족되지 않은 어떤 정통한 욕구가 치료에서 중심이 되도록 돕는다.

보게 된 세 번째 비디오는 미활용된 강점 비디오이다. 고정핀 투쟁에 대한 가장 강력한 비디오의 예시로서 미활용된 강점을 활용하는 것이 이 순간을 위해 저장된다. 부모가 아이의 욕구를 충족시키려는 능력을 재확인하는 것은 부모가 죠스 음악을 넘어서려는 때 가능하다. 예를 들어, 혼돈된 부모가 물러나는 것을 보면, 죠스 음악이 붕괴의 순간을 나타낼 것이다. 미활용된 강점 클립은 책임지는 순간을 보여 줄 것이다. 이것은 능력을 가지지만 죠스 음악을 넘어설 필요를 가졌던, 부모에게 능력을 가졌다는 지식으로 부모를 강화시키는 유능한 상태를 만든다. 전에 말했듯이, 활용되지 않은 능력을 발견하는 것은 개념상 어려운 것일 수도 있다. 그 순간이 매우 짧을 것이지만, 그러나 이러한 목적으로 SSP 내에 숨겨진 것은 항상 있게 마련이다.

마지막 클립에서 단계 1의 리뷰처럼 목표는 성공을 축하함으로 끝낸다. 비디오 검토의 말미에 부모에게 검토가 어땠는지, 집단에게 경험한 것을 이야기할 기회를 제공하는 것은 유용하다. 부모가 각 집단 회기에 서로 지지를 주는 것은 종종 의미 있는 차이를 만들기도 한다.

16주 : 마지막 검토를 위해 수정된 낯선 상황을 기록하기

16주쯤에 부모는 낯선 상황을 수정해서 필름화한다. 자신의 두 번째 비디오 검토를 마칠 때까지 부모는 그것을 영상화해서는 안 된다. 그 한 쌍은 4분 동안 함께 거품 불기를 하도록 요구된다. 이것은 종종 다음 비디오 검토에서 사용할 달콤한 순간을 만들기도 한다. 거품 장난감이 제거되면 부모와 아이는 3분 동안 장난감으로 놀이를 한다. 부모는 그러고 나서 3분 동안 자리를 뜬다. 부모가 최소한 3분이 지나면 돌아온다. 책 읽기 3분과 정리로 테이프가 끝난다.

단계 3 : 행동에서 죠스 음악을 보고 긍정적 변화를 축하하기

이 새로운 필름은 부모가 여태껏 배운 것을 그들이 모두 사용하도록 허락한다. 부모가 고정핀 투쟁을 극복하는 것에는 성공하지만 SSP를 처음에 했던 같은 실수를 반복하는 것이 더 일반적이라는 것은 놀라운 일이기도 하다. 이 필름에서 어려운 것은 부모가 자신의 죠스 음악과 아이의 욕구에 대해서 아는 것이다. 그들이 아이의 욕구 충족에 실패하면 종종 쇼크에 빠진다. 그들은 갑자기 죠스 음악의 힘에 대한 새로운 진가를 안다. 그들은 준비가 끝나서 단계 3의 비디오 검토에 투쟁을 하려고 준비한다.

예를 들면, 세 번째 비디오 검토를 지켜보는 엄마가 "내 딸은 나와 함께 있고 나는 내 어머니와 함께 있어요."라고 말했다. "그것은 단지 어머니가 했던 것이에요. 그것은 이 테이프에서 내가 하기를 원하지 않았던 것인데 나는 정말로 죠스 음악을 볼 필요가 있어요." 그 통찰의 아픔은 그녀가 죠스 음악에 대해 알았던 것과 연관되는데 그녀에게 심각한 영향을 미쳤다. 그녀의 SSP 개입 사후는 안정이라고 기록되었다.

수정된 SSP 비디오는 17~19주 동안 일어나는 단계 3의 검토를 편집한 것이다. 우리는 원래 이 비디오 검토가 성공의 축하로 가는 직진이기에 헤드스타트 학교의 해가 끝나기 전(우리가 조기 집단을 수행하는 동안)에 집단을 마쳐야 해서 매주 2개의 비디오 검토를 하기로 계획했다. 단계 3 비디오 검토가 종종 가장 강렬하고 생산적이었기 때문에 이것은 디자인 결함이기도 하다. 따라서 가능하다면 3주 동안 집단을 확장해서 매주 하나의 검토를 하는 것이 더 좋다.

20주에는 졸업 축하를 한다. 각 부모는 '졸업장'을 받는다. 집단이 배움을 축하하기 위해 선택한 음악이 흐르는 동안 부모가 검토했던 클립들 일부를 사용해서 새로운 뮤직 비디오를 만들 수도 있다. 그 부모들은 프로토콜에 참여하는 자신의 경험을 나누도록 격려된다. 만약 집단이 연구 목적을 위해 사용된다면, 마지막 약속은 개입의 사후 사정으로 이루어진다. 집단 마지막에 연구에 참여한 집단의 마지막 사정 후 부모는 비디오 검토에 사용했던 비디오 클립의 복사본을 가질 수도 있다.

다른 치료와는 다른, 안정성의 순환

사람들은 종종 부모와 함께 작업하는 것이 더 나은지, 단지 주요 애착대상하고만 작업하는 것이 나은지, 또는 부모 각각을 구별해서 작업하는 것이 나은지, 어떤 치료(집단, 개별, 가족)가 가장 나은지를 묻는다. 질문은 함께 양육하는 팀에게도 확대될 수 있다. 때때로 조부모, 의미 있는 타인, 계부모, 다른 사람이 부모를 지지하는 주요한 인물이기도 해서 개입이 일어나는 데 그들의 관여가 질문거리가 되기도 한다. 이것은 빠른 리뷰에서 각 조합의 장점과 단점이 되기도 한다.

시작할 때, 어떤 치료적 개입이 본질적으로 가족 치료 개입이라는 것을 아는 것이 중요하다. 우리 모두는 다중적 가족이다. 우리의 원가족, 우리의 지지체계, 그리고 그 가족은 계속 절차적 기억과 내적 표상의 형태로 우리 안에 '산다.' 가족은 체계로 인식되는데 전체 체계를 변화시키는 각 요소를 변화시키기 때문에 개인과 함께하는 것이라 할지라도 교화적인 개입은 우리의 최근 관계와 과거 관계 경험을 통해 영향을 미치게 된다. 개별에서 한 쌍, 삼자로 이슈 개념을 확대시키는 것은 도전이다. 그러나 가족 역동과 커플의 복잡함을 피하기 위해 블라인드를 올려 버리는 것과 같은 것은 아이들에게 미치는 영향력을 약화시키는 것도 아니고 그 이슈를 떨쳐 버리게 하지도 못한다. 당신이 개인과 함께 작업할지라도 가족의 용어로 생각하는 것이 유용하다.

그러나 잠재된 치료적 접근은 누가 방에 있는지에 따라 중요한 방식에서 변화를 가져온다. 개별로 작업할 때, 치료사와 클라이언트 간의 관계는 중심이 되고 즉각적이어서 중요한 역할을 하는 데 역전이를 허락하게 한다. COS 모델 안에서의 역전이는 과거 의미 있는 관계(관계 패턴과 투쟁을 포함해서)를 경험하는 것이고 지금 현재의 의미 있는 관계 안에서 드러내는 것이다. 이러한 이유 때문에 치료사가 과거 기억을 발동시킬 질로서 치료사를 경험하고 권위에 대한 느낌을 갖는 것으로 치료사를 경험하게 될 가능성이 있다는 것을 가정하게 된다. 두 사람과 함께 작업할 경우에 두 사람 간(파트너, 부모/자녀 등) 상호작용에 초점을 둔다. 가족 치료에서 작업할 때에는 최소한 삼자 간의 상호작용을 생각하고 작업하는 것이 본질적이다. 집단 치료에서 집단 과정을 관리하고 조정하고 제휴하는 것도 중요하다.

어느 치료방법이 각 영역에서 당신의 전문성을 사용하기에 적합한가를 결정하는 것이 고려해야 할 첫 번째라고 할 수 있다. 만약 당신이 어떤 치료양식에 확신이 없다면, 당신은 기술을 발달시키고 수퍼비전을 하는 것이 핵심이다. 질문의 다음은 특정한 사람을 위한 구체적 치료양식의 장점, 단점을 점검하는 것이다.

개별 치료

개인과 작업하는 것을 종종 치료사에게 집단을 위한 스케줄을 유지하는 것보다 클라이언트의 욕구를 충족시키기 위한 개입의 속도 조절을 허락하는 것이다. 만약 시간이 허락한다면, 치료사는 방어와 원가족 이슈로 더 깊게 작업할 수 있다. 개별 치료는 집단 세팅에서 너무 취약함을 느끼거나 불편해하는 부모를 위한 좋은 접근이 될 수도 있고 인테이크 동안 확실한 환경이 될 수도 있다. 또한 부모의 존중 민감성이 너무 경직되고 광범위해서 부모가 집단에 해를 끼치는 행위(평가절하하거나 잘난 척 과시를 하는 경우)를 할 경우에는 개별적으로 접근되는 것이 더 낫다.

단점에 대해서는, 다른 부모의 참여가 없다면 개인 클라이언트는 집단 구성원들에게 집단 지지를 받고 양육 투쟁이 일반적이라는 것을 배우는 상상을 그리워하게 된다. 또한 만약 당신이 엄격하게 개별 작업에 집단 프로토콜을 적용한다면, 6회기 안(도입으로 2회기, 비디오 검토의 2회기, 새로운 자료 소개에 1회기, 세 번째 비디오 검토와 정리로 1회기)에 개입이 완수될 것이다. 부모는 단지 하나의 가족만 볼 것이고 관찰과 추론 기술을 형성할 시간이 거의 없을 것이다. 그 과정을 느리고 깊게 진행하는 것이 이러한 점을 도울 수 있다. 예를 들면, 투쟁을 하는 힌트에 대해 방어적인 신호를 보이는 부모는 비디오 검토를 하기 전에 여러 회기를 필요로 할 것이다. 부모의 COSI 함의를 통해 시간을 갖는 것 ─ 그녀 자신의 원가족이 무엇과 같았는지를 탐색하는 데 시간을 보내는 것 ─은 도움이 될 것이다. 함께 있기의 맥락을 제공하는 데 주요 초점을 두면서, 특별히 취약한 주제로 시작하면서 속도를 늦추면서 중앙으로 가야 한다. 부모가 임상가를 믿기 시작할 때는, 이전에 공유된 반영을 활용하지 않았던 위험 탐색 투쟁을 할 만큼 충분히 안전해야 한다.

: COS - P DVD

임상가들에게 집단을 조직화하는 것보다 개별 작업을 조직화하는 게 종종 훨씬 더 쉽다. 사실 비디오를 요구하면서 구축한 집단은 어떤 임상 세팅에서는 금지되어 있을 수도 있다. 이런 경우에 COS-P DVD를 개별 작업으로 통합하는 것이 도움이 될 수 있다. 다른 부모에게 그들의 고투와 죠스 음악을 개방적으로 오픈하는 데 DVD를 보여 주고 관찰자가 그 자료를 연습하도록 사용하는 데 연습 클립을 보여 준다.

> COS - P DVD(Cooper et al., 2009a)는 짧은 8주간의 양육 프로그램 내에
> 원래의 COS 개입의 주요 구성요소로서 디자인되었다.
> 프로토콜은 안정과 문제가 있는 부모 - 자녀 상호작용, 관찰기술 훈련,
> 지지적 반영 기능으로의 접근을 담은 비디오를 제시한다. 원래의 COS 요소는
> '그 욕구에 이름 붙이기'와 같은 순환에서의 투쟁과 죠스 음악이다.
> 그것은 집단 내, 가정 방문, 개별 상담에서의 활용을 위해 차근차근 진행될 수 있도록 고안되었다.
> DVD는 COS - P의 일부로서 유용하다.

커플 치료

파트너들과 함께 양육에 대해 작업하는 것의 중요한 장점 중 하나가 커플의 역동이 아이의 욕구를 충족시키는지, 그렇지 못하는지에 어떻게 접근하는지와 관련된다. 한 쌍 간에 양육 문제가 드러나는 것은 그리 특별하지는 않다. 로맨틱한 파트너뿐만 아니라 조부모/부모 혹은 공동 양육의 배열에는 사실이다. 또한 커플에게 보완된 것(각 파트너가 발동시킨 공유된 춤과 특별히 방어적인 전략을 유지하는 것)이 커플에게는 이득일

수 있다. 예를 들면, 한 부모가 더 크고 더 강한데 다른 한 부모는 친절하고 더 편안하다면, 전형적으로 그들은 편차가 증폭하는 피드백으로 빠져 버릴 수 있다. 바꿔 말하면, 다른 부모가 엄격한 것을 메우기 위해서 한 부모가 친절함에 더 초점을 둔다면 두 번째 부모는 첫 번째 부모가 허용적으로 행동한 것을 메우기 위한 시도로 엄격하게 된다. 각각 다른 사람의 사용되지 않은 강점을 보상하려는 노력 속에서 그들은 각기 더 따로 멀어져 가고 인색함 대 약함의 시나리오를 만들어 버리게 된다. 치료사는 커플이 이 피드백의 고리를 다른 사람의 강점에서 배우고 자신의 사용하지 않은 능력을 개발하도록 바꾸도록 도와야 한다.

커플과 함께하는 작업에서의 단점은 커플의 역동이 너무 갈등적이어서 그 작업을 못하게 될 수도 있다는 점이다. 파트너가 당신을 공격할 때 취약한 매너로 자기 자신에게 초점을 두는 모험을 하는 것은 일을 어렵게 한다. 한 파트너가 다른 파트너보다 우세한 관계에서, 우세한 파트너는 더 크고 더 강하며 더 지혜롭고 친절해서 다른 파트너를 위협할지도 모른다. 물론 이것은 파트너가 그 방에 있건 아니건, 파트너가 그 치료의 과정을 파괴할 수도 있다. 또한 집단 지지의 부족과 개별 치료에 영향을 주는 상상하는 배움이 부족해도 커플 작업에 같은 문제를 불러일으킬 수 있다. COS-P DVD는 커플에게 유용할 뿐만 아니라 DVD에 있는 부모들의 반영과 대리로 상처받음을 제공하기도 함으로 유용하다.

커플의 관계는 너무 강해서 배움의 과정에서 타인을 지지하거나 타인으로부터 배우기도 하는데 그들은 커플 작업이나 집단 작업을 함께하는 좋은 후보들이다. 또한 치료에 순종하는 것을 제외하고는 관계에서 투쟁하는 커플들은 커플 작업으로부터 의외의 이익을 얻을 수도 있다. 커플이 너무 갈등적이어서 배우지 못하는 경우에는, 치료사가 COS 자료에 접근하기 전에 커플의 이슈를 먼저 다루거나 혹은 집단이든 개별이든 따로 분리해서 커플 작업을 할 수 있을지도 결정해야 한다.

가족 치료

애착 원칙을 치료에 적용하기 위해 협조하는 첫 번째 경우에는, 우리가 커플과 가장 작은 아이인 막내와 함께 작업했다. 우리는 확고한 가족 회기의 1주와 다음 주에 부모와 비디오를 돌려 보는 것 사이를 교체했다. 이것은 우리에게 커플의 역동뿐만 아니라 삼자 간 상호작용에 도달할 수 있게 하였다. 전형적으로 우리는 전 가족을 포함하지만, 우리는 단순하게 다른 아이를 포함하는 것은 아니다. 이 과정은 통합된 애착 이슈가 가족 상호작용의 전 범위와 얼마나 밀접하게 연결되어 있는지를 보여 준다. 루빅 큐브처럼, 가족은 풍부하게 서로 연결되어 있어서 당신은 전체 체계에 영향을 주지 않고는 단 하나도 바꿀 수 없다.

가족에게 접근하는 것은 가족 구조를 추적하고 개입하는 데 이득을 준다. 예를 들면, 아이들은 때때로 긍정적 혹은 부정적 방식으로 스스로를 앞으로 향하거나 멀리 주의 집중을 분산시킴으로 투쟁하는 커플을 지지하려고 노력할 수도 있다. 만약 커플이 일반적 원인(문제 있는 아이를 보살피는)이 있거나 일반적인 적(문제 있는 아이를 다루는)이 있다면 초점은 일시적으로 커플의 관계에서 다른 곳으로 옮겨질 것이다. 때때로 아이들은 커플의 부담(양육하는 아이들을 통제)을 줄이기 위해서 자신의 욕구충족을 희생하기도 한다. 경직된 연합, 부적절한 삼각관계, 가족 위계에서의 왜곡은 모두 아이들에게 순환에서의 욕구를 충족하지 못하게 만들어 버린다.

가족과 함께하는 것의 단점은 훈련과 수퍼비전 없이 복잡한 상호작용을 따라가기가 어렵다는 것이다. 또한 집단 지지의 부족과 배움의 부족이 존재한다는 것도 같은 문제라 할 수 있다.

나이의 범위를 넓힌 가족의 아이들은 가족 치료에서 좋은 후보들인데 그 이유는 낯선 상황이 접근할 수 있을 만큼 아이들의 애착 이슈가 너무 오래된 것들이라는 점이다. 여러 가지 문제를 가지고 있는 아이들의 경우에, 애착 작업은 가족 세팅에서 더 쉽게 다른 이슈들과 통합될 수 있다.

집단 치료

이 전체 장은 우리가 연구에서 공부해 온 집단 개입에 초점을 두지만 집단의 이익과 불이익에 대한 특별한 점은 여기서 몇 개만 다루고자 한다. COS 집단은 상상적 배움 수준을 통해서 부모의 투쟁을 일반화 하며 집단 지지가 꽤 심오하다는 것을 발견하게 되었다. 우리의 초기 염려는 부모가 경험에 의해 형성되지 않았던 파괴적인 방법으로 각자 서로를 향해 행위해 왔던 것이었다. 사실 함께 있기에 초점을 두면서, 공감, 안아 주는 환경 만들기는 '손이 되는' 치료사가 지지를 만드는 데 효과적이었음을 입증해 왔다.

이 지지는 종종 집단이 부모가 각 사람들과 관여한 것이 끝난 후에도 지속되기도 한다.

그러나 집단 내의 삼자 간의 이슈와 작업하는 것은 어렵다. 20주 안의 집단 포맷은 부모의 공동 부모(부모 협조자)와의 관계에서 문제를 해결하는 데 어려움이 되기도 한다. 만약 부모 협조자가 집단 내에 있을지라도, 심층적으로 대인 관계적 이슈와 작업하고 비디오 검토의 스케줄대로 할 시간이 없다. 비디오 검토를 적용하도록 집단을 구조화하는 것은 이슈가 출현하게 될 수도 있는 과정을 제한하는 것이다. 당신이 항상 그 과정을 눈여겨보고 시계에만 초점을 둔다고 하자. 이라고 감옥 체계, 학교 세팅, 거주자 치료, 낮 병동에서 행해 온 것처럼 집단을 진행하는 것은 20주 모델보다 더 길게 걸릴 수도 있다.

집단의 응집력을 파괴하는 방식으로 행동하는 부모는 좋은 후보자가 아니다. 역으로, 집단이나 사회적 상황에서 불편해하는 부모는 좋은 후보자가 아닌 일에서 벗어날 만큼 강하다. 한부모들이나 다른 부모들로부터 고립되어 있는 부모들은 특별히 집단이 도울 수 있다. 우리는 아버지 집단과 작업하면서 아버지들이 부족해한 지지와 격려를 다른 아버지들이 제공한다는 것을 알게 되었다. 부모, 계부모, 양부모를 회복하는 것처럼 공유된 상황에서 조직된 다른 집단들은 굉장한 양의 지지를 제공할 수 있다.

집단 구조와 촉진에 의해서, 집단을 정확한 시간에 시작하고 끝내는 것은 치료적 공헌이어서 부모들은 경험의 항상성을 의지할 수 있고 그것은 안전기지를 만드는 것을 도울 수 있다. 이것은 치료사가 이 일을 배우는 매우 어려운 이슈다. 많은 치료사들이 부모를 위해 검토를 해결하려는 시도로 할당된 시간 외에 더 많이 일을 하는 경향이 있다. 이것은 부모를 지지하기 위해 머무는 것과 종종 아이들과 관련하여 생긴 자신의 스케줄 갈등 사이에서 참여자가 집단 느낌에 사로잡히도록 이끌릴 수 있다. 그것은 또한 불확실성을 유발한다. 일단 당신이 정서적으로 많은 것을 개방하더라도 명확히 개념화되어서 끝나지 않을 수 있다.

각 부모의 정서의 강렬함과 관련된 종결시간 경험이 의미하는 핵심 민감성은 무엇인가? 분리 민감적 부모는 돌봄의 끝을 연장하고 분리를 회피할 수도 있고, 안전 민감적 부모는 덫에 걸린 듯 느낄 수도 있으며, 존중 민감적 부모는 치료사와 집단과 함께 잠재적 수치심과 일치감 간에 춤을 추고 있을지도 모른다. 주어진 모든 가능성에서, 경직되지 않은 방식으로 끝을 내는 것은 치료적 경험을 형성하는 가장 안전하고 가장 견고한 방법이다. 만약 위급상황으로 보인다면, 치료사는 부모를 집단이 끝난 후에 일대일로 이야기하도록 초대할 수도 있다.

결론

치료법이 무엇이든 간에, 치료사에 의해 많이 개방된 느낌을 가질수록 아이에게 새로운 수준의 안정성을 줄 수 있고 공포를 극복할 용기를 선택한 것이라 느낄 것이다. 궁극적으로 이것은 아이의 애착뿐만 아니라 내적 안전감에도 변화를 준다. 여전히 그들이 죠스 음악을 들을지라도 그 볼륨은 작아질 것이다. 그들의 생각과 행위를 제한하는 공포는 관리 가능해질 수 있고 개인으로서와 양육자로서 스스로 굉장한 유능감을 갖게 된다. 더 안전한 미래를 위한 희망으로 예언이 대체될 수도 있다.

양식 12.1
안정성의 순환 인터뷰

부모가 된다는 것은 지구 상에서 가장 어려운 일이다. 매일 부모 — 세계를 통틀어 — 는 아이를 위해 최고가 되기를 원한다. 그리고 매일 부모 — 세계를 통틀어 — 는 아이의 욕구를 충족시키는 데 실패한다. "날 도와주세요."라는 순간은 보이지도 않는다. "날 지켜봐 주세요"라는 순간은 방해받는다. "날 위로해 주세요"와 "내 감정을 정리해 주세요."라는 순간은 밀려남으로 끝나거나 매일의 스트레스와 바쁨 속에서 잃어버리게 된다.

클럽에 오신 것을 환영합니다.

물론 우리가 하는 실수를 아는 것은 어렵다. 부모로서 좋은 뉴스는 우리 모두 이러한 실수와 더불어 일하게 돕는 내면의 지혜가 있다는 것이다. 우리가 누구이건 간에, 만약 우리가 우리 자신에게 귀를 기울이면 우리로 하여금 계속 노력하게 하는 내면의 무언가가 있다. 우리 생애사가 무엇이건 간에, 우리가 집중하면 우리 아이의 욕구를 충족시키기를 원하는 마음의 장소가 있다.

모든 부모는 지혜롭다.

가장 좋은 뉴스는 지구 상에서 양육이 가장 경이로운 일이라는 것이다. 그리고 가장 경이로운 것 중의 하나로서 부모가 된다는 것은 우리가 지혜를 증가시킬 수 있음을 아는 것이다. 우리는 약함을 인식할 수 있고 실수로부터 배우며 우리 아이의 진짜 욕구를 충족시킬 수 있는 새로운 방법을 발견하는 것이다.

(계속)

모든 부모는 투쟁한다.

부디 양육에서 실수가 있음을 아는 것이 필수적이다. 이 방에 모든 부모는 이것이 그렇지 않다는 것을 바란다. 이 방의 모든 부모는 아이의 욕구를 충족시키는 것이 매우 어렵다는 것을 알려고 노력하고 있다. 당신이 시간과 에너지를 들여 매주 여기 오는 이야기다. 그런 수많은 작업이 일어난 후에 아이가 뒤집어지는 것이 맞지 않다는 것을 깨달을 수 있을 것이다.

우리의 가장 큰 희망은 부모로서의 약함이 안정성의 순환의 특정한 부분에 있지 않음을 깨닫는 것에서부터 시작한다. 지구 상의 모든 부모는 이 순환에서 과도하게 사용된 면과 사용되지 않은 면이 있다. 그게 문제는 아니다. 더 강한 면과 더 약한 면이 있음을 깨닫지 못할 때 문제는 시작된다. 우리의 취약한 면을 다 사용하지 못한 것을 보완하기 위해 더 강한 면을 과도하게 사용하려고 할 때 문제가 더 커진다. 우리가 우리 안에 있는 것과 우리의 생애사, 즉 약한 면으로 남아 있는 것을 다루지 않게 될 때 더 큰 문제를 갖게 된다.

우리에게 주어지지 않은 것을 주기란 힘들다.

우리에게 주어지지 않은 것을 주는 것은 힘들다. 예를 들면, 우리 자신의 어린 시절에 잘 이루어지지 않았던 것을 아이가 요구할 때 훨씬 편안하게 그 요구를 들어주기란 어렵다. 아이가 신호를 줄 때, 부드러움을 요구하거나 하는 시기가 있으면 우리는 상처받을 수 있다. 그것을 인지하지도 못한 채 무시해 버리거나 자기방어를 할 때도 있다. 아이에게 장난감을 가지고 놀라고 요구하거나 바쁜 척할 수도 있다 ─ 아이의 신호를 위안을 요구하는 직접적 방식으로 만들지 않기 위해. 왜냐하면 우리 아이가, 내가 가져 보지 않은, 부드러운 안아 줌을 요구하는 매 시간은 우리로 하여금 우리 안에 부족한 것을 상기시켜 아픔을 야기할 수도 있기 때문이다. 우리는 이해하면서, 그러한 방식을 피하는 방법을 발견할 것이다. 거의 없겠지만. 불행히도 우리 아이는 이것을 깨닫기 시작할 것이고 우리로 하여금 이 순간을 갈수록 더 적게 만듦으로써 도움을 받지 않는 방법을 찾게 될 것이다.

혹은 부모가 밖에 나가서 세계를 탐색하도록 하는 데 익숙하지 않을 수 있다. 원가족인 부모들은 우리를 가까이, 종종 너무 가까이 두려 했다. 이제 부모 자신으로서, 우리는 아이가 순환으로 우리에게 머리 떨어져 나가려 할 때 불편함을 느낄 수 있다. 부모가 확신하지 않았던 것처럼, 우리의 기다리는 팔로 아이가 뛰어 들어올 것이라고, 그것이 진정한 순환이라고 우리는 방식으로 확신하지 않게 될 것이다.

아픔에 민감하기

그러나 순환의 한 면에서 고통에 민감하다는 것을 모른다면 우리는 행동을 바꾸기 위하여 시작할 수 있다. 우리는 뒤로 물러설 수 있고 우리 자신을 지켜볼 수 있다("거기로 내가 다시 간다."). 우리는 판단으로가 아니라 비판으로도 아니라 우리 자신을 볼 수 있다. 우리는 뒤에 물러서는 것을 배울 수 있고 우리 행동을 친절하게 지켜볼 수 있다. 실제로 그렇다. 우리는 매우 어렸을 때 하지 않았던 것을 우리 아이에게 하는 것이 얼마나 어려운지("이것은 물론 나에게 어려워요.")를 안다.

그리고 우리가 그것이 어렵다는 것을 알지만 불가능하지 않다는 것도 알 수 있다. 아이의 욕구를 충족시킬 우리의 지혜와 우리의 진실한 열망, 순환의 주위에 있는 모든 길은 새로운 문을 여는 것이 가능하다는 것을 깨달아야 한다. 우리가 잠시(때때로 15~30초간 가까이 있는 일 혹은 멀리서) 불편함을 인정하고 인지한다면, 아이 욕구가 충족된 일이 생긴다면 우리는 그것이 얼마나 어려운지를 깨달을 수 있어야 한다. 우리가 하루에 5~6번씩 가까이 혹은 거리를 두고라도 조금의 시간을 갖게 된다면, 모든 사람 — 아이와 부모 — 이 더 안전하고 더 행복해질 것이다.

양육의 진정한 부분은 그들의 진짜 욕구가 충족되는 것처럼… 순환의 모든 길에서… 우리 아이와 함께 있는 것이라 말할 수 있다.

클럽에 오신 것을 환영합니다.

제 **3** 부

사례 소개

13장

로라와 애슐리*

로라는 27살로, 29살인 톰과 결혼한 상태였다. 그들에게는 3살 된 외동딸 애슐리가 있었다. 생명공학 분야에서 일하고 있는 로라는, '양육기술'을 배우기 위해 일반 진료를 요청했는데, 그 이유는 자신이 이미 '훌륭한 엄마'라고 느끼고 있었고, '양육에 전문가인 누군가'를 만나는 것이 가치 있는 일이라고 생각했기 때문이다.

접수

첫 번째 인터뷰에서 로라는 자녀양육에 관해 읽었던 수많은 책들을 언급하였다. 이 인터뷰 이후에 그녀는 유치원 선생님으로부터 애슐리가 다른 아이를 때린 것 때문에 도움이 필요했음을 언급하였다. 곧바로 로라는 이것을 '그 선생님의 문제'로 설명하면서 실제로 다른 아이들이 애슐리를 때려서 자기방어 차원에서 맞선 것뿐이라고 확신하며 말하였다. 치료사가 애슐리가 잠재적 문제가 있을 가능성에 대하여 직접적으로 궁금해하자 로라는 재빨리 딸을 두둔하며, 문제는 다른 아이들과 유치원 교사에게 있다고 하였다.

그 인터뷰에서 로라는 자신의 아동기가 힘들었다고 하였다. 아버지는 알코올중독자였고 어머니는 남편의 언어적 학대에도 그를 위해 변명하였음을 토로했다. 어머니는 자신의 성장기에 매우 바빴고 가끔 자신 앞에서 폭발해서 자신을 때렸다고 말했다. 그녀는

---

* 같은 사례의 일부가 이 책의 다른 부분에서 소개되었는데, 이것은 제1장 도입 부분에 묘사된 낯선 상황의 한 부분에서 시작된다.

자기 부모 중 누구보다 더 양육에 헌신적이라고 말했다. 로라는 지적이었고, 학업 성취에 있어서도 자부심을 갖고 있었다. 그녀는 4학년 때 자신에게 특별한 관심을 기울여 주시면서 훌륭한 학생이 될 수 있다는 믿음을 지지해 주셨던 선생님에 관해 이야기하면서 감동을 나누었다. 이 선생님에 대한 감사는 로라로 하여금 감사, 따뜻함, 다른 사람의 지지의 중요성을 기꺼이 경험하려는 마음의 능력에 대해 말해 주고 있었다.

로라는 향후 몇 주간 지역사회에서 예정된 20주간의 COS 그룹에 참여하도록 권유되었다. 그러한 집중 프로그램의 필요성에 대해 궁금해하면서도 로라는 딸의 공격성에 대한 해답을 찾고자 내재된 강한 동기로 인해 그 권유를 받아들였다. 로라의 남편은 빡빡한 스케줄 때문에 저녁 세션에는 참여할 수 없었다. 하지만 로라는 남편이 매우 협조적일 것이라고 말하였다.

상호작용 평가 : 낯선 상황 실험

애슐리가 장난감을 탐색하는 순환의 첫 절반쯤 되었을 때, 로라는 "어서 해 봐, 나는 네가 더 잘할 수 있다는 걸 알고 있어."라고 말하며, 그 과제를 완수하도록 끼어들면서 압박했다. 아이가 고리 쌓기 장난감을 갖고 놀 때, 로라는 그 색깔의 이름을 말하거나, 고리를 올바른 순서대로 놓게 요구하였다. 애슐리가 장난감에 흥미를 잃고 다른 것에 집중하자, 로라는 다시 고리 장난감으로 되돌아가 그 과제를 완수하도록 요구하였고, 결국 그 장난감이 제대로 조립되도록 하였다. 애슐리가 어떤 장난감에 관심을 갖든지 로라는 완벽히 그 과제를 완성하는 데 초점을 두었다. 애슐리가 환경을 탐색하고, 궁금증을 따라가게 하는 기회는 거의 없었다. 아이가 도움을 구하지 않고 퍼즐과 씨름하고 있었던 적이 몇 번 있었지만, 로라는 다시 애슐리의 놀이에 끼어들어 지시를 내렸다. 그러는 중 3살짜리 아이에게 "샤르트뢰즈(연노랑)는 어디에 있니?"라고 문제를 내기도 했다.

로라의 행동은 애슐리에게 선생님처럼 행동하는 것이 발달에 가장 도움이 되는 방법이라고 믿는 것 같아 보였다. COS 접근 관점에서 볼 때, 부모가 아이를 가르치고 특별한 과제를 이해하도록 도움을 주는 것은 문제가 되지 않는다. 부모를 위해서 성취하도록 압박을 주는 형태가 될 때 문제는 발생한다. 부모의 욕구에만 초점을 맞추도록 배운 아동은, 건강한 자율성 형성은 물론 자신과 타인에 대한 안정적 경험이 적어 (명령 등에) 따르는 경로를 보인다. 이 사례에서 로라는 끊임없이 아이의 탐색하려는 자연스러운 호기심과 흥미를 방해하였다. 애착연구의 맥락에서 안정적 부모는 아이의 탐험을 지지해줄 수 있다(글상자 3.5 참조).

낯선 사람이 방 안으로 들어왔을 때, 애슐리는 자신을 안심시켜 주기를 바라며 재빨리 엄마를 바라보았다. 엄마가 외면하고 낯선 사람과 대화하기 시작하자 애슐리는 잠시 조용해지더니 얼굴에 억지웃음을 짓고 엄마가 자신에게 준 장난감을 통해 엄마의 관심을 다시 끌려고 시도하였다. COS 관점에서, 애슐리는 불안해졌고 순환의 아래에서 위안이 필요할 때 엄마가 고개를 돌리는 잘못된 신호를 인식하고 똑같이 반응하여 엄마에게 자신이 원하는 것은 탐색을 위한 지지라고 행동함으로써 엄마에게 잘못된 암시를 주었다. SSP의 첫 6분 동안 애슐리는 로라로부터 수행을 격려받으며 밝고 능력 있게 보이는 상황에 기꺼이 순응했다.

첫 번째 분리 동안 로라는 방을 떠나면서 애슐리를 만지며 주의를 끈 다음, 엄마가 떠날 텐데 애슐리는 장난감들과 함께 머물며 놀아야 한다고 이야기하였다. 애슐리는 로라가 방을 떠날 때 저항하지 않았으며 장난감을 갖고 노는 것에 집중했다. 애슐리는 낯선 사람과 장난감을 갖고 상호작용하였고 엄마의 부재에는 영향을 받지 않는 것처럼 보였다. 두 번째 분리 때 로라는 첫 번째와 마찬가지로 행동했는데 애슐리에게 자신이 떠날 것이라고 말했을 때 그 어린 소녀가 장난감으로 즉시 도움을 요청했음이 흥미롭다. 애슐리는 엄마에게 분리에 대한 자신의 불편함을 다루기 위해 엄마를 방에 있게 하려고 엄마에게 가르쳐 주도록 요구했다. 이것은 가르침에 엄마의 관심을 두는 것이 성공할 가능성이 높은 책략이라는 점이다. 로라는 애슐리에게 돌아와서 도와주겠다고 하면서 지금은 애슐리가 방에서 놀아야 한다고 말했고, 또 엄마가 곧 돌아올 것이라고 말했다. 엄마는 떠났고, 잠시 후 애슐리도 방을 떠나려고 했기 때문에 낯선 사람은 문으로 가 있는 아이에게 엄마가 곧 돌아올 것이라고 안심시켰다. 낯선 사람이 "엄마가 1분 안에 돌아올 거야."라고 말하자 애슐리는 대답했다. "나도 가고 싶어요." 두 번째 분리는 애슐리가 냉정을 잃고 애착행동체계를 활성화시킨 것을 보여 주었다. 낯선 사람의 개입과 분리 후 아이는 엄마를 불렀지만, 엄마가 즉시 돌아오지 않을 것이라는 것을 아이는 알고 있었다. 아이는 비록 침통한 얼굴이긴 했지만 부드럽게 노래를 부르기 시작하였고 다시 놀이로 돌아갔다. 아이는 흥미롭게도 엄마가 떠나 있는 동안 엄마가 제공했던 그 장난감을 가지고 놀았다.

첫 번째 재결합 때 애슐리는 로라에게 장난감을 주었는데 그 후 몇 초가 지나서 로라는 애슐리에게 장난감을 어떻게 사용하는지를 가르쳤다. 두 사람의 놀이는 의료용 키트 사용이었고 30초 후에 로라는 애슐리가 다른 장난감을 탐색하게 하려고 노력하였다. 첫 번째 재결합 동안 애슐리가 로라와 함께 놀려고 할 때마다 엄마는 애슐리에게 다른 장난감을 갖고 놀도록 지시하였다. 애슐리의 관점에서 순환의 아랫부분에서 엄마에게 가려고 노력할 때마다 다시 내보내졌다. 아이의 애착이 활성화될 때 엄마는 아이를 밀어 내는 행동을 하는 것인데 이는 애착행동을 거절하고 순환 윗부분에 머물도록 압력을 가하는 사례이다. 두 번째 재결합은 첫 번째와 유사했다. 로라는 애슐리의 대부분 시간을 순환 윗부분에 머물러 있게 하고, 그녀에게 장난감 상자 안에 있던 퍼즐을 완수하는 방법을 배우도록 압력을 가하면서 대부분의 시간을 잘못된 신호를 주며 보냈다. 애슐리는 자신이 원하는 모든 것은 탐색을 위한 지지인 것처럼 행동하고, 남겨지는 데 대한 괴로움이 일어나지 않은 것처럼 행동함으로 잘못된 신호를 계속하였다.

가장 애정 어린 순간은 읽기였는데 둘이 나란히 긴 의자에 앉아 책에 관해 이야기를 나누었던 순간이었다. 읽기가 끝나자 로라는 애슐리로 하여금 장난감을 치우게 하였다.

SSP에서 볼 때 애슐리는 괴로울 때 로라에게 와서 자신의 정서의 컵을 채움받지 못했고 탐색에서 돌아올 수 없는 것 같았다. 아이가 고통스러워할 때, 순환의 아랫부분에서조차 아이는 잘못된 신호를 보내며 자신이 필요로 하는 모든 도움이 탐색에 대한 도움인 것처럼 행동했고, 엄마는 아이가 끊임없이 순환의 윗부분에 있도록, 잘하도록 압력을 가하는 등 그 행위를 강화시켰다. 로라의 주요 어려움은 순환의 아래에서였다.

애슐리의 애착전략은 불안정 회피 애착으로 평가되었다.

부모 지각 평가 : 안정성의 순환 인터뷰

낯선 상황 실험 직후에 실행된 COSI에서 로라는 SSP 동안 애슐리가 위안을 필요로 하지 않았다고 전했다. 일방경 뒤에서 분리 시 엄마와 다시 결합하려는 애슐리의 고통을 볼 때조차 로라는 행동을 이렇게 묘사했다. "저 여인과 함께 있었던 시간에 아이가 전혀 괴로워하지 않았어요. 아이는 저 사람과 함께 있기를 원하지는 않았지만, 아이를 괴롭게 하는 것은 없었어요. 두 번째 내가 떠났을 때 애슐리는 엄마가 하라고 한 것을 해야 한다고 생각해서 얌전하게 있었고 스스로 시간을 보내려고 노력했어요." 애슐리가 위안이 필요했었는지를 직접적으로 묻자 그녀는 "아니요."라고 대답하였다. 방에 돌아올 때 어땠었는지 묻자 로라는 "나는 애슐리가 얌전하게 아무도 보지 않고 있다는 생각에도 나쁜 짓을 하지 않아서 자랑스러웠어요."라고 답했다. 애슐리에 대해서는 "나는 재결합이 위안이 되었다고 확신하지만, 그런 유형의 아이는 아니에요. '오, 좋아, 이제 당신이 집에 왔군요.'라기보다는 오히려 '알겠어요, 당신이 여기 있어서 아주 좋네요.'라고 하는 타입이에요."라고 말했다.

일방경 뒤에서 애슐리를 지켜보는 것이 어땠는지를 묻자 "내가 그럴 거라고 생각했던 대로 행동했어요. 다른 사람을 쥐고 흔드는 것, 사람들과 협상을 하는 것을 좋아해요. 그러니까 내가 저것을 하기 전에 당신은 이것을 해야 한다는 식 말이에요." 하고 답했다. 로라가 봤던 것은 딸의 '주의집중'에 대한 욕구였으며, 애슐리가 혼자 또는 낯선 사람과 놀 수 있다는 것을 자랑스러워했다. 애슐리가 고통스러워 방 밖으로 나가려고 노력할 때조차 로라는 애슐리의 고통을 인식하지 못했기 때문에 애슐리의 고통을 방어적으로 봤다. 이것은 Dan Siegel의 '마음을 읽지 못함' 상태이며 순환 욕구 인식불능의 상태다.

로라가 위안을 원하는 딸의 욕구에도 마음을 읽지 못하는 것은 그녀의 배경을 보면 이해할 수 있다. 로라에게 아이를 기를 책임이 누구에게 있었냐고 묻자, 로라는 "나예요."라고 대답하였다. 그녀는 아버지가 보통 집에 있었지만 자신에게 소리를 지르거나 한바탕 술판을 벌인 다음에 의식을 잃는 일이 많았다고 토로했다. 그녀는 아버지와의 관계에 대해 언어적 학대였다고 설명하였다. 또한 그가 꾸짖었던 때를 많이 회상했다. "아버지는 내가 울 때 나를 애기라고 부르곤 했어요. 나는 절대 그렇게 하지 않아야 한다는 것을 빠르게 배웠어요." 그녀에게 위안을 주는 일은 모든 고함소리로부터 떠나 자기 방으로 들어가 혼자 책을 읽는 것이었으며 가족은 화가 나 있다고 정의했다.

로라는 12살 때의 특별한 기억을 가지고 있었다. 8살 난 남동생은 학습장애로, 읽기 능력에 어려움이 있었다. 그가 3, 4학년 때에 선생님들은 로라의 부모님에게 아이가 수업에 뒤처지지 않게 하기 위해서는 읽기 연습을 시켜야 한다고 부탁하였다. 부모님이 따르지 않았기에, 로라는 동생에게 몰래 그 연습을 시켰었다. 혼날까 봐 무서워서 로라는 부모님에게 알리지 않았다. 그녀는 부모님이 너무 빨리 화를 내는 경향이 있어서 부모님 방식대로 하지 않았을 때는 몇 시간이나 질책하였으며 그다음에는 다시 비꼬는 투로 그 이야기를 꺼내기도 했음을 기억했다. 갑자기 일어나고 있는 상황과 전혀 관계없을 때조차 완전히 거기에 갇혀 반복적으로 생각하고 결국에는 똑같은 기분을 느끼게 되는 것을 말했다.

부모님으로부터 배웠던 것 중 애슐리에게 전해 주고 싶은 것이 있는지 로라에게 물어보자 로라는 "아니요, 정확히 반대되는 모든 것을 내가 하고 있어요." 그리고 "나는 어느 누구에게도 내가 그들에게서 자랐다고 말하고 싶지 않아요."라고 말했다.

로라는 남편과 음악밴드에 소속되어 있었기에 임신하기 전에 그녀는 밴드 연습이 있을 때마다 매일 밤 술을 마셨다. 임신을 통해 부모가 될 것을 알게 되었을 때, 그들은 자신의 삶을 바꾸기로 결심하고 술을 끊고, 밴드를 그만두었으며, 삶을 완전히 바꾸려 했다. "만약 우리가 애슐리를 갖지 않았다면 오늘날 우리가 어디쯤 있었을지 참 궁금하다"고 로라는 추측하였다.

로라는 안정성의 순환에 참가한 많은 부모들과 같았다. 그녀는 분명히 원가족 부모와 불안정한 관계를 맺고 있었다. 그녀는 그 두려운 분위기를 재현하거나 자랐던 부정적인 사건 기억들까지 다음 세대에 전하는 것을 원하지 않았다. 로라는 사실 애슐리를 양육할 때 부모로부터 자신이 받았던 양육방식과 정반대를 원했다. 이전의 어려움으로부터 보호받고자 하는 이러한 욕구는, 고통스러운 이력이 있는 거의 모든 부모에게 공통된 주제라 할 수 있다. 하지만 무엇을 하지 말아야 할지를 아는 것이 슬프게도 무엇을 해야 할지에 관한 충분한 지침을 제공하지는 않는다. 그것은 마치 "절대 동쪽으로 가지 마시오."라는 정보만으로 캔자스 시에서 샌프란시스코로 가는 길을 찾는 것과 마찬가지다. 로라는 끊임없이 육아 책을 읽고, 아이 양육에 관한 DVD를 보아 자신의 에너지를 애슐리의 인지적·행동적 기술 증진에 집중하는 것이 성공의 요인이라 결론지었다. "애슐리는 나처럼 똑똑한 아이예요. 어느 누구도 자라나는 나를 돕지 않았죠. 내가 자랄 때의 느낌을 애슐리가 느끼지 않으리라는 것을 믿어도 좋아요."

COSI를 통해 로라는 자기가 아이 때 안식처가 없었음을 보여 주었기 때문에 자기 딸의 위안과 안전에 대한 욕구를 엄마로서 볼 수 없었던 것이 결코 놀랄 일이 아니다. 애슐리의 위안 욕구에 응답하는 것은 자신이 어릴 때 갖지 못했던 것에 대한 의식적 깨달음 속에 감춰져 있었던 절차기억을 일깨우는 것일 수 있다. 순환의 아래에서, 애슐리의 욕구는 로라가 죠스 음악을 활성화시킴으로써 그 욕구를 효과적으로 못 보게 했고 이것은 관련된 감정과 기억으로부터 로라를 보호하기 위해서였다. 그녀가 볼 수 있었던 것은 그녀가 느꼈던 탐색과 능숙에만 초점을 두었다는 것이었다. 이러한 일련의 기술은 그녀가 안전과 위안을 주는 관계의 상실로 인한 모든 감정, 위험으로부터 자신에 대한 보호를 어떻게 배웠는지와 관련된 방식이었다. 이러한 측면에서 로라는 애슐리를 탐색하게 하고 가르치는 것만이 실제적으로 아이에게 위안을 주는 것이라고 생각하게 되었음을 이해하게 된다. 부모의 자녀양육을 이해하기 위해서는 그들이 제공받았던 제한된 렌즈를 이해하는 것이 필요하다.

COSI는 부모의 순환에서 자녀와 자신에 대한 묘사를 통해 자녀의 욕구를 이해하게 해 줄 뿐 아니라 부모의 핵심 민감성을 알게 한다. 다음은 로라의 대답 중 일부이다.

애슐리와의 관계에서 가장 고통스러웠던 점이 무엇이었는지를 묻자, 로라는 부모로서 스트레스가 많은 것이었다고 말했다. "아이가 얼마나 똑똑한지 그들은 이해하지 못해요." 가장 기쁘게 하는 것이 무엇인지를 묻자, 로라는 "내가 가르쳐 준 것을 잘해 내는 것을 볼 때"라고 대답하였다. 관계에서 바꾸고 싶은 측면이 있는지를 묻자, "내 모든 것을 알고 있었으면 좋겠어요. 그러면 나는 아이가 고집을 피울 때 무엇을 해야 할지 정확히 알 수 있을 거예요. 나는 무엇이 옳은지 이해해야 해요. 내가 올바른 방식이라 한 것은 언제나 마법의 열쇠 같을 거예요." 그리고 몇 초간 침묵이 지난 후 그녀는 "대체로 나는 무엇을 해야 하는지 알고 있어요."라고 덧붙였다.

상호작용에서 수행과 완수라는 렌즈의 해석을 기반으로, 로라는 성취를 잘해 왔는데 성취를 통한 위안의 주된 원천이 바로 다른 사람들의 인정이었다. 그녀는 공허하고 학대적이었던 아동기의 고통을 성공 경험으로 다룰 수 있었다. 우리 모두가 성공할 때 좋은 기분을 갖는 것은 중요하다. 하지만 로라는 과업에서의 성공이 감정적 안정감을 유지하는 삶의 중심 요소라는 왜곡을 배우게 되었다. 열정적 집중을 통한 성공은 로라로 하여금 하찮음, 외로움의 근본적 경험에 대한 인식을 무디게 하였고 그 감정을 밀어내도록 하였다. 그나마 4학년 때 선생님 같은 성인의 격려가 없었더라면, 로라는 감정적 고통으로부터 거리를 두는 방법을 전혀 갖지 못했을 수도 있다.

로라의 핵심 민감성은 존중 민감성으로 확인되었다.

존중 민감성 주제는 가까운 사람들과 '한마음'이라고 생각될 때, 그 결과로 생기는 지각된 안정감과 관련된다. 이상적 타인에 의해 상황을 '완전히 이해받는' 경험이야말로 과거의 조절장애를 다시 겪지 않으리라는 확신을 하게 한다. 로라에게는 '같은 페이지에 있는' 사람들과의 친밀감 경험이 관련되었다. 그러므로 애슐리와 함께한 시간 중 "저 어린 애가 나를 정말로 이해한다."고 느끼는 순간을 소중히 여기는 것이 이해되었다. 애슐리와의 관계에서의 가장 큰 즐거움에 대해 말했을 때, 그녀는 "내가 잘하는 것, 특히 내가 아이에게 가르쳐 주었던 것을 아이가 할 때…… 아이는 다른 누구보다 나를 잘 알아서 내 성격의 아주 작은 뉘앙스라도 알아차리죠."라고 강조하였다. 로라는 계속해서 애슐리가 자신의 농담을 이해하는 것이 얼마나 특별한지 강조하였다. "우리는 항상 같은 주파수를 갖고 있어요." 인터뷰를 하는 동안에도 애슐리의 경험이 자신의 것과 정확히 일치한다고 말하는 엄마 눈과 얼굴은 환해졌다. 그러나 애슐리가 같지 않음을 인식할 때에는 자기 딸의 부정적 속성을 이야기하기 시작했다. 예를 들면 "아이는 세상의 중심에 있기 원하고 자기 생각대로 모든 것을 하기 원해요."라고 말했다. 그러나 로라는 대부분, 아이가 엄마에게 동시에 완벽히 조율되는 특별하고 재능 있는 아이라고 이상화시켰다.

고통스러운 성장 배경, 존중 민감성이 로라에게 발견되었을지라도 이 엄마는 아이의 경험을 반영할 수 있는 분명한 능력도 보여 주었다. 과거의 경험을 이상화하지 않으면서도 연약한 것을 다룰 다소 놀라운 의지도 제안했다. 비록 화났을 때 방어적으로 폄하하였지만 로라는 배우고 싶은 욕구를 보임은 물론 아이를 위한 고통을 개방하는 참을성까지 나타냈다. 가장 고무적인 작업이란 방어적 패턴과 양립할 수 없는, 숨겨진 잠재력을 어떻게 발휘할 수 있을지 보는 것이다. 분리 민감성 주제에 대해서는 애착을 자급자족하고 있다고 지적했다. 그녀의 근본적 방어 동기는 (자신과 아이에 대한) 완벽성과 '동시에 이뤄지는', '마음이 맞는' 등 애슐리와의 계속적 일치 경험에 초점이 맞추어져 있었다. 이 주제는 안전 민감적 개인의 경우와는 매우 반대되는 것이었다. 안전 민감적 분류 사람들은 특별함에 관심을 두지 않으며(비록 그들이 예측 가능하고 안전한 세상을 보장하는 것을 지향하려는 정확성에 초점을 맞출 수는 있지만) 완벽함에 신경 쓰지 않고, 일치된 마음의 반대로 간다. 완벽한 행동, 완벽한 이해, 수행을 통한 특별함과 똑같음에 집중하는 로라의 특징은 존중 민감성과 관련된 주제였다. 취약함을 다룰 때는 상황을 나쁘게 말하면서도 로라는 자신의 아동기의 결함, 고통을 인정할 때는 진실한 모습을 보여 주었다. 애슐리에 관한 자신의 취약함을 알게 되자 로라는 자신이 완벽한 부모가 아니라는 점에서 부정적 감정을 드러냈다. 하지만 애슐리와의 관계 변화에 대해 묻자 엄마가 해야 할 옳은 일이 무엇인지 알고 싶다고 말하였다. 완벽에 대한 자신만의 방식을 찾는 것이 죠스 음악에 대한 가장 최선의 출구였다.

고정핀

로라는 순환에서 기본적 도움을 제공하였지만 애슐리의 경험에 대해서는 두려움에 대해 상반된 방식으로 조직화하였다. 그녀는 '인색하거나, 약하거나 혹은 떠나가는' 정도(제7장의 COS 상호작용 평가)의 비조직화된 양육행동을 보이지는 않았다. 또한 애슐리가 순환의 아래에 있을 때 그녀는 비조직화된 애착과 관련해서 조종하려는 행동도 보이지 않았다. 로라는 딸에게 책임과 관련된 충분한 구조를 제공하였다. 재결합 동안에는 아이가 엄마를 돌보았고 그 과정을 조직화하였다. 비록 둘 다 순환 아래에서 한계를 가졌다 해도 그 과정은 일관성이 있었고 예측 가능했다. 애슐리는 회피 방어 책략을 갖고 있었는데 그럼에도 충분히 잘 기능하여 탐색에 집중·유지하기도 했다. 이러한 이유 때문에 순환의 아래에서 로라는 그들이 나눈 잘못된 신호에 초점을 맞춰야 했다. 분리와 재결합 둘 다에서 안정을 위한 애슐리의 욕구는 중심이 되어야 했다. 애슐리가 속상해할 때 로라가 안전한 안식처가 될 수 있다면, 애슐리는 엄마와의 관계에서 더욱더 안전한 기회를 갖게 될 것이다. 두 번째 목표는 로라가 성취에 대한 압박에 얼마나 많은 시간을 쏟는지 재평가하는 기회를 제공하는 것이었다. 이 두 가지 목표가 중복되었는데 그 이유는 애슐리가 순환의 위에 있을 때 로라는 성취만을 위해 압박을 사용할 뿐 아니라 순환의 아래에 있을 때에도 역시 성취 압박을 가하였기 때문이었다. 이는 로라가 무의식적으로 죠스 음악으로부터 자신을 보호하기 위해 보낸 잘못된 신호였다.

  핵심을 먼저 선택한 다음, 충분히 활용되지 않은 능력이 주의 깊게 검토되었다. 로라의 충분히 활용되지 못한 강점이란 애슐리가 올 때 감정적으로 환영하는 순간, 애슐리와 즐거운 시간을 보내는 것, 아이에게 더 유능해지라고 압력을 가하지 않는 것이었다. 아이로 하여금 더 배우도록 강조하는 것이 얼마나 큰 실수인지를 상상해 보자. 평가는 물론 치료계획도 없는 '강점 중심' 접근법은 로라의 가르침, 애슐리의 지능, 나이를 뛰어넘는 아이의 능력을 격려하고 칭찬하겠지만 결국 이것은 그들의 문제를 강화하는 결과만 초래한다.

제12장에서 언급한 것과 같이, 1단계 낯선 상황 비디오 클립은 부모의 일부 취약성을 드러내도록 선택된 것이다. 엄마로 하여금 그 영상 클립을 통해 힘들게 투쟁하는 것을 보게 함으로 치료를 위한 기초를 제공할 수 있는데, 여기에서는 아직 활용되지 않은 강점에 초점을 맞추어야 한다. 영상 클립을 보고 처음에 부모가 어떻게 반응하는가는 부모가 아이를 취약하게 만드는 고정핀 이슈를 처리할 수 있도록 하는, 반영적 관계 능력에 대한 귀중한 정보를 제공해 주기도 한다.

1단계 비디오 검토

로라의 첫 번째 비디오 검토는, 즐거움과 공유된 기쁨을 강조하는 영상 클립과 함께 시작되었다. 아이가 깊이 존중받고 있다고 느끼도록 하는 데 있어 공유된 기쁨이 얼마나 중요한지를 아는 것이 강조점이었다. 두 번째 분리는 로라가 애슐리의 욕구 감지의 재확인 강조를 위해 사용되었다. 왜냐하면 그녀가 밑으로 내려와 애슐리의 눈높이에서 눈맞춤을 하며, 그녀를 만지려고 했기 때문에 위안을 제공하는 이 순간을 강조함으로, 엄마의 의도와 순환의 아랫부분 아이의 욕구에 대한 엄마의 잠재 능력을 살필 기회로 사용할 수 있기 때문이었다.

엄마가 문 밖으로 걸어 나갈 때 보인 애슐리의 세진 저항은 로라로 하여금 몇 개의 장난감으로 아이의 관심을 끌면서 순환 위로 다시 초점을 맞추게 하였다. 아이들이 속상해할 때 관심을 돌리는 것은 흔하고도 유용한 전략일 수 있다. 그러나 아이들이 더 원할 때 안정애착 부모는 아이의 주의를 딴 데로 돌리려는 시도를 그만두고 그들이 방을 떠나기 전, 함께 있어 주면서 아이의 정서적 경험에 초점을 맞출 것이다. 애슐리를 부드럽게 터치하거나 엄마가 곧 돌아올 것이라고 말한 짧은 순간을 제외하고, 로라는 탐색을 통한 분산에 집중하였다. 로라의 개입, 분산은 분리에 대해 애슐리를 안심시켜 줄 뭔가가 필요했음에 대해 엄마가 알고 있음을 보여 주는 것이었다. 비디오를 보았을 때 엄마는 애슐리가 자신이 가는 것을 싫어하고 감정을 처리하는 데 도움이 필요한 것 같다고 말했다. 엄마는 자신이 걱정 끼쳤음을 알고 아이에게 미소 지었는데 이는 엄마가 빨리 분리하려는 것을 깨달았기 때문이었다. 딸이 엄마가 머물도록 신호를 주고 방에 붙들려는 시도를 했다는 것을 보며 로라는 매우 놀라워했다. "나는 저런 것을 본 적이 없어요. 알아챈 적도 없었어요. 나는 방을 나가는 것에만 초점을 맞추었어요." 이것은 취약한 정보를 조절하는 로라의 훌륭한 능력에 대한 지표였으며, 조금 덜 완벽했어야 했음을 의미했다. 그녀는 비디오 클립을 통해 본 것의 중요성을 부인하기보다는 애슐리의 고통과 위안을 주고자 하는 욕구를 드러내었다. 그녀는 취약함을 붙잡아 줄 안전한 자원으로, 집단과 치료사를 사용할 수 있게 되었다.

검토 다음 단계에서는 특히 엄마 분리 동안, 엄마를 필요로 하는 애슐리에게 초점이 맞추어졌다. 애슐리는 처음에 방을 떠나려고 했으나 결국 나갈 수 없었을 때 엄마가 주고 간 장난감을 가지고 놀면서 감정을 다루려고 하였다['엄마 먼지(mommy dust)'라는 것]. 그런 다음 혼자 노래를 부르기 시작하였다. 순환 비디오 검토와 관련해, 모든 부모가 그런 것처럼 로라는 모든 것을 순환과 관련된 단어와 로드맵 안에서 거리를 두고 속도를 늦춰 관계를 살펴보면서 새로운 것을 알아야 했다. 로라는 모든 아동이 순환의 아래에서 진실로 위안을 필요로 한다는 것과 아이가 혼자 있을 때 자기위안의 방법을 찾으려고 한다는 것을 알게 되었다. 특히 집단에서 부모의 공유는 이러한 깨달음이 증가하게 된다. 집단을 통한 인식과 수용의 공유는 원가족 내 자신에 대한 부정적인 관점의 틀에서 특정한 욕구가 기인했다는 부정적인 프로그래밍을 결국 무효로 만들어 버린다.

로라는 애슐리의 경험을 통해 새로운 관점을 얻었으며, '놀이'로 주의를 돌리는 것이 순환의 아래에 있는 애슐리의 욕구를 다룸이 아니라는 것을 깨닫기 시작하였다. 늘 그렇듯 SSP에서 부모가 떠날 때 아동의 욕구를 어떻게 이해할 것인지 부모에게 가르치는 프로토콜 개념화는 부모가 오래된 행동을 새롭게 이해하도록 도울 수 있다. '모든 아이들이 분리할 때 괴로움을 느낀다'는 것을 부모가 배우도록 하는 일은 아동의 욕구를 정상으로 만들고, 부모에게 공감증진 방법을 제공하며, 무슨 일이 일어났으며 일어나지 않았는지 알려 준다. '신호'와 '잘못된 신호'라는 두 단어는 부모로 하여금 방어를 최소화하게 하여 "아하" 하고 깨닫는 순간을 만들어 준다. 이 작업은 부모의 공감 경험이 양육에서의 실수 방어 욕구보다 강하다는 가정에 기초한다. 다행히도 대부분의 경우 그러했다.

1단계 비디오 검토에서 가장 두드러졌던 점은 순환의 아래에서 애슐리는 정신적으로 고통스러웠으며 위안과 감정 정리가 필요했음을 로라가 알게 된 것이었다. 딸이 분리에서 돌아온 엄마에게 어떻게 욕구를 협상하는지는 표의 질문을 통해서도 알 수 있었다. 로라가 가장 취약한 첫 부분은 첫 번째 재결합과 관련된 것이었다. 애슐리가 혼자 있을 때 보였던 고통을, 애슐리는 정작 엄마 앞에서 보이지 않았다. 재결합하고 30초 지나서는, 즉 엄마가 방으로 들어왔을 때 아이는 엄마에게 계속 등을 보이면서 잘못된 신호를 주었다. 그리고 애슐리는 병원놀이세트를 갖고 엄마에게 다가와 엄마의 귀를 들여다보았다. SSP 시간에 아이의 욕구를 알아챌 수 없었던 로라는 애슐리의 돌아섬이 마치 원하는 놀이를 하는 것으로 잘못된 신호를 해석했다. 로라는 자신이 가치 있게 생각한 것을 강조했다. 두 번째 단계의 비디오 검토에서는 로라가 애슐리를 계속 밀어냄으로 잘못된 신호를 보낸 재결합에 대한 논의가 핵심이었다.

첫 번째 비디오 검토는 개입의 핵심적 구성요소를 전해 주었다. 즉 애슐리는 엄마가 나가기를 원하지 않는다는 것, 아이가 속상해했다는 것, 엄마가 나갔을 때 엄마를 필요로 했다는 것, 애슐리가 고통을 직접적으로 보여 주지 않았다는 것, 엄마가 돌아온 후에 위안을 필요로 했지만 엄마가 장난감을 사용하여 아이를 개입시키려 했다는 것을 깨달을 수 있었다.

치료사는 임상적으로, 존중 민감적 고투 안에서 엄마와 작업해야만 했다. 엄마가 부모로서 심각한 실수들을 저지르고 있음을 암시하는 영상 클립을 보게 된다면 비판받는다고 느끼고 자신을 실패자로 경험할 것에 굉장히 민감하게 반응한다는 것을 명심해야 했다. 그러므로 '성공과 함께하는 투쟁'이 강조되었다. 예를 들면, 치료사가 말했다. "당신은 어떤 측면에서는 애슐리가 순환의 아래에 위치해 있다고 지각하고 있었어요. 그렇지 않았다면 떠날 때 아이를 터치해 줌으로써 다시 돌아올 것을 확신시킬 필요를 느낄 수 없었을 테니까요." 모든 개입에서 부모의 안전에 대한 욕구를 존중하여야 하며 양육의 중요 부분에서 한계를 찾는 탐색이야말로 모든 양육자에게 엄청난 상처를 줄 수 있음을 인식하는 것이 중요하다.

이 과정은 엄마와 아이 모두가 독서를 즐기며 함께 웃는 상황을 보여 주는 긍정적인 것으로 끝을 맺었다. 로라가 끝날 무렵 과정에 대한 질문을 받았을 때 엄마는 애슐리가 "귀엽다"고 했으며 보통은 몰랐던, 자세한 것을 볼 수 있어서 좋았다고 했다. 끝난 후에는 보지 못했던 것이 있었노라 인정도 했다. 그런 다음 그녀는 "나는 애슐리가 하는 모든 것을 읽는 것을 좋아해요. 나는 이것을 내가 잘한다고 생각했어요." 하고 말했다. 그녀가 취약해서 모든 것을 볼 수는 없었다는 인정을 한 후 그녀는 곧바로 그녀가 부모로서 얼마나 유능한지를 방어적으로 강조함으로 저울의 균형을 맞추려고 했다. 이는 '손상 조절 : 존중 민감적' 사람에게 흔히 나타난다. 완벽히 하거나 혹은 '충분히 잘하는' 것조차 안 될 때 이들은 즉시 실패라는 감정을 느낀다. 존중 민감성을 가진 부모와 작업할 때 중요한 치료적 목표는 상처받기 쉬운 이 부모에게 상처를 주는, 그러나 그다지 대단히 중요하지 않은 경험은 되도록 언급하지 않는 것이다. 이런 것이 치료적 맥락 안에서 함께 조절될 때, 수치심에 잠식당하고 자신을 부정적 실패로 경험하지 않으면서 자신에 대해 무언가를 배우기 시작할 수 있다. "나는 완벽해"와 "나는 완전히 실패야"라는 정반대의 관점 사이에서 배울 수 있는 것은 거의 없다. 존중 민감성을 가진 사람일수록 슬프게도 두 가지 관점만이 기능할 가능성이 높다. 로라는 자신에게 집중하는 능력과 취약함을 조절하는 능력을 갖고 있었는데, 이것은 그녀가 배울 수 있는 잠재력이 있어 COS 개입을 충분히 활용할 수 있을 거라는 좋은 신호를 의미했다.

2단계 비디오 검토

로라의 비디오 검토에서 나타난 시급한 과제는 자신의 죠스 음악을 직면하고 애슐리가 어떻게 회피적이 되도록 해 왔는지 구체적 부분들을 인식하는 과정이었다. 로라에게 애슐리가 위안 욕구로부터 멀어져 고통 조절 방법으로 어떻게 탐색에만 의존하는지 정확히 보도록 하는 것이 핵심 주제였다. 핵심 주제에의 참여를 준비시키기 위해 1단계 비디오 검토에서 사용되었던 에피소드 몇 개가 선별되었는데 이는 로라에게 아이가 위안을 얻고자 엄마를 얼마나 원했는지 엄마가 얼마나 소중한지를 상기시키려는 목적에서였다. 낯선 상황 실험을 위해 방을 떠나려고 할 때 엄마는 애슐리가 혼자 있는 것을 보면서 "아이가 원하는 것은 원래 뭔가를 하는 것이라고 생각했다."고 말했다. 애슐리가 정말로 원했던 것은 엄마였다는 것은 로라에게 중요한 소식이었다. 그리고 애슐리가 순환의 아래에 있을 때 탐색을 위한 지원이 필요한 것처럼 잘못된 신호를 주는 책략을 많이 사용했음을 로라는 기억해 냈다.

치료사는 로라에게 아이와 잘 해낼 수 있을 것이라 강조하였고 애슐리가 순환의 아래에 있어 위안이 필요한 것에 로라가 보지 못하는 부분이 있음을 이야기해 주었다. 치료사가 말했다. "순환의 아래에서 당신이 필요한 순간, 엄마와 아이는 둘 다 리듬을 벗어나서 탐색으로 변환시켜 버렸어요."

비디오 클립의 핵심은 재결합 후반 부분이었는데, 애슐리가 엄마와 계속 접촉을 추구하였지만 로라는 아이를 계속 탐색하도록 되돌린 데 있었다. 12주 차까지 로라의 2단계 비디오 검토가 이루어졌는데 그동안 그녀는 관찰과 상호작용 분석능력이 상당히 증가하였다. 로라는 COS에서 사용하는 용어를 알게 되었고, 순환의 지침을 알았으며, 치료사와 집단성원들을 의미 있게 신뢰할 수 있었다. 때론 영상을 볼 때, 얼굴이 점점 침울해졌으며 고통스러워하기도 했다. 비디오 클립이 끝났을 때 울기 시작했다. "나는 아이를 밀어내 버리며 그 모든 시간을 낭비했어요. 아이가 원하는 것은 단지 나와 함께 안고 있는 거였는데." 안으로 침잠해 고개를 숙이고 눈물을 참으려 애를 쓰는 등의 침묵이 지난 후 로라는 말했다. "나는 항상 아이와 놀기를 원했고, 아이와 함께 있기를 원했다고 생각했어요. 나는 아이가 나랑 무언가 하기 원할 때 한 번도 안 된다고 말한 적이 없다고 생각했었어요. 나는 자신에 대해 내가 무엇을 하고 있든 간에 마음먹으면 멈출 수 있는 엄마라고 생각했어요. 그리고 나는 항상 그렇게 했다고 생각했어요. 나는 정말로 잘한다고 생각했고, 남편에게 그렇게 하지 않는다고 소리를 지르곤 했어요. 하지만 나 역시 그렇지 않았어요. 얼마나 많이 아이가 '나는 당신과 놀고 싶어요'라는 뜻을 보여 주었는데 나는 아이의 말을 듣지 않았어요."

이런 일이 있은 후 로라는 좋은(완벽한) 엄마에서 나쁜(실패한) 엄마로 옮겨 가게 되었다. 앞서 언급하였듯 존중 민감성과 관련된 핵심 문제가 바로 이 점이었다. 치료사는 함께 있는 길을 선택했다. 집단에서 로라가 고통을 표현할 때도 치료사는 거기 있었다. 그녀를 안심시키거나 주의를 바꾸는 대신, 오히려 그녀로 하여금 느낄 기회와 시간을 주었다. 치료사는 로라가 자신이 얼마나 나쁜 엄마였는지 고통에 초점을 맞출 때까지 기다렸다. 그리고 나서 그런 실수들이 이미 일어났던 것임을 인정하는 반면 딸을 위해 했던 모든 좋은 일들을 기억하고 알도록 돕겠다고 했다. "매주 이 집단에서 '클럽에 오신 것을 환영합니다'라고 말하는 것처럼 당신도 어떤 죠스 음악을 갖고 있어요. 나는 당신의 경고음이 애슐리가 위안을 필요로 하는 것을 인식한 바로 정확히 그 순간 일어난다고 생각해요. 왜냐하면 아이가 속상해하면서 모든 것을 조절하려고 엄마를 찾아가면 당신은 애슐리가 탐색을 하도록 격려했어요. 나는 당신이 이 경고음을 가질 수밖에 없었다고 생각해요. 왜냐하면 속상하고 외로움을 느꼈을 때 아무도 위안을 주지 않았음을 확신하고 있으니까요." 로라는 좀 전에 경험했던 강렬한 수치심으로부터 벗어나 위의 사실을 인정했다. 방은 무척 조용했는데 경건히 앉아 있거나 눈물을 흘리는 몇몇 부모들을 발견할 수 있었다.

이 작업의 목표는 부모의 고통을 없애는 것이 아니라 고통을 안전하게 보살피는 관계 안에서 경험하도록 돕는 것이었다. 이는 자기 공격을 하지 않으면서 고통 안에 머무를 수 있는 가능성을 증가시키도록 돕는다. 로라의 경우, 자신을 공격할 때 고통을 조금 덜 경험하고 있는 것 같았다. 그러나 순환의 아래에서는, 지지 없이 혼자 있는 것은 더 깊은 고통이었다. 그것은 바로 그녀의 회피 행동, 위안의 욕구에 대한 묵살, 자신과 딸 안에 있는 슬픔과 두려움과 분노 통제 등과 관련된 내재된 고통이었다. 자기 공격은 절차 기억으로 남겨져 있는데 하나는 로라가 아버지를 보면서 했던 기억이고 다른 하나는 지지가 거의 없는, 전멸이었던 가정 안에서 자신이 더 잘하기 위해 개발하였던 동기였다.

"로라," 치료사가 말했다. "좋은 뉴스와 안 좋은 뉴스가 있어요. 안 좋은 뉴스는 당신의 경고음이 초기에 습득된 것이라는 점과 그 경고음을 딸에게 가르치기 시작했다는 것이에요. 좋은 뉴스는 너무 늦은 것이 아니라는 점인데 사실 애슐리의 삶은 지금까지 배울 기회가 없었던 당신이 무언가를 배우는 것보다는 훨씬 빠르다는 점이에요. 아주 좋은 소식도 있는데, 이 비디오를 보면 애슐리가 당신을 찾아내는 데 매우 끈질기다는 것을 알게 될 거예요. 오래 지켜보면서, 엄마가 반응할 거라는 기대를 가진 아이는 엄마에게 희망도 포기하지 않는다는 것을 말하고 있지요." 치료사는 "당신은 어떤 때는 아이에게 반응하였고 어떤 때는 그렇게 하지 않았네요. 엄마가 일관적으로 반응하지 않았다면, 아이는 포기하고 그렇게 열심히 노력하지 않았을 거예요. 결코 대답이 없는 문을 계속 두드리지는 않아요. 나는 당신의 안전기지를 탐색하도록 부추겼지요. 그 결과 지금 당신은, 아이가 원하는 것이 장난감이 아니라 엄마인 당신이라는 것을 알았지요."라고 강조했다.

존중 민감적 부모들은 아이에 대해 자신이 갖는 가치가 그들이 하는 행위에 놓여 있다고 생각한다. 그들에게는 '그들이 누구인지'에 대해 아는 것을 가치 있는 것으로 여긴다는 점이 흥미롭다. 로라는 이런 상황에 대해 다음과 같이 말했다. "끔찍해요. 나는 아이를 위해 하기 원하면서 항상 내가 아이를 위해 정말 했었다고 느꼈어요. 나는 딸이 2살이 될 때까지 집 안에 함께 머물렀고, 내가 한 모든 것이 아이가 원한 것이었다고 생각했어요. 나는 더 나은 사람이 되었어요. 밴드와 밤새 술을 마시는 대신, 나는 집에 머무르며 책을 읽었고 좋은 엄마가 되는 법을 배웠어요. 온라인에서 내가 찾을 수 있는 모든 것을 다 읽었고 책과 잡지를 사기도 했지요. 나는 장난감도 굉장히 많이 샀어요. 나는 내가 해야 할 가장 올바른, 모든 것을 했어요. 그런데 애슐리가 원하는 모든 것이란 내 무릎 위에 앉아 있는 것이었는데, 나는 그 애를 밀어내고 말았어요. 전에 내가 하려고 노력했던 것이 아이의 욕구라 당연히 여겼고, 아이가 정말 원하는 것이 무엇인지는 보려고조차 하지 않았어요."

치료사는 다시 강조하면서 말했다. "당신은 때로는 그렇기도 하지만 때로는 그렇지 않기도 해요. 지금 당신은 잘라내야 할 가장자리를 알게 된 것 같아요. 보기에 비록 고통스러울지라도 위안을 위한 아이의 욕구 반응에 어떻게 할지를 알도록 내가 도와줄 거예요. 얼마나 변화하고 싶어 하는지 정말 당신이 그렇게 하기를 나도 원해요. 당신은 아이를 위해 자신의 삶도 변화시켰는데 엄청 변화해 왔죠. 그리고 갖지 못했던 성장의 가장자리가 있는데 당신은 이것을 알지 못했어요. 왜냐하면 당신이 위안이 필요했을 때, 아무도 거기에 없었기 때문이에요." 로라는 "나는 이제 알게 되었어요."라고 말하였는데 그 모습이 안심되어 보였다. '가장자리 잘라내기', '성장하는 가장자리'라는 용어는 로라의 존중 민감성에 호소하기 위한 방법으로서 치료사가 정교하게 선택한 것임에 주목해야 한다. 성장과 배움을 암시하는 용어였기에 엄마는 그 메시지를 더욱 수용할 수 있게 되었다.

마지막 비디오 클립은 읽기 에피소드였는데, 매우 상호적인 이 부분은 과업 완수에만 초점을 두지 않았다. 마지막 영상에서의 강조점은 엄마-아이 한 쌍이 유대하는 능력과 로라가 애슐리에게 이용 가능한지에 관한 것이었다. 그녀는 이 비디오 클립을 1단계 비디오 검토 때 읽기 과제처럼 즐길 수가 없었다. 왜냐하면 실패로 느낄 수 있기 때문이었다. 읽기 과제에서의 성공은 애슐리를 밀어내는 큰 '실수'를 만회하기에 너무 작아 보였다. 그녀는 "나는 읽기는 할 수 있어요."라고 말했다. 로라가 죠스 음악과의 투쟁을 했음을 인정하면서 긍정적 감각을 가지고 회기를 마쳤다.

3단계 비디오 검토

2단계 비디오 검토가 끝난 몇 주 후, 로라와 애슐리는 새로운 상호작용을 찍었다. 그들은 함께 비눗방울을 불었으며 (낯선 이가 없는)낯선 상황 실험을 했는데 그것은 한 번의 분리/재결합, 읽기, 그리고 정리로 구성되었다. 영상을 찍는 목적은 부모에게 새로운 지식을 사용할 기회를 제공하고 치료사와 집단 부모의 성공을 축하하며 최종 비디오 검토에서 부모의 고투를 계속 인정하기 위함이었다.

　로라와 애슐리는 비눗방울을 불며 함께 즐거워했으며, 로라는 성취 압박이 거의 없이 아이와 즐거운 시간을 보냈다. 분리가 이루어지자 애슐리는 심적 고통을 느꼈다. 재결합 때 애슐리는 첫 번째 비디오에서 했던 것처럼 자신이 필요한 것은 탐색 지원인 것처럼 행동하였다. 여기서 큰 차이점은 순환 아래에 아이가 위치해 있으며 아이에게는 위안이 필요하다는 것을 로라가 알았다는 것이다. 부모에게 이것은 어색한 과정일 수도 있다. 이제 아이를 위로해 주기 원하더라도 그 아이는 여전히 잘못된 신호를 주는 패턴을 유지했다. 부모는 아이에게 위안을 추구하도록 강요할 수 없었지만 반응할 기회를 기대하며 부모가 이용 가능하다는 것을 전달해야만 한다. 부모는 때때로 아이를 붙잡아 두려고 노력하겠지만 아이는 방어적 패턴에 묶여 기존의 것을 고수하려고 노력할 것이다. 이런 일이 발생하면, 부모는 거부와 소멸의 느낌을 가질 수 있다. 결합 시 로라가 즉시 애슐리에게 가 아이의 볼에 뽀뽀하자 애슐리는 그녀의 머리를 뒤로 뺐다. 로라는 그런 애슐리를 마주 보며 바닥에 앉아 장난감에 대한 아이의 관심에 응답하였다. 로라가 장난감 카메라를 가지고 놀 때, 애슐리는 엄마에게 그 카메라를 요청했고 사진을 찍었다. 로라가 카메라를 아이에게 줄 때, 애슐리는 미끄러졌고 장난감 상자에 무릎을 부딪혔다. 로라는 아이의 "아야" 소리에, 뽀뽀할 틈을 보았다. 애슐리는 뽀뽀는 허락했지만 속마음을 드러내지는 않았다. 로라는 무릎 위로 아이를 오도록 했고 애슐리는 함께 사진 찍는 것으로 이것을 받아들였다. 하지만 애슐리는 곧 일어나서 다른 장난감을 갖기 원했다. 유대하려는 첫 시도는 처음에 엄마로부터 시작되었다. 로라가 노력을 그만두자 엄마를 찾으려는 애슐리의 첫 시도가 시작되었으며 애슐리는 병원놀이세트를 가지고 '놀기' 위해 엄마에게 다가왔다. 첫 영상을 상기시키는 모습이었지만, 이번에는 로라가 반응적이었으며 아이로 하여금 성취하도록 압력을 가하지도 않았고, 둘 다에게 그것은 즐거운 과정으로 보였다. 애슐리는 병원놀이세트를 가지고 엄마를 만졌고, 가까이 있을 수 있었다.

이 마지막 비디오 검토에서 로라는 집단에게 마지막 비디오 검토 내내 자신이 얼마나 '흐느껴 울었는지' 농담도 하였다. "나는 아이가 나를 원했을 때 인색했으며, 나는 끔찍했어요." 집단은 그녀를 안심시키려고 노력하였지만, 치료사는 모든 부모들이 고투하고 있다고 말하며 취약한 면을 기꺼이 보여 준 것과 아이와의 관계에서 노력이 일어나고 있음을 감사했다. "우선 경고음을 알게 되었고, 그전에는 일어날 수 없었던 아주 많은 것이 일어날 수 있음도 알게 되었어요. 나 자신을 넘어서는 중이에요. 이러한 상황이 무엇을 말하는지 몇 분 안에 알게 될 거라고 생각해요." 그 비디오의 검토가 시작되었다.

첫 번째 클립은 둘이 함께 비눗방울을 가지고 놀았는데 로라는 기쁨을 보았다. 로라는 '내 안에 기쁨'의 순간을 볼 수 없다면, 전체 과정을 다시 다 들어야 할 거라고 말하면서 그녀가 얼마나 취약함을 느꼈는지 보여 주었다. 기분을 안 좋게 만들었던 영상 클립을 보기 위해 그녀는 기다리고 있었다고 말했다.

완벽한 부모는 아닐지라도 자신을 긍정적인 관점으로 보게 돕는 것이 그 회기에서의 중요한 점이었다. 재결합 후에 그녀는 애슐리가 위안이 필요했음을 보았으며 탐색의 잘못된 신호를 보내는 것도 볼 수 있었다. 로라는 애슐리가 자신을 필요로 할 때도 엄마를 밀어내지 않았음을 보고 자신이 딸을 다시 밀어내는 것을 보지 않아도 됨을 알게 되었고 이에 안심할 수 있었다. 그녀는 이 검토가 지난번보다 더 낫다고 말했다.

마지막 집단 회기에서 로라는 질문을 받았다. "이 집단에 참여하면서 무엇이 가장 보람 있었으며 가장 어려웠던 부분은 무엇이었나요?" 로라는 가장 보람 있었던 점은 애슐리가 매우 독립적인 것처럼 행동하여도 그녀를 얼마나 많이 필요로 하는지를 알게 된 것이었다고 말했다. 가장 어려웠던 것은 자기 자신이 그동안 애슐리를 밀어냈다는 것을 알게 된 것이었다고 덧붙였다.

애슐리는, 사후 실시한 낯선 상황에서 안정적으로 평가되었다.

놀이를 포함한 모든 에피소드에서 로라는 애슐리가 더 많이, 더 잘하도록 압박을 가하지 않았다. 로라는 애슐리의 도움 요청에 대해서는 가르쳐 주는 순간을 만들기도 하였다. 재결합 시 애슐리는 더 가까이 움직였고, 로라는 참을성 있었다. 엄마가 들어오기를 기다렸고 다가와 뽀뽀나 포옹을 했지만 애슐리는 너무 순식간에 살짝 하는 모습을 보였다. 애슐리는 회피와 안식처 이용의 중간쯤에 위치해 있는 것처럼 보였다. 로라가 너무 빨리 접근하면 애슐리는 장난감을 가리키며 탐색하려 떠나가는 잘못된 신호를 주었다. 로라는 옳은 행동을 하려고 노력하였고, 애슐리가 응답하지 않더라도 기다렸으며 애슐리가 들어올 공간을 마련해 두었다. 변화는 어려웠지만 로라는 그것이 어떻게 작동 되어야 하는지는 알았고 애슐리의 속도에 맞추기 위해 조율하려 노력했다. 애슐리는 속상할 때 엄마를 안전한 안식처로, 탐색을 위한 안전기지로서 이용할 수 있었기에 애슐리는 안정애착 점수를 획득할 수 있었다. 로라는 엄마와의 상호작용에서 더욱 큰 즐거움을 보였으며 성취에 대한 압박 없이 아이의 흥미를 따라갔다.

안정성의 순환 사후 개입 인터뷰

사후 개입 COSI에서 일방경 뒤에서 로라가 애슐리를 보았을 때 애슐리에게 필요했던 것이 엄마인 자신이 함께 있어 주는 것이라는 것을 알게 되었다고 말했다. 애슐리의 고통, 욕구를 볼 수 있었다. 애슐리의 위안 필요에 대한 질문을 받자, 그녀는 "네, 그렇지만 그것은 내가 수업을 들었기 때문이에요. 나는 이제 아이의 신호를 좀 더 잘 읽을 수 있게 되었어요. 전에 나는 아이가 놀기만 원한다고 생각했는데 이제 나는 내가 자신과 함께 있어 주기를 바란다는 것을 알게 되었고 아이의 감정을 정리해 주며 함께 있어 주는 것이 중요하다는 것을 알게 되었어요. 나는 전에, 내가 가 버리는 것에 대해 아이는 전혀 문제 삼지 않는다고 생각했었어요."라고 말했다.

"당신은 안정성의 순환 프로젝트에의 참여가 당신과 당신 아이에게 긍정적 아니면 부정적 영향을 미쳤다고 생각하나요?"라는 질문을 받았을 때 로라는 "나는 대부분 긍정적이었다고 생각해요. 내가 아이의 잘못된 신호들, 아이는 잘못된 신호를 많이 주었는데, 안정성의 순환 프로젝트가 그것을 읽도록 도와주었다고 생각해요. 또한 내가 왜 이런 방식으로 행동하는지 이유를 알 수 있도록 도와주었어요. 그것은 나에게 정말로 힘든 일이었지요. 나는 나 자신에게 매우 비판적이어서 긍정적이지 않았던 것들을 비디오에서 보았을 때 나는 더 비판적이 되었어요. 나는 여전히 그것에 대해 나 자신을 비난하고 있어요. 나는 여전히 힘든 시간을 보내고 있어요…… 그것은 정말로 나에게는 힘든 것이었어요. 그렇지만 전반적으로 매우 긍정적인 경험이었어요."라고 말했다.

14 장

안나와 샘

안나는 최저임금 직장에서 오랜 시간을 일하는 싱글맘이다. 그녀의 3살 된 아들, 샘은 뇌성마비를 진단받고 언어뿐만 아니라 대근육과 소근육 운동에 심각한 문제를 갖고 있었다. 샘은 기어 다닐 수는 있었지만 도움 없이는 걷지 못했으며 매우 제한적인 언어기술을 갖고 있었다. 안나는 양육에 대해 더 알고 싶은 흥미 없이 COS 프로그램에 참여하였다.

접수

첫 인터뷰 동안 안나는 샘이 매주 물리치료와 언어치료에 참여한다고 말했다. 또한 그는 매일 헤드스타트에 참여했다. 샘은 조산아였으며, 출생 후 2달 동안 신생아집중치료실에서 있었다. 생의 첫해 동안 그는 병원에 오래 머물러 있어야 하는 몇 개의 수술을 받았다. 안나는 오랫동안 샘이 살지 죽을지 확신할 수 없었다고 보고하였다.

   샘의 신체적·감정적 필요는 안나에게 매우 부담이 되는 것이었다. 그녀는 샘의 의료적 필요를 돌보기 위해 매우 헌신적이며 단호하고, 거의 불평 없이 일주일에 몇 번을 약속된 모든 일정에 맞추어 그가 갈 수 있게 조절한다.

상호작용 평가 : 낯선 상황 절차

안나는 먼저 그 방에 들어갔으며, 그녀의 바로 뒤에 샘은 방으로 들어가 마룻바닥 중간에 놓여 있는 장난감 상자를 향해 재빨리 움직였다. 안나는 그녀의 지갑과 샘의 재킷을 소파 위에 올려놓고 가까운 의자에 앉았다. 샘은 재킷 쪽으로 곧장 가서 의자에서 그것을 벗겨 버렸다. 안나는 다소 억양이 없는 어조로 그가 재킷을 입고 싶어 하는 건지 물었다. 샘은 엄마를 쳐다보며 그렇다고 말했고, 안나는 잠시 눈길을 돌리며 "알겠어."라고 말했다. 안나가 샘에게 눈길을 다시 돌리자마자 그는 재빨리 눈을 돌려 버렸다. 이것은 측정에 이르게 결론 낼 것은 없었지만, 처음에 우리는 이것을 그 둘이 눈맞춤을 피하는 방식일 수도 있다고 보았다.

샘은 재킷 없이 장난감 쪽으로 다시 돌아갔다. 샘이 탐색하는 동안 안나는 주의를 기울이는 것처럼 보였지만, 그녀는 아이가 그녀의 방향으로 몸짓을 보낼 때마다 최소한의 반응으로 무감각한 감정을 유지하였다. 그녀는 거의 마치 일방경 뒤에서 그를 보는 것처럼 다소 떨어진 거리에서 자신의 아이를 살피는 것처럼 보였다. 샘이 고리 장난감에서 모든 고리를 빼기를 마치자, 안나는 다소 날이 선 목소리로 "무얼 하려는 거니? 네 생각에 네가 그것들을 다시 넣을 수 있다고 생각하니?"라고 샘에게 물었다. 샘이 그렇게 하자 안나는 고리들의 숫자를 세었다. 샘이 끝마쳤을 때 그녀는 그에게로 가서 그의 손으로 손뼉을 치고 말했다. "예." 그리고 방에 들어온 후 처음으로 그의 손과 그녀의 손으로 함께 박수를 치며 잠시 미소 지었다. 그의 놀이에 공유된 그들의 관심은 첫 번째 에피소드 동안 계속되었으며, 의사 놀이 세트에서 청진기 장난감을 집어 들고 처음으로 엄마와 함께 신체적 접촉을 시작하면서 끝이 났다. 그가 그녀의 심장에 청진기를 갖다 대자 샘과 안나는 웃고 기쁘게 바라보며 처음으로 따뜻한 교환을 하였다. 이 평가에서 단 3분 동안 이 쌍에서 힘과 투쟁의 조합이 나타났다. 즉 샘이 신체적으로 그의 엄마에게 다가가려는 것에 대해 분명히 머뭇거리는 데 반해 안나의 감정적 가용성에 관한 안전기지는 제한적인 것으로 나타났다. 동시에 그들은 분명히 공유된 감정을 나눌 수 있었다.

안나가 떠날 시간이 되었을 때, 샘은 아무런 저항 없이 분리를 받아들이는 것처럼 보였으며 마치 그의 엄마가 방을 떠나지 않은 것처럼 탐색을 계속하였다. 그는 잠시 낯선 이와 그가 가지고 놀고 있는 장난감에 대하여 상호작용하였으며 감정적인 고통에 대해 아무런 표시도 보이지 않았다. 매주 주어진 시간 동안 샘은 전문가들의 보살핌 안에서 대안적 양육자들과 함께 남겨지는 것에 대해 순응할 것 같았다.

재결합 동안 안나는 샘과 "안녕." 하며 인사하였고, 그에게 미소 지었다. 그는 빨리 열정적인 미소로 응답하였으며 "안녕."이라고 대답했다. 안나가 아이에게 엄마가 없을 때 즐거웠는지 묻자, 샘은 대답하지는 않았지만 재빨리 그녀에게 등을 돌리고는 장난감 상자로 초점을 맞추었다. 안나는 거부당했을 때 행복하지 않은 것처럼 보였다. 그런 다음 샘은 더 큰 장난감 밑에 아기 인형을 놓아두었다. 안나는 그 아기에게 무엇을 했는지를 물었다. 그 인형에 대해 이야기할 때, 샘이 갑자기 주제를 바꾸어 그의 무릎 위를 "아야" 하고 가리켰다. 안나는 샘이 인형을 할퀴는 것을 보기 위해 더 가까이 갔다. 안나는 화난 목소리를 내며 "그것 좀 내버려 둬."라고 그를 꾸짖었다. 샘은 안나를 쳐다보며 자기 다리를 계속 잡고 있었다. 그러자 안나는 샘에게 몸을 굽혀 그가 "아야" 한 것에 뽀뽀하였고 좀 나아졌는지 물었다. 샘은 다시 할퀴기 시작했다. 안나가 말했다. "나는 좀 내버려 둬야 한다고 생각해." 그러나 샘은 계속해서 할퀴었다. 안나가 말했다. "그만." 그리고 갑자기 그의 팔을 잡아당겨서 다리를 계속 할퀴지 못하도록 했다. 샘은 엄마를 쳐다보고 다시 한 번 그의 상처를 할퀴기 시작했다. 다시 안나가 그의 손을 다리에서 떼어내며 말했다, "그만둬." 그러자 샘은 그녀를 똑바로 바라보고 "싫어요."라고 말했다. 안나는 그에게 미소 지어 봤지만 샘은 팔짱을 꼈고, 그러자 안나는 그를 흉내 내며 조롱하듯 자신의 팔짱을 꼈다. 샘은 끙끙 앓는 소리로 "싫어요."라고 했고, 안나는 "싫어."라고 했다. 그리고 나서 안나는 샘이 화가 났는지 물었고, 샘은 "아니요."라고 말했지만 자신의 상처를 또 할퀴었다. 다시 한 번 안나는 "그만 멈춰."라고 말했다. 샘은 다시 상처를 할퀴며 멈추지 않았다. 그러자 안나는 다른 장난감으로 시선을 돌리도록 노력하면서 손을 내밀어 아이의 배를 재미있게 간지럽혔다.

재결합은 샘 쪽에서의 위안 추구 없이 빠른 인사와 함께 시작되었는데 샘은 재빨리 엄마에게서 등을 돌리고 탐색에 집중하였다. 상호작용은 샘은 점점 더 저항하고 안나는 그것을 싫어하면서도 좋아하는 것처럼 보이는, 서로에게 "싫어."라고 말하는 것을 흉내 내는 정감 어린 게임처럼 끝났으며, 초점을 옮김으로 저항의 확대를 막는 방법을 찾았다.

두 번째 분리는 첫 번째와 유사했다. 샘은 안나가 떠날 때 어떠한 언급, 응시 없이 분리를 받아들였다. 그는 놀이를 중단하고 자기 머리카락을 반복적으로 잡아당기고, 엄마가 고통스러워하며 갈망하는 표정으로 보고 있는 문을 쳐다보는 한순간을 제외하고는 혼자 2분 정도 탐색을 계속하였다.

두 번째 재결합 때문에 안나가 들어왔을 때 샘은 창밖을 바라보고 있었다. 안나가 샘에게 다가와 샘의 뒤에 서서 물었다. "무엇을 보고 있니?" 샘이 무엇을 보고 있는지 잠시 이야기를 나누었고, 이윽고 샘이 방을 향해 몸을 돌리자 안나는 또 거기서 벗어났다. 그때 그녀는 고개를 아이 쪽으로 잠시 돌려 몇 초간 눈맞춤을 할 수 있었다. 안나는 의자에 앉아 아이에게 재미있었는지를 물었고 샘이 말했다. "아니요." 아이가 말했고 안나가 "뭐하고 싶어?"라고 물었다. 그러자 샘은 "안녕." 하고 떠나고 싶다고 말했다. 안나가 "우리는 지금 안녕 하지는 않을 거야. 나는 네가 그 장난감들을 갖고 놀기를 원해."라고 말했다. 샘은 다시 "싫어요."라고 말했다. 안나가 미소 짓자, 샘은 "싫어요."라고 여러 번 말하며 저항하였다. 안나는 놀리는 목소리로 아이에게 "사기꾼"이라고 말했다. 샘은 장난감을 향해 돌진했고, 안나를 똑바로 쳐다보면서 그것을 가지고 열중해 놀았다. 샘은 그 장난감을 적절히 사용하지 못했기에 장난감을 움직이느라 씨름하고 있었다. 안나는 샘을 도와주려는 노력, 그리고 무심한 얼굴표정으로 아이를 응시하는 것 사이를 왔다 갔다 했다. 샘이 더 쉽게 사용하도록 안나가 장난감을 돌렸을 때, 샘은 갑자기 자신의 방향을 바꾸었다. 이는 마치 "나는 당신의 도움이 필요하지 않아요."라고 말하는 것 같았다. 상호작용에서 샘은 안나에게 결코 자신이 엄마의 도움이 필요하다고 표현하지 않았다.

샘의 애착전략은 불안정 회피 애착으로 평가되었다.

낯선 상황 실험이 공식적으로 끝났다. 우리가 관찰한 것은 샘이 분리에 대하여 고통을 거의 보이지 않았다는 것이다. 그의 고통은 단지 혼자 있을 때 아주 짧은 순간 동안 볼 수 있다. 재결합 동안 샘은 잘못된 신호를 보냈으며, 탐색에만 집중하였고 자신의 감정적 컵이 차지 않았는데도 위안을 얻기 위해 안나에게 가지 않았다. 이것은 불안정 애착과 일치한다. 이는 회피가 흔한 샘과 엄마 사이의 확장이었는데, 이때 아이는 약간 적대적이었으며 안나는 아이의 애착욕구가 활성화될 때 미소 지었으며 놀렸다. 여기에서 두드러진 것은, 안나가 감정적으로 떠나가 버리는 것이었다. 감정적으로 무미건조하다가 떠나가고, 샘이 장난감 사용에 힘들어하는 것을 보자 갑자기 개입하는 것처럼 보였다.

핵심적인 문제는 샘의 애착이 활성화되는 때, 그가 원하는 모든 것, 하기 원하는 모든 것을 탐색하는 것으로, 잘못된 신호를 보내는 데 있었다. 이것 역시 불안정애착과 일치하는 것이다. 안나는 뒤섞인 메시지를 보냈고 샘은 결국 저항적으로 행동하게 되었다. 샘의 저항적인 행동은 조종은 아니었고, 안나도 분명한 책임이 있었기에 불안정 혼돈애착의 기준에는 맞지 않았다. 하지만 이것은 관계에서 거리와 갈등을 만들어 낼 잠재성을 갖고 있는, 문제 있는 패턴이었다.

제8장에서 설명한 것과 같이 COS 상호작용 평가는 SSP에 읽기와 정리 에피소드를 추가하였다. 안나가 샘에게 그의 옆에 앉아 읽기를 원하느냐고 묻자 샘은 재빨리 "네." 라고 대답하였다. 그들은 의자에서 약 3미터 정도 떨어져 있었는데 안나는 샘이 의자까지 걸어갈 수 있도록 도움을 주었다. 그들은 함께 일어섰다. 안나는 샘의 손을 부드럽게 붙잡고 그가 걷도록 격려하였으며, 샘은 천천히 불편하고 자꾸 멈칫거리고 간신히 조직화된 발걸음으로 방을 건너갔다. 이 상호작용에서 무언가 눈에 띄게 부드러운 것이 있었기에 집단의 많은 이들의 눈에 눈물을 보이게 만들었다. 샘과 안나가 의자에 다다랐을 때, 안나는 아들에게 엄마 옆이나 무릎에 앉기 원하는지를 물었고 샘은 "응." 하고 간단히 대답했다. 샘이 안나 옆에 앉았고 그들은 안나가 읽고 샘은 페이지를 넘기면서 "괴물들이 사는 나라(Where the Wild Things Are)"를 읽었다. 한때 샘은 페이지를 너무 빨리 넘겨 버려 안나가 읽는 속도보다 빨리 넘어가기도 했는데, 안나는 그에게 다시 앞부분으로 돌아갈 것과 페이지를 좀 천천히 넘겨 주기를 요청했다. 이때는 반항도 일어나지 않았다. 그 이야기가 끝날 무렵 그들은 애정을 가지고 서로를 쳐다보았고, 샘이 "다 끝났어요." 하고 말했다. 그러자 안나가 따뜻하게 대답했다. "그래, 다 끝났어. 끝." 샘은 책을 덮고 환한 미소를 지으며 안나의 얼굴을 쳐다보고 말했다. "네, 끝."

정리 에피소드 중에 샘은 처음에는 부드럽게 "싫어요."라고 말했다. 안나는 책임을 지고, 잠시의 분투 끝에 샘은 안나와 협력하기로 태도를 바꿔 장난감을 치웠다. 안나는 따뜻하고도 단호하게, 함께 장난감을 다시 치우려는 샘의 노력을 지지해 주었다.

치료사의 도전은 이 모든 것을 이해하는 것이었다. 안나는 매우 애정적이고 따뜻하며 또한 무심하고 다소 '멀어져 버릴' 소지가 있었다. 그녀는 따뜻함과 권위를 가지고 책임을 질 능력이 있었고 샘의 노력을 지지해 주는 것에 숙달되어 있었다. 그녀는 샘이 순환의 윗부분에서 유능한 것에 초점을 맞추었고, 순환의 아래에서 고심하는 것처럼 보이지 않았다. 샘의 신체적인 분투를 고려할 때 이 모든 것은 복잡했다. 안나는 샘의 언어, 인지, 소근육과 대근육 운동을 발달시키도록 돕는 방법을 말해 주는 많은 전문가들 속에 있었다. 여기서 제기되는 한 질문은 낯선 상황 실험에서 함께 본 어떤 것이 안나의 원래의 특징인지, 샘의 관계적 인식 정도와 그들 행동의 얼마 정도가 전문가의 코칭에 의한 효과인지 등과 관련된 질문이었다. 확실히 알게 된 것은 샘의 회피행동이 거짓된 것이 아니며, 그들 둘 사이는 친밀감과 독립성 사이에서 긴장을 조율하는 방법이라는 것이었다. 만약 이러한 현재의 패턴들이 계속된다면 샘은 엄마를 정서적 안식처로 활용할 수 없을 것이고, 엄마로부터 도움을 받는 데 한계를 가질 것이며 복잡한 감정은 더 이해하기 어려울 것이라는 점이었다. 만일 접촉을 협상하는 방법으로 갈등이 계속 증가한다면, 서로 간 보내는 잘못된 신호는 샘과 안나의 관계에서 샘을 더욱 적대적 모습으로 발달시킬 수 있을 것이라는 점이었다.

부모 지각 평가 : 안정성의 순환 인터뷰

안나가 SSP에서 샘을 떠났을 때 어땠는지 질문을 받았을 때, 그녀는 "나는 그가 괜찮았다고 생각해요. 나는 그것을 과장하여 생각하고 싶지 않아요. 그는 내가 바로 돌아올 거라는 것 알아요."라고 말하다 그녀는 잠시 멈추고 덧붙였다. "나는 그가 많이 상관하지 않았다는 것에 놀랐어요." 안나는 분리가 큰 일이 아니기에 아이는 괜찮았다고 말하고 싶은 것처럼 보였다. 그러나 또한 그녀는 자신이 필요하지 않았나 하는 내재된 걱정을 나타냈다. 비록 분명히 어떤 의식적인 수준까지 인식된 것은 아닐지라도, 그녀는 우리에게 자신이 절차적으로 그녀의 순환의 윗부분에서 어느 정도의 거리 수준을 유지하게 만드는 동안 순환의 아래에 있는 자신의 돌보지 않은 욕구들 또한 촉발되었다는 것을 알려 주는 것이 아닐까? 그녀는 아이가 독립적이기를 바라면서도 아이의 독립을 너무 멀리 떨어진, 그리고 신경 쓰지 않는 것의 표시로 경험하는 혼합된 감정을 갖고 있는 것일까? 그녀에게 떠나는 것이 어떤 느낌이었는지를 물었을 때 그녀는 "그것은 안 좋았어요… 나는 그가 일을 해내는 것을 보는 것을 좋아해요."라고 말했다. 그녀가 일방경 뒤에서 샘을 볼 때, 그녀가 생각하기에 샘이 필요했던 것은 무엇이라고 생각했는지를 질문받자 답했다. "나는 그가 정말로 어떤 것이 필요하다고 생각하지 않았어요." 안나는 순환의 아래에 있는 샘의 욕구들을 보지 않는 것처럼 보였고 샘이 순환의 윗부분에서 활동적인 것을 볼 때가 최고로 좋았다고 하였다.

안나에게 샘이 위안을 원했을 때가 어떤 것이었는지를 묻자, 그녀는 "때때로 나는 모르겠어요. 그것은 아마도 그가 특별한 욕구가 있기 때문일 거예요. 나에게 그것은 어려워요. 왜냐하면 그는 달리기처럼, 자신이 할 수 없는 것에 대한 위안을 필요로 해요. 그는 원했던 것들에 화를 내요. 일어서서 잡으려고 노력하고 걷다가 넘어지고, 아이는 자신을 상처 내고서 위안을 원해요. 오래 넘어져 있는 것은 아닐지라도 좌절해 있고, 아이 기분이 약간 상했기 때문에 그는 그때 위안을 필요로 해요. 나에게는 그가 힘들게 분투하는 것을 지켜보기가 정말 힘들어요. 장애가 아닌 문제로 아이를 위로하는 것은 쉬워 보이는데 장애와 관련한 문제에 내가 할 수 있는 것은 없어요. 달랐으면 하고 생각하는 것은 어려워요. 그가 조산아로 태어났고 내가 전에 할 수 있었던 것은 없었어요. 나는 장애와 관련해 여전히 힘든 시간을 보내고 있어요."

안나는 샘의 장애 문제와 관련해 아이에게 위안을 주는 것을 힘겨워하고 있다. 왜냐하면 그녀는 그를 돕는 데 무력감을 느끼기 때문이다. 그것은 임신 중 자신의 행동들로 인해 샘의 문제가 발생한 것일 수도 있다는 엄마의 미해결된 죄책감을 활성화하였다. 이후에 그녀의 샘과의 관계 안에서 가장 고통을 주는 것은 무엇인지를 질문했을 때, 그녀는 "그가 그 또래의 다른 아이들보다 더욱 힘겹게 분투하는 것을 볼 때"라고 말했다. 그리고 그녀는 다른 아이들이 놀고 있는 어느 공원에 갔었던 이야기를 말했다. 샘이 다른 아이들과 함께 놀고 있었을 때 그는 기어가고 있었고 그들은 주변을 뛰어다녔는데, 그 아이들 중 몇몇은 그가 얼마나 느린지에 대해 참을성이 없어졌다. 왜냐하면 그들은 그가 끝마치기를 기다리고 있었고, 그래야 그들이 큰 플라스틱 터널을 통과할 순서가 되기 때문이다. 안나가 샘이 계속 놀게 놔두는 것이 안전할지 또 그녀가 샘을 도울 수 있는 어떤 것이 있는지를 결정하려고 노력하고 있을 때, 다른 부모들이 그녀에게 다가와 샘은 기어 다니기에는 너무 나이가 많다고 말했다. 안나는 샘을 위한 안전에 초점을 맞추었고, 그것이 매우 위험하다고 결정 내렸다. 안나가 샘이 그 놀이터로부터 벗어나도록 하자 샘은 매우 화가 났다. 안나도 기분이 매우 안 좋아졌는데, 그 이유는 샘이 왜 자신이 놀 수 없는지를 이해하지 못하고 엄마가 그의 즐거움을 끝내도록 한 것에 대해서만 화를 냈기 때문이었다. "그리고 다시 한 번 나는 그가 조산아로 태어났기 때문에 내가 달리 행동할 수밖에 없던 것을 생각하게 되었다"고 안나는 결론지었다.

아이의 신체적인 한계에 대한 감정을 다루는 것은 어느 부모에게든 힘든 일이다. 그렇지만 샘의 신체적 힘듦과 관련한 그녀의 감정들이 그녀가 그의 조산에 영향을 미쳤을지 모른다는 것, 그의 뇌성마비가 어떻게 생기게 되었는지에 대한 해결의 부족과 결합되자 힘든 정도가 증가하였다. 거기에 위안과 순환의 아래에서 친밀감을 회피하려는 그녀의 절차적 학습 경향과 정서적 철수에 대한 결정과 관련한 문제들이 더해졌다. 순환의 아래에서 욕구들을 회피하려는 그녀의 경향을 제외하고라도 안나는 심각한 장애를 가진 아이의 부모가 겪는 힘든 과정과 씨름하고 있었다. (1) 아이의 상실에 대한 애도, (2) 아이를 있는 그대로 받아들이는 것, (3) 자기비난과(혹은) 수치에 대한 충분히 해결된 감정들이 바로 그것이었다.

COSI 인터뷰가 진행되는 동안 우리는 샘의 장애에 관한 미해결된 감정들 이상으로 안나가 고통받고 있다는 것을 확인할 수 있었다. SSP를 통해, 그녀의 내포된 관계적 앎은 세상에서 그녀의 존재 방식을 조직화하였다. 그럼으로 그녀는 강박적으로 자급자족하며 다른 사람들의 정서적 지지에 의존하지 않았고, 이제 그녀는 자신의 아이에게 절차상으로 그렇게 똑같이 하도록 가르치는 중이었다.

자신이 어린아이였을 때 위안이 필요하면 무엇을 했는지를 물었을 때, 그녀는 아무도 자신을 위로해 주지 않았음을 회상하였으며, 그녀가 어떤 위안이 필요함을 보일 때 그녀는 몹시 성을 내는 것에 의존하였음을 생각해 냈다. 그녀의 아버지는 학대적이었다. 그녀의 어머니는 그녀가 5살 때 떠났고, 그녀는 아버지와 몇 년을 함께 살았다. 그녀는 그 후에 엄마에게로 돌아갔는데, 그때 그녀의 엄마는 남자친구와 함께 살고 있었고 정서적으로 묵살하는 것과 완전히 이용 가능하지 않은 것 사이에서 자꾸 바뀌었다. 안나는 매우 어린 나이에 자급자족하는 것을 배웠으며, 이것은 그녀가 7살 무렵에 모든 집안일을 돌보는 것과 요리하는 것을 포함했다. 그녀가 관심을 받고 싶지만 그것을 얻을 수 없었을 때, 그녀는 화가 났던 것을 기억하였다. 결과적으로 그녀는 기대하지 않거나 심지어 관심을 원하지 않는 것을 학습했다. 아동보호서비스가 그녀의 어머니가 양육을 등한시한다고 생각하여 그녀는 9살 때 양부모에게 입양되었다. 그녀는 몇몇 양부모의 집에서 살았으며 그녀가 취급받았던 방식을 혐오했다고 묘사했다. 그녀는 14살 때 양부모의 집에서 뛰쳐나갔으며, 길거리에서 살면서 17살 때까지 친구들과 '여기저기 옮겨 다니며 잠을 자며' 살았고, 샘을 임신하게 되었다.

안나의 초기 애착 경험들은 이용 가능하지 않음이거나 혹은 두렵고/학대적인 양육자에 대한 경험이었다. 동시에 SSP를 통해서 나타난 증거들은 역할 전환/왜곡의 어떠한 눈에 띌 만한 징후도 없이 샘과의 관계를 책임지는 것에 머무는 능력은 그녀가 비조직화된 것으로 간주되는 것을 피하기 위해 충분한 내적 일관성을 발달시켜 왔다는 것을 분명하게 만들었다.

방어기제가 무엇인지에 관한 특정 주제들을 식별하면서 안나는 그녀의 인생을 통해 고통스러운 아동기를 무뎌지게 하는 것이 그녀가 여전히 거리를 유지하고자 노력하고 있다는 그 주제와 욕구에 접근하는 데 중요한 걸음이다. 그러므로 그녀의 핵심 민감성은 중요한 것이었다.

SSP에서 관찰되었던 가장 분명한 책략은 높은 수준의 자급자족을 유지하고 지지하는 그녀의 경향이었다. 그녀의 아동기 때의 애착관계 유형을 보았을 때, 그녀는 애정을 기대하지 않고, 순환의 아래에 있는 욕구들을 묵살하는 것을 배워 왔다. 안나의 자급자족, 의존을 회피하는 것, 그리고 분리에 대한 눈에 띄는 수용은 분명히 분리 민감성의 반향을 가리키지는 않았다. 순환의 아래에서 욕구들을 위해 정서적 이용 가능성을 제공하는 것을 꺼리는 부모를 위한 더욱 흔한 선택권은 존중감 혹은 안전 민감성일 것이다.

안나는 COSI 동안 인터뷰하는 사람에게 깊은 인상을 주려고 노력하는 어떤 시간도 갖지 않았고, 그녀는 결코 자신 또는 아들과 관련한 특수성에 초점을 맞추는 것 같지 않았다. 그녀는 샘이 자신을 거부하는 것에 경계하는 모습을 보이지 않았으며, COSI 동안 완벽한 부모가 되기 위해 염려하는 모습은 보이지 않았다. 안나는 SSP 동안 서로 의견이 달랐을 때 방어적으로 샘을 평가절하하지는 않았다. 또한 그녀는 분명히 COSI의 취약함을 보일 수 있는 몇 순간에도 원가족 부모들에 대해 논의할 때에도 그들을 폄하하지 않았다. 그녀는 다른 사람들에게 어떻게 보일지 예민하게 경계하는 것처럼 보이지 않았다. 공원에서의 사건이 좋은 예이다. 그러므로 존중 민감성 또한 제거되었다.

안전 민감성으로 이해되기 시작했다. 그녀는 회피에 대한 성향, 강박적인 자급자족적 성향, 그리고 SSP 동안 정서적으로 거리를 두었다가 샘에게 다시 개입하는 것에 관한 그녀의 방어와 함께 이 특정한 민감성에 맞는 것으로 보였다. 또한 그녀가 샘에게 번갈아 가는 방식은 안전 민감성을 가진 사람들에게 친밀감과 거리감 사이의 흔한 춤을 보여 주는 것이었다. 게다가 치료사의 역전이는 중요한 단서가 되었다. 그는 자신이 엄마의 경계에 대해 방어적이라는 것, 엄마가 침투하거나 '너무 많이' 가는 것에 주의하는 것을 계속해서 알아채고 있었다. 역전이는 치료사 각각의 핵심적 민감성에 대한 강력한 지표가 될 수 있다. 침투, 그리고 강렬함으로부터 자신 보호와 관련한 그 주제는 안전 민감성 분류에 맞는 것이다.

안나의 핵심 민감성은 안전 민감성으로 확인되었다.

고정핀

대단히 중요한 고정핀은 그들의 회피적인 관계에서 샘이 어떻게 안나를 안전한 피난처, 순환의 아랫부분 목표로 이용하지 못하는가와 관련된다. 저항하는 놀리기/악화는 핵심 문제에 포함되어 있었고, 안나에게는 이것이 방어적인 잘못된 신호로 생각되었으며, 특히 이것은 샘의 애착이 활성화되고 그의 정서적 컵이 가득 차지 않았을 때 직접적으로 연결하는 것에 대한 대체물로 사용되었다. 이 목표를 달성하기 위해 첫 번째로 안나는 순환의 아래에서 그녀에 대한 그의 아들의 애착욕구에 대한 진짜 본질을 봐야만 했다. 둘째로 그녀는 샘과 함께 있는 두 가지 방식과 그에게 미치는 그것들의 영향을 대조해 볼 필요가 있었다. 즉 샘이 그의 장애로 인한 제한과 그녀의 이어지는 분리에 대한 그의 필요로 힘겨워할 때 따뜻하고 감정적으로 접근 가능함 대 무심하고 거리 두기의 두 가지에 대해서이다. 그녀가 어떻게 혼합된 신호들로 그녀에 대한 그의 필요에 응답하는지를 인식하는 것은 이어질 개입에 있어 중심적인 주제로 보였다.

이러한 목표들은 안전 민감성에 대한 안나의 내적 작동 모델에 적합한 것이다. 그녀는 그녀가 수행해야 할 신체적 기능이 있을 때 더욱더 친밀감에 대해 편안해했으며, 그녀에게 규정된 역할이 없을 때마다 가깝고 정서적으로 강렬한 순간들을 회피했다. 이것은 샘이 재결합 이후에 화가 났을 때 가장 두드러졌으며 그녀는 특정한 '문제'를 해결하고 샘의 고통을 사라지게 만드는 어떤 것도 할 수 없었다. 샘의 고통과 함께하는 것과 잘 설명된 해결책이 없는 것은 안나에게 다시 그녀의 경고음, 즉 그녀가 위안과 보호에 대한 필요가 있었을 때 양육자의 지지가 부족했던 것과 연관된 것을 떠올리게 하는 것이었다. 그녀는 강박적으로 자급자족하는 것을 배우고 다른 사람들에게 의지하지 않음으로써 자신의 아동기에서 생존해 왔다. 아이들이 화가 날 때, 모든 양육자에게는 그들이 그 고통을 사라지게 할 수 없는 순간들이 있다. 이것은 그 양육자들이 진짜로 그 문제를 해결하기 위해 무력한 순간들이며 어떤 특정한 종류의 감정적 무력감을 견뎌 내야만 한다. 오로지 그 아이와 그 또는 그녀의 고통과 함께 있기를 하면서 말이다. 취약함과 무력감의 감정을 다루는 것은 모든 부모가 해야 할 일로 정해져야 한다. 샘의 장애 때문에 안나는 다른 부모들보다 이러한 감정들을 상당히 더 많이 다루어야만 했다. 이것은 그녀의 학대와 방임의 역사에 더하여 그녀가 감정적 필요에도 불구하고 무력감의 감정으로 돌아가기 원하지 않았다는 것은 매우 이해 갈 만하다.

안나는 긍정적인 감정들에 대해 조심스러워 보였다. 안전 민감성의 렌즈를 통해 관계를 보는 많은 사람들은 강렬한 감정들, 특히 친밀감의 경험과 관련된 것들에 대한 표현과 경험이 '너무 과하다고' 느낀다. 이것 때문에 그들은 어떤 잠재적인 친밀감의 경험과 연관된 인식된 위험을 다루기 위한 방법의 하나로서 신체적으로 그리고(혹은) 정서적으로 거리를 유지함과 관련된 감정들을 시험해 봐야 한다. 이것은 안나를 그녀의 중심 딜레마로부터 보호하는 하프인 하프아웃 타협의 부분이다. 즉 침입과 위험, 통제되는 것에 대한 기억들을 촉발하면서 가까워지는 것은 너무 가까워지고, 반대로 연결이라는 희망 없이 참을 수 없는 고립감에 대한 경험을 포함하는 경험을 촉발하면서 멀어지는 것은 너무 멀어지는 것이다. 안나는 진정으로 그녀의 아들과 연결되기를 원한다. 그의 행복 때문만이 아니라 그녀의 행복 때문이기도 하다. 그녀가 이것을 원하는 것은 타고난 건강과 그녀를 부모로서 동기화시키는 긍정적인 의도 때문에 형성된 것이다. 그러나 늘상 그렇듯 경고음은 우리의 역사에서 고통스러운 경험들로부터 발달한다.

안나에게 죠스 음악은 친밀함과 연관된 위험과 동의어인데, 이것은 그녀가 순환의 아래에 있었을 때마다 그녀의 양육자들이 얼마나 형편없이 그녀의 욕구를 다루었는지에 대한 역사를 포함하는 것이다. 학대적인 아버지와 안나에게 의존한 어머니에 대한 기억들은 돌보아져야 하며, 안나가 지금 샘과의 관계에서 경험하는 친밀함에 대한 회피를 추구하는 것이 '너무 많다'는 것을 형성시켰다. 또한 샘이 무력함을 경험하는 것을 조절하기 위한 한 가지 방법으로 친밀함을 필요로 했을 때, 안나는 그녀의 아동기를 통해 충족되지 못한 잊힌 욕구(그리고 그것과 관련된 갈망)가 밀려드는 것 같았을 것이다. 그러므로 순환의 아래에서 긍정적이고 또 부정적인 양가감정의 상태 안에서 안나가 샘과 함께 있게 촉진하는 핵심적인 목표는 그녀의 내포된 관계적 역사에 도전하는 것이며, 그녀가 새로운 방식으로 그녀의 경고음을 이해하고 희망적으로 조절하는 것을 필요로 할 것이다.

1단계 비디오 검토

안나는 그 집단에서 자신의 비디오를 검토한 두 번째 부모였으며 그러므로 그 과정에 대해 약간의 익숙함을 갖고 있었다. 그 검토는 둘이 읽기 과제에서 함께 협력하며 즐기는 것을 보여 주는 영상 클립으로 시작하였다. 그 영상 클립은 그들이 서로의 눈을 쳐다보고, 미소 지으며 샘이 "끝"이라고 말하는 부분에서 끝이 났다. 안나는 그녀가 어떻게 읽기 활동에서 샘이 계속하여 참여하고, 협력적이며, 관심을 갖게 만드는지에 초점을 맞추었다. 치료사가 공유된 기쁨에 대해 지적하자 안나는 수심에 잠기고, 내적으로 침잠해 들어가며 눈에 띄게 생각이 많아졌다. 여기에는 분명히 거의 대화에서부터 철수할 만큼 그녀를 물러나게 만드는 그녀의 따뜻함에 대한 무언가가 있었다. 만약 안나와 어떤 그러한 기쁨의 순간이 있다 해도 거의 공유하지 않았을 거슬리는 부모들에 대한 그녀의 역사를 볼 때, 이 개입에서 이렇게 이른 시점에 이것에 대해 더 추구하지 않는 것이 적당했다. 그렇게 하는 것은 분명히 '너무 많이'인 것이며, 안나의 부분에서 더 철회를 불러일으킬 수 있었다. 공유된 기쁨 첫 시작의 중요성과 이 주제가 고통에 덮여 있는 안나의 암시들에 관한 동시 읽기는 두 부분으로 되어 있다. 첫 번째로 그것은 안나와 샘이 공유한 타고난 다정함, 그들의 관계의 중심에 있었던 근본적인 공유된 기쁨을 존중한다. 둘째, 그것은 그 부모가 그 치료사에게 주고 있는 신호들을 존중한다. 이 주제가 중요하다는 것을 인식하는 것은 또한 안나가 천천히 가는 것이 필요하다는 인식을 하는 동안 치료적 동맹이 만들어지는 방법의 부분이다.

다음의 영상 클립은 안나가 재결합 동안 샘의 "아야" 하는 부위에 키스하는 장면을 보여 주었다. 안나가 한 그 키스는 긍정적인 개입으로 해석되었으며, 그다음 뒤따라 그 쓰라린 곳을 꼬집는 고투 부분을 간략히 탐색하였다. 안나는 샘의 저항을 보았고, 그녀는 자신이 성마른 기질을 갖고 있었고 샘이 그녀를 화나게 할 때마다 자기 자신을 진정시키기 위해 떠나 있어야 했다고 말했다. 샘의 행동은 치료사에 의해 혈기왕성한 것으로 분류되었으며, 안나는 만약 그녀가 그녀의 아들이 혈기왕성한 것을 좋아하는지를 질문받았다. 그녀는 미소 짓고 그녀가 그렇다는 것을 인정했다. 그런 다음 그녀는 샘이 외과 수술과 장애에서 살아남기 위해 아기 때 맞서 싸워야만 했던 이야기들을 말했다. 그녀는 정말로 곤란을 무릅쓰고 싸우는 아들이 필요했었고 의식적인 깨달음 없이 분명히 그들의 관계에서 샘의 저항을 강화시켰었다. "샘은 언제나 전사였고, 그게 그를 생존할 수 있게 도와주었어요." 안나는 성찰하는 자신의 능력을 보여 주기 시작하였다. 또한 그녀는 치료사에게 자신의 타고난 공감능력이 샘과의 관계에서 작업할 때 매우 많이 있다는 것을 알려 주었다. "그가 종종 나를 화나게 만들지만, 그가 정말로 나쁘게 하려던 것은 아니에요. 거의 그는 나와 연결되기를 원하는 것 같아요." 종종 부정적인 것으로 보일 수 있는 행동을 긍정적인 것의 범주에 배정하는 것은 이 엄마와 아들의 미래에 또 다른 매우 좋은 신호였다. 이 시점에서 주요한 질문은 이것이다. 그녀가 또한 그들 관계의 불안정한 양상 속에서 그녀 자신의 동기부여를 그녀의 부분을 탐색하는 것만큼 긍정적으로 볼 수 있을 것인가?

다음 영상 클립은 샘이 장난감들 중 하나를 가지고 분투할 때 안나가 개입적인 것과 단호함/무심함 사이에서 대조적으로 보이는 것에 관한 것이었다. 비디오에서의 순간은 샘이 장난감을 사용하는 법을 이해할 수 없었던 것이 강조되었으며, 안나는 그러한 일이 일어나는 것을 볼 때마다 정말로 싫었다고 말했다. "나는 그 아이가 그의 장애로 인해 힘겨워하는 모습을 보는 것이 정말로 싫어요." 비디오의 순간은 샘이 가장 분투하고 있는 것처럼 보였던 때에 관한 것이었는데, 이 순간의 대부분은 안나가 가장 참여적이지 않게 되는 때였다. 그녀의 반응은 샘이 매우 힘겹게 투쟁하는 것을 보고 있을 때 그녀 자신의 고통을 조절하는 방법으로 되어 있었다. 그녀는 해석을 수용했지만, 치료사에게도 또는 집단에도 정서적으로 개입되지 않았다. 분명히 이 기회를 그녀가 그녀의 매일의 일상에서 느낄 만한 고통을 더 탐색하는 것으로부터 피하는 것으로 선택한 것처럼 보였다. 이 시점에서 그녀의 작업에서 그녀는 반영적이고 인지적으로 참여적이었다. 또한 반대로 치료사와 그 영상에 대해 말해진 이야기의 강렬함으로부터 정서적 거리를 두고 있었다. 이것이 첫 번째였음을 고려하면, 그녀는 역사적으로 혼자 매우 많은 것을 다루는 것을 배워 왔던 경험에 관해 이야기하고 있었다. 그녀는 위험을 감수하였으며, 다른 사람들 앞에서 이 장면을 펼쳐 보이도록 허락함으로써 놀랄 만한 용기를 보여 주었다. 그러나 다시 그녀는 치료사가 그녀를 너무 빨리 그리고 너무 멀리까지 밀어붙이는 것인지에 대한 이슈와 관련해서는 면밀히 주목하는 것으로 보였다. 그녀의 안전 민감성에 대한 그의 이해와 침입에 대한 영향을 둘러싼 어떤 것이라도 존중하는 중요한 역할은 그 개입이 어떻게 펼쳐질지를 실험하는 도움이 되는 안전 장치였다.

마지막 영상 클립은 안나가 샘이 의자까지 걸어가 읽을 수 있게 돕는 것이었다. 그 영상을 본 후 즉시 그녀는 말했다. "때때로 그는 매우 상냥해요." 예상 밖으로 치료사가 갑자기 눈에 눈물이 고이는 것을 깨달았다. 안나 또한 집단 과정 속에서 이 순간에 그녀 자신이 더 많이 느끼는 것을 허락하느라 눈물을 간신히 참고 있었다. 그녀가 얼굴을 돌렸을 때, 치료사는 그녀가 그를 향해 눈을 돌려 그들의 공유된 슬픔을 인식했을 때 반응에 대해 걱정하였다. 그의 순간적인 딜레마는 이러했다. "만약 그녀가 나의 눈물을 보면, 나는 그녀에 대해 너무 지나친 것으로 경험될지도 모른다. 만약 내가 고개를 돌려버리면, 나는 안전한 연결을 필요로 하는 그녀의 욕구를 존중하지 않고, 이용 가능하지 않은 또 다른 누군가에 대한 기억으로 촉발될 수도 있다." 안나는 그 딜레마를 치료사로부터 거리를 유지하고 그나 혹은 다른 누구도 쳐다보지 않음으로써 해결하였다. 그것은 절차적으로 그녀가 고통을 다루기 위한 방법으로 자신이 배워 왔던 것을 실행한 것으로 추정할 수 있다. 즉 "나는 혼자니까 떠나가서 혼자서 그것을 알아내야 해."

30초 정도 후에 치료사는 이렇게 말하면서 침묵을 깼다. "나는 당신이 당신의 아들이 필요로 하는 지원을 제공해 주고, 걷기와 같은 것들을 그가 하도록 도와주는 동안 자신의 고통을 다루는 작업을 하고 있다고 생각해요." 그녀의 눈물이 솟아올랐다. 그 방의 사람들은 1분 뒤에 그녀가 말하기 시작할 때까지 침묵 가운데 앉아 있었다. "나에게는 그의 장애를 받아들이기까지 오랜 시간이 걸렸어요. 그가 걷지 못할 수도 있다는 것과 그가 절대로 뛰지 못할 거라는 것을 받아들이기까지요." 그녀는 고개를 돌리고 울었고, 그것에 대해 이야기하고 싶지 않다고 말했다. 그녀는 손으로 머리를 잡고, 30초 정도를 조용히 울었다. 그런 다음 그녀는 눈물이 맺힌 채로 고개를 들어 말했다. "샘은 저 영상에서 매우 행복해 보여요. 그렇지만 그는 그의 인생에서 일어나는 그러한 끔찍한 일들을 계속 가져왔어요." 그런 다음 안나는 모두에게서 고개를 돌리고, 얼굴을 가리고 울었다. 그녀의 눈물이 가라앉을 때까지 기다리고, 치료사는 그녀가 정말로 그녀의 아들을 돕고 있는 것이 분명하다고 말해 주었다. 안나는 샘이 그전처럼 잘해 주는 것을 다행으로 느낀다고 말했다. 그런 다음 그녀는 집단에게 그녀의 눈물에 대해 사과하였다. 집단의 몇 명은 즉시 벌떡 일어나며 말했다. "사과하지 마세요." 확실히 분리 민감성을 갖고 있는 엄마들 중 한 명이 즉시 벌떡 일어나서 안나에게 강한 포옹을 해 주었다. 치료사는 안나의 얼굴을 보지는 못하였지만, 그녀의 안전에 대한 민감성이 포옹의 경험을 침입으로 영향 미칠 것을 걱정하였다. 그렇지 않다면 다른 부모의 포옹을 제공하려는 욕구로부터 나온 어떤 종류의 것인지 염려하였다. 포옹이 끝난 후 안나는 고개를 돌리고, 그녀를 포옹하였던 어머니에게 어떠한 말도 하지 않고, 자신의 눈물을 닦기 위한 티슈를 가지러 의자에서 일어나 방을 가로질러 갔다. 당연히 집단원들이 그녀에게 지지적인 말들을 계속해 줄 때 그녀는 등을 집단 쪽으로 향하게 되었다. 그녀는 자신의 의자로 돌아와 고개를 돌린 채 이야기를 들었다. 그 포옹은 그녀에게 멀리 떨어지고자 하는 욕구를 증가시켰고, 당연히 그녀에게 안전하고 참여되게 느끼도록 돕지 않았다.

　모든 부모가 안나의 아들에 대한 헌신과 그녀가 매일 겪어야 했던 고통에 깊이 감동받았다. 한 부모는 안나가 자신의 아들이 그러한 어려움을 겪고 있을 때조차도 그의 좋은 점을 볼 수 있었다는 것이 정말로 감동이었다고 말했다. 이 엄마는 계속 이야기했다. "우리는 너무 많이 고마운 줄을 모르고 당연히 여겨요. 그리고 우리 아이들이 어려울 수 있는 것을 다루려고 노력할 때에도 우리 아이들을 나쁘게만 보는 것은 너무 쉬워요. 나는 딸이 어떤 것을 알기 위해 노력하고 있었을지도 모르는 때에도 그녀가 더 잘 알아야 한다고 생각했던 것에 정말 기분이 안 좋아요." 안나는 조용히 그 지지적인 말들을 받아들였다. 그 지지는 샘의 아빠가 더욱 참여했으면 하는 것과 집단이 샘을 보는 것과 같은 방식으로 볼 수 있었으면 하는 그녀의 바람의 말들을 떠올리게 해 주었다. "그는 1년에 한 번 정도만 와요."

　그 회기는 안나가 자신의 고통을 다루는 능력과 샘을 지원하려는 방법을 찾는 그녀의 작업이 매우 중요했다는 것을 치료사가 인정하는 것으로 끝이 났다. 안나는 고개를 돌리고서 들었고, 그런 다음 심호흡을 하고 한숨을 쉬었다. 시간이 다 되었고, 안나가 그 회기를 어떻게 경험했는지 그리고 그녀의 고통을 그렇게 개방하는 것이 어떠했는지를 탐색할 여유가 전혀 남아 있지 않았다. 더 논의를 하는 것이 도움이 되는 경험이 될 것인지 아니면 너무 지나친 것이 될 것인지를 알기 어려웠다.

맨 끝에 안나에게 읽기 과제의 끝에서 샘이 그녀와 함께 앉아 있는 그림이 주어졌다. 이것은 그들이 서로의 얼굴을 보며 서로 웃음 지으며 쳐다보고 있었던 순간이었다. 이렇게 그 비디오 검토의 끝에 그림을 제공한 것은 프로토콜에 짜 넣어진 것이며, 부모에게 치료적 메시지의 핵심을 기억나게 하는 이미지를 남기는 한 가지 방법으로 의도된 것이다. 이 경우에는 정서적 개입이 얼마나 중요한지와 관련된 것이었다. 안나는 이 선물을 받았지만, 그 후에 어울리기를 선택하지는 않았고 빨리 나가 버렸다.

2단계 비디오 검토

2단계 비디오 검토는 안나와 샘이 서로 숫자 퍼즐을 가지고 놀이하는 것을 즐기는 영상 클립으로 시작되었다. 그것은 그들 둘이 함께 잘 작업했던 공유된 긍정적 정서의 순간이었다. 집단은 순환에서 샘의 필요를 보았고 그것을 "나와 함께 즐겨요" 순간으로 명명하였다. 그 순간에 그녀가 무엇을 느꼈는지 기억하는가를 묻자, 안나는 자기 아들이 그 퍼즐을 할 수 있는 능력에 감명을 받았다고 말했다. 치료사는 그녀가 샘의 탐색을 지지했을 때 편안해 보였다고 논평하였다. 안나는 샘을 이런 방식으로 돕는 것이 편안했다고 하였다.

다음 영상 클립은 분리에 대한 것을 보여 주었는데, 안나가 언급했던 첫 번째 것은 그녀가 가 버리는 것에 샘이 신경 쓰지 않는 것처럼 보인다는 것이었다. 그녀의 아들이 그녀의 부재에 대해 신경 쓰지 않는 것으로 보는 이러한 부정확한 묘사는 아무도 그녀를 돌보아 주지 않고 아무도 거기에 있어 주지 않은 셀 수 없는 경험들과 연관된 안나의 절차기억의 부분이었다. 샘의 정서적 상태에 관한 이러한 잘못된 인식을 다시 영으로 맞추는 방법을 찾는 것 그리고 조심스럽지만 직접적인 도전을 제공하는 것이 지금 가장 중요했다. 임상적인 관점으로 보았을 때, 샘은 분명히 그들이 분리되었던 동안 그녀가 필요했었다. 이러한 욕구를 명확히 하기 위해 샘이 혼자 있었던 3분을 보여 주었으며, 시시각각 탐색하였다. 안나가 장난감들과 놀이하는 것을 끝까지 지켜보고, 그의 근원적인 고통을 알아차리기 시작하는 것이 중요했다. 그녀는 샘이 혼자 방에 있는 것을 보았고 그의 놀이가 그녀가 그 방을 떠나기 전과 같이 아주 기쁘거나 광범위하지 않다는 것을 관찰하였다. 안나는 처음에 그가 좌절했거나 아마도 조금 불안했을 것이라고 생각했다. 치료사는 안나에게 안나가 거기 있지 않았을 때와 거기 있었을 때 샘이 놀이할 때의 정서적 분위기를 대조해 보라고 요청하였다. "안나, 자기 자신에게 이런 질문을 해 보세요. 그가 그것 자체로의 즐거움을 위해 탐색을 하고 있나요 아니면 자신을 당신이 없이 혼자 남겨진 감정으로부터 다른 곳으로 돌리려고 탐색을 하나요?"

샘이 일방경을 보았을 때, 그 비디오를 잠시 멈췄고 안나는 그의 얼굴에서 무엇을 보았는지 질문받았다. 안나는 그가 불안해 보였고 샘이 바로 그녀를 바라보며 유리창 뒤에 있었던 것을 기억해 냈다. 그녀는 샘이 자기 머리카락을 뜯고 있었다는 것을 알아챘으며 이것이 그가 자기위안을 하는 한 방식일 거라고 생각했다. 그리고 그것이 심지어 샘이 고통받고 있다는 것일지도 모른다고 생각했다. 그녀는 그가 정말로 그 장난감들에 대해 신경을 쓰지 않았으며 단지 장난감을 꺼내고 다시 집어넣기를 반복했다고 논평하였다. 몇 초간의 침묵 후에 치료사가 덧붙였다. "나는 샘이 당신을 기다리고 있다고 생각했어요." 몇몇 사람들이 샘은 안나로부터 위안을 필요로 했다고 생각했다고 말했다. 안나는 침묵을 지키면서 그녀에 대한 샘의 필요가 강조되었다고 생각하는 것으로 보였다.

다음 영상 클립은 그들이 잠시 눈맞춤을 하는 두 번째 재결합이었다. 처음에 볼 때 안나는 샘이 그녀가 돌아왔다는 것에 신경 쓰지 않았다고 다시 한 번 생각했다. 비디오를 다시 돌려 보고 그들의 눈맞춤을 보면서 안나는 짧은 연결의 순간이 있었다는 것을 볼 수 있었다. 안나는 그녀가 이 순간을 실제로 기억했다고 말했으며 그를 들어 올리기를 원했지만 그렇게 하지 않기로 결정한 것은 그녀가 '그를 아기처럼 다루기' 원하지 않았기 때문이었다. 이것은 물론 그녀의 치료적 작업을 위한 좋은 소식이었다. 그녀가 만약 샘이 어떤 위안의 방식이 필요했다고 생각하지 않았다면 그를 안아 올리고자 하는 충동을 갖지 않았을 것이다. 그러므로 순환의 아래에서 양육 선택은 표면 밑에서 작동하는 것이었으나 재빨리(그리고 절차적으로) 샘에게 해로운 것으로 묵살되었다. 이것은 Masterson이 "3인조"라고 묘사했던 것에 핵심이었다(Masterson & Lieberman, 2004, p. 32). 진정한 필요에 대한 경험(그리고 그러한 욕구를 대신하여 자신을 활성화하는 것)은 고통스러운 기억으로 이끄는데, 이것은 곧바로 확립된 방어 유형으로 이끈다. 안나에게 자기활성화는 순환의 아래에서 샘의 필요를 충족시키는 것에 참여하는 것과 역사적으로 친밀함에 대한 그녀 자신의 욕구가 어떻게 충족되지 않았고 심지어 위험했었는가와 연관된 감정들을 참아내는 것을 필요로 했을 것이다. 그녀가 그녀의 적극적인 돌봄에 대한 샘의 욕구를 존중하기 위한 욕구를 느꼈던 순간, 그녀의 죠스 음악이 활성화되었고, 그녀는 제대로 확립된 자기방어 형태로 돌아갔다. 즉 그녀의 의도를 샘에게 해로운 것으로 묵살해 버리는 것이었다. 이것은 항상 부모 편에서 의식적 깨달음 밖에서 일어나는 것으로 이해되었다. 그 치료의 맥락 안에서 이 3단계 과정(욕구 인정, 경고음 촉발, 방어 책략 촉발)에 대한 점진적인 인식은 점차적으로 공유된 반영으로 가능해지고 있다.

이것은 전체적인 개입에 대한 고정핀이었다. 왜냐하면 이 과정이 그녀의 인식 밖에서 나오는 한 그것은 안나가 샘의 위안에 대한 필요에 반응하는 것을 막을 것이기 때문이다. 그리고 이것은 그녀의 회피에 대한 중심적인 문제를 보여 주는 것이다. 이것은 그녀의 경고음에 중요한 것이었다. 치료사는 그녀에게 그녀의 아들을 아기처럼 다루는 것에 대한 그녀의 걱정을 다시 생각해 보도록 요청하였으며 그녀의 처음의 본능으로 어떻게 그것을 할 것인지를 생각해 보게 했다. 그런 다음 안나는 또 다른 걱정을 나누었다. "나는 샘을 안는 것이 샘을 위한 것보다는 나를 위한 것일지 모른다는 것이 걱정이에요. 그리고 나는 그러고 싶지 않아요."

안나는 그 비디오에서 그녀가 샘에게 만약 그가 좋은 시간을 가지고 있었고 그가 "아니요."라고 말했고 "나는 지금 안녕이라고 말하고 가고 싶다."고 하는 부분을 보았을 때 웃었다. 전체 집단은 샘이 그가 어떻게 느끼는지에 대한 단순명쾌한 태도를 즐겼고, 안나는 그가 어떻게 그의 필요에 대해 직접적인지에 대해 웃음과 애정으로 지켜보았다. 그러나 그녀는 또한 새로운 눈으로 보았는데, 새로운 시각으로 이제는 그녀의 경고음을 이해할 수 있었다. 편안해지는 것에 대해 직접적으로 말하는 그의 능력을 포함한 그의 필요를 보면서 안나는 샘을 "사기꾼"이라고 부르는 자기 자신을 보았다. 이 순간에 샘은 다소 화가 났으며 그런 다음 반항적이 되었다. 그 순환에 관한 모든 개입 안에서 사실이듯이 근본적인 추정은 아이들은 그들이 원하지 않기 때문에 어려움을 만들지 않는다는 것이다. 그들은 순환의 어느 부분에서의 그들의 진짜 욕구는 인식되지 않고 반응되지 않는 것이기 때문에 '어렵게' 된다. 그러자 그 치료사가 말했다. "샘은 당신이 필요하고, 이것은 당신이 그의 혈기왕성함을 즐기면서 혈기왕성한 상호작용으로 변하는 것이에요. 그는 혈기왕성한 것으로 해결할 거예요. 그렇지만 그가 정말로 당신에게 원하는 것은 위안이기 때문에 그는 그의 혈기왕성함으로 당신에게 잘못된 신호를 주는 것이에요." 안나는 갑자기 깊은 생각에 잠기며 조용해졌다. 그녀는 때때로 그것이 일어나는 것을 볼 수 있다고 말했다. 그런 다음 그녀는 생각에 빠진 모습을 보이며 감정적인 신중함을 유지하며 고개를 돌렸다.

다른 영상 클립은 그녀의 첫 번째 비디오 검토에서 사용되었던 것으로 재결합에서 "아야"와 관련된 회피와 저항을 보여 주는 것이었다. 이것은 샘이 위안이 필요할 때 혈기왕성함으로 잘못된 신호를 주는 또 다른 예로 사용되었다. 안나는 그것을 보았고 그녀가 그를 위안해 주지 못했다는 것에 기분이 안 좋았으며, 과거에 그녀가 그를 위안해 줄 수 있었을 시간들을 숙고하기 시작했다. 치료사가 말했다. "나는 당신이 이 모든 것에 대해 갈등이 생긴 것으로 생각되네요. 당신은 그를 지나친 애정으로 숨 막히게 하거나 아기처럼 다루는 것을 원하지 않고, 동시에 당신은 당신에게 '그를 들어 올려 그를 안아 줘.'라고 말하는 이러한 본능을 갖고 있어요."

이 시점에서 안나는 일종의 '깨달음의' 순간을 갖게 되었다. 그녀는 그녀가 정말로 그런 것보다 더욱 편안하게 있는 것으로 생각했는지에 대해 언급하였고 그것에 대해 후회하기 시작하였다. 그녀가 자기비난으로 계속 갈 수 있다는 것을 인식하자 그 치료사는 샘의 혈기왕성함에 관한 그녀의 긍정적인 의도에 초점을 맞추었다. "그의 장애와 이 모든 것에 대한 당신 자신의 갈등과 같은 많은 이유 때문에 나는 당신이 순환의 위에서 더욱 편안하다고 생각해요. 우리가 그 비디오에서 샘이 순환의 아래에서 위안을 필요로 하는 때와 같은 이러한 순간들을 보기 시작할 때와 같이요. 당신은 혈기왕성한 것을 감사해요. 왜냐하면 샘이 투사(fighter)가 되기를 원하기 때문이에요. 탐색으로 향한 혈기왕성함은 인생에서 그를 도울 테지만, 그가 위안을 필요로 할 때 혈기왕성하고 잠재적으로 반항적이 격려되는 것은 그와 당신에게 문제일 수 있어요." 안나는 심사숙고하며 대답했다. "이것은 모두 사실인 것 같네요. 그리고 나는 정말로 내가 더 편안했다고 생각했어요. 나는 내가 나의 아버지와 똑같은 것을 한다고 생각해요. 우리는 서로를 괴롭혔어요. 예를 들어 나는 그가 뚱뚱하다고 말하고 그는 내가 큰 코를 가졌다고 말하고, 우리는 접촉하는 방법으로 서로를 놀리고, 절대로 직접적으로 애정을 보여 주지 않았어요." 밑에 있는 애정을 가지고 놀리는 것은 누군가를 참여시키는 동시에 반대로 거리를 유지시키는 특성이 있다. 그리고 이것은 안전 민감성을 가진 누군가를 위해 선택된 절충안이 될 수 있다. 안나는 또 다른 퍼즐을 함께 놓기 시작하고 있었다. 이번에는 치료사와 집단의 지지와 함께 말이다. 그녀는 그녀가 사랑하는 사람들과 어떻게 거리를 유지하는지를 보고 있었다.

다음의 영상 클립은 낯선 이가 들어오고 샘이 명백히 안나 쪽으로 돌아서는 장면이었다. 샘이 손을 뻗었을 때, 안나는 손을 뻗어 그에게 그녀의 손을 내주었고, 이것은 샘에게 연결감과 안전감을 주었다. 이것은 COS 프로토콜의 한 부분이며 이곳에서 임상가는 제대로 활용되지 못한 기능을 강조하는 비디오 영상 클립을 찾으려고 애쓴다. 이 사례에서 비록 안나가 순환의 아래에서 불편해하기는 했지만, 부모로서 그녀의 긍정적인 의도성은 곧 그녀의 경고음을 중단시켰고, 그녀는 위안을 제공하였다. 물론 이것은 재결합 동안 그녀가 할 수 없었던 바로 그것이다. 왜냐하면 그러한 순간에는 그 강도가 너무 많이 더 높았기 때문일 수 있다. 이것은 안나가 위안을 제공할 능력이 있다는 긍정적인 메시지일 뿐 아니라 또한 그녀의 확고히 확립된 회피가 기술 부족에 대한 것이 아니라는 것을 의미하기 때문에 도전으로 사용되기도 했다. 왜냐하면 그녀는 이미 그럴 능력이 있었기 때문이다. 그러므로 그녀가 종종 그녀 자신이 위안을 제공하는 것을 막는 이유는 그것이 죠스 음악을 불러일으켰기 때문이었다. 그 정서적 혼돈을 막기 위해 그녀는 샘의 필요에 반응하지 않고 순환의 위에 그녀의 초점을 맞춤으로써 그녀 자신을 그녀의 고통으로부터 방어했다. 그녀가 기억해 낼 만큼 충분히 취약하려고 하였다는 점과 재결합으로부터 눈을 맞추는 순간을 공유한 것과 그녀가 그녀의 행동 뒤에 있는 의미를 탐색할 반영적 능력이 있다는 것이 매우 인상적이었다.

마지막 영상 클립은 청소하는 과제에 초점을 맞추었다. 이곳에서 안나는 단호하지만 친절한 태도로 책임을 졌으며 샘은 그녀와 함께 협조적으로 일했다. 그 성공은 샘이 그의 행동과 느낌을 조직화하는 데 도움이 필요하다는 관점으로부터 탐색되었다.

회기의 마지막에 안나는 이런 방식으로 배우고 나누는 것이 그녀에게는 어떤 것 같은지 질문을 받았다. 그녀는 대답했다. "끔찍했어요. 나는 내가 이런 일들을 하고 있었다고 생각했어요." 치료사가 말했다. "나는 당신이 이용 가능하지 않다는 결론을 가지고 집으로 돌아가지 않기를 바라요. 당신은 몹시 이용 가능하며, 당신은 얼마만큼의 이용 가능성이 안전한지와 얼마만큼을 개입해야 하는지에 대한 갈등을 갖고 있어요. 나는 당신이 탐색에 의지하고 만약 당신이 샘을 너무 많이 위로해 주면 당신이 그를 지나친 애정으로 숨 막히게 하는 것일까 걱정할 가능성이 있다고 생각해요. 당신은 좋은 본능 감각을 갖고 있고, 당신은 위안을 주는 데 부족함을 느낄 수 있고, 이것은 당신 안에서 갈등을 불러일으킬 수 있어요. 그렇지만 당신은 이 제대로 된 본능을 갖고 있어요." 안나는 그녀의 본능으로 가는 것이 괜찮은지에 대해 궁금했다. 치료사는 만약 그녀가 샘이 화가 났고, 그녀의 위안이나 포옹이 필요하다고 생각했다면 그 본능은 좋은 것이라고 말했다. 안나는 잠시 동안 마음속으로 들어가며, 마룻바닥을 보며 생각에 잠긴 듯 보였다. 그 집단은 그날 다른 부모들이 그들의 경험에 대해 말하며 끝이 났다.

3단계 비디오 검토

3단계 비디오 검토는 첫 번째 활동으로 함께 비눗방울 불기를 사용한 수정된 낯선 상황 실험에서 부모와 아동이 상호작용하는 새로운 영상을 바탕으로 한다. 그 비디오는 부모들에게 그들 자신을 보는 기회를 주기 위해 만들어졌으며, 이것은 그들의 아이의 순환 욕구에 반응하는 그들의 방식에 중요한 변화를 만들기 위해 시작되었다. 그 검토는 변화를 축하하며 계속 진행 중인 고군분투를 인정하는 특성을 갖고 있다.

　안나는 그 비디오에서 편안하고 진정되어 보였다. 그녀가 그 비디오를 볼 때, 그녀의 얼굴 표정은 기쁨과 그리고 샘이 비눗방울 막대를 사용하는 것에 힘겨워할 때 걱정 사이를 오갔다. 이 비디오에서 안나는 더욱더 생기 있고 전혀 생기 없지 않았다. 안나는 이 부분이 재미있었다고 말했다. 그 치료사는 그녀가 어떻게 샘이 구슬 장난감을 가지고 놀았던 마지막 비디오에서보다 이 비디오에서 더욱 이용 가능한 것처럼 보였는지를 탐색했다. 그녀는 그녀의 생기 없는 얼굴 표정이 그녀가 샘이 장난감을 가지고 노는 것에 매우 많은 어려움을 갖고 있는 것을 볼 때 그녀의 감정에 관한 것임에 대해 우리가 이야기했던 것을 떠올리게 되었는데, 그녀는 이것이 사실이라고 말했다. 치료사는 말했다. "이 비디오에서 샘은 비눗방울을 가지고 노는 것에 조금 어려움을 갖고 있고 당신은 그를 도와주고 그가 분투하고 있다는 것을 알려 주는 것에 더욱 마음이 편한 것처럼 보여요." 안나는 그 변화를 비눗방울 활동이 더욱 재미있었다는 사실 덕으로 돌렸다. 이것은 사실이었고 또한 안나가 그녀의 긍정적인 정서들과 함께 더욱더 생기 있고 이용 가능해졌다는 사실을 가리는 것이었다.

다음의 영상 클립은 분리에 관한 것이었는데 안나는 뒤돌아보지 않고 문으로 갔다. 안나가 샘에게 등을 돌리고 나갔을 때, 그는 천천히 돌아서서 슬픈 표정으로 안나의 떠남을 바라보는 것으로 안나를 필요로 하는 그의 욕구를 보여 주었다. 안나가 비디오 검토 동안 이것을 보았을 때, 그녀는 그 당시에 그녀가 떠나는 것인지를 샘이 신경 쓰지 않았다고 생각했고 그가 그렇게 했는지 몰랐다고 말했다. 그녀는 분리 동안에 뒤를 돌아보지 않았는데 그 이유는 "만약 샘이 신경 쓰지 않는다면 나는 낙담할 것이며, 만약 그가 신경 쓴다면 나는 또한 실망할 거예요. 왜냐하면 나는 그가 속상할 때 그를 떠나야만 하기 때문이에요." 이것은 분리 동안 그녀 자신을 고통스러운 감정들로부터 보호함으로써 그녀는 또한 그녀에 대한 샘의 필요를 보지 못했고, 이는 샘이 그녀를 필요로 하지 않았다는 부정확한 표상을 영속시키는 것이었으며, 그녀 자신을 필요치 않은 것으로 계속해서 영구화하는 것이었다. 그 치료사는 그녀에게 이러한 주제들이 어떤 것인지 그리고 돌이켜 생각해 보면 그가 가졌던 바람이 무엇이었는지에 대해 어떤 것도 말하지 않았다.

샘은 분리 이후에 혼자 있을 때 자기 몸을 흔들었는데, 안나는 그가 어떻게 자기위안을 하였는지를 볼 수 있었다. 그 기록은 그 방의 카메라맨에 의해 찍혔는데, 왜냐하면 그 비디오들이 헤드스타트에서 만들어졌기 때문이었다. 그가 남자 카메라 촬영 조수와 함께 홀로 남았을 때 아이는 그를 아빠라고 불렀으며, 안나가 그 방으로 다시 돌아왔을 때 그는 아빠를 불러일으켰다. 안나가 이것을 보았을 때, 그것은 그녀에게 고통스러운 주제였다고 했다. 왜냐하면 그녀는 샘이 그의 삶에 참여하는 아빠를 갖지 못했던 것에 대해 유감이라고 느꼈기 때문이었다. 이 영상 클립 동안 샘이 약간 반항적이 되었을 때 안나는 미소 짓지 않았고, 더욱 심각해 보였으며, 그러한 단계적 확대에 참여하지 않았다. 안나는 샘에게 더욱 견고한 구조를 주려고 노력해 왔다고 말했다.

검토의 끝에서 그녀는 그들이 서로 함께 기뻐하며 비눗방울을 부는 사진을 받았고, 그 사진을 보고 미소 지었다. 치료사가 "당신은 그에게 아주 많은 것을 주어요."라고 말하자 안나는 말했다. "나는 그러려고 노력해요." 치료사가 "당신은 이 비디오에서 더 이용 가능한 것으로 보여요."라고 말했다. 안나는 이것이 그랬다고 확인해 주었으며, 지난 비디오들을 본 이후로 그녀는 더욱 이용 가능해지려고 노력해 왔다는 것을 언급하였다.

결론

그 집단 내에서 배우는 지난 몇 달에 대한 생각들을 포함하여 그 마지막 검토 과정은 안나에게 힘든 것이었다. 왜냐하면 그것은 그녀가 무엇을 하고 있는지에 대한 직접적인 접근을 제공하였으나 아직 순환의 아래에서 샘의 욕구에 관한 것은 할 수 없었기 때문이다. 안나는 그녀가 샘에게 이용 가능했었으며 그녀의 부모가 그녀에게 해 왔던 것보다는 더욱 이용 가능했다고 생각했었다. 그녀는 샘이 그녀가 필요할 때 그녀에게 올 수 있었다고 생각했었다. "그렇지만 나는 그가 나를 필요로 했을 때 나 자신을 보았는데, 난 차가워 보였어요." "내가 샘이 아마도 포옹이 필요하거나 안심시키는 말이나 행동이 필요했지만 나는 그렇게 하지 않았다는 것을 보았을 때 나는 정말로 충격을 받았고 나 자신에게 실망했어요. 나는 이 모든 것에 대해 예민하게 느끼고… 그래서 나는 그것에 대해 많이 작업해 왔고, 내가 해 왔던 것에 대해 실망하고 평가하는 날들을 지나 왔어요. 나는 여전히 나 자신이 그러한 것들을 하는 것을 발견하지만, 나는 정말로 내가 이용 가능하고 열려 있으며, 내 자신이 그에게 몹시 화를 내는 것을 하도록 내버려 두지 않고 혹은 나 자신을 그에게 속상하도록 두지 않으려 하고, 또는 내 자신이 행복하도록 놓아두고 지금 나는 그래요." 치료사는 그녀의 새로운 노력이 그 비디오에서 나왔으며, 그녀가 더욱 이용 가능하기로 결정했었던 것처럼 보였다는 것을 분명히 했다. 그녀는 대답했다. "나는 내가 실용적인 부분을 더 잘한다고 생각했어요. 나는 내가 정말로 좋은 보호자이며 부양자라고 생각하고, 다른 부분들은 어려워해요." "날 위로해 주세요" 부분에 대한 질문을 받았을 때 안나는 예라고 대답했고, 그것이 힘들었다고 말했다. "보통의 일들에서 '날 위로해 주세요'는 나에게 낯선 것이지만, 만약 그가 수술을 받는다면 잘 해낼 거예요. 또 나는 자동조정장치가 되기 시작해요. 나는 모든 것에 대해 세부적인 내용을 돌보는 것을 잘해요."

안나는 순환의 아래를 회피하면서 순환의 위에서 어떻게 살아왔는지를 이해하는 강력한 메모에 대한 마지막 검토로 끝을 맺었다. 그리고 그녀의 강력한 한 세트는 할 필요가 있는 것을 하는 것이었으며 그녀와 샘의 정서적 필요들을 제쳐 놓는 것이었다. 그 장면 뒤에 그녀는 정말로 이 모든 것에 관해 일해 왔으며, 이 마지막 비디오 검토 이후로 그녀의 분투의 강도를 나누지 않았었다. 그녀는 외면해 왔으며 이전의 집단 회기들 동안 매우 많은 경우 생각에 깊이 빠진 것처럼 보였고, 그녀의 논평들은 그녀가 아무 말 없이 작업해 왔던 것의 한 표본이었다. 치료사와 그녀의 관계는 그녀의 분투의 본질을 반영하였다. 종종 치료적 관계의 사례에서 볼 수 있는 것처럼 말이다. 그녀는 치료사를 향해 접근하면서도 그것이 너무 가까워지면 또한 그녀 자신에게로 들어가 거리를 두고 그 고통스러운 내용의 많은 부분을 혼자서 처리하였다. 그녀는 한 발은 치료적 관계에 두고 그녀의 비디오들을 처리하면서 다른 한 발은 빼고 있는 과정을 통하여 안전에 민감한 딜레마를 상연하였다. 그녀에게는 그 집단에서 했던 것만큼 많이 나누는 것이 절차적 지식의 바로 그 본질에 도전하는 것이었다. 또한 그녀가 반영하는 그러한 강력한 능력을 어떻게 발달시켰는지에 대해 생각하는 것은 흥미로웠다. 그녀의 용기와 헌신은 놀랄 만한 것이었다. 또 한편으로 그녀는 실제로 그녀가 얼마나 놀라운지를 순식간에 흘끗 보는 것만을 가졌을지 모른다.

사후 개입 SSP에서 안나는 어느 때에도 생기 없거나 무심한 것으로 보이지 않았다. 첫 번째 분리에서 안나는 문 쪽으로 걸어가면서 돌아섰고 그녀가 떠날 때 샘 쪽을 바라보았으며, 샘은 그녀에게 다시 돌아오는지 물음으로 자신을 안심시켜 주기를 요구하였다. 안나는 돌아올 거라고 확인시켜 주었다. 이 상호작용 동안 그들은 눈맞춤을 하였다. 첫 번째 재결합에서 샘은 안나를 쳐다보며 말했다. "엄마." 그리고 안나는 미소 지었고, 눈맞춤을 했으며, "안녕, 샘."이라고 말했다. 첫인사 후에 안나는 샘과 함께 바닥에 앉았다. 그리고 샘은 다시 한 번 안나의 관심을 끌기 위해 그의 입안에 장난감들을 넣기 시작했고, 안나는 "그것들을 네 입안에 넣지 마."라고 했다. 샘은 다시 그의 입 속에 그것들을 넣는 오래된 장난을 치며 안나를 쳐다보았으며, 그녀는 다시 한 번 "안 돼."라고 말했다. 그녀는 제한을 설정할 때 보다 단호하게 하려고 노력하였으나, 오래된 미소 짓는 습관은 여전히 남아 있었다. 샘의 애착욕구가 활성화되었을 때 이러한 반대의 암류(undercurrent)는 곧 안나의 미소를 마주치고, 진행 중으로 남아 있었다. 그것이 눈에 띄게 줄어든 반면 여전히 활동적이었다.

두 번째 분리에서 안나는 샘과 떠나는 것에 대해 협상하고 있었다. 그리고 그녀가 떠날 때 문이 닫히기 바로 직전에 눈맞춤을 하였다. 이번 분리에서 샘은 문을 열고 방 밖으로 나가려고 하였기 때문에 안나에 대한 그의 욕구는 더욱 분명하였다. 두 번째 재결합에서 샘은 문 바로 옆에 서 있었고, 안나가 문을 열자 샘은 "들어와요."라고 말했고 둘은 모두 눈맞춤을 하였다. 샘이 안나의 손을 향해 손을 뻗자, 안나는 다른 손을 뻗어 그의 손을 잡았고 그가 일어설 수 있게 도왔다. 그런 다음 그를 안아 올렸고 둘은 미소 지었다. 그들은 이야기를 나누었고, 그런 다음 둘은 포옹을 했고 안나는 그녀의 무릎에 샘을 앉혔다. 약 1분 뒤에 샘은 내려가서 장난감을 갖고 놀고 싶다는 표시를 했다. 모든 에피소드 동안 악화나 저항은 없었으며, 이것은 샘의 컵이 가득 찼을 때 그는 필요를 덜 채우는 방식과 잘못된 신호를 주는 방식으로 주의를 끌 필요가 없어졌다는 가설을 뒷받침하였다.

비록 오래된 투쟁 중 어떤 것은 남아 있었을지라도 변화가 명확하였는데, 특히 두 번째 재결합에서 샘이 엄마와의 연결을 추구하며 그의 정서적 컵이 채워질 때까지 접촉을 유지하고 이용하였으며, 그런 다음 그가 탐색하러 갈 준비가 되었다는 표시를 하였다. 이런 것들은 안정에서 기본적인 요소들이다.

사후 개입 낯선 상황 실험에서 샘은 안정애착으로 평가되었다.

사후 개입 안정성의 순환 인터뷰

사후 개입 COSI 동안 마지막 질문은 "당신은 안정성의 순환 프로젝트와 함께 20주를 이제 막 마쳤습니다. 당신은 이 프로젝트에 참여한 것이 당신과 당신의 아이에게 긍정적 아니면 부정적인 방식 중 어떤 영향을 미쳤다고 하시겠습니까?"였다.

안나의 대답은 이러했다.

"매번 모임이 끝난 후에 나의 생각은 24시간 동안 계속되었어요. 그리고 나는 "나는 매우 좋은 부모야.'라고 생각한 것이 기억났어요… 그다음에 나는 첫 번째 비디오를 본 것이 기억났는데, 그 첫 번째 비디오에는 아마도 내가 샘을 위안해 주었어야 할 혹은 샘에게 말했어야 할 너무나도 많은 순간들이 있었어요. 그는 그 구슬 장난감을 가지고 분투하고 있었고, 나는 머리가 멍해지고 화가 나서 당신이 볼 수 있듯이 나는 내가 그것보다는 더 잘했다고 생각했어요. 나는 나중에 화가 났고 나 자신에 대해 매우 나무랐고 그 수업에 다시 돌아가기를 원하는지 확신할 수 없었어요…. 그리고 나는 그것을 들었고 그 뒤 며칠 동안 우리의 매일의 삶에 대해 모든 작은 것까지 평가받았어요. 그리고 나는 나 자신이 그를 무시하거나 화를 내고 그가 하는 말을 듣지 않는 것과 같은 일들을 하고 있다는 것을 계속해서 발견했어요. 내가 하기 원하지 않았던 모든 것을요. 그런 다음 나는 그것을 변화시키고 더욱 이용 가능해지기로 결심했어요…. 그다음 영상에서 우리가 해냈고, 나는 변화했고 내가 더 잘했다는 것을 볼 수 있었으며, 그러한 변화를 만든 것에 대해 나 자신을 자랑스러워하게 되었어요. 나는 내가 아마도 오랫동안 그것에 대해 작업해야만 할 것이라는 걸 알았어요. 왜냐하면 이것이 지금까지 내가 살아왔던 것이고 그것은 전적인 변화 같았거든요….

내가 그런 유일한 부모가 아니고 우리 모두가 분투하고 있다는 것을 아는 것은 도움이 되었어요. 나는 우리 모임을 좋아했고 나는 아무것도 숨기지 않았고 모든 것을 공개해서 이야기했어요. 그리고 난 모든 다른 사람들도 똑같이 그랬다고 생각해요. 나는 아이들을 둔 친구들을 가졌고, 우리 아이들이 얼마나 우리를 미치게 만드는지에 대해 이야기하고, 우리 아이들이 우리를 얼마나 행복하게 하는가와 그들이 오늘 했던 것에 대해 이야기했어요. 그러나 이것은 매우 달랐어요…. 우리는 부모로서 우리의 강점과 약점에 대해 이야기했어요. 샘이 수술을 받아야 할 때 나는 포병이에요. 나는 모든 세부적인 내용들을 하고, 의사들에게 이야기하고, 그에게 모든 일이 잘될 거라고 말해 줘요. 나는 좋은 부양자이며 정말로 보호적이에요. 나는 그에게 사랑한다고 말하고 내가 그를 사랑하는 것을 보여 줘요. 나는 나의 모든 친구들에게 보살핌을 줘요. 나는 모든 이들에게 양육을 해 줘요. 그렇지만 나는 내 아이에게 너무 가깝다는 느낌을 받고, 그가 아플 때 나는 너무 아프고 그것은 나를 죽이는 것 같아요. 그래서 나는 나 자신을 조금 분리시켜요. 왜냐하면 나는 상처받기 원하지 않고 그 또한 상처받는 것을 원하지 않기 때문이에요.

나는 내가 과거의 나의 어린 시절을 지나 왔고, 나는 다른 사람이며 난 더 이상 그만큼 화를 내지 않으며 나의 아이는 행복하고 나는 옳은 것을 하고 있다고 생각했어요. 당신은 절대로 당신이 똑같은 양식으로 떨어지는 것을 생각하기 원하지 않고 나도 그렇게 하기 절대 원하지 않았어요. 나는 잠시 동안 그것에 대해 억울해했어요. 모든 다른 것들은 긍정적이고 좋았어요…. 나는 샘이 이제 좀 더 많이, 더욱 많이 아마도… 나는 모든 부모가 한 걸음 물러나 생각하고 일방경을 통해서 보는 것이 유익할 거라고 생각해요."

15장

쉘리와 제이콥*

쉘리는 22살의 미혼모이며, 3살 반 된 아들 제이콥은 아동보육시설의 고위관리자에 의해 COS 개입 프로그램에 위탁되었다. 제이콥은 학교에서 다른 아동들과 교사들에게 공격적으로 행동하였다. 제이콥의 이러한 행동이 관심사로 불거졌을 때, 쉘리는 아들의 분노와 폭발이 집에서도 마찬가지라고 인정하였다.

접수 면접

첫 면접 동안, 쉘리는 제이콥의 아빠가 제이콥 생일 이후에 사라졌으며, 찾을 수 없었다고 하였다. 쉘리는 제이콥의 행동문제에 대처하는 데 무력감을 느낀다고 하였다. 제이콥으로 인한 엄마의 행위와 태도에는 양육에 대한 무력감이 묻어났다. "저는 좋은 엄마가 되고 싶어요. 그러려고 해요. 하지만 이 아이는 너무 어려워요." 동시에, 쉘리는 효과적인 양육법을 배울 수 있는 프로그램에 참여할 기회를 가지는 것에 대해 간절히 원했으나 불안해하였다. 더욱이 20분의 짧은 접수 면접 동안 쉘리는 주목할 만한 성찰 능력의 징후를 보였다. "저는 저의 엄마가 많은 실수를 했다는 걸 알아요. 그리고 저는 그것들을 반복하고 싶지 않을 뿐이에요. 하지만 저는 무엇을 해야 할지 모르겠어요. 아무리 시도를 해도 효과가 없어요. 모두 제이콥의 잘못이라고 생각하고 싶은데, 그렇지

---

* 이 사례의 또 다른 버전이 소개된 책은 *Attachment Theory in Clinical Work with Children: Bridging the Gap between Research and Practice*(edited by David Oppenheim and Douglas F. Goldsmith. Copyright 2011 by The Guilford Press. Adapted by permission)이다.

않다는 걸 알고 있어요." 그녀에게 다가오는 20주 집단프로그램이 잘 맞을 것 같다고 말해 주었을 때 그녀는 매우 흥미를 보였다. 5명의 다른 부모들과 정기적으로 어려움과 새로운 양육방법들에 대해 논의하고자 하는 프로그램의 의도는 그녀에게 잘 맞는 것으로 보였다.

상호작용 평가 : 낯선 상황 절차(SSP)

쉘리와 제이콥이 방 안으로 들어갔을 때, 제이콥은 즉시 중앙에 있는 인형이 담긴 상자로 향하였다. 제이콥이 고무로 된 공룡인형에 흥미를 보이기 시작한지 10초도 안 돼서, 쉘리는 제이콥에게 무엇을 하고 있는지 물어보았다. 제이콥은 그녀의 질문을 무시하는 것처럼 보였으며, 계속해서 놀았다. 다소 낙심해 보였던 쉘리는 다시 10초를 기다린 후 "엄마가 같이 놀아 줄까?"라고 물어보았다. 제이콥은 주저 없이 "아니"라고 대답하였다. 쉘리는 의기소침해하며 어깨를 으쓱거렸고, 울먹이는 듯했다. 몇 분 후, 그녀는 아이 같은 목소리로 속삭이듯 "알겠어."라고 하였다. 또 다시 5초가 지나고, 그녀는 갑자기 이전의 낙심한 슬픔과는 정반대의 과도한 밝은 목소리로 "엄마는 괜찮아. 너는 엄마가 그저 여기에 앉아서 네가 노는 걸 보고 있기를 원하는 거겠지."라고 하였다. 제이콥이 동의하였고, 쉘리는 똑같이 밝은 목소리로 알았다고 하였다. 6초 이내에 그녀가 갑자기 말했다. "엄마가 동화책 읽어 줄까?" 제이콥은 또 다시 "아니."라고 대답하였고, 쉘리는 자신의 고통을 부인하는 과도하게 밝은 목소리로 "엄마는 단지 너를 놀게 해 주려는 것뿐이야."라고 하였다.

그리고 나서 제이콥은 혼잣말을 하며 놀기 시작했다. 제이콥이 쉘리에게 말하는 것은 분명히 아니었지만, 쉘리는 제이콥의 혼잣말을 제이콥과 상호작용할 수 있는 기회로 삼았고, 20초가 지나기 전, 바닥에 앉아 제이콥의 놀이에 참여하려고 하였다. 쉘리가 제이콥에게 다가가자, 제이콥은 엄마로부터 뒤돌아 앉았다. 그들 간 상호작용이 없는 동안, 제이콥은 자신의 독립성을 주장하고 쉘리는 함께 있기를 원했는데, 이는 서로 줄다리기를 하는 것처럼 보였다. 쉘리는 제이콥에게 함께 있어도 될지 물어보았을 것이며, 제이콥은 혼자 놀기 위해 빠르게 불만을 얘기하거나 완전히 그녀를 무시했었을 것이다.

제이콥이 계속해서 인형을 탐색했을 때, 쉘리는 다시 한 번 아들의 놀이에 참여하려고 했을 때 자신이 거부당했다는 것에 대해 더 큰 불편함을 느끼고 크게 한숨을 쉬었을 수 있다. 가끔씩 제이콥은 그녀와 놀려고 했었지만, 그녀를 무시하고 빠르게 되돌아와서 혼자서 놀곤 했다. 쉘리는 분명 제이콥에게 순환의 위에서 탐색할 기회를 주지 않았다. 현저하게 부족했던 것은 제이콥에게 그가 갈망하는 자율성을 지지하고, 쉘리 자신이 멀리서 제이콥의 주도성을 보며 즐거워하고 제이콥 또한 스스로 즐거워하게 할 수 있는 능력이었다. 천장을 향했다가, 제이콥을 향했다가, 다시 천장을 향했던 쉘리의 흔들리는 곁눈질은 스트레스의 분명한 신호였다. 낙담함과 이상하게 쾌활함을 번갈아 가며 "엄마는 네가 무얼 하든 괜찮아."라고 말하던 그녀의 목소리는 그녀와 아들 모두에게 관리가 필요한 혼란스러운 상황의 심각성을 잘 말해 주고 있었다. 매우 분명한 것은 제이콥이 탐색하고 있는 동안 그녀가 계속 접근하려고 했다는 것과, 문제의 일부분인 그녀의 요청을 제이콥이 거부했을 때 그녀가 눈에 띄게 낙담하였다는 것이며, 이러한 점들에 대해서 개입이 이루어질 필요가 있었다.

분리단계에서 쉘리가 방을 나가 있는 동안, 제이콥은 놀이에 완전히 빠져 있는 것처럼 보였다. 동시에 제이콥은 그녀가 나간 문을 향해 잠시 곁눈질을 하고, 재빨리 시선을 인형으로 되돌렸을 것이다. 그는 분명 무관심을 유지하기 위해 최선을 다하고 있었으며, 이러한 무관심은 그가 괜찮고 인형을 가지고 노느라 정신이 없었다는 것을 암시한다. 그는 자신의 스트레스를 최소화할 수 있는 방법을 분명히 배웠다. 또한 그의 엄마가 방 안에 있었을 때 생기 넘쳤던 놀이가 마음이 내키지 않는 놀이로 변하고, 그녀가 나간 후 정동이 둔마되는 미묘한 변화들이 있었다. 가장 크게 드러났던 점인 엄마의 존재로 인해 제이콥이 실제로 스트레스를 느꼈던 것은 잠시였지만, 중요한 순간은 그가 다시 문 쪽을 쳐다본 후 그의 엄마가 서 있었던 곳 뒤에 있던 일방향 거울을 찾기 시작했다는 것이다. 그의 표정은 슬펐으며, 거의 갈망하는 듯했다. 그는 엄마가 방 안에 있었을 때 어떻게 해야 할지 알지 못했다. 더욱이 그는 엄마가 방에서 나갔을 때 어떻게 해야 할지 더더욱 알지 못했다.

앞서 언급한 것처럼, 처음 몇몇 순간에서 부모와 아동이 언어적 및 비언어적으로 자신들의 '상호적인 춤'을 협상하는 방식은 그들의 핵심적인 돌봄/애착 전략을 보여 준다. 재회를 위해 쉘리가 방으로 돌이왔을 때, 그녀의 첫마디는 "뭐하고 있어?"였다. 제이콥은 계속해서 그녀에게서 뒤돌아 있었고 그녀의 반복되는 질문에도 대답을 하지 않았으며, 이때 제이콥은 어깨를 으쓱하며 "아무것도."라고 말했다. 그리고 쉘리는 아들 옆에 앉아 눈의 띄게 불안한 목소리로 "그걸로 뭐 할 거야? 엄마한테 보여 줘 봐."라고 말하며 인형을 만졌다. 제이콥은 험악한 표정으로 "하지 마."라고 말했다. 겁에 질린 듯한 쉘리는 즉시 "알았어, 보기만 할게."라고 하였다. 하지만 잠시 후, 그녀는 다시 말을 걸며 "엄마가 이거 좀 해도 될까?"라고 물었다. 제이콥이 또 다시 "아니!"라고 하자, 그녀는 "알았어, 떨어져 있을게."라고 하였다. 그녀의 이러한 밝은 목소리는 그녀가 거리를 두고 싶어 하는 아들의 욕구를 수용하는 척할 때마다 사용하였다. 그러고 나서 그녀는 의자로 이동하기 시작했다.

갑자기 제이콥이 그녀에게 "이거 해."라고 하며 지시하였다. 쉘리는 재빨리 그에게 돌아가 지시를 따랐다. 제이콥이 그녀를 놀이에 참여시키지 않았을 때, 그녀는 포기하였고 의자로 돌아가 앉았다. 잠시 뒤 제이콥은 그녀에게 더 가까이 갔다. 그는 쉘리와 약 1미터 거리에서 계속해서 그녀를 등지고 놀이를 계속 이어 갔다.

평가가 이루어지는 순간에, 쉘리와 제이콥의 애착전략은 분명하지 않았다. 재회 동안 제이콥은 마치 엄마가 필요하지 않은 것 같은 회피와 거부 행동을 모두 보였다. 그녀에 대한 제이콥의 거부는 그녀를 끌어들이기도 하고 밀어내는 저항적/양가적인 형태를 띠었다. 또한 주목할 만한 역할 전환의 징후들이 있었다. 여러 순간들 중 두 번째 재회 동안 가장 눈에 띄는 부분은, 그가 엄마에게 지시하고, 통제하려고 하고, 화를 냈다는 것이다. 이것은 안정애착의 맥락에서 제이콥의 양육자가 분리로 인한 스트레스를 극복할 수 있도록 그를 돕는 시간이 될 수 있다. 대신, 쉘리는 제이콥의 지시와 통제를 받아들임으로써 그로 하여금 재회를 책임질 수 있도록 하였다. SSP 동안, 특히 분리로 인해 정서적으로 반응하는 시점에서 마치 쉘리가 아이 같았고, 제이콥은 책임자 같았다.

또한 쉘리의 돌봄 전략은 혼합되어 있었다. 그녀는 순환의 위와 아래 모두로 인해 고심하고 있다는 분명한 징후를 보여 주었다. 그녀는 제이콥의 자율적인 놀이를 지지할 수도 없었고(계속해서 간섭하는), 그가 재회 동안 스트레스를 느낄 때에도 편안함을 제공할 수 없었다(질문을 하고 계속해서 놀이에 참여시켜 달라고 부탁하는). 후자의 경우는 쉘리가 순환에 신경을 쓰지 않았던 것이 고정핀이었다는 것을 보여 주는 중요한 데이터이다. 재회 순간 아동은 양육자가 더 크고, 더 강하고, 더 지혜롭고, 친절한(능력 있고, 책임지고, 돌봐 주는) 누군가로서 기능해 주기를 원한다. 쉘리는 아들에게 이러한 기능을 제공해 줄 수 없었다. 위에서 언급한 것처럼, 오히려 엄마의 스트레스를 신경 써 주는 역할을 했던 사람은 제이콥이었으며, 이것은 그가 몸짓과 처벌 명령을 조합한 거리 두기를 통해 이루어 내고자 애썼던 과제였다.

제이콥의 애착전략은 불안정 타인으로 평가되었다.

어떠한 패턴도 우세하지 않았다. 제이콥은 회피, 혼란, 처벌적인 통제의 징후들을 보여 주었고, 따라서 그는 불안정 타인에 해당되었다. Cassidy-Marvin의 학령전기 애착분류체계에서, 모순된 행동, 비정상적 애착패턴, 그리고 조사 논쟁점의 복합물인 이 분류는 와해된 애착에 해당되는 분류들의 발달궤적과 같거나 더욱 심각한 불안한 패턴으로 간주된다.

부모 지각 평가 : 안정성의 순환 인터뷰

COSI 동안 쉘리는 특히 자기 자신, 자신의 사고 및 감정과 관련된 질문들로 인해 혼란스러워 보였으며, "모르겠어요."라는 말을 자주 하였다. 그녀는 SSP 동안 제이콥이 자신을 필요로 하는 순간이 있었다는 것을 생각하지 못했다고 하였다. 그녀는 인터뷰 동안 여러 번 하나의 질문에 압도되는 것처럼 보였으며, 인터뷰를 하는 사람에게 질문 내용을 반복해서 물어보았다. 나중에서야 거기에 참여한 임상가들에게 이것이 또 다른 책임을 지는 것을 위하는 것으로서 이것이 일생의 인식된 무력감을 활용하는 데 꼭 맞다는 것을 이해할 것이다.

제이콥의 잠재적 스트레스에 대해 말하면서, 쉘리는 방을 떠나라는 요구를 받았을 때 걱정하고 있었다고 기술하였다. 그녀의 불안의 원천은 제이콥이 화가 날 가능성에 있었다. "그가 역정을 냈을 수도 있어요." 두드러질 만큼 그의 스트레스에 집중하는 것은 그녀의 스트레스의 원인이 되었을 것이며, 이렇듯 엄마가 아들의 욕구를 계속해서 자각하는 능력이 부족하다는 점은 분명해졌다.

또한 그녀는 최근 제이콥이 자신을 사랑한다고 말했을 때에 관하여 "그것은 저에게 커다란 지지가 되었어요. 저는 정말로 누군가에게 사랑을 받는다고 느꼈어요."라고 말했다. 이러한 진술은 그녀의 돌봄을 받는 것에 관한 감정, 무너지기 쉬운 정서적 유대감에 관한 자신의 시각, 그리고 제이콥으로 하여금 자신의 정서적 지지체계의 중재자가 되게 하였던 영향력에 대한 깊은 불안정을 통렬하게 드러내 주었다.

이러한 심리적 경향은 제이콥과의 관계에서 가장 고통스러웠던 것이 무엇이었는지에 관한 질문에 대한 쉘리의 대답에 의해 강화되었다. 그녀는 "규율"이라고 말한 후, 아침 식사 때 자신이 제이콥에게 사탕을 주기를 거부했을 때 어떠한 감정을 느꼈는지에 대해 기술하였다. "저는 제이콥이 원하는 것을 주지 않아서 제 스스로 그가 저를 미워하게 만들었다는 것 때문에 제 자신이 미웠어요. 저는 거기서부터 더 악화되었을 것을 알아요." 쉘리에게 있어, 제이콥이 그녀에게 화가 나거나 못마땅해했다면, 자신에 대한 제이콥의 사랑은 위태로운 것이며, 그가 자신을 사랑하지 않았다면, 그는 그녀를 버렸을 것이다. 따라서 제이콥의 유용성은 쉘리의 지각된 정서적 안정성에 있어 필수적인 요소였으며, 역할 전환은 그녀와 제이콥의 안정감을 위협하였다.

그러나 쉘리는 자신이 적어도 중간 수준의 성찰을 할 수 있었다는 것을 보여 주었다. "하지만 저는 제이콥이 원하는 것을 모두 준다면, 그가 원하는 것을 받지 못할 때 말썽을 피울 것이라는 걸 깨달아요. 그것이 계속된다면 제이콥이 무슨 일을 벌일지 누가 알겠어요?" 자신의 행동의 잠재적 결과에 대한 그녀의 인식능력(그 순간에 아들이 원하는 것을 주는 것은 결국 그에게 피해를 준다는 것)은 분명히 숨은 강점이다. 이것은 평가과정에서 나타난 것이며, 개입을 추구하는 것은 쉘리와 그녀의 아들을 위해 유익할 수 있다는 것을 보여 준다.

긍정적인 결과를 암시할 수 있는 또 다른 징후는 쉘리가 현재 자신의 죠스 음악을 이해할 수 있는 방법이 없었음에도 불구하고, 자신이 책임을 지고자 할 때 불안한 감정을 느낀다는 것을 인식하였다는 것이다. 그 당시, 이러한 고통스러운 감정들을 처리할 수 있는 한 가지 방법으로서, 그것을 이해할 수 있는 것으로 보이는 유일한 방법은 아들의 요구를 수용하는 것이었다. 그러면서도 짧은 관찰에서 드러나지 않았던 점은 또 다른 방법에 대한 자각과 욕구였다. 잠시였음에도 불구하고, 이러한 성찰 및 희망의 징후들은 치료동맹과 성공적인 치료계획을 위한 받침대를 형성시켜 준다.

부모의 핵심 민감성과 관련된 가설을 형성하는 것은 COSI에서 이루어짐에도 불구하고, 이러한 앞선 정보는 첫인상을 형성할 만큼 충분하다. 안전성에 민감한 사람은 관계에서 멀어져 있는 자녀를 지키려고 하며, 대부분 순환의 위에 계속해서 관심을 가지도록 자녀를 격려함으로써 자활촉진을 추구하는 경향성이 있다. 이것은 분명 쉘리의 경우에만 해당되지 않는다. 안전성에 민감한 부모들은 계속해서 자녀의 놀이에 참여시켜 달라고 요구하지 않을 것이다. 여기에서 언급된 사례처럼, 부모 자신에게 자녀를 끌어들이는 암류를 인식할 수 있는 경우는 없을 것이다. 확실히, 쉘리가 자신의 아들을 지키려는 데 거의 자포자기했다는 것을 나타내는 그녀의 말투와 신체언어는 안전성에 민감한 부모들에게서는 볼 수 없다. 따라서 안전성에 대한 민감성은 제외되었다.

우리에게는 두 가지 다른 선택사항이 주어진다. 존중 민감성 및 분리 민감성. 각각의 경우에 인식될 수 있는 유대감에 집중하는 부모를 만날 가능성이 있다. 분리 민감성이 높은 부모들은 자신이 자녀에게 얼마나 집착하고 있는지를 보여 주는 낮은 목소리를 가지고 있는 경향이 있으며, "엄마(아빠)는 네가 엄마(아빠)를 버릴까 봐 두려워. 그리고 너 없이는 살 수 없어."라고 말하곤 한다. 이러한 부모들이 초점을 둔 것은 가능한 한 오랫동안 자녀를 품 안에 지키는 것과 상호의존의 환상을 유지하는 것이다.

존중에 민감한 대부분의 부모는 자녀를 계속해서 순환 위에 집중하게 하며, 자녀들로 하여금 성취로 이끄는 기술들을 수행하거나 습득하기를 원한다. 그러나 존중에 민감한 부모들은 관계가 얼마나 특별한지에 중점을 두며, 이것은 보이는 관계가 얼마나 완벽하게 밀접한가에 기초를 둔 완벽성을 암시한다('보이는'이라는 단어에 주목하라. 왜냐하면 타인에 대한 지각은 존중에 민감한 사람들에게 핵심적이기 때문이다). 이번 사례에서 존중 민감성은 완벽한 부모와의 훌륭한 관계를 통해 사랑받는 자녀의 지각을 중심으로 형성된다.

쉘리는 가능한 한 제이콥과 가까이 있으려는 데 거의 전적으로 집중했던 반면, 그들의 관계가 얼마나 훌륭하거나 완벽한지, 또는 얼마나 특별한지에 대해서는 전혀 염려하지 않는 것처럼 보였다. 그녀는 무엇보다 그가 가까이에 있기를 원하는 것처럼 보였으며(그가 얼마나 완벽하거나 완벽하지 않은지는 중요하지 않은), 이것은 자신이 버림받지 않을 것이라는 희망에 기저한 것이다.

쉘리는 COSI(양식 10.1)에서 자신의 반응을 분석함으로써 핵심 민감성과 관련된 최종 결론에 이르렀다. 위에 기술된 문제들을 넘어서, 임상팀은 COSI 비디오를 보며 다음과 같은 의문을 가졌다.

- 제이콥이 마치 엄마가 필요하지 않은 것처럼 행동했을 때는 언제인가? 왜 이러한 행동이 그녀에게 정서적으로 영향력을 끼치는가?
  - 그것이 그녀에게 외로움, 무력감, 공포, 그리고 버림받은 느낌을 가지게 하였는가?(분리에 대한 민감성)
  - 그것이 그녀에게 거부당하고 완벽한 부모가 아니라는 실패감을 느끼게 하였는가?(자기존중감에 대한 민감성)
  - 주목할 점 : 안전 민감적 부모들에게는 필연적인 선택사항이 존재하지 않는다. 안전성에 민감한 부모들이 자녀의 놀이에 참여할 수 있게 해 달라고 계속적으로 요구하여 생긴 자녀와의 거리로 인해 큰 어려움을 겪고 있는 경우는 매우 드물다.
- 제이콥의 탐색에 대한 쉘리의 침입의 숨겨진 의미는 무엇인가?
  - 그녀는 스스로 성공적인 부모라고 느끼고 그렇게 보이기 위해, 제이콥에게 가르치며 간섭하고 있는가? 그녀는 제이콥의 흥미와 자신의 흥미 사이의 차이를 분간하지 못할 만큼 제이콥과 동질감(한 마음이 된)을 느끼고 있는가?(자기존중감에 민감한)
  - 그녀는 자신의 부모로부터 이어받아, 자신의 놀이에서 경험했던 침입을 재현하고 있는가?
  - 그녀는 순환의 위에 있는 제이콥의 자율성으로 인해 더 이상 그가 자신을 필요로 하지 않을 것이고 고통스러운 외로움과 자신의 무가치함을 느낄 것을 생각하여 위협을 받는가?
- 재회 동안 그녀가 순환의 아래에서 편안함을 제공하지 않았던 것은 무슨 의미를 가지는가?
  - 그녀는 자신의 취약성을 불필요하게 노출하고 제이콥으로 하여금 성공으로 이끄는 길을 막게 하는 무언가인 것처럼 보이는 태도로서, 편안함의 필요성을 일축하는가? 돌아올 때, 그녀는 그들의 공유된 완벽함을 재건하기 위해 무언가를 함께 하는 한 가지 방법으로서 제이콥의 놀이에 참여하기를 원하는가?(자기존중감에 민감한)
  - 그녀는 조용히 아들의 명백한 독립성을 인정하며, 특히 강렬한 필요가 있을 때 허용할 수 있는 거리라고 언급하는가?(안전성에 민감한)

쉘리의 핵심 민감성은 분리 민감성으로 확인되었다.

쉘리는 아마도 제이콥의 자율성의 시작이 그의 첫걸음이며, 이것은 불가피하게 그녀를 버리는 것과 같다고 인식하였을 것이다. 어린 시절 우울했고, 정서적으로 방치되었고, 종종 외로움을 느꼈던 쉘리의 COSI에서는, 그녀가 자신을 무조건적으로 사랑해 주며 과거의 고통으로부터 지켜 줄 한 사람의 경험을 희망하며 제이콥을 출산하였다는 것이 드러났다. 그녀에게 제이콥이 자신의 삶의 이유가 되었는지 물었을 때, 그녀는 임산부가 되기 전까지 살고 싶지 않아 매우 우울해했었으며, 제이콥은 자신의 삶의 이유가 되어 주었다고 하였다. 나중에 그녀는 제이콥과 되풀이하고 싶은 만큼 자신의 어머니로부터 배운 것은 아무것도 없었다고 하였다. 왜냐하면 어린 시절에 그녀의 어머니가 그녀를 돌봐 주거나 좋아해 주었다고 느끼지 않았기 때문이다.

그녀의 아들이 그녀의 보호를 필요로 하였을 때, 자신의 죠스 음악에 대한 그녀의 방어 관리는 스스로 '포기'하게 만들었다.

쉘리는 그녀에 대한 제이콥의 분노와 거부에서 그녀의 부분에 대한 것을 인식하지 못했으며, 원함을 받지 못하는 것에 대한 고통스러운 재현이 원함을 받지 못하고, 사랑받지 못하고, 사랑스럽지 않은 아동이라는 강한 감정에 따른 감각을 불러일으켰다. 즉 "만약 내가 혼자서 어떤 것이라도 하려고 노력한다면, 그녀는 내가 그녀의 방식대로 했음에도 불구하고 나에게 화를 낼 것이다."라고 말이다. 순환에 대한 쉘리의 경험은 순환의 위와 아래에서 긍정적이지 않았다. 무언가 단독으로 하는 것은 연결의 상실을 보장하는 것을 의미했다. 자기주장과 자율성은 거절, 유기, 홀로 남겨지는 것에 대한 고통스러운 감정과 관련되었다.

그러므로 쉘리는 아들에 대한 지도를 제공하는 부모의 역할을 주장할 때 똑같은 두려움을 경험하였다. 그녀를 대신하고 제이콥을 대신하는 것은 그녀의 죠스 음악, 고통스러운 기억, 그리고 원가족 부모로부터 전혀 지지받지 못했었던 자율적인 행동과 관련한 감정들을 촉발했다. 책임을 지기 위해 유기의 감정과 절차적으로 연관되었던 자신의 내적 자원에 의존해야만 했다. 아이였을 때 그녀는 무력감과 실패가 실제로 그녀에게 어떤 외관상 연결의 모습을 주었다는 것을 학습해 왔다. 그녀가 자신의 과거로부터 고통스러운 반복과 관련되어 있다는 것을 인식하지 못한 채, 쉘리는 무력한 상태로 돌아왔고 '다른 이'(원래는 그녀의 어머니 그리고 지금은 그녀의 아들)가 돕고 나서게 하며 그 사람이 책임지게 함으로써 버림받음에 대한 그녀의 두려움을 다루기 위한 한 가지 방법으로 '포기하는' 방법으로 돌아갔다. 경고음이 전형적으로 우리의 지각을 왜곡하여 쉘리는 부모의 권위의 책무를 거부하고, 그녀의 아들에게 매달리고, 그에게 그녀를 돌보아 주기를 요구함으로써 고통스러운 감정을 차단시키는 것을 학습해 왔다.

물론 쉘리는 이것이 어떻게 일어나는지에 대한 감각이 전혀 없었다. 이 작업에 대한 영향력은 언젠가는 부모들이 재현되고 있는 고통스러운 패턴을 보기 위해 길을 내어 준다는 것이다. 대부분의 시간 그들은 필요한 변화를 이루어 내기 위해 열심히 작업한다.

고정핀

불안정 타인 유형으로 분류된 아이들을 가진 부모들은 비조직화된 애착으로 분류된 아이들을 둔 부모들보다 돕는 데 더욱 도전이 요구된다. 왜냐하면 다양한 불안정애착패턴들이 사용되고, 단일한 불안정 패턴은 때때로 개입을 위한 고정핀으로 선별될 수 없기 때문이다. 그러므로 몇 개의 고정핀들이 언급되어야만 하며, 이것은 결과적으로 치료를 더욱 복잡하게 만드는 경향이 있다. 그러나 쉘리와 제이콥의 평가에서 알 수 있었던 것은 분명히 순환의 손들에 있을 때 쉘리가 책임을 지는 것에 초점을 맞춘 고정핀이었다.

SSP 동안 쉘리가 제이콥이 장난감들을 집어 들도록 하는 시간이 되었을 때, 그녀는 소심한 요청으로부터 시작해서 그가 그것들을 무시하자 애원으로 바뀌었다. 그러나 모든 다른 사람들에게 모순에 서 있는 한 가지 중요한 순간이 있었다. 쉘리가 제이콥에게 그의 입 속에서 장난감을 꺼내기 위해 확고한 성인의 목소리 톤으로 말했을 때, 그는 즉시 순응하였다. 이 순간은 소위 '충분히 이용되지 않은 강점'이라고 부르는 것을 보여주었다. 그것을 한 번 할 수 있는 부모는 분명히 이미 그 기술을 갖고 있는 것이며(비록 이용되지 않았다고 할지라도), 그것을 다시 사용할 잠재력을 갖고 있는 것이다. 그러나 양육자는 이 능력을 사용하기를 회피하는데 그 이유는 그것이 그녀가 다시 경험하기 원하지 않는 감정상태(죠스 음악)를 불러일으키기 때문이다. 이 경우에 이것은 개입 — 고정핀 투쟁 — 의 주요 초점을 만든다. 이것은 쉘리가 제이콥이 그녀가 책임지는 것을 필요로 할 때 그녀의 마음상태를 재평가하고, 그녀가 어떻게 부모로의 '책임지는' 역할을 거부함으로써 고통스러운 감정으로부터 자기 자신을 보호하는지를 배우는 것을 돕는 것이다.

1단계 비디오 검토

쉘리의 1단계 비디오 검토를 위해 다음 목표들이 선택되었다.

- 쉘리가 그녀의 아들이 순환에서 시종일관 그녀를 필요로 했다는 것을 보도록 돕는 것 — 탐색하고 상처받고 고통스러워할 때. 이것은 그녀에 대한 제이콥의 필요, 즉 초기 아동기 때부터 그녀를 계속 괴롭혀 왔던 필연적으로 '다른 사람'을 버리는 관점에 대한 그녀의 절차적인 믿음에 어긋나는 것이었다. 개입을 통해 그녀는 그가 그녀를 필요로 하지 않았다는 그녀의 확신을 재평가하도록 요구받을 것이다. 이 것을 아는 것은 그녀에 대한 제이콥의 필요가 일시적인 것이었으며 그녀가 '좋든 지'(그의 인정에 달려 있는) 혹은 '나쁜지'(그녀의 확신에 근거한)에 달려 있다는 그녀의 믿음과는 배치되는 것이다. 쉘리가 자신이 없어서는 안 된다는 것을 아는 것은 그녀의 내적 작동 모델에 도전하며 그러므로 그녀를 위한 정서적 불안정에 대한 필요한 상태를 만들어 내는 것일 수 있다. 이것은 실제로 그녀에게 좋은 소식처럼 느껴질 수 있는데, 그 이유는 그것이 그녀와 함께하는 제이콥의 연결이 조건적이었고 그는 언제라도 떠날 수 있다는 감각으로부터 자유롭도록 할 수 있기 때문이었다.
- 쉘리에게 제이콥과 함께 노는 것으로부터 제외되는 것을 인식시키도록 돕는 것은 고통스러웠다. 그녀의 고통에 관해 이야기하는 것은 그녀를 보다 도전이 되는 비디오 검토를 하는 다음 단계를 위해 준비되도록 도울 수 있었다. 그곳에서 그녀는 그녀가 자신의 고통을 다루고 자신과 아들에게 점점 더 많은 불안정성을 만들어 갔던 비조직화된 방식들을 마주할 것이다.
- 쉘리가 직접적이고, 강한 목소리로 그녀의 아들에게 '더 크고, 더 강하고, 더 지혜롭고, 친절하게' 행동했던 순간들에서 볼 수 있듯이 사실은 책임을 질 수 있다는 것을 보도록 돕는 것. 그녀가 부모의 역할을 주장할 때 그녀의 아들은 그녀의 리드를 따라갔다. 그녀가 비디오 영상 클립에서 이것을 보는 것은 무능하다는 그녀 자신

에 대한 잘못된 표상에 이의를 제기하는 것이며, 그녀의 이용되지 않았던 책임지는 강점에 대한 묘사로 기능할 것이다. 그녀가 자신의 아들에게 "그것을 입 속에서 꺼내."라고 말했던 이 중요한 순간이 그녀가 보통 그에게 간곡히 부탁하였던 방식과는 현저한 대조를 이루는 주춧돌이 될 것이다.

쉘리는 첫 번째 비디오 검토가 시작되었을 때 긴장한 것처럼 보였으나, 그녀는 집단의 다른 구성원들이 그 과정을 통과하며 서로를 지지해 주는 것을 보아 왔다. 그녀가 자신의 영상 클립을 볼 준비를 했을 때, 그녀는 거의 눈물을 흘릴 듯하며 최근에 제이콥이 그녀에게 보고 싶었다고 말했던 일화를 나누었다. 집단의 다른 부모들은 그녀의 아들에게 그녀가 중요하다는 생각을 강화하였다.

첫 번째 영상 세트는 제이콥이 자신의 환경을 탐색하도록 자신의 엄마를 성공적으로 이용하는 드문 순간들을 보여 주었다. 이것은 그가 탐색할 때조차도 그녀를 필요로 하는 것을 나타냈다. 흥미롭게도 쉘리는 그들의 상호작용을 볼 때 가치 있다고 느꼈다. 고위험군 집단에 있는 많은 부모들이 자신의 성장기에 가치 있다는 느낌을 받아 보지 못했으며, 그렇기 때문에 그들은 종종 필요에 대한 아이들의 표현에 부정적인 특성을 투사한다("그는 단지 관심을 원할 뿐이야.", "그녀는 나를 좋아하지 않아."). 그리고 이것은 순환의 어느 시점에서도 아이들의 필요에 대한 그들의 경험을 조직화하는 것을 끝낼 수 있다. 그것은 그녀가 제이콥과의 관계에서 긍정적인 변화에 열려 있다는 것과 그녀가 자신과 그들의 관계에 대해서 좋은 느낌을 갖는 기회를 환영한다는 것을 의미했다.

다음의 영상 클립은 제이콥이 순환의 위에서 놀기를 원했을 때 쉘리가 상처받는 것처럼 보이는 부분을 보여 주었다. 그녀는 분명히 그에게 받는 이러한 신호를 부정적인 것으로 경험해 왔다. 즉 "나는 그가 항상 나 없이 어떤 일들을 하기 원한다고 생각해요."와 같이 말이다. 처음에 그녀는 다른 부모들 중 한 명이 그녀에게 제이콥이 그녀와 함께 노는 것을 거절하였을 때 그녀의 표정이 화나 보이는 것에 대해 말해 주도록 요청하였을 때 방어적이었다. 그러자 치료사는 덧붙였다. "우연히 발견한 것은 당신이 상처받은 것처럼 보인다는 거예요." 그녀는 부드러워져서 말했다. "네, 그것은 정말로 상처였어요." 제이콥이 그녀를 요구했던 많은 방식들을 확인한 후에 치료사는 거절에 대한 그녀의 감정을 탐색하였고 그녀가 그에게 얼마나 중요한지를 아는지 궁금해했다. 쉘리는 더욱 부드러워져서 때때로 그가 혼자 놀기 원할 때 그녀는 그에게 중요하지 않다는 느낌을 받는다는 것을 인정했다. 쉘리가 '필요 없는 존재라는' 취약한 느낌에 대해 자진하여 이야기하는 것은 그녀의 아들의 탐색과 관련이 있으나 변화를 위한 그녀의 능력에 관한 또 다른 암시이고 제이콥과의 새로운 종류의 관계를 찾으려는 그녀의 의도였다.

검토된 마지막 영상 클립은 쉘리가 그녀의 아들에게 입에서 장난감을 꺼내라고 말했던 청소 장면에 대한 것이었다. 처음에 그녀는 강점을 보는 것에 어려움을 가졌으나 다른 어머니들이 쉘리의 능력에 대해 긍정적인 태도로 이야기하고, 두 번째 영상 클립 검토가 끝나자마자 쉘리는 마침내 그녀의 목소리 톤의 다른 점을 볼 수 있었다. 치료사는 이 단호하고, 책임지는 어조를 '그 목소리'라고 이름 지었고, 쉘리는 이것을 그녀 자신에 대해 자신감을 갖는 것과 부모로서 그녀의 중요성을 아는 것에 대한 은유로 사용하였다. 이것은 그녀가 최근에 소유했던 많이 사용되지 않았던 능력이 작용하는 데 도움을 줄 것이다. COS 접근법은 새로운 기술 세트를 학습하는 것에 관한 것이 아니다. 사실은 그녀의 마음상태가 그녀에게 자신이 필요하지 않았다고 그녀의 아이는 항상 금방 그녀를 버리려고 한다고 말하는 한 새로 배운 양육기술은 그녀에게 영향을 주지 않을 것이다. 그녀가 제이콥의 삶에서 가장 중요한 중요성을 갖고 있다는 것과 그가 그녀를 '더 크고, 더 강하고, 더 지혜롭고, 친절한' 사람으로 경험하는 더 많은 기회를 기다리고 있다는 것을 인식하는 것은 그녀가 부모로서 그녀의 긍정적인 의도에 다가가고 '그 목소리'를 사용할 새로운 공간을 찾도록 했다.

이 첫 번째 비디오 검토의 끝에서 쉘리는 그녀가 한 번도 그녀에 대한 제이콥의 신호와 잘못된 신호들이 어떤 영향을 끼치는지에 대해 생각해 본 적이 없었다고 말했다. 그리고 그녀는 이러한 발견들이 좋다고 말했으며, 이것은 그녀의 아들을 위해 기꺼이 변화하려는 그녀의 의지의 표시이기도 했다. 특별히 고른 비디오 영상 클립의 영향 덕분에 쉘리는 그녀의 아들과의 관계에서 그녀 개인의 역사가 어떻게 되풀이되었는지를 처음으로 보기 시작하였다.

그다음 6주를 지나면서(1단계), 쉘리는 '그 목소리'를 사용한 '순환 이야기'에 대해 나누었는데, 그녀는 때때로 효과가 있으나 다른 때는 실패한다고 말했다. 이것은 그녀를 강한 느낌이 드는 것과 무력감을 느끼는 것 사이에서 자꾸 흔들리게 만드는 원인이 되었다.

2단계 비디오 검토

쉘리의 두 번째 비디오 검토는 그녀의 아들이 화나 있는 동안 그가 자신의 감정을 조직화하는 데 도와주는 방법으로 그녀가 책임지기를 필요로 했을 때 그녀가 어떻게 무너졌는지에 초점을 맞추었다. 그녀는 그녀의 아들이 화가 났을 때 어떻게 다루어야 하는지를 알지 못했던 최근의 사건을 설명했다. 치료사가 말했다. "어떤 이유에서인지 당신의 아들은 화가 날 때 당신이 진정시켜 주도록 이용하는 방법을 모르는 것 같아요. 당신은 그가 화가 날 때 심지어 당신이 그를 돕기 원할 때조차도 당신을 밀어내기 원한다는 것이 어떻게 일어나는지 알고 있나요?" 쉘리는 동의의 의미로 고개를 끄덕이며 상처받은 듯 말했다. "그것이 내가 나의 엄마와 하는 거예요. 내가 벌컥 화가 날 때 나는 그녀를 밀어내요." COS의 많은 부모들이 그러하듯이 쉘리는 그녀가 자라면서 받아 왔던 양육과 그녀가 현재 양육하는 시도들 간에 세대 간의 연결을 인식하기 시작하였다. 그녀의 진술과 함께 쉘리는 그녀의 반영적 능력을 확장하고, '선택점'을 확립하는 과정을 시작하고 있었다. 선택점이란 감정을 보기 위한 의식적인 결정과 그 후의 행동 변화를 말한다. 암시적인 것이 분명한 것이 될 때까지 그리고 절차적 기억이 언어가 될 때까지 불안정한 상호작용의 만성적인 패턴들은 감춰진 채로 남아 있으며 그러므로 선택의 영역 바깥에 있다.

쉘리는 계속했다. "이것은 내 기분을 안 좋게 만들어요. 그가 내가 떠나기를 원할 때, 그것은 상처가 돼요. 나는 그를 위안하려고 노력하고 있지만, 그는 나에게 가 버리라고 말하고 있어요. 그는 '나는 당신이 여기 있는 것을 원하지 않아요.'라고 말하고 있어요." 쉘리는 그녀가 제이콥을 안정시키는 것을 돕고 싶었지만, 그녀가 그렇게 하는 것을 그가 허락하지 않았을 것이라고 말했다. 이것은 그에게 버려지는 그녀 자신의 두려움을 회피하기 위한 방법으로 제이콥이 그 관계를 책임지도록 허락하는 그녀의 고정핀을 드러내 주었다. 그러나 다시 무엇이 최선인지를 선택할 그녀의 권리를 연습함으로써 자체적으로 행동과 관련된 감정과 기억은 이것이 어떻게 항상 그녀의 엄마의 위축으로 이끌었는지에 대한 기억들을 촉발했다. 그것을 알지 못한 쉘리는 그녀 자신과 아들이 더욱 건강할 수 있는 것에 대한 접근을 막았다.

그녀의 불안을 인식하며, 치료사는 그녀가 그 비디오를 보기 전에 그 비디오 검토에 대한 중심적인 메시지를 줌으로써 전형적인 COS 프로토콜을 수정하기로 결정했다. 한 번 그녀가 그 회기가 어떻게 되어 가는지를 이해하면, 그녀는 나쁜 부모로 노출되는 것에 대한 그녀의 두려움을 진정시킬 수 있고 배우는 과정으로 더욱 접근할 수 있을 것이다. 즉 "나는 그가 당신을 필요로 할 때 그가 통제적이 된다고 생각해요. 그리고 당신이 자신이 조정되도록 허락할 때, 그것은 그를 두렵게 해요." 쉘리는 울기 시작했고, 눈을 감고 그녀의 감정들을 조절하기 위해 애썼다. 쉘리는 그녀의 감정을 억누를 때까지 말을 하지 않았다. 그 순간의 강렬함 속에서 쉘리는 내면으로 들어갔고 그 방 안에 가능한 관계들로부터 차단하였으며, 그러므로 그녀가 감정으로 압도되었을 때 다른 사람들과 접촉하지 않는 그녀의 절차적 기억을 보여 주었다.

> **쉘리 :** 나는 그가 매우 통제적이며 매일 점점 더 통제적이 되어 간다는 것을 알아요.
>
> **치료사 :** 그것이 바로 내가 돕기 원하는 거예요.
>
> **쉘리 :** 나는 조정하는 그 사람이 내가 되어야 한다는 것을 알지만, 나는 그렇지 않아요. 그가 나를 통제하는 사람이에요.
>
> **치료사 :** 그가 이런 작은 통제하는 소년이 되어 가는 동안에 나는 그가 두려워한다고 생각해요. 그는 정말로 두려워하는 그 사람이고, 당신은 그가 필요한 그 사람이에요. 그는 당신이 더 크고, 더 강하고, 더 지혜롭고, 친절하기를 원해요. 왜냐하면 그는 두려워하는 그 사람이기 때문이에요. 만약 당신이 그것을 기억할 수 있다면, 매우 도움이 될 거라고 생각해요.

쉘리의 눈물이 잦아들었고, 집단 구성원들은 아이의 통제하려는 분노행동 뒤에는 두려움이 있으며 강한 양육자를 필요로 한다는 생각을 탐색하였다. 쉘리의 분투는 모든 부모의 마음을 감동시켰으며, 그들은 자신의 아이들과의 분투에 대해 이야기하였다. 그녀의 비디오를 볼 시간이 다 되었을 때, 그녀는 준비가 되었다고 표시하였다.

그 회기의 첫 목표는 쉘리에게 그녀가 자신의 아들에게 얼마나 중요한지를 검토하도록 하는 것이었다. 비디오 영상은 쉘리가 그의 신호와 잘못된 신호를 보도록 돕는 것으로 선택되었는데, 그녀가 방을 떠날 때 그의 감정 변화와 가장 의미 있는 것은 그의 엄마가 나간 그 문을 그리운 듯 응시하는 제이콥의 표정을 찍은 비디오였다. 그 이미지가 텔레비전 모니터에 투사되었을 때 치료사가 물었다. "이것은 당신에게 무엇을 말해 주나요?" 쉘리는 부드러워져서 말했다. "내 엄마는 어디 있나요?" 쉘리는 보았고, 더 중요한 것은 그의 필요와 그에게 그녀가 중요하다는 사실을 인정하였다.

쉘리는 이제 감정적 딜레마에 사로잡혔다. 그것은 만약 그녀가 중요하다는 것을 받아들인다면, 그녀는 필요해진다는 것과 돌본다는 느낌을 받겠지만, 또한 그녀의 삶의 대부분 동안 이 긍정적인 감정이 드물었으며 놓쳤었다는 고통스러운 감정에 노출될 것이다. 쉘리가 제이콥에 대한 그녀의 중요함을 인정하는 것은 그녀가 회피해 왔었던 고통의 일부를 마주해야만 한다는 것을 의미했다. 치료사는 부드럽게 그녀가 아들을 보는 제한된 방식에 도전을 주었고, 집단 구성원들은 그녀의 가치와 그녀에 대한 그의 필요에 대한 생각을 지지하는 데 동참하였다. 제이콥에 대한 그녀의 가치에 관한 취약한 통찰력과 함께 그녀는 자신의 죠스 음악을 직면할 준비가 된 것 같았다.

쉘리의 고정핀은 SSP에서 두 번째 재결합에서 제이콥이 그녀가 돌아오자마자 그녀에게 그의 등을 돌리고 계속 있었던 때였다. 그녀는 그와 함께 놀려고 노력하였고, 그는 그녀를 거부하고 그녀에게 몇 번씩 무엇을 하라고 말함으로써 조정하였다. 그녀가 위축되어 떠나려고 할 때, 그는 그녀를 자기 쪽으로 다시 부름으로써 그의 실질적인 두려움과 필요에 대한 신호를 그녀에게 주었으며, 즉시 조정하려 하고 그녀에게 다시 무엇을 하라고 함으로써 잘못된 신호를 주었다.

2단계 비디오 검토 동안 쉘리는 그녀가 방에 다시 들어왔을 때 제이콥이 그녀에게 계속 등을 돌리고 있었는데 그 이유는 그가 상처받았기 때문이라고 말할 수 있었다. 제이콥에 대한 이 새로운 묘사는 그녀가 자신의 더욱 방어적인 그에 대한 이미지인 크고, 강하고, 거부하는 이미지 대신에 그의 이미지를 작고 상처받는 이미지로 유지할 수 있었다는 것을 의미했다. 치료사가 말했다. "당신이 필요할 때, 그는 당신에게 고개를 돌리고, 거부적이 되며, 조정함으로써 그의 감정을 조절해요." 쉘리는 대답했다. "그것은 상처가 돼요. 왜냐하면 나는 그와 함께 놀고 싶기 때문이에요. 나는 그와 놀고 싶지만, 그는 나와 놀고 싶어 하지 않고, 그래서 나는 포기하죠." 이 진술에서 쉘리는 그녀의 핵심 문제를 드러냈다. 그녀가 거부당하고 원해지지 않는 것 같은 느낌을 받으면 그녀는 포기하였으며, 이것은 제이콥에게 돌봄과 안정성을 그에게 제공할 수 있는 엄마를 제공해 주지 못하고 떠나게 했다. 쉘리가 좌절했을 때, 그것은 제이콥을 두렵게 만들었고, 그는 더욱 화를 내고 통제적이 됨으로써 그의 두려움을 다루었다. 그의 분노는 쉘리를 두렵게 하였으며, 그녀는 전형적으로 더욱 좌절하였다. 치료사가 말했다. "당신은 너무 상처받아요. 그리고 거부에 대한 당신 자신의 고통을 다루는 것은 당신이 더 크고, 더 강하고, 더 지혜롭고, 친절하게 되는 것을 어렵게 만들어요. 그러나 제이콥은 당신을 원하고, 그가 세상에서 가장 마지막으로 지우기 원하는 것은 당신이에요. 그러나 그는 당신에게 보여 줄 수 없고, 그는 그것을 시도할 위험을 감수할 수 없어요. 만일 그가 그렇게 하고 당신이 다시 좌절한다면, 그는 어디로 가야 할까요? 그러면 그는 그가 당신을 가장 필요로 할 때, 당신이 필요 없는 것처럼 행동할 거예요! 그는 그가 당신을 그리워했으며, 그가 당신에게 그의 필요를 어떻게 보여 주어야 하는지를 모른다고 말하고 있어요. 그러므로 그가 당신에게 보여 주는 것은 통제하려는 거예요. 그것은 마치 그가 '누군가가 여기에서 책임을 져야만 해.'라고 말하는 것과 같아요." 긴 침묵이 있은 다음 치료사는 다시 말했다. "제이콥을 이런 방식으로 생각해 보는 것은 어때요?" 쉘리는 대답했다. "그가 실제로 원한 것은 나라는 것이 위안이 돼요. 나는 그에게 그가 원하는 것을 주지 않았지만, 그런 방식으로 나는 알지 못했어요. 그러나 이제 나는 알아요."

쉘리가 이야기할 때 그녀의 얼굴은 긍정적인 감정과 고통 둘 다 나타내었다. 그 회기는 1회기 비디오 검토 때의 '그 목소리'에 대한 비디오 클립으로 끝이 났고 쉘리에게 유능감을 기억나게 해 주었다. 쉘리는 그 영상 클립이 보여 준 도전에 의해 위협감을 느꼈고, 그녀가 '그 목소리'를 사용하려고 노력하였지만 효과적이지 않았다고 말했다. 치료사가 말했다. "당신이 '그 목소리'로 말할 때 그러면서 또한 제이콥의 반응으로 상처받는 것을 기대하고, 당신은 결국 그에게서 받아들여지는 것을 필요로 하게 되는데 이것은 모든 것을 호전시켜요. 그런 후 그는 당신에게 더 큰 힘을 갖게 돼요. 그는 그의 거부로 힘을 행사해요. 그러나 그것은 당신이 그에게 줄 수 없는 힘인데 그 이유는 그것이 그를 두렵게 할 것이고 그것은 당신 둘 모두를 상처 입히기 때문이에요. 당신은 그에게 전부이고, 당신이 이것을 아는 것은 매우 중요해요." 쉘리는 말했다. "그것은 어려워요." 그리고 울기 시작했다.

그녀가 울 때, 치료사는 그녀가 필요한 어떤 것이 있는지를 물었다. 그녀는 얼굴을 가리고 감정적으로 철수하였다. 몇 분 후에 치료사는 "나는 당신이 혼자서 그것들을 정리하곤 했다는 것을 알 수 있어요. 그리고 오늘은 중요한 단계인데, 당신이 이것을 우리와 함께 정리하고 있기 때문이에요."라고 말함으로써 그녀의 감정을 다루는 그녀의 방식에 대해 언급하기로 결정했다. 집단 구성원들은 자발적으로 그녀를 지지해 주었고 집단 바깥에서도 쉘리가 그녀의 감정에 대해 말할 필요가 있을 때 그녀를 만날 시간 여유를 주었다.

그 회기의 마지막에서 쉘리는 그녀가 여전히 '그가 매우 화가 나는 감정이 들도록' 무언가를 잘못 해 오고 있었다고 느꼈다. 왜냐하면 만일 그녀 자신에 대해 안 좋게 생각해 왔던 이 방어적 패턴이 계속되는 한 그녀의 배움은 멈추게 될 것이기 때문에 치료사는 그 회기의 끝에서 쉘리에게 그녀는 아무것도 잘못한 것이 없고, 비난할 것도 없으며, 사실상 그녀의 아들과의 관계에서 그녀의 죠스 음악에 대해 직접 봄으로써 맞는 것을 하고 있다고 생각하도록 도왔다.

시간이 사실상 끝이 났으므로, 치료사는 그녀에게 그녀의 자기비난의 강렬함을 간략히 언급하는 방법으로서 그가 이야기해 왔던 한 꿈에 대한 이야기를 그녀에게 말해 주었다. 그 꿈에서 이 사람은 자기 자신에 대해 화가 났는데, 그 이유는 그의 인생에서 그가 저질렀던 실수들 때문이었다. 그가 올려다보았을 때, 그는 그의 앞에 서 있는 그의 아버지를 보았고 그것이 그의 아버지의 잘못이라는 것을 깨달았다. 그의 아버지는 정서적으로 이용 가능하지 않았으며 그에게 거부적이었기에 그는 그의 아버지에게 소리 지르기 시작했다. 그가 그의 아버지에게 소리 지르기 시작했을 때 아버지의 어깨 위를 올려다보았는데 거기에 그의 할아버지가 서 있었고, 그는 사실상 그의 할아버지께 화내고 있었다는 것을 깨달았다. 왜냐하면 할아버지는 그의 아버지를 이런 방식이 되도록 가르쳐 왔기 때문이다. 그가 할아버지께 잠시 동안 분노를 표출한 후에 할아버지의 어깨 위를 올려다보았는데, 거기에서 그의 증조할아버지와 고조할아버지 등이 끝도 없이 이어져 있음을 보았다. 갑자기 그의 분노가 사라졌고 그는 세대 간에 걸친 산물이었다는 것을 이해하게 되었다. 그런 후 그는 그의 분노와 비난이 실제로는 그가 필요로 했었지만 받지 못했었던 것에 대한 슬픔에 관한 것임을 알았다. 그는 또한 이제는 그 자신과 가족의 미래 세대를 위해 새로운 무언가를 배울 시간이라는 것을 알았다.

그런 후 치료사는 말했다. "나는 모든 부모의 목표가 우리가 온 곳으로부터 좋은 점을 취하고, 효과적이지 않았던 것을 떠나보내며 조금 더 나은 것을 하는 것이라고 생각해요. 쉘리, 당신에게 던지는 나의 질문은 이래요. 당신은 당신의 아들과 함께하는 새로운 방식을 찾기 위해 아주 열심히 일하고 있는 바로 지금 '나쁜'가요?" 다른 집단 구성원들이 끼어들어 쉘리를 지지해 주었고, 그 집단은 그날 그녀가 집단의 지지에 가볍게 미소 짓는 것과 침울하고 슬퍼 보이는 것 사이를 계속 오가며 끝이 났다.

세 번째 비디오 검토

쉘리는 프로토콜의 15주 때 만들어진 새로운 비디오의 몇 개 에피소드에서 제이콥을 책임지는 데 진보를 보여 주었다. 비눗방울을 가지고 놀 때, 제이콥은 열성적으로 비눗방울을 터뜨리기 시작했고 그의 비눗방울 막대를 매우 걷잡을 수 없이 흔들어 댔다. 쉘리는 그래서 제한을 설정해야만 했다. 그녀는 책임을 질 수 있었으며 즐겁게 놀이를 계속하면서 제이콥이 속도를 늦추는 것을 도왔다. 장난감들을 치워 놓아야 할 때가 되었을 때 그녀의 접근법은 "나를 도와줄 수 있니?"라는 간청에서 "장난감을 정리하자."라는 부드러운 지시로 갔으며, "그 장난감을 치워라."라는 책임을 맡은 지위로 성공적으로 끝을 맺었다. 쉘리는 그녀의 새로운 능력과 진행 중인 고군분투 둘 다 드러내고 있었다. 제이콥은 영상을 찍는 동안 그녀에게 더욱더 협력적이었다.

분리에서 쉘리가 제이콥을 떠났을 때, 그는 괴로움을 보였으나 그녀가 돌아왔을 때 그가 원했던 것은 오직 장난감을 가지고 도와주는 것처럼 행동하였다. 그녀가 얻게 되었던 새로운 통찰과 함께 쉘리는 그가 좌절한 것으로 보일 때에도 '포기하는' 대신에 그에게 정서적으로 반응하는 상태를 유지할 수 있었다. 이 마지막 비디오 검토의 중요한 목표는 쉘리에게 활기를 띠게 했었던 변화를 유지하도록 지원하는 것이었다. 이것은 특히 중요했는데, 그 이유는 아이들은 종종 그들 부모의 새로운 접근법에 대해 즉각적인 강화를 주지 않는 과도기적인 시기를 지나갈 것이기 때문이다.

쉘리는 마지막 비디오 검토에서, 덜 불안해 보였고 더욱 여유 있어 보였다. 그녀가 방에 돌아오고 제이콥이 그녀에게 잘못된 신호를 주는 에피소드를 검토할 때, 그녀는 그녀가 돌아왔을 때 그가 그녀를 필요로 한다고 생각하지 않았었다고 말했다. 그 순간의 압박감 속에서 그녀의 죠스 음악이 아들에게서 그녀의 가치를 인식하지 못하게 막았다. 그러나 그녀는 이제 그것에 대해 기억할 때 제이콥에 대한 그녀의 중요성에 대해 기분 좋게 느낄 수 있었다. 이와 같이 그녀가 먼저 그 장난감을 청소하는 것을 관찰할 때 그녀는 제이콥에 대해 확고함이 더 증가한 것을 보았다. 그 비디오를 두 번 보고 난 후에 그리고 그 집단의 피드백을 들은 후에 그녀는 간신히 그녀가 책임을 지고 있었다는 것을 보았다. 비록 쉘리가 다르게 행동하기 시작하였다고 하더라도 그녀는 자신을 새롭고 긍정적인 시작으로 보려고 분투하기 시작했다.

그러나 다시 아들의 필요를 보고 그녀의 새로운 능력을 보는 것은 부가적인 고통과 마주하는 것을 의미했다. 그녀의 역사의 아주 조금에 대항하여 가고 다른 길에 대한 위험요소를 감수하는 것은 상어가 들끓는 물속을 통과하는 것을 의미했다. 비록 그 상어들이 그녀의 기억 속에만 존재하는 것이라고 할지라도 말이다.

사후 개입 SSP 동안 쉘리는 제이콥에 대해 설명할 때 덜 머뭇거렸고, 더 지지적으로 행동했으며, 제이콥이 저항하거나 조정하는 행동을 할 때 포기하지 않았다. 제이콥은 재결합 때 그의 엄마와의 접촉을 추구했지만 그녀의 돌봄에 어떤 저항을 보임으로써 잘못된 신호를 주었다.

사후 개입 낯선 상황 절차에서 제이콥은 안정적인 것으로 평가되었다.

유아용 점수 매뉴얼은 제이콥이 받은 B-4 범주를 다음과 같이 서술한다. "이 집단에서 아이들의 행동은 일반적으로 안정적이나, 미성숙하고, 의존적이며, 양가적이거나 저항적인 행동 요소들 또한 존재한다"(Cassidy & Marvin, 1992, p. 29). 제이콥은 그의 엄마를 안전기지와 안식처로 사용하기 시작하였으며, 그가 그렇게 했었던 대로 온건한 잘못된 신호(저항)를 보였다. 사후 개입 SSP에서 쉘리는 제이콥의 탐색을 따랐으며 그의 흥미를 침범하지 않았다. 쉘리가 덜 침범적이 되자 제이콥은 덜 공격적이 되었다. 쉘리가 재결합 때 더욱 자신감을 보이자 제이콥은 덜 조정하게 되었다. 그가 조정하려고 할 때 쉘리는 그녀의 위치를 '더 크고, 더 강하고, 더 지혜롭고, 친절한' 부모로 유지하였으며 제이콥은 거의 그의 조정하려는 행동을 나타내는 척하는 것으로 보였다. 두 번째 재결합의 첫 번째 몇몇 순간들에서 제이콥은 그녀와 인사하고 말할 때 쉘리와 지속적인 눈맞춤을 유지하였다. 사전 개입 재결합 동안 제이콥은 그의 엄마를 전혀 거의 쳐다보지 않았다. 그는 이제 그의 감정을 돕고 탐색을 지원받기 위해 그의 엄마에게 점점 의지할 수 있었다. 새로 발견된 그의 엄마와의 안정된 애착과 함께 그의 기대되는 발달적 궤도는 상당히 더 긍정적인 것이었다.

사후 개입 안정성의 순환 인터뷰

사후 개입 COSI에서 쉘리는 그녀가 방 바깥에 있었을 때 제이콥이 엄마를 필요로 했다는 이해를 보여 주었다. "그가 혼자 있었을 때, 그는 나를 찾아 두리번거렸어요." 그리고 "내가 돌아온 것에 반가워했어요… 나는 그가 나를 원했고, 그리워했다는 것을 알았어요." 쉘리는 여전히 그녀 자신을 '좋게' 생각하는 것과 그녀 자신을 '나쁘게' 보는 것 사이를 계속 오갔다. 그녀 자신과의 내재적인 관계가 일생의 경험을 대표하며 더욱더 확장되었기 때문에 이것은 이해할 만한 것이었다. 매시간 그녀는 제이콥이 그녀가 책임지는 것을 필요로 한다는 것을 보았고, 위기는 그녀의 내적 작동 모델 내에서 시작되었다. 쉘리는 즉시 기억했고 거절과 버림받음을 예상했다. 그녀의 아들의 그녀에 대한 필요에 의해서 긍정적인 기분을 갖는 것과 위협받는 것 사이에 내적인 갈등에 대한 지속적인 해결책은 변화를 유지시키는 데 중심적이었다.

COSI에서 이후에 제이콥과의 관계에서 가장 큰 어려움이 무엇이었는지를 질문받았을 때, 쉘리는 그녀의 처음 COSI에서와 정확히 똑같은 문제를 언급하였다 : 훈육. 그녀는 그런 다음 아침으로 사탕을 한 번 더 요구하는 제이콥에 대한 똑같은 이야기를 말했다. 이번에 그녀는 이렇게 말했다. "너는 언젠가 네가 아침에 사탕을 먹지 못할 거라는 것을 알아야만 해… 그런 다음 우리는 달걀로 바꾸었어." 이 사건에서 제이콥이 그녀에 대해 어떻게 생각했는지를 묻자 그녀는 "그는 나를 좋아하지 않았어요. 왜냐하면 내가 그가 원하는 것을 갖도록 허락하지 않았기 때문이에요."라고 대답했다. 이 사건에 대해 그녀는 그녀 자신에 대해 어떻게 생각하는지를 물었을 때, 그녀는 "좋아요, 내 생각에는. 나는 항복하지 않았고, 그에게 사탕을 주지 않았어요."라고 대답했다. 처음의 COSI에서 이 갈등을 설명할 때 그녀는 만약 그녀가 책임을 지면 그녀의 아들이 그녀를 싫어할 것을 두려워하였다. 그녀가 적절히 책임을 맡을 때, 특히 그녀의 아들의 반응에 직면할 때, 그녀 자신에 대해 긍정적인 이미지를 유지하는 그녀의 새로 발견된 능력은 중요한 진보로 보였다.

인터뷰 마지막에 그녀는 그 프로젝트에 참여하는 것이 아들과 자신의 관계에 어떤 영향을 미쳤는지를 질문받았다. 그녀는 긍정적인 감정을 가지고 말했다. "그는 내가 방 안으로 들어갈 때 포옹 같은 것을 원하면 나에게 신호를 줘요…. 내가 그를 보육 서비스에서 데리고 올 때, 그는 나를 보고 흥분하고, 그는 전에는 그런 적이 없었어요…. 그는 나를 보고 너무나 행복해해요!" 그의 아들이 이전에는 필요를 표시하지 않았다가 이제 욕구를 드러내 놓고 보여 주는 것으로 변화하였고 그녀도 변화했다는 것을 분명히 보여 주었다. 그들의 미래 안정에 관한 중요한 점은 쉘리가 이제 반영적 능력을 유지하고, 제이콥에 대한 가치를 기억하며, 집단 내에서 형성했던 지지적 네트워크를 유지하는 것에 중심이 있었다. 그녀가 새로 발견한 능력들에 대해 더 탐색하는 위험을 감수하기를 계속하면서 자신이 받지 못했었던 안정감을 제이콥에게 주는 매우 좋은 기회를 갖게 되었다.

1년 후에 집단 부모들이 COS 참여 경험에 대한 인터뷰를 했다. 그 부모의 아이들은 개입 이후에 1년간 헤드스타트를 계속하고 있었다. 부모들은 그 프로그램 참여로 교류를 계속하였다. 그 모임에서 경험을 회상할 때 부모 간 서로 지지적이었으며 웃음이 오고 갔다. 한 부모가 쉘리가 그 프로그램의 초반에 너무 말을 하지 않는 것처럼 보였다고 말했다. 쉘리는 그녀가 그 집단을 시작했을 때 자신이 모르는 것을 사람들에게 공개하는 것이 매우 두려웠으며, 그 과정 내내 "나는 얼굴이 꽃이 피듯 좋아졌다."라고 말했다. 전체 집단은 그녀의 이야기를 즐겼고, 함께 웃었다. 무엇이 그렇게 하도록 그녀를 도왔는지를 묻자, 집단에서 모두에게서 받은 지지와 피드백이었다고 그녀가 말했다. 그러자 다른 부모들이 매우 긍정적으로 아들과 엄마의 관계가 이전에 해 왔던 것과는 매우 달라졌다고 이야기했다. 한 부모가 그녀에게 가장 도움이 되었던 것이 무엇이었는지를 묻자, 그녀는 '엄마의 목소리'를 가졌다는 것을 배우게 했던 비디오 영상 클립을 떠올렸다. 이전에는 제이콥에게 애원하곤 했고 그가 화나지 않도록 엄마보다는 친구같이 행동했다고 말했다. 그녀는 자신이 이제는 더욱 엄마같이 느껴진다고 말했다.

Aber, J. L., Slade, A., Berger, B., Bresgi, I., & Kaplan, M. (1985). *The Parent Development Interview*. Unpublished manuscript.

Ahnert, L., Lamb, M. E., & Seltenheim, K. (2000). Infant-care provider attachments in contrasting child care settings: Pt 1. Group-oriented care before German reunification. *Infant Behavior and Development, 23*, 197–209.

Ainsworth, M., Blehar, M., Waters, E., & Wall, S. (1978). *Patterns of attachment: A psychology study of the Strange Situation*. Hillsdale, NJ: Erlbaum.

Badenoch, B. (2011). *The brain-savvy therapist's workbook*. New York: Norton.

Bateson, G. (1972). *Steps to an ecology of mind: Collected essays in anthropology, psychiatry, evolution, and epistemology*. Northvale, NJ: Jason Aronson.

Baumrind, D. (1967). Child care practices anteceding three patterns of preschool behavior. *Genetic Psychology Monographs, 75*(1), 43–88.

Beebe, B., Jaffe, J., Markese, S., Buck, K., Chen, H., Cohen, P., et al. (2010). The origins of 12-month attachment: A microanalysis of 4-month mother–infant interaction. *Attachment and human development, 12*(1–2), 3–141.

Beebe, B., Knoblauch, S., Rustin, J., & Sorter, D. (2005). *Forms of intersubjectivity in infant research and adult treatment*. New York: Other Press.

Blum, D. (2002). *Love at goon park: Harry Harlow and the science of affection*. Cambridge, MA: Perseus.

Bollas, C. (1987). *The shadow of the object: Psychoanalysis of the unthought known*. New York: Columbia University Press.

Bowlby, J. (1944). Forty-four juvenile thieves: Their characters and home-life. *International Journal of Psycho-Analysis, 25*, 19–53.

Bowlby, J. (1988). *A secure base: Parent–child attachment and healthy human development*. London: Basic Books.

Bowlby, J., & Ainsworth, M. D. S. (1951). *Maternal care and mental health*. Geneva, Switzerland: World Health Organization.

Bretherton, I. (1992). The origins of attachment theory: John Bowlby and Mary Ainsworth. *Developmental Psychology, 28*, 759–775.

Britner, P. A., Marvin, R. S., & Pianta, R. C. (2005). Development and preliminary validation of the caregiving behavior system: Association with child attachment classification in the preschool strange situation. *Attachment and Human Development, 7*(1), 83–102.

Bromberg, P. M. (1998). *Standing in the spaces: Essays on clinical process, trauma, and dissociation.* London: Analytic Press.

Bronfenbrenner, U. (1977). Toward an experimental ecology of human development. *American Psychologist, 32*, 513–531.

Carlson, E. A., & Sroufe, L. A. (1995). Contributions of attachment theory to developmental psychopathology. In D. Cicchetti & D. J. Cohen (Eds.), *Developmental psychopathology* (Vol. 1, pp. 581–617). New York: Wiley.

Cassidy, J. (1994). Emotion regulation: Influences of attachment relationships. In N. Fox (Ed.), *The development of emotion regulation.* Monographs of the Society for Research in Child Development (Vol. 59).

Cassidy, J. (2008). The nature of the child's ties. In J. Cassidy & P. R. Shaver (Eds.), *Handbook of attachment: Theory, research, and clinical applications* (2nd ed., pp. 3–22). New York: Guilford Press.

Cassidy, J., & Berlin, L. (1994). The insecure/ambivalent pattern of attachment: Theory and research. *Child Development, 65*, 971–991.

Cassidy, J., & Marvin, B., with the MacArthur Attachment Working Group. (1992). *Attachment organization in preschool children: Coding guidelines* (4th ed.). Unpublished manuscript, University of Virginia.

Cassidy, J., & Mohr, J. (2001). Unsolvable fear, trauma, and psychopathology: Theory, research, and clinical considerations related to disorganized attachment across the life span. *Clinical Psychology: Science and Practice, 8*(3), 275–298.

Cassidy, J., & Shaver, P. R. (Eds.). (2008). *Handbook of attachment: Theory, research, and clinical applications* (2nd ed.). New York: Guilford Press.

Cassidy, J., Woodhouse, S., Sherman, L., Stupica, B., & Lejuez, C. (2011). Enhancing infant attachment security: An examination of treatment efficacy and differential susceptibility. *Journal of Development and Psychopathology, 23*, 131–148.

Cassidy, J., Ziv, Y., Stupica, B., Sherman, L. J., Butler, H., Karfgin, A., et al. (2010). Enhancing maternal sensitivity and attachment security in the infants of women in a jail-diversion program. In J. Cassidy, J. Poehlmann, & P. R. Shaver (Eds.), Incarcerated individuals and their children viewed from the perspective of attachment theory [Special issue]. *Attachment and Human Development, 12*, 333–353.

Cooper, G., Hoffman, K. T., & Powell, B. (2000). Marycliff Perinatal Circle of Security Protocol. Unpublished manuscript. Spokane, WA.

Cooper, G., Hoffman, K., Marvin, B., & Powell, B. (2000). Circle of Security Facilitator's Manual. Unpublished manuscript.

Cooper, G., Hoffman, K., & Powell, B. (2009a). *Circle of Security Parenting: A relationship based parenting program* (DVD). Information available at *http://circleofsecurity.net.*

Cooper, G., Hoffman, K., & Powell, B. (2009b). *Circle of Security Parenting Manual* (for use with COS-P DVD). Unpublished manuscript distributed as part of COS-P training.

Coulton, G. (Ed. & Trans.). (1906). On Frederick II. In *St. Francis to Dante.* London: David Nutt. Retrieved from *www.fordham.edu/halsall/source/salimbene.1.html.*

Emde, R. N. (1987). Foreword. In L. Fraiberg (Ed.), *Selected writings of Selma Frai-berg.* Columbus, OH: Ohio State University Press.

Fairbairn, W. R. D. (1952). *Psychoanalytic studies of the personality.* Tavistock Publi-cations Limited in collaboration with Routledge & Kegan Paul, London.

Feldman, R., Greenbaum, C. W., & Yirmiya, N. (1999). Mother–infant affect syn-chrony as an antecedent of the emergence of self-control. *Developmental Psychol-ogy, 35*(1), 223–231.

Felitti, V. J., Anda, R. F., Nordenberg, D., Williamson, D. F., Spitz, A. M., Edwards, V., et al. (1998). Relationship of childhood abuse and household dysfunction to many of the leading causes of death in adults: The adverse childhood experiences (ACE) study. *American Journal of Preventive Medicine, 14*(4), 245–258.

Fonagy, P., & Bateman, A. W. (2007). Mentalizing and borderline personality disorder. *Journal of Mental Health, 16*(1), 83–101.

Fonagy, P., Gergely, G., Jurist, E., & Target, M. (Eds.). (2002). *Affect regulation, men-talization, and the development of the self.* New York: Other Press.

Fonagy, P., Steele, H., Moran, G., Steele, M., & Higgitt, A. (1991). The capacity for understanding mental states: The reflective self in parent and child and its significance for security of attachment. *Infant Mental Health Journal, 13*, 200–217.

Fonagy, P., Steele, H., & Steele, M. (1991). Maternal representations of attachment dur-ing pregnancy predict the organization of infant–mother attachment at one year of age. *Child Development, 62*, 891–905.

Fonagy, P., Steele, M., Steele, H., Higgitt, A., & Target, M. (1994). The Emmanuel Miller Memorial Lecture 1992: The theory and practice of resilience. *Journal of Child Psychology and Psychiatry and Allied Disciplines, 35*, 231–257.

Fonagy, P., Steele, M., Steele, H., & Target, M. (1997). *Reflective-functioning manual, version 4.1, for application to Adult Attachment Interviews.* Unpublished coding manual, University of London.

Fraiberg, S. (1980). *Clinical studies in infant mental health: The first year of life.* New York: Basic Books.

Fraiberg, S., Adelson, E., & Shapiro, V. (1975). Ghosts in the nursery: A psychoanalytic approach to the problems of impaired infant–mother relationships. *Journal of the American Academy of Child and Adolescent Psychiatry, 14*(3), 387–421.

George, C., Kaplan, N., & Main, M. (1984). *Adult Attachment Interview.* Unpub-lished document, Department of Psychology, University of California, Berkeley.

George, C., & Solomon, J. (2008). The caregiving system: A behavioral systems approach to parenting. In J. Cassidy & P. R. Shaver (Eds.), *The handbook of attachment: Theory, research, and clinical applications* (2nd ed., pp. 833–856). New York: Guilford Press.

Gillath, O., Selcuk, E., & Shaver, P. R. (2008). Moving toward a secure attachment style: Can repeated security priming help? *Social and Personality Psychology Compass, 2*(4), 1651–1666.

Goleman, D. (1995). *Emotional intelligence: Why it can matter more than IQ.* New York: Bantam Books.

Goleman, D. (2006). *Social intelligence: The new science of human relationships.* New York: Bantam Books.

Greenberg, M. T., Speltz, M. L., & DeKlyen, M. (1993). The role of attachment in the early development of disruptive behavior problems. *Development and Psychopathology, 5,* 191–213.

Greenberg, M. T., Speltz, M. L., DeKlyen, M., & Jones, K. (2001). Correlates of clinic referral for early conduct problems: Variable- and person-oriented approaches. *Development and Psychopathology, 13,* 255–276.

Grice, H. P. (1975). Logic and conversation. In P. Cole & J. L. Morgan (Eds.), *Syntax and semantics: Speech acts* (Vol. 3, pp. 41–58). New York: Academic Press.

Guntrip, H. (1969). *Schizoid phenomena, object relations and the self.* New York: International Universities Press.

Hesse, E. (1999). The Adult Attachment Interview: Historical and current perspectives. In J. Cassidy & P. R. Shaver (Eds.), *Handbook of attachment: Theory, research, and clinical applications* (pp. 395–433). New York: Guilford Press.

Hoffman, K., Marvin, R., Cooper, G., & Powell, B. (2006). Changing toddlers' and preschoolers' attachment classifications: The Circle of Security Intervention. *Journal of Consulting and Clinical Psychology, 74,* 1017–1026.

Hoffman, K. (1997). *Seeing with Joey.* Unpublished Manuscript. Circle of Security International.

Holmes, J. (1999). Defensive and creative uses of narrative in psychotherapy: An attachment perspective. In G. Roberts & J. Holmes (Eds.), *Healing stories: Narrative in psychiatry and psychotherapy* (pp. 49–66). New York: Oxford University Press.

Huber, A. (2012, April). Understanding my own and my child's mind: Examining the role of caregiver reflective function in transforming relationships using Circle of Security. Symposium conducted at the meeting of the World Association for Infant Mental Health World Congress, Cape Town, South Africa.

Karen, R. (1990, February). Becoming attached. *The Atlantic.* Retrieved from *www.theatlantic.com.*

Karen, R. (1994). *Becoming attached: First relationships and how they shape our capacity to love.* New York: Oxford University Press.

Keller, T. E., Spieker, S. J., & Gilchrist, L. (2005). Patterns of risk and trajectories of preschool problem behaviors: A person-oriented analysis of attachment in context. *Development and Psychopathology, 17,* 349–384.

Kernberg, O. F. (1975). *Borderline conditions and pathological narcissism.* New York: Jason Aronson.

Kestenbaum, R., Farber, E. A., & Sroufe, L. A. (1989). Individual differences in empathy among preschoolers: Relation to attachment history. In N. Eisenberg (Ed.), *New directions for child and adolescent development: No. 44. Empathy and related emotional responses* (pp. 51–64). San Francisco, CA: Jossey-Bass.

Klein, M. (1948). *Contributions to psycho-analysis.* London: Hogarth Press.

Klein, R. (1995). The self in exile: A developmental, self, and object relations approach to the schizoid disorders of the self. In J. F. Masterson & R. Klein (Eds.), *Disorders of the self: New therapeutic horizons: The Masterson approach* (pp. 3–142). New York: Brunner/Mazel.

Kohut, H. (1977). *The restoration of the self.* New York: International Universities Press.

Korzybski, A. (1958). *Science and sanity: An introduction to non-Aristotelian systems and general semantics.* Forest Hills, NY: Institute of General Semantics.

Lichtenberg, J. D., & Slap, J. W. (1973). Notes on the concept of splitting and the defense mechanism of the splitting of representations. *Journal of the American Psychoanalytic Association, 21,* 772–787.

Lieberman, A. F., Padrón, E., Van Horn, P., & Harris, W. W. (2005). Angels in the nursery: The intergenerational transmission of benevolent parental influences. *Infant Mental Health Journal, 26*(6), 504–520.

Lieberman, M. D., Eisenberger, N. I., Crockett, M. J., Tom, S. M., Pfeifer, J. H., & Way, B. M. (2007). Putting feelings into words: Affect labeling disrupts amygdala activity in response to affective stimuli. *Psychological Science, 18*(5), 421–428.

Lyons-Ruth, K. (2007). The interface between attachment and intersubjectivity: Perspective from the longitudinal study of disorganized attachment. *Psychoanalytic Inquiry: A Topical Journal for Mental Health Professionals, 26*(4), 595–616.

Lyons-Ruth, K., the Process of Change Study Group. (1998). Implicit relational knowing: Its role in development and psychoanalytic treatment. *Infant Mental Health Journal, 19*(3), 282–289.

Main, M. (1981). Avoidance in the service of attachment: A working paper. In K. Immelman, G. Barlow, M. Main, & L. Petrinovitch (Eds.), *Behavioral development: The Bielefeld Interdisciplinary Project* (pp. 651–693). Cambridge, UK: Press Syndicate of the University of Cambridge.

Main, M., & Goldwyn, R. (1984). *Adult attachment scoring and classification system.* Unpublished manuscript, University of California, Berkeley.

Main, M., Goldwyn, R., & Hesse, E. (2003). *Adult attachment scoring and classification system.* Unpublished manuscript, University of California, Berkeley.

Main, M., & Hesse, E. (1990). Parents' unresolved traumatic experiences are related to infant disorganized attachment status: Is frightened and/or frightening parenting behavior the linking mechanism? In M. T. Greenberg, D. Cicchetti, & E. M. Cummings (Eds.), *Attachment in the preschool years* (pp. 161–182). Chicago: University of Chicago Press.

Main, M., Kaplan, N., & Cassidy, J. (1985). Security in infancy, childhood, and adulthood: A move to the level of representation. In I. Bretherton & E. Waters (Eds.), *Growing points of attachment theory and research* (pp. 66–104). Monographs of the Society for Research in Child Development, Vol. 50 (1–2, Serial No. 209). Chicago: University of Chicago Press.

Main, M., & Solomon, J. (1986). Discovery of an insecure-disorganized/disoriented attachment pattern. In *Affective development in infancy* (pp. 95–124). Westport, CT: Ablex.

Main, M., & Solomon, J. (1990). Procedures for identifying infants as disorganized/disoriented during the Ainsworth Strange Situation. In T. B. Brazelton & M. Yogman (Eds.), *Attachment in the preschool years: Theory, research, and intervention* (pp. 121–160). Chicago: University of Chicago Press.

Masterson, J. F. (1976). *Psychotherapy of the borderline adult.* New York: Brunner/Mazel.

Masterson, J. F. (1985). *The real self: A developmental, self, and object relations approach.* New York: Brunner/Mazel.

Masterson, J. F. (1993). *The emerging self.* New York: Brunner/Mazel.

Masterson, J. F., & Klein, R. (Eds.). (1995). *Disorders of the self.* New York: Brunner/Mazel.

Masterson, J. F., & Lieberman, A. R. (2004). A therapist's guide to the personality disorders. Phoenix, AZ: Zeig, Tucker, & Theisen, Inc.

Meins, E., Fernyhough, C., Wainwright, R., Das Gupta, M., Fradley, E., & Tuckery, M. (2002). Maternal mind-mindedness and attachment security as predictors of theory of mind understanding. *Child Development, 73*(6), 1715–1726.

Miga, E. M., Hare, A., Allen, J. P., & Manning, N. (2010). The relation of insecure attachment states of mind and romantic attachment styles to adolescent aggression in romantic relationships. *Attachment and Human Development, 12*(5), 463–481.

Mikulincer, M., & Florian, V. (1998). The relationship between adult attachment styles and emotional and cognitive reactions to stressful events. In J. A. Simpson & W. S. Rholes (Eds.), *Attachment theory and close relationships* (pp. 143–165). New York: Guilford Press.

Minuchin, S. (1980). Philadelphia Child Guidance Clinic, summer practicum.

Oppenheim, D., & Goldsmith, D. F. (Eds.). (2011). *Attachment theory in clinical work with children: Bridging the gap between research and practice.* New York: Guilford Press.

Pawl, J. H., & St. John, M. (1998). *How you are is as important as what you do.* Washington, DC: Zero to Three.

Perry, B. D., Pollard, R. A., Blakley, T. L., Baker, W. L., & Vigilante, D. (1995). Childhood trauma, the neurobiology of adaptation and "use-dependent" development of the brain: How "states" become "traits." *Infant Mental Health Journal, 16,* 271–291.

Pessora, L. (2008). On the relationship between emotion and cognition. *Nature Reviews Neuroscience, 9*(2), 148–158.

Polan, H. J., & Hofer, M. A. (2008). Psychobiological orgins of infant attachment and its role in development. In J. Cassidy & P. R. Shaver (Eds.), *The handbook of attachment: Theory, research, and clinical applications* (2nd ed., pp. 158–172). New York: Guilford Press.

Premack, D., & Woodruff, G. (1978). Does the chimpanzee have a 'theory of mind'? *Behavioral and Brain Sciences, 4,* 515–526.

Ramachandran, V. S. (2009, November). TED talk. Retrieved from *www.youtube.com/watch?v=w7lXYwcRppI.*

Reid, C. (Ed.). (2008). *Letters of Ted Hughes.* New York: Farrar, Straus & Giroux.

Riem, M. M., Bakermans-Kranenburg, M. J., van IJzendoorn, M. H., Out, D., & Rombouts, S. A. (2012). Attachment in the brain: adult attachment representations predict amygdala and behavioral responses to infant crying. *Attachment & Human Development, 14*(6), 533–551.

Roberts, D., & Roberts, D. A. (2007). *Another chance to be real: Attachment and object relations treatment of borderline personality disorder.* New York: Jason Aronson.

Rogers, C. R. (1957). The necessary and sufficient conditions of therapeutic personality change. *Journal of Consulting Psychology, 21*(2), 95–103.

Schore, A. N. (1996). The experience-dependent maturation of a regulatory system in the orbital prefrontal cortex and the origin of developmental psychopathology. *Development and Psychopathology, 8*(1), 59–87.

Schore, A. N. (2002). Dysregulation of the right brain: A fundamental mechanism of traumatic attachment and the psychopathogenesis of posttraumatic stress disorder. *Australian and New Zealand Journal of Psychiatry, 36*(1), 9–30.

Shanker, S. (2004). The roots of mindblindness. *Theory and Psychology, 14*(5), 685–703.

Shonkoff, J., Boyce, W., Cameron, J., Duncan, G., Fox, N., Gunnar, M., et al. (2005). *Excessive stress disrupts the architecture of the developing brain* (Working Paper No. 3, pp. 1–11). Cambridge, MA: National Scientific Council on the Developing Mind, Harvard University.

Shonkoff, J. P., Boyce, W. T., & McEwen, B. S. (2009). Neuroscience, molecular biology, and the childhood roots of health disparities. *Journal of the American Medical Association, 301*(21), 2252–2259.

Shonkoff, J. P., & Phillips, D. A. (Eds.). (2000). From neurons to neighborhoods: The science of early childhood development. Washington, DC: National Academy Press.

Siegel, D. (1999). *The developing mind: How relationships and the brain interact to shape who we are.* New York: Guilford Press.

Siegel, D., & Hartzell, M. (2004). *Parenting from the inside out: How a deeper self-understanding can help you raise children who thrive.* New York: Penguin.

Slade, A. (2008). The implications of attachment theory and research for adult psychotherapy: Research and clinical perspectives. In J. Cassidy & P. R. Shaver (Eds.), *The handbook of attachment: Theory, research, and clinical applications* (2nd ed., pp. 762–782). New York: Guilford Press.

Solomon, J., & George, C. (1999). The place of disorganization in attachment theory: Linking classic observations with contemporary findings. In J. Solomon & C. George (Eds.), *Attachment disorganization* (pp. 3–32). New York: Guilford Press.

Solomon, J., & George, C. (2008). The measurement of attachment security and related constructs in infancy and early childhood. In J. Cassidy & P. R. Shaver (Eds.), *Handbook of attachment: Theory, research, and clinical applications* (2nd ed., pp. 383–416). New York: Guilford Press.

Solomon, J., & George, C. (Eds.). (2011). *Disorganized attachment and caregiving.* New York: Guilford Press.

Sroufe, L. A. (1983). Infant–caregiver attachment and patterns of adaptation in preschool. In M. Perlmutter (Ed.), *Minnesota Symposia on Child Psychology: Vol.16. The roots of maladaptation and competence* (pp. 129–135). Hillsdale, NJ: Erlbaum.

Sroufe, L. A. (1995). *Emotional development: The organization of emotional life in the early years.* New York: Cambridge University Press.

Sroufe, L. A., Carlson, E., Levy, A. K., & Egeland, B. (1999). Implications of attachment theory for developmental psychopathology. *Development and Psychopathology, 11*, 1–13.

Sroufe, L. A., Egeland, B., Carlson, E. A., & Collins, A. W. (2005). *The development of the person: The Minnesota study of risk and adaptation from birth to adulthood.* New York: Guilford Press.

Sroufe, L. A., & Waters, E. (1977). Heart-rate as a convergent measure in clinical developmental research. *Merrill-Palmer Quarterly, 23*(1), 3–27.

Steele, H., & Steele, M. (2008). On the origins of reflective functioning. In F. Busch (Ed.), *Mentalization: Theoretical considerations, research findings, and clinical implications* (pp. 133–156). New York: Analytic Press.

Stern, D. (1985). *The interpersonal world of the infant: A view from psychoanalysis and developmental psychology.* New York: Basic Books.

Stern, D. (1995). *The motherhood constellation: A unified view of parent–infant psychotherapy.* New York: Basic Books.

van IJzendoorn, M. (1995). Adult attachment representation, parental responsiveness, and infant attachment: A meta-analysis on the predictive validity of the AAI. *Psychological Bulletin, 117,* 387–403.

van IJzendoorn, M., Schuengel, C., & Bakermans-Kranenburg, M. (1999). Disorganized attachment in early childhood: Meta-analysis of precursors, concomitants, and sequelae. *Development and Psychopathology, 11,* 225–249.

Viorst, J. (1986). *Necessary losses: The loves, illusions, dependencies, and impossible expectations that all of us have to give up in order to grow.* New York: Fireside.

Walker, A. (1990). *The temple of my familiar.* Boston: Mariner Books

Wallin, D. (2007). *Attachment in psychotherapy.* New York: Guilford Press.

Weininger, O. (1998). Time-in parenting strategies. Binghamton, NY: Esf Publishers.

Winnicott, D. W. (1965a). The capacity to be alone. In *The maturational processes and the facilitating environment* (pp. 29–36). New York: International Universities Press.

Winnicott, D. W. (1965b). The theory of the parent–infant relationship. In *The maturational processes and the facilitating environment* (pp. 37–55). New York: International Universities Press.

Winnicott, D. W. (1971). *Playing and reality.* London: Tavistock.

Winnicott, D. W. (1974). Fear of breakdown. *International Review of Psycho-Analysis, 1,* 103–107.

Winnicott, D. W. (1994). *Talking to parents.* New York: Da Capo Press.

Zeanah, C. H., Larrieu, J. A., Heller, S. S., & Valliere, J. (2000). Infant–parent relationship assessment. In C. H. Zeanah (Ed.), *Handbook of infant mental health* (2nd ed., pp. 222–235). New York: Guilford Press.

Be rt Powell, Glen Cooper, Kent Hoffman은 워싱턴주 스포캔에서 30년 이상 임
상수련을 함께 해 왔다. 그들은 팀을 이루어 복잡한 역동의 임상적 통찰과 발달
관련 연구물로 개인과 가족에게 적용할 수 있는 간단하고 이해하기 쉬운 프로토콜을 만
드는 일을 함께 작업해 왔다. 1990년대 초부터 그들은 특별히 대상관계이론과 애착이론
을 기반으로 안정성의 순환(COS)을 창안했고 공통된 시각으로 임상적 실천을 적용하는
데 주력해 왔다.

세 명의 저자는 대학과 시가 지원하는 연구 프로젝트 자문위원으로서 안정성의 순환
프로토콜을 헤드스타트 가족, 위기에 처한 영아, 거리에 의존하여 살아가는 10대 미혼
부/미혼모, 감금된 어머니 등 폭넓은 내담자들을 위한 중요한 역할을 해 왔다. 워싱턴 주
지사로부터 아동학대 예방에 대한 혁명적인 공을 치하하는 상을 수상하기도 했다. COS
의 초기 프로젝트의 대표 연구가였던 Bob Marvin 역시 많은 논문, 저널을 심사했고 여
러 책을 공동 집필해 왔으며, COS 모델을 세계 곳곳에서 지속적으로 실천하고 있다.

2013년에 네 명의 저자는 뉴욕애착협력단으로부터 COS 개입 개발과 완성에 대한 공
로를 인정받아 Bowlby-Ainsworth상을 받았다. 그리고 Cooper, Hoffman, Powell은 안
정성의 순환 국제단체를 형성하여 COS를 통해 초기 치료, 애착이론, 평가, 감별진단에
관한 교육도 제공하였다. COS 모델을 측정 가능한 형태로 만들 필요성이 제기되면서
이들은 8주짜리 DVD 'COS-P'를 개발하여 다양한 언어로 번역하였다. 임상가, 집단,
부모-자녀, 그리고 개별적으로도 작업할 수 있는 이 프로토콜은 부모교육용으로 4일간
의 프로그램으로 구성되어 있어 전 세계적으로 이용 가능하다.

Bert Powell, MA 지역사회 정신보건센터에서 외래환자를 돌보는 가족치료사로 임상을 시작하였다. 필라델피아 아동지도 클리닉에서 가족치료 연수를 받던 1970년, 그는 지역사회 중심 실습을 통해 최첨단 치료와 개입 간에 큰 차이가 있다는 것을 알게 되었다. 교육과 수퍼비전을 받고 또 제공하면서 그 격차를 줄이는 데 경력 대부분을 바칠 정도로 헌신했다. 매스터슨뉴욕협회(The Masterson Institute in New York City) 공인 정신분석 심리치료사 자격증을 받은 그는 워싱턴 스포캔의 곤자가대학교 상담심리학 대학원의 겸임교수로 일하면서 개인상담은 물론 *Journal of Attachment and Human Development*의 편집국 국제 지도교수로서도 활동하고 있다.

Glen Cooper, MA 개인치료와 공인 결혼 및 가족전문 상담치료사인 그는 대상관계치료와 가족치료뿐만 아니라 툴레인 의과대학에서 유아 정신건강평가 상급과정도 훈련받았다. 사회 정의를 위한 그의 신념은 노숙자, 성학대 피해아동, 저소득층 미취학 아동 치료는 물론 헤드스타트 교사들과의 협업을 이끌면서 학급 내에서의 COS도 개발하였다.

Kent Hoffman, RelD 곤자가대학교 심리학부 겸임교수로 경력의 첫 10년을 교도소에 있는 정신과 환자, 말기암 환자, 성폭력 생존자, 로스앤젤레스의 노숙자들과 함께 보냈다. 1980년대 후반 매스터슨뉴욕협회에서 정신분석 심리치료사 자격증을 받을 당시 부모와 어린 자녀를 위한 치료계획서를 창안해 냈다. 이후로는 COS 모델 설립에 집중하면서, 성인 정신분석학을 기초로 노숙자 쉼터의 10대 부모와 정신치료 작업을 하였다. 대상관계이론과 애착이론이 정신적 정체성과 실천에 주는 영향을 탐구하고 있다.

Bob Marvin, PhD 버지니아대학교 의과대학 명예교수이자 샬러츠빌의 Mary Ainsworth 애착클리닉의 책임자로서 존스홉킨스대학교 학부생 때 Mary Ainsworth의 제자이자 연구보조였다. 기초적·임상적 실험을 실행하면서 임상실무를 감독하였으며, 다양한 연령 및 인구에 대한 애착프로그램을 개발하였고, 많은 애착관련 평가절차를 개발해 왔다.

역자 소개

유미숙

숙명여자대학교 대학원 아동상담전공 박사

숙명여자대학교 아동복지학과 아동심리치료전공 교수

한국놀이치료학회 고문, 서울가정법원 조정위원협의회 고문

교육부 중앙육아정책자문단, 여성가족부 성폭력예방자문단

국제공인 놀이치료전문가

한국놀이치료학회공인 놀이치료전문가

한국상담심리학회공인 상담심리전문가

저서 및 역서 : 놀이치료 이론과 실제, 놀이치료-치료관계의 기술 외

신현정

숙명여자대학교 대학원 아동심리치료전공 박사(Ph.D.)

연성대학교 사회복지학과 교수 및 학생상담센터장

국제공인 치료놀이 치료사 및 트레이너(The Theraplay®Institute)

게슈탈트놀이치료협회(West Coast Institute)인증 트레이너

저서 : 치료놀이의 이해와 적용 외

김세영

숙명여자대학교 대학원 아동심리치료전공 박사수료

한국치료놀이협회 회장, 플레이플힐링상담센터 공동대표

숭실대학교 교육대학원 상담교육심리전공 겸임교수

국제공인 치료놀이 치료사 및 수련트레이너(The Theraplay®Institute)

PCIT(부모 – 자녀 상호작용치료)공인 치료사 및 트레이너 레벨 1

COSP(안정성의 순환 부모교육) Registered Facilitator

홍라나

미국 시카고 로욜라대학 임상사회사업학과 박사

미국 시카고대학 사회사업과 CROSS 연구센터 상임 연구위원 및 겸임교수

국제치료놀이협회(The Theraplay®Institute) 부회장

게슈탈트놀이치료협회(West Coast Institute) 외래교수

국제공인 치료놀이 치료사 및 트레이너(The Theraplay®Institute)

PCIT(부모 – 자녀 상호작용치료)공인 치료사 및 트레이너 레벨 1

COSP(안정성의 순환 부모교육) Registered Facilitator

대표논문 : "Becoming a neurobiologically informed play therapist" in the *International Journal of Play Therapy*(2016)